나그함마디 문서

Nag Hammadi library

나그함마디 문서
Nag Hammadi library

2022년 4월 15일 처음 펴냄
2024년 6월 15일   3쇄 펴냄

옮긴이 이규호
감수자 이정순
펴낸이 김영호
펴낸곳 도서출판 동연
등 록 제1-1383호(1992. 6. 12)
주 소 (03962) 서울시 마포구 월드컵로 163-3
전 화 (02)335-2630
전 송 (02)335-2640

ISBN 978-89-6447-770-0 93200

Nag Hammadi library

나그함마디 문서

이규호 옮김 | 이정순 감수

동연

1945년 나일강변에서 발굴된 나그함마디 문서는 쿰란문서 발굴과 함께 20세기 성서고고학의 양대 쾌거였다. 그 문서의 발굴과 함께 영지주의라는 고대 기독교 사상의 윤곽이 보다 확연하게 드러났고, 콥트어 문화권에서 자생한 기독교 사상의 연구도 활발해졌다.

도식적으로 보면 나그함마디 문서에 함유된 영지주의 사상은 신플라톤주의 사상을 신약성서의 해석적 프리즘으로 삼아 기독교의 이원론적 세계관을 정립한 것으로 이해하기 쉽지만 실제 내막은 그렇게 간단하지 않다. 오히려 그 이원론을 넘어 궁극적으로 일원론을 지향했다는 통찰이 더 설득력 있어 보인다.

영지주의는 정통을 독점한 주류 기독교 내에서 한때 이단으로 정죄당해 변방으로 밀려나고 역사의 지평에서 사라져간 듯했다. 그러나 면면히 서구 지성사를 관통하고 그 사상사 저변에 복류하면서, 특히 서구 근대의 지성에 적잖은 자양분을 공급해 온 게 사실이다.

좀 뒤늦은 감이 있지만 서구에서 오래전 번역된 이 나그함마디 문서의 한글 번역이 이제라도 완료되어 퍽 다행이다. 번역자의 유고로 남은 것을 다시 찾아 수집하고 감수하는 긴 과정에 스민 노고가 얼마나 대단했을지 충분히 가늠된다. 그 오랜 노고의 공력 덕분이겠지만 이 문서의 한글 번역 내용은 아주 꼼꼼하고 성실하며 질적으로 꽤 우수해 보인다.

낯선 사상의 세계와 마주치는 일은 동일한 울타리 내에서 오래 자맥

질한 사람들에게 항시 당혹스럽고 더러 두려움을 몰고 온다. 그러나 열린 지성의 눈으로 다가서면 거기에 담긴 다채로운 사상의 스펙트럼이 어떻게 분광하여 인류의 문화적 자장 속에 이합집산하면서 신앙과 삶의 무늬를 직조해나갔는지 경이롭게 조망된다.

이 중요한 1차 문헌자료의 번역으로 이 땅의 신약성서학계와 고대 기독교사상사 영역의 연구는 물론 고대 영지주의 사상에 관심 있는 일반 독자들에게도 큰 도전과 자극제가 되기를 바란다.

차정식
한일장신대학교 신약학 교수, 전 한국신약학회장

| 추천의 글 |

2000년대 초반 클레어몬트대학원대학교에서 영지주의와 신약성
서에 대한 강좌와 콥트어 수업을 들으면서 같이 공부했던 문우일 박사
님(전 서울신대 교수)과 이상명 박사님(현 미주장신대 총장)과 함께 나그함
마디 콥트어 본문을 한국어로 번역하는 것에 대해서 진지하게 논의한
적이 있었다. 그 당시만 하더라도 영어와 독일어 번역은 이미 있었지
만 한국에서 나그함마디 서고에 대한 정보도 부족했고, 한국어 번역본
은 아예 없었다. 유학 생활과 이민 교회 사역으로 바쁜 우리들의 논의
는 흐지부지되었고, 나는 2012년에 한국에 돌아와서 본격적으로 영
지주의와 나그함마디 서고와 신약성서의 관계에 대한 연구물을 한국
학회에서 발표하기 시작했다. 한국어 번역본이 없다는 사실은 나그함
마디 서고와 영지주의 연구의 대중화를 위해서는 치명적인 결점이
었다.

그러던 중 인터넷상에서 떠돌고 있었던 '나그함마디 문서' 번역본을
우연히 발견하였다. 그것의 번역자는 '이서하'라는 내가 전혀 들어보
지 못한 분이었고, 주위에 내가 아는 학자들에게 물어보아도 아무도
아는 사람이 없었다. 나는 꼼꼼하게 그 번역본을 읽어보면서 번역이
다른 인터넷상에 떠도는 몇몇 나그함마디 서고의 문서들에 비해서 매
우 정확하고 성실하게 되었다는 것을 발견하고 놀랐다. 나는 대학교에
서 신약성서의 배경과 기원에 대해서 학생들을 가르칠 때 관심 있는
학생들에게 개인적으로 이 번역본을 소개해 주면서, 비록 알려지지 않

는 익명의 번역본이지만 이것이 출판되면 참 좋겠다는 생각을 여러 번 했었다. 비록 한님성서연구소의 송혜경 박사가 몇몇 중요한 문서들을 콥트어에서 한글도 번역은 했지만(『영지주의자들의 성서』,『신약외경』 등에서), 나그함마디 서고 전체를 번역한 것은 이서하의 인터넷판이 유일했다.

도서출판 동연에서 나그함마디 서고에 대한 추천사를 부탁받아 원고를 보고 나는 또 한 번 놀랐다. 내가 그토록 찾던 '이서하'라는 재야의 학자가 바로 이규호 선생님이었고, 남다른 의지와 뜻을 가지고 어려운 여건 속에서 나그함마디 서고를 번역하셨다는 감동스런 이야기도 듣게 되었다.

1945년에 이집트 농부에 의해서 우연히 1600년 만에 발견된 나그함마디 서고는 그 발견 과정에 얽힌 흥미진진한 이야기와 함께 출판 과정에서도 숨겨진 많은 어려움이 있었다. 브릴출판사에서 나그함마디 서고 전체의 팩스밀리판이 1972~1977년에 출판된 이후, 내가 공부했던 클레어몬트대학원의 '고대 그리스도교 연구소'(IAC)에서 제임스 로빈슨 교수의 지도하에 국제 번역팀이 꾸려져서 1977년에 마침내 영어 번역본이 출판되었다. 그 후 2007년에 채프만대학교의 마빈 메어가 주도하여 1977년 영문판의 오류와 문장을 보다 읽기 쉽게 번역한 영어판이 업그레이드되어 나왔다.

이런 중에 나그함마디 서고의 중요성을 인식하고 2002년에 이규호 선생님은 영어판과 독일어판을 비교해서 한글번역판을 새롭게 만들었다. 비록 여러 가지 사정으로 번역이 끝난 지 20년 만에 책으로 정식 출판되지만, 나그함마디 서고 자체의 중요성뿐만 아니라 한국의 그리스도교 공동체를 위해서 한글 번역의 의미는 이루 말할 수 없이 크다.

1~4세기 신약성서의 문서들과 동등하게 그리스도교 교회에서 사

용되었던 나그함마디 서고는 잊혀진 그리스도교의 기원에 대한 새로운 이야기와 신학을 제공해 준다. 이제 목회자들과 신학자들뿐만 아니라 평신도들도 성서를 읽듯이 나그함마디 서고 한글판을 통해서 초기 그리스도교의 다양한 신앙 전통과 신학을 통해서 깨달음의 영성을 접할 수 있게 되었다.

이 한글판은 이규호 선생님이 탁월한 언어학적 감각과 초기 그리스도교 영지주의에 대한 지식을 바탕으로 번역한 것을 목원대학교의 이정순 교수님이 꼼꼼하게 다시 현대 한글 어법에 맞게 교정하고, 용어 등을 통일하여 가독성을 높였다. 각 문서의 첫 장에 덧붙인 해제도 간략하지만 나그함마디 서고 각 권의 책을 이해하는데 좋은 길라잡이 역할을 하고 있다. 나그함마디 서고의 발견과 출판만큼이나 극적이고 어려운 여건 속에서 이규호라는 한 재야 학자의 온전한 헌신과 노력으로 빛을 보게 되는 이 나그함마디 서고 한글판이 한국 그리스도교의 신학과 영성이 한층 성숙해지는 발판이 될 것이라 믿는다. 이제 한국의 모든 그리스도교인들이 성서를 한 권씩 집에 두고 읽듯이 이 서고도 한 권씩 소유하여 영성 생활의 새로운 도구로 사용하기를 강력하게 추천한다.

조재형
강서대학교 교수, 신약학

이번에 한국어로 번역 출간하는『나그함마디 문서』는 1945년 이집
트 나그함마디 마을 근처에서 어느 농부가 우연히 발견하여 세상에 알
려진 초기 기독교 영지주의 문헌들을 가리킨다. 발견 당시 13권의 가
죽으로 장정(Codex: 코덱스)된 파피루스 문헌이 밀봉된 항아리에 들어
있었다. 발견된 나그함마디 문서에는 영지주의 문헌, 헤르메스주의
문헌, 플라톤의『국가』의 번역본 등이 포함되어 있었다. 이 문헌들은
모두 콥트어로 기록되어 있었는데, 학자들은 이것들이 그리스어로 된
원본을 콥트어로 번역한 것들로 추정한다.

『나그함마디 문서』는 초기 기독교 형성 시기에 등장했다가 4세기
경 박해를 받아 지하로 사라졌던 영지주의 전통을 새롭게 이해하는 데
많은 도움을 준다. 서구 신학계에서는 이미 각 문서에 대한 논쟁과 연
구가 활발히 일어났고, 문서의 번역도 여러 번 진행되어 결실을 얻었
다. 이제나마 한국어로『나그함마디 문서』가 출간된 것은 매우 다행이
라고 하겠다. 많은 한국 신학자가 서구에서 공부하면서『나그함마디
문서』를 직 ㅁ 간접적으로 접했음에도 아쉽게도 한국어로 번역하는 데
관심을 갖지 못했다. 그 이유는 이단으로 정죄된 영지주의라는 딱지가
붙지 않을까 하는 두려움이 한몫하지 않았나 하는 생각이다. 특히 대
부분 한국교회의 보수성으로 인해 영지주의라는 낙인을 피하기가 쉽
지 않아 보이는 현실이 여전히 영향을 끼치고 있는 듯하다.

하지만 다양한 사상과 문화와 종교가 서로 공존하고 있는 21세기

세계 현실은 2,000여 년 전, 이교적이고 적대적인 환경에서 그리스도교라는 신생 종교가 터를 잡아가던 고대 세계와는 다르다. 필자는 어떤 측면에서 볼 때 영지주의는 그 당시 그리스도교가 정통 종교로 자리 잡기 위해 나타난 다양한 해석과 노력 중의 하나라고 생각한다. 또 영지주의는 당시 존재했던 다양한 신앙공동체의 배경과 상황에 따라 하나님을 다르게 체험하고, 예수를 다르게 이해했다는 사실을 잘 보여 준다. 20세기 중반『나그함마디 문서』가 발견되기 전까지 영지주의는 정통 기독교를 파괴하는 나쁜 이단쯤으로만 알려져 있었다. 하지만 이 문서의 발견으로 영지주의는 단일한 사상이 아니고 매우 폭넓은 사상이요, 다양한 분파로 존재했다는 점이 밝혀졌다. 영과 육의 이원론으로 물질을 경시하면서 육체를 감옥쯤으로만 여기고, 또 육체에 갇힌 영이 참된 지식을 깨달아 육체의 감옥을 벗어나는 게 구원이라는 정도로만 이해했던 영지주의는 이제『나그함마디 문서』를 통해 그 정체를 더욱 정확하게 밝힐 수 있게 되었다. 우리가 정통이라고 알고 믿어 왔던 신앙과 신학만이 전부가 아니라 그 외에 다양한 신앙과 신학의 형태들이 이미 초기부터 존재했으며, 영지주의도 그중 일부였다는 사실이 규명된 것이다. 또 대속자 예수 그리스도에 의한 타력적 신앙만이 그리스도교 정통이 아니라, 자기 몸 안에 거룩한 빛이 들어 있는데도 그것을 자각하지 못한 상태에서 빛을 깨닫게 되는 것을 구원으로 이해하는 이른바 주체적인 깨달음의 신앙도 그리스도교라는 큰 나무의 뿌리를 형성했다는 사실이다. 미국 신학자 일레인 페이젤에 따르면 영지주의가 초기 그리스도교 형성 과정에서 권력 다툼에 밀려 박해를 받고 지하로 사라졌지만 그것이 종말은 아니었다. 영지주의는 오히려 그리스도교 역사와 서양사 전반에 걸쳐 광범위하게 영향을 끼쳐 왔다. 대표적으로 그리스도교 전반에 흐르고 있는 신비주의 전통과 유럽 인문

주의의 부흥 및 20세기 실존주의 철학의 등장을 예로 들 수 있다.

이번에 출간되는 『나그함마디 문서』는 초기 그리스도교 형성기에 등장한 소위 이단이라는 개념과 영지주의에 대한 기존의 이해를 새롭게 하는 데 학문적으로 기여할 수 있을 것이다.

이 책을 번역하신 고(故) 이규호 선생은 본래 대학에서 사학을 전공하고 잠시 고교에서 교편을 잡은 바 있다. 1980년대 초 대전 지역 공안 조작 사건으로 알려진 신앙공동체 '한울회사건'의 피해자로 고문과 투옥의 고초를 겪기도 했다. 그 후 오랫동안 정신적으로 고통을 겪으면서도 학문에 대한 열정만큼은 식지 않았던 것 같다. 생활고와 건강상의 어려움에도 진리에 대한 탐구가 그의 삶을 지탱해 왔다. 그러다 지인들의 권유와 도움으로 신학대학원에 들어가서 3년의 과정을 잘 마쳤다. 이후 계속된 어려운 생활 속에서도 그 누구의 도움 없이 꿋꿋이 재야 학자로서 신비주의와 영지주의에 관심을 가지고 연구해 왔다. 그의 고독한 연구의 첫 결실이 바로 이번에 출간하는 『나그함마디 문서』이다.

이 책은 이미 서구에서 오래전에 출판된 매우 학술적인 책인데 이번에 국내에는 처음으로 번역 소개된다. 이 책은 분량도 많은데다 내용이 까다로워서 번역하기가 쉽지 않은 책이다. 원문은 콥트어이지만 이미 영어, 독일어 등 여러 언어로 번역된 관계로 서구 신학계에는 많이 알려져 있다. 이 귀한 문헌의 한국어 번역은 창작만큼이나 힘든 일이었음이 분명하다. 어학과 문헌 연구에 타고난 능력을 갖고 있었던 이규호 선생의 학문적 열정과 구도적 자세가 없었더라면 이 귀한 책이 빛을 발하지 못했을 것이다.

필자는 감수자로서 이 책 전체를 읽게 된 것에 감사함을 느낀다. 또 단지 이 책을 읽는 데 그치지 않고 옮긴이의 문체를 살리면서도 명백히 틀리거나 부정확한 표현과 오자를 일일이 수정하여 보다 충실한 번역본을 만들고자 했다. 이규호 선생이 별세하기 전 필자에게 20여 년전에 번역한 이 책의 출판을 간곡히 부탁했는데, 그 목소리가 지금도 귀에 쟁쟁하다. 그만큼 이 책은 이규호 선생의 삶이 그대로 배어 있는 귀한 번역서라고 말할 수 있다. 이 책의 출판 소식에 선생께서 저세상에서나마 크게 기뻐하리라고 믿는다.

이 책의 각 문헌 원문 앞에 붙어 있는 해제는 좀 더 이해가 잘 되도록 감수자가 검토하여 수정 보완했다. 또 이 작업에 도움을 주신 목원대 신학과 박찬웅 교수님께 감사드린다. 이 책의 출판을 위해 고인의 원고를 수집하는 데 도움을 주신 이건종 목사님과 김종생 목사님께도 감사를 드린다. 특히 출판계의 어려운 환경에서도 이 책의 출판을 기꺼이 맡아 주신 도서출판 동연 김영호 대표님께 진심으로 감사를 드린다.

이 책을 통해 독자들 모두 그리스도교라는 종교를 좀 더 폭넓고 깊이 있게 이해할 수 있는 계기가 되기 바란다. 또한 기존의 고정관념에서 벗어나서 영지주의 전통에 대한 활발한 학문적 논쟁이 한국 신학계에서 일어나기를 소망한다.

2022년 2월

이규호 선생 기념사업회 회장, 목원대학교 교수

이정순

『나그함마디 문서』는 20세기 최대의 발견 중 하나이다. 이 문서를 통해 우리는 그간 교부들의 이단 비판 서적에서 비판적인 자료로만 보아 왔던 그리스도교 영지주의자들의 가르침을 직접 접할 수 있게 되었고, 영지주의에 대한 고정관념을 넘어설 수 있는 가장 핵심적인 자료를 얻게 되었다.

영지주의자들은 세상과 인간 현실 속에서 경험하는 악과 고통의 근원을 창조의 모순에서 찾는다. 선이신 하나님에게서 빛의 존재들이 방사(放射)되어 나왔으나 어느 때 마지막 방사체('에온'이라고 부른다)의 실수로 조화를 잃은 존재가 탄생한다. 보통 '얄다바오트'라고 부르는 이 존재는 욕망과 질투의 화신이어서, 자기를 낳은 어머니 소피아의 권능을 훔쳐 세상과 인간을 창조하여 그 속에 그 빛의 존재인 인간의 영혼을 가두고 노예화한다. 여기서 세상과 인간의 비극이 시작된다. 그는 인간 세계를 지배하는 자로 군림하기 위해 인간에게 여러 계명을 주어 그것을 지키게 하고, 인간이 자신의 본성인 빛을 자각하지 못하게 한다. 그러나 원래 빛의 존재인 인간의 영혼은 육체와 세상 속에서 번민하며 고통스러워한다.

어머니인 소피아는 자기 아들의 과오를 보고 깊이 후회하며 참회한다. 그녀는 빛의 불꽃(인간의 영혼)을 구원하기 위해 하나님 아버지께 간청하여 구원자를 보낸다. 그리하여 어머니의 계획에 의해 빛의 존재들을 감옥에서 구원하기 위한 사역이 진행된다. 구원자는 이 세계의 지배자들('아르콘'이라고 부른다) 몰래 그들의 감시를 뚫고 인간 세계로 들어온다. 그는 인간을 일깨워 그의 고향을 기억하게 하고, 그가 어둠의 존재가 아니라 빛의 존재임을 가르쳐 준다. 그는 지금까지 진행된 우주적 과정을 설명해 주고, 인간이 본래 무엇이었으며, 왜 여기에 와서 이렇게 살고 있는지를 알게 한다. 이것을 영지주의의 용어로 구원자의 '부름'이라고 하는데, 인간은 여기서 자신의 본 모습을 각성하고 이에 '응답'한다. 구원자는 온 세계에 흩어진 빛의 파편들을 모아 다시금 아르콘들의 방해를 뚫고 빛의 세계로 그들을 데려간다.

아르콘들은 세계를 계속 지배하기 위해 인간의 구원을 결사적으로 방해한다. 예수의 죽음은 이러한 방해의 결과이다. 그러나 아르콘들의 방해는 끝까지 성공하지 못한다. 어머니의 지혜는 이러한 방해를 이미 예견했으며, 치밀한 계획에 의해 마침내 구원을 완성한다. 구원자는 다시 지상에 들어와 빛의 존재들을 깨우고, 아르콘들은 심판을 받으며, 어둠은 영원히 사라진다.

『나그함마디 문서』는 예수께서 부활하신 후 제자들에게 이러한 비밀을 가르쳤다고 말하고 있다. 이 문서는 "해가 뜨지 않는 곳"에 숨겨져 있다가 때가 되면 나타날 것이라고 예언되어 있다. 이것은 1945년 이집트에서 발견되기까지 항아리 속에 담겨 땅에 묻혀 있다가 세기말에 발견되었다.

영지주의자들은 인간의 영혼이 하나님의 본질과 같다고 믿는다. 이 점은 우주의 비밀과 더불어 영지주의의 핵심이다. 그러므로 자신의 본질을 아는 자는 곧 하나님을 아는 것이며, 이것이 바로 진정한 구원이다. 우주적 드라마를 통한 구원 과정에서는 영지주의가 철저히 이원론으로 보이지만, 이 점에서 영지주의는 철저한 일원론이다. 그리고 이 점에서 영지주의는 불교의 가르침과 완전히 일치한다. 『나그함마디 문서』에는 그리스의 영지주의 사상인 헤르메스 사상에 속하는 문서가 일부 들어 있는데, 원래의 「헤르메스 문서」에는 "네 안에서 보고 듣는 이가 곧 주님의 로고스요, 네 마음이 하나님 아버지니라"(1:6)라고 말한다. 그러나 이것은 헤르메스 사상만의 표현이 아니라 모든 영지주의의 공통된 주장이다. 영지주의에서는 하나님의 이름이 '사람'이며, 그의 아들의 이름은 '사람의 아들'이다. 그가 구원자로 세상에 와서, 인간이 곧 하나님이라고 가르친다. 그러므로 영지주의 입장에서는 인간을 구원하는 것이 곧 하나님 자신을 구원하는 것이다. "구원자가 구원받는다."

영지주의는 이렇듯 우주의 창조와 구원 과정의 비밀을 말할 뿐 아니라, 인간의 본질적 실존에 대해 말한다. 이러한 사상은 지구상에 역사적으로 나타난 모든 종교 사상 중에서 유일한 것이다. 그러므로 영지주의는 철저히 실존주의적인 동시에 철저히 현실적이다. 구원자는 인간의 역사 속에 인간으로 나타나 인간을 일깨우고 비밀을 전한다. 그 구원자는 역사 속에서 한 번 나타난 것이 아니라, 여러 번 여러 모습으로 나타났다. 『나그함마디 문서』에서는 이 구원자가 조로아스터, 아담, 아담의 아들 셈, 셋, 예수 등이며, 빛의 천사들도 구원의 계시자들로 나타난다. 마니는 여기에 붓다를 포함시킨다. 그러나 그것은 마니의 독창성이 아니라, 위에 말한 것처럼 영지주의가 본래 그런 사상을 지니고 있기 때문이다.

이러한 사상으로 인해 영지주의는 고대로부터 이른바 정통 그리스도교의 비판의 대상이었으며 혹독한 탄압을 받았다. 이들은 중세까지도 남프랑스와 북이탈리아에서 '카타리교'(Catharism)라는 형태로 그리스도교보다 더 강력한 세력을 형성하고 있었으나 교황은 십자군을 동원하여 이들을 무참하게 파괴했다. 그들은 영지주의자들을 '이단'으로 탄압하고 처형했으며, 영지주의 문서를 불살랐다. 영지주의자들은 지하로 숨거나 사라졌다.

그러나 영지주의의 영향은 역사 속에서 사라진 적이 없었다. 이슬람 신비주의자들인 수피들은 이슬람 영지주의자들이라고도 부른다. 그들은 영지주의를 받아들였으며, 특히 헤르메스 사상을 적극 수용했다. 유대교 신비주의인 카발라(정확히 말하자면 '카발리즘')와 하시디즘은 영지주의의 영향으로 나타난 것이다. 일반적으로 간과하고 있는 것이지만, 중세 그리스도교 신비주의는 영지주의의 영향을 강력하게 받았다. '인간의 회복'을 주장한 이탈리아 르네상스는 그리스-로마의 고전 사상의 영향으로 나타났다고 알려져 있지만, 사실은 그 사상의 핵심에 플라톤 사상과 카발라와 헤르메스 사상이 있었다. 비잔틴 제국의 몰락과 함께 이탈리아로 전해진「헤르메스 문서」는 이 운동에 가장 큰 영향을 주었다. 위에서 보았듯이 헤르메스 문서는 인간을 곧 하나님이라고 말하고 있으므로, 중세의 권위적인 신관과 세계관에 정면으로 대립하는 것이었다. 종교개혁 또한 단순히 루터가 신비주의의 영향으로 일으킨 것이 아니다. 그 배경에는 카발라와 헤르메스 사상이 있었다. 종교개혁자 로이힐린은 그리스도교 카발리스트였으며, 헤르메스 사상을 연구한 사람이었다.

이제 우리는『나그함마디 문서』를 발견함으로써, 영지주의를 단순히 그리스도교의 이단이 아니라 하나의 독특한 종교 사상 내지 신학으로 보게 되었다. 독자는 이『나그함마디 문서』를 통해 그리스도교 영지주의의 진수를 맛볼 수 있으며, 하나님과 세계와 우리의 본질에 대해 다시 한번 깊이 있는 생각을 할 수 있는 기회를 갖게 될 것이다.

『나그함마디 문서』는 (1945년에) 발견된 이후 1970년에 들어서야 비로소 이집트 문화부와 유네스코가 사본의 형태로 출판하기 시작했으며, 미국 성서학자 제임스 로빈슨(James M. Robinson)을 필두로 세계 여러 학자가 각국의 언어로 번역하였다. 현재『나그함마디 문서』는 세계 여러 나라말로 출판되어 있으며, 미국 영지주의 교단 웹사이트 등 많은 웹사이트에 콥트어 원본과 함께 번역본이 공개되어 있다.

　본서에서는 독자들의 이해를 돕기 위해 각 문헌 앞에 옮긴이가 간단한 해설을 덧붙였다. 또한 '옮긴이의 글'에 요약한 본서 전체의 해설은 일레인 페이젤스의『성서 밖의 예수』(정신세계사)를 참고하여 옮긴이가 정리한 것이다.『성서 밖의 예수』는『나그함마디 문서』에 대한 해설서이므로 이 책의 독자에게 도움이 될 것이다.

2002년 6월 20일

옮긴이 이규호

| 차례 |

|일러두기|

1. 이 책은 각 문헌마다 〈해제〉와 〈원문〉의 순서로 되어 있다. 콥트어로 된 원본에는 〈원문〉만 있지만, 독자의 이해를 돕기 위해 〈해제〉를 붙였다. 그런데 이 〈해제〉는 국제 공인 번역본인 영문판과 독일어판에도 있지만 한국 독자를 위해 옮긴이와 감수자가 다시 작성하여 수록한 것이다.

2. 차례에는 편의상 원서에 표기되지 않은 문헌 번호(1, 2, 3…)를 붙였고, 원본 발견 당시의 13권으로 된 가죽 장정(코덱스Codex)의 표기도 붙였다. 다만 두 코덱스에 중복된 문헌은 번호를 매기지 않고 문헌 이름을 괄호로 표기하였다. 또 문헌 제목 아래 괄호 숫자는 출처인 코덱스 번호와 그곳에 기록된 순서이다. 예를 들어 "진리의 복음(I, 3과 XII, 2)"은 "진리의 복음"이 코덱스 I권 세 번째와 XII권 두 번째에 수록되어 있다는 의미이다. 출처 중 "BG 8502"는 Berolinensis Gnosticus의 약자로 베를린 코덱스이다.

3. 〔…〕는 사본에서 없어진 부분을 표시한 것이다.

4. 〈 〉는 사본의 필사자가 빠뜨렸거나 잘못 필사한 것을 교정한 것이다.

5. ｛ ｝는 필사자가 중복되게 기록하거나 첨가한 말을 표시한 것이다.

6. ( )는 편집자나 옮긴이가 보충한 말이다.

7. …는 콥트어 원문이 남아 있으나 해석할 수 없는 부분이다.

8. 여기 나오는 로마자는 파피루스 번호이고, 아라비아 숫자는 그 파피루스에 실려 있는 순서에 따른 문서번호이다. 예를 들면 V, 3은 5번째 파피루스의 3번째 글이라는 뜻이다.

9. 이 책에서는 장(章)과 절(節)을 구분하지 않았다. 원래 콥트어 원문에는 장과 절이 표시되어 있지 않으며, 현대 학자들이 쪽수와 행(行)의 번호를 표시하여 장과 절처럼 나누어 놓았다. 즉, 다른 번역판에서 3:2라고 된 것은 3쪽 2번째 줄이라는 뜻이다. 그런데 어순이 다른 우리말 번역에서는 긴 콥트어 문장의 장과 절(사실은 쪽과 행 번호)을 나누어 번역할 수가 없어서 표시하지 않았다.

사도 바울의 기도
(I, 1)

해제

　「사도 바울의 기도」는 「융 문서」라고도 알려진 『나그함마디 문서』 I의 앞표지에 있다. 필사자가 「삼부작」(I, 5)의 필사를 마친 후 「융 사본」에 있는 글 모음에 이 기도를 덧붙였을 것이다. 이 문서의 저작연대와 출처는 모르지만, 그 내용이 2세기 영지주의 사상가 발렌티누스[1]파인 특성을 지니고 있는 것으로 보아 2세기 후반에서 3세기 말 사이에 기록되었을 것으로 추정할 수 있다.

　이 「사도 바울의 기도」는 「셋의 세 기둥」(VII, 5)에 나오는 첫 기둥의 찬가 서두와 아주 비슷하다. 그러므로 이 두 자료는 같은 전승을 사용했을 수도 있다. 또 이 글에 표현되어 있는 사상은 「빌립복음」(II, 3)에 병행 구절들이 있다.

---

[1] Valentinus. 영지주의 사상의 독특한 체계를 세워 한 학파를 이룬 영지주의 사상가. 이집트에서 태어나 알렉산드리아에서 교육받았으며, 135~160년 사이에 로마에서 가르쳤다.

사도 바울의 기도

I A:1-B:10 / B:11-12

〔당신의〕 빛을 〔...〕, 당신의 〔자비를〕 제게 주소서!

〔저의〕 구원자이시여, 저를 구원하소서. 〔저는〕 당신 것〔이기〕 때문이니이다. 저는 당신에게서 나왔나이다.

당신은 〔저의〕 마음이시오니, 저를 낳으소서!

당신은 저의 보고(寶庫)이오니, 저를 위해 문을 여소서!

당신은 저의 충만〔이오니〕, 저를 당신께 데려가소서!

당신은 〈저의〉 안식이오니, 저에게 이해할 수 없는 〔저〕 완전함을 주소서!

주님들 중의 〔주님〕이시요, 시대들의 왕이신 예수 그리스도를 통해 모든 이름 위에 뛰어난 이름으로 계시며 선재(先在)하셨던 당신께 간구하오니, 사람의 아들, 영, 진리의 보혜사(保惠師: 성령)를 통해 후회하지 않으실 선물들을 제게 주소서.

〔제가〕 당신께 간구할 〔때〕 제게 권능을 주시고, 제가 전도자를 통해 당신께 간구할 때 제 몸을 치료해 주시며, 저의 영원한 빛인 혼과 저의 영을 구원해 주소서.

은총의 플레로마[2]가 〔처음〕 낳으신 분 — 제 마음에 그분을 〔계시해 주소서〕!

천사의 눈도 〔본〕 일이 없고, 아르콘[3]의 귀도 들은 (일이) 없으며, 태초에 지어질 때 천사와 같이 되었고, 혼적인 하나님의 형상을 따라

---

[2] Pleroma, 충만함과 완전함을 뜻하는 천상의 영적 세계.

[3] Archon, 악의 대명사로 이 세상의 지배자.

(나온) 인간의 마음에도 떠오른 일이 없던 것을 허락하소서. 저는 믿음과 소망이 있음이니이다. 당신의 사랑스럽고 선별되고 복된 위대함, 처음 나신 분, 맏아들을〔...〕그리고 당신 집의 그〔놀라운〕신비를 제 위에 임하게 하소서.〔왜냐하면〕권세〔와〕영광과 축복과〔위대함〕이 영원무궁토록 당신 것이기 때문이니이다.〔아멘. (?)〕

사도 바울의 기도

＊ ＊ ＊ ＊ ＊

평안 속에서
그리스도는 거룩하시도다.

야고보 비밀의 서
(I, 2)

해제

원본에는 제목이 없다. 그러나 본문에 주님께서 야고보와 베드로에게 계시하셨고, 야고보가 히브리어로 기록했다고 하는 "비밀스러운 책"에 관해 말하고 있기 때문에 학자들이 「야고보 비밀의 서」라는 제목을 붙였다.

이 글은 편지 형태를 취하고 있으며, 전형적인 서간문 형식으로 시작한다. 편지를 받는 이가 누구인지는 알 수 없다. 「야고보 비밀의 서」는 주로 야고보와 베드로라는 두 사도와 부활하신 그리스도 사이의 대화를 다룬다. 그리스도는 사도들에게 자기 자신을 깨달아 하나님 나라에 충만한 하나님의 아들들로 살기를 바란다고 말씀하신다. 끝으로 예수께서 자신의 "영의 전차"를 타고 승천하신다.

어떤 학자들은 「야고보 비밀의 서」가 발렌티누스학파의 개념을 일부 반영하고 있다고 주장한다. 「야고보 비밀의 서」는 서기 3세기에 이집트에서 기록되었을 것으로 추정한다.

야고보 비밀의 서

I 1:1-16:30

야고보가 〔...〕토스에게 쓰노라. 평안〔으로부터〕 평안이 〔너와 함께 하며〕, 사랑〔으로부터 사랑이〕, 은혜〔로부터 은혜가〕, 믿음으로부터 〔믿음이〕, 거룩한 생명으로부터 생명이 함께하기를 바라노라!

네가 주님께서 나와 베드로에게 계시하신 비밀스런 책을 보내달라고 요청했으므로, 나는 너의 부탁을 매정하게 거절할 수 없었도다. 그러나 나는 그 책을 히브리어로 썼으며, 그대에게, 오직 그대에게만 보냈느니라. 그러나 너는 성도들의 구원의 목자이니 신중하게 처신하여 이 글이 많은 사람들에게 읽히지 않도록 주의하여라. 이 글은 주님께서도 자신의 열두 제자인 우리 전체에게조차 말씀하기를 꺼리신 것이니라. 그러나 이 말씀을 믿고 구원을 받을 자들은 복이 있으리라.

나는 열 달 전에 주님께서 나에게 계시해 주신 또 하나의 비밀스런 책을 보냈도다. 그러나 현재의 상황에서는 그것은 나 야고보에게 계시된 것으로 여겨라. 그러나 이것은 〔...〕.

그런데 열두 제자가 모여 앉아 비밀리에든 공개적으로든 주님께서 각자에게 말씀해 주신 것을 기억하여 〔그것을〕 책으로 〔정리하고〕 있을 때—그러나 나는 〔나의 책〕에 있는 것을 쓰고 있었느니라— 주님께서 우리를 떠나신 후 우리는 줄곧 그분을 기다려 왔건만, 아, 그 주님께서 나타나셨도다. 주님께서 죽은 자 가운데서 부활하신 후 550일이 지나서 우리는 그분께 여쭈었도다. "주님께서는 저희를 떠나 다른 데 계셨나이까?"

그러나 예수께서는 "아니니라. 그러나 나는 내가 온 곳으로 가리라.

너희가 나와 함께 가고자 하면, 오너라!" 하고 말씀하셨느니라.

그들은 모두 "당신께서 명하시면 가겠나이다" 하고 대답했느니라.

주님께서 말씀하셨느니라. "진실로 내가 너희에게 이르노니, 아무도 내 명령으로 하늘나라에 들어가지 못할 것이고, (오직) 너희 자신이 충만해야만 들어갈 것이니라. 내가 그들을 충만케 하도록 야고보와 베드로를 내게 남겨 두어라." 그리고 이 두 사람을 불러 곁으로 이끄시고는 다른 자들은 자기들이 하던 일을 하라고 명하셨느니라.

주님께서 말씀하셨느니라. "너희는 자비를 입었도다〔...〕. 그런데 너희는 충만하기를 원치 않느냐? 또 너희 마음은 술에 취해 있는데도 술에서 깨기를 원치 않느냐? 그러므로 부끄러워하여라! 이후로는 자나 깨나 너희가 사람의 아들을 보았으며, 그와 개인적으로 이야기를 하고, 개인적으로 그의 말을 들었음을 기억하여라. 사람의 아들을 본 자들에게 화가 있도다. 그 사람을 보지 못한 자들과 그와 사귀지 않은 자들과 그와 이야기를 나누지 않은 자들과 그에게서 아무것도 듣지 못한 자들은 복이 있도다. 생명은 너희 것이니라! 그러므로 너희가 다스리도록 너희가 아플 때 그가 너희를 치료했음을 알라. 자기 병에서 벗어나 안식을 얻은 자들에게 화가 있도다. 그들이 다시 병들 것이기 때문이로다. 병든 일이 없이, 병들기 전에 안식을 얻은 이들은 복이 있도다. 하나님 나라는 너희 것이니라. 그러므로 내가 너희에게 말하노니, 충만하여 너희 안에 있는 공간을 비워두지 말라. 오고 있는 자가 너희를 조롱할 수 있음이니라."

그때 베드로가 말했느니라. "보소서, 주님께서 저희에게 '충만해져라'고 세 번이나 말씀하셨나이다. 〔그러나〕 저희는 충만하나이다."

〔주님께서 대답하셨느니라〕. "〔이렇기 때문에 내가〕 너희에게 '〔충만해져라〕'라고 〔말한 것이니〕, 〔너희가 결핍 속에 있지〕 않도록 하기

위해서이니라. 그러나 [결핍 속에 있는 자들은 구원받지] 못할 것이니라. 충만함은 좋고 결핍 가운데 있는 것은 나쁘기 때문이니라. 그러므로 네가 결핍 가운데 있는 것은 좋고, 반대로 네가 충만한 것은 나쁘니라. 그래서 충만한 자는 결핍 가운데 있고, 결핍 가운데 있는 자는 충만해지지 못하나니 결핍 가운데 있는 자가 충만해지고, 충만해진 자가 그다음에는 올바른 완전함을 얻는 것과 같으니라. 그러므로 너희는 너희를 충만케 할 수 있는 동안은 결핍 가운데 있고, 너희가 결핍 가운데 있을 수 있는 동안은 충만하여라. 그러면 너희는 그만큼 더 너희 자신을 [충만케] 할 수 있을 것이니라. 이와 같이 성령으로 충만하고 이성으로는 빈곤할지니 그것은 이성이기 때문이니라. 그리고 영혼은 영혼이니라."

그러나 나는 주님께 말했느니라. "주님, 주님께서 원하시면, 저희는 주님께 복종할 수 있사오니, 저희가 저희 아버지와 어머니와 저희 마을을 버리고 당신을 따랐음이니이다. 저희가 악한 자 악마에게 유혹받지 않게 하소서."

주님께서 대답하셨느니라. "너희가 아버지의 뜻을 행하면 너희의 공적은 무엇이냐? 너희가 사탄에게 유혹받는 동안 그것이 아버지로부터 너희에게 선물로 주어지지 않느냐? 그러나 만일 너희가 사탄에게 사로잡혀 박해받으면서도 아버지의 뜻을 행하면, 나는 그분께서 너희를 사랑하실 것이고, 너희를 나와 같게 하시며, 너희 자신의 선택에 의해 그분의 섭리를 따라 [너희가] 사랑스럽게 되었다고 여기실 것이라고 말하느니라. 그러므로 너희는 육체를 사랑하여 고난을 두려워하기를 그만두지 않겠느냐? 아니면 너희는 악한 자에 의해 나 자신이 그러했듯이 너희가 부당하게 비난받고 고소당하며, 불법적으로 감옥에 갇히고 정죄받으며, 이유 〈없이〉 십자가에 달리고, 〈수치스럽게〉 묻혀야 한다는 것을 아직도 알지 못하느냐? 성령께서 에워싸는 벽이 되어 주시는 너희가 육체를 아끼느냐? 만일 너희가 세상이 너희 〈이전에〉 얼마나 오랫동안 존재했으며, 그것이 너희 〈이후에〉 얼마나 오래 존재할지를 생각한다면 너희는 너희 생명이 한낱 하루요, 너희 고난이 겨우 한 시간에 지나지 않음을 알리라. 선이 세상에 들어오지 않을 것이기 때문이니라. 그러므로 죽음을 경멸하고, 생명을 생각하여라! 내 십자가와 내 죽음을 생각하여라. 그러면 너희가 살리라!"

그러나 나는 이렇게 말했느니라. "주님, 저희에게 십자가와 죽음에 대해 말씀하시지 마소서. 그것들은 당신에게서 멀리 있나이다."

주님께서 말씀하셨느니라. "진실로 내가 너희에게 이르노니, 내 십자가를 믿지 않으면 아무도 구원받지 못하리라. 그러나 나의 십자가를 믿는 자들은 하나님 나라에 들어갈 것이니라. 그러므로 죽은 자들이 생명을 구하듯이 너희는 죽음을 구하는 자들이 되어라. 자신들이 구하는 것이 자신들에게 나타나기 때문이니라. 그런데 그들을 괴롭히는 것이 무엇이냐? 너희에 관해 말하자면, 너희가 죽음을 맛볼 때 죽음은 너희에게 너희가 선택되었음을 가르쳐 줄 것이니라. 진실로 내가 너희에게 이르노니 죽음을 두려워하는 자들은 아무도 구원을 받지 못하리라. 죽음의 나라는 자신을 죽음에 맡기는 자들에게 속한 것임이니라. 나보다 나은 자들이 되어라. 너희 자신을 성령의 아들과 같이 되게 하여라!"

그때 내가 여쭈었느니라. "주님, 저희에게 예언하기를 요구하는 자들에게 저희가 어떻게 예언하리이까? 저희에게 예언을 구하고, 저희에게서 신탁을 듣기를 바라는 자들이 많이 있나이다."

주님께서 대답하셨느니라. "너희는 예언자의 머리가 요한과 함께 잘려나간 것을 알지 못하느냐?"

그러나 나는 말했느니라. "주님, 예언자의 머리를 제거할 수가 있나이까?"

주님께서 내게 말씀하셨느니라. "네가 '머리'라는 말이 무슨 뜻인지를 알게 되고, 예언이 그 머리에서 나오는 것임을 알게 되면 (그때) '그 머리가 제거되었다'는 말뜻을 이해하리라. 처음에 나는 너에게 비유로 말했으나 네가 이해하지 못하더니, 이제 내가 너에게 드러내 놓고 말하여도 너는 (여전히) 알지 못하는구나. 그러나 나에게 비유 속의 비유요, 드러난 (말) 속에 드러난 것은 너였느니라.

재촉당하지 말고 서둘러 구원받아라! 스스로 열심을 내어 나보다 먼저 이르르라. 그리하면 아버지께서 너희를 사랑하시리라.

위선과 악한 생각을 미워하여라. 위선을 낳는 것은 그런 생각이며, 위선은 진리에서 멀기 때문이니라.

하나님 나라를 시들게 하지 마라. 그것은 그 주위에 열매가 쏟아져 있는 종려나무 가지 같음이니라. 그것이 잎을 내고 싹을 틔운 후 사람들이 그 기력을 마르게 했느니라. 이 하나의 뿌리에서 자란 열매도 그러하니 그것은 심겨진 후 많은 (수고)를 통해 열매를 내느니라. 그것 (뿌리)은 분명히 선하나니 만일 네가 새로운 식물을 재배할 수 있다면 너는 그것(뿌리)을 발견하리라.

내가 이미 이와 같이 영화롭게 되었는데 너희는 왜 가려는 나의 열망을 붙잡아 두는 것이냐? 〔끝〕이 지났는데도 너희는 비유 때문에 나를 다시 18일 동안 너희와 함께 있도록 강요했느니라. 어떤 사람들은 가르침을 듣고 '목자들'과 '씨앗'과 '집'과 '처녀들의 등불'과 '일꾼의 품삯'과 '드라크마'와 '여인'의 비유를 이해하는 것으로 족하니라.

말씀에 대해 열심을 내어라! 말씀에 대해 말하자면, 그 첫 부분은 믿음이요, 둘째는 사랑이요, 셋째는 일이니, 이것들에게서 생명이 나오기 때문이니라. 말씀은 밀알과 같나니 어떤 사람이 그것을 뿌리고는 그것에 대해 믿음을 가졌느니라. 그것이 싹이 나자 그는 그것을 사랑했나니 그가 하나를 심은 곳에서 많은 밀알을 보았기 때문이니라. 그리고 그가 일했을 때 그는 구원을 받았나니 그가 음식을 만들기 위해 그것을 마련해 두었고, 또 (일부는) 씨 뿌리기 위해 남겨 두었기 때문이니라. 너희도 그렇게 하나님 나라를 받아들일 수 있느니라. 너희가 지식을 통해 이것을 받아들이지 않는다면 너희는 그것을 발견할 수 없으리라.

그러므로 내가 너희에게 이르노니 술에서 깨어나 속지 말라! 내가 너희 모두에게 말했으며, 또한 너 혼자에게만 말하기도 했나니 야고보야, 구원을 받아라! 내가 너에게 나를 따르라고 명했으며, 너에게 아르콘들 앞에서 할 말을 가르쳤노라. 내가 하강하여 말하고 고난당하고, 너희를 구원한 후 내 왕관을 벗은 것을 보아라. 내가 너희와 함께 거하려고 내려왔나니 이는 너희가 다음에 나와 함께 거하게 하려는 것이니라. 내가 너희 집의 지붕이 없는 것을 보고 내가 하강할 때 나를 영접할 만한 집에서 내 거처를 정하였노라.

그러므로 형제들아 나를 믿고 위대한 빛이 무엇인지 이해하여라. 아버지께서는 나를 필요로 하지 않으시니 아버지께는 아들이 필요 없기 때문이니라. 그러나 아들에게는 아버지가 필요하니라. 내가 그분께 가노니 아들의 아버지는 너희를 필요로 하지 않으시기 때문이니라.

말씀에 귀를 기울이고 지식을 이해하며 생명을 사랑하여라. 그러면 너희 자신 외에는 아무도 너희를 박해하지 못하고, 너희를 억압하지 못하리라.

오, 너희 사악한 자들이여, 오, 너희 불행한 자들이여, 오, 너희 진리를 아는 체하는 자들이여, 오, 너희 지식을 왜곡하는 자들이여, 오, 너희 성령에게 거역하는 죄인들이여 하늘나라가 너희를 받아들이도록 하려면 너희가 처음부터 말했어야 하거늘, 너희가 여전히 듣고 있을 수 있느냐? 너희가 처음부터 깨었어야 하거늘, 여전히 자고 있을 수 있느냐? 내가 진실로 너희에게 이르노니 너희가 지배하거나 지배하지 않는 것보다 순수한 사람이 오물에 빠지고, 빛의 인간이 어둠에 빠지는 것이 더 쉬우니라.

나는 너희의 눈물과 애통함과 고뇌를 기억하였으나, 그것들은 내 뒤 저 멀리에 있도다. 그러나 이제 아버지의 유산 밖에 있는 너희는 필요할 때 울고, 아들이 정해진 대로 상승할 때 애통해하며 선한 것을 전파하여라. 내가 진실로 너희에게 이르노니 나는 내 말에 귀를 기울이는 자들에게 보냄을 받았나니, 내가 그들과 말하지 않았다면 나는 지상에 내려오지 않았으리라. 그러므로 이제 그들(그것들) 앞에서 부끄러워하여라!

보라, 내가 너희를 떠나 멀리 가리니 너희 자신이 그것을 원치 않았듯이 내가 너희와 더 오래 머물기를 바라지 말라. 그러므로 이제 빨리 나를 따르라. 이것이 내가 너희에게 말을 하는 이유이니, 내가 너희 때문에 내려왔음이라. 너희는 사랑받는 자들이라. 너희는 많은 사람에게 생명의 원인이 될 자들이니라. 아버지를 부르고, 자주 하나님께 간구하여라. 그분께서 너희에게 주시리라. 그분께서 천사들 가운데서 선포되시고 성자들 가운데서 영화롭게 되셨을 때 그분과 함께 너희를 본 자는 복이 있도다. 생명은 너희의 것이니라. 하나님의 아들들로서 기뻐하고 즐거워하여라. 너희가 구원을 얻기 위해 (그분의) 뜻을 지키고, 나에게서 책망을 받고 너희 자신을 구원하여라. 나는 너희를 대신해 아버지께 좋게 말씀드리나니 그분께서 너희를 많이 용서하시리라."

우리는 이 말씀을 들었을 때 마음이 즐거워졌느니라. 우리는 전에 우리가 한 말에 대해 슬퍼하고 있었기 때문이니라. 그러나 주님께서는 우리가 기뻐하는 것을 보시고는 이렇게 말씀하셨느니라. "너희, 변호자가 없는 자들에게 화가 있도다! 너희, 은혜가 필요한 자들에게 화가 있도다! 모든 것을 털어놓고 자신들을 위해 은혜를 얻은 자들에게 복이 있으리라. 너희 자신을 이방인처럼 생각하여라. 그들이 너희 성읍 사람들의 눈에 어떻게 보이느냐? 너희가 자신의 뜻으로 자기를 내던져 너희 성읍에서 벗어날 때 너희는 왜 혼란스러워하느냐? 너희는 왜 너희 자신의 뜻으로 너희의 거처를 버리고, 그곳에 거하기를 원하는 자들에게 내어 주느냐? 오, 너희 버림받은 자들과 도망자들이여 너희에게 화가 있나니 너희가 사로잡힐 것임이니라! 아니면, 너희는 혹시라도 아버지께서 인류를 사랑하시므로 그분은 기도 없이도 얻을 수 있다거나, 그분이 다른 사람 대신에 어떤 사람을 용서하신다거나, 그분은 구하는 자를 참아 주신다고 생각하느냐? ─그분은 욕망을 아시며, 육체가 필요로 하는 것이 무엇인지를 아심이니라─(아니면, 너희는) 영혼을 욕망하는 것이 이 (육체)가 아니라고 (생각하는 것이냐)? 혼이 없이는 육체가 죄를 범치 못하나니 이는 영이 없으면 혼이 구원받지 못하는 것과 같으니라. 그러나 만일 혼이 악이 없어(서) 구원받으면 그 영도 구원되고, 그러면 몸도 죄에서 벗어나느니라. 혼을 재촉하는 것은 영이지만 그것을 죽이는 것은 몸이기 때문이니라. 즉, 자신을 죽이는 것은 그것(영혼)이니라. 내가 진실로 너희에게 이르노니 그분은 결코 영혼의 죄를 용서치 않으실 것이요, 육체의 죄도 용서치 않으시리라. 육체를 입은 자들은 누구도 구원을 얻지 못할 것임이니라. 너희는 많은 이가 하늘나라를 발견했다고 생각하느냐? 자신이 하늘에서 네 번째 존재임을 본 사람은 복이 있도다!"

우리는 이 말씀을 듣고 괴로워했느니라. 그러나 주님께서는 우리가 괴로워하는 것을 보시고 이렇게 말씀하셨느니라. "이렇기 때문에 너희가 너희 자신을 알도록 하기 위해 내가 이 말을 하였노라. 하늘나라는 들판에서 싹이 난 이삭과 같으니라. 그것이 익으면 그 열매를 흩어 다음 해를 위해 이삭으로 다시 들판을 채우느니라. 너희도 그러하나니 너희가 하늘나라로 충만하도록 너희 자신을 위해 생명의 이삭을 서둘러 추수하여라!

그리고 내가 너희와 함께 있는 동안 내 말에 주의를 기울이고, 나에게 순종하여라. 그러나 내가 너희를 떠나면 나를 기억하여라. 내가 너희와 함께 있었으나 너희가 나를 알지 못하였으므로, 나를 기억하라. 나를 안 자들은 복이 있으리라. 그러나 내 말을 듣고도 믿지 않은 이들에게는 화가 있으리라. 보지 않았으나 〔믿은〕 자들에게는 복이 있으리라.

내가 다시 한번 너희를 설득하는 것은 내가 너희에게 계시되었기 때문이니, 나는 너희에게 참으로 값진 집을 짓고 있느니라. 이는 너희가 그 아래서 안식처를 얻기 때문이니, 그것이 넘어지려 할 때 네 이웃의 집 곁에 서 있을 수 있음 같으리라. 진실로 내가 너희에게 이르노니 내가 그들로 인해 이곳으로 보냄을 받은 자들에게 화가 있으며, 아버지께로 올라가는 자들에게 복이 있도다. 내가 다시 한번 너희가 존재함에 대하여 너희를 꾸짖노니, 너희는 존재하지 않는 자들과 함께 있기 위하여 존재하지 않는 자들처럼 되라.

하늘나라를 너희 안에 있는 사막으로 만들지 말라. (너희를 역주) 비추는 빛으로 인하여 자만하지 말며, 나 자신이 너희를 위해 존재하듯이 너희도 자신을 위해 존재하여라. 내가 너희를 위하여 나 자신을 저주 아래 두었나니, 이는 너희를 구원하려 함이니라."

그러나 베드로가 이 말씀에 대해 이렇게 말했느니라. "주님, 당신은 어떤 때는 저희를 하늘나라로 몰아가시고는, 다음에는 다시 돌아가게 하시나이다. 또 어떤 때는 저희를 설득하시어 믿음으로 나아가도록 이끄사, 저희에게 생명을 약속하시고는, 다음에는 다시 저희를 하나님 나라에서 내치시나이다."

그러나 주님께서 우리에게 대답하셨느니라. "나는 너희에게 여러 번 믿음을 주었도다. 더욱이 야고보야, 나는 너에게 나 자신을 계시해 주었느니라. 그런데 너희는 나를 알지 못하였도다. 이제 나는 다시 너희가 여러 번 기뻐하는 것을 보는도다. 너희가 생명에 대한 약속으로 우쭐댈 때 너희는 슬프냐? 너희가 하늘나라에 대해 가르침을 받을 때 너희는 괴로우냐? 그러나 너희는 믿음과 지식을 통해 생명을 받았도다. 그러므로 너희가 그것에 대해 들을 때 그 거부를 무시하여라. 그러나 너희가 그 약속에 대해 들을 때는 그만큼 더 기뻐하여라. 내가 진실로 너희에게 이르노니 생명을 영접하고 하늘나라를 믿는 자는 결코 그것을 떠나지 아니하리니, 아버지께서 그를 내쫓고자 하실지라도 그러하리라.

이것이 내가 너희에게 지금 할 말이니라. 그러나 이제 나는 내가 왔던 곳으로 돌아가리라. 그러나 내가 가기를 간절히 원했을 때 너희는 나를 내쫓고, 나와 동행하기는커녕 나를 좇아다녔도다. 그러나 나를 기다리고 있는 영광에 주목하고, 너희 마음을 열어 하늘들에서 나를 기다리고 있는 찬송에 귀를 기울여라. 오늘 내가 아버지의 오른편(에 자리) 잡아야 하느니라. 그러나 내가 너희에게 (나의) 마지막 말을 하였으니, 너희를 떠나가리라. 영의 전차가 나를 끌어올리고 있기 때문이니라. 이 순간부터 나는 나를 입기 위하여 나를 벗으리라. 그러나 주의하여라. 아들이 하강하기 전에 그를 선포한 자들은 복이 있나니, 내가 왔을 때 (다시) 올라가리라. 그들이 존재하게 되기 전에 아들에게 선포(받은) 자들에게는 세 배로 복이 있나니, 너희가 그들 중에 한 분 깃을 얻으리라."

이 말씀을 하시고 주님께서는 떠나셨느니라. 그러나 베드로와 나는 무릎을 꿇고 감사를 드렸으며, 우리 마음을 하늘로 올려 보냈느니라. 우리는 전쟁의 소요와 나팔 부는 소리와 큰 소란함을 우리 귀로 듣고, 우리 눈으로 보았느니라.

우리가 그곳을 넘어갔을 때 우리는 우리 마음*을 더 위로 보내어 찬송과 천사들의 감사기도와 천사들이 기뻐하는 것을 우리 눈으로 보고, 우리 귀로 들었느니라. 천상의 권능들이 찬송을 부르고 있었으므로 우리도 기뻐했느니라.

그 후 우리는 다시 우리의 영을 보좌(寶座)에게로 올려 보내기를 원했느니라. 그런데 올라간 후 우리는 무엇이든 보고 듣도록 허락을 받지 못했느니라. 다른 제자들이 우리를 불러, 우리에게 "너희는 스승님께 무슨 말을 들었느냐? 주님께서 무슨 말씀을 하셨느냐? 그분은 어디 가셨느냐?" 하고 물었기 때문이니라.

그러나 우리는 그들에게 대답했느니라. "주님께서는 승천하셨고, 우리에게 보증을 해주셨으며, 우리 모두에게 생명을 약속해 주셨고, 우리가 우리 뒤에 올 자녀들(?)로 인해 〔구원을 받을〕 것이므로 그들을 사랑하라고 우리에게 명하신 후 우리에게 그들을 계시해 주셨도다."

그들은 (이) 말을 듣고, 진실로 그 계시를 믿었으나, 태어날 자들에 대해서는 기뻐하지 않았느니라. 그래서 나는 그들의 화를 돋우고 싶지 않아서, 각 사람을 다른 곳으로 보냈느니라. 그러나 나 자신은 예루살렘으로 올라가 앞으로 나타날 사랑스런 자들 가운데서 나도 분깃을 얻기를 기도했느니라.

나는 그 시작이 너에게서 나오기를 비노라. 그렇게 되어야 내가 구원을 얻을 것이기 때문이니라. 그들이 나를 통해 믿음으로—그리고 내 믿음보다 나은 다른 (믿음)을 통해— 각성될 것임이니라. 나는 내 믿음이 더 작기를 원하기 때문이니라. 그러니 너 자신이 그들과 같이 되도록 진실하게 노력하고, 네가 그들 가운데서 분깃을 얻기를 기도하여라. 내가 말한 사람들 외에는 주님께서 우리에게 계시를 주시지 않으셨느니라. 진실로 우리는 그들을 위해 선포가 행해진 자들, 주님께서 자신의 아들들로 만드신 자들 가운데 하나의 분깃을 선포하노라.

진리의 복음
(I, 3과 XII, 2)

해제

「진리의 복음」은 발렌티누스적인 문서이다. 이 문서의 제목은 콥트어 문서의 서두에서 따온 것인데, 이레네우스[1]의 글에 나오는 "진리의 복음"과 동일한 것으로 보인다. 「진리의 복음」의 그리스어 원문은 2세기 중엽이나 후반의 것으로 추정되며, 발렌티누스 자신이나 그의 학파에서 기록했을 가능성이 있다.

이 글에 '복음'이라는 제목이 붙어 있기는 하지만, 이 글은 신약성서의 복음과 같은 종류의 것이 아니다. 이것은 역사적 예수의 말씀과 행적에 중점을 두고 있지 않다. 그러나 「진리의 복음」은 예수에 대한 '복된 소식'이요, 영원하신 하나님의 아들에 대한 '복된 소식'이며, 아버지를 드러내고 지식, 특히 자아에 대한 지식을 전해 주는 말씀에 대한 '복된 소식'이라는 의미에서 '복음'이다. 「진리의 복음」은 『나그함마디 문서』 I과 IX에 중복되어 들어 있다.

---

[1] Irenaeus(서기 130~200). 리용의 감독으로, 이단에 관한 비판서를 많이 쓴 대표적인 교부(敎父). 나그함마디 문서가 발견되기 전에는 이 사람의 글에 인용된 영지주의자들의 주장이 영지주의를 알 수 있는 주요한 자료였다.

진리의 복음

I 16:31-43:24

진리의 복음은 말씀의 권능에 의해 진리의 아버지로부터 그분을 아는 선물을 받은 이들에게 기쁨이니라. 그 말씀은 플레로마에서 나왔으며, 아버지의 생각과 마음속에 있으며, 구원자라고 일컬어지며, 아버지를 알지 못한 자들의 구원을 위해 그가 행해야 하는 일의 이름이니라. 그 복음[의] 이름은 희망의 선포이며, 그분을 찾는 이들을 위한 발견이기 때문이니라.

진실로 만물은 자신이 나온 근원이 되시는 분을 찾아 헤매었으나, 만물은 모든 생각을 넘어 계신, 이해할 수 없고 생각할 수 없는 그분 안에 있었느니라. 아버지에 대한 무지가 불안과 공포를 낳았느니라. 그 불안은 안개처럼 자욱해져서 아무도 그것을 볼 수 없었느니라. 이로 인해 오류가 강해졌느니라. 그것은 텅 빔 속에서 자신의 물질을 만들어 내었나니, 그것이 진리를 알지 못했기 때문이니라. 그것은 (자신의 온갖) 힘을 다해 아름다움 속에서 진리의 대체물을 준비하면서, 한 피조물²을 만드는 데 몰두했느니라.

그런데 이것은 이해할 수 없고 생각할 수 없는 분에 대한 모욕은 아니었나니, 확고한 진리는 변할 수 없고, 동요치 않고, 아름다움에서 완전하므로, 그것들―불안과 망각과 거짓의 형상들―은 무(無)일 뿐이기 때문이니라. 그러므로 오류를 경멸하여라.

이와 같이 그것은 아무런 뿌리가 없으므로, 아버지에 대해 안개 속

---

2 "플라스마"(plasma): 형상, 이미지, 형성물.

에 빠져버렸느니라. 그때 그것은 일과 망각과 공포를 준비하는 데 몰두하고 있었나니, 이것들을 통해 중간에 있는 자들을 유혹하여 사로잡고자 했기 때문이니라. 오류의 망각은 드러나지 않았느니라. 그것은 아버지를 통해서 [...]이 아니니라. 망각이 아버지로 인해 존재하게 되었다 하더라도, 아버지 안에[3] 존재하게 된 것은 아니니라. 오히려 그분 안에 존재하게 된 것은 지식이니, 그것은 망각이 사라지고 아버지께서 알려지도록 하기 위해 나타났느니라. 아버지께서 알려지시지 않아서 망각이 존재하게 되었으므로, 만일 아버지께서 알려지시게 되면 그 순간부터 망각은 존재하지 않을 것이니라.

이것이 우리가 찾는 분의 복음〈이며〉, 아버지의 자비, 즉 숨겨진 신비이신 예수 그리스도를 통해 완전하게 된 자들에게 〈계시된〉 복음이니라. 이 복음을 통해 그분은 어둠 속에 있는 자들에게 빛을 비추셨느니라. 그분은 그들을 망각에서 깨어나게 하셨으며, (그들에게) 길을 보여 주셨느니라. 그 길은 그분이 그들에게 가르치신 진리이니라.

이런 이유로 오류가 커져서 그분에게 분노하게 되었고, 그분을 박해했으며, 그분으로 인해 괴로워했고, (그리하여) 무(無)로 돌아갔느니라. 그분은 나무에 못 박히셨느니라. (그리하여) 그분은 아버지의 지식의 열매가 되셨느니라. 그러나 그것은 사람들이 그것을 〈먹었〉을 때 파괴를 가져다주지 않았느니라. 그것은 그것을 먹은 자들이 발견 속에서 기뻐하게 해주었느니라. 왜냐하면 그분은 자신 안에서 그들을 발견하셨고, 그들은 자신들 안에서 이해할 수 없고 생각할 수 없는 분, 아버지이신 완전하신 분을 발견했기 때문이니라. 그분이 만유를 지으셨으나 만유는 그분 안에 있으면서도 그분을 갈망했느니라. 아버지께

---

3 "아버지 아래에"(NHL). "아버지 안에"(NHS 2). "아버지에게"(GSNH). "아버지에 의해"(VG).

서는 자신 안에 그들의 완전함을 간직하시고, 그들에게 그것을 주지 않으셨지만 그분은 질투하신 것이 아니니라. 진실로 그분과 그분의 일부인 것들 사이에 무슨 질투가 있겠는가? 만일 이 에온[4]이 그들의 [완전함]을 [받아들였다]면, 그들은 아버지께로 [...] 올 수 없었을 것이니라. 그분이 자신 안에 그들의 완전함을 간직하신 것은 그분을 향한 귀환으로, 완전하고 유일한 지식으로 그들에게 그것을 주시려는 것이니라. 만유를 지으신 분은 그분이시니라. 그런데 만유는 그분 안에 있으면서도 그분을 갈망했느니라.

사람들에게 알려지지 않은 사람이 그러하듯이, 그분은 사람들이 자기를 알고 사랑하기를 원하셔서—아버지에 대한 지식이 아니라면 만유가 무엇을 갈망하겠는가?— 고요하고도 끈기 있는 안내자가 되셨느니라. 그분은 가르치는 곳으로 가셔서 선생으로서 말씀을 전하셨느니라. 거기에 현자들—자기들이 생각하기에 현자인 자들—이 와서 그분을 시험하려고 했느니라. 그러나 그분은 그들을 당황케 하셨나니 그들이 어리석었음이니라. 그들은 그분을 미워했나니 그들은 진실로 현자들이 아니었기 때문이니라.

이런 모든 일이 있은 뒤에 어린아이들이 왔나니, 아버지의 지식은 그들에게 속한 것이니라. 아이들은 확고해진 후에 아버지 모습의 여러 측면에 대해 배웠느니라. 그 아이들은 알았고, 알려졌느니라. 그들은 찬양을 받았고, 찬양을 드렸느니라. 그들의 마음속에는 살아 있는 자들의 살아 있는 책, 아버지의 생각과 마음속에 쓰여 있는 책이 계시되었느니라. 그 책은 모든 것이 생기기 이전부터 그분의 이해할 수 없음

---

4 aeon. 그리스어로는 아이온(aion). 이 말은 독특한 의미를 지니고 있어서 일반적으로 시간을 나타내는 말로 쓰이나, 하나의 세계(공간)를 뜻하는 경우도 있고, 하나의 인격적 방사체를 뜻하는 경우도 있다.

속에 있었느니라. 아무도 그 책을 가져갈 수 없었나니, 그 책은 그것을 가져갈 사람을 위해 보존되어 있었고, 그 사람은 죽임을 당할 것이기 때문이니라. 그 책이 나타나지 않았더라면, 구원을 믿는 자들이 아무도 나올 수 없었을 것이니라. 이 때문에 자비롭고 미쁘신 예수께서 그 책을 받기까지 고통당하시며 인내하셨던 것이니, 자신의 죽음이 많은 사람에게 생명이 됨을 아셨기 때문이니라.

유언장이 개봉되기 전에는 사망한 집주인의 재산이 그 유언장에 숨겨져 있는 것과 같이, 스스로 존재하시고 온 우주가 나온 근원이 되시는 만유의 아버지께서 보이지 않으시는 한, 만유도 그와 같이 숨겨져 있느니라. 그래서 예수께서 나타나신 것이니라. 그분은 그 책을 취하시고 나무에 못 박히셨느니라. 그분은 십자가 위에서 아버지의 칙령을 선포하신 것이니라. 아, 얼마나 위대한 가르침인가! 그분은 영원한 생명에 싸여 있으면서도 스스로를 죽음으로 끌어내리셨도다. 그분은 썩어버릴 누더기를 벗어버리시고 아무도 빼앗을 수 없는 불멸성을 입으셨도다. 그분은 공포의 텅 빈 곳으로 들어가심으로써 망각에 의해 발가벗겨진 자들 사이를 지나셨으며, 지식과 완전하심이 되어 그 가르침을 받아들일 사람들을 가르치시기 〔...〕 위해 〔아버지의〕 마음속에 있는 것을 선포하셨도다.

그러나 가르침을 받아들이는 사람들은 살아 있는 자들의 책에 기록된 살아 있는 사람들〔이니라〕. 그들은 자신들에 대한 가르침을 받아들이느니라. 그들은 그것들을 아버지께로부터 받아들여 그분께 다시 돌아가느니라. 만유의 완전함은 아버지께 있기 때문에 만유는 그분께로 올라가야 하느니라. 그런데 만약 지식을 가진 자라면 자신에게 속한 것을 받아들여 자신에게로 가져가느니라. 무지한 자는 결핍 속에 있으며, 그가 결여하고 있는 것은 참으로 큰 것인데, 그는 자신을 완전하게 해 줄 수 있는 것을 결여하고 있기 때문이니라. 만유의 완전함은 그분 안에 있으므로 만유는 그분께로 올라가야 하며, 각 사람은 자기 자신의 것을 받아들여야 하느니라. 그분은 그들을 미리 기록해 두셨나니 이는 아버지께로부터 온 자들에게 주시려고 그들을 준비하신 것이니라.

그분께서 미리 그 이름을 아신 사람들은 결국 부름을 받았나니 지식을 지닌 자는 아버지께서 그 이름을 부르신 자이니라. 아버지께서 그 이름을 부르지 않은 자는 무지한 자이니라. 이름을 부르지 않았다면 어떻게 들을 수 있으리오? 끝까지 무지한 자는 망각의 피조물이며, 그 망각과 함께 사라질 것이니라. 그렇지 않다면 이 비참한 자들이 어찌하여 이름이 없으며, (어찌하여) 부름을 받지 못하리오? 그러므로 지식이 있는 자는 위로부터 난 자니라. 그는 부름을 받으면 듣고, 대답하고, 자기를 부르시는 분께로 돌아가 그분께로 올라가느니라. 그는 자신이 어떻게 부름을 받는지 아느니라. 그는 지식이 있으므로 자신을 부르신 분의 뜻을 행하며, 그분을 기쁘시게 하기를 원하고, 안식을 받아들이느니라.

각 사람의 이름은 그분께로 가느니라. 이렇게 지식을 지닐 사람은 자신이 어디에서 오며 어디로 가는지 아느니라. 그는 술에 취했던 사람이 술에서 깨어나 정신을 차리면 자신에게 속한 것을 되찾는 것처럼 알게 되느니라. 그분은 오류로부터 많은 사람을 되찾아 오셨느니라. 그분은 온 우주를 포용하시는 깊이를 지니셨으나 아무도 그분을 포용할 수 없으므로 그들은 오류를 받아들였으며, 그분께서는 그때 그들이 떠나온 그들의 처소로 그들보다 먼저 가셨느니라. 참으로 놀라운 일은 그들이 아버지 안에 있으면서도 그분을 알지 못했다는 것이며, 그들이 자신이 속해 있는 그분을 이해하거나 알 수 없었기 때문에 스스로 나올 수 있었다는 것이니라. 만일에 그분의 의지가 이와 같이 그분에게서 나오지 않았다면,—왜냐하면 그분은 모든 방사체(放射體)가 모이는 지식에 비추어 그것을 계시하셨음이니라.

이것이 그분께서 에온들에게 그 마지막〔글자들〕까지 계시해 주신 살아 있는 책에 대한 지식이니라. 그분께서는 그 글자들이 모음도 아니고 자음도 아니어서 사람들이 그것들을 읽고 어리석은 것을 생각할 수는 있지만, 그것들은 오직 아는 자들만이 말하는 진리의 글자들임을 계시해 주셨느니라. 각 글자는 완전한 책과 같은 완전한 〈생각〉이니라. 그것들은 하나이신 아버지께서 쓰신 것이며, 그분은 에온들이 그 글자를 통해 아버지를 알 수 있도록 그들을 위해 그것들을 쓰셨느니라. 그분의 지혜는 그 말씀을 묵상하고, 그분의 가르침은 그것을 말하고, 그분의 지식은 〈그것〉을 계시했느니라. 그분의 인내는 그 위에 씌워진 왕관이며, 그분의 기쁨은 그것과 하나이며, 그분의 영광은 그것을 드높이셨으며, 그분의 형상은 그것을 드러내셨고, 그분의 안식은 그것을 자신 안에 받아들이셨으며, 그분의 사랑은 그것 안에서 화육(化肉)하셨으며, 그분의 신실하심은 그것을 감싸셨느니라. 이와 같이 아버지의 말씀은 그분의 마음의 열매이자 그분의 의지의 표현으로서 만유 안에 나타나 있느니라. 그러나 그것은 만유를 지탱하고 있나니 그것은 그것들을 선택하고 만유의 표현을 받아들여 그것들을 정화하고, 만유를 아버지와 어머니와 무한히 부드러우신 예수께로 돌려보내느니라.

아버지께서는 자신의 가슴을 보여 주시느니라. 그 가슴은 성령이시니라. 그분은 자신의 감춰진 것을 보여 주시느니라. 그 감춰진 것은 그분의 아들이니라. 아버지의 자비를 통해 에온들이 그분을 알고, 아버지를 찾는 수고를 멈추고 그분 안에서 안식하며, 이것이 안식임을 알게 하시려는 것이니라. 그분은 결핍을 충만케 채우시고, 그 형상을 폐지하셨나니, 그 형상은 그분이 섬기신 세상이니라. 왜냐하면 질투와 다툼이 있는 곳은 결핍이며, 하나됨이 있는 곳은 완전함이기 때문이니라. 아버지께서 알려지지 않았기 때문에 결핍이 존재하게 되었으므로, 아버지께서 알려지면 그 순간부터 결핍은 더 이상 존재하지 않을 것이니라. 사람이 지식을 갖게 되면 무지가 저절로 사라지듯이, 빛이 나타나면 어둠은 저절로 사라지듯이, 결핍도 완전함 속에서 사라지는 것이니라. 그리하여 그 순간부터 개개의 형상이 분명치 않고, 그것은 하나됨 속에 녹아 없어지리니, 이는 그 작용이 흩어져버렸기 때문이니라. 때가 되면 하나됨이 모든 우주를 완성하게 할 것이니라. 하나됨 안에서 각 사람이 자신을 찾을 것이니라. 각 사람은 지식 안에서 자신을 정화시켜 많음에서 하나됨으로 돌아갈 것인데, 그 하나됨은 그 안에 있는 물질들을 불처럼 살라버리고, 어둠을 빛으로, 죽음을 생명으로 살라버릴 것이니라.

만일 이러한 일들이 진실로 우리 각 사람에게 일어났다면 그때 우리는 무엇보다도 집들이 하나됨을 위해 거룩하고 고요해지도록 주의해야 하느니라. 이는 질이 좀 좋지 않은 항아리가 있는 집에서 온 사람들의 경우와 같으니라. 그들은 그 항아리를 깨뜨려버릴 것이고, 집주인은 그것을 아까워하지 않을 것이니라. 오히려 〈그는〉 그것을 기뻐할 것인데, 나쁜 항아리들 대신에 완전하게 된 가득 찬 항아리들이 있기 때문이니라. 하늘에서 온 심판도 이와 같으니라. 하늘은 이미 모든 사람에게 심판을 내렸느니라. 그것은 칼집에서 뽑아낸 양날로 자르는 칼과 같으니라. 그것을 말하는 자들의 가슴 속에 계신 말씀이 나타나셨을 때─그것은 단지 소리가 아니라 육체가 되셨느니라─ 항아리들 사이에는 큰 혼란이 생겼느니라. 왜냐하면 어떤 것들은 비어 있었고, 어떤 것들은 가득 차 있었기 때문이니라. 즉, 어떤 것들은 공급을 받았고, 어떤 것들은 쏟아낸 상태였으며, 어떤 것들은 정화되었지만, 어떤 것들은 깨뜨려졌기 때문이니라. 온 우주가 질서와 안정을 잃고 흔들리고 혼란스러워졌느니라. 오류는 어찌할 바를 몰라 당황했느니라. 오류는 아무것도 알지 못했기 때문에 애통하고 탄식하며 괴로워했느니라. 지식이 가까이 다가갔을 때―이것이 (오류)와 모든 방사체의 몰락이니라― 오류는 텅 비어 그 안에 아무것도 없었느니라.

진리가 그 한가운데로 오자 그 모든 방사체는 진리를 알았느니라. 그들은 자신들을 아버지와 하나되게 하는 완전한 권능을 지니신, 진리 안에 계신 아버지를 맞이했느니라. 모든 사람이 진리를 사랑했느니라. 진리는 아버지의 입이며, 그분의 혀는 성령이기 때문이니라. 진리와 하나되는 자는 성령을 영접할 때마다 아버지의 혀를 통해 아버지의 입과 하나가 되느니라. 이는 아버지의 나타나심이요, 그분의 에온들에 대한 그분의 계시이니라. 그분은 자신의 감춰져 있던 것을 드러내사 설명하셨느니라. 아버지 한 분 외에 누가 존재한단 말인가? 온 우주는 그분의 방사이니라. 그들은 어른에게서 나온 어린이와 같이 자신들이 그분에게서 나왔음을 알았느니라. 그들은 자신들이 형상도 이름도 받지 않았음을 알았나니, 그들 각자는 아버지께서 낳으시는 것이니라. 그들이 실로 그분의 지식에 의해 형상을 받을 때 그들은 그분 안에 있으면서도 그분을 알지 못하느니라. 그러나 아버지께서는 완전하셔서, 자신 안에 있는 모든 우주를 아시느니라. 만일 그분이 원하신다면, 그분은 그에게 형상을 주시고 이름을 주셔서 자신이 원하는 자를 나타나게 하시느니라. 그분은 그에게 이름을 주셔서 자기들이 존재하기 전에는 자신들을 지으신 분을 알지 못하는 자들이 존재하게 하시느니라.

그런데 나는 아직 존재하지 않는 자가 (전혀) 무(無)라고 말하는 것은 아니니라. 그들은 앞으로 올 시간과 같이 그분이 원하실 때 그들이 존재하기를 원하시는 그분 안에 있느니라. 모든 것이 나타나기 전에 그분은 자신이 무엇을 지으실지 아시느니라. 그러나 아직 나타나지 않은 열매는 아무것도 알지 못하고, 아무것도 하지 못하느니라. 이와 같이 아버지 안에 있는 모든 우주는 존재하시는 분에게서 나왔고, 그분은 존재하지 않는 것으로부터 그것을 지으셨느니라. 뿌리가 없는 자는 열매도 없기 때문이니라. 자신이 "나는 존재하게 되었다"고 생각해도, 그는 스스로 멸망할 것이니라. 이런 까닭에 전혀 존재하지 않았던 자는 결코 존재하게 되지 않을 것이니라. 그러면 그분은 그가 자신에 대해 어떻게 생각하기를 원하셨던 것일까? 바로 이것이니, "나는 그림자 같이, 밤의 유령과 같이 존재하게 되었도다" 하는 것이니라. 그 사람이 겪은 공포 위로 빛이 비취면, 그는 그것이 무(無)임을 아느니라.

이와 같이 그들은 아버지에 대해 알지 못했나니, 그분은 그들이 보지 못한 분임이니라. 거기에는 공포와 혼란과 불안정과 의심과 분열이 있었으므로, 이러한 것들로 인해 많은 환상이 작용하고 있었으며, 마치 그들이 잠 속에 빠져 혼란스런 꿈속에 있는 것처럼 공허한 허상이 있었느니라. 그들이 도피할 곳이 있는 경우도 있고, 다른 이들을 좇다가 힘없이 오는 경우도 있고, 싸움에 휘말리기도 하고, 공격을 받기도 하고, 높은 곳에서 떨어지기도 하고, 날개가 없는데 허공으로 날아가기도 하느니라. 또 때로는 자기들을 좇아오는 사람이 아무도 없는데도 사람들이 자신들을 죽이고 있었던 것 같기도 하고, 또는 자기들 자신이 자기 이웃을 죽이고 있는 듯도 하니라. 왜냐하면 그들이 이웃의 피로 더러워져 있기 때문이니라. 이 모든 일을 겪는 자들이 깨어나면 이러한 모든 혼란의 와중에 있던 그들은 아무것도 보지 못하느니라. 왜냐하면 그들은 무(無)이기 때문이니라. 자신에게서 무지를 잠처럼 내

던져버린 자들의 길은 이와 같으니라. 그들은 그것을 현실이라고 여기지 않으며, 그 현상이 실제적인 것이라고 여기지도 않고, 그것을 한밤에 꾼 꿈처럼 놓아버리느니라. 그들은 아버지에 대한 지식을 빛으로 여기느니라. 이것이 각 사람이 무지했을 때 잠자는 것처럼 행동해 온 모습이니라. 또 이것이 각 사람이 잠에서 깨어난 것처럼 지식에 이르게 된 모습이니라. 자기 자신에게로 돌아가 깨어날 자는 행복하도다. 그리고 소경의 눈을 뜨게 해준 사람은 복이 있도다. 성령께서 서둘러 그 사람을 깨우시려고 그에게 달려가셨도다. 그분은 땅에 누워 있는 그 사람에게 손을 뻗쳐 그 사람이 제 발로 일어서게 해주시느니라. 그 사람이 아직 일어나지 못했기 때문이니라. 그분은 그에게 아버지에 대한 지식과 그 아들에 대한 계시를 아는 길을 열어 주셨느니라.

사람들이 그분을 보고 그분의 목소리를 들었을 때 그분께서 사람들이 그분을 맛보고 그분을 냄새 맡고, 사랑하는 아들을 만질 수 있도록 하셨기 때문이니라. 그분은 알 수 없는 분인 아버지에 대해 그들을 가르치시려고 나타나셨느니라. 그분은 그분의 뜻을 행하시려고 마음속에 있는 것을 그들에게 불어넣으셨느니라. 많은 사람이 그 빛을 영접했을 때 그들은 그분께로 돌아섰느니라. 그러나 물질적인 존재들은 (그분께) 낯선 자들이어서 그분의 모습을 보지 못하고 그분을 알아보지 못했느니라. 그분은 육체의 형상으로 오셨으나 아무것도 그 길을 가로막지 못했나니, 불멸은 잡을 수 없기 때문이니라. 그분은 새로운 것을 말씀하셨으나 그것은 아버지의 마음속에 있는 것에 대해 말씀하신 것이니, 그분은 흠 없는 말씀을 하신 것이니라. 빛이 그분의 입을 통해 말씀하셨고, 그분의 목소리는 생명을 낳으셨느니라. 그분은 아버지의 무한하심과 자애로우심으로부터 사람들에게 생각과 이해와 자비와 구원과 강력한 영을 주셨느니라. 그분은 징벌과 고문을 멎게 하셨느니라. 왜냐하면 과오와 매임 속에서 자비를 갈망하는 자들이 그분을 떠나 방황하게 한 것이 바로 이것이기 때문이니라. 그분은 권능으로 이것을 부수시고, 지식으로 이것을 깨뜨리셨느니라. 그분은 길을 잃은 자에게 길이 되셨고, 무지한 자들에게는 지식이 되셨으며, 찾는 자들에게는 찾음이 되셨고, 흔들리는 자들에게는 격려가 되셨으며, 더러워진 자들에게는 순결함이 되셨느니라.

그분은 길을 잃지 않은 아흔아홉 마리의 양을 두고 떠나신 목자이시니라. 그분은 길을 잃은 한 마리 양을 찾으러 가셨느니라. 그분은 한 마리 양을 찾으시고 기뻐하셨느니라. 왜냐하면 99는 그것을 잡고 있는 왼손에 있는 숫자이기 때문이니라. 그러나 하나를 되찾으면, 그 전체의 숫자가 오른(손)으로 넘어가느니라. 하나—그것은 오른쪽 전체니라—가 부족한 분의 경우가 이러하니라. 그분이 부족한 것을 (자기에게로) 끌어당겨 그것을 왼쪽에서 집어다가 오른쪽으로 가져가시니, 그 숫자가 100이 되느니라. 이것은 그들의 소리 속에 계신 분에 대한 상징인데, 그분은 아버지이시니라. 그분은 안식일에조차도 구덩이에 빠진 양을 보시면 그 양을 구하시기 위해 일하셨느니라. 그분은 그 양을 구덩이에서 꺼내사 그 양에게 생명을 주셨나니, 이는 내적인 지식의 아들들인 너희가 내적으로 안식일이 무엇인지 알게 하시려는 것이니라. 안식일에 구원의 일을 태만히 하는 것은 합당치 않으니라. 이것은 또 너희가 하늘에서 온 밤이 없는 낮으로부터 말하고, 완전하여 사그라들지 않는 빛으로부터 말하게 하시려는 것이니라. 그러니 너희는 완전한 대낮이며, 너희 안에는 사라지지 않는 빛이 있다고 가슴으로부터 말하여라.

진리를 찾는 자들과 함께 진리에 대해 말하고, 오류 속에 죄를 범한 자들에게는 지식에 대해 말하여라. 실수한 자들의 발을 굳건하게 해주고, 병든 자에게 너희의 손을 내밀라. 배고픈 자들을 먹이고, 지친 자들에게 휴식을 주고, 일어서기를 원하는 자들을 일으켜 주고, 잠자는 자들을 깨워라. 너희는 용기를 주는 이해이기 때문이니라. 만약 힘이 이와 같이 행동한다면, 그것은 훨씬 더 강해지느니라. 너희 자신에게만 관심을 갖고, 너희가 스스로에게서 이미 물리쳤던 다른 것들에 관심을 갖지 마라. 너희가 토해낸 것을 다시 먹으려고 돌아서지 마라. 좀벌레나 구더기가 되지 마라. 너희는 이미 그것을 버렸음이니라. 악마의 (거)처가 되지 마라. 너희는 이미 악마를 격파했느니라. 너희에게 장애(가 되는) 무너져 가는 (것들)을 마치 (너희가) 그것들의 보조자인 양 격려해 주지 마라. 불의한 자는 의로운 자와는 달리 나쁘게 처신하는 자이니라. 불의한 자는 불의한 자로서 자기 일을 하지만, 의로운 자는 의로운 사람들 가운데서 자기 일을 하느니라. 그러므로 너희는 아버지께로부터 났으니, 아버지의 뜻을 행하여라.

아버지께서는 온유하셔서 그분의 뜻 안에는 선한 것만이 있느니라. 그분께서는 너희에게 속한 것들을 아셨나니, 그러므로 너희가 그것들 안에서 쉴 수 있게 되었느니라. 사람들은 너희에게 속한 것들을 열매를 통해 알기 때문이니라. 아버지의 자녀들은 그분의 향기이니 그들이 아버지의 얼굴의 은혜에서 나왔음이니라. 그래서 아버지께서는 자신의 향기를 사랑하시고, 그것을 모든 곳에 나타내시느니라. 그런데 만일 그것이 물질과 섞이면 그분은 그분의 향기를 빛에게 주시어, 그분의 안식 속에서 그것이 모든 형상(과) 모든 소리를 넘어서게 하시느니라. 왜냐하면 향기를 맡는 것은 귀가 아니며, 후각을 가지고 향기를 끌어들여 아버지의 향기 속에 잠기는 것은 호흡(이기) 때문이니라. 호흡은 향기를 되찾아서 그것이 처음 나온 곳으로 데려가지만, 그 처음의 향기는 이제 차갑게 식었느니라. 그것은 혼적인 형상을 한 것이고,

〔…〕한 차가운 물과 같은 것이니라. 그것은 굳지 않은 흙 위에 있는데, 그것을 본 사람들은 그것을 흙이라고 생각하느니라. 그것은 후에 다시 해체되느니라. 만일 호흡이 그것을 끌어들이면 그것은 뜨거워지느니라. 그러므로 차가워진 향기는 분리에서 나오는 것이니라. 이것을 위해 〔믿음이〕 왔느니라. 그것은 분리를 없애고, 차가운 것이 다시 오지 못하고, 완전한 생각의 합일이 생기도록 하기 위해 따뜻한 사랑의 플레로마를 가져왔느니라.

이것이 높은 곳에서 오는 구원을 기다리는 자들에게 플레로마를 발견하는 복음의 말씀〈이니라〉. 그들이 기다리고 있는 그들의 희망이 대기하고 있는 동안―그들의 형상은 그림자 없는 빛이니라― 그때 플레로마가 오리라. 물질의 결핍은 아버지의 무한하심 때문에 생긴 것이 아니니라. 불멸이신 분이 이런 식으로 오시리라고는 아무도 말할 수 없겠지만, 아버지는 결핍의 때에 오시느니라. 그러나 아버지의 심연이 여럿으로 변해도 그분 안에는 오류의 생각이 존재하지 않았느니라. 그것은 사라지는 현상이요, 그가 다시 오게 하실 분에게로 간 자의 발견에 의해 다시는 일어나지 않는 현상이니라. 이 돌아섬을 회개라고 부르느니라.

이러한 이유로 불멸은 숨을 내쉬었느니라. 그것은 죄를 지은 자가 안식을 얻도록 하기 위해 그를 좇아갔느니라. 용서는 결핍 속에 있는 빛을 위해 남아 있는 것이니, 그것이 플레로마의 말씀이기 때문이니라. 의사는 병이 있는 곳으로 달려가나니 이는 그것이 그 안에 있는 그의 뜻이기 때문이니라. 그때 결함이 있는 자는 그것을 숨기지 않나니 한 사람이 다른 사람에게 없는 것을 가지고 있기 때문이니라. 결함이 없는 플레로마의 경우도 그와 같으니라. 그것은 그의 결함을 채우느니라. 그것은 그가 은혜를 받아들일 수 있도록 하기 위해 그가 결여하고 있는 것을 채우도록 그가 준 것이니라. 그에게 결핍이 있을 때 그에게는 은혜가 없었느니라. 그러므로 은혜가 없는 곳에는 열등함이 있느니라. 사람이 결핍을 느끼고 있던 이 작은 것을 받아들이자마자 그는 그것을 플레로마(충만)로 나타나게 했느니라. 그것이 그에게 일어난 진리의 빛의 발견인데, 그것은 변치 않기 때문이니라.

그러므로 혼란에 빠진 자들이 회복되게 하시려고 그리스도께서 그들 한가운데에서 말씀하셨으며, 그들에게 기름을 부으신 것이니라. 그 기름 부음은 아버지의 자비이니, 아버지께서 그들에게 자비를 보이실 것이니라. 그러나 그분이 기름을 부으신 자들은 완전해진 자들이니라. 사람들은 보통 완전한 항아리에 기름을 붓기 때문이니라. 그러나 한 (항아리)의 기름 부음이 종료될 때 그것은 비게 되는데, 거기 결함이 있는 이유는 그 기름 부음이 빠져나가기 때문이니라. 그때 한 영이 그것을 끌어당기나니 그것과 함께 계신 분의 권능에 의한 것이니라. 그러나 결함이 없는 자로부터는 봉인이 제거되지 않으며, 아무것도 비지 않느니라. 그러나 그에게 없는 것은 완전하신 아버지께서 다시 채우시느니라. 그분은 선하시니라. 그분은 자신이 심은 것을 아시나니 자신의 낙원에 그것들을 심으신 분이 바로 그분이심이니라. 이제 그의 낙원은 안식의 장소니라.

이것은 아버지의 생각 속에 있는 완전함이며, 이것이 아버지의 깊은 생각에서 나온 말씀이니라. 그분의 말씀 하나하나는 그분의 말씀(로고스)의 계시를 통해 나타난 그분의 유일한 의지의 작용이니라. 그것들은 여전히 그분의 생각의 심연 속에 있었으므로, 최초로 나타나신 그 말씀(로고스)이, 침묵하시는 은혜 속에서 그 유일한 말씀(로고스)을 발하시는 마음(누스[5])과 함께, 그것들을 계시하신 것이니라. 그것은 생각이라고 불렸나니, 그것들이 나타나기 전에 그것 안에 있었기 때문이니라. 그런데 그것은 의지를 내신 분이 기뻐하시는 때에 처음으로 나타나게 된 것이니라. 아버지께서는 그 의지 안에서 안식하시고 그것을 기뻐하시느니라. 그분이 없이는 아무것도 일어나지 않으며, 아버지의 뜻이 없이는 어떤 일도 일어나지 않으나, 그분의 뜻은 이해할 수 없느니라. 그분의 흔적이 그 뜻이지만 아무도 그것을 알지 못할 것이며, 누구라도 그것을 이해하기 위해 그것을 자세히 검토할 수 없느니라. 그러나 비록 그 현상이 그들의 마음에 들지 않는다 하더라도, 그분이 원하실 때 그분이 원하시는 것이 일어나나니, 그것이 하나님의 뜻이니라. 아버지께서는 그들 모두의 처음과 끝을 아시느니라. 실로 그분께서 그들의 끝 날에 그들이 무엇을 했는지 그들에게 질문하실 것이니라. 그러나 그 끝은 숨겨져 계신 분에 대한 지식을 받아들이는 것이니 이분이 아버지이시며, 그분에게서 시작이 나왔고, 그분에게서 나온 모든 것은 그분에게로 돌아갈 것이니라. 그들은 그분의 이름의 영광과 기쁨을 위해 나타났던 것이니라.

그런데 아버지의 이름은 아들이니라. 그분으로부터 나온 그에게 처음에 이름을 주신 분이 그분이시니 그는 그분 자신이시며, 그분은 그를 아들로 낳으셨느니라. 그분은 그에게 자기 자신의 이름을 주셨나니, 그는 아버지께 속한 모든 것을 소유하신 분이기 때문이니라. 그 이름은 그분의 것이며, 그 아들도 그분의 것이니라. 그를 볼 수는 있으나 그 이름은 볼 수 없나니 그것만은 그분으로 완전히 충만한 이들에게 오시는 보이지 않는 분의 신비이기 때문이니라. 진실로 아버지의 이름은 말할 수 없으나 그것은 아들을 통해 나타나느니라.

이와 같이 그 이름은 위대한 것이니라. 그러므로 그 이름이 속해 있

---

5 nous. 그리스어로 '마음'의 뜻.

는 그분과 아버지의 이름이 그들 안에서 안식하시고 또 그들 자신이 그분의 이름 안에서 안식하는 그 이름의 아들들 외에 누가 그분에 대해 그 이름, 그 거룩한 이름을 말할 수 있으랴? 아버지는 태어나지 않으시는 분이시므로, 그분만이 에온들을 내시기 전에 자신을 위해 한 이름을 낳으신 분이시니, 이는 아버지의 이름이 주님으로서 그들의 머리 위에 있게 하시려는 것이니라. 그것은 완전한 권능을 통해 그분의 명령 안에 확고하게 서 있는 진리의 이름이니라. 왜냐하면 그 이름은 (단순한) 말에 속하는 것이 아니고, 그분의 이름은 발음으로 되어 있는 것도 아니며, 그것은 보이지 않는 것이기 때문이니라. 그분 자신에게 이름을 주신 것은 그분이 자신을 보시기 때문이니, 그분만이 그분 자신에게 이름을 주시는 권능을 지니셨느니라. 존재하지 않는 분은 이름이 없기 때문이니라. 존재하지 않는 분에게 무슨 이름을 붙이겠는가? 그러나 존재하는 이는 그 이름과 함께 존재하며, 그는 자기 자신을 아느니라. 자신에게 이름을 주시는 것은 아버지(의 특권)이니라. 아들이 그분의 이름이니라. 그러므로 그분은 그것을 대상 속에 숨기지 않으셨고, 그 아들이 존재하게 되었으며, 그만이 홀로 그 이름을 부여받았느니라. 그러므로 아버지의 이름이 아들이듯이 그 이름은 아버지의 것이니라. 진실로 아버지에게서가 아니면 자비가 어디서 이름을 발견하겠는가?

그러나 누군가는 분명히 그 이웃에게 이렇게 말할 것이니라. "마치 자식들이 자신들을 낳은 이들로부터 이름을 받지 않기라도 한 것처럼, 자기 자신보다 먼저 계신 분에게 이름을 부여하려는 이는 누구인가?" 그러면 먼저 우리는 '그 이름이란 것이 무엇인가?' 하는 문제를 고찰하는 것이 타당하니라. 그것은 참된 이름이니라. 그러므로 그것은 아버지께로부터 온 이름이니라. 왜냐하면 그것은 고유한 이름이기 때문이니라. 그러므로 그분은 다른 이들이 각자 태어난 형상에 따라 (그러하듯이) 그 이름을 빌린 것이 아니니라. 이것은 고유한 이름이니라. 그것을 그분에게 준 다른 이는 없느니라. 그분은 이름 지을 수 없고 묘사할 수 없나니 완전하신 분이 그 자신에 대해 말씀하실 때까지 그러했느니라. 그리고 그의 이름을 말하고 그것을 볼 권능을 지닌 분은 그분이시니라.

그러므로 말로 나타난 자신의 이름이 그분의 아들이라는 것과 그분께서 그 이름을 심연으로부터 나온 자신에게 주었다는 것이 그를 기쁘게 했을 때 그는 아버지께서 악이 없는 분임을 아시고, 그분에 관한 비밀에 대해 말씀하셨느니라. 바로 그 때문에 그분께서 그를 내셨나니, 그가 나온 곳이자 그의 안식처인 곳에 대해 말씀하시기 위해서요, 플레로마와 그의 이름의 위대함과 아버지의 온유하심을 기리기 위해서였느니라. 그는 각자가 나온 그곳에 대해 말씀하실 것이며, 그가 자신의 본질적 존재를 받은 그 영역으로 서둘러 다시 돌아가실 것이며, 그곳으로부터 맛을 받고, 양분을 받고, 성장을 받아, 그가 있던 곳으로 속히 데려가지실 것이니라. 그의 안식처는 그의 플레로마니라.

그러므로 아버지의 모든 방사는 플레로마들이며, 그분의 모든 방사의 뿌리는 그들 모두를 자신 안에서 자라게 하신 그분 안에 있느니라. 그분은 그들에게 그들의 운명을 정해 주셨느니라. 그들 각자는 그들 자신의 생각을 통해 [...] 하기 위해 나타난 것이니라. 그들이 자신들의 생각을 보내는 곳, 그곳이 그들의 뿌리(인데), 그것이 그들을 모든 높은 곳으로 끌어올려 아버지께 이르게 하느니라. 그들은 그분의 머리를 소유하고 있나니 그 머리가 그들에게 안식이니라. 그들은 또 그분께 항상 가까이 있나니 그들이 입맞춤으로 그분의 얼굴에 접하고 있다고 말하는 것과 같으니라. 그러나 그들은 자신들을 높이는 이런 방식으로 나타나지는 않느니라. 왜냐하면 아버지의 영광을 훼손하지 않았고, 그분이 하찮으시다거나 그분이 가혹하시다거나 그분이 분노하신다고 생각하지도 않았고, 그분은 악이 없으시고 동요하지 않으시며 온화하시고 모든 우주가 존재하기 전에 그것들을 아시며, 가르침이 필요 없는 분이라고 생각하기 때문이니라.

이것이 그들이 유일하신 분, 완전하신 분, 그들이 그들을 위해 거기 계신 분을 향해 손을 뻗쳤을 때 위로부터, 측량할 수 없는 위대함에게서 (무언가를) 소유하게 된 자들의 존재 방식이니라. 그들은 하계(下界)로 내려가지도 않고, 질투하지도 않고, 탄식하지도 않으며, 그들에게는 죽음도 없으며, 안식하고 계신 그분 안에서 안식하며, 진리를 추구하기 위해 노력하거나 골몰하지도 않느니라. 오히려 그들 자신이 진리이니라. 아버지께서 그들 안에 계시며, 그들은 아버지 안에 있나니, 그들은 완전하며, 참으로 선하신 분 안에서 분열되지 않고, 어떤 것에도 결코 부족하지 않느니라. 그들은 성령 안에서 안식하며 소생하게 되었느니라. 그들은 그들의 뿌리에 관심을 기울일 것이니라. 그들은 그런 (일들)에 관심을 가질 것이요, 그 속에서 그는 자기 뿌리를 발견할 것이며, 자기 영혼을 잃지 않을 것이니라. 이것이 축복받은 자들의 거처이니, 이것이 그들의 거처이니라.

그들이 자신들의 상황에서 알고 있는 그 밖의 일에 대해서라면, 안식처에 오게 된 내가 그 밖의 것에 대해 말하는 것은 적절치 않느니라. 나는 그곳에 있게 될 것이며, 거기서 언제나 만유의 아버지와 그들 위에 아버지의 사랑이 부은 바 되고, 그들 안에 아버지께 대해 결여된 것이 없는 진실한 형제들에게 관심을 가질 것이니라. 그들은 진리 가운데 나타나는 이들이니, 그들은 진실하고 영원한 생명 가운데 있으면서, 아버지의 씨앗으로 가득 찬 완전한 빛, 그분의 가슴과 플레로마 안에 있는 빛에 대해 말하기 때문이니라. 그분의 영은 그 안에서 기뻐하고, 자신이 그 안에 있게 된 그분을 찬미하나니, 이는 그분이 선하시기 때문이니라. 그의 자녀들은 완전하여, 그분의 이름을 지닐 자격이 있나니, 그분이 아버지이시기 때문이니라. 그분은 이런 자녀들을 사랑하시느니라.

부활론
(I, 4)

해제

「부활론」은 어느 익명의 교사가 자기 제자인 레기노스에게 쓴 글로, 죽음과 사후의 삶에 관한 질문에 답한 것이다. 따라서 이 글은 부활에 관한 2세기 후반의 그리스도교 영지주의 사상을 알아보는 데 매우 중요하다. 서두에 발신인과 수신인의 이름이 없지만, 「부활론」이 형제에게 보낸 일반적 편지인지 아니면 좀 더 개인적인 편지인지에 대해서는 논쟁이 계속되고 있다. 이 글에서는 부활이 "필연"이며, 분명한 사실이라고 주장한다. 지금도 선택된 자들은 그리스도 자신의 죽음과 부활과 승천에 믿음을 통해 참여하고 있다(비교, 45:24-28에서 로마서 8:17과 에베소서 2:5-6을 이용하고 있음). 죽음에 뒤이어 믿는 자의 "영적인 부활"이 일어나는데, "영적인 육체"로 덮인 보이지 않는 "지체들"로 구성되어 있는 영적인 몸의 승천이 여기 포함된다. 끝으로 많은 확증을 제시한 후에 믿는 자에게 이미 부활한 것처럼 살라고 권유한다(49:19-36). 이 글의 필자는 발렌티누스 사상의 영향을 받은 2세기 후반의 영지주의자로 추정한다. 그런데 저자의 견해는 발렌티누스보다도 사도 바울에게 더 가깝다고 평가된다.

부활론

I 43:25-50:18

나의 아들 레기노스여, 많이 배우기를 원하는 자들이 있느니라. 그들은 답을 찾지 못하는 질문에 사로잡히면 이러한 것을 목적으로 삼느니라. 만일 그들이 이런 일들에 성공하면 그들은 보통 자기들 자신이 매우 훌륭하다고 생각하느니라. 그러나 나는 그들이 진리의 말씀에 섰다고 생각하지 않느니라. 오히려 그들은 자신들의 안식을 추구하고 있으나, 우리는 우리 구주 예수 그리스도를 통해 그것을 이미 받았느니라. 우리가 진리를 알고 그것에 근거하여 안식했을 때 우리는 그것(안식)을 받은 것이니라. 그러나 네가 우리에게 부활에 관해 어떤 견해가 타당한지 기쁜 마음으로 물었으므로, 나는 너에게 그것이 필요하다는 것을 (말하려고) 편지를 쓰는 것이니라. 분명히 많은 사람이 그것에 대한 믿음을 갖지 못하고 있으며, 그것을 발견하는 자는 소수이니라. 그러므로 이 문제를 논의해 보자.

주님께서 육체 가운데 계시는 동안 그리고 그분이 자신을 하나님의 아들로서 계시하신 후에, 그분은 사물들을 어떻게 이용하셨는가? 그분은 네가 남아 있는 이곳에 사셨으며, 자연법—그러나 나는 그것을 "죽음"이라고 부르느니라!—에 대해 말씀하셨느니라. 레기노스여, 그런데 하나님의 아들은 인간의 아들이셨도다. 그분은 그 둘을 모두 포용하셔서 인간성과 신성을 소유하고 계셨나니, 이는 한편으로는 자신이 하나님의 아들이심을 통해 죽음을 몰아내시고, 다른 한편으로는 사람의 아들이심을 통해 플레로마를 회복시키시려는 것이었느니라. 그분은 (우주의) 이 체계가 존재하기 전에, 본래 위에서 나신 진리의 씨앗이셨기 때문이니라. 이 (체계) 속에, 많은 영역들과 신들이 존재하게 되었느니라.

나는 내가 어려운 말로 해결책을 제시하고 있다는 것을 알지만, 진리의 말씀에는 어려운 것이 없느니라. 그러나 숨겨진 것을 남겨두지 않고, 존재에 관해 명백하게 드러내기 위해—한편으로는 악을 깨뜨리고, 다른 한편으로는 선택된 자들을 드러내기 위해— 해결책이 있는 것이므로, 이것이 진리와 영의 방사이니라. 은혜는 진리에 속한 것이기 때문이니라.

구세주께서 죽음을 삼키셨나니—네가 (이것에 대해) 무지하다고 여기지는 않느니라— 그분께서는 멸망해 가는 세상을 몰아내 버리셨느니라. 그분께서는 [자신을] 불멸의 에온으로 변형시키시고 부활하셔서, 보이지 않는 것들에 의해 보이는 것들을 삼키셨으며, 우리에게 우리의 불멸의 길을 주셨느니라. 그래서 진실로 사도께서 말씀하신 바와 같이(로마서 8:17, 에베소서 2:5-6), "우리가 그와 함께 수난을 당했고, 그와 함께 부활했으며, 그와 함께 하늘에 이르렀느니라."

그런데 만일 우리가 그분을 입고 이 세상에 나타난다면 우리는 그분의 광채이니, 우리가 질 때까지, 즉 말하자면 우리가 이 생에서 죽을 때까지 그분에 의해 감싸여 있는 것이니라. 우리는 햇살처럼 아무런 제약도 받지 않고 그분에 의해 하늘로 이끌려 올라가느니라. 이것이 육체적인 것과 같은 방법으로 혼적인 것을 삼켜버리는 영적인 부활이니라.

그러나 믿지 않는 자가 있다면 그는 설득(당할 능력이) 없는 것이니라. 나의 아들아, 이것은 믿음의 길이니, 설득할 일이 아니니라. 죽은 자들은 부활하리라! 이 세상에 있는 철학자들 가운데에도 믿는 자가 있느니라. 적어도 그 사람은 부활하리라. 그러니 이 세상에 있는 철학자로 하여금 자신이 스스로의 힘으로 돌이키는 자라고 믿게 하지 말라 — 그것은 믿음 때문이니라! 우리는 사람의 아들을 알았나니, 우리는 그분께서 죽은 자들 가운데서 부활하셨음을 믿었도다. 이분이 우리가 "그분께서 죽음의 파괴가 되셨나니, 그분은 우리가 믿는 위대한 분이기 때문이다"라고 말하는 그분이시니라. 믿는 자들은 〈위대하도다〉.

구원받은 자들의 생각은 멸망하지 않으리라. 그분을 안 자들의 마음은 멸망하지 않으리라. 우리는 태초부터 지식 없는 자들의 어리석음에 떨어지지 않도록 예정되었나니, 선택되어 구원과 해방으로 가는도다. 우리는 진리를 안 자들의 지혜 속으로 들어가리라. 진실로 진리는 수호되어 폐기될 수 없으며, 지금까지 그랬던 적도 없느니라.

"플레로마의 체계는 튼튼하며, 부서져 해체되어 세상이 된 것은 작도다. 그러나 만유는 감싸여 있는 것이로다. 그것은 존재한 일이 〔없으나〕, 그것은 존재하고 있도다."

그러므로 나의 아들 레기노스여, 부활에 관해 의심하지 마라. 네가 육체 가운데 있지 않았다 하더라도, 너는 이 세상에 들어올 때 육체를 받은 것이기 때문이니라. 네가 에온 속으로 올라갈 때 왜 육체를 받지 않겠느냐? 육체보다 더 나은 것, 그것에게 생명의 원인인 것, 너를 위해 존재하게 된 것, 그것이 너의 것이 아니더냐? 너에게 속한 것이 〔너〕와 함께 존재하지 않느냐? 그러나 네가 이 세상에 있는 동안 네게 부족한 것이 무엇이냐? 이것이 네가 알려고 온갖 노력을 해 온 것이니라. 육체의 나중 일은 노년이니, 너는 부패하느니라. 너는 상실을 유익한 것으로 지니고 있나니, 네가 떠날 때 너는 가치 있는 것을 버리지 않을 것임이니라. 더욱 나쁜 것은 축소이지만, 그것에 대해서는 은혜가 있느니라. 그런데 우리를 이 세상에서 구원할 수 있는 것은 아무것도 없느니라. 그러나 만유는 우리 자신이며, 우리는 구원받았느니라. 우리는 철두철미하게 구원을 받았느니라. 이렇게 생각하자! 이렇게 이해하자!

그러나 자신들이 추구하는 것들을 탐구하면서, 구원받은 자는 그 육신을 떠나면 곧 구원받는지 이해하고 싶어 하는 사람들이 있느니라. 아무도 이에 대해 의심할 이유를 갖지 않게 하자. ... 진실로 눈에 보이는 죽은 지체들은 구원받지 못할 것이니, 오직 그것들 안에 있는 살아 있는 〔지체들〕(만이) 부활할 것임이니라.

그러면 부활이란 무엇인가? 그것은 부활한 자들의 영원한 나타남이니라.[1] 만일 네가 엘리야와 모세가 나타났다는 복음서의 기록을 기억한다면 부활이 환상이라고 생각하지 않겠느냐? 그것은 환상이 아니라 진실이니라. 실로 우리 주님이신 구주 예수 그리스도를 통해 존재하게 된 부활이 환상이 아니라, 세상이 환상이라고 말하는 것이 더 합당하니라.

내가 지금 너에게 무슨 말을 하고 있는가? 살아 있는 자들은 죽을 것이니라. 그들은 어떻게 환상 속에서 살고 있는가? 부유한 자들은 가난해졌고, 왕들은 전복되었느니라. 모든 것은 변하기 마련이니라. 세상은 환상이니라! — 진실로 내가 세상일에 지나치게 불평하지 않기를!

그러나 부활은 앞에 말한 특성을 갖고 있지 않느니라. 그것은 확고한 진실이기 때문이니라. 그것은 사실의 계시요, 현상의 변형이며, 새로움으로 이전하는 것이니라. 불멸이 멸망할 것 위로〔내려오기〕때문이니라. 빛이 어둠 위로 흘러 내려와 그것을 삼키며, 플레로마가 결핍을 채우느니라. 이것들은 부활의 상징이며 비유니라. 이것이 선을 만드는 것이니라.

---

[1] GSNH에 따름. NHL에는 "그것은 언제나 부활한 자들의 나타남이니라"로 되어 있음.

그러므로 오,레기노스여, 부분적으로 생각하지 말고, 사람들에게 맞추려고 이 육신을 따라 살지 말며, 분열과 속박에서 벗어날지니, 너는 이미 부활을 지니고 있느니라. 만일 죽을 자가 자신이 죽을 것을 안다면—그가 이 생에서 많은 세월을 보낸다 할지라도 그는 거기로 옮겨지느니라— 어찌하여 자신이 부활하여 (이미) 거기로 옮겨졌다고 생각하지 않는 것이냐? 만일 네가 부활을 지니고 있으면서도 계속해서 마치 죽을 자처럼 산다면—그러나 그 사람은 자기가 이미 죽었음을 아느니라— 내가 왜 너의 수련 부족을 그냥 보아 넘기겠느냐? 누구나 여러 방법으로 수련을 하는 것이 합당하니라. 그러면 그는 이 요소에서 해방되어, 잘못 인도되지 않고, 처음에 있던 것을 스스로 다시 받으리라.

나는 이러한 일들을 나의 주 예수 그리스도의 관대하심으로부터 받았느니라. 나의 아들들아, 〔내가〕 너와 너의 〔형제들을〕 가르쳤으나, 너희를 강하게 하는 데 합당한 것들은 하나도 빠뜨리지 아니하였느니라. 그러나 말씀에 대한 나의 설명에 애매한 것이 하나라도 있다면 너희가 물을 때 내가 너희에게 그것을 해석해 주리라. 그러나 이제 너희 가운데 있는 어떤 사람이라도 너희를 도울 수 있거든 그를 시기하지 말지니라.

내가 너희에게 쓴 이 일을 많은 사람이 고대하고 있느니라. 내가 이런 사람들에게 말하노라. 그들 가운데 평화와 은혜가 있기를. 너에게, 너희를 형제애 속에서 사랑하는 이들에게 안부를 전하노라.

삼부론
(I, 5)

해제

「삼부론」(三部論)은 이 문서가 세 부분으로 되어 있어서 붙은 이름이다. 이 글은 태초부터 만유의 회복에 이르기까지 우주의 기원과 역사에 대해 말하고 있다.

제1부는 초월적인 것("높여진 자들"), 특히 "만유의 뿌리"이시며, "심연이시며, 태어나지 않으신 분"이신 아버지를 묘사하는 것으로 시작한다. 아버지는 "아무런 동반자 없이 홀로 계신다." 아버지는 "자신의 풍요로운 달콤함으로부터" 자신을 나눠 주시기를 원하여 "외아들"을 낳는데, 그는 아버지의 생각 속에 "태초부터" 존재하는 자이다. 아버지와 아들 사이의 사랑으로부터 나오는 교회는 "태초부터 선재(先在)하는" 아들과 더불어 존재한다. 그러므로 「삼부론」의 저자는 신적인 존재(여기서는 플레로마라고 하는데, 글자대로 하면 "충만"이라는 뜻이다)를 오직 최초의 세 구성원—아버지와 아들과 교회—의 측면에서 해석한다.

이어 이 글은 발렌티누스 교단의 자료에서 소피아 신화의 형태로 알려져 있는 퇴락과 창조의 과정을 기술하고 있다. 그러나 기존에 알려진 발렌티누스 교단의 교사들과는 달리 이 글의 저자는 그 신화를 말씀(로고스)의 신화로 바꾼다. 이것은 요한복음 서두에 나오는 로고스 사상과 매우 상통하는 것이다. 여기서는 고통당하는 자, 창조에 포함된 요소들을 자신에게서 산출하는 자가 신적인 로고스이다. 저자는 로고스의 '성마른 행동'이 아버지의 뜻을 어기는 것이 아니라, 실제로는 구세주를 낳음으로써 그 뜻을 성취하는 것이라고 주장한다.

제2부는 창세기의 설화를 해석하면서 인류의 창조에 대해 기술하고, 타락을 통해 어떻게 죽음이 지배하게 되었는지를 설명한다. 저자는 이러한 설명을 통해 세 유형의 인간이 존재하게 되었음을 말하는데, 그들은 영과 일치하는 자들(영적인 자들)과 물질과 일치하는 자들(물질적인 자들)과 혼과 일치하는 자들(영과 물질의 혼합으로 이루어진 혼적인 자들)이다.

제3부는 구세주가 어떻게 세상에 와서 인류를 죽음에서 해방하고 교회를 구원하며, "만유를 회복하여" 아버지께로 데려가는지 묘사한다. 그리스도의 오심에 대한 인간의 반응은 각 사람의 본질적 특성에 달려 있다. 그 성향이 물질적인 자들은 그리스도를 배척하여 궁극적인 파멸을 맞으며, 영적인 자들은 그리스도를 믿고 그에게 복종하는 혼적인 자들과 더불어 구원받고 회복되어 하나님께로 간다. 이 글은 "주 예수"와 "성령"을 통해 아버지를 찬양하는 것으로 끝난다.

이 글은 『나그함마디 문서』에 들어 있는 글 중 가장 긴 것으로 학자들이 편의상 단락을 구분했다.

삼부론
| 51:1-138:5

제1부(51:1-104:3)

1. 서론(51:1-8)

(51:1-8a) 우리가 위의 일들에 대해 말하자면 만유의 근원이신 아버지에 관한 이야기로 시작하는 것이 마땅하나니, 우리는 그분이 그분 외에 어떤 것도 존재하기 이전에 존재하셨다고 그분에 대해 말할 수 있는 은혜를 받았느니라.

2. 아버지(51:8-58:8)

아버지께서는 하나의 숫자처럼 한 분이시니, 그분은 최초의 존재이시며, 오직 자기 자신이신 분이기 때문이니라. 그러나 그분은 홀로 있는 자와 같지는 않으시니라. 그렇지 않다면 그분이 어떻게 아버지이실 수 있겠는가? '아버지'가 계시면 언제나 '아들'이 있기 때문이니라. 그러나 홀로 아버지이신 유일하신 분은 나무와 가지와 열매를 지닌 뿌리와 같으시니라. 그분은 언제나 동일한 분이시며 변치 않으시므로, 진정한 의미에서 아버지라고 말하느니라. 그러므로 그분은 진정한 의미에서 유일하신 분이시며 하나님이시니, 그분에게는 아무도 하나님이 아니고, 그분에게는 아무도 아버지가 아니기 때문이니라.

그분은 태어나지 않으셨고, 그분을 낳은 이가 없으며, 그분을 창조한 다른 이도 없기 때문이니라. 누구의 아버지이거나 누구의 창조주인 자에게는 또한 아버지와 창조주가 있느니라. 그런데 그분이 자신에게서 나온 자와 자신이 창조한 자의 아버지와 창조주가 되실 수는 있느니라. 그러나 그분은 진정한 의미에서 아버지도 아니며 하나님도 아니시니, 그런 자에게는 〔자신을〕 낳〔고〕 자신을 창조한 누군가가 있기 때문이니라. 그런데 진정한 의미에서 유일하신 아버지시요 하나님이신 그분은 아무에게서도 태어나지 않으신 분이시니라.

만유에 관해 말하자면 그분이 그것을 낳고 그것을 창조하신 분이시니라. 그분은 시작도 없고 끝도 없으시니라. 그분은 끝이 없으실 뿐 아니라—그분은 태어나지 않으셨으므로 불멸이시니라— 또한 그분의 영원한 실존과 그분 자체 속에서 그리고 그분이 확립되게 한 것과 그분을 위대하게 한 것 속에서 그분은 불변이시니라.

그분은 자신의 본질에서 물러나지 않으실 것이며, 아무도 그분 자신이 원치 않으신 목적으로 그분을 끌고 가지 못할 것이니라. 그분을 존재하게 한 자는 아무도 없느니라. 그러므로 그분 자신은 불변이시니, 아무도 그분의 실존과 그분 자신과 그분의 존재 근거와 그분의 위대하심에서 그분을 떼어 놓을 수 없느니라.

그러므로 그분은 빼앗을 수 없으며, 아무도 그분을 다른 형상으로 바꾸거나, 그분을 축소시키거나, 그분을 바꾸거나, 그분을 줄일 수 없느니라. 이는 진정한 의미에서 진실이기 때문이니라. 그분은 바꿀 수 없으며 변할 수 없는 분이시니, 불변성이 그분을 감싸고 있기 때문이니라.

그분은 단지 "시작도 없고", "끝도 없다"고 칭해지기만 하시는 것이 아니니, 그분은 태어나지도 않으시고 죽지도 않으시기 때문이니라. 그분은 또한 시작도 끝도 없으신 것과 같이, 아무도 그 위대함에 이를 수 없고, 그 지혜를 탐구할 수 없으며, 그 권능을 이해할 수 없고, 그 자애로우심을 측량할 수 없느니라.

진정한 의미에서 그분만이 선하신 분이시요, 태어나지 않으신 아버지이시며, 철저히 완전하신 분이시니라. 그분은 자신의 모든 소산(所産)과 모든 덕과 가치 있는 모든 것으로 충만하신 분이시니라. 그리고 그분은 더한 것을 가지고 계시나니, 즉 아무런 악도 없으시다는 것이니라.

그분은 자신이 본래 모든 것을 소유하고 계시다는 것을 알게 하시기 위해 그것을 주시나니, 우리가 그분께 이를 수 없고, 그분께서는 어떤 것에든 부요하시므로 자신이 주시는 것으로 피곤해지지 않으시며, 자신이 주시는 은혜 속에서 안식하심이니라.

그분은 그런 분이시며, 그런 모습으로 계시며, 그렇게 엄청나게 장엄하시므로, 태초부터 아무도 그분과 더불어 있지 않았고, 그분이 계시거나, 나오셨거나, 가실 장소도 없으며, 그분이 자신의 작업에 모형으로 쓰시는 원초의 형상도 없고, 그분이 하시는 일에는 아무런 어려움도 없으며, 그분께는 원하는 것을 창조하시는 데 필요한 아무런 물질도 없고, 그분 안에는 그분이 원하시는 것을 낳으시는 데 필요한 어떤 실체도 없으며, 그분과 함께 그분이 원하시는 일을 하는 동료도 없도다. 이런 식의 말을 하는 것은 어떤 것이든지 간에 무지한 일이니라. 오히려 그분은 선하시고 흠 없으시고 완벽하시고 완전한 분으로서, 그분 자신이 만유이시니라.

우리가 인식하거나 말하거나 보거나 이해한 이름들 중 어떤 것도, 그것들 중 아무것도 그분에게 해당하지 않나니, 그것들이 한없이 영광스럽고 위대하고 존귀하다고 해도 그러하니라. 그러나 그분의 영광과 존귀를 위해, 그분에게 영광을 드리는 자들 각자의 능력에 따라 이러한 이름들을 말할 수는 있느니라. 그러나 그분에 대해 말하자면 그분 자신의 실존과 존재와 형상 속에서, 마음으로 그분을 파악할 수 없고, 아무 일로도 그분을 표현할 수 없으며, 아무 눈으로도 그분을 볼 수 없고, 아무 몸으로도 그분을 잡을 수 없나니, 그분의 위대하심은 탐구할 수 없고, 그분의 깊이는 이해할 수 없으며, 그분의 높이는 측량할 수 없고, 그분의 뜻은 제약할 수 없기 때문이니라.

이것이 태어나지 않으신 분의 본질이니, 그것은 어떤 것과도 닿아 있지 않으며, 그것은 한계가 있는 어떤 것과 같이 (어떤 것에) 결합되어 있지도 아니하니라. 오히려 그분은 인식으로 이해할 수 있는 것들인 얼굴이나 형상 없이, 이러한 특성을 지니고 계시나니, 이해할 수 없는 분은 이러한 것들을 초월하시느니라. 만일 그분을 이해할 수 없다면 당연히 그분을 또한 인식할 수 없나니, 그분은 어떤 생각으로도 이해할 수 없고, 어떤 것으로도 볼 수 없으며, 어떤 말로도 형용할 수 없고, 어떤 손으로도 만질 수 없는 분이시니라.

그분만이 자신의 형상과 자신의 위대함과 자신의 장대하심과 아울러, 자신을 사실대로 아시는 분이시며, 자기 자신을 인식하고, 자기 자신을 보고, 자기 자신의 이름을 부르고, 자기 자신을 이해하실 수 있는 분이시니, 그분만이 자기 자신의 마음이요, 자기 자신의 눈이요, 자기 자신의 입이요, 자기 자신의 형상이시며, 자신에 대해 인식하시는 분이시요, 자신을 보시는 분이시며, 자신에 대해 말씀하시는 분이시요, 자신을 이해하시는 분이시니, 즉 인식할 수 없고, 형용할 수 없으며, 이해할 수 없고, 변치 않는 분이시기 때문이니라.

그분은 생명이시며, 그분은 기쁨이시며, 그분은 진리이시며, 그분은 즐거워하시며, 그분은 안식이시로다. 그분이 인식하는 것, 그분이 보시는 것, 그분이 말씀하시는 것, 그분이 지니고 계신 생각은 모든 지혜를 넘어서고 모든 지성을 넘어서며, 모든 영광을 넘어서고 모든 존귀와 모든 자애로우심과 모든 위대함과 어떠한 깊이와 어떠한 높이도 넘어서시도다.

72 · 나그함마디 문서

만일 본질상 알 수 없고, 내가 이미 말한 모든 위대함을 지니신 이분이 자신을 알리기 위해 자신의 풍성하신 자애로우심 속에서 지식을 주기 원하신다면, 그분은 그렇게 하실 수 있느니라. 그분은 자신의 권능을 지니고 계시나니, 그것은 그분의 의지이니라. 그러나 위대하신 분이시요 만유를 영원히 존재하게 하는 원인이신 그분은 침묵을 지키고 계시느니라.

진정한 의미에서 그분은 자신을 형용할 수 없는 분으로 낳으시나니, 그분은 스스로를 낳으신 분이므로, 자신을 이해하시고, 자신을 사실대로 아시느니라. 그분의 위대하심은 무한하시고, 그분의 지혜는 찾을 수 없으며, 그분의 권능은 측량할 수 없고, 그분의 달콤하심은 맛볼 수 없으므로, 자신의 경탄과 영광과 존경과 찬양을 받을 만한 것을 낳으시느니라.

그분은 낳음의 방식으로 자신을 투사하시는 분이시요, 그리하여 공경과 놀라운 영광과 사랑을 지니고 계시느니라. 그분은 자신에게 영광을 주시고, 놀라워하시고, 공경하시고, 또한 사랑하시는 분이시며, 또한 아들이 있는 분이시니, 그 아들은 그분 안에서 거하시는 분이시며, 그분에 관해 침묵하는 분이시며, 형언할 수 없는 분 안에 계신 형언할 수 없는 분이시며, 보이지 않는 분이시며, 이해할 수 없는 분이시며, 인식할 수 없는 분 안에 계신 인식할 수 없는 분이시로다.

이와 같이 우리가 이미 말한 대로 아버지께서는 태어남이 없는 방식으로 영원히 존재하시며, 자신을 아시고, 자신을 낳으시고, 생각을 지니고 계신 분이시니, 그 생각은 자신에 관한 생각, 즉 자신에 관한 인식이요, 그 생각이 영원히 그분의 존재의 [...]이시니라. 이런 식으로 진정한 의미에서 말한다면 그것은 진정한 의미에서 침묵이요 지혜요 은혜니라.

3. 아들과 교회(57:8b-59:38)

아버지께서는 가장 완전한 의미에서 존재하시므로, 그분 이전에는 〔아무도 없었고〕, 〔그분〕 이후에도 태어나지 않은 자는 아무도 없었듯이, 그〔아들〕도 또한 가장 완전한 의미에서 존재하시므로, 그분 이전에는 다른 아무도 없고, 그분 이후에도 다른 아무도 존재하지 않느니라. 그러므로 그분은 최초로 태어나신 분이시며 외아들이시니, 그분 이전에 아무도 존재하지 않으므로 최초로 태어나신 분이시요, 그분 이후에 아무도 없으므로 외아들이시니라.

나아가 그분은 자신의 열매를 갖고 계시나니, 그 열매는 모든 것을 능가하는 위대함으로 인해 알려지지 않았느니라. 그러나 그분은 자신의 넘치는 자애로우심으로 인해 그것이 알려지기를 원하셨느니라. 그래서 그분은 설명할 수 없는 권능을 나타내사, 그것과 그분의 한없이 풍요로운 관대하심을 결합하셨느니라.

아들만 태초부터 존재하는 것이 아니라, 교회도 태초부터 존재하느니라. 그런데 아들이 외아들이라는 주장이 (교회에 관한) 말씀과 모순된다고 생각하는 사람이 있을지도 모르지만, 그 문제의 신비한 특성으로 인해, 그것은 그렇지 않으니라.

아버지께서 한 분이시지만 자신을 그(아들)에게만 아버지로서 계시하셨듯이, 아들도 그(아버지)에게만 형제로 나타났나니, 이는 그분이 태어나지 않으시고 시작이 없으시다는 사실로 인한 것이니라. 그는 아버지〔와 마찬가지로〕 스스로에 대해 놀라워하고, 〔자기 (자신)에게〕 영광과 존귀와 〔사랑〕을 주시느니라. 나아가 그는 또한 "시작이 없고" "끝이 없다"는 특성에 맞게 스스로를 아들로 인식하는 분이시니라. 그러므로 이 문제는 확정된 것이니라.

그의 후손은 셀 수 없고 한이 없으며, 나눌 수 없느니라. 이 존재하는 자들은 아버지와 아들로부터 입맞춤처럼 나오는데, 선하고도 질리지 않는 생각을 가지고 서로 입맞춤하는 수많은 자들로 인해 그러한 것이니, 그 입맞춤은 많은 입맞춤으로 이루어져 있으나 하나이기 때문이니라.

많은 인간으로 이루어진 교회가 그러하니, 그것은 에온들 이전에 존재하며, 진정한 의미에서 "에온들 중의 에온들"이라고 불리느니라. 이것이 거룩하고 불멸인 영들의 본질이며, 이에 의거하여 아들이 안식하나니, 그의 본질이 아들에 의거해 안식하고 계신 아버지와 같음이니라.

4. 에온의 방사(60:1-67:37)

〔...〕내가 앞에서 말한 대로 교회는 아버지와 아들이 존재하시는 조건과 특성 속에 존재하느니라. 그러므로 그것은 수없이 많은 에온의 산출 속에 존재하느니라. 또한〔그들도〕그것(교회)이〔지닌〕특성〔과〕조건에 속에서 수없이 많은 방식으로 낳느니라. 이것이〔그들이〕서로 그리고〔그들〕에게서 아들에게로 나온〔자들과 더불어〕만드는〔저〕조직을〔이루나니〕, 그들은 그 아들의 영광을 위해 존재하느니라.

그러므로 마음이 그들을 인식하는 것은 불가능하니라. 그들은 저곳의 완전함이요, 아무 말로도 그것을 지칭할 수 없나니, 그들은 형용할 수 없고, 이름할 수 없고, 인식할 수 없기 때문이니라. 그들만이 자신들에 대해 인식하기 위해 자신들에게 이름을 붙일 능력이 있느니라. 그들은 이곳에 뿌리를 내리고 있지 않았기 때문이니라.

그곳에 속한 것들은 말로 표현할 수 없으며, 그 조직 속에 셀 수 없이 많나니, 그 조직은 태어나지 않았고, 이름 없고 부를 수 없고 인식할 수 없고 볼 수 없고 이해할 수 없는 분의 방법과 크기와 기쁨과 환희니

라. 그것은 아버지의 충만하심이니, 그러므로 그분의 풍성하심은 낳으심이니라.

〔...〕 모든 에온은 영원히 아버지의 생각 속에 있나니, 아버지께서는 그들에게 생각과 거처(居處) 같으시니라.

그 종족들이 확립되었을 때 모든 것을 다스리시는 분께서〔...〕 안에 있는 결핍된 자들을 취하고 붙잡아 낳기를 원하셨나니,〔... 그분은〕 그분 자신 안에〔있는〕 자들을〔낳으셨느니라〕. 그러나 그분은 있는〔그대로〕이시므로,〔그분은〕 풍성하게 흘려보내는 물로 인해 줄어들지 않는 샘〔과 같으시니라〕.

그들이 아버지의 생각 속에, 즉 숨겨진 심연 속에 있었을 때 그 심연은 그들을 알았으나, 그들은 자신들이 있는 심연을 알 수 없었으며, 자신들에 대해서도 알 수 없었고, 그 밖의 다른 것도 알 수 없었느니라.

다른 말로 하면 그들은 아버지에 의거해 있었으며, 스스로의 힘으로 존재한 것이 아니었느니라. 그들은 오직 하나의 씨앗처럼 존재했느니라. 그러므로 그들은 태아와 같이 존재했음을 알 수 있느니라. 그분은 말씀처럼 그들을 낳으셨으며, 그들은 그분이 낳으려고 하신 자들이 존재하기 전에 씨앗처럼 존재했느니라.

그러므로 최초에 그들을 생각하신 아버지께서는—그들이 그분을 위해 존재하도록 하기 위해서만이 아니라, 그들이 자신들을 위해서도 존재하게 하시려고, 다음으로는 그들이 생각에 고유한 존재 방식으로〔그분의〕 생각 속에 존재하게 하시려고, 또 그들이 자신들을 위해서도 존재하게 하시려고— 씨앗처럼 한 생각을 씨 뿌리셨느니라.

이는〔그들이〕 자신들을 위해〔무엇이 존재하는지〕 알게 하시려는 것이었느니라.〔...〕 존재하시는 아버지가 누구신지〔알〕 수 있도록, 그분은 은혜로우시게도 최초의 형상을〔주셨느니라〕. 그분은 "존재하는 것은 그 이름을 통해 존재하는 것이니라"라고 선포한 한 목소리를 통해 그들에게 "아버지"라는 이름을 주셨나니, 그들은 그들이 존재한다는 사실로 인해 그 이름을 지니고 있느니라.

그 이름은 너무도 고귀하여 그들은 그것을 알 수 없었느니라. 그 유아(幼兒)는 태아의 형태로 있는 동안은 자족했나니, 자신을 씨 뿌린 분을 보기 전에는 그러했느니라. 그러므로 그들은 그분을 찾는 유일한 과제를 지니고 있었나니, 그분이 존재하신다는 것을 깨닫고, 존재하시는 분의 본질이 무엇인지 알아야 했느니라.

그러나 완전하신 아버지께서는 선하시니라. 그래서 그분께서 그들의 말을 듣지 않으셨으므로 그들은 단지 그분의 생각 속에서만 존재했으나, (그 후) 그분은 그들이 존재하게 허락하셨듯이, 그들이 존재하시는 분, 즉 자기 자신을 영원히 아시는 분을 알 수 있는 은혜도 허락하셨느니라. 〔그리고〕 존재하시는 분이 누구신지 〔알게〕 하시려고 형상을 〔...〕 그들은 이곳에 태어났느니라. 그들이 태어났을 때 그들은 빛 속에 있(었)나니, 그러므로 그들은 그들을 낳으신 분들을 보느니라.

아버지께서 만유를 낳으셨도다. 어린아이처럼, 샘에서 솟는 물방울처럼, 〔포도나무〕에 핀 한 송이 꽃처럼, 한 떨기 〔꽃〕처럼, 한 포기 풀처럼, 〔그들은 지식과〕 성장과 흠 없음을 받아야 〔하느니라〕. 그분은 태초부터 그것을 생각하셨으나, 당분간 그것을 보류해 두셨도다. 그분은 태초부터 그것을 소유하고 계셨으며, 그것을 보셨으며, 그것을 처음에 그분에게서 나온 자들에게 닫아 놓으셨도다.

(그분이 이렇게 하신 것은) 질투 때문이 아니라, 에온들이 처음부터 자신들의 흠 없음을 받아들여, 영광 속에 계신 아버지에게까지 자신들을 높이고, 오직 자기 자신에게서 이것을 얻게 되었다고 생각하지 않도록 하기 위해서였느니라. 그러나 그분께서는 그들이 존재하게 하

고 싶으셨던 것과 같이 또한 그들이 흠 없는 자들로 존재하게 하(고 싶으)셨느니라. 그분께서 그것을 원하셨을 때 그분은 그들에게 은혜에 대한 완전한 개념을 주셨느니라.

그분이 자신에게서 나온 자들을 위해 빛으로 나타나게 하신 분은 그들이 자신들의 이름을 받은 그분인데, 그분은 충만하시고 완전하시고 흠 없는 아들이시니라. 그분(아버지)은 그를 내셨으며, 그에게서 나온 자와 결합하셨고, 〔...〕 총체〔로부터 찬양〕을 받으시나니, 〔...〕에 따라 각자가 자신을 위해 〔그분을〕 받아들일 것이니라. 그들이 그분을 받아들이기 전에는 그분의 위대함이 그렇지 아니하니, 그분이 자신 안에서 존재하시기 때문이니라.

그분께서는 자신의 방식과 자신의 형상과 자신의 위대함 속에서 그 부분들 안에 계시므로, 그들은 그분을 볼 수 있고, 자신들이 그분에 대해 아는 것을 말할 수 있느니라. 그분께서 그들을 입고 계시매, 그들도 (그분을) 입고 있는 것이니, 〔그러므로〕 그들은 그분을 알 수 있느니라. 그러나 그분은 원래의 모습 그대로이시며, 비교할 수 없는 분이시니라.

그분께서 각각의 에온에게 공경을 받으시도록 그가 그분을 계시하시나, 그분께서 자신의 형용할 수 없음 속에서 보이지 않는 분으로 숨어 계시므로, 그들은 그분에 대해 마음으로 경탄하느니라. 그러므로 그분의 높으신 위대함은 그들이 그분에 대해 말하고 그분을 본다는 사실 속에 있느니라. 그분은 〔...〕의 은혜를 통해, 자신의 넘치는 자애로우심으로 인해 찬양받으시고자 나타나셨느니라. 침묵의 경탄이 영원한 세대들이며, 그들이 마음의 소산이듯이, 말씀의 성향은 영적인 방사니라. 그것들(경탄과 성향)은 둘 다 말씀에 속하므로, 〔씨앗들〕이요, 그분의 낳으심〔의〕 생각이며, 영원히 사는 뿌리들이니, 그분에게서 태어난 것들로 나타나며, 아버지의 영광을 위해 태어난 지적인 존재들이며 영적인 자식들이니라.

거기서는 목소리와 영, 마음과 말[語], [...]가 필요 없으며, [하고] 싶어 하는 것[을 위해 애쓸] 필요도 없나니, 다만 [그분께서] 그러셨던 대로 그들은 그분에게서 나와 자신들이 원하는 모든 것을 낳느니라. 그리고 그들이 인식하는 분, 그들이 말하는 분, 그들이 지향하는 분, 그들이 들어 있는 분, 그들이 찬양하는 분께 그들은 영광을 드리느니라. 그분께서 (그들을) 아들들(로) 낳으셨나니, 이는 그들을 낳은 분들과 마찬가지로, 낳는 자로서 그들이 지닌 능력이며, 이는 그들 상호 간의 도움에 따르는 것이니, 그들이 태어나지 않은 분들처럼 서로 도왔음이니라.

아버지께서는 총체들을 넘어 높이 계시므로, 알려지지 않으시고 이해할 수 없는 분이시니라. 그분께서는 이러한 위대함과 장엄함을 지니고 계시므로, 만일 그분께서 그분에게서 나온 에온들 가운데 있는 모든 고귀한 자에게 갑자기 자신을 나타내셨다면 그들은 멸망했을 것이니라. 그러므로 그분께서는 자신의 권능과 안식을 자신의 본질 안에 감춰 두고 계셨느니라.

[그분은] 형언할 수 없으[며], 이름할 수 없으며, 모든 마음과 모든 말 위에 높이 계시느니라. 그러나 그분은 자신을 펼치셨나니, 그분이 펼치신 것은 만유에게 확고함과 장소와 거처를 준 것인데, 그것은 "자신을 통해 (만유를) 존재하게 하신 분"이라는 그분의 존재의 이름이니, 그분은 만유의 아버지이심이니라. [그분은] 존재하는 자들을 위해 애쓰셨나니, [그들이] 그분을 찾도록 그들의 생각 속에 자기 자신을 씨 뿌리셨도다.

[그들의] 넘치는 [...]는 그들이 그분께서 존재하신다고 생각한다는

사실과 존재하신 분이 무엇인지를 묻는다는 사실에 있느니라. 이것이 즐거움과 양식과 기쁨과 흘러넘치는 깨달음을 위해 그들에게 주어진 것이니, 그 넘치는 깨달음은 그분의 수고와 그분의 지식과 그들과 그분의 혼합으로 인해 이루어진 것이니라.

이분이 아들이라고 불리는 분이시니, 그분이 총체이시므로 그것은 사실이며, 그들은 그분이 누구이신지를 알았고, 그분이 (자기들을) 입고 계신 분임을 알았느니라. 그분은 '아들'이라고 불리는 분이시며, 그들이 존재하신다고 생각하는 그분이시니, 그들은 그분을 찾았더니라. 이분은 아버지이신 그분이시며, 그들이 말로 표현할 수 없는 그분이시며, 그들이 인식하지 못하는 그분이시니, 그분은 최초로 존재하신 분이시니라.

아무도 그분을 이해하거나 그분에 대해 생각할 수 없느니라. 진정한 의미에서 가장 높으신 그분께, 모든 것에 앞서 계시는 그분께 누가 이를 수 있으리요? 그러나 그분에 관해 생각하거나 말한 모든 이름은 그분을 공경하는 자들 각자의 능력에 따라 그분에 대한 흔적으로서 공경을 위해 나온 것이니라.

이제 그분으로부터 나오신 그분은 총체의 낳음과 지식을 위해 자신을 펼치셨느니라. 그분은 〔...〕 참으로 모든 이름 위에 계시며, 그분은 최초의 유일한 분이시며, 진정한 의미에서 아버지의 인간이시니라.

나는 그를 이렇게 부르노니,
그분은 형상 없는 분의 형상이요,
몸 없는 분의 몸이며,
보이지 않는 분의 얼굴이요,
말할 수 없는 〔분〕의 말씀이며,

알 수 없는 분의 마음이요,

그분에게서 흘러나오는 샘이며,

심겨진 것들의 뿌리요,

존재하는 자들의 신(神)이며,

그분께서 비추시는 자들의 빛이요,

그분께서 사랑하시는 자들의 사랑이며,

그분께서 섭리를 베푸시는 자들의 섭리요,

그분께서 지혜롭게 만드신 자들의 지혜이며,

그분께서 권능을 주신 자들의 권능이요,

그분께서 모으신 자들의 모임이며,

그분에 관한 계시를 구하는 자들의 계시요,

보는 자들의 눈이며,

숨 쉬는 자들의 숨이요,

사는 자들의 생명이며,

총체들과 혼합된 자들의 합일이로다.

그분은 자신을 완전하게 입고 계시므로, 이 모든 것은 단일한 하나 속에 있느니라. 그분이 단 하나의 행위 속에 계시다면 결코 이름을 붙일 수 없느니라. 그래서 이렇게 독특한 방법으로 하나이신 분과 총체들은 동일하니라.

그분은 결코 육체와 같이 나뉘지 않으시며, 그분이 받으신 여러 이름들로 인해 나뉘지도 않으시느니라. 그분은 이렇게 보면 이렇고, 저렇게 보면 저러하시니라.

〔그러나〕 그분은 〔…〕에 의해 변하지 않으시며, 그분이 〔생각하시는〕 이름들로 인해 변하지도 아니하시느니라. 그분은 이제는 이러하

시지만 저제는 저러하시니, 상황에 따라 다르시니라. 그러나 그분은 온통, 완전히 자기 자신이시니라. 〔그분은〕 영원히 각각의 총체인 동시에 모든 총체이시니라. 그분은 그들 전체의 본질이시니라. 총체들의 아버지이신 그분이 또한 총체들이시니, 이는 그분이 자신에 대한 지식이시며, 그분이 각각의 특성이시기 때문이니라.

그분은 권능들을 지니고 계시며, 자신이 아시는 모든 것을 초월하시고, 스스로를 완전히 보시며, 한 아들과 한 형상을 지니셨느니라. 그러므로 그분의 권능들과 특성들은 헤아릴 수 없으며 들을 수 없나니, 이는 그분께서 그들을 낳으시는 그 낳음으로 인함이니라. 그분의 말씀의 낳으심과 그분의 명령과 그분의 총체들은 헤아릴 수 없고 나눌 수 없도다.

그분은 자기 자신인 그들을 아시나니, 그들이 단 하나의 이름 안에서 존재하며, 그들 모두가 그분 안에서 말하고 있기 때문이니라. 그리고 그분은 그들이 하나이면서도 각자의 개별적인 특성에 따라 존재한다는 것을 알게 하시기 위해 (그들을) 내시느니라. 그런데 그분은 총체들에게 결코 한꺼번에 많은 것을 드러내지 않으셨으며, 자신에게서 나온 자들에게 자신의 평등하심을 드러내지도 않으셨도다.

5. 에온의 삶(67:38-74:18)

그분에게서 나왔으며, 에온들의 에온들인 이들 모두는 방사체들이며, 그분의 산출하시는 특성의 소산이니라. 그들도 자신들의 산출하는 특성 속에서 아버지께 영광을 드렸나니, 그분이 그들을 존재하게 하신 원인이시기 때문이니라. 이것이 전에 우리가 말한 것이니, 말하자면 그분께서는 에온들을 뿌리들과 샘들과 아버지들로 창조하셨으며, 그분은 그들이 찬양을 드린 그분이 낳으셨다는 것이니라. 그분께는 지식과 지혜가 있으며, 총체들은 자신들이 지식과 지혜에서 나왔음을 알기 때문이니라.

만약 그 에온들이 찬양을 드리기 위해 개별적으로 일어났다면, 그들은 "아버지께서는 다름 아닌 총체들이시나이다"와 같은 찬양을 드렸을 것이니라. 그러므로 그들은 자신들의 근원이신 분에 대한 찬양과 그분의 합일의 권능 속에서, 서로 혼합되고 결합되어 하나가 되었느니라. 그들은 많은 것을 통해 나타나는 하나의 형상인 플레로마의 회중(會衆)으로부터 아버지께 합당한 영광을 가져왔나니, 이는 그것이 유일하신 분을 위한 영광으로서 나왔기 때문이요, 그들이 총체들이신 분을 향해 나왔기 때문이니라.

이제 이것이 총체들을 내신 분께 대한〔…〕그들의 찬양이니, 이것이 불멸의 존재들의 첫 열매요 영원하신 분이니라. 그분은 영원한 에온들에게서 나오셨으며, 완전하시고 충만하시나니, 이는 완전하시고 충만하신 분으로 인함이니라. 집단적으로 완전한 방식으로 찬양을 드린 자들은 이로 인해 완전하고 충만하게 남아 있었느니라. (원래의) 흠 없으신 아버지처럼, 그분은 찬양을 받으실 때 찬양드리는 자들의 찬양을 들으시나니, 이는 그들을 그분의 원래의 모습으로 나타내시려는 것이니라.

그들에게 주어진 두 번째 영광의 원인은 그들이 아버지로 인해 서로에게 열매를 맺도록 해 준 그 은혜를 알았을 때 아버지로부터 그들에게로 돌아온 것이었느니라. 그 결과 그들이 아버지의 영광 속에서 나왔듯이, (그들)도 완전한 자들로 나타나기 위해, 나와서 영광을 드림으로써 활동했느니라.

그들은 그들과 함께 태어난 독립성과 권능들에 따라 세 번째 영광 속의 아버지들이었나니, 왜냐하면 그들 각자가 개별적으로는 존재하지 않는 것은 자신이 사랑하는 분께 하나로서 찬양을 드리기 위함이니라. 그들은 첫 번째와 두 번째이니, 그러므로 그들은 완전하고도 충만하니라. 그들은 (에온들에게서) 나와 완전하신 분께 찬양을 드린다는 사실에 의해 완전하게 된 자들일 뿐 아니라, 완전하시고 충만하신 아버지의 현현(顯現)들이기 때문이니라. 그러나 세 번째 열매는 각각의 에온과 각각의 속성들의 의지가 나타내는 영광으로 이루어져 있느니라. 아버지께서는 권능이 있으시니라. 그것이 에온들의 개별성의 산물인 것만큼이나, 아버지께서는 결합의 산물인 〔생각 속에 있는〕 완전한 플레로마 안에 계시느니라. 그분이 원하시고 다스리시는 것이 이것이니, 그것이 그로 인해 아버지께 영광을 드리기 때문이니라.

이런 이유로 그들은 마음들 중의 마음들이니, 이들은 말씀들 중의 말씀들, 가장 높은 자들 중 가장 높은 자들, 서로 더 높이 겹쳐 있는 등급들 중의 등급들이라고 알려졌느니라. 영광을 드리는 자들 각자는 자신의 장소와 자신의 높음과 자기의 거처와 자기의 안식을 지니고 있나니, 그것은 그가 낳는 영광으로 이루어져 있느니라.

아버지께 찬양을 드리는 모든 자는 영원히 그들의 낳음을 갖느니라. 그들은 서로 도움으로써 낳나니, 그 방사는 무한하여 헤아릴 수 없느니라. 또한 아버지 편에서는 자신에게서 나온 자들이 그분과 대등하거나 비슷한 것들을 낳는 데 대해 아무런 질투심이 없으시니라. 그분은 낳으시고 자신을 계시하시면서 총체들 속에 계신 분이시니라. 그분은 자신이 원하시는 자라면 누구나 아버지로 만드시지만, 사실은 그분께서 그의 아버지이시며, 또 그분은 원하시는 자를 하나님으로 만드시지만, 사실은 그분이 하나님이시며, 그분은 그들을 총체들로 만드시지만, 그들 전체가 그분이시니라.

모든 위대한 이름이 그 진정한 의미에서 그곳에 있으며, 천사들이 이것들(이름들)에 관여하고 있나니, 이 천사들은 영원한 존재들과는 닮은 점이 전혀 없는 아르콘들과 함께 세상에 존재하게 되었느니라.

에온들의 전(全) 체계는 아버지를 완전하고 철저하게 발견하기를 심히 바라고 갈망하고 있나니, 이것이 그들의 방해받지 않은 합일이니라. 아버지께서는 자신을 영원히 나타내시나, 그들이 그분을 알기는 원치 않으셨나니, 이는 그분이 탐구를 통해 인식되기를 원하시기 때문이요, 그리하여 그분은 자신의 찾을 수 없는 근원적 본질을 자신에게 감추어 두고 계시느니라.

그러나 아버지께서는 에온들의 뿌리들에게 시작을 주신 분이시니, 그들은 삶의 방법을 배우는 학교를 가듯이 그분을 향해 가는 평화로운 길 위에 있는 장소들이기 때문이니라. 그분께서 그들에게 펼쳐 보이신 것은, 그들이 보지 못한 분에 대한 믿음과 기도와 그들이 알지 못한 분에 대한 확고한 소망과 그것이(소망이) 보지 못하는 것을 바라보는 열매 맺는 사랑과 영원한 마음에 대한 즐거운 이해와 부요함과 자유라고 불리는 축복과 그분의 생각을 위해 아버지의 영광을 원하는 분의 지혜니라.

고귀하신 아버지께서는 그분의 뜻에 의해 알려지시나니, 곧 총체들 속에서 숨 쉬고 계시면서 그들을 알려지지 않으신 분을 탐구하려는 생각으로 인도하시는 영(에 의함)이니라. 이는 마치 우리가 기분 좋은 향기에 끌려 그 향기가 나오는 곳을 찾는 것과 같나니, 아버지의 향기는 이러한 보통의 향기를 능가하느니라. 그분의 달콤함은 에온들 안에 형언할 수 없는 기쁨을 주시며, 그들이 합일을 통해 그분을 알고, 그들 안에 씨 뿌려진 영 안에서 서로를 돕기 원하시는 분과 섞이고 싶은 생각으로 그들을 이끄시느니라.

그들이 굉장한 무게에 눌려 있다 하더라도 그들은 표현할 수 없는 방법으로 새로워지리니, 이는 그들이 무지 가운데서 자신들이 처해 있던 상황에서 분리될 수 없기 때문이니라. 왜냐하면 그들은 아버지의 영광에 대해 말씀하실 수 있는 권능을 지니고 계신 그분에 대해 침묵하고 아무 말도 하지 않겠지만, 그분에게서 형상을 취할 것이기 때문이니라. 그분에 대해 말할 수는 없지만, 그분은 〔자신을〕 드러내셨느니라. 그들은 자신들의 생각 속에 숨어 계신 그분을 지니고 있나니 이〔…〕로부터 〔…〕 때문이니라. 그들은 아버지께서 어떻게 자신의 형상과 자신의 본성과 자신의 위대하심 속에 계시는지에 대해 침묵하지만, 그 에온들은 그분의 영을 통해 그분이 이름할 수 없으시며 이해할 수 없으심을 알 자격을 얻었나니, 그분의 영은 그분을 발견하는 흔적이 되사, 그들에게 그분에 대해 생각하고 그분에 대해 말할 수 있는 능력을 주시느니라.

이 에온들 하나하나는 이름이며, 그 이름 각각은 아버지의 덕성이며 권능이니라. 그분은 혼합과 상호 간의 조화 속에 있는 여러 이름 안에 계시느니라. 이렇듯 풍부한 말로 인해 그분에 대해 말할 수가 있는 것이니, 아버지께서 한 분이시므로 이름도 하나이지만, 그 덕성과 이름에서는 셀 수 없이 많으시기 때문이니라.

존재하시는 한 분으로부터 존재하게 된 총체성들의 방사는 어떤 것이 자기를 낳는 자와 분리되는 것처럼, 서로 분리됨으로써 존재하게 되는 것이 결코 아니니라. 아버지께서 자신이 원하시는 자들에게로 자신을 확장하시므로, 그들을 낳는 것은 확장과 같나니, 그분에게서 나온 자들도 그분처럼 될 수 있느니라.

현재의 에온이 하나이면서 여러 시대로 나뉘어 있으며, 시대는 해로 나뉘어 있고, 해는 계절로, 계절은 달로, 달은 날로, 날은 시간으로, 시간은 순간으로 나뉘어 있듯이 진리의 에온도 마찬가지로 하나이면서 여럿이니, 그것을 파악하는 각자의 능력에 따라 크고 작은 이름으로 공경받고 있느니라. 비유하자면 있는 그대로의 제 모습으로 있는 하나의 샘물이 강과 호수와 운하와 도랑으로 흘러 들어가는 것과 같고 또는 하나의 뿌리가 가지와 열매가 있는 나무들로 퍼지는 것과 같으며 또는 인간의 몸 하나가 나뉘어 있지 않으면서도 지체들의 지체들, 처음의 지체들과 다음의 지체들, 크[고] 작은 지체들로 나뉘는 것과 같으니라.

6. 로고스의 불완전한 낳음(74:18-80:11)

그 에온들은 세 번째 열매에 상응하게 낳나니, 이는 그분께서 그들의 생각을 위해 은혜로 주신 의지의 자유와 지혜에 의한 것이니라. 그들은 각각의 플레로마들을 [찬양]하기 위해 나왔[지만], 그들은 일치로부터 나오는 자와 더불어 찬양하기를 원치 않느니라. 그들은 또한 총체들과 더불어 찬양을 드리기도 원치 않느니라.

그들은 또한 고귀한 이름과 고귀한 장소에 존재하시는 분을 제외하고는, 원래 그의 심연 위에 있었거나 그 장소 (위에) 있던 어느 누구와도 (찬양하고) 싶지 않았느니라. 또 그들은 그가 (찬양하기를) 원하는 자로부터 받아, 자신보다 위에 계신 분을 위해 그것을 자기 (자신)에게로 취하지 않는 한, (찬양하고 싶지 않았느니라). 또 그는 그를(또는 자신을) 말하자면 자기 자신으로서 낳고, 이분을 통해 자신의 본질과 더불어 자기 자신을 낳으며, 자신에게 임(臨)하신 분과 더불어 그의 형제를 통해 새롭게 되느니라. 그는 그분을 보고 그 일에 대해 그분께 간청하느니라. 이렇게 되기 위해, 그분에게로 올라가기를 원하신 분, 공경을 드리기 원하신 그분은 오직 그것 외에는 이에 대해 그에게 아무 말씀도 하지 않으셨느니라.

플레로마 안에는 말의 경계가 있어서, 그들은 아버지의 이해할 수 없음에 대해서는 침묵하지만, 그분을 알기 원하는 자에 대해서는 말하느니라. 에온들 중 하나가 그 이해할 수 없음을 이해하여, 그것을 찬양하되, 특히 아버지의 형언할 수 없음을 찬양하려고 애쓰게 되었느니라. 그는 총체들과 합의로부터 나오지도 않았고, 그들을 낳으신 분, (즉) 총체들을 낳으신 분인 아버지에게서 나오지도 않았으나, 그는 합일의 로고스이므로, 그는 하나이니라. 이 에온은 지혜가 부여된 자들 가운데 있나니, 이는 그분께서 각자의 생각 속에 선재하시는 분이 되시게 하려 함이었느니라. 그들은 그분이 뜻하시는 것에 의해 나오느니라. 그러므로 그는 숨겨진 속성을 탐색하기 위해 지혜로운 본성을 받았나니, 이는 그가 지혜의 열매이기 때문이니라. 총체들과 함께 태어난 자유의지가 이것의 원인이므로, 그는 아무런 제지도 받지 않고 자신이 원하는 바를 행하느니라.

로고스의 의도는 선한 것이었느니라. 그가 나왔을 때 그는 명령을 받지 않았는데도 조화(그는 그 가운데 있지 않았느니라)로부터 완전한 자를 내기 원하여 가능성이 없는 행위를 시도하기는 했으나, 그는 아버지께 찬양을 드렸느니라. 이 에온은 상호 간의 도움으로 나온 마지막 에온이었으며, 그래서 그는 나이가 어렸느니라. 그런데 그가 그 의지의 영광을 위해 그리고 총체들과 조화를 이루어, 다른 것을 낳기 전에 그는 관대한 생각과 넘치는 사랑으로 행동했으며, 완전한 영광에 싸여 계신 분을 향해 나아갔나니, 로고스가 나온 데는 아버지의 뜻이 없지 않았기 때문이니라. 말하자면 그분(아버지)이 계시지 않다면 그(로고스)는 나아가지 못할 것이니라. 그러나 아버지 자신은 존재하는 것이 합당하다고 알고 계셨던 자들을 위해 그를 내신 것이니라.

아버지와 총체들은 그에게서 물러났나니, 이는 아버지께서 정하신 경계가 확립되게 하시려는 것이었느니라. 왜냐하면 그것은 이해할 수 없음을 성취함으로 인한 것이 아니라, 아버지의 뜻에 의한 것이기 때문이니라. 또 (그들이 물러난 것은) 존재하게 된 것들이 존재하는 체계가 되게 하려는 것이었느니라. 그것이 합당하(지 않)다면, 플레로마의 계시를 통해 나타나지 않을 것이니라. 그러므로 로고스인 운동을 비판하는 것은 합당치 않으며, 그 로고스의 운동에 대해, 그것은 일어나도록 정해져 있던 체계의 원인이라고 말하는 것이 합당하니라. 그분께서 완전하신 한 분이시므로, 로고스는 그것을 원하시고 기뻐하신 아버지의 영광을 위해 그것을 낳았으나, 그는 자신이 이해 속에서 붙잡기를 원했던 이들을 그림자와 환상과 모방 속에서 낳았느니라. 그는 빛의 광경을 견딜 수가 없어서, 심연을 들여다보고 의심을 품었기 때문이니라. 거기에서 분열이 생겼으며—그는 내면 깊이에서 어두워졌느니라— 자신에 대한 의심과 분열에서 나온 전도(顚倒)와 자기 자신과 존재하시는 분에 대한 망각과 무지가 나왔느니라.

이해할 수 없는 분을 이해할 수 있다는 그의 자만과 기대는 그에게 확고해져서 그 안에 있었느니라. 그러나 그가 자제력을 잃었을 때 자신에 대한 의심으로 인해 그에게는 병이 생겼나니, 이는 그가 그 높으심이 무한하신 아버지의 영광에 이르지 못했다는 사실로 인한 것이니라. 그는 그분께 이르지 못했나니, 이는 그분께서 그를 받아들이지 않으셨기 때문이니라.

그가 스스로 낳은 자는 합일의 에온으로서, 자신에게 속한 것과 플레로마 속에 있는 자신의 동족에게로 달려 올라갔느니라. 그는 결핍 속에 존재하는 것, 상상을 통해 그에게서 나온 자들을 버렸나니, 그들은 그에게 속한 자들이 아니기 때문이니라. 자신을 낳은 자는 한없이 완전했으므로, 그가 자신을 낳았을 때 그는 남성적인 특성을 버린 여성의 특성과 같이 약해졌느니라. 그 자체 안에 결핍되어 있는 것으로부터, 그의 생각과 [그의] 교만으로부터 존재하게 된 것들이 나왔느니라. 이로 인해 그 안에 있는 완전한 것이 그를 떠나, 그에게 속한 자들에게로 올라갔느니라. 그는 자신의 교만에서 구원[받기] 위하여, 자기 자신에 대한 기억으로서 플레로마 안에 있었느니라. 높은 데로 달려간 자와 자기 자신에게로 그를 끌어당기신 분은 열매를 맺지 못하는 이들이 아니었나니, 그들은 플레로마 안에서 열매를 맺어, 결핍 속에 있는 자들을 당황케 했느니라. 그 교만한 생각으로부터 존재하게 된 것들은 플레로마와 비슷했나니, 그것들은 그들(플레로마)의 모방과 환상과 그림자와 환영으로서 이성과 빛이 없으며, 이들은 공허한 생각에 속하는 것이었나니, 그것들이 아무에게서도 나지 않았음이니라.

그러므로 그들의 끝은 그들의 시작과 같으리니, (그들은) 존재하지 않는 것으로부터 (나왔으니), 존재하지 않을 것에게로 다시 돌아가(리라). 그러나 스스로 위대한 자들은 [그들의] 그림자인 그들에게 주어진 이름들보다 더욱 힘 있고 더욱 존귀하니라. 그것들(그 이름들)은 유사한 방법으로 아름다우니라. 그 형상의 [얼굴은] 보통 그 형상의 원형에게서 그 아름다움을 취하기 때문이니라. 그들은 자신들에 대해 자기들이 스스로 존재하며, 근원이 없다고 생각했나니, 그들이 자기들 이전에 존재하는 다른 것을 보지 못하기 때문이니라. 그러므로 그들은 자신들이 존재하도록 해주신 분 앞에서 자신을 낮추지 않고 불순종과 반역 행위 속에서 [사느니라]. 그들은 자신들의 헛된 욕망 속에서 서로 명령하고 서로 이기기를 원했으나, 그들이 소유하고 있는 영광은 존재할 체계의 원인을 포함하고 있느니라.

그들은 고귀한 것들의 모조품이니라. 그들은 각자 자기가 자기 동료들보다 우월하다고 상상하여, 그 이름(그들 각자는 이 이름의 그림자이니라)의 영광에 따라 서로에 대한 권력욕으로 이끌려갔느니라. 이 다른 자들의 생각은 열매를 맺지 못하는 것이 아니니, 그림자인 자신들의 원형인 자들처럼, 그들은 자기들이 생각하는 모든 것을 잠재적인 아들들로서 지니고 있느니라. 그리하여 그들은 자기들이 생각한 자들을 자손으로 지니고 있었느니라. 그러므로 그들에게서 많은 자식이 나왔나니, 그들은 싸움꾼들이요 전사들이요 폭도들이요 반란자들이었느니라. 그들은 명령을 사랑했으므로 불순종했느니라. 이런 유의 다른 모든 자가 그들에게서 나(왔느니라).

7. 로고스의 회심(80:11-85:15)

로고스가 이 모든 존재하게 된 자들의 원인이었으므로, 그도 심히 당황하고 놀랐느니라. 그는 완전함 대신에 결핍을 보았고, 그는 하나 됨 대신에 분열을 보았고, 그는 안정 대신에 혼돈을 〔보았고〕, 〔안식〕 대신에 소요를 보았도다. 그는 그들이 혼란을 〔사랑하지〕 못하게 〔할 수〕 없었으며, 그것을 파괴할 수도 없었느니라. 그의 총체성과 그의 존귀함이 그를 떠나자 그는 완전히 무력해졌느니라.

자신들에 대해 알지 못한 채 존재하게 된 자들은 자신들이 나온 플레로마들도 알지 못했고, 그들의 존재의 원인이신 분도 알지 못했느니라.

로고스는 그렇게 불안정한 상태에 있었으므로, 플레로마 안에 있는 방사체와 같은 것들, 아버지의 영광을 위해 존재하는 영광들을 더 이상 내지 못했느니라. 오히려 그는 자신도 방해를 받고 있는 병에 의해 〔방해받아〕 작고 허약한 것들을 냈느니라. 그것은 처음부터 스스로 존재하지 못하는 것들의 원인이요 단일성인 체계의 모방이었느니라.

이러한 방식으로 결핍이 있는 것들을 결핍 속에서 낸 자가 자신 때문에 이성(그는 심판이며, 그 심판은 판결이었느니라)에 반하여 존재하게 된 자들을 심판할 때까지, 그는 그들을 파괴하기 위해 그들과 싸웠느니라. 이들은 그 심판에 대항하여 싸운 자들이요, 분노가 좇아가는 자들인데, 그것은 (그들을) 받아들여 그들의 (거짓된) 견해와 배신에서 (그들을) 구원하느니라.

그것으로부터 '회개'라고 불리는 회심이 〔나오느니라〕. 로고스는 〔다른〕 견해와 다른 생각에게로 돌아섰으며, 악을 떠나 선에게로 향했느니라. 회심에 뒤이어, 존재하는 것들에 대한 생각과 선에게로 돌아선 자를 위한 기도가 나왔느니라.

플레로마 안에 있는 것이 그가 처음 기도하고 기억한 대상이니라. 다음에 (그는) 그의 형제들을 하나하나 (기억하되), 항상 서로 (기억했으며), 또 그들 모두를 함께 (기억했느니라). 그러나 그들 모두보다 먼저 아버지를 (기억했느니라). 일치의 기도가 그가 자신과 총체에게로 돌아가도록 도왔나니, 그것이 그로 하여금 처음부터 존재한 자들을 기억하게 하고, 그들이 그를 기억하게 했기 때문이니라. 이것이 그를 다시 데려가기 위해 멀리서부터 외치는 생각이니라. 그 경계로 인해 그의 기도와 기억은 수많은 권능이었느니라. 그의 생각에는 열매를 맺지 못하는 것은 아무것도 없기 때문이니라.

그 권능들은 선하고, 저 모조품들보다 더 위대했느니라. 저 모방에 속하는 자들은 또한 〔거짓〕의 특성에 속하기 때문이니라. 그들은 모방의 환상과 교만한 생각으로부터 〔나왔느니라〕. 그러나 이들은 〔그들을〕 처음에 안 생각으로부터 나왔느니라. 전자는 망각과 같고 깊은 잠과 같으며, 혼란스런 꿈을 꾸는 자들과 같나니, 그들—꿈꾸는 자들—이 억압당하는 동안 그들에게 잠이 오는 것이니라. 그러나 다른 자들은 그에게, 해가 뜨기를 기다리는 빛의 피조물과 같으니라. 그들은 그 안에서 참으로 달콤한 꿈을 보게 되었느니라. 그러나 그로 인해 즉시로 생각의 방사가 멈추었느니라. 그들은 더 이상 자신들의 실체를 가지지 않[았으며], 더 이상 영광을 지니지도 않았느니라.

그는 처음에 존재한 자들과 동일하지는 않았으나, 만일 그들이 모조품보다 뛰어났다면 그들은 오직 그를 통해 그들보다 더 뛰어난 것이니, 그들은 선한 의도에서 나온 것이 아니기 때문이니라. 그들은 나타난 병에서 나온 것이 아니고, (그것에게서 선한 의도가 나왔느니라), 먼저 있던 것을 찾는 자에게서 나왔느니라. 그가 기도했을 때 그는 자신을 선하신 분에게까지 높였으며, 먼저 계시는 영화로우신 분을 찾아 그분께 기도하려는 생각을 그들 속에 씨 뿌렸느니라. 그리고 그는 그들 속에 그분에 대한 기억과 숙고를 씨 뿌려, 비록 그들이 그분이 어떤 분인지 이해하지는 못했다 하더라도, 자기들보다 더 위대한 무엇인가가 자기들보다 먼저 존재했다고 생각하도록 했느니라. 그들은 그 생각을 통해 조화와 서로 간의 사랑을 낳아, 합일과 일치 속에서 행동했나니, 그들이 합일과 일치로부터 그들의 존재 자체를 받았기 때문이니라.

그러나 그들은 권력욕으로 인해 그들을 공격했나니, 그들이 첫 번째 존재들보다 더 존경받았으므로, 그들은 그들에게 적대했느니라. 그들은 스스로 겸손하지 않았느니라. 그들은 자신들이 스스로에게서 나왔으며 근원이 없다고 생각했느니라. 그들이 처음에 자신들의 태생에 따라 나왔을 때 그 두 집단은 서로를 공격했나니, 그들은 자신들의 존재 형태에 따른 결과로서 명령을 위해 싸웠느니라. 그리하여 서로 공격하는 경우에 피할 수 없는 일이지만, 그들은 폭력과 본능에 빠져버렸으며, 권력욕과 이런 종류의 다른 모든 것을 지니게 되었느니라. 이것들로부터 영광에 대한 헛된 사랑이 그들 모두를 권력욕으로 이끌었으며, 그때는 그들 중 아무도 존귀한 생각을 지니지도 못하고 알지도 못하느니라.

이 생각의 권능들은 먼저 존재하는 자들의 활동 속에 준비되어 있나니, 그들은 저들의 형상이니라. 이러한 종류의 존재들의 질서는 서로 간에 조화를 지니고 있었으나, 모방에 속한 존재들의 질서에 대항하여 싸웠나니, 모방에 속한 존재들의 질서는 자신의 분노로 인해 그 형상들과 자기 자신에 대해 전쟁을 일으켰기 때문이니라.

그러므로 그것은 그들을 〔…〕 서로에 대항하여 〔…〕, 정해진 필연 〔…에〕 관해 〔…〕, 〔그들이 …하고, 그들을〕 이기게 하려는 것이며, 〔…〕 위대하지 않았으며 〔…〕, 그들의 질투와 그들의 악의와 그들의 분노와 폭력과 욕망과 심각한 무지가 온갖 종류의 공허한 물질들과 권능들을 낳았나니, 이는 그들이 심히 혼합되어 있었음이니라. 그러나 그들의 낳음의 원인인 로고스의 마음은 위로부터 곧 그에게 올 희망의 계시를 바라고 있었느니라.

8. 구세주의 방사(85:15-90:13)

움직인 로고스는 존귀하신 분을 소망하고 바랐느니라. 그림자에 속한 자들에 대해 말하자면 그는 모든 면에서 그들과 분리되었나니, 그들이 그에 대해 싸움을 걸고, 그 앞에서 전혀 겸손하지 않았기 때문이니라. 그는 그 생각에 속한 자들로 만족했느니라. 그리고 이런 식으로 올라가 높은 경계 안에 있는 자는 결핍 속에 있는 자를 기억했고, 로고스는 그들과 함께 계신 분을 따라, 생각을 따라 존재하게 된 자들과 더불어, 보이지 않는 방법으로 그분을 알았으며, 마침내 생명을 주는 자로서 위로부터 빛이 그에게 비추었나니, 그 빛은 먼저 존재하는 플레로마들의 형제애의 생각에 의해 태어난 것이니라.

고통을 겪지 않은 총체들의 아버지의 에온들에게 나타난 실책은 마치 그들에게 속한 것인 양, 조심스럽고 순진하고 한없이 달콤한 방식으로 그들에게 다가왔느니라. 총체들을 [...]한 것은 그들이 유일하신 분에게서 [가르침을] 받게 하려는 것이니, 그들은 모두 결핍을 제거하기 위해 그분에게서 [힘을 얻었느니라].

위를 [향해] 달려간 자와 그에게서 나온 것과 철저한 완전함으로부터 그에게 속하[는] 질서가 나오게 되었느니라. 위를 향해 달려간 자는 결핍이 있는 자를 위해 중재자가 되었나니, 존재하는 것들과 조화를 이루어 존재하는 에온들의 방사와 더불어 그리했느니라. 그가 그들에게 간청했을 때 그들은 기뻐하며 기꺼이 동의했나니, 그들은 그 결핍된 자를 돕는 데 조화롭게 한마음이 되었느니라. 그들은 함께 모여, 자애로운 뜻을 가지고, 그분의 영광을 위해 위로부터, 아버지께로부터 도움이 있기를 아버지께 간청했나니, 그분께서 자신에게로 끌어당기사 자신을 계시하여 그 결핍된 자에게 주시는 아버지의 플레로마의 뜻이 아니면, 그 결핍된 자는 다른 어떤 방법으로도 완전해질 수 없기 때문이었느니라.

그 후 그들은 일치와 흐뭇한 기꺼움 속에서 열매를 냈나니, 그것은 일치의 산물이요 합일이요, 총체들의 하나(의 소유물)이었으며, 그것은 에온들이 생각한 아버지의 얼굴을 계시했느니라. 그때 그들은 아버지께서 자기들에게 주신 생각 속에서 아버지를 찬양하고, 그들의 형제를 위해 도움을 주시기를 간구했느니라.

이와 같이 그들은 기껍고도 즐겁게 열매를 내었느니라. 그리고 그분은 자신이 그들과 하나라는 계시에 동의하신다는 뜻을 드러내셨나니, 그것은 그분의 사랑스런 아들이니라. 그러나 총체들이 기뻐한 그 아들은 그들을 옷으로 입으셨으며, 그것을 통해 결핍된 자에게는 완전함을 주셨고, 완전한 자들에게는 힘을 주셨느니라. 그분은 자신을 내신 분들과 조화를 이루어, 고유한 방식으로 "구세주"요, "구원자"요, "기뻐하시는 분"이요, "사랑받으시는 분"이요, "우리가 기도를 드리는 분"이시요, "그리스도"요, "정해진 자들의 빛"이라고 불리시나니, 이는 그분이 자신에게 주어진 지위의 이름들이 되셨기 때문이니라. 그러나 우리가 전에 말한 대로 "아들" 외에 어떤 다른 이름으로 그분을 부를 수 있으리오? 그분은 아버지의 지식이시며, 그들에게 그분을 알리고 싶어 하셨음이니라.

앞에서 썼듯이 그 에온들은 자신들이 찬양하는 아버지의 얼굴을 낳았을 뿐 아니라 자신들에게 속한 것도 낳았느니라. 찬양을 드리는 그 에온들이 이 얼굴과 자신들의 얼굴을 낳았음이니라. 그들은 왕을 위해 그러하듯이 그분을 위한 군대로서 나왔나니, 그 생각의 존재들은 강력한 동료애와 혼합 속의 조화를 지니고 있기 때문이니라. 그들은 여러 얼굴을 한 형상으로 나왔나니, 도움을 받아야 하는 자가 그들을, (즉) 자신이 도와달라고 기도한 자들을 볼 수 있도록 하기 위함이니라. 그는 또한 자신에게 도움을 주신 분을 보느니라.

전에 말했지만 일치의 열매는 총체들의 권능에 종속되어 있느니라. 아버지께서는 그 총체들, 즉 먼저 존재한 자들과 지금 있는 자들과 앞으로 있을 자들을 그 안에 두셨기 때문이니라. 그분께서는 (그렇게 하실 수) 있었느니라. 그분께서는 자신이 그 안에 두신 자들을 계시하셨느니라. 그분께서 (그들을) 그에게 맡기셨을 때 그분께서는 그들을 주신 것이 아니니라. 그는 처음부터 그에게 주어진 권위와 그 일에 대한 권능을 따라 우주의 운행을 이끌었느니라. 그는 이렇게 자신의 계시를 시작하시고 이루었느니라.

아버지께서 그 안에 계신 자요 총체들이 그 안에 있는 자가, 보지 못하는 자보다 먼저 최초에 창조되었느니라. 그는 보기를 추구한 자들에 대해 완전한 빛을 통해 그를 가르쳤느니라. 그는 형언할 수 없는 기쁨 속에서 먼저 그를 완전케 했느니라. 그는 완전한 자로서 자기 자신을 위해 그를 완전케 했으며, 또한 각자에게 적합한 것을 그에게 주었느니라. 이것이 최초의 기쁨의 결정이기 때문이니라. 그리고 (그는) 지식이 되도록 정해진 말씀을 보이지 않는 방법으로 그 안에 씨 뿌렸느니라. 그리고 그는 그에게, 이것들을 분리하여 그에게 불복종하는 자들을 자신에게서 던져버릴 수 있는 힘을 주었느니라. 그는 이와 같이 그에게 자신을 계시했느니라.

그러나 그는 그로 인해 존재하게 된 자들에게는 그들을 압도하는 형상을 계시했느니라. 그들은 서로에게 적대적으로 행동했느니라. 그는 갑자기 그들에게 자신을 계시했으며, 번개의 형상으로 그들에게 나아갔느니라. 그리고 그가 그들이 서로 지니고 있던 갈등을 끝냈으므로, 그들은 전에 겪은 적도 없고 예상조차 하지 못했으며, 알지도 못했던 갑작스런 계시로 인해 그것을 멈추었느니라. 이로 인해 그들은 두려워 넘어졌나니, 그들은 자신들을 치는 그 빛의 타격을 견딜 수 없었던 것이니라. 나타난 그는 두 질서에게는 습격이었느니라.

생각의 존재들에게는 "작다"는 이름을 붙어 있듯이, 그들은 자신들이 가장 높으신 분을 지니고 있다는 작은 생각을 가지고 있느니라. 그분은 그들보다 먼저 존재하셨으므로, 그들은 스스로를 계시하실 분에 대한 경탄의 태도를 자신들 안에 씨 뿌렸느니라. 그러므로 그들은 그의 계시를 환영했으며 그를 경배했느니라. 그들은 확고한 증인들이 되었느니라. 그들은 나타난 빛이 자신들과 싸운 자들보다 더 강하다는 것을 알았느니라.

그러나 모방의 존재들은 심히 두려워했나니, 그들은 태초에 그에 대해서 이런 모습이 있다는 것을 들을 수 없었기 때문이니라. 그러므로 그들은 "밖에 있는 어둠"이요 "혼돈"이요 "하계"(下界)요 "심연"이라고 불리는 무지의 구덩이에 떨어졌느니라. 그는 생각의 존재들의 질서 아래에 있는 것을 일으켜 세웠나니, 이는 그것이 그들보다 더 강해졌음이니라. 그들은 말할 수 없는 어둠을 지배할 자격이 있었나니, 그것은 그들에게 속한 것이며, 그들에게 주어진 유산이기 때문이니라. 그는 자신이 그들을 위해 〔준비한〕, 곧 나타날 조직을 위해 그들이 쓸모 있는 자들이 되도록 허락했느니라. 존재하게 된 자와 결핍이 있던 자, 후자로 인해 존재하게 될 것들에게 온 계시 사이에는 큰 차이가 있느니라.

그는 그 안에서 자신을 계시했나니, 그가 그와 함께 있고, 그와 함께 수난당하며, 그에게 점차로 안식을 주고, 그를 자라게 하며, 그를 들어 올리며, 그에게 자신을 완전히 주는 것은 그를 보는 것이 기쁘기 때문이니라. 그러나 그는 밖에 있는 자들에게는 자신을 재빨리 그리고 놀라운 방법으로 나타냈으며, 그들이 자신을 보지 못하도록, 그들에게서 최대한 서둘러 물러났느니라.

9. 로고스의 플레로마(90:14-95:38)

결함이 있는 그 로고스가 비춤을 받았을 때 그의 플레로마가 시작되었느니라. 그는 처음에 자신을 혼란케 한 자들을 피했느니라. 그는 그들과 섞이지 않게 되었느니라. 그는 저 교만한 생각을 벗어버렸느니라. 그는 처음에 그에게 불순종했던 자들이 허리를 굽혀 그 앞에서 자신들을 낮추었을 때 안식의 혼합을 받아들였느니라. 그리고 그는 자신을 찾아온 자기 형제들의 방문을 기뻐했느니라. 그리고 그가 감사를 드렸을 때 그에게 도움으로 나타났던 이들에게 공경과 찬양을 드렸나니, 이는 그가 자기에게 반항한 자들을 피했으며, 정해진 방식으로 자신에게 나타난 이들과 그 위대함을 찬탄하고 공경했기 때문이니라.

그는 살아 있는 얼굴들의 분명한 형상들을 낳았는데, 그것들은 만족스럽고 선한 것에 속하며, 존재하는 것들로부터 존재하며, 아름다움에서는 그들을 닮았으나 진리에서는 그들을 닮지 않았나니, 이는 그들이 그들을 낳은 자와 그에게 자신을 계시한 자 사이의 (합일에서), (즉) 그와 합일하여 (나온 것이) 아니기 때문이니라. 그러나 그는 로고스와 자기 (자신)을 완전히 혼합하여, 지혜와 지식 가운데에서 행동하느니라. 그러므로 그에게서 나온 자들은 존재하는 자가 참으로 위대한 것과 마찬가지로 위대하니라.

그는 자기에게 나타난 이들의 아름다움에 경탄한 후 이러한 방문에 감사를 표했느니라. 로고스는 자신으로 인해 존재하게 된 자들이 확고해지도록 하기 위해, 자신이 도움을 받은 이들을 통해 이러한 일을 했느니라. 이는 그가 자신에게서 나온 모든 이의 조직을 위해 기도할 생각을 할 때 그들이 좋은 것을 받게 하려는 것이었나니, 그것이 그들을 세우는 동안 그들은 확고해졌느니라. 그러므로 그가 의도적으로 낳은 자들은 전차들 속에 있나니, 이들은 존재를 얻어 나타나게 된 자들과 같이 아래에 있는 것들의 모든 장소를 통과하며, 각자에게 자기에게 맞는 장소를 부여받느니라. 이것은 모방에 속하는 존재들에게는 파괴이지만, 생각에 속하는 존재들에게는 은혜의 행위요, 자기들이 아직 존재하지 않고 씨앗인 상태에서 수난당하는 동안 섭리로부터 나온 자들에게는 계시였나니, 그 계시는 단일성이었느니라.

나타나신 분은 아버지와 조화의 얼굴이었고, 모든 은혜로 (이루어진) 옷이었으며, 로고스가 기도하고 찬양하고 예배하는 동안 그가 낳은 자들을 위한 양분(養分)이었느니라. 로고스가 자신이 낳은 형상들을 통해 그들을 완성하기 위해서 자신이 기도 드린 이들을 바라보았을 때 그가 찬양하고 예배한 분이 이분이니라.

　로고스는 그들 상호 간의 도움과 약속의 소망에 더 많은 자들을 추가하기까지 했나니, 그들은 기쁨과 큰 안식과 순수한 즐거움을 지니고 있었기 때문이니라. 그들이 그와 함께 있지 않았을 때 그는 자신이 처음부터 생각하고 있던 자들을 낳았나니, 그들은 완전함을 지니고 있었느니라. 그런데 이 봄〔見〕에 속하는 자가 그와 함께 있는 동안, 그는 총체들에 못지않게 완전하신 아버지에 대한 희망과 믿음 속에 존재하느니라. 그는 존재하게 된 것들이 그 빛을 보고 파괴되지 않도록 그가 그와 섞이기 전에 그에게 나타났나니, 그들은 위대하고 고귀한 것은 감당할 수 없기 때문이니라. 로고스의 생각은 자신의 확고함으로 돌아가 자기로 인해 존재하게 된 자들을 다스렸나니, 그가 섭리에 맞게 낳은 모든 자들의 "에온"과 "장소"라고 불렸느니라. 그는 또 "구원의 회당(會堂)"이라고 불렸나니, 그가 잡다한 생각인 산만함에서 자신을 치유했기 때문이니라. 그는 단일한 생각으로 돌아갔느니라. 그는 또 "곳간"이라고도 불렸나니, 그가 안식을 얻었고, (그것이) 그에게만 주어졌기 때문이었느니라. 그는 또한 "신부"라고도 불렸나니, 결합을 통해 열매를 맺으려는 바람을 가지고 자기 자신을 주고 그에게 나타난 자 안에 있는 기쁨으로 인함이니라. 그는 또한 "왕국"이라고도 불렸나니, 그가 자기와 싸운 자들을 장악했음을 기뻐할 때 확고함을 얻었음이니라. 그는 "주님의 기쁨"이라고도 불렸나니, 〔그가〕 옷으로 입은 기쁨으로 인한 것이었느니라. 그와 함께 빛이 있어, 그 안에 있는 선한 것들에 대한 보상을 그에게 주며, (그와 함께) 자유의 생각이 (있느니라).

　우리가 전에 말한 에온은 서로 싸우는 두 질서의 위에 있느니라. 그는 지배권을 지닌 자들의 동료가 아니며, 생각과 모방에 속하는 것들인 병과 연약함에 속하지 않느니라. 로고스가 자신을 그 안에 둔, 기쁨 속에서 완전한 그 존재는 하나의 에온이니, 그는 물질의 형상을 지니고 있었으나, 자신을 계시한 자인 원인의 성질도 지니고 있었으며, 플레로마 속에 있는 것들, 즉 기쁨 속에 존재하는 자에 대한 넘치는 즐거움으로부터 존재하게 된 것들의 형상이니라. 그는 자신을 계시하신 분의 얼굴이니, 그가 기도한 것들에 관한 진지함과 신중함과 약속 가운데 있었느니라. 그는 아들의 말씀과 그의 본질과 그의 권능과 그의 형상을 지니고 있었나니, 그는 그가 사랑한 자요, 그가 기뻐한 자요, 사랑 속에서 간청을 받은 자니라. 그는 빛과 확고해지려는 욕망과 가르침에 대한 개방성과 볼 수 있는 눈을 지니고 있었나니, 이러한 것들은 그가 존귀한 자들로부터 받은 것이었느니라. 그는 또한 조직 아래에 있는 것들에 대립한 그의 생각을 위한 지혜였느니라. 그는 또한 이러한 종류의 일들을 말하고 완성하기 위한 말씀이었느니라.

이들이 그와 함께 형상을 취한 자들이었으나, 플레로마의 형상을 따른 것이었으며, 이들에게는 자신들에게 생명을 준 아버지들이 있었으므로, 그들 각자는 남성됨의 형상들인 각 얼굴들의 복제품이었느니라. 이는 그들이 여성됨인 질병에서 나온 것이 아니라, 이미 질병을 떠난 자에게서 나왔기 때문이니라. 그는 "교회"라는 이름을 지니고 있나니, 그들이 조화 속에서, 자신들을 계시한 자들의 모임에 있는 조화를 닮기 때문이니라.

빛의 형상 속에서 존재하게 된 자도 완전하나니, 그것이 홀로 존재하는 빛(그것이 총체이다)의 형상인 한 그러하도다. 그는 자신의 형상의 원형보다는 열등하지만, 그럼에도 그는 불가분리성을 지니고 있나니, 그는 나눌 수 없는 빛의 얼굴이기 때문이니라. 그러나 각 에온의 형상에 따라 존재하게 된 자들은 본질적으로 우리가 전에 말한 자 안에 있으나, 그들은 권능에서는 대등하지 않나니, 그것이 그들 각자 안에 있기 때문이니라. 그들은 서로 간의 이러한 혼합 속에서는 대등함을 지니고 있지만, 그들 각자는 자기에게 독특한 것을 버리지 않았느니라. 그러므로 그들은 욕망들이니, 욕망은 병이기 때문이니라. 이는 그들이 플레로마의 합일의 산물이 아니라, 아직 아버지를 받아들이지 않은 자의 산물이며, 때가 차지 않아서 나온 자들이기 때문이니라. 그러므로 그가 그분의 총체와 그분의 의지와 합일하게 된 것은 곧 나타날 조직에게는 은혜로운 것이었느니라. 그들에게는 아래에 있는 장소들을 통과하는 것이 허락되었나니, 그들이 하나하나 개별적으로 (오지) 않는 한, 그 장소들은 그들이 갑작스레 서둘러 오는 것을 받아들일 수 없느니라. 모든 것은 그들에 의해 완전해지므로, 그들이 오는 것이 필요하니라.

요컨대 그 로고스는 모든 것, 전에 있던 일과 지금 있는 일과 앞으로 있을 일을 보았나니, 이는 그가 존재하는 모든 것의 조직을 위임받았음이니라. 어떤 것들은 존재할 만한 것들 속에 이미 있으나, 그는 존재할 씨앗을 자신 안에 가지고 있나니, 이는 존재하게 될 씨앗들에게 속하는 것으로서 그가 생각한 자의 약속으로 인함이니라. 그래서 그는 자신의 자손을 낳았나니, 이는 그가 생각한 자의 계시였느니라.

그러나 그 약속의 씨앗이 잠시 동안 보호를 받음은 파송을 받도록 정해진 자들이 구세주와 그와 함께 있는 자들이 옴으로써 임명되게 하려는 것이니, 그들은 아버지의 지식과 영광을 위해 최초로 존재하는 자들이니라.

10. 조직화(95:38-104:3)

그의 기도와 그로 인해 일어난 회심으로 인해, 어떤 자들은 멸망하나, 어떤 자들은 은혜를 입고, 또 어떤 자들은 분리되는 것은 마땅한 일이니라. 그는 나타나신 분, 그에게 만유에 대한 권위를 주신 분의 권능을 사용하여, 먼저 불복종하는 자들에 대한 징벌을 준비했나니, 이는 그에게서 분리되려는 것이니라. 그는 아래에 있는 자라, 외부에 있는 만유의 조직을 준비하고, 각자에게 정해진 장소를 주기까지 높은 것에게서 분리되느니라.

로고스가 총체들을 아름답게 했을 때 그는 확고함의 원인이신 아버지처럼, 존재하게 된 자들의 근본 원리이자 원인이자 지배자로서 먼저 자신을 확고히 했나니, 그 확고함은 그(아버지) 이후에 존재한 최초의 것이었느니라.

그는 최초로 존재하는 형상들을 창조했나니, 그것들은 그가 감사와 찬양 속에서 낳은 것이었느니라. 그 후 그는 자신이 찬양 속에서 낳은 자들의 장소를 아름답게 했나니, 그것은 "낙원"이요, "즐거움"이요, "양분으로 충만한 기쁨"이요, "최초로 존재하는 기쁨"이라고 불리느니라. 그리고 그는 플레로마 속에 존재하는 모든 선함의 형상을 보존했느니라.

그 후 그는 그 왕국을 형제애와 관용이라는 온갖 훌륭한 것으로 가득 찬 성읍처럼 아름답게 했느니라. 그것은 그들을 다스리는 거룩한 영들과 강력한 권능들로 충만하나니, 그들은 로고스가 낳고 권능 속에서 확고하게 한 자들이니라. 그러고 나서 (그는) 그곳에 모인 교회의 장소를 아름답게 했나니, 그것(교회)은 에온들 속에 존재하는 교회의 형상을 지니고 있으며, 아버지께 찬양을 드리느니라. 이런 일을 한 후 (그는) 소망으로부터 (나오는) 믿음과 순종의 장소를 (아름답게 했나니), 이는 빛이 나타났을 때 로고스가 받은 것들이니라. 그 후 (그는) 기도[와] 간구인 그 특성(의 장소를 아름답게 했나니), 이에 용서와 곧 나타나실 분에 관한 말씀이 뒤따라왔느니라.

모든 영적인 장소는 영적인 권능 속에 있느니라. 그 권능이 플레로마를 로고스에게서 분리시키는 형상 속에 있을 때 그것들은 생각의 장소들에게서 분리되었나니, 그 권능이 앞으로 일어날 일들에 대한 예언 속에서 활동하면서, 먼저 존재하신 분을 통해 존재하게 된 생각에 속하는 것들을 지배하는 동안 그러하니라. 그리고 그것(권능)은 그와 함께 있는 것들을 봄으로써 존재하게 된 것들과 그것들(생각에 속하는 것들)이 섞이지 못하게 하느니라.

바깥에 있는 생각에 속하는 자들은 겸손하나니, 그들은 특히 자기들을 아름답게 하는 이름들을 공유하고 있기 때문에, 플레로마에 속한 것들의 형상을 보존하고 있느니라.

회심은 생각에 속하는 자들에 대해 겸손하며, 율법도 그들에 대해 겸손하나니, 그 심판의 (율법은) 정죄요 분노니라. 그들 아래로 추락한 자들을 분리시키는 권능도 그들에 대해 겸손하나니, 그는 그것들을 멀리 보내고, 그것들이 생각과 회심에 속한 자들 위로 퍼지지 못하도록 하며, 그는 두려움과 당황과 망각과 놀람과 무지 속에 있으며, 환상으로 인해 모방하는 방식으로 존재하게 된 것들 속에 있느니라. 실로 비천한 자들도 고귀한 이름으로 불리느니라. 교만과 권력욕과 불복종과 거짓말의 생각을 가지고 그들에게서 나온 자들을 위한 지식은 없느니라.

그는 두 질서 각각에게 이름을 붙였느니라. 그는 생각에 속한 자들과 형상에 속한 자들은 "오른쪽에 있는 자들"과 "혼적인 자들"과 "불에 속한 자들"과 "중간에 있는 자들"이라고 불렀느니라. 교만한 생각에 속한 것들과 모방에 속한 것들은 "왼쪽에 있는 자들", "물질적인 자들", "어두운 자들", "마지막 것들"이라고 불렀느니라.

로고스는 형상들과 표상들과 모조품들을 각각 자신의 질서 속에 둔

후 형상들의 에온이 그것과 싸우는 모든 자에게서 벗어나 순수한 상태를 유지하도록 했나니, 그것은 기쁨의 장소임이니라. 그러나 그는 생각에 속한 자들에게는 자신에게서 벗은 생각을 계시했나니, 그들의 조직과 거처를 위해 그들을 물질의 결합으로 이끌려는 것이요, 그들이 악에 이끌리는 것에서 벗어나 축소의 충동을 낳게 하려는 것이니, 그들이 더 이상 자신들의 환경의 영광 속에서 기뻐하지 못하고 해체되어, 자신들이 겪는 병을 보게 함으로써, 그들이 사랑을 낳고, 그들에게서 저급함을 치유해 줄 수 있는 분을 끊임없이 찾도록 하기 위함이었느니라.

또한 그는 모방에 속하는 것들 위에 아름답게 하는 말씀을 두었나니, 이는 그들을 형상 속으로 데려가기 위해서였느니라. 그는 또한 그들 위에 심판의 법을 두었느니라. 나아가 그는 뿌리들이 그들의 권력욕〔속에서〕 낳은 권능들을 그들 위에 두었느니라. 그는 그들을 다스리는 자들로〔임명했나니〕, 이는 그들이 지배에 유용했으므로, 로고스가 그들과 조화를 이루기까지 그들을 아름다운 말씀의 확고함에 의해서든지, 〔법〕의 위협에 의해서든지, 아니면 권력욕의 권능에 의해서든지 그들을 악으로 몰아넣은 자들로부터 질서를 유지하게 하려는 것이었느니라.

로고스는 두 질서가 권력욕에서 일치한다는 것을 알고 있느니라. 그는 자애롭게도 이들과 다른 모든 자에게 그들의 욕망을 허락했느니라. 그는 그들 각자에게 적절한 등급을 주었으며, 각자가 한 장소와 한 활동의 지배자가 되도록 명령했느니라. 그들 각자는 자기보다 더 높은 장소에 복종했나니, 이는 자신의 존재 양식으로 인해 자신에게 지배하도록 정해진, 일정한 활동 속에서 한 가지 활동을 하는 다른 장소를 명령하기 위해서였느니라. 그 결과로 활동이 여러 가지로 다양해지면서, 천사들과 대천사들 아래에 지배와 복종의 지위에 따라 지휘관들과 부하들이 있게 되었느니라. 각각의 아르콘은 자기 몫으로 주어진 자기 종족과 자기의 지위를 나타난 그대로 지켰나니, 그들이 지배를 위임받았기 때문이었느니라. 그래서 아무도 명령권이 없지 않고, 아무에게도 왕국이 없지 않나니, 하늘 끝에서 (땅) 끝까지, 심지어 (땅)의 기초들과 땅 아래의 장소들에 이르기까지 그러하니라. 거기에는 왕들과 귀족들과 명령권자들이 있나니, 어떤 자들은 징벌을 내리는 일을, 어떤 자들은 판결을 내리는 일을, 또 어떤 자들은 안식과 치유를 주는 일을, 어떤 자들은 가르치는 일을, 어떤 자들은 보호하는 일을 관장했느니라.

그는 모든 아르콘 위에 한 아르콘을 세웠나니, 그에게는 명령하는 자가 없었느니라. 그는 그들 모두의 주님이니, 로고스가 총체들의 아버지의 표상에 따라 자신의 생각 속에서 낳은 얼굴이기 때문이니라. 그러므로 그는 그분의 표상인 모든 이름으로 경배를 받나니, 그분은 모든 덕성과 영광에 속하는 분이시기 때문이니라. 왜냐하면 그도 또한 "아버지"와 "하나님"과 "창조주"와 "왕"과 "심판자"와 "장소"와 "거처"와 "법"이라고 불리기 때문이니라.

로고스는 아래에 있는 자들을 아름답게 하고, 그들에 대한 일을 하기 위해 그를 손으로 이용하고, 예언될 일들을 말하기 위해 그를 입으로 이용했느니라.

그는 자신이 말한 것을 행했느니라. 그가 그것이 위대하고 선하고 아름답다는 것을 보았을 때 그는 마치 그것을 말하고 행하는 자가 자신이기라도 한 것처럼 기뻐하고 환희했나니, 이는 자신 안에 있는 움직임이 영으로부터 왔으며, 그 영이 자신이 원하는 일을 하도록 확고하게 그를 움직인다는 것을 알지 못했기 때문이니라.

그는 자신으로부터 존재하게 된 것들에 관해 그들에게 말했으며,

그것들은 우리가 전에 형상들에 관해 논할 때 말한 그 영적인 장소들의 표상으로 존재했느니라.

그는 일했을 뿐 아니라, [자기] 조직의 아버지로 임명된 자로서, 자기 자신과 선택되어 그를 통해 아래에 있는 장소들로 내려올 씨앗들에 따라, [영을 통해서] 낳았느니라. 그는 자기 자신의 영적인 말을 할 뿐 아니라, 보이지 않는 방식으로 그 자신의 본질보다 더 위대한 것들을 불러내어 산출하는 영을 통해 (말하느니라).

그는 그의 본질 속에서 "하나님"이며 "아버지"이며, 그 밖의 모든 경칭(敬稱)이므로, 그는 그것들이 자기 자신의 본질에서 나왔다고 생각했느니라. 그는 자신에게 복종하는 자들을 위해 안식을 정했으나, 자신에게 불복종하는 자들을 위해서는 또한 징계를 정했느니라. 또한 그에게는 낙원과 왕국과 자기보다 먼저 존재하는 에온 속에 존재하는 그 밖의 모든 것이 그와 함께 있느니라. 그것들이 낙인(烙印) 이상으로 값진 것은 그것들과 결합되어 있는 생각으로 인함이니, 그것은 그림자 같고 옷과 같으니라. 말하자면 그는 존재하는 것들이 어떤 식으로 존재하게 되었는지 보지 못하느니라.

그는 자신이 행하고 말할 것에 도움을 얻고자 자신을 위해 일꾼들과 종들을 임명했느니라. 그는 그가 생각하는 것을 행하고 말했으므로, 자신이 일한 모든 곳에 그의 아름다운 이름 속에 있는 그의 얼굴을 두었느니라.

그는 나타난 빛과 영적인 [자들]의 형상들을 그의 장소에 세웠나니, 그것들은 그의 본질에서 나온 것이었느니라.

그러므로 그들은 모든 곳에서 그로 인해 공경받았나니, 이는 그들이 자신들을 임명한 자의 얼굴로 인해 순수했기 때문이니라. 또한 낙원들과 왕국들과 안식들과 약속들과 그의 의지의 수많은 종들이 세워졌나니, 그들은 지배권을 가진 주님들이지만, 그들을 세우신 주님 아래에 세워졌느니라.

그는 근원이요 체계인 그 빛들에 대해 적절한 방식으로 들은 후, 그들을 아래에 있는 것들의 아름다움 위에 두었느니라. 보이지 않는 영은 그를 이런 식으로 움직여, 자기 자신의 종을 통해 지배하기를 원했나니, 그는 그 종을 손과 입으로서, 마치 그가 자신의 얼굴인 것처럼 사용했느니라. 그가 가져오는 것들은 질서와 협박과 두려움이니, 이는 [그와 함께] 무지한 일을 행한 자들이 자기들 위에 [확정된] [아]르콘들의 [속박]에 매여 있을 때 [자기들에게 지키도록 주어진] 질서를 경멸하게 하려는 것이니라.

물질의 전체 질서는 셋으로 [나뉘느니라]. 영적인 로고스는 환상과 자만으로부터 낳은 [강력한] 권능들을 첫 번째의 영적인 질서 속에 두었느니라. 그러고 나서 이들이 자기들의 권력욕에 의해 낳은 자들(권능들)을 중간 영역에 두었나니, 그들이 권력욕의 권능들이기 때문이며, 그들이 그들 아래에 있는 질서에게 강제력과 힘으로 지배권을 행사하고 명령하도록 하기 위함이었느니라. 그는 시기와 질투와 이런 종류의 기질로부터 나온 다른 모든 자를 극단성을 통제하는 종의 질서 속에 두었나니, 이는 그가 존재하는 모든 것과 낳음(의) 모든 (영역)을 명령하기 위함이었느니라. 그들로부터 신속히 파괴하는 질병들이 나오는데, 그들은 낳기를 간절히 원하는 자들이며, 그들은 자신들이 나오고 다시 돌아갈 장소에 있는 어떤 것이니라. 그러므로 그는 그들 위에 명령하는 권능들을 두었나니, 이들은 [끊임없이] 물질 속에서 활동하느니라. 이는 존재하는 자들의 자손이 또한 끊임없이 존재하도록 하려 함이었느니라. 이것이 그들의 영광이기 때문이니라.

제2부 (104:4-108:12)

11. 물질적 인간의 창조(104:4-108:12)

그의 형상을 통해 흘러나오는 물질은 그 권능들을 통해 존재하는 '보이지 않음'이 그들 모두를 위해 〔…〕 하는 원인(이니), 이는 〔…〕 때문이며, 그들이 그들보다 먼저 낳고, 〔그들이 파괴하기〕 때문이니라.

오른쪽의 존재들〔과〕 왼쪽의 존재들 사이에 놓여 있는 생각은 〔낳음〕의 권능이니라. 몸을 따라 움직이므로 그 몸으로 인해 그림자가 생기는 것처럼, 〔최초의 존재들은〕 모든 자를, 말하자면 자신들의 표상으로 만들고 싶어 하느니라.

눈에 보이는 피조물들의 뿌리인 자들, 즉 형상들과 표상들과 모방들을 아름답게 할 모든 준비인 이 모든 자는 양육과 가르침과 형상의 부여가 필요한 자들로부터 존재하게 되었나니, 그 작음이 거울 속의 상을 통해서처럼 조금씩 자라나게 하기 위함이었느니라. 그러므로 그는 마지막에 인간을 창조했나니, 그를 위해 창조한 것들을 먼저 준비하여 그를 위해 마련해 두었음이니라.

인간의 창조는 다른 것들의 창조와 같으니라. 영적인 로고스는 그를 보이지 않게 움직였나니, 〔그는〕 그의 아르콘들과 상의했으며, (로고스는) 〔많은 것들〕을 함께 만들었던 창조주와 그의 종들인 천사들을 통해 그를 완성했느니라. 흙으로 만들어진 자는 그림자와 같아서, 그는 총체들로부터 분리된 〔자들〕과 같으니라. 그는 또한 오른쪽에 속한 자들과 왼쪽에 속한 자들 모두가 준비한 것이었나니, 〔그〕 무리들 속에 있는 각자가 〔…〕에게 형상을 부여하나니, 그는 그 안에서 존재하느니라.

로고스가 병들어 있던 때 결함이 있는 로고스가 낳은 〔…〕는, 그와 같지 않았나니, 그가 그것을 〔망각과〕 무지와 〔결핍〕과 기타 다른 모든 병 속에서 낳았음이니라. 그때 로고스가 무지 속에 있는 창조주를 통해 최초의 형상을 주었나니, 이는 그가 지고하신 분이 존재하심을 알고, 자신이 〔그분을〕 필요로 한다는 것을 알게 하려 함이었느니라. 이것이 예언자가 "살아 있는 영"이요 "높은 에온들의 호흡"이요, "보이지 않는 자"라고 부른 그것이며, 이것이 처음에 죽어 있던 권능에게 생명을 준 살아 있는 영혼이니라. 죽어 있는 것은 무지이기 때문이니라.

우리는 첫 사람의 영혼에 대해 그것이 영적인 로고스에게서 나왔다고 말해야 합당하지만, 창조주는 그것이 자신의 것이라고 생각했나니, 사람의 숨이 입에서 나오듯이 그가 그에게서 나왔기 때문이니라. 창조주도 산출하는 권능을 지니고 있었으므로, 또한 자기의 본질에서 나온 영혼들을 내려보냈나니, 그는 아버지의 표상 속에 있는 자임이니라. 왼쪽에 속한 존재들도 마치 그들이 자신에게서 난 인간들인 것처럼 그들을 내었나니, 그들이 존재의 모방을 지니고 있기 때문이니라.

그 영적인 본질은 유일한 것이며 유일한 표상이고, 그것의 연약함은 〔여러〕 형상〔속에 있는〕 운명이니라. 그러나 혼적인 존재들의 본질에 대해 말하자면 그 운명은 이중적이니, 그것은 존귀하신 분에 대한 지식과 고백을 가지고 있고, 그러한 생각의 경향으로 인해 악으로 기울지 않기 때문이니라. 물질적 본질에 대해 말하자면 그 길은 덧없고 여러 형태를 하고 있으며, 그것은 여러 형태의 경향 속에 있는 병이었느니라.

첫 사람은 혼합된 구성물이고 혼합된 피조물이며, 왼쪽에 속한 자들과 오른쪽에 속한 자들이 깃든 물건이며, 영적인 말씀이니, 그의 생각은 그가 자신의 존재를 받은 두 존재 사이에서 나뉘어 있느니라. 그러므로 그를 위해 낙원을 세운 것은 그가 세 가지 나무의 열매를 먹도록 하기 위해서였다고 하노니, 그것은 3중의 질서를 지닌 동산이기 때문이며, 그것은 즐거움을 주는 것이기 때문이니라.

그 안에 있는 선택된 고귀한 본질은 심히 존귀하니라. 그것은 창조했으나, 그들에게 상처를 주지는 않았느니라. 그러므로 그들은 명령을 내어 위협하고, 그에게 죽음이라는 큰 위험을 가져왔느니라. 그는 그에게 오직 악한 것들의 즐거움만을 맛보게 했고, 이중의 (열매)가 있는 다른 나무 열매는 먹지 못하도록 했으며, 무엇보다도 먼저 생명나무 열매는 먹지 못하게 했나니, 이는 그들이 그들을 […] 명예를 얻지 〔못하고〕, 〔그들이〕 "뱀"이라고 불리는 악한 권능에 의해 […되지 못하〕도록 하려는 것이었느니라. 그런데 그는 모든 악한 권능보다 더욱 간교했느니라. 그는 생각과 욕망에 속하는 것들의 운명을 〔통해〕 인간이 길을 잃도록 했느니라. 그는 그가 그 명령을 어겨 죽도록 했느니라. 그래서 그는 그곳의 모든 즐거움으로부터 추방당했느니라. 이것이 그가 모방에 속하는 것들과 형상에 속하는 것들의 즐거움에서 추방되었을 때 그에게 닥친 추방(의 본질)이니라. 그것은 섭리의 작용이었나니, 인간이 얼마 되지 않아 안식의 처소가 있는 영원하고 선한 것들의 즐거움을 누리리라는 것을 알게 하려 함이었느니라.

인간이 죽음이자 총체에 대한 완전한 무지인 큰 악을 경험하고, 여기에서 나온 모든 악을 경험한 후 그리고 이러한 것들 속에 있는 아픔과 근심을 겪은 뒤에, 그가 영원한 생명이요 총체에 대한 확고한 지식이요 모든 선한 것의 수용(受容)인 가장 위대한 선을 받아들이도록 그 영이 처음에 계획했을 때, 그는 이것을 정해 놓았던 것이니라. 첫 인간의 범법으로 인해 죽음이 지배했느니라. 우리가 전에 말한 대로 아버지의 뜻이 주재하심으로 인해, 그것에게 속하며, 그것에게 왕국〔으로〕 주어진, 그것의 〔지배〕가 나타남에 따라 모든 인간을 죽이는 것은 익숙한 일이었느니라.

제3부 (108:13-138:25)

12. 신학의 다양성(108:13-114:30)

만일 오른쪽에 있는 자들과 왼쪽에 있는 자들의 질서가, 그것들 사이에 있으면서 그것들 서로에게 조직을 주는 생각에 의해 서로 모아진다면, 그들은 둘 다 그들의 활동에 대한 동일한 열정을 가지고 행동하게 되어, 오른쪽에 속한 자들은 왼쪽에 속한 자들을 닮고, 왼쪽에 속한 자들은 오른쪽에 속한 자들을 닮게 되느니라. 그래서 때때로 악한 질서가 어리석은 방식으로 악을 행하기 시작할 때 지혜로운 질서는 마치 자신이 난폭한 권능인 것처럼 악행을 하는 데서 그와 경쟁하느니라. 다른 때에 어리석은 질서가 그것과 같아지려고 선을 행하려 하면 숨어 있는 질서는 질투하여 그것을 행하느니라.

그것은 확고한 것들 속에 있는 것처럼, 또한 존재하게 된 것들 속에 (있느니라). 그들이 서로 닮지 않은 것들을 같아지게 할 때 그것들에 대해 가르침을 받지 않은 자들은 존재하는 것들의 원인을 알 수 없느니라.

그러므로 그들은 다른 종류(의 설명을) 끌어들였나니, 어떤 이들은 말하기를 존재하는 것들이 그들의 존재를 갖게 된 것은 섭리에 의한 것이라고 하느니라. 이들은 창조 운동의 안정성과 확고함을 관찰하는 자들이니라. 다른 이들은 그것이 낯선 어떤 것이라고 말하느니라. 이들은 권능들의 다양성과 불의함과 권능들의 악을 관찰하는 자들이니라. 다른 이들은 존재하는 것들이 일어나기로 운명적으로 정해져 있다고 말하느니라. 이들은 이 문제를 탐구하는 자들이니라. 다른 이들은 그것이 자연과 동일한 것이라고 말하느니라. 다른 이들은 그것이 스스로 존재한다고 말하느니라. 그러나 눈에 보이는 요소들에게만 이른 자들은 대부분 그것 이상을 알지 못하느니라.

그리스인들과 야만인들 가운데 있는 현자들은 환상과 헛된 생각을 따라 존재하게 된 권능들에게로 나아갔느니라. 이들 속에서 작용하는 서로 간의 충돌과 반항적인 태도에 따라 이들에게서 나온 자들도 자신들이 지혜라고 생각한 것들에 대해 그럴듯하고 교만하고 환상적인 방법으로 말했느니라. 그들은 (겨우) 오류에 이르고는 지혜에 이르렀다고 생각했으므로, 그럴듯함이 그들을 오류로 이끌었느니라. 그들은 작은 이름들 속에서만 그렇게 한 것이 아니라, 권능들 자신이 마치 자기들이 총체인 것처럼 그들을 훼방하는 듯이 보이느니라.

그러므로 그 질서는 튀어 올라 혼자서 싸우게 되었나니, 그보다 먼저 존재하는 우월한 아르콘의 〔자손 중〕 하나의 교만한 적대감 때문이었느니라. 그러므로 아무도 아무 일에 대해서도 서로 일치에 이르지 못했나니, 철학도 의학도 수사학도 음악도 논리학도 일치에 이르지 못했고, 그것들은 (단지) 의견과 이론으로 남아 있느니라. 그들을 지배하며 그들에게 생각을 준 자들의 말로 표현할 수 없는 특성으로 인해, 말로 표현할 수 없음이 혼돈 속에서 지배하게 되었느니라.

히브리 종족들로부터 나온 것들과 그리스인들의 방식으로 말하는 물질에 속한 자들이 쓴 것은, 그들에 대한 말과 표상에 대해 생각하도록 그들 모두를 움직이는 오른쪽의 권능들에게서 그것들이 나왔다고 생각하는 자들의 권능들이니라.

그리고 그들은 진리에 이르려고 했으며, 자기들을 장악하고 있는 혼합된 권능들에게 헌신했느니라. 후에 그들은 혼합되지 않은 자들의 질서, 확고해진 자, 아버지의 표상의 표상으로 존재하는 유일한 자에게 이르게 되느니라.

그는 본래 보이지 않는 것이 아니라, 그가 참으로 보이지 않는 분의 형상을 보존하도록, 지혜가 그를 감싸고 있느니라. 그러므로 많은 천사가 그를 볼 수 없었던 것이니라. 또한 히브리 종족 중 우리가 이미 말한 다른 자들, 즉 의로운 자들과 예언자들은 환상이나 모방이나 비교적(秘敎的)인 생각에서 나온 것은 아무것도 생각하지도 않고 말하지도 않았으며, 각자가 자기 안에서 활동하고 있는 권능을 통해 말했나니, 그는 보고 들은 것에 귀 기울이는 사이에, [...] 안에서 그것을 말했느니라.

그들은 자기들 안에서 작용하고 있는 자들의 종류에 따라 서로 완전한 일치를 이루었나니, 그들은 특히 자기들보다 더 높으신 분에 대한 고백에 의해 서로 간의 결속과 일치를 보존하느니라. 그런데 그들보다 더 위대한 분이 계시나니, 그들이 그를 필요로 했으므로 그가 임명되었으며, 존귀하신 분을 필요로 하는 자로서 그들과 함께 영적인 로고스가 그를 낳았나니, 구원의 씨앗인 생각에 따라 희망과 기대 속에서 (낳았느니라).

그리고 그는 생각과 그의 자손과 그의 방사들로 이루어져 있는 비추는 말씀이시니라. 우리가 전에 말한 의로운 자들과 예언자들은 희망과 들음을 찾고 있던 그들의 아버지들에 의해 만들어진, 위대한 자에 대한 고백과 증언을 보존하고 있기 때문에, 확고함을 추구해 온 많은 자들 속에 씨 뿌려지는 기도와 추구의 씨앗이 그들 안에 씨 뿌려지느니라. 그것이 나타나 그들을 이끌어, 존귀하신 분을 사랑하고, 그것들을 하나이자 유일하신 분에 관한 것으로 선포하도록 하느니라.

그런데 그들이 말했을 때 그들 안에서 작용한 것은 하나이자 유일하신 분이었느니라. 그들의 환상과 그들의 말은 그들에게 그 환상과 말을 준 많은 자들로 인해 여러 가지로 되지 않느니라. 그러므로 그들이 이것에 대해 말한 것을 들은 자들은 그것 중 아무것도 버리지 않고,

바뀐 방식으로 성서를 받아들였느니라. 그들은 그것들을 해석함으로써 오늘날까지 유대인들 사이에 존재하는 여러 이단설을 세웠느니라. 어떤 자들은 하나님은 한 분이시며, 그분이 고대 경전에서 선포되셨다고 하느니라. 어떤 자들은 그들이 여럿이라고 말하느니라. 어떤 자들은 하나님은 단순하며, 본성상 한마음이었다고 하느니라. 또 어떤 자들은 그분의 활동이 선악의 확립과 결합되어 있다고 하느니라. 또 어떤 자들은 그분이 존재하는 것의 창조주라고 하느니라. 또 어떤 자들은 그분이 창조를 한 것은 그의 천사들을 통해서였다고 하느니라.

이런 종류의 수많은 사상은 수많은 형태가 있으며, 참으로 여러 종류의 경전이니, 이것이 그들의 율법 교사들을 낳았느니라. 그러나 예언자들은 아무것도 자기 뜻으로 말하지 않았나니, 그들은 각자 구세주의 선포를 통해 보고 들은 것들에 대해 (말했느니라).

이것이 각자가 선포한 것이며, 그들의 선포의 주된 주제는 각자가 구세주의 오심에 대해 말한 것이니, 이것이 바로 그 오심이니라. 그러나 예언자들은 자주 그에 대해 마치 그가 오실 것처럼 말하느니라. 또 자주 마치 구세주께서 오셔서 그를 알지 못한 자들에게 자비를 베푸실 것이라고 그들의 입을 통해 말씀하시는 것 같으니라.

그들 모두는 아무 일도 서로 알지 못했으며, 각자가 말할 일을 계시받아서, 또 각자가 그를 보게 된 장소(를 통해), 그가 그 일을 위해 그곳으로부터 태어나고 오시리라고 생각했느니라. 그가 어디에서 올 것이며, 누구에 의해 태어날지는 그들 중 아무도 알지 못했지만, 그만이 말할 만한 가치가 있는 유일한 분이시며, 태어나 수난받으실 분이시니라. 그가 전에 무엇이었고, 영원히 무엇인지에 대해서, 또 육체로 온 로고스와 구별되는, 태어나지 않았고 수난당할 수 없는 분이라는 데 대해서는, 그는 그들의 생각 속으로 들어가지 않았느니라.

그리고 이것이 나타날 그의 육체에 관해서 말하기 위해 그들이 감동을 느꼈을 때 한 말이니라. 그들은 그것이 그들 모두에게서 태어난다고 말하지만, 그것은 무엇보다 먼저, 존재하게 된 모든 것의 원인이자 구세주가 그의 육체를 받은 영적인 로고스에게서 나오느니라. 그는 약속의 말씀에 따라 빛의 계시에 의해, 씨앗 상태 속에 있는 그의 계시에 의해 그를 알았느니라.

존재하는 자는 존재하는 것들의 씨앗이 아니니, 그가 마침내 태어났음이니라. 그러나 생명으로 들어가기 위한 이러한 모든 도구는 아버지께서 구원을 나타내실 통로로 정하신 자이며 약속의 완성인 그에게 속하나니, 그는 그것들을 통해 내려오셨느니라.

그의 아버지는 한 분이시며, 그에게는 그분만이 참으로 아버지이시니, 그분은 보이지 않으시고 알 수 없는 분이시며, 그 본성상 이해할 수 없는 분이시요, 오직 그분만이 자신의 뜻과 자신의 형상 속에서 자신이 보이고 알려지고 이해되게 허락하신 하나님이시니라.

13. 화육하신 구세주와 동료들(114:31-118:14)

그는 자신이 원하실 때 자비롭게도 우리의 구세주가 되신 분이시며, (그는) 그들의 본래 상태이신 분이셨느니라. 그래서 그분은 그들을 위해 원치 않는 수난 속에 자신을 나타내셨느니라. 그들은 육체와 영혼이 되었나니, 그것은 그들을 영원히 지배하는 것이었으며, 그들은 부패함 속에서 죽는 데 익숙해졌느니라. 그러나 〔존재하게 된〕 자들에 대해 말하자면 보이지 않는 분께서 보이지 않게 그 자신에 대해 그들을 가르치셨느니라.

그는 자신이 구원하려고 생각한 자들의 죽음을 스스로 입었을 뿐 아니라, 그들이 육체와 혼 속에서 태어났을 때 그들이 내려간 그들의 작음도 받아들였느니라. (그가 그렇게 한 것은) 자신이 이것들을 취하여, (즉) 받아들여 육체와 영혼 속에서 어린아이로 태어났기 때문이니라.

그것들을 지닌 다른 모든 자들과 추락하여 빛을 받은 자들 가운데에서 그는 높임을 받았나니, 이는 그가 죄와 흠과 더러움 없이 잉태되었음이니라. 그는 생명 속에 있었으므로 생명 속에서 태어났으나, 전자와 후자는 그것들을 움직여 육체와 영혼이 되게 한 로고스에게서 나온 욕망과 무상한 견해 속에 있기 때문이니라. 우리가 앞에서 말한 자들을 위해 오신 분을 자신에게로 데려가신 분이 그분이시니라.

그는 조직으로부터 움직인 후 자신에게로 돌아간 로고스의 영광스런 시각과 변치 않는 생각으로부터 존재하게 되었나니, 그와 함께 온 자들이 육체와 영혼과 더불어, 확고함과 안정과 사물에 대한 판단을 얻은 것과 같으니라. 그들도 오기를 원했느니라.

그들이 구세주에 대해 생각했을 때 그들이 왔으며, 그가 알았을 때 그들이 왔느니라. 그들은 또한 결함으로부터 나온 자들보다 육체의 방사 속에서 더욱 존귀한 자들로 왔나니, 그들은 이와 같이 구세주의 몸과 더불어 그리고 계시와 그분과 혼합됨을 통해 그들의 몸의 방사를 받았음이니라. 이 다른 자들은 하나의 본질에 속한 자들인데, 그것이 자라났나니, 그것은 영적인 (본질)이었느니라. 그러나 조직은 다르니라. 이것과 저것은 전혀 별개의 것이니라.

어떤 이들은 욕망과 분열에서 나왔으므로 치료를 받아야 하느니라. 다른 이들은 기도로부터 나왔나니, 그들은 추락한 자들을 치료하도록 임명을 받을 때 병자들을 치료하느니라. 이들이 사도들과 전도자들이니라. 그들은 구세주의 제자들이며, (스스로) 가르침을 받아야 하는 교사들이니라. 그런데 만일 그들이 진실로 조직과 욕망 없으신 구세주에 따라 육체적으로 태어난 자들이라면, 그들은 왜 욕망으로부터 나온 자들이 가지고 있는 욕망을 가지고 있는가?

구세주께서는 유일하신 분의 육체적 형상이었으며, 그는 육체의 형상 속에 있는 총체니라. 그러므로 그는 불가분리성의 형상을 보존했나니, 거기에서 '욕망 없음'이 나오느니라. 그러나 그들은 드러난 각 현상의 형상들이니라. 그러므로 그들이 형상을 통한 분리를 받아들이는 것은 [하늘] 아래에서 심기기 위해 형상을 취하기 때문이니라. 이것은 또한 그들이 도달한 장소들에 존재하는 악을 나눠 갖는 것이니라. 그 의지가 총체를 죄 아래에 둔 것은 그가 그 의지에 의해 총체에 대한 자비심을 품고, 그들이 구원을 받게 하려는 것이었나니, 유일하신 분만이 생명을 주도록 정해져 있는 동안 그러했느니라. 나머지는 구원이 필요하니라.

그러므로 이런 (이유)에서 그는 찬양을 드리기 위해 은혜를 받기 시작했나니, 그것은 예수께서 선포하신 것이요, 그가 나머지에게 선포하실 만한 것이었느니라. 이는 우리가 (그의) 계시 속에서 하나가 되어 섬긴 예수 그리스도의 약속의 씨앗이 뿌려졌기 때문이니라. 이제 그 약속은 그들을 가르쳐서 태초부터 있던 그들의 본질로 돌아가도록 할 가르침을 소유했나니, 그들은 그분에게로 돌아가기 위해 그것에게서 나온 물방울을 지니고 있느니라. 이것이 구원이라고 불리는 것이니라. 그리고 그것은 사로잡힘으로부터 해방되는 것이요, 자유를 받아들이는 것이니라. 무지의 노예였던 자들의 사로잡힘이 그 장소들에서 지배하느니라. 그 자유는 무지가 지배하기 전에 존재했던 진리에 대한 지식인데, 시작도 끝도 없이 영원하나니, 그것은 선한 것이며, 존재의 구원이요, 그들이 겪어 온 노예 상태에서 해방되는 것이니라. 그들을 권력욕으로 [끌어]내리는 생각을 통해, 허영심이라는 저급한 생각, 즉 악한 것들로 나아가는 (생각)에서 난 자들은 자녀들을 내려다보시는 넘치는 은혜로부터 자유라는 재산을 받았느니라.

　　그런데 로고스가 그들을 자신에게서 분리시켰을 때 그것은 욕망의 혼란이요, 그가 태초에 벗어버린 것들의 파괴였나니, 그들이 제정된 사물들을 위해 쓸모가 있었으므로, 로고스는 그들을 조직의 마지막에 두어 그들이 존재하게 했지만, 그들의 존재는 파괴를 위해 정해진 것이었으며, 그 원인이 된 자는 (로고스)니라.

14. 세 부류의 인간(118:14-122:12)

　　인류는 세 가지 존재 방식으로 존재하나니, 영적인 인간, 혼적인 인간, 물질적 인간이 그들이니라. 이는 그들이 로고스의 세 가지 특성을 지니고 있기 때문이니, 거기에서 물질적 인간들과 혼적인 인간들과 영적인 인간들이 나왔느니라.

　　세 가지 존재 방식은 각각 그 열매로 알 수 있느니라. 그것들은 처음에는 알려지지 않았으나, 거룩한 자들에게 빛을 비추시고, 각자의 본질을 드러내 주신 구세주의 오심을 통해 (처음으로) 알려졌느니라.

　　빛에서 나온 빛과 같고, 영에서 나온 영과 같은 영적인 종족은 그들의 머리가 나타났을 때 즉시 그에게로 달려갔느니라. 그들은 즉시로 그 머리의 몸이 되었느니라. 그들은 계시 속에서 직접 지식을 받았느니라.

　　혼적인 종족은 불에서 나온 빛과 같나니, 자기들에게 나타나신 분에 대한 지식을 받아들이기를 망설였느니라. (그들은) 믿음 안에서 그에게로 달려가는 것은 더욱더 (주저했느니라). 오히려 그들은 목소리를 통해 가르침을 받았으며, 이것으로 충분했나니, 그들이 약속에 의한 소망에서 멀지 않았기 때문이요, 그들이 말하자면 보증으로서 다가올 일들에 대한 확증을 받아들였음이니라. 그러나 물질적인 종족은 모든 면에서 낮서니라. 그들은 어두우므로 빛이 나타나면 자기들이 파괴되기 때문에 빛이 비추는 것을 피하느니라. 그리고 그들은 자신들의 단일성을 받아들이지 않았으므로, 그들은 많음[多]에게서 나온 것이며, 주님께서 자신을 나타내셨으므로 주님께 대해 증오로 가득 차 있느니라.

영적인 종족은 모든 면에서 완전한 구원을 받으리라. 물질적인 종족은 그에게 저항하는 자와 똑같이 모든 면에서 파괴되리라. 혼적인 종족은 나올 때와 자리를 잡았을 때 중간에 있었으므로, 선에 대해서나 악에 대해서나 그 결심이 이중적이니라. 그들은 자신에게 정해진대로 즉시 떠나, 선한 자들에게로 힘을 다해 달려가느니라. 이들은 로고스가 지고하신 분을 기억하고 구원을 위해 기도할 때 그의 생각의 최초의 요소들을 따라 낳은 자들이니라. 이들은 [즉시로] 구원을 얻느니라. 그들은 구원하는 생각[으로 인해] 완전히 구원을 받으리라.

그가 (그분에게서) 나왔듯이, 천사들이든 인간들이든 간에 이들[도] 그분에게서 나왔느니라. 자기들보다 높으신 분이 계시다는 고백에 따라 그리고 그분에 대한 기도와 탐구에 따라, 그들도 나오게 된 자들의 구원을 얻으리니, 이는 그들이 선한 기질로부터 나왔기 때문이니라. 그들은 다가올 구세주의 오심과 이미 온 그의 계시를 선포하는 데 봉사하도록 정해져 있느니라. 그가 그들을 섬기기 위해 보냄을 받았을 때 천사들이든 인간들이든 그들은 실제로 자기 존재의 본질을 받았느니라.

그러나 권력욕의 생각으로부터 나온 자들, 그분에게 저항해서 싸우는 자들의 공격으로 인해 존재하게 된 자들, 생각이 낳은 자들은 혼합되어 있으므로, 갑작스레 그들의 종말을 맞을 것이니라. 그들에게 잠시 동안, 일정한 기간 동안 주어진 권력에 대한 욕망에서 벗어나 영광의 주님께 찬양을 드리고, 자신들의 분노를 포기할 자들은 그들의 겸손에 대한 보상을 받으리니, 그것은 영원히 머무는 것이니라. 그러나 영광과 일시적인 명예를 사랑하는 욕망으로 교만하여, 오직 정해진 시간과 기간 동안에만 자기들에게 권력이 위임되었다는 것을 잊고, 이로 인해 하나님의 아들이 만유의 주님이시요 구세주이심을 알지 못하며, 분노와 악한 것들의 모방에서 벗어나지 못한 자들은 길을 잃은 자들과 돌아선 자들 각자와 더불어, 그들의 무지와 무자각(그것은 고통이니라)으로 인해 심판을 받으리라.

(그들은) 주님께 합당치 않은 일을 행하여 더 많은 악을 (범했나니), 그분의 죽음을 포함하여 그런 일은 왼쪽의 권능들이 그분에게 행한 것이니라. 그들은 고집스럽게 말하기를, "만유의 왕으로 선포된 자를 죽이면 우리가 만유의 지배자가 되리라" 하였느니라. 오른쪽의 선한 조직에서가 아니라 혼합 속에서 나온 인간들과 천사들은 이런 일을 하면서 (이렇게 말했느니라). 그래서 그것이 일시적인 바람이요 욕망일지라도, 그들은 자신들을 위해 영예를 선택했으나, 영원한 안식에 이르는 길은 구원될 자들, 오른쪽에 속한 자들의 구원을 위한 겸손에 있느니라.

그들은 주님과 교회에 기쁨이 되는 생각을 고백하고, 교회를 위해 좋은 것이 무엇인지를 아는 자들처럼, 교회의 수난과 고통에 동참하기 위하여 할 수 있는 한 모든 방법으로 교회를 위해 행동하기를 기뻐하여, 교회와 함께 겸손한 자들의 찬양을 함께한 후, 그들은 [교회의] 소망을 나누어 가지리라.

(이제) 왼쪽의 질서에서 나와 오류의 길을 가는 인간들과 천사들에 대해 말해야 하나니, 그들은 주님을 부인하고 그분께 거역하는 악한 논의를 했을 뿐 아니라 교회에 대해서도 그러했나니, 이는 그들의 증

오와 시기와 질투가 교회를 향한 것이었음이니라. 이것이 교회에 시련을 주기 위해 움직여 일어난 자들이 정죄받는 이유이다.

15. 회복의 과정(122:12-129:34)

선택은 구세주와 한 몸이요 하나의 본질이니, 그것은 그분과 합일하여 하나가 되는 것으로 인해 신방(新房)과 같기 때문이니라. 그리스도께서는 그 때문에 모든 장소 앞에 오셨느니라. 그러나 부름은 신방 앞에서 기뻐하며 신랑과 신부의 하나됨을 기뻐하고 즐거워하는 자들의 장소를 가지고 있느니라. 선택이 가지게 될 장소는 형상들의 에온이니, 거기서는 로고스가 아직 플레로마와 결합한 일이 없느니라.

그런데 교회의 사람은 그것에 소망을 두었으므로 그것에 대해 기뻐하고 즐거워했나니, 그는 자신 안에 총체인 인간—그래서 그는 그들 모두이니라—이 있는데도 자신이 하나이며 유일하다고 생각하는 자의 조직 속에서 영과 혼과 몸을 분리시켰느니라. 그리고 그가 그 장소들이 받을〔...〕로부터 나오는 유출을 가지고 있기는 하지만, 그도 우리가 전에 말한 지체들을 가지고 있느니라.

구원이 선포되었을 때 완전한 인간은 자신의 단일한 상태, 자신이 온 장소로 서둘러 돌아가기 위해 즉시로 지식을 받아들였나니, 이는 자신이 온 장소, 자기가 흘러나온 장소로 기쁘게 돌아가기 위해서였느니라. 그러나 그의 지체들은 정돈된 장소들 속에 있는 가르침의 장소가 필요했나니, 이는 그들이 거울처럼 그들로부터 형상들과 원형들의 상(像)을 받게 하려는 것이며, 마침내 그들이 완전한 몸으로 나타날 때, 즉 플레로마가 회복될 때 교회의 몸의 모든 구성원이 한 장소에 있어 동시에 회복을 받게 하려는 것이니라. 그것은 서로 간의 합일의 예비적인 일치를 지니고 있었나니, 그것은 아버지께 속한 일치요, 총체가 그분과 일치를 이루어 하나의 얼굴을 받아들일 때까지 그러하니라. 그 회복은 마지막에 있나니, 총체가 자신의 본질, 즉 구원이요, 이해할 수 없는 아버지께로 가는 길이요, 가장 먼저 존재하신 분에게로 돌아감이신 아들을 드러낸 후 그리고 그것이 구원을 받아들이기 위해 총체들이 인식할 수 없는 분이요, 형언할 수 없는 분이요, 보이지 않는 분이요, 이해할 수 없는 분인 이분 안에서 고유한 방법으로 자신들을 나타낸 (후)에 있느니라.

그것은 왼쪽에 속하는 존재들의 지배에서 해방되는 것만이 아니요, 또 오른쪽에 속하는 존재들의 권능에서 벗어나는 것만도 아니니, 우리는 그들의 종이요 아들이라고 생각했으며, 재빨리 다시금 그들의 것이 되지 않고는 아무도 그들에게서 도망치지 못하느니라. 그 구원은 또한 플레로마 안에 있는 위계들[에게로] (상승하는 것이요), 각 에온의 권능에 따라 자기 자신에게 이름을 부여하고 자기 자신을 이해한 자들[에게로] 상승하는 것이니라. 또 그것은 고요한 것에게로 들어가는 것이니, 거기에서는 목소리도 지식도 이해도 비춤도 필요 없고, 모든 것이 비춤받을 필요가 없는 빛이니라.

흙으로 만들어진 자들만 구원이 필요한 것이 아니라, 형상들과 에온들의 나머지 플레로마들, 빛을 비추는 놀라운 권능들과 더불어 천사들도 구원이 필요하니라. 이는 우리가 다른 것들에 대해 의심을 품지 않게 하려는 것이니, 총체의 구원자의 지위를 지니고 계신 그 아들 자신(인간이 되신 그분)도, 그분 자신이 우리, (즉) 그분의 교회이며 육체 속에 있는 우리가 필요로 하는 각각의 것을 위해 자신을 주셨을 때 그분조차도 (구원이 필요하니라).

그런데 그가 처음에 그에게 내려온 말씀을 통해 구원을 받았을 때 다른 모든 자, 즉 자신을 위해 그를 받아들인 자들이 그에 의해 구원을 받았느니라. 이미 (구원을) 받은 자를 받아들인 자들은 또한 그분 안에 있는 것을 받은 것임이니라. 그분은 육체 속에 있는 자들 가운데에서 구원, (즉) 자신의 맏아들이요 자신의 사랑이요 화육하신 아들을 주시기 시작하셨느니라. 그리고 하늘에 있는 천사들은 지배할 자격이 있다고 여겨져서 그와 함께 지상에서 다스렸느니라. 그러므로 그는 "아버지의 천사들의 구원"이라고 불렸으며, 그의 지식을 위해 총체 아래에서 수고하는 자들을 위로했나니, 그가 다른 누구보다 먼저 은혜를 받았음이니라.

아버지께서는 태초에 그를 아셨나니, 그는 아무것도 존재하기 전에 그분의 생각 속에 있었으며, 그가 그분이 자신에게 계시하신 것들을 가지고 있었음이니라. 그분은 일정한 기간 동안 그분의 플레로마의 영광으로서 머무는 자 위에 결핍을 두셨나니, 그분이 알려지지 않았다는 사실이 그가 그분에 대한 〔...〕 그의 일치에서 나온 원인임이니라. 우리가 그분에 관한 지식을 받는 것은 그분이 질투심이 없다는 것을 나타내는 것이요, 두 번째 영광인 그분의 넘치는 달콤함을 드러내는 것이듯이, 그분은 또한 지식을 낳는 자이면서도 무지의 원인으로 나타나기도 하셨느니라.

숨겨져 있고 이해할 수 없는 지혜 속에서 그분은 끝까지 그 지식을 간직하셨나니, 마침내 총체들이 아무도 자기 자신의 지혜나 힘으로 찾지 못한 하나님 아버지를 찾는 데 지칠 때까지 그러했느니라. 그분이 풍성한 생각 속에서 자기 자신을 주신 것은, 그들이 그분이 주신 그분의 위대한 영광과 그분이 주신 그 원인(그것은 그분에 대한 쉬지 않는 감사이니라)에 관한 지식에 이르게 하려 함이었느니라. 그분은 흔들리지 않는 결의로 본성상 알 수 없는 아버지를 알 자격이 있는 자들에게 영원히 자신을 계시하시나니, 이는 그들이 무지와 그 고통을 경험하고 나서 그분에 관한 지식을 받아들이게 하려는 그분의 바람에 따른 것이니라.

그가 처음에 지식과 그 안에 있는 선한 것들에 이르게 되리라고 생각했던 자들은 악한 일들을 경험하여, 한동안 하나의 〔...〕로서 그 속에서 자신들을 훈련하려고 계획했나니,—이는 아버지의 지혜였느니라 — 이는 〔그들이 선한 일들의〕 즐거움을 영원히 받기 위함이었느니라. 그들은 변화와 지속적인 포기와 그들에 대항하여 싸우는 자들의 원인을 고귀한 존재들의 장식이자 경탄으로서 지니고 있었나니, 이는 아버지를 알지 못할 자들의 무지가 그들 자신의 것임을 드러내기 위함이었느니라.

그분에 대한 지식을 그들에게 준 이는 그분의 권능들 중의 하나인데, 이는 진정한 의미의 지식이란 "생각할 수 있는 모든 것에 대한 지식"이요 "보화"요 "풍성한 지식의 증가"요 "태초에 알려진 것들의 계시"요 "합일과 가장 먼저 존재하시는 분께로 가는 길"이라고 불린다는 것을 그들이 이해할 수 있게 도와주려는 것이었나니, 그것은 마지막이 처음과 같게 하기 위해 그 의지의 주재(主宰) 속에서 자기들의 것인 위대함을 버린 자들의 위대함이니라.

완전한 의미에서 존재하는 세례에 관하여 말하자면 총체들이 그 속으로 내려가 거기 머물러 있을 것인데, 하나님 아버지와 아들과 성령 안으로 들어가는 구원인 이것 외에 다른 세례는 없나니, 그들이 자기들에게 말해진 것, 즉 그분들이 존재하신다는 것을 믿게 되었을 때 그 이름들(그것은 복음의 유일한 이름이니라)에 대한 믿음을 통해 고백이 이루어짐이니라.

그분들이 존재하심을 믿은 자들은 이것으로부터 자신들의 구원을 얻느니라. 이것이 의심 없는 믿음 속에서 보이지 않는 방식으로 아버지와 아들과 성령을 아는 것이니라. 그들이 그분들에 대해 증언했을 때 그들이 그분들에게 이른 것은 또한 굳은 소망 가운데에서였나니, 이는 그분들에게 돌아가는 것이 그분들을 믿은 자들의 완전함이 되고, 아버지께서 그들과 하나가 되도록 하려는 것이니, 아버지께서는 그들이 믿음 가운데서 고백했고, 그들로 하여금 지식 속에서 자신과 하나가 되도록 하신 하나님이시니라.

우리가 전에 말한 세례는 "그것을 벗지 않는 자들의 옷"이라고 불리나니, 이는 그것을 입을 자들과 구원을 받은 자들이 그것을 입기 때문이니라. 그것은 또한 "결코 추락하지 않는 지식에 대한 확증"이라고 불리기도 하느니라. 그들이 그것을 붙잡고 있는 동안, 그것은 포기를 받아들인 모든 자를 흔들리지 않는 부동(不動)의 방식으로 붙잡느니라. (세례는) 그 고요함과 흔들리지 않음으로 인해 "침묵"이라고 불리느니라. 그것은 또한 자신이 그분을 알았음을 아는 자들의 일치와 나눌 수 없는 상태로 인해 "신방"(新房)이라고 불리느니라. 그것은 또한 "지지 않고 불꽃 없는 빛"이라고 불리나니, 그것이 빛을 주는 것이 아니라 그것을 입은 자들이 빛이 되기 때문이니라. 그들은 그분이 입은 자들이니라. (세례는) 또한 불멸인 "영원한 생명"이라고 불리며, 그것은 또한 진정한 의미에서 완전하고 단순하게 "존재 자체"라고 불리나니, 입문을 시작한 자들을 위해 존재하시는 분을, 나눌 수 없고, 빼앗을 수 없고, 흠 없고, 흔들리지 않는 방법으로 기쁘시게 하는 것이니라. 그것은 모든 것이니, "하나님"이라는 말 외에 그것을 부를 수 있는 다른 무슨 이름이 있겠는가? 그것에게 셀 수 없이 많은 이름을 붙여도 그 말들로는 단지 그것을 지칭하는 것일 뿐이니라.

이는 그분께서 모든 말을 초월하시고, 모든 소리를 초월하시며, 모든 이해를 초월하사 모든 것을 초월하시되, 모든 침묵까지도 초월하시는 것과 같이, 그것은 그 자체와 하나인 자들과 함께하느니라. 이것이 그들이 발견하는 그것의 본질이며, 그 모습은 형용할 수 없고 이해할 수 없나니, 이는 그들이 찬양하는 분이요 그들이 이해한 그분을 통해서 아는 자들에게 일어난 일로 인함이니라.

16. 부름의 회복(129:34-138:27)

(이제) 선택의 문제에 대해서 말하는 것이 적절하기 때문에 할 말이 더 많이 있다 하더라도, 부름에―오른쪽에 속한 자들은 그렇게 불리기 때문이니라― 관한 문제에 대해서는 우리가 그들에게로 한 번 더 돌아가 보고 나서 그들을 잊는 것이 바람직하니라. 우리는 그들에 대해 이미 말했느니라. 전에 어느 정도 길게 말한 것이 충분했던가? 우리가 어떻게 말했던가? (오직) 부분적으로만 (말했느니라).

나는 로고스에서 나온 모든 자에 대해 말했나니, 그들이 악한 자들의 심판으로부터 나왔든, 그들과 싸우는 분노와 그들에게서 벗어남(그것은 고귀한 자들을 향해 돌아서는 것이니라)에서 나왔든, 먼저 존재한 자들의 기도와 기억으로부터 나왔든, 자기들이 선한 기질로부터 나왔다고 (생각하고) 자격이 있기 때문에 선행으로 인해 구원을 받으리라는 소망과 믿음에서 나왔든 간에 그러했느니라.

그들이 태어난 원인이 있나니, 그것은 존재하는 분으로부터 나온 한 생각이니라. 나아가 (나는 이렇게 말했느니라). 로고스가 보이지 않는 방법으로 기꺼이 그들과 관계를 맺기 전에, 존귀하신 분께서 그에게 생각을 더하셨나니, 그들이 그를 (필요로 했으며), 그는 그들의 존재의 원인이었음이니라.

그들은 구원받을 때 마치 자기들 이전에는 아무도 존재하지 않은 것처럼 자만하지 않았고, 자기들에게는 자기 존재의 시초가 있노라고 고백하느니라. 그들이 원하는 것은 이것이니, 자기들보다 이전에 존재하시는 분을 아는 것이니라. (내가) 무엇보다도 많이 (말한 것은) 이것이니, 그들이 번개의 모습으로 온 빛의 계시를 경배했으며, 그것이 그들에게 구원으로 나타났음을 증언했다는 것이니라.

우리가 선한 일을 성취하리라고 말한 로고스에서 나온 자들뿐 아니라, 이들이 선한 기질에 따라 낳은 자들도 은혜의 풍성함을 따라 그 안식에 참여할 것이니라. 또한 권력욕에서 나온 자들도, 만일 그들이 뜻을 내어 헛되고 덧없는 명예욕을 버리기를 원하고 바라서, 순간의 명예 대신에 영광의 주님의 명령을 행한다면, 그들 속에 권력욕인 씨앗을 가지고 있다 하더라도 (그들의) 선행에 대한 보상을 받으리니, 선한 일을 행한 자들과 선한 일을 하려는 의도를 가지고 있는 자들이 그러할 것이니라. 그들은 영원한 나라를 상속받으리라.

이제 우리는 그들에게 주어진 은혜와 자극의 원인과 그 영향을 결합할 필요가 있나니, 그것들을 서로 결합하기 위해, 우리가 전에 오른쪽에 속한 모든 자, 혼합되지 않은 자들과 혼합된 자들 모두의 구원에 대하여 말한 것을 말해야 하느니라.

그리고 그들이 믿은 형상의 계시인 안식에 대해서는 적절한 논의로 그것을 다루어야 하느니라. 우리가 그리스도 안에 있는 그 나라를 고백했을 때 우리는 형상들의 온갖 많음과 고르지 못함과 덧없음에서 벗어났기 때문이니라.

처음이 하나이며 유일한 것처럼, 마지막은 하나이자 유일한 존재를 받으리니, 거기에는 남성도 여성도, 노예도 자유인도, 할례도 무할례도, 천사도 인간도 없고, 그리스도께서 만유 안에 있는 만유이시기 때문이니라. 처음에 존재하지 않았던 자의 형상은 무엇인가? 그가 존재하리라는 것을 알게 되리라. 그러면 노예였던 자의 본성은 무엇인가? 그는 자유인과 함께 앉게 되리라. 그들은 작은 말씀을 통해서만이 아니라 본성을 통해 점점 환상을 받으리니, 이것이 존재하는 방법이라고 (말하는) 한 목소리를 통해서만 믿느니라. 존재했던 것에게로 돌아가는 회복이 바로 합일이니라.

그들이 존재하게 된 것들의 원인으로 정해졌으므로, 또 그들이 자연적인 세력으로서 더욱 활동적이었으므로, 또 그들이 이것들로 인해 요청되었으므로 어떤 자들이 조직으로 인해 더 높아진다 하더라도 천사들과 인간들은 그 나라와 그 확증〔과〕 그 구원을 받을 것이니라. 그런데 이것들이 그 원인들이니라.

육체로 나타나신 분에 대해 그들은 의심 없이 그분이 이제까지는 말해진 적도 없고 볼 수도 없는, 알려지지 않은 하나님의 아들이라고 믿었느니라. 그리고 그들은 자기들이 전에 숭배했던 신들과 하늘과 땅에 있는 주님들을 버렸느니라. 그분이 그들을 데리고 올라가시기 전에 (그리고 그분이 아직 어린아이였던 동안, 그들은 그분이 이미 전도를 시작했다고 증언했느니라), 그분이 죽은 자로서 무덤 안에 계시던 때에 〔천사들은〕 그분이 살아 계시다고 생각했으며, 돌아가신 그분으로부터 생명을 〔받았느니라〕. 그들은 처음에 성전 안에서 자기들을 위해 수 없는 예배와 기적이 고백으로서 끊임없이 행해지기를 바랐나니, 그것은 그들이 그분께 갈 수 있는 힘을 주었느니라.

그들은 그 준비를 받아들이지 않았으며, 그 장소로부터 보냄을 받지 않은 자로 인해 그것을 거부했으나, 〔그들은〕 그리스도를 〔받아들였나니〕, 그들은 그분에 대해, 자기들이 그분과 함께 온 그곳, 자기들이 섬기고 경배하고 또 빌어 온 이름들 속에서 헌신한 신들과 주님들의 장소에 그분이 존재하신다고 생각했느니라.

그들은 그들에 의해 고유한 방식으로 불린 분에게 주어졌느니라.

그러나 그분의 승천 이후에 그들은 그분이 자신들의 주님이시며, 그분 위에는 다른 주님이 계시지 않는다는 것을 아는 경험을 했느니라. 그들은 그분에게 자기들의 왕국들을 드렸고, 그들은 자기들의 보좌에서 일어났으며, 자기들의 왕관을 멀리했느니라. 그러나 그분은 우리가 이미 말한 이유로 인해, (즉) 그들의 구원과 선한 생각으로〔돌아섬〕을 위해, 자신을 그들에게 계시하셨나니, 마침내〔...〕동료들과 천사들〔...〕과〔그들이〕그분과 더불어〔행한〕넘치는 선〔...〕.

그러므로 그들에게는 선택된 자들을 위해 선을 행하고, 그들의 불의를 하늘로 가져가는 일이 맡겨졌느니라. 그들은 창조의 무오성(無誤性)에 관한 겸손의 결여에 대해 그들을 영원히 시험하되, 그들을 위해 쉬지 않았나니, 그들의 몸이 지상에〔남아 있는〕동안 그들 모두가 생명으로 들어오고 생명을 떠나기까지 그렇게 했느니라. 그들은 그들의 모든〔...〕를 섬기나니, 모든 장소에서 성도들에게 임한 그들의 고통〔과〕박해와 시련을〔그들과 함께〕겪느니라.

악한 자의 종들에 대하여는 비록 악은 파괴되어 마땅하지만, 그들은〔...〕에 있느니라. 그러나 그들의 선한 생각이요 동료애인, 모든 세계 위에 있는〔...〕로 인해, 교회는 그들이 보상을〔주시는 분으로부터〕구원을 받았을 때 그들을 좋은 친구들과 신실한 종들로 기억할 것이니라. 그때 신〔방〕에 있는〔은혜〕와 그녀의 집에〔...〕그 선물의 생각에〔...〕그리고〔...〕인 자〔...〕그리스도는 그녀와 하나이며, 만유〔의〕아버지에 대한 기대이니, 그녀가 그들을 위해 안내자요 종인 천사들을 낳을 것임이니라.

그들은 즐거운 생각을 할 것이니라. 그들은 그녀를 위한 섬김이니라. 그녀는 에온들이 생각할 모든 것에 대하여 그들에게 보상을 줄 것이니라. 그분은 그들로부터 나온 방사이시니, 그리스도께서 그분이 내신 그분의 뜻을〔행하셔서〕교회의 위대함을 높이시고, 그들을 그녀에게 주셨듯이, 교회도〔이들〕을 위한 생각이 될 것이니라. 그래서 플레로마의 권능이 먼저 존재한 에온들의 관용과 달콤함의 위대함으로 그들을 끌어올리는 동안, 그분은 사람들에게 그들이 거주할〔그들의〕 영원한 거처를 주시나니, 이는 그들이 결핍에게로 이끌림을〔떠났음〕 이니라.

이것이〔…〕그가 계시한 빛〔속에서〕그가 그들을 비췄을 때 그가 지니고 있던(또는 그를 지니고 있던) 자들의 모든 낳음의 특성이니라. 〔…〕일 그의〔…〕처럼, 변화된 자들 속에 변화만이 있는〔동안〕그의〔주님〕도 그러하시니라. (137:1-5는 읽을 수 없음). 물질에 속한 자들은 마지막까지 파괴를 위해 남아 있는 동안, 그를 통해〔…〕한〔…〕말했나니, 이는〔그들이〕〔존재하지 않을〕것에게로 다시 돌아갈 때 그들이 그들의〔이름을〕위해 주어지지 않을 것임이니라. 그들이〔…〕였듯이, 그들은〔…〕가 아니라, 그들이 처음에는〔…〕가 아니었다 하더라도, 그들은 그들과 함께〔그 안에〕있던 때〔에〕유용했느니라. 만일〔…〕라면 그들은 그들 앞에〔…〕준비에서 지니고 있는 지배에 대해 행할 다른 것을 〔…〕. 나는 끊임없이 이 말을 사용하고 있지만, 나는 그 의미를 이해하지 못했느니라. 어떤〔장로들은〕그에게〔위대함 …〕 (138:1-5는 읽을 수 없음). 모든〔…〕천사들〔…〕말씀과 나팔〔소리〕〔…〕, 그는 그의〔…〕의 달콤함〔…〕위대함의〔…〕인 권능에 따라,〔…〕하나님 아버지의 사랑인 신방에서 아름다운 동방에서 비롯한 위대하고도 완전한 사면(赦免)을 선포하시리니, 사랑에 충만하신 분에게 속하는 모든 자의 주님이시요 구세주시요 구원자이신〔…〕를 통해, 그의 성령을 통해, 이제부터 모든 세대를 통해 영원히 위대함〔…〕그의 선하심〔…〕찬양, 영역〔과〕〔영광〕을 계시하실 것임이로다. 아멘.

요한 비밀의 서
(II, 1 / III, 1 / IV, 1 그리고 BG 8502, 2)

해제

「요한 비밀의 서」는 부활하신 그리스도께서 세베데의 아들 요한에게 인류의 창조와 타락, 인류의 구원에 대해 계시하신 내용을 담고 있다. 교부들의 글을 보면 그들 중 몇몇은 「요한 비밀의 서」의 내용을 잘 알고 있었음을 알 수 있다. 이레네우스의 글에 나오는 어떤 영지주의자들의 가르침은 이 글에 나오는 우주론적 가르침과 매우 흡사하다. 하지만 이레네우스가 여기 있는 그대로 「요한 비밀의 서」를 알았는지는 알 수 없다. 이레네우스가 「이단 비판」을 쓴 시기가 서기 185년이므로 그 이전에 「요한 비밀의 서」에 나오는 가르침과 같은 내용이 영지주의자들 사이에 퍼져 있었음은 분명하다. 「요한 비밀의 서」는 8세기까지도 메소포타미아의 아우디아파가 사용했다.

「요한 비밀의 서」에서는 '악이란 무엇인가?', '우리는 어떻게 이 악한 세계에서 우리의 하늘 고향으로 도망할 수 있는가?'라는 두 가지 기본적인 문제에 대해 답하고 있다. 여기 나오는 우주 창조론 또한 이 문제들에 대답하려는 것이다.

여기서는 지고한 신성(神性, deity)은 완전하다고 하는 추상적이고 그리스적인 개념으로 정의하는데, 그 완전함은 일체의 신인동형론(神人同形論)적인 개념을 벗어난 것이며, 이 세계와 완전히 무관하다. 이 지고의 신성이 그리스도와 소피아를 포함한 일련의 빛의 존재들을 방사(放射)한다. 「요한 비밀의 서」에 따르면 타락은 소피아가 위대하신 영 또는 자신의 배우자의 승낙 없이 한 존재를 낳고자 할 때 일어난다. 결국 그녀는 괴물 같은 창조주 얄다바오트를 낳는데, 그는 자기 어머니의 빛의 권능을 약간 지니고 있다. 얄다바오트는 세계를 지배하기 위해 천사들을 창조하고, 인간의 창조를 돕는다. 그런데 인간 자신은 물에 비친 완전한 아버지의 형상을 따라 창조된다.

얄다바오트가 속임을 당해서 인간에게 빛의 권능을 불어넣을 때 인간은 생명을 얻는다. 이리하여 빛의 권능들과 어둠의 권능들 사이에 인간 안에 있는 신적 파편들을 차지하기 위한 투쟁이 시작된다. 악한 권능들은 인간을 가두어 두기 위해 그를 물질적 육체 속에 집어넣는다. 또한 여인과 성적 욕구를 창조하여 빛의 파편들을 흩어 놓음으로써 그들이 육체와 세상에서 도망가는 것을 더욱 어렵게 만든다. 끝으로 그리스도는 사람들에게 자신들의 기원이 하늘에 있음을 기억하게 하여 인간을 구원하려고 아래 세계로 파견된다. 이 지식을 소유하고 금욕적인 삶을 산 자들만이 빛의 영역으로 돌아갈 수 있다. 다른 자들은 스스로 구원하는 지식에 이를 때까지 윤회한다.

요한 비밀의 서

‖ 1:1-32:9

주님의 가르침과 신비의 〔계시와〕 침묵 속에 숨겨진 일들. 그분은 제자 요한에게 이러한 일들을 가르치셨다.

어느 날 이런 일이 있었다. 야고보의 형제 요한이—그들은 세베데의 아들이다— 성전에 올라갔을 때 아리마니오스라고 하는 바리새인이 그에게 다가와 말했다. "당신이 따르던 그 스승은 어디 있는가?" 요한이 그에게 말했다. "그분은 그분이 오신 곳으로 가셨나이다." 그 바리새인이 그에게 말했다. "이 나사렛 사람이 속임수로 당신을 속이고, 〔거짓〕으로 당신의 귀를 채우고, 〔당신의 마음을〕 닫아, 당신을 〔조상들〕의 전통에서 돌아서게 했도다."

나〔요한〕은 이 말을 듣고, 성전에서 돌아서서 한적한 곳인 산으로 갔다. 그리고는 마음속으로 크게 탄식하며 말했다. "어찌하여 주님께서 선택되셨으며, 아버지께서는 왜 그분을 세상에 보내셨는가? 그분을 보내신 아버지는 누구시며, 우리가 갈 저 에온은 어떤 곳인가? 주님께서 우리에게 '〔너희가 갈〕 에온은 불멸의 에온의 형상[1]이니라' 하고 말씀하셨을 (때), 그분은 무슨 〔말씀을〕 하신 것일까? 그러나 주님은 이것이 어떤 것인지에 대해서는 우리에게 가르치지 아니하셨도다."

내가 이러한 일들을 생각하는 동안 곧 보라, 하늘이 열리고 하늘 아래 있는 모든 피조물이 빛났으며, 〔온〕 세상이 흔들렸다. 나는 두려워졌다. 그런데 보라, 나는 빛 속에서 내 곁에 〔서 있는 한 어린아이를〕

---

[1] typos=type.

보았다. 내가〔그를〕바라보는 동안,〔그는〕노인처럼〔되었다〕. 그리고 그는〔자기〕모습을 (다시)〔바꾸어〕, 종처럼 되었다. 내 앞에는〔다수성**2**은 없었다〕. 그러나 그〔빛〕속에 수많은 형상을 지닌 하나의〔모습〕이 있었다. 그〔형상들〕은 서로를 통해 나타났다.〔그리고〕그 모습은 세 개의 형상을 지니고 있었다.

그는 내게 말씀하셨다. "요한아, 요한아, 왜 의심하며, 왜 두려워하느냐? 너는 이 모습이 낯설지 않지 않느냐? 그러니 겁내지 마라! 나는 영원히〔너희와 함께 있는〕자니라. 나는〔아버지이며〕, 나는 어머니이며, 나는 아들이니라. 나는 더러워지거나 오염되지 않은 자이니라.〔나는〕네가 계시되지 않은 일들과〔계시된 일들〕을 알도록, 현재의 일과〔과거의 일과〕미래에 올 일을 네게 가르치고, 완전한〔인간의 부동(不動)의 종족〕에 대하여 너를 가르치려고〔왔느니라〕.〔그러므로〕이제 네〔얼굴을 들어〕, 내가 오늘〔네게 말할〕것들을〔받아들이고〕, 완전한 인간의 부동의 종족〔에게서〕온〔네〕동료 영들에게〔그것을〕말해 주어라."

그래서〔나는 그것을 알게〕해달라고 요청했다. 그분께서 내게 말씀하셨다. "하나이신 분은 홀로 다스리시나니, 그분 위에는 아무것도 없느니라. 그분은 만유의 하나님이시며 아버지로 존재하시는〔분이시요〕, 거룩하신 분이시며〔보이지 않으시는〕분이시요, 만유 위에 계시고, 불멸이시(며) 순수한 빛〔으로 존재하시는 분이시니〕, 어떤 눈의 빛으로도 그분을 들여다볼 수 없느니라.

그분은 보이지 않는 영이시니, 그분을 신(神)이나 그 비슷한 무엇이라고 생각하는 것은 옳지 않으니라. 그분 위에는 아무것도 없으므로,

---

2 plurality. 만유는 본래 하나(unity)이지만, 오류에 의해 여럿으로 보인다. 이렇게 다양하고 여럿인 것처럼 보이는 것을 다수성(plurality)이라고 한다.

그분은 신 이상이시기 때문이니라. 진실로 아무도 그분 위에 군림하지 못하느니라. 〔그분은 자신보다〕 열등한 어떤 것 속에 〔계시지〕 아니〔하시나니〕, 〔만유가〕 그분 안에 있기 때문이니라. 그분 자신을 (IV 4:9-10: 세우신 분이 바로 그분이시니라). 〔그분은 영원하시니〕, 그분은 〔아무것도〕 필요하지 〔않으시기〕 때문이니라. 〔그분은〕 총체적 완전이심이니라. 그분은 아무것도 〔부족하지〕 않으시므로 어떤 것에 의해 완전해질 필요가 없으시니라. 〔오히려〕 그분은 〔빛〕 가운데서 언제나 철저히 완전하시니라. 그분보다 먼저 있어 그분을 제약할 수 있는 자가 아무도 없으므로 그분은 제약할 수 없느니라. 그분보다 먼저 있어 그분을 탐구할 수 있는 자가 아무도 없으므로 그분은 탐구할 수 없느니라. 그분보다 먼저 있어 그분을 측량할 수 있는 자가 아무도 없으므로 그분은 측량할 수 없느니라. 아무도 그분을 보지 못했으므로 그분은 볼 수 없느니라. 그분은 영원히 존재하시므로 영원하시니라. 아무도 그분에 대해 말할 수 있을 만큼 그분을 알지 못하므로 그분은 말로 표현할 수 없느니라. 아무도 그분보다 먼저 있어 그분에게 이름을 부여할 자가 없으므로 그분은 이름할 수 없느니라.

그분은 순수하시고 거룩하시고 흠 없으시고 측량할 수 없는 빛이시니라. 그분은 형언할 수 없으며, 불멸성에서 〔완전하시니라〕. (그분은) 〔완전함〕 속에 계신 것도 〔아니고〕, 축복 속에 계신 것도 아니며, 신성 속에 계신 것도 아니고, 그보다 훨씬 뛰어나시니라. 그분은 몸이 있는 것도 아니고 몸이 없는 것도 아니니라. 그분은 크지도 않으시고 작지도 않으시니라. '그분이 얼마나 크시냐?'라든가 〔그분의 특질이〕 어떠하냐?'라는 말을 할 수는 없느니라. 아무도 〔그분을 알지〕 못하기 때문이니라. 그분은 존재하는 것들 중의 하나가 아니라 그것들보다 훨씬 뛰어나시니라. 그분은 그것들보다 뛰어난 존재로서가 아니라 자기 자신으로서 존재하시느니라. 그분은 에온이나 시간에 속하지 않으시느니라. 에온에 속하는 자는 다른 자들이 그를 위해 (그것을) 준비한 것임이니라. 그분은 다른 자로〔부터〕 아무것도 받지 않으시므로, 시간에 속한 어떤 것을 받지 〔않으셨느니라〕. 받은 〔것은〕 짐이기 때문이니라. 누구보다 먼저 존재하시는 분은 〔누구로부터〕 무엇을 받을〔필요가 없으시니라〕. 그분은 빛의 완전함 속에서 자신만을 갈망하시느니라.

〔...〕은 위대하시기 때문이니라. 측량할 수 없는 순수함은 그분께 속하느니라. 그분은 에온을 주시는 에온이시며, 〔생명을〕 주시는 생명이시며, 축복을 주시는 축복이시며, 지식을 주시는 지식이시며, 선을 주시는 선이시며, 자비와 구원을 〔주시는 자비〕이시며, 은혜를 주시는 은혜이시니라. 그분이 그런 것을 가지고 계시기 때문이 아니라, 그분이 헤아릴 수 없고 생각할 수 없는 〔빛을〕 주시기 때문이니라. 〔...〕.

〔내가〕 그분에 대해 너와 〔어떻게 말하리오〕? 그분의 에온은 무너질 수 없고, 안식하고 있으며, 침묵 속에 있고, 휴식하고 있으며, 〔모든 것보다〕 먼저 있느니라. 그분은 〔모든〕 에온의 머리이시니, 그것들에게 자신의 선함 속에서 힘을 주시는 이가 바로 그분이심이니라. 〔...〕. 우리는 〔말로 표현할 수 없는 것들을 알지〕 못하나니, 그분〔으로부터〕, 즉 아버지(께로부터) 나온 분을 통하지 않고는 〔헤아릴 수 없는 것을〕 알지 못하기 때문이니라. 그것을 우리에게 말씀하신 분은 그분〔뿐〕이시며, 〔자신을〕 에워싸고 있는 자신의 빛, 즉 살아 있는 물의 샘 속에서 자신을 보시는 분도 그분이시니라. 〔...〕. 그리고 그분이 〔모든〕 에온에게 공급해 주시느니라. 〔...〕 그분은 모든 방향에서 자신의 형상을 〔인식하시나니〕, 〔영〕의 샘 속에서 그것을 보심으로써 그러하시느니라. 그분은 자신을 감싸고 있는 〔순수한〕 빛의 〔물〕의 샘 속에 있는 자신의 〔물의〕 빛 속에 자신의 바람을 넣으시는 분이시니라.

그러자 〔그분의 생각이〕 활동적으로 〔되어〕, 그녀가 나왔느니라. 즉, 그녀가 그분의 빛〔의 광채〕 속에서 그분 앞에 〔나타났느니라〕. 그녀가 만유보다 먼저 〔있게 된〕 첫 〔권능〕이며, 그녀는 그분의 마음에서 〔나왔느니라〕. 그녀는 〔만유의 섭리이며〕—그녀의 빛은 〔그분의〕 빛 〔처럼 빛나느니라〕— 완전하시고 눈에 보이지 않는 처녀의 영의 형상인 〔완전한〕 권능〔이니라〕. 〔첫 권능〕, 즉 바르벨로[3]의 영광이요, 에온들 속에 있는 완전한 영광이며, 계시의 영광은 처녀인 영을 찬양했나니, 그녀가 그분을 찬양한 것은 자신이 그분으로 인해 나왔기 때문이니라. 〔...〕. 이것이 첫 생각이자 그분의 형상이었나니, 그녀가 만유의 자궁이 되었느니라. 왜냐하면 그녀는 만유보다 먼저 계신 분이었기 때문이니, (그녀는) 어머니-아버지시요, 최초의 인간이시며, 성령이시요, 3중의 남성이시요, 세 곱으로 힘 있는 분이시요, 세 개의 이름이 있는 남성이자 여성인 분이시며, 〔...〕 보이지 않는 이들 속의 영원한 에온이시요, 처음 나온 분이셨기 때문이니라.

〈그녀는〉 보이지 않는 처녀의 영, 즉 바르벨로에게 예지력을 달라고 요구했느니라. 그러자 그 영이 승낙했느니라. 영이 승낙하자, 예지력이 나와 섭리(프로노이아)와 함께 섰느니라. 그녀는 보이지 않는 처녀의 영의 생각에서 나오느니라. 그녀는 그분과 그분의 완전한 권능인 바르벨로를 찬양했나니, 그들이 그녀로 인해 존재하게 되었음이니라.

그녀가 다시 자기에게 불멸성을 허락해 달라고 요청하자, 그분께서 허락하셨느니라. 그분이 허락하시자 불멸성이 나와서 생각과 예지력과 함께 섰느니라. 그녀는 보이지 않는 분과 바르벨로를 찬양했나니, 그들이 그분으로 인해 존재하게 되었음이니라.

---

3 barbelo. '바르벨로'라는 이름은 대체로 "주님의 아들"이라고 해석하지만, 아직 정설은 없다.

그러자 바르벨로가 그녀에게 영원한 생명을 주시기를 요청했으며, 보이지 않는 영이 허락하셨느니라. 그분이 허락하시자 영원한 생명이 나왔으며, 〔그들이 섰고〕, 보이지 않는 영과 바르벨로를 찬양했나니, 그들이 그들로 인해 존재하게 되었음이니라. 〔...〕.

그녀가 다시 자신에게 진리를 주시기를 요청하자 보이지 않는 영이 허락하셨느니라. 진리가 나왔고, 그들이 섰으며, 보이지 않는 존귀하신 영과 그분의 바르벨로를 찬양했나니, 그들이 그들로 인해 존재하게 되었음이니라.

이것이 아버지의 다섯 에온이니, 보이지 않는 영의 형상인 최초의 인간이니라. 그것은 바르벨로인 프로노이아와 생각과 예지력과 불멸성과 영생과 진리이니라. 이것이 남녀 한몸인 다섯 에온이니, 곧 열 에온이며, 그것이 아버지이시니라.

그런데 그분이 보이지 않는 영을 휘감고 있는 순수한 빛과 불꽃을 지닌 바로벨로를 들여다보자, 그녀가 그에게서 임신했느니라. 그는 복된 모습을 한 빛을 지닌 빛의 불꽃을 낳았으나, 그는 그분의 위대함과 같지 않았느니라. 그가 이미 나온 어머니-아버지가 낳은 유일한 자였느니라. 그는 순수한 빛이신 아버지의 유일한 후손이며, 유일한 자식이니라.

보이지 않는 처녀의 영은 나타난 그 빛, 바르벨로인 그분의 섭리의 첫 권능으로부터 나온 그 빛을 기뻐했느니라. 그래서 그분은 자신의 선함을 가지고 그에게 기름 부어, 그가 어떤 선함에서도 완전하고 부족함이 없게 했나니, 그분께서 보이지 않는 영의 선함을 가지고 그에게 기름을 부으셨기 때문이니라. 그분께서 그에게 기름을 부으셨을 때 그가 그 앞에 섰느니라. 그가 영에게서 받자마자, 〔...〕 그는 성령과 완전한 섭리를 찬양했나니, 〔...〕 그가 그들로 인해 나왔음이니라.

그것이 마음인 동료 일꾼을 자신에게 달라고 요청하자, 그분이 허락하셨느니라. 보이지 않는 영이 허락하시자, 마음이 나와서 그분과 바르벨로를 찬양하며 그리스도 곁에 섰느니라. 이 모든 것은 침묵 속에서 일어났느니라.

그런데 마음이 보이지 않는 영의 말씀을 통해 어떤 행위를 하고 싶어 했느니라. 그러자 그의 의지가 행위가 되어 마음과 함께 나타났으며, 빛이 그것을 찬양했느니라. 그리고 말씀이 그 의지를 따라 나왔느니라. 그 말씀으로 인해 스스로 태어난 거룩한 분이신 그리스도께서 모든 것을 창조하셨기 때문이니라. 그러자 영원한 생명〈과〉 그의 의지와 마음과 예지력이 서서, 보이지 않는 영과 바르벨〔로〕를 찬양했나니, 그녀 덕분에 그들이 존재하게 되었음이니라.

거룩하신 영이 그의 아들인 스스로 나신 거룩한 분을 바르벨〔로〕와 함께 완성시키셨으므로, 그는 능력 있고 보이지 않는 처녀 영 앞에, 그가 힘 있는 목소리로 찬양한 그리스도로서, 스스로 난 거룩한 분으로서 섰느니라. 그는 프로노이아를 통해 나왔느니라. 그러자 보이지 않는 처녀 영이 진리이신 스스로 나신 거룩한 분을 모든 것 위에 두셨느니라. 그는 그 안에 있는 모든 권위와 진리를 자신에게 복종시키셔서, 모든 이름 위에 뛰어난 이름으로 부름받은 모든 것을 아셨느니라. 그들은 그럴 만한 가치가 있는 자들에게 그 이름을 말할 것이니라.

그리스도이신 빛과 불멸로부터 나온 영의 선물에 의해, 스스로 나신 거룩한 분으로부터 나온 네 개의 광명은 그것 앞에 서기 위해 내다보았느니라. 그 셋은 의지와 생각과 생명(이니라). 그리고 그 네 권능은 이해와 은혜와 인식과 신중함이니라. 은혜는 빛의 에온인 아르모젤과 함께 있나니, 그는 최초의 천사니라. 또 다른 세 에온이 이 에온과 함께 있나니, 은혜와 진리와 형상이니라. 두 번째 빛은 오리엘이니, 그는 두 번째 에온에 자리 잡고 있느니라. 다른 세 에온이 그와 함께 있나니, 인식과 지각과 기억이니라. 세 번째 빛은 다베이타(이)이니, 그는 세 번째 에온에 자리 잡고 있느니라. 다른 세 에온이 그와 함께 있나니, 이해와 사랑과 개념이니라. 네 번째 에온은 네 번째 빛인 엘렐레트 위에 자리 잡고 있느니라. 그와 함께 다른 세 에온이 있나니, 완전과 평화와 소피아(지혜)니라. 이들이 스스로 나신 거룩한 분에 의해 유지되고 있는 네 빛이며, 이들이 보이지 않는 영의 의지와 선물을 통해 능력 있는 이의 아들, 스스로 나신 분, 그리스도에 의해 유지되고 있는 열두 에온이니라. 그 열두 에온은 아들이신 스스로 나신 분께 속하느니라. 만유는 거룩하신 영의 의지에 의해, 스스로 나신 분을 통하여 이루어졌느니라.

완전한 마음의 예지력으로부터 보이지 않는 영의 의지와 스스로 나신 분의 의지가 드러남으로써, 완전한 인간과 최초의 계시와 진리가 (존재하게 되었느니라). 처녀영이 피게라아다마(스)라고 부른 분이 바로 그분이며, 그분이 그를 최초의 빛인 아르모젤에 의해, 힘 있는 분인 스스로 나신 분과 함께 첫 번째 에온에 두셨고, 그분의 권능들이 그와 함께 있느니라. 보이지 않는 분이 그에게 지성적인 무적의 권능을 주셨느니라. 그러자 그가 보이지 않는 영을 찬미하고 찬양하며 말했느니라. '모든 것이 나온 것은 당신 덕분이며, 모든 것은 당신께로 돌아가리이다. 저는 당신과 스스로 나신 분과 에온들 세 분을 찬양하고 찬미하리니, 곧 성부와 성모와 완전한 권능이신 성자이시나이다.'

그가 자신의 아들 셋을 두 번째 빛인 오리엘 앞의 두 번째 에온에 두었느니라. 세 번째 에온에서는 셋의 씨가 세 번째 빛인 다베이타(이) 위에 놓였느니라. 성자들의 영혼들이 (거기에) 있느니라. 네 번째 에온에는 플레로마를 알지 못하고, 즉시 회개하지 않고, 한동안 고집을 피우다가 후에 회개한 자들의 영혼이 있느니라. 그들은 네 번째 빛인 엘렐레트 옆에 있느니라. 이들은 보이지 않는 영을 찬미하는 피조물들이니라. 그런데 에온인 에피노이아[4]의 소피아가 보이지 않는 영과 예지력의 반영으로 스스로 생각을 품었느니라. 그녀는 그 영의 승낙 없이,―그는 승낙하지 않았느니라― 자신의 배우자 없이, 그의 고려 없이 자기 자신으로부터 닮은꼴[5]을 낳고 싶어 했느니라. 그래서 그녀의 남성성(男性性)의 인격이 동의하지 않았고, 자신의 동의를 얻지 못했는데도, 그녀는 영의 승낙과 자신의 동의에 대한 지식 없이 생각을 했으나, (그러나) 그녀는 낳았느니라. 그녀 안에 있는 무적의 권능 때문에, 그녀의 생각은 가만히 머물러 있지 않았고, 한 사물이 그녀에게서 나왔느니라. 그것은 불완전하고 그녀의 모습과 달랐으니, 다른 형상을 지니고 있었느니라.

그녀가 자기 욕망의 (결과를) 보았을 때 그것은 사자 얼굴을 한 뱀의 모양으로 바뀌었느니라. 그리고 그 눈들은 번쩍이며 타는 불과 같았느니라. 그녀는 불멸의 존재들이 아무도 그것을 보지 못하도록 그것을 자신에게서 멀리, 그곳 밖으로 던져버렸느니라. 그녀가 무지 속에서 그것을 창조했기 때문이니라. 그녀는 그것을 빛나는 구름으로 둘러싸고, 구름 한가운데 왕좌를 두어, 살아 있는 자들의 어머니라 불리는 거룩한 영 외에 아무도 그것을 보지 못하게 했느니라. 그리고 그녀는 그것을 얄다바오트라고 이름 지었느니라.

이것이 자기 어머니에게서 커다란 힘을 가져간 최초의 아르콘이니라. 그는 그녀에게서 물러나, 자기가 태어난 곳을 멀리 떠났느니라. 그는 강해져서, 지금도 (여전히) 존재하는 빛나는 불의 화염으로 자신을

---

[4] epinoia. 그리스어로 '생각'이라는 뜻.
[5] a likeness. 위에서는 '모양'이라고 번역했음.

위해 다른 에온들을 창조했느니라. 그 최초의 에온의 이름은 아토트이니, 세대들[6]은 그를 〔…〕라고 부르느니라. 두 번째는 하르마스이니, 질투의 〔눈이니라〕. 세 번째는 칼릴라-움브리이니라. 네 번째는 야벨이니라. 다섯 번째는 아도나이우이니, 사바오트라고 불렸느니라. 여섯 번째는 카인이니, 사람들의 세대는 그를 태양이라고 불렀느니라. 일곱 번째는 아벨이니라. 여덟 번째는 아브리세네이니라. 아홉 번째는 요벨이니라. 열 번째는 아르무피엘이니라. 열한 번째는 멜케이르-아도네인이니라. 열두 번째는 벨리아스이니, 그는 하데스의 깊음 위에 있느니라. 그리고 그는 일곱 하늘에 맞추어 일곱 하늘 위에 일곱 왕을 두고, 심연의 깊이 위에 다섯 왕을 두어 다스리게 했느니라. 그는 그들에게 자기의 불을 나누어 주었지만, 자기 어머니에게서 취한 빛의 힘은 보내 주지 않았나니, 그는 무지한 어둠이었기 때문이니라. 그리고 빛이 어둠과 섞였을 때 어둠이 빛나게 되었느니라. 어둠이 빛과 섞였을 때 빛이 어두워지게 되어 밝지도 않고 어둡지도 않아 연약해졌느니라.

이제 약해진 아르콘은 세 개의 이름을 가지고 있느니라. 첫 번째 이름은 얄다바〔오트〕이고, 두 번째는 사클라스이고, 세 번째는 사마엘이니라. 그는 자신 안에 있는 광기 속에서 불경스러웠느니라. 그는 '나는 하나님이다. 나 외에 다른 신은 없다'고 말했느니라. 그는 자신의 힘, 자신이 나온 곳에 대해 무지했기 때문이니라.

아르콘들은 자신들을 위해 일곱 권능을 창조했으며, 그 권능들은 자신들을 위해 각자 일곱 천사를 만들어, 마침내 천사들의 수가 365가 되었느니라. 다음은 이들의 이름과 몸이니라. 첫째는 아토트인데, 양의 얼굴을 하고 있느니라. 둘째는 엘로아이우인데, 당나귀 얼굴을 하

---

[6] the generations. 이 말도 그리스어로는 '에온'이다(콥트어도 마찬가지임).

고 있느니라. 셋째는 아스타파이오스인데, 〔하이에나의〕 얼굴을 하고 있느니라. 넷째는 야오인데, 일곱 개의 머리가 달린 〔뱀의〕 얼굴을 하고 있느니라. 다섯째는 사바오트인데, 용의 얼굴을 하고 있느니라. 여섯째는 아도닌인데, 원숭이 얼굴을 하고 있느니라. 일곱째는 삽베데인데, 빛나는 불의 얼굴을 하고 있느니라. 이들이 그 연약한 일곱 명이니라.

그러나 얄다바오트는 그들 모두에 덧붙여 수많은 얼굴을 지니고 있어서 자기가 원하는 대로 그들 모두 앞에 하나의 얼굴을 가져와 스랍[7]들 가운데 있을 수 있었느니라. 그는 그들에게 불을 나누어주었느니라. 그러므로 그들을 지배하게 되었나니, 이는 그가 자기 어머니의 빛에서 온 영광의 권능을 지니고 있었기 때문이니라. 그러므로 그는 자신을 하나님이라고 불렀느니라. 그는 자신이 나온 곳을 신뢰하지 않았느니라. 그는 자신과 함께 있는 권능들, 그의 생각에서 나온 일곱 권능과 결합되어 있었느니라. 그가 그것을 말하자 그것이 일어났느니라. 그는 가장 높은 존재부터 시작하여 각 권능의 이름을 붙였느니라. 첫째는 최초의 존재인 아토트와 함께 있는 선함이요, 둘째는 두 번째 존재인 엘로아이오와 함께 있는 예지요, 셋째는 세 번째 존재인 아스트라파이오와 함께 있는 거룩함이요, 넷째는 네 번째 존재인 야오와 함께 있는 주권이요, 다섯째는 다섯 번째 존재인 산바오트와 함께 있는 왕국이요, 여섯째는 여섯 번째 존재인 아도네인과 함께 있는 질투요, 일곱째는 일곱 번째 존재인 사바테온과 함께 있는 이해이니라. 그들은 그 권능〔의 파괴〕에 대해 하늘에 속한 영광을 따라 이름이 주어졌느니라. 그리고 그들의 근원이신 분〔에 의해 그들에게〕 주어진 이름들에는

---

7 seraphs. 보통 치품천사(熾品天使)라고 하는데, 천사의 위계의 일종임.

권능이 있었느니라. 그러나 하늘에 속한 영광에 따라 그들에게 주어진 그 이름들이 그들에게는 파괴와 무능을 의미하는 것이니라.

그런데 그가 이미 존재하게 된 최초의 에온들을 본떠서 모든 것을 만들었기 때문에, 그는 그들을 불멸의 존재들처럼 창조할 수 있었느니라. 그가 불멸의 존재들을 보았기 때문이 아니라, 그가 자기의 어머니에게서 취한 자기 안에 있는 권능이 그 안에서 우주와 유사한 것을 산출한 것이니라. 그가 자신을 둘러싼 피조물들과 자신에게서 나와 자신을 에워싸고 있는 천사들을 보았을 때 그는 그들에게 말했느니라. '나는 질투하는 하나님이니, 나 이외에 다른 신은 없다.' 그러나 그는 이렇게 선언함으로써 자기를 따르는 천사들에게 또 다른 하나님이 있음을 밝힌 것이니, 만일 다른 신이 없다면 그가 누구에 대해 질투하겠는가? 그때 어머니께서 이리저리 움직이기 시작하셨느니라. 그녀는 자신의 빛의 밝기가 약해졌을 때 무언가 결핍이 있음을 알아차리셨느니라. 그리하여 그녀는 자신의 배우자가 그녀에게 동의하지 않았기 때문에 어두워졌느니라."

그러나 나는 말했다. "주님, 어머니께서 이리저리 움직이셨다는 것이 무슨 뜻이옵니까?" 그러자 그분이 웃으시며 말씀하셨다. "그것을 모세가 말한 것처럼 '수면 위에'[8]라고 생각하지 마라. 그것이 아니니라." 그러나 그녀는 사악한 일이 일어났으며 자신의 아들이 도둑질을 했음을 아셨을 때 탄식하셨느니라. 그러자 망각이 무지의 어둠 속에서 그녀를 뒤덮었고, 그녀는 부끄러움을 느끼기 시작했느니라(VI 21, 13-14에 첨가하기를, 그리하여 그녀는 감히 돌아갈 엄두가 나지 않았지만, 이리저리 움직이고 있었느니라). 그래서 그 움직임은 이리저리 돌

---

[8] 창세기 1:2. "하나님의 영은 수면에 운행하시니라." 여기서 "운행하다"로 번역한 히브리어는 "이리저리 움직이다"라는 뜻이다.

아다니는 것이니라. 그런데 그 교만한 자는 자기 어머니에게서 권능을 취했느니라. 그는 교만하여 자기 어머니 외에는 다른 이가 없다고 생각했더니라. 그는 자신이 창조한 수많은 천사를 보았을 때 자기가 그들보다 뛰어나다고 느꼈느니라. 그 어머니는 어둠의 덮개가 불완전함을 알았을 때 자기 배우자가 자신에게 동의하지 않았음을 알았느니라. 그녀는 한없이 울면서 후회했느니라. 플레로마 전체가 그녀의 회개기도 소리를 듣고는, 그녀를 대신하여 보이지 않는 처녀이신 영을 찬양했느니라(VI 22, 5-7에 첨가하기를, 그가 승낙했느니라. 그 보이지 않는 영이 승낙했을 때) 그들 전체의 충만함으로부터 성령이 그녀 위로 쏟아져 내렸느니라. 그녀의 배우자는 전에 그녀에게 오지 않았지만, 그는 그녀의 결핍을 교정해 주기 위해 플레로마를 통해 그녀에게 왔느니라. 그녀는 위로 데려가졌으나, 자기 자신의 에온이 아니라 자기 아들의 위로 데려가졌나니, 그리하여 그녀가 그녀의 결핍을 교정하기까지 그녀는 아홉 번째 세계에 있었느니라.

그런데 드높은 에온 하늘에서 한 목소리가 들렸느니라. '사람이 있도다. 그리고 사람의 아들이.' 그때 우두머리 아르콘인 얄다바오트는 (그것을) 듣고, 그 목소리가 자기 어머니에게서 왔다고 생각했지만, 그는 그녀(또는 그것)[9]가 어디서 왔는지 알지 못했느니라. 그래서 거룩하신 어머니-아버지께서 그들을 가르치셨느니라. 그리고 완벽하고 완전한 예지, 모든 것을 존재하게 하신 만유의 아버지이신 보이지 않는 분의 형상, 최초의 인간, 그가 인간의 모습으로 그 모습을 나타내셨느니라.

그러자 우두머리 아르콘의 에온 전체가 떨고, 심연의 샘들이 흔들

---

[9] '목소리'는 여성명사이므로 이렇게 이중의 경우를 생각할 수 있다.

렸느니라. 그리고 물질 위에 있는 물들의 아랫면이, 그의 형상이 나타남으로 인해 밝아졌느니라. 그리하여 모든 권위[10]와 우두머리 아르콘이 바라보았을 때 그들은 아랫면 전체가 밝아진 것을 보았느니라. 그들은 그 빛을 통해 물에 비친 형상을 보았느니라.

그는 자기를 따르는 권위들에게 말했느니라. '오라, 우리가 하나님의 형상을 따라, 우리의 모습을 따라 사람을 창조하여 그의 형상이 우리의 빛이 되게 하자.' 그리하여 그들은 주어진 지침에 따라 각자의 능력을 써서 창조를 했느니라. 그리고 각 권위는 각자의 혼적[11] (형상) 속에서 자기가 본 형상에 의해 하나의 특징을 제공했느니라. 그들은 최초의, 완전한 인간의 모습을 따라 한 존재를 창조했느니라. 그러고 나서 그들은 말했느니라. '그를 아담이라고 부르자. 그래서 그의 이름이 우리에게 빛의 권능이 되게 하자.'

그러자 그 권능들은 창조를 시작했느니라. 첫 번째 존재인 선함은 혼적인 뼈[12]를 창조했고, 두 번째인 예지는 혼적인 근육을, 세 번째인 거룩함은 혼적인 육체를, 네 번째인 주권은 혼적인 골수를, 다섯 번째인 왕국은 혼적인 피를 창조했고, 여섯 번째인 질투는 혼적인 피부를 창조했으며, 일곱 번째인 이해는 혼적인 눈꺼풀을 창조했느니라. 그리고 수많은 천사가 그 곁에 섰으며, 그들은 사지와 엉덩이를 창조하고 각 부분을 연결하기 위해 그 권능들로부터 혼적 (형상)의 일곱 실체를 받았느니라.

첫 번째 존재가 머리를 창조하기 시작했나니, 에테라파오페-아브

---

10 아르콘들의 위계 중 하나.

11 psychic. 아르콘들은 영적(pneumatic) 능력이 없으며, 혼적인 능력만 있다. 여기의 psychic이라는 말은 본질적이지 않은 심령적 능력, 마음에 의한 능력을 말한다.

12 a bone-soul. 이것은 psychic bone이라고 번역하는 것이 더 올바른 것이므로 '혼적인 뼈'라고 번역했다. 이하의 신체 부위에 관해서도 마찬가지이다.

론이 그의 머리를 창조했으며, 메닉게스트로에트가 두뇌를 창조했고, 아스테레크메는 오른쪽 눈을, 타스포모카는 왼쪽 눈을, 예로누모스는 오른쪽 귀를, 비쏘눔은 왼쪽 귀를, 아키오레임은 코를, 바넴-에프로움은 입술을, 아멘은 이빨을, 이비칸은 어금니를, 바실아데메는 편도선을, 아크칸은 목젖을, 아다반은 목을, 아카아만은 척추를, 데아르코는 목줄을, 테바르는(VI 25, 4-5에 첨가하기를, 오른쪽 어깨를, 〔...〕) 왼쪽 어깨를, 미니아르콘은 오른쪽 팔꿈치 아래를, 에반텐은 왼쪽 팔꿈치 아래를, 크리스는 오른손을, 불라이는 왼손을, 트레네우는 오른손 손가락들을, 발벨은 왼손 손가락들을, 크리만은 손톱을, 아스트롭스는 오른쪽 가슴을, 바로프는 왼쪽 가슴을, 바오움은 오른쪽 어깨 관절을, 아라림은 왼쪽 어깨 관절을, 아레케는 배를, 프타베는 배꼽을, 세나핌은 복부를, 아라케토피는 오른쪽 갈비뼈들을, 자베도는 왼쪽 갈비뼈들을, 바리아스는(VI 25, 19-20에 첨가하기를, 엉덩이를, 프노우트는) 왼쪽 엉덩이를, 아벤레나르케이는 골수를, 크노우메니노림은 뼈들을, 게솔제는 위를, 아그로마우나는 심장을, 바노는 허파를, 소스트라펠은 간을, 아네시말라르는 지라를, 토피트로는 내장을, 비블로는 콩팥을, 로에르로르는 근육을, 타프레오는 육체의 척추를, 이포우스포보바는 정맥을, 비네보린은 동맥을, 아토이멘프세페이는 모든 지체들 속에 있는 호흡을,[13] 엔톨레〔인〕은 모든 살을, 베두크는 오른쪽 자궁을, 아라베에이는 왼쪽 음경을, 에일로는 불알들을, 소르마는 생식기를, 고라마카이오클라바르는 오른쪽 허벅지를, 네브리트는 왼쪽 허벅지를, 프세렘은 오른쪽 다리의 신장을, 아사클라스는 왼쪽 신장을, 오르마오트는 오른쪽 다리를, 에메눈은 왼쪽 다리를, 크뉘크스는

---

[13] 글자대로 번역하면, "아토이멘프세페이, 모든 지체들 속에 있는 호흡(또는 바람)은 그들의 것이며"가 된다.

오른쪽 정강이뼈를, 투펠론은 왼쪽 정강이뼈를, 아키엘은 오른쪽 무릎을, 프네메는 왼쪽 무릎을, 피우트롬은 오른발을, 보아벨은 오른발 발가락들을, 트라쿤은 왼발을, 피크나는 왼쪽 발가락들을, 미아마이는 발톱을, 라베르니움은 ―.

그리고 이들 모두를 감독하기 위해 지명된 자들은 자토트, 아르마스, 칼릴라, 야벨(VI 26: 19-20에 첨가하기를, 사바오트, 카인, 아벨)이니라. 그리고 특별히 사지에 대해 작업을 한 자들을 말하자면 머리는 디올리모드라자, 목은 얌메악스, 오른쪽 어깨는 야쿠입, 왼쪽 어깨는 베르톤, 오른손은 우디디, 왼손은 아르바오, 오른손 손가락은 람프노, 왼손 손가락은 레에카파르, 오른쪽 가슴은 바르바르, 왼쪽 가슴은 이마에, 흉부는 피산드리압테스, 오른쪽 어깨 관절은 코아데, 왼쪽 어깨 관절은 오데오르, 오른쪽 갈비뼈들은 아스픽시스, 왼쪽 갈비뼈들은 시노그쿠타, 배는 아루프, 자궁은 사발로, 오른쪽 허벅지는 가르카룹, 왼쪽 허벅지는 크타온, 모든 성기는 바티노트, 오른쪽 다리는 쿡스, 왼쪽 다리는 카르카, 오른쪽 정강이뼈는 아로에르, 왼쪽 정강이뼈는 토에케아, 오른쪽 무릎은 아올, 왼쪽 무릎은 카라네르, 오른발은 바스탄, 오른쪽 발가락은 아르켄테크타, 왼발은 마레프눈트, 왼쪽 발가락은 아브라나가 맡았더니라.

일곱이 이들 모두를 관장했나니, 그들은 미카엘, 우리엘, 아스메네다스, 사파사토엘, 아아르무리암, 리크람, 아이오르프스였다. 또 감각들을 관장한 자는 아르켄데크타였으며, 이해력을 관장한 자는 데이타르바타스였고, 상상력을 관장한 자는 움마아였으며, 조립을 관장한 자는 아아키아람이었고, 전체적인 충동을 관장한 자는 리아람나코였느니라. 그리고 육체 전체 속에 있는 영들의 근원은 넷으로 정해졌나니, 뜨거움과 차가움, 젖음과 마름이니라. 그리고 이들 모두의 어머니는 물질이니라. 뜨거움을 지배하는 자는 플로크소파요, 차가움을 지배하는 자는 오로오로토스요, 마름을 지배하는 자는 에리마코요, 젖음을 지배하는 자는 아투로이니라. 이 모든 것의 어머니는 그들의 한복판인 오노르토크라스로 들어오셨느니라. 그녀는 한계 지을 수 없기 때문이니라. 그리하여 그녀는 그들 모두와 뒤섞였느니라. 그녀는 진실로 물질이니, 그들이 그녀를 통해 양육되었기 때문이니라.

네 명의 우두머리 영은 쾌락에 속하는 에페멤피, 욕망에 속하는 요코, 슬픔에 속하는 네넨토프니, 두려움에 속하는 블라오멘이니라. 이들 모두의 어머니는 아에스테시스-우케핍토에이니라. 그 네 명의 영가운데서 욕망이 나왔느니라. 그리고 슬픔에서 시샘, 질투, 번민, 갈등, 고통, 무정함, 근심, 애통 등이 (나왔느니라). 그리고 쾌락에서 수많은 사악함과 허영과 그런 것들이 일어났느니라. 그리고 욕망에서 성냄, 분노, 쓰라림, 괴로운 열정과 불만 같은 것들이 (나왔느니라). 그리고 두려움에서 공포, 아첨, 고민, 수치가 (나왔느니라). 이 모든 것은 악한 것들일 뿐 아니라 유용한 것들처럼 보이느니라. 그러나 그것들의 진실한 (성질)에 대한 통찰은 아나로[14]이니, 그녀는 물질적 영혼의 머리이니라. 그녀는 일곱 감각인 우케핍토에에게 속해 있어야 하기 때문이니라.

이것이 그 천사들의 수이니, 모두 365명이니라. 그들 모두는 이 일을 수행하여, 사지 하나하나가, 혼적 육체와 물질적 육체가 그들에 의해 완성되었느니라. 이제 내가 너에게 말하지 않은 나머지 욕망을 관장한 다른 이들이 있느니라. 그러나 네가 그것들에 대해 알기를 원한대로 그것들은 조로아스터의 책에 기록되어 있느니라. 그리하여 모든

---

[14] Anaro. 고유명사임.

천사와 영은 혼적인 육체를 만들어 내기까지 일을 했느니라. 그런데 그들이 만든 것은 오랫동안 조금도 꼼짝하지 못했으며 움직이지 않았느니라.

그리하여 어머니가 자신이 우두머리 아르콘에게 준 권능을 만회하기를 원했을 때 그녀는 지극히 자비로우신 만유의 어머니-아버지께 간청하셨느니라. 그러자 그 어머니-아버지께서 거룩한 칙령에 의해 저 우두머리 아르콘의 천사들이 있는 곳에 다섯 명의 빛을 내려 보내셨느니라. 그들은 그(아르콘)에게 자신들이 어머니의 권능을 꺼내야 한다고 말했더니라. 그리하여 진실로 그들은 얄다바오트에게 이렇게 말했느니라. '그의 얼굴에 당신의 영을 불어넣으시오. 그러면 그의 몸이 일어날 것이오.' 그래서 그는 그의 얼굴에 자기 어머니의 권능인 영을 불어넣었느니라. 그는 (이것을) 알지 못했나니, 무지 가운데 있었기 때문이니라. 이렇게 어머니의 권능이 얄다바오트에게서 영혼에게로 들어갔나니, 그 영혼은 그들이 처음부터 계신 분의 형상을 따라 만든 것이니라. 그 몸은 움직이고 힘을 얻었으며, 그것은 빛났느니라.

그런데 그 순간 나머지 권능들이 질투하게 되었느니라. 그가 그들 모두를 통해 존재하게 되었으며, 그들이 그 인간에게 그들의 능력을 주었는데, 그의 지성이 그를 만든 자들보다 뛰어나고, 저 우두머리 아르콘보다도 뛰어났기 때문이니라. 그가 총명하고, 자신들보다 생각하는 것이 더 낫고, 사악하지 않음을 알았을 때 그들은 그를 데려다가 모든 물질 중 가장 낮은 영역에 던져 넣었느니라.

그러나 복되신 분, 사랑 넘치시고 자비로우신 분인 어머니-아버지께서는 우두머리 아르콘에게서 나온 어머니의 권능을 불쌍히 여기셨느니라. 그들(아르콘들)이 다시금 그의 혼적이고 인식 능력이 있는 몸을 지배할 수 있게 되었기 때문이니라. 그분은 당신의 자애로우신 영과 크신 자비를 통해 아담에게 돕는 자를 보내셨나니, 그는 그분에게 서 나온 빛나는 에피노이아요 생명이라 불렸느니라. 그리하여 그녀는 그와 함께 애쓰고, 그에게 그의 충만함을 회복케 해 주고, 그에게 그의 씨앗의 하강에 대해 가르치고, 그에게 상승의 길, 즉 그가 내려온 길에 대해 가르침으로써 모든 피조물을 돕고 있느니라. 그 빛나는 에피노이 아는 아담 속에 숨어 있나니, 아르콘들이 그녀를 알아보지 못하게 하 려는 것이요, 에피노이아가 어머니의 결함의 교정이 되게 하기 위해서 이니라.

그리하여 그의 안에 있는 빛의 그림자로 인해 그 인간이 나왔느니 라. 그리고 그의 생각은 그를 만든 모든 자보다 뛰어났느니라. 그들이 올려다보았을 때 그들은 그의 생각이 더 뛰어남을 보았느니라. 그들은 불과 흙과 물을 취해 네 개의 격렬한 바람과 함께 섞었느니라. 그들은 그것을 가지고 거대한 장애가 생기게 했느니라. 그들은 그(아담)를 죽 음의 그림자 속으로 데려갔나니, 이는 그들이 흙과 물과 불과 어둠과 욕망의 무지인 물질 속에서 나오는 영과 자신들의 적대하는 영을 가지 고 (그를) 다시 만들려 함이었느니라. 그것은 강도들이 사람에게 입힌 새로 만든 육체라는 무덤이며, 망각의 굴레였느니라. 그리하여 그는 죽을 수밖에 없는 인간이 되었느니라. 이것이 하강한 최초의 존재이 며, 최초의 분리니라. 그러나 그 안에 있던 빛의 에피노이아, 그녀는 그의 생각을 깨울 자이니라.

그리하여 아르콘들은 그를 데려다가 낙원에 두었느니라. 그들은 그에게 말했느니라. '먹어라.' 이 말은 참이라는 뜻이었으니, 그들의 쾌 락은 쓰고, 그들의 아름다움은 타락한 것이기 때문이니라. 그들의 쾌 락은 속임이요, 그들의 나무들은 불경함이요, 그들의 열매는 치명적 인 독이며, 그들의 약속은 죽음이니라. 그런데 그들은 자신들의 생명나무를 낙원 한가운데 두었느니라.

내가 너희에게 그들의 생명의 비밀이 무엇인지, 그들이 함께 만든 계획이 어떤 것인지, 그들의 영의 모습이 어떤지 가르쳐 주리라. 이 나무의 뿌리는 쓰고, 그 가지들은 죽음이며, 그 그림자는 증오이고, 그 잎사귀에는 속임이 있으며, 그 꽃은 악의 고약이요, 그 열매는 죽음이며, 그 씨앗은 욕망이요, 그것은 어둠 속에서 싹이 트느니라. 그것을 맛보는 자들의 거처는 명부(冥府)이며, 어둠이 그들의 안식처이니라.

그러나 그들은 자신들이 선악을 알게 하는 지식의 나무라고 부르는 것, 즉 빛의 에피노이아 앞에 머물러 있었느니라. 이는 아담이 자신의 충만함을 올려다보고, 자신의 부끄러움인 벌거벗음을 알지 못하게 하려는 것이었느니라. 그러나 그들이 그것을 먹도록 한 자는 나였느니라.

그래서 나는 주님께 말했다. "주님, 아담이 그것을 먹도록 한 자는 뱀이 아니었나이까?" 주님께서 웃으시며 말씀하셨다. "뱀은 성욕과 파괴의 사악함을 통해 아담이 먹도록 가르쳤나니, 이는 그(아담)가 그(아르콘 또는 뱀)에게 쓸모가 있게 만들려는 것이었느니라. 그래서 그(최초의 아르콘)는 그가 자기 안에 있는 빛의 에피노니아로 인해 자신에게 불순종했음을 알았느니라. 에피노이아는 그의 생각 속에서 그가 최초의 아르콘보다도 더 뛰어나도록 만든 자이니라.[15] 그래서 (우두머리 아르콘)은 자기 자신이 그에게 준 권능을 꺼내려고 했느니라. 그는 아담에게 망각을 덮씌웠느니라."

내가 주님께 말했다. "망각이 무엇이나이까?" 주님께서 말씀하셨

---

[15] 다른 번역본에 따르면 다음과 같이 번역할 수 있다: 한편, NHL의 영역을 소개하면 다음과 같다. "뱀은 그들에게 사악함과 생식과 정욕과 파괴의 열매를 먹도록 가르쳤으므로, 그는 그에게 쓸모가 있었느니라. 그래서 그(아담)는 자신이 그(우두머리 아르콘)에게 불순종했음을 알았으며, 그것은 자신이 우두머리 아르콘보다 뛰어나다고 생각하도록 해 준, 자신 안에 있는 빛의 에피노이아 때문이었음을 알았느니라."

다. "그것은 모세가 책에 쓰고, 너희가 전해 들은 그런 방식이 아니니라. 왜냐하면 모세는 자신의 첫 번째 책에서, '그가 그를 잠들게 했다'(창세기 2:21)고 말했으나, 그는 인식할 수 있는 상태에 있었기 때문이니라. 왜냐하면 그는 예언자를 통해 '내가 그들의 마음을 곤하게 하여, 그들이 주의를 기울이지 못하게 하고 보지 못하게 하리라'(이사야 6:10)고 했기 때문이니라.

그런데 빛의 에피노이아는 그녀 자신을 그(아담) 속에 감추었느니라. 그래서 우두머리 아르콘은 그녀를 그의 갈비뼈 밖으로 꺼내려고 했더니라. 그러나 빛의 에피노이아를 잡을 수 없었느니라. 어둠이 그녀를 쫓아갔지만 그녀를 잡지 못했느니라. 그래서 그는 그에게서 그의 권능의 일부를 꺼냈느니라. 그리고서 그는 자신에게 나타났던 에피노이아의 모습을 따라 여인의 형상으로 또 하나의 피조물을 만들었느니라. 그러고는 자신이 남자의 권능에서 취한 그 부분을 여자 피조물에게 집어넣었나니, 모세가 말하는 것 같이 '그의 갈비뼈'가 아니니라.

그래서 그(아담)는 자기 곁에 있는 여인을 보았느니라. 그 순간 광명의 에피노이아가 나타나 그의 마음을 덮고 있던 꺼풀을 걷어 올렸느니라. 그러자 그는 어둠의 술 취함에서 깨어났느니라. 그는 자신의 배우자의 형상을 알아차리고는, '이는 진실로 내 뼈에서 나온 뼈요, 내 살에서 나온 살이로다' 하고 말했느니라. 그러므로 사람이 자기 아버지와 자기 어머니를 떠나 자기 아내와 합하여 둘이 한 몸을 이룰 것이니라. 그들이 그를 그의 배우자에게 보내리니, 그가 자기 아버지와 자기 어머니를 떠나리라.

그런데 우리의 자매 소피아는 자신의 결함을 교정하고자 순수함 속에서 하강한 여인(이니라). 그러므로 그녀는 살아 있는 것들의 어머니인 생명이라고 불리느니라. 하늘의 권능의 프로노이아를 통해(IV 36,

18-20에 그리고 그 안에〔계시된 배려를 (통해)〕) 그리고 그녀를 통해 그들은 완전한 지식을 맛보았느니라. 나는 그들을 가르쳐 깊은 잠에서 깨어나게 하려고 순수한 빛의 예지에서 나온 에피노이아인 지식의 나무 위에 독수리의 형상으로 나타났나니, 그들은 둘 다 추락한 상태에 있었으며, 자신들의 벌거벗음을 알았기 때문이니라. 에피노이아는 빛으로서 그들에게 나타나 그들의 생각을 일깨웠느니라.

얄다바오트는 그들이 자신을 떠난 것을 알고 땅을 저주했느니라. 그는 그 여인이 자기 남편을 위해 준비하고 있을 때 그녀를 발견했느니라. 그는 거룩한 칙령을 통해 전해진 신비를 알지 못했으나, 그녀의 주인이었느니라. 그들은 그를 비난하기를 두려워했느니라. 그는 자기의 천사들에게 자기 안에 있는 무지를 보여 주었느니라. 그리하여 그는 그들을 낙원 밖으로 내쫓고 그들을 암울한 어둠으로 덮씌웠느니라. 그때 그 우두머리 아르콘은 아담 곁에 서 있는 처녀를 보았으며, 빛나는 생명의 에피노이아가 그녀 안에 나타난 것을 보았느니라. 얄다바오트는 무지에 가득 차 있었느니라. 만유의 예지가 (그것을) 알았을 때 그녀는 몇몇 존재를 보냈으며, 그들은 이브에게서 생명을 가져갔느니라.

그런데 우두머리 아르콘은 그녀를 유혹하여, 그녀에게서 두 아들을 낳았느니라. 그 첫째와 둘째가 엘로힘과 야웨니라. 엘로힘은 곰의 얼굴을 지녔으며, 야웨는 고양이 얼굴을 하고 있었느니라. 하나는 의로웠지만, 다른 하나는 불의했느니라(VI 38, 4-6에 첨가하기를, 야웨는 의로웠지만, 엘로힘은 불의했느니라). 그는 야웨에게 불과 바람을 다스리게 하고, 엘로힘에게는 물과 흙을 다스리게 했느니라. 그는 속이려는 생각으로 이들을 카인과 아벨이라는 이름으로 불렀느니라.

오늘날까지 우두머리 아르콘 때문에 성관계가 계속되었느니라. 그는 아담에게 속한 여인 속에 성적 욕망을 심어 놓았느니라. 그래서 그는 성관계를 통해 육체의 복제물들을 만들어 내고, 그들에게 자신의 적대하는 영을 불어넣었느니라.

그리고 그는 두 명의 아르콘에게 공국(公國)들의 지배권을 주어 그들이 그 무덤을 다스리게 했느니라. 그런데 아담이 자기 자신의 예지의 모습을 알았을 때 그는 사람의 아들의 모습을 낳았느니라. 그는 에온들 속에 있는 종족의 방식을 따라 그를 셋이라고 불렀느니라. 마찬가지로 어머니도 자신의 모습을 한 그녀의 영과 플레로마 속에 있는 자들의 복제물을 내려보내셨느니라. 그녀는 내려올 에온들의 거처를 준비하려는 것이었느니라. 그리하여 그는 그들에게 우두머리 아르콘에게서 나온 망각의 물을 마시게 했나니, 그들이 자신들이 어디에서 왔는지 모르게 하기 위해서였느니라. 이와 같이 그 씨앗은 한동안 (그를) 도우며 남아 있었느니라. 이는 성령이 거룩한 에온들로부터 올 때 그가 그들을 일으켜 세워, 그의 결함에서 그를 치유하기 위해서요, 플레로마 전체가 (다시금) 거룩하고 결함 없이 되게 하려는 것이니라."

내가 주님께 말했다. "주님, 그때 모든 순수한 영혼들이 순수한 빛으로 옮겨 가나이까?" 주께서 나에게 대답하셨다. "위대한 일들이 네 마음속에서 일어났구나. 부동(不動)의 종족에서 온 자들에게가 아니면 아무에게도 그것을 설명하기 어려움이니라. 생명의 영이 그 위에 내려와 그가 권능을 가지고 함께할 자들은 구원받고 완전해지며 위대하게 될 것이요, 그곳에서 모든 사악함과 악에 관여함에서 정화될 것이니라. 그때 그들은 불멸에만 관심을 가지며, 여기로부터 불멸에게로 관심을 돌리리니, 분노나 질투나 시샘이나 모든 것에 대한 탐욕이나 욕망이 없느니라. 그들은 육체 속에 있다는 것 말고는 아무것에도 영향을 받지 않으리니, 그들은 영접하는 자들이 그들을 맞이할 때를 간절히 기다리면서 그 육체 상태를 견디느니라. 그때 그러한 자들은 사라지지 않을 영생과 부르심을 받을 자격이 있느니라. 그들은 선한 싸움을 끝내고 영생을 상속받기 위해 모든 것을 견디며, 모든 상황에서 끝내 견디기 때문이니라.

내가 주님께 말했다. "주님, 이러한 일들을 행하지 않았으나, 그 위에 생명의 영이 내린 영혼들은(IV 40, 24-25에 첨가하기를, 그들은 거부당하나이까?" 주님께서 내게 대답하셨다. "만일) 그 영이 (IV 40, 26에 첨가하기를, 그들 위에 내리면) 그들은 어떤 경우라도 구원될 것이며, 그들은 (더 나은 상태로) 변할 것이니라. 왜냐하면 모든 사람 위에 권능이 내릴 것이며, 그것이 없이는 아무도 설 수 없기 때문이니라. 그리고 그들이 태어난 후, 생명의 영이 증대하고, 권능이 와서 그 영혼을 강하게 할 때는 아무도 악한 일로 그 영혼을 그릇되이 이끌 수 없느니라. 그러나 적대하는 영이 내린 자들은 그에 의해 이끌려 그릇된 길로 가느니라."

내가 말했다. "주님, 그들이 자신들의 육체를 벗어났을 때 그 영혼들은 어디로 가나이까?" 주님께서 웃으시며 내게 말씀하셨다. "그 내면에서 비열한 영보다 권능이 더 우세해지는 영혼은 힘이 있나니, 불멸의 존재가 개입함으로써 악에서 벗어나 구원되어, 에온들의 안식으로 이끌려 올라가느니라."

내가 또 말했다. "주님, 그러나 자기들이 누구에게 속했는지 알지 못한 자들의 영혼은 어디로 가나이까?" 주님께서 내게 말씀하셨다. "그들이 그릇된 길로 갔을 때 그들 안에서 비열한 영이 힘을 얻었느니라. 그는 그 영혼을 지고 악한 일로 끌고 가서, 그 영혼을 망각 속에 던지느니라. 그 영혼이 (육체에서) 나온 후 그 영혼은 아르콘을 통해 존재하게 된 권위들에게 넘겨지나니, 그들은 그 영혼을 사슬로 묶어 감옥에 가두어 그 영혼이 망각에서 벗어나 지식을 얻기까지 그 영혼과 동행하느니라. 이렇게 하여 그 영혼이 완전해지면 그 영혼은 구원되느니라."

내가 또 말했다. "주님, 영혼이 어떻게 작아져서 그 어머니의 몸[16] 속이나 인간 속으로 돌아올 수 있나이까?" 내가 이것을 여쭈었을 때 주님께서는 기뻐하시며 내게 말씀하셨다. "네가 이해했으니 참으로 너는 축복을 받았도다! 그 영혼은 다른 존재(여성명사임)를 따르도록 만들어져 있나니, 생명의 영이 그 안에 있기 때문이니라. 영혼은 그를 통해 구원되느니라. 그 영혼은 다시는 또 다른 육체 속에 던져지지 않느니라."

내가 말했다. "주님, 알지 못하면서 돌이켜 떠나간 자들의 영혼은 어디로 가나이까?" 그러자 주님께서 내게 말씀하셨다. "그들은 빈곤의 천사들이 가는 곳으로 데려가질 것인데, 그곳은 참회가 없는 곳이니라. 그리고 그들은 영을 모독한 자들이 심한 고통을 당할 날을 위해 거기 있다가, 영원한 벌을 받으리라."

내가 말했다. "주님, 비열한 영은 어디서 왔나이까?" 그때 주님께서 내게 말씀하셨다. "자비가 풍성하신 어머니이자 아버지이신 분, 어디나 계시는 성령, 자비로우시고 너희를 불쌍히 여기시는 분, 즉 빛의 예지인 에피노이아, 그분께서 완전한 종족의 후손과 그의 생각과 사람의 영원한 빛을 들어 올리셨느니라. 그들이 자기보다 높이 올려졌음을— 그리고 그들은 생각에서 그를 능가하느니라— 우두머리 아르콘이 알았을 때 그는 그들의 생각을 잡으려고 했나니, 그들이 생각에서 자신을 능가하여, 그들을 잡을 수 없다는 것을 몰랐기 때문이니라.

그는 자기의 권능들인 권위들과 계획을 짜서 소피아와 간통했으며,

---

[16] 원문은 '자연'(nature)임.

쓰디쓴 운명이 그들을 통해 태어났나니, 이것이 끔찍한 속박의 마지막이니라. 그들은 서로를 몹시 싫어하느니라. 그녀는 슬퍼했으나, 신들과 천사들과 악령들과 모든 세대가 오늘날까지 더불어 결합되어 있는 자들보다 강하니라. 그 운명에서 모든 죄와 불의와 신성모독과 망각의 사슬과 무지와 모든 어려운 명령과 심각한 죄와 큰 두려움이 나왔기 때문이니라. 이리하여 모든 피조세계가 자신들 모두 위에 계시는 하나님을 알지 못하도록 눈멀게 되었느니라. 망각의 사슬 때문에, 그들의 죄는 감추어져 있었느니라. 그것(운명)이 모든 것을 지배하므로, 그들은 측량과 시간과 순간들에 매여 있기 때문이니라.

그래서 그는 자신을 통해 존재하게 된 모든 것에 대해 후회했느니라. 그는 이번에는 인간이 지은 것 위에 홍수를 보내기로 계획했느니라. 예지의 빛의 위대함이 노아에게 이를 알려 주었으며, 그가 인간의 아들들인 모든 자손에게 (그것을) 전했느니라. 그러나 그에게 낯선 자들은 그의 말에 귀 기울이지 않았더니라. 모세가 '그들은 방주 안에 숨었다'(창세기 7:7)고 말한 것과는 달리, 그들은 어떤 곳에 숨었는데, 노아뿐 아니라 부동의 종족 출신인 다른 많은 사람이 그랬느니라. 그들은 한 곳으로 가서 빛나는 구름 속에 숨었느니라. 그런데 그가 자신의 권위를 알아보았을 때 빛에 속한 여인이 그와 함께 있어 그들에게 빛을 비추었나니, 이는 그가 온 땅에 어둠을 가져왔기 때문이니라.

그래서 그는 자신의 권능들과 함께 계획을 짰느니라. 그는 자기의 천사들을 인간의 딸들에게 보냈고, 그들은 자신들을 위해 인간의 딸들 중 일부를 취해, 자신들의 기쁨을 위해 자손을 일으켰느니라.[17] 그런데 처음에 그들은 성공하지 못했느니라. 그들은 성공하지 못하자 다시

---

17 참고, 창세기 6:2-4.

함께 모여 계획을 짰느니라. 그들은 하강한 영을 닮은 비열한 영을 창조하여, 그것을 통해 영혼들을 오염시키고자 했느니라. 그리하여 천사들은 자신들의 모습을 그들(인간의 딸들)의 짝의 모양으로 바꾸어, 자신들을 위해 혼합한 어둠의 영과 악으로 그들을 가득 채웠느니라. 그들은 금, 은, 선물, 구리, 철, 금속, 온갖 종류의 것을 가져왔느니라. 그리고 그들은 자기를 따르는 사람들을 부추겨 큰 소요를 만들고, 많은 속임수로 그들이 길을 잃게 했느니라. 그들(사람들)은 즐거움도 없이 나이가 들었느니라. 그들은 진리를 발견하지 못하고, 진리의 하나님을 알지 못한 채 죽었느니라. 이와 같이 모든 피조물은 영원히 노예가 되었느니라. 그들은 세상의 터전이 놓이던 때부터 지금까지 여인들을 취하여, 자기들의 영의 모습을 따라 어둠으로부터 아이들을 낳았느니라. 그들은 마음을 닫고, 오늘날까지 비열한 영의 완고함을 통해 스스로 막혀버렸느니라.

그러므로 만유의 완전한 프로노이아인 나는 나 자신을 나의 씨앗으로 바꾸었나니, 나는 최초로 존재했으며 모든 길을 갔느니라. 나는 빛의 풍요함이요, 나는 플레로마의 기억임이니라. 내가 어둠의 영역으로 갔을 때 나는 그 감옥 한가운데에 들어가기까지 했느니라. 그러자 혼돈의 기초가 흔들렸느니라. 나는 그들의 사악함 때문에 그들에게서 숨었으며, 그들은 나를 알아보지 못했느니라.

다시 나는 두 번째로 돌아와 여기저기를 돌아다녔느니라. 나는 빛에 속한 자들에게서 나왔느니라. 그 빛은 나이며, 프로노이아의 기억이니라. 나는 어둠 한가운데와 명부의 내부로 들어갔나니, 이는 내가 나의 임무를 (성취하려) 했음이니라. 그러자 혼돈의 기초가 흔들려, 그것이 혼돈 속에 있는 자들 위로 넘어져서, 그들을 파괴하려 했느니라. 그들이 때가 되기 전에 파괴되지 않도록, 나는 다시 빛의 근원으로 뛰어 올라왔느니라.

다시 세 번째로 나는 갔느니라.—나는 빛 속에 존재하는 빛이요, 프로노이아의 기억이니라— 그리하여 어둠 한가운데와 명부의 내부로 들어가려 했느니라. 나는 내 얼굴을 그들 에온의 완성의 빛으로 가득 채웠느니라. 그리고 나는 육체의 감옥인 그들의 감옥 한가운데로 들어갔느니라. 그리고 나는 말했느니라. '듣는 자는 깊은 잠에서 깨어 일어나라.' 그러자 그는 흐느끼며 눈물을 흘렸느니라. 그는 쓰디쓴 눈물을 닦고 말했느니라. '내 이름을 부르시는 분이 누구신가? 어디서 내게 이 희망이 왔는가? 나는 감옥의 사슬에 묶여 있는데?' 그래서 내가 말했느니라. '나는 순수한 빛의 프로노이아요, 나는 처녀의 영의 생각이며, 너를 영광스런 곳으로 이끌어 올린 자이니라. 일어나라. 그리고 (이 부름을) 들은 자가 너라는 것을 기억하고, 네 뿌리를 따라가거라. 그 뿌리는 자비로운 자인 나이며, 너를 빈곤의 천사들과 혼돈의 악령들과 너를 올무 씌우는 모든 자에게서 지키나니, 깊은 잠과 명부 안에 있는 구속에서 깨어나라.'

그리고 나는 그를 일으켜 세워, 그때부터 죽음이 그를 지배하지 못하게 하기 위해 물의 빛 속에서 다섯 인장으로 그를 봉인했느니라.

이제 보라. 나는 완전한 에온으로 올라갈 것이니라. 나는 네가 들은 바와 같이 너를 위해 모든 것을 다 이야기했느니라. 내가 네게 모든 것을 말함은 네가 그것들을 기록하여 비밀리에 너의 동료 영들에게 그것을 전하도록 하기 위함이니, 이것은 부동의 종족의 신비이기 때문이니라."

그리하여 주님께서는 그가 이것들을 기록하여 안전하게 보존하도록 그에게 이것들을 전해 주셨다. 주님께서 그에게 말씀하셨다. "누구든지 이것들을 선물이나 음식이나 마실 것이나 입을 것이나, 다른 어떤 것과 바꾸는 자에게는 저주가 있으리라." 이것들은 신비 속에서 그에게 전달되었으며, 주님은 즉시 그에게서 사라지셨다. 그리고 그는 자기 동료인 주님의 제자들에게 가서 주님께서 그에게 말씀하신 것을 이야기했다.

예수 그리스도, 아멘

요한에 따른

비밀의 서

도마복음
(II, 2)

해제

「도마복음」은 예수의 말씀을 모아놓은 책이다. 이 콥트어 「도마복음」은 그리스어에서 번역한 것이다. 도마복음의 그리스어판의 단편이 몇 개 남아 있는데, 그것은 서기 200년경의 것으로 추정한다. 그러므로 그리스어(또는 시리아어나 아람어) 어록집은 서기 200년경 이전에, 아마도 1세기 후반에, 시리아나 팔레스타인이나 메소포타미아에서 저술된 것으로 추정된다. 「도마복음」의 저자는 디디모스 유다 도마, 즉 "쌍둥이" 유다인데, 특히 시리아 교회에서는 그를 예수의 사도이자 쌍둥이 형제라고 본다.

「도마복음」과 신약성서 복음서들의 관계는 특별한 관심거리이다. 「도마복음」의 말씀 중 여러 구절이 공관복음서(마태복음, 마가복음, 누가복음)에 병행 구절이 있다. 「도마복음」의 말씀을 공관복음의 병행 구절들과 비교해 보면, 「도마복음」에 있는 말씀이 좀 더 초기의 형태거나, 그런 말씀의 좀 더 초기의 형태가 발전한 것이라고 추측할 수 있다. 「도마복음」은 마태와 누가가 공통으로 사용한 자료라고 보는 "Q"(독일어로 "자료"라는 뜻의 Quelle에서 온 말)자료와 유사하다. 그러므로 「도마복음」과 이 글의 바탕이 된 자료는 신약성서 복음서의 자료와 밀접한 관계가 있다.

「도마복음」을 특정 영지주의 학파나 소종파의 작품이라고 볼 수는 없지만, 「도마복음」에는 영지주의 신학의 영향이 분명하게 나타나 있다. 이 어록집은 "살아 계신 예수께서 말씀하신 비밀의 말씀"이라고 되어 있다. 이처럼 「도마복음」은 비교적(秘敎的)인 경향을 띄고 있다. 이 내용을 이해하는 열쇠는 이 말씀을 해석하여 비밀의 의미를 아는 것인데, "이 말씀의 해석을 발견하는 자는 죽음을 경험하지 않을 것이기" 때문이라고 되어 있다.

여기에 실린 114개의 어록에 붙인 번호는 필사본에 있는 것은 아니라 학자들이 붙인 것이다. 오늘날 대부분의 학자가 이 구분을 따르고 있다.

도마복음

II 32:10-51:28

이것은 살아 계신 예수께서 말씀하시고 디디모스 유다 도마가 기록한 비밀의 말씀이다.

(1) 그리고 그[1]가 말씀하셨다. "이 말씀의 해석을 발견하는 자는 누구든지 죽음을 경험하지 않으리라."

(2) 예수께서 말씀하셨다. "찾는 자는 발견할 때까지 계속 찾으라. 그가 발견할 때 그는 고통받을 것이며, 그가 고통받게 될 때 그는 놀랄 것이고, 만유를 지배하게 되리라."

(3) 예수께서 말씀하셨다. "만일 너를 인도하는 자들이 너에게, '보라, 그 나라가 하늘에 있도다' 하고 말한다면 하늘의 새들이 너희보다 앞설 것이니라. 만일 그들이 너에게 '그것은 바다 속에 있도다' 하고 말한다면 물고기가 너희보다 앞설 것이니라. 그러나 그 나라는 너희 안에 있으며 그것은 너희 밖에 있느니라. 너희가 너희 자신을 알게 될 때 너희는 알려질 것이며,[2] 살아 계신 아버지의 아들들이 바로 너희임을 깨달을 것이니라. 그러나 만일 너희가 너희 자신을 알지 못하면 너희는 궁핍 가운데 거하며, 너희 자신이 바로 그 궁핍이니라."

(4) 예수께서 말씀하셨다. "오랜 세월을 산 노인이 생명의 처소에 대해 일곱 살 꼬마에게 묻기를 망설이지 않는다면 그는 살리라. 먼저

---

[1] 여기의 "그"가 예수인지 도마인지는 분명하지 않다.

[2] "그들이 너희를 알게 될 것이며", 콥트어에서는 이것이 수동태이지만 일반적인 의미로 "그들"이 주어일 수도 있다. 이 경우 "그들"이 누구인지는 분명하지 않지만, 하늘에 있는 하나님의 자녀들을 뜻하는 것으로 볼 수 있다.

된 많은 자가 나중이 될 것이나, 그들은 하나이면서 같은 것이 되리라."

(5) 예수께서 말씀하셨다. "네 눈앞에[3] 있는 것을 알라. 그러면 너에게 숨겨져 있는 것이 너에게 드러나리라. 숨겨진 것은 드러나지 않을 것이 없기 때문이니라."

(6) 그의 제자들이 그분께 여쭈었다. "주님께서는 저희가 금식하기를 원하시나이까? 저희가 어떻게 기도하리이까? 저희가 자선을 행하리이까? 저희가 어떤 식사규정을 지키리이까?"

예수께서 대답하셨다. "거짓말하지 말며, 너희가 미워하는 것을 하지 말지니, 하늘이 보기에는 모든 것이 드러나기 때문이니라. 숨겨진 것이 하나도 나타나지 않을 것이 없고, 감추인 것이 하나도 드러나지 않을 것이 없느니라."

(7) 예수께서 말씀하셨다. "사람에게 먹혀 사람이 되는 사자는 복이 있으며, 사자에게 먹히는 사람은 재앙이 있나니, 그 사자가 사람이 되느니라."

(8) 그리고 그분께서 말씀하셨다. "그 사람은 바다에 그물을 던져 바다에서 작은 물고기가 가득 찬 그물을 끌어올리는 지혜로운 어부와 같으니라. 그 지혜로운 어부는 그것들 가운데서 아름답고 큰 물고기 하나를 발견했느니라. 그는 작은 물고기를 모두 바다에 도로 버리고 서슴없이 그 큰 물고기를 택했느니라. 들을 귀 있는 자는 들으라."

(9) 예수께서 말씀하셨다. "그런데 씨 뿌리는 자가 나와서 (씨앗을) 한 줌 쥐어 뿌렸느니라. 어떤 것들은 길 위에 떨어졌나니, 새들이 와서 그것을 먹었느니라. 어떤 것들은 돌 위에 떨어져 땅에 뿌리 내리

---

3 직역하면, "얼굴 앞에."

지 못하여 이삭을 맺지 못했느니라. 또 어떤 것들은 가시덤불에 떨어져 가시덤불이 씨앗을 죽게 했으며, 벌레가 그것을 먹었느니라. 또 어떤 것들은 좋은 땅에 떨어져 좋은 열매를 맺었나니 60배와 120배를 맺었느니라."

(10) 예수께서 말씀하셨다. "나는 세상에 불을 던졌노니, 보라, 그것이 타오를 때까지 내가 그것을 지키고 있느니라."

(11) 예수께서 말씀하셨다. "이 하늘은 사라질 것이며, 그 위에 있는 것도 사라질 것이니라. 죽은 자들은 살아 있지 않으며, 산 자들은 죽지 않으리라. 너희가 죽은 자를 먹는 날에 너희는 그를 살아 있는 자로 만들었느니라. 너희가 와서 빛 속에 거할 때 너희는 무엇을 하려느냐? 너희가 하나인 날에 너희는 둘이 되었느니라. 그러나 너희가 둘이 될 때 너희는 무엇을 하려느냐?"

(12) 제자들이 예수께 말했다. "저희는 주님께서 저희를 떠나시리라는 것을 아나이다. 누가 저희 지도자가 되리이까?"

예수께서 그들에게 말씀하셨다. "너희가 어디 있든지 너희는 의로운 자 야고보에게로 가야 하나니, 하늘과 땅이 그를 위해 존재하게 되었느니라."

(13) 예수께서 제자들에게 말씀하셨다. "나를 다른 이와 비교하여, 내가 누구와 같은지 말해 보아라."

시몬 베드로가 그분께 말했다. "당신은 의로우신 천사 같으시나이다."

마태가 그분께 말했다. "당신은 지혜로우신 철학자 같으시나이다."

도마가 그분께 말했다. "스승님, 저의 입으로는 당신께서 누구와 같으신지 전혀 말씀드릴 수 없나이다."

예수께서 말씀하셨다. "나는 너희의 스승이 아니니라. 너희는 술 취했고, 부글부글 끓는 샘물에 마취되었기 때문이니 나는 그것(샘물)을 측량했느니라."

그리고 그분께서는 그를 데리고 물러가셔서 그에게 세 가지 말씀을 하셨다. 도마가 자기 동료들에게 돌아왔을 때 그들이 그에게 물었다. "예수께서 네게 뭐라고 말씀하시더냐?"

도마가 그들에게 말했다. "그분께서 내게 말씀하신 것 중 하나라도 내가 너희에게 말한다면 너희가 돌을 들어 나에게 던질 것이요, 그 돌들에게서 불이 나와 너희를 태우리라."

(14) 예수께서 그들에게 말씀하셨다. "너희가 금식하면 너희 자신에게 죄를 지을 것이요, 너희가 기도하면 너희가 정죄받을 것이며, 너희가 자선을 행하면 너희는 너희 영혼에 해를 끼칠 것이니라. 너희가 어느 나라에 들어가 그곳을 걸을 때 그들이 너희를 받아들이면, 그들이 너희 앞에 내어놓는 것을 먹고, 그들 가운데 있는 병자를 치료하여라. 너희 입으로 들어가는 것이 너희를 더럽히는 것이 아니요, 너희 입에서 나오는 것 ― 그것이 너희를 더럽힐 것임이라."

(15) 예수께서 말씀하셨다. "너희가 여인에게서 태어나지 않은 분을 뵙거든 얼굴을 땅에 대고 엎드려 그를 경배하여라. 그분은 너희 아버지시니라."

(16) 예수께서 말씀하셨다. "아마도 사람들은 내가 세상에 평화를 주러 왔다고 생각할 것이니라. 그들은 내가 땅 위에 불화, 즉 불과 칼과 전쟁을 던지러 왔음을 알지 못하는도다. 한 집에 다섯이 있으면 셋이 둘에게, 둘이 셋에게, 아버지가 아들에게, 아들이 아버지에게 적대할 것임이니라. 그리고 그들은 단일한 자들이 되어 제 발로 서리라."[4]

---

[4] awō senaōhe eratu ewo emmpnachos. 영역본에는 "And they will stand solitary"로 번역했으나, 원문의 의미를 충분히 반영하지 못하고 있다. 여기서는 각 사람이 거듭나 완전

(17) 예수께서 말씀하셨다. "내가 너희에게 눈으로 보지 못했고, 귀로 듣지 못했고, 손으로 만지지 못했고, 사람의 마음에 나타난 일도 없는 것을 주리라."

(18) 제자들이 예수께 말했다. "저희에게 저희의 마지막이 어떠할지 말씀해 주소서." 예수께서 말씀하셨다. "너희는 마지막을 찾기 위해 처음을 발견하였느냐? 처음이 있는 곳에 마지막이 있느니라. 처음 속에 있게 된 자는 복이 있나니, 그는 마지막을 알 것이요, 죽음을 경험하지 아니하리라."

(19) 예수께서 말씀하셨다. "자신이 존재하게 되기 전에 존재하게 된 자는 복이 있도다. 너희가 내 제자가 되어 내 말을 듣는다면 이 돌들이 너희에게 섬기리라.[5] 낙원에는 너희를 위한 나무가 다섯 그루 있나니 그것들은 여름과 겨울에도 요동하지 않으며, 그 잎이 떨어지지 아니하느니라. 누구든지 그것들을 아는 자는 죽음을 경험하지 아니하리라."

(20) 제자들이 예수께 말했다. "하늘나라는 무엇과 같은지 저희에게 말씀해 주소서."

그분께서 그들에게 말씀하셨다. "그것은 씨앗 중에서 가장 작은 겨자씨와 같으니라. 그러나 그것이 경작한 땅에 떨어지면 큰 가지를 내어 하늘을 나는 새들의 쉼터가 되느니라."

(21) 마리아가 예수께 말했다. "주님의 제자들은 누구와 같나이까?"

그분께서 말씀하셨다. "그들은 자기들 것이 아닌 밭에 자리 잡은 어린아이들 같으니라. 그 밭주인들이 오면 그들은 '우리 밭을 내놓아라'

하게 되어 스스로 자족하게 됨을 말한다. 우리말 번역은 콥트어 원문을 직역한 것이다.
[5] diakonei. 이 콥트어는 그리스어 diakoneō에서 온 것으로, "섬기다", "돌보다", "돕다", "지지하다"라는 뜻이다.

하고 말하리라. 그들은 그들이 자기 밭을 되돌려주도록 하기 위해 그들 앞에서 옷을 벗으(리라). 그러므로 내가 너희에게 이르노니 만일 집주인이 도둑이 오는 것을 알면 그가 오기 전에 깨어 있기 시작하여, 그가 자신의 영역에 있는 자기 집에 파고들어 와 재산을 가져가지 못하게 하리라. 그러니 너희는 세상에 대하여 깨어 있어라. 강도들이 너희에게 오는 길을 찾지 못하도록 큰 힘으로 무장하여라.[6] 너희가 예상하는 어려움이 올 것임이니라. 너희 가운데 지혜 있는 사람[7]이 있기를 바라노라. 곡식이 익었을 때 그는 손에 낫을 들고 속히 와서 그것을 거두었느니라. 들을 귀 있는 자는 들어라."

(22) 예수께서 젖을 빨고 있는 어린아이들을 보셨다. 그분께서 제자들에게 말씀하셨다. "젖을 빨고 있는 이 어린아이들이 그 나라에 들어가는 자들 같으니라."

그들이 그분께 말했다. "그러면 저희가 어린아이로 그 나라에 들어가나이까?"

예수께서 그들에게 말씀하셨다. "너희가 둘을 하나로 만들 때 그리고 너희가 내면을 외면처럼, 외면을 내면처럼, 위를 아래처럼 만들 때, 또 너희가 남자와 여자를 하나이자 같은 것으로 만들어 남자가 남자가 아니고 여자가 여자가 아닐 때, 또 너희가 눈 대신에 눈을, 손 대신에 손을, 발 대신에 발을, 모습 대신에 모습을 만들 때 그때 너희는 (그 나라)에 들어가리라."

(23) 예수께서 말씀하셨다. "내가 너희를 뽑으리니, 천 명 중에 하나요, 만 명 중에 둘이며, 그들이 오직 하나로서 서리라."

---

[6] mour emōten eĝen netentipe. 직역하면, "너희 허리를 묶어라"임.
[7] urōme enepistēmōn. "이해력(앎)이 있는 사람"(a man of understanding or know-ledge). 여기서 enepistēmōn은 '분별력'을 말하는 것으로, '영지'(gnosis)와는 다르다.

(24) 제자들이 그분께 말했다. "저희에게 당신이 계신 곳을 보여 주소서. 저희가 그것을 찾아야 하나이다."

그분께서 그들에게 말씀하셨다. "귀 있는 자는 들으라. 빛의 인간 속에는 빛이 있나니 그가(또는 그것이) 온 세상을 비추느니라. 만일 그가(또는 그것이) 비추지 않으면 그는(또는 그것은) 어둠이니라."

(25) 예수께서 말씀하셨다. "네 형제를 네 영혼처럼 사랑하고, 그를 네 눈동자처럼 지켜라."

(26) 예수께서 말씀하셨다. "너희는 네 형제의 눈에서 티끌을 보지만, 네 눈에 있는 들보는 보지 못하는도다. 너희가 너희 눈에서 그 들보를 빼낼 때 너희는 분명히 너희 형제의 눈에서 티끌을 빼낼 수 있으리라."

(27) 〈예수께서 말씀하셨다〉. 만일 너희가 세상에 대해 금식하지 않으면, 너희는 그 나라를 발견하지 못하리라. 만일 너희가 안식일을 안식일로 지키지 않으면 너희는 아버지를 보지 못하리라."

(28) 예수께서 말씀하셨다. "나는 세상 한가운데 나의 거처를 정했으며, 그들에게 육신으로 나타났도다. 나는 그들이 모두 취해 있음을 보았으며, 그들 중 아무도 목말라 하지 않음을 보았도다. 그래서 나는 사람의 아들들로 인해 괴롭게 되었나니, 그들의 마음이 눈멀어 볼 수 없음이라. 그들이 헛되이 세상에 오고, 또한 헛되이 세상을 떠나기를 갈구하는도다. 그러나 그들은 잠시 취한 것이니라. 그들이 그들의 술을 끊을 때 그들은 회개하리라."

(29) 예수께서 말씀하셨다. "만일 육체가 영 때문에 존재하게 되었다면 그것은 신기한 일이니라. 만일 영이 육체 때문에 존재하게 되었다면 그것은 이상하고도 이상한 일이니라. 진실로 나는 이 위대한 부요함이 어떻게 이 가난함 속에 자리를 잡게 되었는지 놀라지 않을 수 없도다."

(30) 예수께서 말씀하셨다. "세 명의 신이 있는 곳에서 그들은 신들이니라. 둘이나 하나가 있는 곳에는 나도 그들과 함께 있느니라."

(31) 예수께서 말씀하셨다. "예언자는 자기 고향에서 영접받지 못하며, 의사는 자기를 아는 자들을 치료하지 않느니라."

(32) 예수께서 말씀하셨다. "높은 산에 세워 튼튼하게 방어하는 성읍은 무너지지 않으며, 숨겨지지도 않느니라."

(33) 예수께서 말씀하셨다. "너희가 너희 귀로 {(그리고) 다른 귀로} 들을 것을 너의 집 지붕 꼭대기에서 전하라. 아무도 등불을 켜서 말[斗] 아래 두지 않으며, 숨겨진 곳에 두지도 않고, 등경(燈檠) 위에 두어 드나드는 사람들이 그 빛을 보게 하느니라."

(34) 예수께서 말씀하셨다. "소경이 소경을 인도하면 둘 다 구덩이에 빠지느니라."

(35) 예수께서 말씀하셨다. "누구라도 힘센 자의 집에 들어가 그의 손을 묶지 않고 억지로 그 재산을 빼앗을 수는 없느니라. 그런 후에야 그가 그의 집을 강탈(할 수) 있으리라."

(36) 예수께서 말씀하셨다. "아침부터 저녁까지 그리고 저녁부터 아침까지 너희가 무엇을 입을까 염려하지 말라."

(37) 그의 제자들이 말했다. "당신께서 언제나 저희에게 드러나시며, 저희가 언제나 당신을 뵈리이까?"

예수께서 말씀하셨다. "너희가 어린아이처럼 부끄러워하지 않고 옷을 벗고, 너희 옷을 집어 너희 발아래 두고 그것을 밟을 때〔너희가〕 살아 계신 분의 아들을〔보고〕 두려워하지 않으리라."

(38) 예수께서 말씀하셨다. "내가 지금 너희에게 하는 이 말을 듣기를 너희가 여러 번 원하였나니 너희는 이런 말을 다른 아무에게서도 들을 수 없느니라. 너희가 나를 찾아도 보지 못할 날이 있으리라."

(39) 예수께서 말씀하셨다. "바리새인들과 서기관들이 지식의 열쇠를 가져다가 숨겼도다. 그들은 자기도 들어가지 않고, 원하는 자들도 들어가지 못하게 하였도다. 그러나 너희는 뱀처럼 지혜롭고 비둘기같이 순결하여라."

(40) 예수께서 말씀하셨다. "포도나무가 아버지의 밭에 심겼으나, 튼튼하지 못하면 뿌리 뽑혀 쪼개지리라."

(41) 예수께서 말씀하셨다. "누구든지 손에 가진 자는 더 받을 것이요, 아무것도 없는 자는 그가 가진 적은 것까지도 빼앗기리라."

(42) 예수께서 말씀하셨다. "지나가는 자가 되어라."

(43) 그의 제자들이 그에게 말했다. "당신은 누구시기에 저희에게 이런 말씀을 하시나이까?"

〈예수께서 그들에게 말씀하셨다〉. "너희는 내가 너희에게 이르는 말로도 내가 누구인지 알지 못하나니 너희가 유대인들 같이 되었구나! 그들은 나무를 사랑하고 그 열매는 미워하거나, 열매는 사랑하고 그 나무는 미워하느니라."

(44) 예수께서 말씀하셨다. "아버지를 모독하는 자는 용서받을 것이요, 그 아들을 모독하는 자도 용서받을 터이나, 성령을 모독하는 자는 땅에서나 하늘에서나 용서받지 못하리라."

(45) 예수께서 말씀하셨다. "가시나무에서 포도를 거두지 못하며, 엉겅퀴에서 무화과를 거두지 못하나니, 그것들은 열매를 맺지 않음이니라. 선인은 자기 곳간에서 선을 내며, 악인은 자기의 마음인 악한 곳간에서 악을 내고 악한 것을 말하느니라. 그는 마음의 풍성함에서 악한 것을 내느니라."

(46) 예수께서 말씀하셨다. "아담에서 세례 요한에 이르기까지 여인에게서 난 자 중에 세례 요한보다 나은 자가 없나니, 그의 눈이

(그 앞에서) 낮아지지 아니하리라. 그러나 내가 말하였노니, 너희 중에 누구라도 어린아이가 되는 자는 그 나라를 알고, 요한보다 나아지리라."

(47) 예수께서 말씀하셨다. "사람이 두 마리의 말을 타거나 두 대의 활을 당길 수 없느니라. 또 종이 두 주인을 섬길 수 없나니, 그렇지 않으면 그가 한 주인은 존중하고 다른 주인은 무시하리라. 아무도 묵은 술을 마시고 바로 새 술을 마시고 싶어 하지 않느니라. 또 새 술을 낡은 부대에 담지 않나니 그것이 터질까 함이요, 묵은 술을 새 부대에 담지도 않나니 부대가 술을 망칠까 함이라. 낡은 헝겊을 새 옷에 대고 기우지 않나니 찢어지기 때문이니라."

(48) 예수께서 말씀하셨다. "이 한 집에서 두 사람이 서로 화평하면, 그들이 산에게 '사라져라' 하고 말하면 사라지리라."

(49) 예수께서 말씀하셨다. "홀로 있으며 선택된 자는 복이 있나니 너희가 하나님 나라를 볼 것이니라. 너희는 거기에서 왔으므로 그리로 돌아가리라."

(50) 예수께서 말씀하셨다. "그들이 너희에게 '너희가 어디에서 왔느냐?'고 물으면, 그들에게 '우리는 빛에게서 왔나니 빛이 저절로 존재하여〔스스로〕일어서며, 그들의 형상을 통해 나타난 곳에서 왔노라'라고 말하여라. 만일 그들이 너희에게 '너희가 그 빛이냐?'고 묻거든, '우리는 그 자녀들이요, 살아 계신 아버지의 선택된 자들이니라'라고 말하여라. 만일 그들이 너희에게 '너희 안에 있는 너희 아버지의 징표가 무엇이냐?' 하고 묻거든 그들에게 '그것은 운동과 휴식이니라' 하고 말하여라."

(51) 그분의 제자들이 그분께 말했다. "죽은 자들의 안식이 언제 일어나며, 새로운 세상은 언제 오나이까?"

그분께서 그들에게 말씀하셨다. "너희가 고대하는 것은 이미 왔으나 너희가 그것을 알아보지 못하는도다."

(52) 그분의 제자들이 그분께 말했다. "스물네 명의 예언자가 이스라엘에서 말하였고, 그들은 모두 당신 안에서 말하였나이다."

그분께서 그들에게 말씀하셨다. "너희는 너희 앞에 살아 있는 한 사람을 빠뜨리고 죽은 자들에 대해서(만) 말하였도다."

(53) 제자들이 그분께 말했다. "할례가 유익하나이까, 그렇지 아니하나이까?"

그분께서 그들에게 말씀하셨다. "만일 그것이 유익하다면 그들의 아버지는 그들의 어머니에게서 이미 할례받은 자들을 낳을 것이니라. 그러나 영 속의 참 할례는 완전히 유익하니라."

(54) 예수께서 말씀하셨다. "가난한 자는 복이 있나니 하늘나라가 너희 것임이라."

(55) 예수께서 말씀하셨다. "제 아비와 제 어미를 미워하지 않는 자는 내 제자가 될 수 없느니라. 누구든지 자기 형제와 자매를 미워하고, 내 길에 있는 자기 십자가를 지지 않는 자는 내게 합당치 아니하니라."

(56) 예수께서 말씀하셨다. "누구든지 세상을 이해하게 된 자는 (오직) 송장을 발견한 것이요, 누구든지 송장을 발견한 자는 세상보다 나으니라."

(57) 예수께서 말씀하셨다. "아버지의 나라는 좋은 〔씨앗〕을 지닌 자와 같으니라. 그의 원수가 밤에 와서 좋은 씨앗 가운데 가라지를 뿌렸느니라. 그 사람은 그들에게 가라지를 뽑지 말라고 하면서 이렇게 말하였느니라. '너희가 가라지를 뽑으러 들어가 그것과 함께 밀을 뽑을까 염려하노라.' 추수하는 날에는 가라지가 분명히 보이리니, 그것

들을 뽑아 불에 태우리라."

(58) 예수께서 말씀하셨다. "고난을 받고 생명을 발견한 자는 복이 있도다."

(59) 예수께서 말씀하셨다. "너희가 죽어서 살아 계신 분을 찾아도 찾지 못하는 일이 없도록 너희가 살아 있는 동안 그분께 주의를 기울여라."

(60) 〈그들이〉한 사마리아인이 유다로 가는 길에 어린 양 한 마리를 데려가는 것을 〈보았다〉. 그가 그의 제자들에게 말씀하셨다. "저 사람이 (왜) 저 어린 양을 (데리고) 다니느냐?"

그들이 그분께 말했다. "그것을 죽여서 먹고자 함이니이다."

그분께서 그들에게 말씀하셨다. "그것이 살아 있는 동안에는 먹지 않을 것이나 오직 죽였을 때 그러하리니, 그것이 송장이 되었음이니라."

그들이 그분께 말했다. "그렇지 않으면 그 사람은 먹을 수 없나이다."

그분께서 그들에게 말씀하셨다. "너희도 송장이 되어 먹히지 않도록 안식 속에서 너희 자신을 위한 곳을 찾아라."

(61) 예수께서 말씀하셨다. "두 사람이 한 침상에서 쉬되 하나는 죽고 하나는 살리라."

살로메가 말했다. "남자여, 당신은 누구시기에 마치 그분에게서 온 것처럼(또는 〈누구의 아들〉로서) 내 침상에 올라왔으며, 내 식탁에서 드셨나이까?"

예수께서 그녀에게 말씀하셨다. "나는 나뉘지 않은 분에게서 나와 존재하는 자니라. 나는 내 아버지의 것을 조금 받았느니라."

〈살로메가 말했다〉. "저는 당신의 제자이나이다."

〈예수께서 그녀에게 말씀하셨다〉. "그러므로 내가 말하노니 만일 그가 〈나뉘지 않았다〉면 빛으로 충만할 것이나, 나뉘었다면 어둠으로 가득하리라."

(62) 예수께서 말씀하셨다. "나는 〔내〕 신비를 〔받을 자격이 있는〕 자들에게 내 신비를 말하노라. 네 오른손이 하는 일을 네 왼손이 모르게 하라."

(63) 예수께서 말씀하셨다. "돈이 많은 부자가 있었느니라. 그가 말하기를 '내가 그 돈을 써서 씨 뿌리고 거두고 심어 내 곳간을 곡식으로 가득 채우리니, 그리하면 내게 부족한 것이 없으리라' 하였노라. 그의 생각은 그러하였으나, 그날 밤에 그가 죽었느니라. 귀 있는 자는 들으라."

(64) 예수께서 말씀하셨다. "한 사람이 방문객들을 영접하였느니라. 그가 저녁식사를 준비했을 때 그는 손님들을 부르러 자기 종을 보냈느니라. 그가 첫 사람에게 가서 '주인께서 당신을 초대하시나이다' 하고 말하였느니라. 그가 말하기를 '내가 상인들 몇에게 요청할 것이 있노라. 그들이 오늘 저녁에 내게로 올 것이라. 내가 가서 그들에게 내 주문서를 줘야 하노라. 나는 저녁식사에서 빼 주기를 청하노라' 하였느니라. 그가 다른 사람에게 가서 말하기를 '주인께서 당신을 초대하시나이다' 하였느니라. 그가 종에게 말하기를 '내가 방금 집을 사서 그 일을 처리하는 데 하루가 걸리노라. 내게는 여유 시간이 없노라' 하였느니라. 종이 다른 사람에게 가서 말하기를 '주인께서 당신을 초대하시나이다' 하였느니라. 그 사람이 그에게 말하기를 '내 친구가 장가들려 하니 내가 잔치를 준비해야 하노라. 나는 갈 수 없겠노라. 나는 저녁식사에서 빼 주기를 청하노라' 하였느니라. 종이 다른 이에게로 가서 말하기를 '주인께서 당신을 초대하시나이다' 하였느니라. 그 사람이 종에게 말하기를 '내가 방금 농장을 샀으니 소작료를 걷으러 가는 중이라. 나는 갈 수 없으니 빼 주기를 청하노라' 하였느니라. 그 종이 돌

아가 주인에게 말하기를 '당신께서 저녁식사에 초대하신 이들이 빠지기를 청하였나이다' 하였느니라. 그 주인이 종에게 말하기를 '길에 나가 만나는 이들을 데려와 저녁을 먹게 하라' 하였도다. 사업가들과 상인들은 내 아버지의 처소에 들어가지 못하리라."

(65) 그분께서 말씀하셨다. "포도원을 가진 착한 사람이 있었느니라. 그는 그것을 소작농들에게 빌려주어 그들이 그 포도원에서 일하고 그는 그들에게서 그 소출(所出)을 거두었느니라. 그는 종을 보내 소작농들이 포도원의 소출을 그에게 주도록 했느니라. 그들은 그 종을 잡아 때리고, 죽이지만 않고 온갖 짓을 다 했느니라. 그 종이 돌아와 자기 주인에게 고했느니라. 그 주인이 말하기를 '아마도 〈그들이〉 〈그를〉 알아보지 못했을 것이로다' 하였느니라. 그가 다른 종을 보냈느니라. 그 소작농들은 이 사람도 때렸느니라. 그 다음에 그 포도원 주인은 자기 아들을 보내며 말하기를 '아마도 그들이 내 아들에게는 존경심을 보이라' 하였더라. 소작농들은 그가 그 포도원을 상속받을 자임을 알고는 그를 잡아 죽였느니라. 들을 귀 있는 자는 들으라."

(66) 예수께서 말씀하셨다. "내게 건축자들이 버린 돌을 보이라. 그것이 모퉁이돌이니라."

(67) 예수께서 말씀하셨다. "누구든지 만유 자체가 결핍되었다고 믿는 자는 (그 자신이) 완전히 결핍된 자니라."

(68) 예수께서 말씀하셨다. "너희가 미움받고 박해를 받으면 너희는 복되니라. 너희가 박해를 받는 곳이 어디든지 그들은 거기서 아무 처소도 발견하지 못하리라."

(69) 예수께서 말씀하셨다. "자기 자신 안에서 박해받는 자들은 복되니라. 그들은 진실로 아버지를 알게 된 자들이니라. 굶주리는 자들은 복되나니, 바라는 자들의 배가 부를 것임이니라."

(70) 예수께서 말씀하셨다. "너희가 자신이 가진 것을 자기 자신에게서 끌어낸다면 그것이 너희를 구원하리라. 너희가 그것을 너희 안에 가지고 있지 않으면 너희 안에 가지지 않은 것이 너희를 죽이리라."

(71) 예수께서 말씀하셨다. "내가〔이〕집을 부수리니 아무도 그것을 다시 세울 수 없으리라."

(72)〔한 사람이〕그분께〔말했다〕. "제 형제들에게 제 아버지의 소유를 저와 나누라고 말씀해 주소서."

그분께서 그에게 말씀하셨다. "오,사람아, 누가 나를 나누는 자로 만들었더냐?"

그분께서 자기 제자들에게 돌아서서 말씀하셨다. "내가 나누는 자가 아니지 않으냐?"

(73) 예수께서 말씀하셨다. "추수할 것이 많으나 일꾼이 적으니라. 그러므로 주님께 추수할 일꾼을 보내달라고 간구하라."

(74) 그분께서 말씀하셨다. "오,주님, 물통 주변에는 많은 자가 있으나, 물통에는 아무것도 없나이다."

(75) 예수께서 말씀하셨다. "많은 자가 문 앞에 서 있으나, 신방에 들어올 자는 하나뿐이니라."

(76) 예수께서 말씀하셨다. "아버지의 나라는 물건을 위탁받고 진주를 발견한 상인과 같으니라. 그 상인은 약삭빠른 자였느니라. 그는 그 물건을 팔아 자기를 위해 그 진주만을 샀느니라. 너희도 사라지지 않고 영속하는 보화를 찾으라. 거기는 좀도 먹으러 오지 않고 벌레도 해하지 않느니라."

(77) 예수께서 말씀하셨다. "나는 그들 모두의 위에 있는 빛이니라. 나는 만유이니라. 만유는 나에게서 나와 나에게 이르렀느니라. 나무

한 조각을 쪼개 보아라. 내가 거기에 있느니라. 그 돌을 들어 보아라. 거기서 나를 보리라."

(78) 예수께서 말씀하셨다. "너희는 왜 사막에 나왔느냐? 바람에 흔들리는 갈대를 보려고 나왔느냐? 너희 왕들과 위대한 자들처럼 좋은 옷 입은 자를 보려 함이냐? 그들은 좋은〔옷을〕입고 있으나, 진리를 분별치 못하느니라."

(79) 무리 가운데서 한 여인이 그분께 말했다. "당신을 낳은 태(胎)와 당신을 기른 가슴이 복이 있나이다."

그분께서 그 여인에게 말씀하셨다. "아버지의 말씀을 듣고 그것을 참으로 지킨 자들이 복이 있느니라. 너희가 '잉태하지 않은 태와 젖을 먹이지 않은 가슴이 복이 있도다' 할 날이 오리라."

(80) 예수께서 말씀하셨다. "세상을 안 자는 몸을 발견한 것이나, 몸을 발견한 자는 세상보다 나으니라."

(81) 예수께서 말씀하셨다. "부유해진 자로 왕이 되게 하고, 권세를 가진 자로 그것을 버리게 하라."

(82) 예수께서 말씀하셨다. "나에게 가까이 있는 자는 불에 가까이 있는 것이며, 나에게서 멀리 있는 자는 그 나라에서 멀리 있는 것이니라."

(83) 예수께서 말씀하셨다. "사람에게 형상들이 나타나나 그들 안에 있는 빛은 아버지의 빛의 형상 속에 숨겨져 있느니라. 아버지께서는 나타나실 것이나 그의 형상은 그의 빛에 가려 있으리라."

(84) 예수께서 말씀하셨다. "너희가 너희 모습을 볼 때 기뻐하라. 그러나 너희가 너희보다 먼저 존재하게 된, 죽지도 나타나지도 않는 너희의 형상을 볼 때 얼마나 많이 인내해야 하리요!"

(85) 예수께서 말씀하셨다. "아담은 위대한 권능과 위대한 부요로부터 존재하게 되었으나 너희에게 합당치 아니했느니라. 그가 합당했

다면 〔그는〕 죽음을 〔경험치〕 않〔았으리라〕."

(86) 예수께서 말씀하셨다. "〔여우도 굴이 있고〕 새들도 〔자기〕 둥지가 있는데, 사람의 아들은 머리를 두고 쉴 곳이 없느니라."

(87) 예수께서 말씀하셨다. "몸에 의지하고 있는 몸은 악하며, 이 둘에게 의존하고 있는 영혼도 악하니라."

(88) 예수께서 말씀하셨다. "천사들과 예언자들이 와서 너희에게 너희가 (이미) 가진 것을 주리라. 그리고 너희도 가진 것을 그들에게 주고, 자신에게 '그들이 언제 와서 자기들 것을 가져가려나?' 하고 말하라."

(89) 예수께서 말씀하셨다. "너희는 왜 잔의 겉을 닦느냐? 내부를 만드신 분이 외부를 만드신 분임을 깨닫지 못하느냐?"

(90) 예수께서 말씀하셨다. "나에게 오너라. 내 멍에는 쉽고 내 다스림은 온유하니, 너희가 자신을 위한 안식을 찾으리라."

(91) 그들이 그분께 말씀하셨다. "저희가 당신을 믿을 수 있도록 당신이 누구신지 저희에게 말씀해 주소서."

그분께서 그들에게 말씀하셨다. "너희가 하늘과 땅의 징표는 이해하면서 너희 앞에 있는 이는 알지 못하였으니 이 순간을 이해하는 법을 모르는도다."

(92) 예수께서 말씀하셨다. "찾으라, 그리하면 찾을 것이라. 너희가 전에 나에게 물었으나 내가 너희에게 말하지 않은 것을 지금은 말하고자 하나 너희가 그것을 묻지 아니하는도다."

(93) 〈예수께서 말씀하셨다〉. "거룩한 것을 개들에게 주어 그것들이 그것을 똥더미에 던져버리지 않게 하라. 진주를 돼지에게 던져 그것들이 그것을 깨뜨려버리지 않게 하라."

(94) 예수께서 〔말씀하셨다〕. "찾는 자가 찾을 것이요, 〔두드리는

자가〕 들어가리라."

(95)〔예수께서 말씀하셨다〕. "돈이 있거든 이자를 받고 빌려주지 말고, 돌려받을 수 없는 자에게 주어라."

(96) 예수께서〔말씀하셨다〕. "아버지의 나라는 어떤 여인과 같으니라. 그녀가 적은 누룩을 가져다 밀가루 반죽 속에〔숨겨〕그것을 큰 덩어리로 만들었느니라. 귀 있는 자는 들으라."

(97) 예수께서 말씀하셨다. "〔아버지〕의 나라는 곡식이 가득 찬 항아리를 나르는 어떤 여인 같으니라. 그녀가 길을 걷고 있는 동안, 아직 집에서 좀 떨어져 있을 때 항아리의 손잡이가 부서져 곡식이 길 위에 쏟아졌느니라. 그녀는 그것을 알지 못했으니, 무슨 일이 있었는지 알아채지 못했느니라. 그녀가 집에 이르렀을 때 그녀는 항아리를 내려놓고서야 그것이 비었음을 알았느니라."

(98) 예수께서 말씀하셨다. "아버지의 나라는 힘센 자를 죽이려 한 어떤 사람과 같으니라. 그는 자기 집에서 칼을 빼어 자기 손이 그 일을 해낼 수 있는지 보려고 그 칼로 벽을 쳤느니라. 그러고 나서 그는 그 힘센 자를 죽였느니라."

(99) 제자들이 그에게 말했다. "당신의 동생들과 어머니께서 밖에 계시나이다."

주님께서 그들에게 말씀하셨다. "내 아버지의 뜻을 행하는 여기 있는 자들이 내 형제요 어머니니라. 그들이 내 아버지 나라에 들어가리라."

(100) 그들이 예수께 금화를 보이고 그분께 말했다. "카이사르의 사람들이 저희에게 세금을 내라고 하나이다."

그분께서 그들에게 말씀하셨다. "카이사르의 것은 카이사르에게 주고, 하나님의 것은 하나님께 드리며, 내 것은 내게 주어라."

(101)〈예수께서 말씀하셨다〉. "누구든지 내가 하는 만큼 제 아비

와 어미를 미워하지 않는 자는 내 제자가 될 수 없느니라. 또 누구든지 내가 하는 만큼 제 아비와 제 어미를 사랑하지〔않는〕자는 내〔제자가〕될 수 없느니라. 내 어머니는〔내게 거짓된 것을 주었으나〕〔나의〕참〔어머니는〕내게 생명을 주셨도다."

(102) 예수께서 말씀하셨다. "바리새인들에게 화 있을지니, 저들은 소 여물통에서 잠자는 개와 같아서 자기도 먹지 않고, 소들도 못 먹게 하느니라."

(103) 예수께서 말씀하셨다. "도둑이 들어올 것을 아는 자는 복이 있나니, 그가 일어나 자기 영지(領地)의 사람들을 불러 도둑들이 오기 전에 스스로 무장하느니라."

(104) 그들이〔예수께〕말했다. "오소서, 오늘은 기도하고 금식하사이다."

예수께서 말씀하셨다. "내가 무슨 죄를 범했거나 어디서 패배했느냐? 그러나 신랑이 신방을 떠나면 저들로 하여금 금식하고 기도하게 하라."

(105) 예수께서 말씀하셨다. "아비와 어미를 아는 자는 창녀의 자식이라 불리리라."

(106) 예수께서 말씀하셨다. "너희가 둘을 하나로 만들면 너희는 사람의 아들들이 될 것이요, 너희가 '산이여, 사라져라' 하면 산이 사라지리라."

(107) 예수께서 말씀하셨다. "그 나라는 백 마리의 양을 가진 목자와 같으니라. 그것들 중 가장 큰 양이 길을 잃었느니라. 그가 아흔아홉 마리를 버려두고 그 한 마리를 찾을 때까지 찾아다녔느니라. 그가 그런 고생을 했을 때 그는 그 양에게 '나는 아흔아홉 마리보다 너를 더 아끼노라'고 말했느니라."

(108) 예수께서 말씀하셨다. "내 입에서 나오는 것을 마시는 자는 나와 같아지리라. 나는 그가 되고, 숨겨진 것이 그에게 나타나리라."

(109) 예수께서 말씀하셨다. "그 나라는 자기 밭에 〔숨겨진〕 보물이 있으나 알지 못하는 사람과 같으니라. 그가 죽은〔후〕 그는 그 밭을 자기 아들에게 남겼느니라. 그 아들은 (그 보물에 대해) 알지 못했느니라. 그는 그 밭을 상속받아 〔그것을〕 팔았더라. 그것을 산 자가 밭을 갈러 갔다가 그 보물을 발견했느니라. 그는 자기가 원하는 자 누구에게나 이자를 받고 돈을 빌려주기 시작했느니라."

(110) 예수께서 말씀하셨다. "누구든지 세상을 발견하여 부유해진 자는 세상을 버려라."

(111) 예수께서 말씀하셨다. "너희 앞에서 천지가 말려 올라가리라. 그러나 살아 계신 분으로 인해 사는 자는 죽음을 보지 않으리라." 예수께서 "누구든지 자신을 발견하는 자는 세상보다 나으니라"고 말씀하지 않으셨던가?

(112) 예수께서 말씀하셨다. "영혼에 의지하는 육체에 화 있을진저. 육체에 의존하는 영혼에게 화 있을진저."

(113) 그분의 제자들이 그분께 말했다. "그 나라는 언제 오나이까?"

〈예수께서 말씀하셨다〉. "그 나라는 기다린다고 오지 않으리라. 그것은 '여기 있다'거나 '저기 있다'고 말할 일도 아니니라. 오히려 아버지 나라는 지상에 펼쳐져 있으나 사람들이 보지 못하는도다."

(114) 시몬 베드로가 그들에게 말했다. "마리아가 우리를 떠나게 하자. 여인은 생명을 받기에 합당치 아니하도다."

예수께서 말씀하셨다. "나 자신이 그녀를 남자로 만들기 위해 그녀를 이끌리니, 그녀도 너희 남자들을 닮아 살아 있는 영이 되리라. 자신을 남자로 만드는 여인마다 하늘나라에 들어가리라."

도마에 따른

복음

빌립복음
(II, 3)

해제

「빌립복음」은 성례전과 윤리에 관한 신학적인 글을 모은 것이다. 일반적으로 발렌티누스적인 특성을 지니고 있는 이 모음집은 사도 빌립의 이름이 붙어 있으며, 서기 3세기 후반에 시리아에서 씌었음이 거의 확실하다. 이 글을 구성하고 있는 여러 종류의 말씀은 간략하게 구분하거나 정리할 수 있게 되어 있지 않다. 전체 흐름은 산만하고 연결되지 않는 경향이 있지만 개념의 결합을 통해, 또는 표제어를 통해 그 흐름을 유지하고 있다. 이 발췌문의 모음집은 대개 그리스도교 영지주의의 성례전적 교리문답에서 나온 것 같다.

「빌립복음」은 성례전의 장소로 특히 신방(新房)에 대해 말한다. "주님께서는 신비 속에서 모든 일을 하셨으니, 세례와 성유식(聖油式)과 성찬식과 구원과 신방이 그것이니라." 이 글에 따르면 인류의 실존적인 병은 성의 구별에서 생긴 것이다. 이브가 아담에게서 분리되었을 때 남녀 한 몸이던 원래의 단일성이 깨졌다. 그리스도께서 오신 목적은 '아담'과 '이브'를 재결합시키시는 것이다. 남편과 아내가 신방에서 하나가 되듯이, 그리스도께서 일으키시는 재결합은 신방, 즉 성례전적이고 영적인 신방에서 일어나는데, 거기서 사람은 천사와 같은 천상의 짝과 궁극적인 결합을 미리 맛보고 확증을 얻는다. "그리스도께서 태초부터 있던 분리를 고치시고 그 둘을 다시 하나되게 하시기 위해 오셨도다."

「빌립복음」은 우리에게 영지주의의 성례전 신학과 실천에 관해 알려 준다. 「빌립복음」에 나타난 성례전은 교회에서 그리스도인들이 하는 입문식과 유사하다. 이와 같이 이 글을 기록하고 사용한 영지주의자들은 근본적으로 정통적인 성례전을 버리지 않았던 것이다. 그러나 성례전에 대한 해석은 명백히 영지주의적이다. 이 문서에 붙인 번호도 절(節)이 아니라 어록의 단편에 따라 단락을 구별한 것이다.

빌립복음

II 51:29-86:19

(1) 한 히브리인이 또 한 명의 히브리인을 만들면 그런 사람을 '개종자'(改宗者)라고 부르느니라. 그러나 개종자가 다른 사람을 개종자로 만들지는 못하느니라. 〔다른 이들이〕 단순히 존재하는 동안 〔어떤 이들은〕 자기들의 본래〔상태〕대로 있으면서, 다른 이들을 자기들처럼 만드느니라.

(2) 노예는 오직 자유롭기를 원할 뿐 주인의 재산을 갖고 싶어 하지는 않느니라. 그러나 아들은 그냥 아들일 뿐 아니라, 아버지의 유산을 요구하느니라.

(3) 죽은 이의 후계자들은 스스로도 죽은 것이라, 죽은 것들을 상속받느니라. 살아 있는 것의 후계자는 살아 있나니 그들은 산 것과 죽은 것의 상속자이니라. 죽은 자들은 아무것도 상속받지 못하느니라. 죽은 자가 어떻게 상속받을 수 있으리오? 만일 죽은 자가 살아 있는 것을 상속받으면 그는 죽지 않고 훨씬 더 오래 살리라.

(4) 이방인은 죽지 않나니 그는 죽기 위해 산 것이 아니기 때문이니라. 진리를 믿는 자는 생명을 발견했으며, 이 사람은 죽을 위험이 있나니 그가 살아 있기 때문이니라.

(5) 그리스도께서 세상에 오신 이래로 세상이 창조되었고, 성읍들이 경배를 받았으며, 죽은 자들이 들려 나갔느니라.

(6) 우리가 히브리인들이었을 때 우리는 고아들이었고 우리 어머니밖에 없었으나, 우리가 그리스도인이 되었을 때 우리는 아버지와 어머니를 모두 갖게 되었느니라.

(7) 겨울에 씨 뿌리는 자는 여름에 거두느니라. 겨울은 세상이요, 여름은 다른 에온이니라. 여름에 거두기 위해 이 세상에 씨를 뿌리자. 그러므로 우리가 겨울에 기도하지 않는 것이 합당하니라. 겨울이 지나면 여름이 오느니라. 그러나 겨울에 거두면 그는 실제로 거두는 것이 아니라 단지 뜯는 것이니라.

(8) 이런 식으로는 [그는] 수확을 얻지 못하리라. 열매가 나오지 [않는] 것은 [지금]뿐 아니라, 안식일에도 [그의 밭에는] 열매가 없느니라.

(9) 그리스도께서는 어떤 이들의 몸값을 치르시고, 어떤 이들을 구원하고, 어떤 이들을 되찾으러 오셨느니라. 그는 낯선 자들의 몸값을 치르시고 그들을 자기 것으로 만드셨느니라. 그는 자신의 뜻으로 담보로 주신, 자기에게 속한 자들을 구별해 두셨느니라. 그가 스스로 자신의 목숨을 내어 놓으신 것은 그가 나타나셨을 때뿐만이 아니니, 세상이 존재하게 된 바로 그날부터 그는 자기 생명을 내놓으셨느니라. 그 후 그는 그것을 가져가려고 나오셨나니, 그것이 담보로 주어졌던 것이기 때문이니라. 그것은 강도들의 손에 떨어져 사로잡혔으나 그가 그것을 구원하셨느니라. 그는 악한 자들뿐 아니라 세상에 있는 선한 자들을 구원하셨느니라.

(10) 빛과 어둠, 생명과 죽음, 오른쪽과 왼쪽은 서로 형제들이니라. 그들은 분리할 수 없느니라. 그러므로 선도 선이 아니고 악도 악이 아니며, 생명도 생명이 아니고 죽음도 죽음이 아니니라. 이런 이유로 각 사람은 원래의 본성으로 녹아 들어갈 것이니라. 그러나 세상 위로 높아진 자들은 해체될 수 없으며 영원하니라.

(11) 세상에 속한 것들에게 주어진 이름들은 참으로 기만적이니 그것들은 우리의 생각을 올바른 것에서 그릇된 것에게로 돌려놓느니

라. 그러므로 '하나님'이라는 말을 듣는 자는 올바른 것을 인식하지 못하고 그릇된 것을 인식하느니라. '아버지'와 '아들'과 '성령'과 '생명'과 '빛'과 '부활'과 '교회'와 기타의 것에 대해서도 마찬가지이니 — 사람들은 올바른 것을 안 경우가〔아니면〕, 올바른 것을 인식하지 못하고 그릇된 것을 인식하느니라.〔귀로 듣는 이름들은〕〔속이기 위해〕세상에 있는 것이니라.〔만일 그것들이〕에온에 있다면 그것들은 결코 세상에 있는 이름들처럼 쓰이지 않을 것이니라. 그것들은 세속적인 것들 가운데 속하지 않느니라. 그것들은 에온 속에서 끝나느니라.

(12) 하나의 유일한 이름은 이 세상에서 말해지지 않았나니, 아버지께서 아들에게 주신 이름이요, 만유 위에 있는 이름 곧 아버지의 이름이니라. 아들은 아버지의 이름을 입지 않으면 아버지가 되지 않을 것이기 때문이니라. 이 이름을 지니고 있는 자들은 그것을 알지만 말하지 않느니라. 그것을 지니고 있지 않은 자는 그것을 알지 못하느니라.

그러나 진리가 세상에 이름들을 존재하게 했나니, 이름들이 없이는 그것을 가르칠 수 없기 때문이니라. 진리는 단일한 것이며, 또한 많은 것이니, 우리가 많은 것을 통해 사랑 속에 있는 이 단일한 것을 배우게 하려는 것이니라.

(13) 권능들은 인간을 속이기 원하나니, 인간이 참으로 선한 자들과 유사성이 있음을 보았기 때문이니라. 그들은 선한 자들의 이름을 취해 선하지 않은 자들에게 주었나니, 그 이름들을 통해 인간을 속여 그들을 선하지 않은 자들에게 묶어두려 함이니라. 그런데 후에 만일 그들이 그들에게 호의를 베푼다면 그들은 선하지 않은 자들에게서 그것들을 옮겨 선한 자들 가운데 그것을 두게 되리라. 그들은 이러한 일들을 알았나니, 그들이 자유로운 인간을 잡아다가 영원히 자기들의 노

예로 삼으려 했기 때문이니라.

(14) 인간〔에게 대항하여 싸우는〕 두 권능이 있나니, 인간을〔구원하려〕 함이 아니라, 그들이〔...〕 하기 위해서니라. 만일 인간이〔구원되면〕, 아무 희생제물도〔없을 것이요 ...〕 권능들에게 동물들도 바치지 않을 것이기 때문이니라. 동물들을〔...〕 한〔바로 그 자들이〕 그들에게 희생제물을 바친 자들이니라. 그들은 진실로 그것들을 산 채로 바쳤으나, 그들이 그것들을 바쳤을 때 그들은 죽었느니라. 인간에 대해 말하자면, 그들은 인간을 하나님에게 죽은 채로 바쳤으나 그는 살았느니라.

(15) 그리스도께서 오시기 전에는 세상에 빵이 없었나니, 아담이 있던 곳인 낙원에 짐승들을 키울 나무들은 많이 있었으나 인간을 먹일 밀은 없었던 것과 같으니라. 인간은 짐승들처럼 먹고살았으나, 완전한 인간인 그리스도께서 오셨을 때 그는 인간이 인간의 음식으로 먹고 살 수 있도록 하늘에서 빵을 가져오셨느니라.

(16a) 그 권능들은 자기들이 행하는 것이 자기들의 힘과 의지에 의한 것이라고 생각했으나, 성령께서는 비밀리에 자신이 원하시는 대로 모든 일을 그들을 통해 성취하고 계셨느니라.

(16b) 태초부터 존재한 진리는 모든 곳에 씨 뿌려졌느니라. 그런데 그것이 씨 뿌려질 때는 많은 이가 그것을 보았으나, 그것을 거둘 때는 보는 자가 별로 없도다.

(17) 어떤 이들은 "마리아가 성령으로 잉태했다"고 말했느니라. 그들은 오류 가운데 있느니라. 그들은 자신들이 무슨 말을 하는지 알지 못하느니라. 언제 여인이 여인에 의해 잉태한 일이 있었단 말인가? 마리아는 아무 권능에게도 더럽힘을 당하지 않은 처녀이니라. 그녀는 사도들과 사도적인 인간들인 히브리인들에게 큰 저주이니라. 아무 권능도 더럽히지 못한 이 처녀는〔...〕 그 권능들은 자신들을 더럽힌 것이니

라. 그리고 〔주님께〕 다른 아버지가 계시지 않았다면, 그분은 "하늘〔에 계신〕 나의 〔아버지〕"(마태복음 16:17)라고 말씀하시지 않고, 그냥 "〔나의 아버지〕"라고 하셨을 것이니라.

(18) 주님께서 제자들에게 말씀하셨느니라. "(다른) 모든 집에서 〔가지고 나와라〕. 아버지의 집으로 가지고 들어가라. 그러나 아버지의 집에서는 (아무것도) 취하지 말며, 그것을 가지고 가지도 말라."

(19) "예수"는 숨겨진 이름이요, "그리스도"는 드러난 이름이니라. 이런 이유로 "예수"는 (다른) 말에는 존재하지 않으며, 그를 부를 때 그의 이름은 언제나 "예수"이니라. "그리스도" 또한 그의 이름인데, 시리아어로는 "메시아"요, 그리스어로는 "그리스도"이니라. 분명히 다른 모든 이도 자기네 말을 따라 그 이름을 가지고 있으리라. "나사렛인"이란 숨겨진 것을 드러내는 자이니라.

(20) 그리스도는 자신 안에 모든 것을 지니고 계시나니, 그것이 인간이든 천사든 비밀이든 아버지든 그러하니라.

(21) 주님께서 먼저 돌아가시고 (그 후에) 부활하셨다고 말하는 자들은 오류 가운데 있나니, 그분은 먼저 부활하시고 (그 후에) 돌아가셨기 때문이니라. 어떤 사람이 먼저 부활을 얻지 못하면 그가 죽지 않겠느냐? 하나님께서 살아 계시므로 그는 (이미) 〈죽어 있을〉 것이니라.

(22) 아무도 큰 것 속에 값어치 있는 큰 것을 숨겨두지 않을 것이나, 사람들은 여러 번 한없이 값진 것을 한 푼어치밖에 안 되는 것 속에 던져 넣었느니라. 영혼을 비교해 보라. 그것은 값진 것이나, 하찮은 육체 속에 존재하게 되었도다.

(23) 어떤 자들은 벌거벗은 채로 부활하지 않을까 염려하느니라. 이로 인해 그들은 육체 가운데 부활하기를 원하나니, 〔그들은〕 벌거벗은 자가 〔육체〕를 입은 자들임을 알지 못하고 있느니라. 벌거벗지 않은

자들이란 자신들을 벗어버리기 위해 〔...〕 한 자들〔이니라〕. "살〔과 피는〕〔하나님〕 나라를 유업으로 받을 〔수〕 없〔으리라〕"(고린도전서 15:50). 유업으로 받지 못할 이것은 무엇인가? 우리가 입고 있는 이것이니라. 그러면 유업으로 받을 이것은 무엇인가? 그것은 예수와 그의 피에 속하는 것이니라. 그러므로 그분께서는 "내 살을 먹고 내 피를 마시지 않는 자는 그 안에 생명이 없느니라"(요한복음 6:53)고 말씀하셨느니라. 그것이 무엇인가? 그의 살은 말씀이요, 그의 피는 성령이로다. 이것들을 받은 자는 음식을 가진 것이며, 그는 마실 것과 입을 것을 가진 것이니라. 나는 그것이 부활하지 않으리라고 말하는 자들이 잘못이라고 지적하느니라. 너희는 육체가 부활하지 않으리라고 말하느니라. 그러나 우리가 너희 말을 존중할 수 있도록 무엇이 부활할 것인지 나에게 말하라. 너희는 육체 속에 있는 영을 말하나, 그것 또한 육체 속에 있는 이 빛이니라. (그러나) 이것 또한 육체 속에 있는 것이니, 너희가 무슨 일을 하든지, 너희는 육체 밖에서 아무것도 말하지 않느니라. 이 육체 속에서 부활하는 것이 필요하나니, 모든 것이 그 안에 있기 때문이니라.

(24) 이 세상에서는 옷을 입은 자들이 옷보다 나으니라. 그러나 하늘나라에서는 옷이 그것을 입은 자들보다 나으니라.

(25) 그 장소 전체가 정화되는 것은 물과 불을 통해서이니 ― 보이는 것은 보이는 것에 의해, 숨겨진 것은 숨겨진 것에 의해 정화되느니라. 보이는 것들을 통해 숨겨진 것들이 있느니라. 물속에 물이 있고, 성유(聖油) 속에 불이 있느니라.

(26) 예수께서 그들을 은밀히 데려가셨나니, 그는 자신의 본 모습대로 자신을 드러내지 않으시고, 〔그들이〕 볼 수 있을 〔만한〕 방식으로 자신을 나타내셨기 때문이니라. 그는 〔그들 모두〕에게 자신을 드러내

셨느니라. 〔그는〕 큰 자에게는 큰 자로〔자신을 나타내셨느니라〕. 그는 작은 자에게는 작은 자로〔자신을 나타내셨느니라〕. 그는 천사들〔에게는〕 천사로, 사람들에게는 사람으로〔자신을 나타내셨느니라〕. 이 때문에 그의 말씀은 모든 사람에게서 감추어졌느니라. 실로 어떤 이들은 자신들을 보고 있다고 생각하면서 그분을 보았으나, 그가 산 위에서 제자들에게 영광 속에서 나타나셨을 때 그는 작지 않으셨느니라. 그는 위대해지셨으나, 제자들을 위대하게 만드셨나니, 그들이 위대함 속에 있는 그를 볼 수 있게 하시려는 것이었느니라.

그는 그날 감사기도를 드리면서 이렇게 말씀하셨느니라. "완전한 자, 빛을 성령과 결합시키신 당신께서 또한 천사들, 그 형상들을 저희와 결합시키시나이다."

(27) 어린 양을 무시하지 말지니, 그것이 없으면 왕을 볼 수 없느니라. 벌거벗었으면 아무도 왕에게로 들어갈 수 없느니라.

(28) 천상의 인간은 지상의 인간보다 훨씬 더 많은 아들이 있느니라. 아담의 아들들이 죽었는데도 많다면, 완전한 인간의 아들들은 죽지 않고 항상 태어나니 얼마나 더 많겠는가?

(29) 아버지께서는 아들을 만드시나, 아들은 아들을 만들 권능이 없느니라. 태어난 자는 낳을 권능이 없고, 아들은 자신을 위한 아들들이 아니라 형제들이 있느니라.

(30) 세상에 태어난 모든 것은 모두 자연적인 방법으로 태어나며, 다른 자들은 영적인 방법으로 태어나느니라. 그에 의해 태어난〔자들은〕 그곳으로부터 (완전한) 인간에게〔소리치나니〕, 〔그들이〕 천상의 〔장소에 관해〕 한 약속에 근거하여〔양육되기 때문이니라〕. 〔...〕 입으로부터〔...〕.

(31) 〔만일〕 말씀이 그곳에서 나왔다면, 그것은 그 입으로부터 양

육될 것이요, 그것은 완전해질 것이니라. 완전한 자가 잉태하고 낳는 것은 입맞춤에 의한 것이니라. 이러한 이유로 우리도 서로 입 맞추느니라. 우리는 서로 안에 있는 은혜로부터 수태(受胎)하느니라.

(32) 언제나 주님과 동행한 세 사람이 있었나니, 그의 어머니 마리아와 그녀의 자매와 그의 친구라고 불린 막달라가 그들이니라. 그의 자매와 그의 어머니와 그의 친구는 모두 마리아였느니라.

(33) "아버지"와 "아들"은 하나의 이름이며, "성령"은 이중의 이름이니라. 그것들은 모든 곳에 있나니, 위에도 있고 아래에도 있으며, 숨겨진 데도 있고 드러난 데도 있느니라. 성령은 드러난 데 있나니, 그것은 아래에 있느니라. 그것은 숨겨진 데 있나니, 그것은 위에 있느니라.

(34) 성인들은 악한 권능들에게 섬김을 받나니, 그들이 성인들을 위해 (무언가를) 할 때마다 그들은 성령에 의해 눈이 멀어 자기들이 (보통)사람을 섬기고 있다고 생각하느니라. 이 때문에 어느 날 한 제자가 이 세상의 어떤 것을 주님께 요청했느니라. 그분께서 그에게 말씀하셨느니라. "너의 어머니에게 요청하여라. 그러면 그분께서 다른 이에게 속한 것들을 네게 주시리라."

(35) 사도들이 그 제자들에게 말했느니라. "우리의 모든 제물이 소금을 얻게 하소서." 그들은 〔소피아〕를 "소금"이라고 불렀느니라. 그것이 없으면 아무 제물도 받아들여질 수 없느니라.

(36) 그러나 소피아는 석녀(石女)라 아이가 〔없느니라〕. 이런 이유로 그녀는 "소금의 흔적"이라고 불리느니라. 〔그러나〕 그들이 자기 방식으로 있는 곳에 성령〔(도) 있으리니〕, 그녀의 아이들이 많으니라.

(37) 아버지께서 소유하고 계신 것은 아들에게 속하나, 아들이 어린 동안은 그의 것이 그에게 위임되지 않느니라. 그러나 그가 어른이 될 때 그의 아버지는 그에게 자신의 모든 소유를 주시느니라.

(38) 성령 (자신이) 낳으셨으나 길을 잃은 자들은 또한 보통 영으로 인해 길을 잃느니라. 그러므로 이 하나의 같은 입김에 의해, 불은 타오르기도 하고 꺼지기도 하느니라.

(39) 에카모트[1]와 에크모트[2]는 별개의 존재이니라. 에카모트는 단순히 지혜이나, 에크모트는 죽음을 아는 자{인 죽음의 지혜}인 죽음의 지혜이니, "작은 지혜"라고 불리느니라.

(40) 소와 나귀와 이런 유의 다른 가축들이 있느니라. 다른 것들은 야생이라 사막에서 사느니라. 사람은 가축을 이용해 밭을 갈아, 이로써 자신과 그 짐승들을 (가축이든 야생이든) 먹이느니라. 완전한 인간을 비교해 보라. 그는 복종하는 권능들을 통해 밭을 갈아, 존재하게 될 모든 것을 위해 준비하느니라. 선하든 악하든, 오른쪽이든 왼쪽이든 모든 곳이 서는 것은 이로 인함이니라. 성령께서는 독특한 자들뿐 아니라, "길든" 자들이든 "길들지 않은" 자들이든 모든 사람을 돌보시고〔모든〕권능들을 다스리시느니라. 실로 그는〔그들을 모아〕가두나니,〔이들은〕원할〔지라도 피할〕수 없으리라.

(41) 창조된〔자는 아름답나니〕, 너희는 그의 아들들이 고귀한 피조물임을 발견할 것이니라. 만일 그가 창조되지 않고 태어났다면, 너는 그의 씨앗이 고귀함을 발견할 것이니라. 그러나 이제 그는 창조되었으며, 그는 낳았느니라. 이것은 무슨 고귀함인가?

(42) 먼저 간음이 있은 후에 살인이 존재하게 되었느니라. 그는 간음으로 태어났나니, 뱀의 자식이었느니라. 그래서 그는 제 아비처럼 살인자가 되었으며, 제 동생을 죽였느니라. 실로 서로 같지 않은 자들 사이에 일어난 모든 성교 행위는 간음이니라.

---

[1] Echamoth. 위의 소피아.
[2] Echmoth. 아래의 소피아.

(43) 하나님은 염색공이니라. "진짜"라고 불리는 좋은 물감이 그것으로 물든 것과 함께 용해되듯이 하나님께서 물들이신 자들도 그러하니라. 그의 물감은 불멸이니, 그것은 그의 색으로 인해 불멸이니라. 이제 하나님은 자신이 물에 담그시는 것을 담그시느니라.

(44) 누구라도 참으로 존재하는 것들처럼 되지 않고는 그것들을 알 수 없느니라. 이것은 세상에 있는 인간의 길이 아니니라. 그는 태양이 되지 않고도 태양을 보고, 하늘과 땅과 기타의 것들을 보지만, 그가 이러한 것들은 아니기 때문이니라. 이것은 진리의 경우에 꼭 들어맞느니라. 그러나 너는 그곳의 어떤 것을 보고 그러한 것들이 되었느니라. 너는 영을 보고 영이 되었느니라. 너는 그리스도를 보고는 그리스도가 되었느니라. 너는 [아버지]를 보았고, 아버지가 될 것이니라. 그러므로 너는 [이곳에서] 모든 것을 보고, 너 자신을 보지 [못하지]만, [저곳에서는] 너 자신을 보느니라 ― 그리고 너는 네가 보는 것이 [될] 것이니라.

(45) 믿음은 받아들이고, 사랑은 주느니라. 믿음이 없이는 [아무도 받을 수 없으리라]. 사랑이 없이는 아무도 줄 수 없으리라. 이 때문에 우리는 받아들이기 위해 믿지만, 그것은 우리가 사랑하고 주기 위해서이니, 만일 누가 사랑으로 주지 않으면 그는 그가 준 것으로부터 아무 유익을 얻지 못하기 때문이니라.

(46) 주님을 받아들이지 않는 자는 여전히 히브리인이니라.

(47) 우리 앞에 있던 사도들은 그에 대해 "예수, 나실인, 메시아", 즉 "예수, 나실인, 그리스도"라는 이름들을 가지고 있었느니라. 마지막 이름은 "그리스도"요, 첫 번째 이름은 "예수"요, 중간에 있는 것은 "나실인"이니라. "메시아"에는 두 가지 의미가 있나니, "그리스도"와 "헤아림을 받은 자"의 뜻이니라. 다음에 "나실인"은 "진리"이니라. "그

리스도"는 헤아림을 받으셨느니라. "나실인"과 "예수"는 헤아림을 받은 자들이니라.

(48) 진주를 진흙 속에 던져도 그것은 크게 무시당하지 않으며, 그것에 향유를 바르면 더욱 값이 나갈 것이니라. 그러나 그것은 그 소유자의 눈에는 항상 가치가 있느니라. 하나님의 아들들이 어디 있든지 그들을 비교해 보라. 그들은 여전히 그들의 아버지 눈에는 값진 존재들이니라.

(49) 네가 "나는 유대인이요" 하고 말한다 해도 아무도 감동을 받지 않을 것이니라. 네가 "나는 로마인이요" 하고 말해도 아무도 혼란스러워하지 않을 것이니라. 네가 "나는 그리스인, 야만인, 노예, 자유인이요" 하고 말해도 아무도 동요하지 않을 것이니라. 〔만일〕 네가 "나는 그리스도인이요" 하고 말하면 〔세상이〕 떨 것이니라. 내가 그와 같은 이름을 〔받기를〕 원하노라! 〔권능들이〕 그 사람의 이름을 〔들을 때〕 그들은 그를 감당할 수 없느니라.

(50) 하나님은 인간을 먹는 분이시니라. 이러한 이유로 그분께 사람을 〔제물로 바쳤느니라〕. 사람을 제물로 바치기 전에는 짐승들을 제물로 바쳤나니, 이는 그것들을 제물로 받은 자들이 신들이 아니었기 때문이니라.

(51) 유리병과 흙항아리는 다 같이 불을 이용해 만드느니라. 그러나 유리병은 깨지면 다시 만드나니, 그것이 숨을 통해 존재하게 되었기 때문이니라. 그러나 흙항아리가 깨지면 그것을 박살내 버리나니, 그것들은 숨을 통해 존재하게 된 것이 아니기 때문이니라.

(52) 방아를 돌리는 나귀는 1백 리를 걸었느니라. 나귀는 방아에서 풀려났을 때 그것이 여전히 제 자리에 있음을 알았느니라. 많은 여행을 했으나 목적지로 조금도 나아가지 못하는 사람들이 있느니라. 그들

에게 저녁이 왔을 때 그들은 성읍도 마을도 피조물도 자연도 권능도 천사도 보지 못했느니라. 그 가련한 자들은 헛수고를 한 것이니라.

(53) 성체(聖體)는 그리스도이시니라. 그는 시리아어로 "파리사타"[3] 라고 하나니 "하나님이 내미신 분"라는 뜻이니라. 예수께서 세상을 십자가에 못 박으러 오셨기 때문이니라.

(54) 주님은 레위의 염색작업장으로 들어가셨느니라. 그는 72가지의 색을 취하여 그것을 큰 통 속에 던지셨느니라. 그가 그것을 꺼냈을 때는 온통 흰색으로 되어 있었느니라. 그러자 그가 말씀하셨느니라. "이와 같이 사람의 아들도 염색장이[로] 왔노라."

(55) "석녀"라고 부르는 지혜에 대해 말하자면 그녀는 천사들[의] 어머니이시니라. 그리고 [구세주]의 친구는 막달라 마리아[니라]. [그러나 그리스도께서는 모든] 제자보다 그녀를 더 많이 [사랑하셨으며] 그녀의 [입]에 [자주] 입맞추[셨느니라]. 나머지 [제자들은] 그것 때문에 [비난을 받았으며 불만을 표했느니라]. 그들은 그에게 말했느니라. "당신은 왜 저희 모두보다 그녀를 더 사랑하시나이까?" 구세주께서 그들에게 대답하셨느니라. "내가 왜 너희를 그녀처럼 사랑하지 않겠느냐?"

(56) 소경과 볼 수 있는 자가 어둠 속에 있을 때 그들은 서로 다르지 않으니라. 빛이 오면 볼 수 있는 자는 빛을 볼 것이요, 소경은 어둠 속에 남아 있으리라.

(57) 주님께서 말씀하셨느니라. "자기가 존재하기 이전의 상태에 있는 자는 복이 있도다. 지금의 그는 전에도 그랬고 앞으로도 그럴 것이기 때문이로다."

---

3 Pharisatha.

(58) 인간의 우월성은 눈으로 보기에는 분명하지 않지만, 눈에 숨겨져 있는 것 속에 있느니라. 결국 그는 자기보다 강한 짐승들을 지배하며, 드러난 것과 감추인 것에서 위대하니라. 그들은 이로 인해 살아남을 수 있느니라. 만일 사람이 그것들에게서 분리되면 그들은 서로 죽이고 물어뜯느니라. 그들은 음식을 발견하지 못했으므로 서로를 먹었느니라. 그러나 이제 그들은 땅을 경작했으므로 음식을 발견했느니라.

(59) 만일 어떤 사람이 물속에 들어갔다가 아무것도 받지 못하고 올라와 "나는 그리스도인이요" 하고 말한다면, 그는 이익을 얻기 위해 그 이름을 빌려온 것이니라. 그러나 만일 그가 성령을 받는다면, 그는 그 이름을 선물로 지니고 있는 것이니라. 선물을 받은 자는 그것을 돌려줄 필요가 없으나, 이익을 얻기 위해 그것을 빌려온 자는 대가를 지불해야 하느니라. 이것이 어떤 사람이 신비를 체험할 때〔그 사람에게 일어나는〕것이니라.

(60) 혼인의 신비는 위대하도다! 그것이〔없었으면〕세상이〔존재하지 않았〕을 것이기 때문이니라.〔세상의〕존재는〔사람에게 달려 있으며〕,〔사람의〕존재는〔혼인에 달려 있느니라〕.〔더럽혀지지 않은 관계〕에 대해 생각해 보라. 그것은〔위대한〕힘이 있기 때문이니라. 그것의 형상은 그 형태〔의 더럽힘〕으로 이루어져 있느니라.[4]

(61) 더러운〔영들〕에 대해 말하자면 그들 가운데는 남자도 있고 여자도 있느니라. 남자들은 여성의 형상 속에 거하는 영혼들과 결합하는 자들이요, 여자들은 남성의 형상 속에 있는 자들과 뒤섞인 자들인데, 불복종한 자를 통해 그렇게 하는 것이니라. 그런데 아무도 그들을 피할 수 없나니, 사람이 남성의 권능이나 여성의 권능—신랑과 신부—

---

[4] 형상(image), 형태(form).

을 받아들이지 않으면 그를 가두어버리기 때문이니라. 부정한 여인들은 혼자 앉아 있는 남자를 보면 그를 덮쳐 그와 어울려 그를 더럽히느니라. 마찬가지로 음탕한 남자들은 홀로 앉아 있는 아름다운 여인을 보면, 그녀를 더럽히려고 그녀를 꾀고 강요하느니라. 그러나 그들이 남자와 그 아내가 나란히 앉아 있는 것을 보면 여자는 그 남자에게 가지 못하고, 남자도 그 여자에게 가지 못하느니라. 그러므로 만일 그 형상과 천사가 서로 결합하면 아무도 감히 그 남자나 그 여자에게 가지 못하느니라.

세상으로부터 벗어난 자는 비록 그가 세상에 있다 할지라도 더 이상 가두어둘 수 없느니라. 그는 분명히 욕망〔...〕과 두려움을 넘어섰느니라. 그는 〔자연〕의 주인이니라. 그는 질투를 이기느니라. 〔어떤 사람이〕 오면 그들은 그를 붙잡아 억압하느니라. 그런데 〔이 사람이〕 저 〔붙잡는 거대한〕 권능들을 피할 수 있겠느냐? 그가 어떻게 〔그들로부터 숨을〕 수 있겠느냐? 〔종종〕 어떤 이들이 〔와서〕 "우리는 믿음이 있나이다" 하고 〔말하나니〕, 이는 〔그들이 더러운 영들〕과 악마들을 〔피할 수 있기〕 위해서이니라. 만일 그들에게 성령이 계시다면 더러운 영이 그에게 달라붙지 못할 것이기 때문이니라.

(62) 육체를 두려워도 말고 그것을 사랑하지도 말라. 네가 그것을 두려워하면 그것이 너를 지배하리라. 네가 그것을 사랑하면 그것이 너를 삼켜 무력하게 하리라.

(63) 그는 세상에 있거나, 부활 가운데 있거나 아니면 중간에 있는 거처들 속에 있으리라. 하나님께서 내가 그들 가운데 속하지 않게 하시기를! 이 세상에는 선과 악이 있느니라. 세상의 선은 선이 아니며, 세상의 악은 악이 아니니라. 그러나 이 세상 이후에는 진정한 악이 있나니 — "중간"이라고 부르는 것이니라. 그것은 죽음이니라. 우리가

이 세상에 있는 동안 우리 자신을 위해 부활을 얻는 것이 합당하나니, 우리가 육신을 벗어버릴 때 그 나머지 가운데서 발견되고 중간에서 걷지 않기 위함이니라. 많은 자가 도중에 길을 잃었음이니라. 죄를 짓기 전에 세상에서 나오는 것이 좋으니라.

(64) 어떤 자들은 (죄짓기를) 원치 않고 (죄지을) 힘도 없느니라. 또 어떤 자들은 설혹 (죄를 짓고) 싶어 한다 할지라도 그렇게 하지 않은 것이 더 낫지 않나니, 〔이〕 욕망이 그들을 죄인으로 만들기 때문이니라. 그러나 어떤 자들은 (죄짓기를) 원치 않는다 하더라도 의로움이 그 두 가지 모두―원치 않음과 행하지 않음―로부터 감추어질 것이니라.

(65) 어떤 사도적인 사람이 환상 속에서, 어떤 사람들이 불의 집에 갇혀 불의 〔사슬〕로 묶인 채 불타는 〔기름덩어리〕에 누워 있는 것을 보았느니라. 그들은 〔...〕 소유하고 있었느니라. 그들에게 이런 말이 들렸느니라. "〔...〕 구원받을 수 없나니 〔...〕 그들이 그것을 원치 않았도다." 그들은 벌〔로 '바깥〕 어둠'이라고 불리는 〔이곳을〕 받았나니, 그가 (그 속으로) 〔던져졌기〕 때문이니라."

(66) 혼과 영은 물과 불로부터 존재하게 되었느니라. 신방(新房)의 아들은 물과 불과 빛으로부터 (존재하게 되었느니라). 불은 성유(聖油)요, 빛은 불이니라. 나는 형상이 없는 불이 아니라, 그 형상이 흰색인 다른 불에 대해 말하는 것이니, 그것은 밝고 아름다워서 아름다움을 주느니라.

(67) 진리는 알몸으로 이 세상에 온 것이 아니라 상징들과 표상들 속에서 왔느니라. 다른 방식으로는 진리를 받아들일 수 없느니라. 신생(新生)과 신생의 표상이 있느니라. 물론 그들은 그 표상을 통해 다시 태어나야 하느니라. 부활이란 무엇인가? 표상은 표상을 통해 부활해

야 하느니라. 〈신랑〉과 표상은 그 표상을 통해 진리에게로 들어가야 하나니, 이것이 회복이니라. 그것을 지닌 자들은 아버지와 아들과 성령의 이름을 얻을 뿐 아니라, 자력으로 그것을 얻었다는 것이 적절하니라. 누가 자력으로 그 이름을 얻지 못한다면 그는 그 이름("그리스도인")을 빼앗기리라. 그러나 우리는 십자가의 권능의 향기로운 도유식(塗油式) 속에서 그것을 받느니라. 사도들은 이 권능을 "오른쪽과 왼쪽"이라고 불렀느니라. 이 사람은 더 이상 그리스도인이 아니라 한 사람의 그리스도[5]이기 때문이니라.

(68) 주님께서는 신비 속에서 모든 일을〔행하셨나니〕, 세례와 성유식과 성찬식과 대속(代贖)과 신방이 그것이니라.

(69)〔주님께서〕 말씀하셨느니라. "나는〔아래에 있는 것들을〕〔위에〕 있는 것들과 같이 만들고, 바깥에 있는〔것들을 안에 있는〕 것들처럼 만들기 위해 왔느니라.〔나는〕 그곳에서 그것들을〔하나로 만들기 위해 왔느니라〕."〔그분은 상징들과 표상들을〕 통해 이곳〔에서 자신을 드러내셨느니라〕.〔천상의 인간이 있으며〕,〔그의〕 위에 어떤 분이 계시다"고 말하는 자들은〔틀렸느니라〕.〔하늘에서〕 나타나신 그분이 "아래에 계신 분"이라고 불리는 분인 저〔천상의 인간이기 때문이니라〕. 그리고 감추인 것들이 속해 있는 그분이 바로 그분 위에 계신 분이시니라. "내적인 것과 외적인 것과 외적인 것 밖에 있는 것"이라고 말하는 자들은 선하니라. 이로 인해 주님께서는 파멸을 "바깥의 어두움"이라고 부르셨느니라. 그것 밖에 다른 것이 있는 것은 아니니라. 그분은 "비밀 속에 계신 나의 아버지"라고 말씀하셨느니라. 그분은 "네 방에 들어가 문을 닫고, 은밀한 중에 계시는 네 아버지께 기도하라"(마태복

---

[5] a Christ.

음 6:6)고 말씀하셨나니, 아버지는 그들 모두의 내면에 계신 분이시니라. 그러나 그들 모두의 내면에 있는 것은 충만이니라. 그것 외에 그것 안에는 아무것도 없느니라. 이것이 우리가 "그들 위에 있는 것"이라고 말하는 것이니라.

(70) 그리스도 이전에 몇 사람이 더 이상 들어갈 수 없는 곳에서 왔으며, 그들은 더 이상 나올 수 없는 곳으로 갔느니라. 그 후에 그리스도께서 오셨느니라. 그는 들어간 자들을 데리고 나오셨으며, 나간 자들을 데리고 들어오셨느니라.

(71) 이브가 아직 아담 안에 있을 때에는 죽음이 존재하지 않았느니라. 그녀가 그에게서 분리되었을 때 죽음이 존재하게 되었느니라. 만일 그가 다시 완전해져서 자신의 이전의 자아를 얻는다면 죽음은 더 이상 존재하지 않을 것이니라.

(72) "나의 하나님, 나의 하나님, 어찌하여 나를 버리셨나이까?"(마태복음 15:34 및 병행 구절) 그가 이 말씀을 하신 것은 십자가 위에서였나니, 그가 나뉜 곳이 그곳이었기 때문이니라.

〔…〕하는 자를 통해 태어난 자는 〔…〕 하나님께로부터 〔…〕.

〔…〕 죽은 자들 가운데에서 〔…〕. 〔…〕 옛 〔…〕, 그가 완전하기 때문이니라. 〔…〕 육체이지만, 이 〔…〕는 참 육체이니라. 〔…〕 참된 것이 아니라, 〔…〕 오직 진리의 표상이니라.

(73) 신방(新房)은 짐승들을 위한 것이 아니요, 노예들을 위한 것도 아니며, 더러운 여인들을 위한 것도 아니요, 자유인들과 처녀들을 위한 것이니라.

(74) 우리는 진실로 성령을 통해 다시 태어났나니, 그리스도를 통해 태어났느니라. 그 두 경우에 우리는 성령을 통해 기름 부음을 받았느니라. 우리가 태어났을 때 우리는 하나가 되었느니라.

(75) 빛이 없으면 물속에서나 거울 속에서나 아무도 자신을 볼 수 없으리라. 이런 이유로 그 둘, 즉 빛과 물속에서 세례를 주는 것이 합당하니라. 그런데 빛은 성유이니라.

(76) 예루살렘에는 특히 희생제를 위한 건물이 세 채 있었느니라. 서쪽을 향해 있는 건물은 "성소"(聖所)라고 부르느니라. 남쪽을 향해 있는 건물은 "성소 중의 성소"라고 부르느니라. 동쪽을 향해 있는 세 번째 건물은 "지성소"(至聖所)라고 부르는데, 대제사장만이 들어가는 곳이니라. 세례는 "성소"니라. 구원은 "성소 중의 성소"니라. "지성소"는 신방이니라. 세례는 부활과 구원을 포함하는데, 구원은 신방에서 (일어나느니라). 그러나 신방은 〔그것과 다른 것들〕보다 뛰어난 곳에 있나니, 너희는 그와 〔같은 것을〕 발견하지 못할 것임〔이니라〕. 〔그것에 친숙한 자들은 하늘나라를〕 기다리면서 예루살렘에 있는 "성소에서" 기도하는 자들이니라. 이들은 "지성소"라고 불리나니, 〔그〕 휘장이 찢어지기 〔전에는〕 위에 〔있는 신방의〕 상징 외에 다른 신방이 〔없었기 때문이니라〕. 이로 인해 그 장막이 위에서 아래까지 찢어졌느니라. 어떤 자들은 아래에서 위로 올라가야 하기 때문이니라.

(77) 권능들은 완전한 빛을 입은 자들을 보지 못하므로 그들을 구속할 수 없느니라. 우리는 합일 속에서 성례전을 통해 이 빛을 입을 수 있느니라.

(78) 만일 여인이 남자에게서 분리되지 않았다면, 그녀는 남자와 함께 죽지 않을 것이니라. 그의 분리가 죽음의 시작이 되었느니라. 이 때문에 그리스도께서 태초부터 있던 그 분리를 고쳐 그 둘을 다시 하나로 만들고, 그 분리의 결과로 죽은 자들에게 생명을 주사 그들을 하나로 만드시려고 오셨느니라.

(79) 그러나 여인은 신방에서 자기 남편과 하나가 되느니라. 진실

로 신방에서 하나가 된 자들은 더 이상 분리되지 않느니라. 그러므로 이브는 신방에서 아담과 하나가 되지 아니했으므로 그에게서 분리되었느니라.

(80) 아담의 영혼은 호흡으로 인해 존재하게 되었나니, 그것은〔영〕과 동의어이니라. 그에게 주어진 영은 그의 어머니이니라. 그의 혼은〔영〕에 의해 대치되었느니라. 그가 (그 영과) 결합했을 때〔그는〕권능들이 이해할 수 없는 말을〔했느니라〕. 그들은 그에게 질투를 느꼈나니, 자기들이〔그러한〕영적인 결합〔에서 분리되었기 때문이니라〕.〔…〕숨겨진〔…〕. 이〔분리가〕그들이 자기 자신을 위해〔상징적인〕신방을〔만들〕기회를 주어,〔인간들이 더럽힘을 당하게〕되었느니라.

(81) 예수께서 요단〔강에서 자신을〕나타내셨나니 그것은 하늘〔나라의 완성〕이었느니라. 모든 것이 있기 전에〔태어나신〕그분이 다시 태어나셨느니라. 한 번〔기름 부음을 받으신〕그분이 다시 기름 부음을 받으셨느니라. 구원을 받으신 그분이 이제는 (다른 이들을) 구원하셨느니라.

(82) 신비를 말해도 된다면 만유의 아버지께서 하강한 처녀와 결합하셨나니, 그날에 불이 그분을 위해 빛났느니라. 그분은 위대한 신방에 나타나셨느니라. 그러므로 그분의 몸은 바로 그날 존재하게 되었느니라. 그것은 신랑과 신부에게서 존재하게 된 몸처럼 신방을 떠났느니라. 그래서 예수께서 이들을 통해 그것 안에 모든 것을 세우셨느니라. 제자들은 각자 자기 안식에 들어가야 하느니라.

(83) 아담은 두 명의 처녀, 즉 영과 처녀인 대지로부터 존재하게 되었느니라. 그러므로 그리스도는 태초에 일어난 타락을 교정하기 위해 처녀에게서 태어나셨느니라.

(84) 낙원에는 두 그루의 나무가 있느니라. 하나는〔짐승들을〕낳

고, 다른 하나는 인간들을 낳느니라. 아담은 짐승들을 낳은 나무 열매를 [먹었느니라]. 그는 짐승이 되었으며, 짐승들을 낳았느니라. 이런 이유로 아담의 자손들은 [짐승들을] 숭배하는 것이니라. [아담이 그] 열매를 [먹은] 나무는 [지식의 나무]이니라. [그것이 죄가] 늘어난 이유이니라. [만일 그가 다른 나무의 열매, 즉] 인간들을 낳는 [생명나무]의 열매를 먹었다면 [신들이] 인간을 숭배할 것이니라. [태초에] 하나님이 인간을 창조하셨기 [때문이니라]. [그러나 이제는 인간들이] 하나님을 창조하고 있느니라.

(85) 그래서 세상에 이런 일이 생겼나니, 인간이 신들을 만들고는 자기들의 피조물을 숭배하는 것이니라. 진리에 합당하게 되려면 신들이 인간을 숭배하는 것이 마땅할 것이니라!

(86) 보통 인간이 성취하는 것은 그의 능력에 달려 있느니라. 우리는 사람의 성취를 "능력"이라고 말하기까지 하느니라. 그의 성취는 안식으로부터 태어난 그의 자녀들이니라. 이와 같이 그의 능력은 그가 성취하는 것 속에 있지만, 안식은 아이들에게서 나타나느니라. 너희는 이것이 형상에까지 이른다는 것을 발견할 것이니라. 자신의 일을 자신의 능력으로 행하고, 안식으로부터 자기 자녀를 낳는 형상적 인간이 있느니라.

(87) 이 세상에서는 노예들이 자유인들을 섬기느니라. 하늘나라에서는 자유인들이 노예들을 섬기리니, 신방의 자녀들이 혼인의 자녀들을 섬길 것이니라. 신방의 자녀들은 [오직 하나의] 이름을 가지고 있느니라. 그들은 함께 안식을 [누리느니라]. 그들은 (다른) 형상을 취할 필요가 없나니, [그들은] 통찰력을 [지니고 있기 때문이니라].

(88) [...] 그들은 수가 많나니, [...]. [...]하는 자들 속에 [...] 공경이 있느니라.

(89) 〔...〕는 물로 내려가며 〔...〕 그것으로부터 거룩하게 되나니 〔...〕 그의 이름으로 〔...〕한 자들은 〔...〕. 왜냐하면 그분께서 "〔그러므로〕 우리가 모든 의를 성취해야 하느니라"(마태복음 3:15)고 말씀하셨기 때문이니라.

(90) 자신들이 먼저 죽고 나서 후에 부활할 것이라고 말하는 자들은 오류 속에 있느니라. 만일 그들이 살아 있는 동안 먼저 부활을 받지 않는다면, 그들은 죽을 때 아무것도 받지 못할 것이니라. 그러므로 그들은 또한 세례에 대해 말할 때 "세례는 위대한 것이다" 하고 말하나니, 만일 사람들이 세례를 받으면 그들이 살 것이기 때문이니라.

(91) 사도 빌립이 말했느니라. "목수 요셉이 동산을 만든 것은 장사를 위해 나무가 필요했기 때문이라. 그는 자기가 심은 나무로 십자가를 만들었도다. 그의 아들이 바로 그가 심은 나무에 달렸도다. 그의 아들은 예수요, 그 심은 것은 십자가였도다."

(92) 그러나 생명나무는 동산 한가운데 있느니라. 그러나 우리가 기름을 얻는 것은 올리브나무이며, 그 기름에서 부활을 얻느니라.

(93) 이 세상은 시체를 먹는 자니라. 그 속에서 먹힌 모든 것도 죽느니라. 진리는 생명을 먹는 자니라. 그러므로 〔진리〕에 의해 양육된 자는 아무도 죽지 않느니라. 예수께서는 그곳에서 오셨으며 양식을 가져오셨느니라. 그는 그것을 갈망한 자들이 죽지 않도록 그들에게 〔생명을〕 주셨느니라.

(94) 하나님께서는 동산을 〔...〕. 인간은 동산 〔...〕. 〔...〕에는 〔...〕과 하나님의 〔...〕이 있다. 〔...〕 속에 있는 것들을 나는 〔...〕 하리라. 이 동산은 그들이 나에게 "〔...〕 〔네가 원하는 대로〕 이것은 먹고, 저것은 먹지 말라" 하고 말할 〔그곳이다〕. 이곳은 내가 모든 것을 먹을 곳이니, 생명나무가 거기 있기 때문이다. 그것이 아담을 죽였으나, 여기에서

는 생명나무가 인간들을 살렸다. 율법은 나무이다. 그것은 선악에 관한 지식을 줄 수 있는 능력이 있다. 그것은 그를 악으로부터 옮기지 않았으며, 그를 선 가운데 두지도 않았고, 그 열매를 먹은 자들을 위해 죽음을 창조했다. 그가 "이것은 먹고 저것은 먹지 말라"고 말했을 때 그것이 죽음의 시작이 되었다.

(95) 우리가 "그리스도인들"이라고 불린 것은 분명 "세례"라는 말 때문이 아니라 "성유"⁶라는 말에서 말미암았으니, 성유는 세례보다 뛰어나다. "그리스도"가 그러한 이름을 지니신 것은 성유 때문이다.⁷ 아버지께서 그 아들에게 기름을 부으셨으며, 아들이 사도들에게, 사도들이 우리에게 기름을 부었기 때문이다. 기름 부음을 받은 자는 모든 것을 소유하느니라. 그는 부활과 빛과 십자가와 성령을 소유한다. 아버지께서는 신방에서 그에게 이것을 주셨으며, 그는 단순히 (그 선물을) 받았다.

(96) 아버지는 아들 안에 계시며, 아들은 아버지 안에 있다. 이것이 하늘나라이다.

(97) 주님께서 올바르게도 이렇게 말씀하셨다. "어떤 자들은 웃으며 하늘나라에 들어갔다가 나왔느니라."〔…〕한 사람의 그리스도인〔…〕. 〔…〕물속으로〔내려가자〕마자 그는 (이 세상의) 모든 것을〔비웃으며〕나왔나니, 〔그것을〕하찮은 것으로〔생각하기〕때문이〔아니라〕〔그가〕그것에 대한 경멸심〔으로 가득 차 있기 때문이다〕. 〔하늘〕나라에〔들어가기를 원하는〕자는〔그것을 얻으리라〕. 만일〔그가 (이 세상의) 모든 것을〕경멸한다면, 〔그는〕웃으면서 나〔오리라〕.

(98) 떡과 잔과 기름도 역시 그러하니, 이것들보다 뛰어난 다른 것

---

⁶ chrism.
⁷ 그리스도는 '기름부음을 받은 자'라는 뜻임.

이 있다 하더라도 그러하다.

(99) 세상은 실수로 생긴 것이다. 그것을 창조한 자는 그것을 불후 불멸의 것으로 창조하고자 했다. 그는 그의 바람을 이루지 못했다. 세 상은 불멸이 아니었고, 세상을 만든 자도 불멸이 아니었기 때문이다. 사물이 불멸인 것이 아니라 아들들이 불멸이기 때문이다. 먼저 아들이 되지 않으면 아무도 불멸을 받을 수 없으리라. 그러나 받을 능력이 없 는 자가 어찌 줄 수 있으리오?

(100) 기도의 잔에는 술과 물이 들어 있나니, 그것이 감사를 드리 는 피의 유형으로 정해져 있기 때문이다. 그리고 그것은 성령으로 가 득 차 있나니, 그것은 온통 완전한 인간에게 속하느니라. 우리가 이것 을 마실 때 우리는 자신을 위해 완전한 인간을 받으리라.

(101) 살아 있는 물은 몸이다. 우리는 살아 있는 인간을 입어야 한 다. 그러므로 그가 물속에 내려가려 할 때 그는 살아 있는 인간을 입기 위해 자기 자신을 벗어버린다.

(102) 말은 말을 낳고, 인간은 인간을 낳고, 신은 신을 낳는다. 신랑 과 신부를 비교해 보라. 〔그들의 아이들은 신방〕에서 잉태되었다. 〔세 상이〕 존재하는 〔한〕 그리스인 부모에게서 유대인이 〔태어난 일이 없 다〕. 그리고 그리스도〔인으로서〕 우리 〔자신은〕 유대인들에게서 〔내려 온 것이 아니다〕. 또 다른 〔사람들이 있으니〕, 이 〔복된 사람들은〕 "〔살 아 계신 하나님〕의 선택된 자들"이라든지, "참 인간"이라든지, "사람의 아들"이라든지, "사람의 아들의 씨앗"이라고 말해진다. 세상에서는 그 들이 "이 진실한 사람들"이라고 불린다.

(103) 신방의 아들들이 있는 곳 (...). 이 세상에서는 결합이 남편 과 아내가 하나되는 것이지만―힘과 연약함을 위한 장소― 다른 에온 에서는 결합의 형태가 다르다.

(104 a) 우리는 그것을 이런 이름으로 부른다. 그러나 다른 이름들이 있으니, 그것들은 다른 이름들보다 뛰어나며, 강한 것들보다 더 강하다. 힘이 있는 곳에 힘보다 더 값진 것들이 있다.

(104 b) 그것은 (이러하다). 하나는 그것이 아니고, 다른 것은 그것이다. 그러나 그 둘은 모두 이 하나에 속한 것이다. 이것은 육체의 의식을 넘어설 수 없는 것이다.

(105) 모든 것을 가진 자들은 모두 자기 자신을 알 필요가 없는가? 실로 어떤 자들이 자기 자신을 알지 못한다면, 그들은 자신들이 소유하고 있는 것을 즐기지 못할 것이다. 그러나 자기 자신을 알게 된 자들은 자신들이 소유한 것을 즐기리라.

(106) 그들은 완전한 인간을 구속할 수 없을 뿐 아니라 그를 볼 수도 없으리니, 만일 그들이 그를 본다면 그들은 그를 구속할 것이다. 인간이 이러한 특성을 얻는 길은 완전한 빛을 입어 스스로 완전하게 되는 것 외에 다른 길이 없다. 〔이것을〕 입은 〔모든〕 이는 〔그 나라〕에 들어가리라. 이것이 완전한 〔...〕이다.

(107) 우리는 〔세상을〕 떠나기 전에 〔반드시 완전한 인간이〕 되〔어야 한다〕. 모든 것을 받고도 이 장소들을 〔벗어버리지 못한〕 자는 그곳을 〔공유할〕 수 〔없고〕, 불완전한 자로서 〔중간으로 가〕리라. 오직 예수만이 이 사람의 종말을 아시느니라.

(108) 사제는 그의 몸 자체에 이르기까지 완전히 거룩하다. 그가 떡을 집었다면 그가 그것을 거룩하게 할 것인가? 또는 잔이나 그가 잡는 어떤 것이든지 그가 그것들을 거룩하게 하는가? 그렇다면 그가 어찌 자기 몸도 거룩하게 하지 않으리오?

(109) 예수께서는 세례의 물을 거룩하게 하심으로써 그것에서 죽음을 없애셨느니라. 그러므로 우리는 물속으로 내려가나 죽음 속으로

내려가는 것이 아니니, 이는 우리가 세상의 영 속으로 들어가지 않게 하려는 것이다. 그 영이 불어올 때 그것은 겨울을 가지고 온다. 성령께서 숨 쉬실 때는 여름이 온다.

(110) 진리의 지식을 지닌 자는 자유인이나, 자유인은 죄를 짓지 않나니 "죄를 짓는 자는 죄의 노예이기"(요한복음 8:34) 때문이다. 진리는 어머니이며, 지식은 아버지이다. 죄를 짓는 것이 자기에게는 해당하지 않는다고 생각하는 자들을 세상은 "자유롭다"고 부른다. 진리의 지식은 그런 자들을 교만하게 만들 뿐이니, 그것이 "진리가 그들을 자유케 한다"는 말의 의미이다. 그것은 그들에게 온 세상에 대한 우월감까지 주느니라. 그러나 "사랑은 세우느니라"(고린도전서 8:1). 실로 지식을 통해 참으로 자유로워진 사람은 아직 지식의 자유에 이를 수 없는 자들을 위해 노예가 된다. 지식은 그들이 자유로워지게 한다. 사랑은 어떤 것을 자기 것이라고〔결코 주장하지 않으나〕,〔…〕그것은〔…〕소유한다. 사랑은〔"이것은 내 것이다"〕라거나 "저것은 내 것이다"라고〔말하지〕않고,〔"이 모든 것은〕당신 것이나이다"라고 말한다.

(111) 영적인 사랑은 술이요 향기이다. 스스로를 사랑으로 기름 붓는 모든 자는 그것을 즐거워한다. 기름 부음을 받은 자들이 나타나 있는 동안 그 곁에 있는 자들도 (그 향기에 의해) 유익을 얻느니라. 기름 부음을 받은 자들이 그들에게서 물러나 떠난다면, 기름 부음을 받지 못하고 단지 그들 곁에 서 있던 자들은 여전히 그들의 악취 속에 남아 있으리라. 그 사마리아인은 상처 입은 자에게 술과 기름만을 주었을 뿐이다. 그것은 기름 부음에 다름 아니다. 그것이 상처를 치유했나니, "사랑은 허다한 죄를 덮기"(베드로후서 4:8) 때문이다.

(112) 여인이 낳는 아이들은 그 여인을 사랑하는 남자를 닮는다. 만일 남편이 그 여인을 사랑하면 그들은 그 여자의 남편을 닮는다. 만

일 그것이 간부(姦夫)라면 그들은 그 간부를 닮는다. 만일 그 여인의 마음이 평소에 관계를 갖는 간부에게 있으면서 마지못해 남편과 잔다면, 그 여자가 낳을 아이는 간부를 닮아 태어난다. 그러니 하나님의 아들과 함께 사는 너희는 세상을 사랑치 말고 주님을 사랑할지니, 너희가 낳을 자들이 세상을 닮지 않고 주님을 닮게 하려는 것이다.

(113) 인간은 인간과 관계를 한다. 말은 말과 당나귀는 당나귀와 관계를 갖는다. 한 종족의 구성원들은 보통 비슷한 종족의 구성원들과 사귄다. 그러므로 영은 영과 섞이며, 생각은 생각과 사귀고, 〔빛은 빛과〕 교류한다. 〔만일 네가〕 인간으로 났으면 너를 사랑할 자는 〔인간〕이다. 네가 〔영〕이 되면 너와 어울릴 자는 영이다. 네가 생각이 되면 너와 섞일 것은 생각이다. 네가 빛이 되면 너와 교류할 자는 빛이다. 네가 위에 속한 자들 중 하나가 되면 네 안에서 쉴 자들은 위에 속한 자들이다. 네가 말이나 나귀나 소나 개나 양이나 바깥에 또는 아래에 있는 짐승들 중 하나가 되면, 인간이나 영이나 생각이나 빛이 너를 사랑할 수 없을 것이다. 위에 속한 자들도, 내면에 속한 자들도 네 안에서 안식할 수 없을 것이니, 너는 그들과 공유하는 것이 없다.

(114) 자기 뜻에 반해 노예가 된 자는 자유로워질 수 있으리라. 주인의 호의에 의해 자유롭게 되었다가 자신을 노예로 판 자는 더 이상 자유로울 수 없으리라.

(115) 이 세상에서 농사를 짓는 데는 네 가지 요소가 결합되어야 한다. 물과 흙, 바람, 빛의 자연 활동의 결과로서만 수확물을 곳간에 모을 수 있다. 하나님의 농사에도 마찬가지로 네 가지 요소가 있으니 — 믿음, 소망, 사랑, 지식이 그것이다. 믿음은 우리가 뿌리를 내리는 땅이다. 〔그리고〕 소망은 우리에게 양분을 주는 물이다. 사랑은 우리가 자라게 해 주는 바람이다. 지식은 우리를 〔여물게 해 주는〕 빛이다.

(116) 은혜는 〔네 길〕로 존재하나니, 〔그것은〕 땅에서 태어나고, 〔하늘에 속하며〕, 가장 높은 하늘〔에서 오고〕, 〔진리〕 안에 머무른다. 어떤 영혼도 괴롭히지 않은 자는 복되다. 그분은 예수 그리스도이시다. 그분은 모든 곳에 오셨으나, 아무에게도 짐을 지우지 않으셨다. 그러므로 이와 같은 사람은 복이 있나니, 그는 완전한 인간이기 때문이다. 실로 이분은 로고스이기 때문이다.

(117) 우리에게 그것에 대해 말해 보라. 그것은 정의하기 어렵기 때문이다. 우리가 어떻게 그렇게 위대한 일을 성취할 수 있으리오?

(118) 그분이(또는 사람이) 어떻게 모든 사람에게 평안을 주시리오? 무엇보다도 누구에게라도 고통을 주는 것은 적절치 못하나니—그 사람이 크든 작든, 믿는 자이든 믿지 않는 자이든— 선 속에서 안식하는 자들에게만 안식을 주는 것은 (합당치 아니하다). 어떤 이들은 편히 산 자에게 위로를 주는 것이 이롭다는 것을 발견한다. 선행을 하는 자는 그런 자들에게 위로를 줄 수 없나니, 그것이 그의 뜻에 어긋나기 때문이다. 그러나 그는 그들을 괴롭히지 않으므로 고통을 줄 수 없다. 분명히 편하게 사는 자들은 때때로 사람들을 괴롭힌다 — 그가 그것을 의도해서가 아니라, 그들의 고통에 책임이 있는 것은 그들 자신의 사악함이다. (완전한 인간의) 특질을 소유하고 있는 자는 선을 기뻐한다. 그러나 어떤 자들은 이 모든 것에 의해 끔찍한 고통을 당하느니라.

(119) 아들이나 노예나 가축이나 개나 돼지나 옥수수〔나〕 보리나 왕겨나 풀이나 피마자유나 고기나 상수리나 간에 생각할 수 있는 모든 것을 가지고 있는 집주인이 있었다. 〔그런데 그는〕 지각 있는 자라서 각자의 음식이 무엇인지를 알았다. 그는 자녀들에게는 밥〔과 고기를〕 주었다. 그는 노예들에게는 피마유〔와〕 곡식 가루를 주었다. 그리고 그는 가축에게는 〔보리〕와 왕겨와 풀을 〔던져 주었다〕. 그는 개들에게

는 뼈다귀를 던져 주었고, 돼지에게는 도토리와 빵 조각을 던져 주었다. 하나님의 제자와 비교해 보라. 그가 지각 있는 자라면 그는 제자됨이 무엇인지 완전히 이해한다. 육체의 형상들이 그를 속이지 못하리니, 그는 각 사람의 영혼의 상태를 보고 그와 이야기할 것이다. 세상에는 인간의 형상을 한 짐승들이 많이 있다. 그는 그들을 알아보고, 돼지에게는 도토리를 던져 주고, 가축들에게는 보리와 왕겨와 풀을 던져 주며, 개들에게는 뼈다귀를 던져 줄 것이다. 그는 노예들에게는 기본적인 학습만을 시키고, 자녀들에게는 완전한 교육을 시킬 것이다.

(120) 사람의 아들이 있고, 사람의 아들의 아들이 있다. 주님은 사람의 아들이시며, 사람의 아들의 아들은 사람의 아들을 통해 창조된 자이다. 사람의 아들은 하나님에게 창조력을 받았다. 그에게는 또한 낳는 능력이 있다.

(121) 창조하는 능력을 받은 자는 피조물이다. 낳는 능력을 받은 자는 누군가에게서 태어난 자이다. 창조하는 자는 낳을 수 없다. 낳는 자도 창조력이 없다. 그런데 그들은 "창조하는 자가 낳는다"고 말한다. 그러나 그의 이른바 "자손"은 단지 피조물일 뿐이다. 〔그러므로〕 그의 자녀들은 자손들이 아니라 〔피조물들〕이다. 그는 무언가를 공개적으로 창조하는 자이니 보이는 자이다. 낳는 자는 〔은밀히〕 낳으므로 숨기운 자이니, 〔그는 모든〕 형상〔보다 뛰어나기 때문이다〕. 창조하는 자는 드러내 놓고 〔창조한다〕. 그러나 낳는 자는 아이들을 은밀하게 〔낳는다〕. 남편과 아내가 언제 서로 관계를 맺는지는 그 두 사람 외에는 아무도 〔알 수 없을 것이다〕. 실로 세상에서는 결혼이 아내를 취한 자들에게 신비이다. 오염된 결혼에 감추어진 특성이 있다면, 순수한 결혼은 얼마나 더 진실한 신비이리요! 그것은 육체적인 것이 아니라 순수하다. 그것은 욕망에 속한 것이 아니라 의지에 속한 것이다. 그것은 어

둠이나 밤에 속한 것이 아니라, 낮과 빛에 속한 것이다. 결혼이 대중에게 공개된 것이라면 그것은 매음이요, 신부는 다른 남자에 의해 임신할 때 창녀 역할을 하는 것일 뿐 아니라, 그녀는 침실에서 벗어나 남에게 보이기까지 한다. 그녀가 오직 그녀의 아버지와 그녀의 어머니와 그녀의 신랑 친구와 신랑의 아들들에게만 보이게 하라. 이들은 매일 신방에 들어가는 것이 허락되었다. 그러나 다른 자들은 단지 그녀의 목소리만을 듣고, 그녀의 기름 부음을 즐거워하게 하며, 개들처럼 식탁에서 떨어지는 음식 부스러기를 먹게 하라. 신랑과 신부는 신방에 속하느니라. 〔하나가〕 하나가 〔되지〕 않는 한, 아무도 신랑이 신부와 함께 있는 것을 볼 수 없으리라.

(122) 아브라함이 〔...〕했을 때 그는 보아야 할 것을 보았으며, 포피(包皮)의 살을 벗겨 할례(割禮)를 함으로써, 우리에게 육체는 파괴되어야 한다는 것을 가르쳐 주었다.

세상에 있는 〔대부분의 것은〕 그 〔내부의 것이〕 감춰져 있는 한 똑바로 서서 살아간다. 〔만일 그것들이 드러난다면〕 그들은 죽나니, 눈에 보이는 사람이 그 예이다. 즉, 인간의 내장이 감춰져 있는 〔한〕 그 사람은 살아 있다. 그러나 그의 내장이 드러나 그의 몸 밖으로 나오면 그 사람은 죽을 것이다. 나무도 마찬가지이다. 그 뿌리가 감춰져 있으면 싹이 나고 자라난다. 만약 그 뿌리가 드러나면 그 나무는 말라버린다. 세상에 있는 모든 것이 그러하니, 드러난 것이나 숨겨져 있는 것이나 마찬가지이다. 악의 뿌리가 감춰져 있는 한 그것은 힘이 있다. 그러나 그것을 인식하게 되면 그것은 사라진다. 그것이 드러날 때 죽어버리는 것이다. 이것이 "이미 도끼가 나무뿌리에 놓여 있다"(마태복음 3:10)고 말하는 이유이다. 그것은 잘리울 뿐 아니라―자른 것은 다시 싹이 난다― 도끼가 뿌리를 파내기까지 깊이 파고 들어간다. 예수께서는 모든 곳의 뿌리를 끌어내셨으나, 다른 이들은 겨우 부분적으로만 그리했다. 우리에 관해 말하자면 우리는 각자 자신 안에 있는 악의 뿌리를 찾아 파고 들어가서 우리 마음에서 그것을 뿌리째 뽑아내자. 우리가 그것을 인식하면 그것은 뿌리 뽑힐 것이다. 그러나 만일 우리가 그것에 대해 모르고 있으면, 그것은 우리 안에 뿌리를 내려 우리 마음속에서 열매를 맺는다. 그것은 우리를 지배한다. 우리는 그것의 노예들이다. 그것은 우리를 사로잡아 우리가 원치〔않는〕것을 하게 하고, 우리는 원하는 것을 하지〔못〕한다. 그것은 우리가 인식하지 못하기 때문에 강력한 것이다. 그것이 존재하는 동안 그것은 활동한다. 무지는〔만악〕(萬惡)의 어머니이다. 무지는 결국〔죽음이〕되나니,〔무지〕에서 나온 것들은 과거에도 존재하지 않았고, 지금도〔존재하지〕않으며, 앞으로도 존재하지 않을 것이기 때문이다.〔그러나 진리 안에 있는 자들은〕모든 진리가 드러날 때 완전해질 것이다. 진리는 무지와 마찬가지이니, 그것이 감추어져 있는 동안에는 자신 안에서 안식하지만, 그것이 드러나 인식되면 그것은 무지와 오류보다 강하기 때문에 찬양받는다. 그것은 자유를 준다. "너희가 진리를 알면, 진리가 너희를 자유케 하리라"(요한복음 8:32)고 말씀하셨다. 무지는 노예이다. 지식은 자유이다. 만일 우리가 진리를 알면 우리는 우리 안에서 진리의 열매를 보게 될 것이다. 만일 우리가 그것과 결합되어 있으면 우리는 우리의 완성을 볼 것이다.

(123) 현재 우리는 피조세계의 나타난 것들을 가지고 있다. 우리는 "높이 존경받는 자들은 강한 자들이다. 경멸받는 약한 자들은 어두운 자들이다"라고 말한다. 진리의 드러난 것들과 비교해 보라. 그것들은 약하고 경멸받지만, 감추어진 것들은 강하고 높이 존경받는다. 상징과 비유를 통해서이기는 하지만, 진리의 신비는 드러나 있다. 그러나

신방은 숨겨져 있다. 그것은 성소 속의 성소이다.

(124) 먼저 휘장이 하나님이 피조세계를 어떻게 통제하시는지 가리고 있으나, 그 휘장이 찢어지고 그 안에 있는 것들이 드러날 때 이 집은 황폐해지거나〔파괴될〕것이다. 그러나 열등한 신성 전체는 이러한 곳들〔로부터〕지성소 속으로 도피하지 않을 것이니, 그것은 순수한 〔빛〕과〔흠 없는〕완성과 섞일 수 없을 것이며, 십자가의 날개와 그 팔들 아래에 있을 것이다. 홍수가 그들을 덮칠 때 이 방주는〔그〕구원이 될 것이다. 어떤 이들이 제사장의 반열에 속하면, 그들은 대제사장과 함께 그 휘장 안으로 들어갈 수 있을 것이다. 이러한 이유로 그 휘장이 오직 꼭대기만 찢어지지 않았나니, 그것은 위에 속한 자들에게만 열려 있었을 것이기 때문이다. 그것은 바닥 부분만 찢어지지도 않았으니, 그것이 아래에 속한 자들에게만 열려 있었을 것이기 때문이다. 그것은 위에서 아래까지 찢어졌다. 우리가 진리의 비밀 속으로 들어갈 수 있도록 위의 것들이 아래에 있는 우리에게 열렸다. 이것은 참으로 고귀한 것이니, 그것이 강하기 때문이다! 그러나 우리는 낮은 상징들과 연약한 형상들을 통해 거기 들어갈 것이다. 거기에는 영광을 능가하는 영광이 있다. 거기에는 권능을 능가하는 권능이 있다. 그러므로 진리의 숨겨진 일들과 함께 완전한 일들이 우리에게 열렸다. 지성소가 나타났으며, 신방이 우리에게 들어오라고 초대했다. 숨겨져 있는 한 악은 진실로 무력하지만, 그것은 성령의 씨앗 가운데에서 제거되었다. 그들은 악의 노예들이다. 그러나 그것이 드러났을 때 완전한 빛이 모든 이들에게 흘러나올 것이다. 그리고 그 안에 있는 모든 이는〔성유를 받을〕것이다. 그때 노예들은 자유로워지〔고〕, 포로들은 몸값을 치르고 풀려날 것이다.

(125) "하늘에 계신 내 아버지께서 심지〔않으신〕것은〔모두〕뽑히

〔리라〕"(마태복음 15:13). 분리되어 있는 자들이 하나가 되〔고〕 충만해질 것이다. 신방에 〔들어가는〕 모든 이가 〔불〕을 켜리니, 〔결혼은〕 밤에 이루어지지〔만, 다들 구경하는〕 결혼식에서처럼 〔그것이 타오르기〕 때문이다. 그 불은 밤에만 〔타고〕 꺼진다. 그러나 이 결혼의 신비는 오히려 낮과 밤에 완전해진다. 낮도 그 빛도 사라지지 않는다.

(126) 어떤 사람이 신방의 아들이 되면 그는 빛을 받으리라. 그가 이 장소들에 있는 동안 그것을 받지 않으면 그는 다른 곳에서 그것을 받을 수 없다. 그 빛을 받는 자는 보이지도 않고 속박될 수도 없으리라. 그가 세상에 거할지라도 아무도 그 사람을 괴롭힐 수 없으리라. 또 그가 세상을 떠날 때 그는 이미 형상들 속에서 진리를 받았느니라. 세상은 에온이 되었나니, 그 에온은 그에게 충만이니라. 이것이 그것이 존재하는 방식이니, 그것은 어둠이나 밤에 감추어져 있지 않고, 완전한 낮과 거룩한 빛 속에 숨겨진 채 그에게만 나타났다.

빌립에 따른

복음

아르콘들의 본질
(II, 4)

해제

「아르콘들의 본질」은 익명의 저자의 글로, 창세기 1장에서 6장을 밀교적인 방법으로 해석한 것인데 부분적으로는 천사와 질문자의 대화 형태로 구성되어 있다. 이 글은 광범한 헬레니즘적 혼합주의를 보여 주지만, 가장 분명한 구성 요소는 유대교적인 것이다. 그러나 현재의 형태에서「아르콘들의 본질」은 분명히 그리스도교적인 특성을 보여 주므로 그리스도교적인 글이라고 할 수 있다. 이 글의 신학적 관점은 분명히 영지주의인데, 여기에는 분파적 관점이 깊이 배어 있다. 이 글은 원래는 그리스어로, 아마도 이집트에서 씌었을 것이다. 저작연대는 알 수 없지만 몇 가지 증거로 보아 서기 3세기의 것으로 추정된다. 흥미 있는 것은 이 글과「세상의 기원」(II, 5)의 병행 구절을 살펴보면 두 글 사이에는 어떤 밀접한 관계가 있는 것으로 보인다는 점이다.

「아르콘들의 본질」은 "위대한 사도" 바울의 말을 인용하여 간략한 서론을 쓰고 나서 신화적인 이야기를 전개한다. 이 신화적인 드라마의 주요 등장인물 중에는 눈먼 지배자 사마엘(Samael)이 나오는데, 그는 사클라(Sakla, '바보'), 얄다바오트(Yaldabaoth)라고도 하며, 신성을 모독하는 자이다. 또 여기에는 강도 같은 지배자들의 허를 찔러 아담을 일으켜 세우는 영적인 여인과 지배자들이 먹지 말라고 금지한 열매를 아담과 이브에게 먹도록 하는 "교사"인 뱀과 성품이 순수하고 지식에서 뛰어난 처녀인 이브의 딸 노레아가 나온다. 다음에는 초점이 다소 바뀌어 중심무대에 위대한 천사 엘렐레트(Eleleth)가 나오는데, 그는 노레아에게 아르콘적인 권능들의 기원과 운명에 대해 계시한다.

「아르콘들의 본질」은 제목이 보여 주는 것처럼 권세를 가진 지배자들의 본질을 밝힌다. 아르콘들은 모두 단순히 가상이나 상상의 권능들이 아니라 참으로 현실적인 존재라는 것이다. 이 지배자들은 실제로 존재한다. 이것은 그리스도교 영지주의자들에게 냉혹한 현실이다. 그러나 이 글이 약속하고 있듯이, 그리스도교 영지주의자들은 희망을 가질 수 있다. 그들의 영적인 본질이 아르콘들보다 더 오래 갈 것이며, 그들의 천상의 운명이 더 영광스러울 것이기 때문이다. 마침내 지배자들은 멸망하고, 빛의 자녀들인 영지주의자들은 아버지를 알고 그분을 찬양할 것이다.

아르콘들의 본질

II 86:20-97:23

권위들의 본질에 대하여는 진리의 아버지의 영에 의해 (영감을 받아), 위대한 사도께서—"흑암의 권세"(골로새서 1:13)에 대해 말씀하시면서— 우리에게 말씀하시기를, "우리의 싸움은 혈(血)과 육(肉)에 대한 것이 아니요, … 이 어둠의 세상 주관자들과 악의 영들에 대한 것이라"(에베소서 6:12)고 하셨느니라. 네가 〔그〕 권위들〔의〕 본질에 대해 물으므로, 내가 이것을 (너에게) 보냈느니라.

그들의 우두머리는 눈먼 자이니라. 〔그의〕 권능과 그의 무지〔와 그의〕 교만〔때문에〕, 그는 자신의 〔권능〕을 가지고 말했느니라. "내가 바로 하나님이니라. 〔나 외에는〕 어떤 신도 없느니라."

그가 이렇게 말했을 때 그는 〔전체〕에 대해 죄를 지었느니라. 그의 말은 불멸에게까지 올라가 불멸에게서 한 목소리가 나왔느니라. 그것은 "사마엘, 너는 잘못을 범하고 있다"라고 말했으니, 사마엘은 "눈먼 자들의 신"이란 뜻이니라.

그의 생각들은 눈멀게 되었느니라. 그래서 그는 자기의 권능, 즉 그가 말한 신성모독을 몰아내고, 피스티스 소피아의 부추김을 받아 그것을 쫓아 자기 어머니인 카오스와 심연에까지 내려갔느니라. 그러자 그녀는 그의 자녀들 하나하나에게 그 권능에 맞게 자리를 정해 주었나니, 위에 있는 영역들의 모범에 따른 것이었느니라. 왜냐하면 눈에 보이는 세계는 눈에 보이지 않는 세계로부터 시작하여 발명된 것이기 때문이니라.

불멸이 물들의 영역 속을 들여다보았을 때 그녀의 형상이 그 물들 속에 나타났느니라. 그러자 어둠의 권위들이 그녀에게 반했느니라. 그러나 그들은 자신들의 연약함 때문에 물들 속에서 자신들에게 나타난 그 형상을 잡을 수 없었으니, 단지 혼만을 지닌 존재들은 영을 지닌 존재들을 잡을 수 없기 때문이니라. 그들은 아래에서 났고, 그것은 위에서 왔기 때문이니라.

이것이 "불멸이 그 영역을 들여다본" 이유이니, 아버지의 뜻에 따라 그녀가 전체의 빛과 연합하게 하려는 것이었느니라. 아르콘들은 계획을 세우고 이렇게 말했느니라. "오라, 우리가 땅의 흙으로 사람을 만들자." 그들은 자신들의 피조물을 순전히 흙으로 만들었느니라.

이제 아르콘들은 [...] 몸을 [...] 그들은 가지고 있나니 [...] 여성의 [...]이니라. [...]. 얼굴(들)을 [...] 짐승의 것 [...]이니라. [...]. 그들은 땅에서 약간의 [흙을] 취해 물들 속에서 [그들에게] 나타난 하나님의 형상과 자신들의 몸의 모양을 따라, 그들의 [인간]의 모양을 만들었느니라.

그들은 이렇게 말했더니라. "[오라], 우리가 만든 형상을 통해 그것을 붙잡아, 그것이 그것의 남성 상대자를 [...] 보게 [하자]. 그러면 우리가 만든 형상을 가지고 그것을 붙잡을 수 있으리라." 이는 그들이 무능하여 하나님의 능력을 이해하지 못한 것이니라. 그래서 그는 그의 얼굴에 숨을 불어 넣었느니라. 그러자 그 인간이 혼을 갖게 되었고, 여러 날 동안 땅 위에 (있었느니라). 그러나 그들은 능력이 없었으므로 그를 일어서게 할 수 없었느니라. 폭풍과 같이 그들은 (숨을 불어넣으면서), 자기들에게 물속에서 나타난 그 형상을 자기들이 잡을 수 있다고 고집했느니라. 그들은 그 권능의 정체를 알지 못했던 것이니라.

그런데 이 모든 (사건은) 아버지의 뜻에 따라 일어나게 된 것이니라. 그 후 영이 땅 위에 있는, 혼이 부여된 인간을 보았더니라. 그리고 그 영은 아다만틴의 땅에서 나왔느니라. 그 영은 아래로 내려와 그와 함께 머물렀느니라. 그러자 그 인간은 살아 있는 영혼이 되었느니라.

그 영은 그의 이름을 아담이라고 불렀나니, 이는 그가 땅 위에서 움직이는 것을 보았기 때문이니라. 한 목소리가 아담을 돕기 위해 불멸로부터 나왔느니라. 그러자 아르콘들이 땅의 모든 동물과 하늘의 모든 새를 모아 아담에게로 데려왔나니, 이는 아담이 그것들을 어떻게 부르는지 보려는 것이었느니라. 또 그가 각각의 새들과 모든 짐승에게 이름을 주게 하려는 것이었느니라. 그들은 아담을 데려다가 그를 동산에 두어 그가 〔그것을〕 경작하고 관리하게 했느니라. 그리고 아르콘들은 그에게 명령을 내렸느니라. "너는 동산에 있는 모든 나무에서 난 것은 먹어도 좋으니라. 그러나 선악을 알게 하는 나무〔에서〕 난 것은 먹지도 만지지도 말라. 왜냐하면 너희가 그것〔에서〕 난 것을 먹는 날 너희는 죽을 것임이니라."

그들은 이것을 〔…〕. 그들은 〔자기들이〕 그에게 〔말한〕 것을 이해하지 못하고 있느니라. 오히려 그들은 아버지의 뜻에 의해 이와 같이 말을 하여, 그가 (실제로) 먹도록 했으며, 아담이 순전히 물질적인 특성을 지닌 인간이 보는 것처럼 그들을 그렇게 보지 〈않도록〉 했느니라.

아르콘들은 서로 상의하여 말했느니라. "오라, 우리가 아담을 깊이 잠들게 하자." 그래서 그는 잠들었느니라—그런데 그들이 "아담에게 쏟아부어 그를 잠들게 한" 그 깊은 잠은 무지이니라— 그들은 살아 있는 여인과 같은 그의 옆구리를 열었느니라. 그리고 그들은 그녀의 자리에 얼마간의 살로 그의 옆구리를 채웠느니라. 그래서 아담은 혼만을 부여받게 되었더니라.

그런데 영을 부여받은 그 여인이 그에게 와서 이렇게 말했느니라. "아담, 일어나세요." 그래서 그가 그녀를 보았을 때 그는 말했느니라.

"나에게 생명을 준 이는 당신이오. 당신은 '살아 있는 것들의 어머니'라고 불릴 것이오. 그녀는 내 어머니시요. 의사이시고 여인이신 분, 태어남을 주신 분이 그녀이시요."

그때 권위들이 그들의 아담에게로 왔느니라. 그런데 그들이 그가 말하고 있는 여성 배우자를 보았을 때 그들은 크게 동요했느니라. 그리고 그들은 그녀에게 반했느니라. 그들은 서로 말했느니라. "오라, 우리가 그녀 안에 우리의 씨를 뿌리자." 그래서 그들은 그녀를 쫓아갔느니라. 그런데 그녀는 그들의 분별없음과 눈멂을 보고 그들을 비웃었느니라. 그리고 그들이 붙잡자 그녀는 나무가 되었으며, 그들 앞에 자신을 닮은 그림자를 남겨 놓았느니라. 그래서 그들은 〔그것을〕 부정하게 능욕했느니라. 그들은 그녀가 자신의 닮은꼴을 찍어 놓은 그 형상을 능욕하여 〔자기들〕 (자신의) 생각을 섞어 그 형상에 따라 만들었나니, 스스로 정죄받을 짓을 한 것이니라.

그때 여성인 영의 원리가 교사인 뱀에게 (들어)갔느니라. 그래서 그것이 〔그들을〕 가르쳤느니라. "그가 너희에게 뭐라고 〔말했느냐〕? '동산에 있는 모든 나무에서 난 것은 네가 먹어도 되지만, 선악을 알게 하는 〔나무〕에서 난 것은 먹지 말라'는 것이었느냐?"

육체를 지닌 여인이 말했느니라. "그는 '먹지 말라'고만 한 것이 아니라, '그것을 만지지도 말라. 너희가 그것에서 난 것을 먹는 날 너희는 죽으리라'라고 했나이다."

그러자 교사인 뱀이 말했느니라. "너희는 죽지 않으리라. 그가 너희에게 그렇게 말한 것은 질투 때문이니라. 오히려 너희의 눈이 열려, 너희는 선악을 아는 신들처럼 되리라." 그리고서 교사인 그 여성 원리는 뱀에게서 떠났느니라. 그녀는 그것을 단지 땅의 생물로 남겨두었느니라.

그래서 육체의 여인은 그 열매를 따 먹었느니라. 그리고 그녀는 자신이 먹었을 뿐 아니라 자신의 남편에게도 그것을 주었느니라. 그리고 오직 혼만을 소유한 이 존재들은 (그것을) 먹었느니라. 그러자 지식의 결여로 인한 그들의 불완전함이 분명해졌느니라. 그리고 그들은 자신들이 영적 요소를 박탈당했음을 깨달았고, 무화과 나뭇잎을 따서 그것을 허리에 둘렀느니라.

그때 우두머리 아르콘이 와서 말했느니라. "아담아, 네가 어디 있느냐?" 그는 무슨 일이 일어났는지 모르고 있었더니라.

그러자 아담이 말했느니라. "당신의 목소리를 듣고, 제가 벌거벗었으므로 두려워 숨었나이다."

그 아르콘이 말했느니라. "내가 너에게 그것만은 먹지 말라고 명한 나무 열매를 먹은 것이 아니라면 네가 왜 숨었느냐? 그러니 네가 그것을 먹은 것이로다."

아담이 말했느니라. "당신이 제게 주신 여자가 내게 〔줘서〕 먹었나이다." 그러자 그 교만한 아르콘이 여자를 저주했느니라.

여자가 말했느니라. "저를 유혹하여 그것을 먹게 한 것은 뱀이었나이다." 〔그들은(아르콘들은)〕 뱀에게 〔돌아서서〕 그것의 그림자를 저주했느니라. 그것이 자신들이 만든 것임을 알지 못했기 때문에 〔…〕 무력했느니라. 그날부터 뱀은 권위들의 저주 아래 있게 되었느니라. 완전한 인간이 오시기까지 그 저주는 뱀에게 임해 있었느니라.

그들은 아담에게 돌아서서, 그를 데려가 그의 아내와 함께 동산 밖으로 내쫓았느니라. 그들도 저주 아래 있어 축복을 받지 못했기 때문이니라.

더구나 그들은 인간을 크게 산란하게 만들고, 고역의 삶 속에 집어던져 인간이 세상일에 사로잡혀 성령에 헌신할 기회를 갖지 못하게 했느니라.

얼마 후 그녀는 그들의 아들인 카인을 낳았으며, 카인은 땅을 경작했느니라. 그 후 그가 자기 아내를 알았나니, 그녀가 다시 임신하여 아내를 낳았느니라. 아벨은 양떼를 치는 목동이었느니라. 카인은 밭의 곡식을 가지고 왔으나, 아벨은 자기 양떼 중에서 제물을 가지고 왔느니라. 그러나 그는 카인의 봉헌물은 받지 않았느니라. 그러자 육체에 사로잡힌 카인이 자기 동생 아벨을 쫓아갔느니라.

하나님이 카인에게 말했느니라. "네 동생 아벨이 어디 있느냐?"

그가 대답했느니라. "제가 제 아우를 지키는 자이나이까?"

하나님이 카인에게 말했느니라. "들어라! 네 동생의 핏소리가 내게까지 들려오고 있도다! 너는 네 입으로 죄를 지었으니 그것이 너에게 돌아가리라. 카인을 죽이는 자는 누구든지 일곱 배의 보복을 받겠지만, 너는 땅 위에서 신음하며 살리라."

그런데 아담이 자기 여성 배우자인 이브를 〔알았고〕, 그녀가 임신하여 아담에게 〔셋〕을 낳아 주었느니라. 그리고 그녀가 말했느니라. "내가 〔아벨〕 대신에 하나님을 통해 〔또 다른〕 사내애를 낳았도다."

이브가 다시 임신하여 〔노레아〕를 낳았느니라. 그녀가 말했느니라. "그가 인류의 여러 세대를 〔위한〕 도움이 되는 자로서 〔한〕 처녀를 〔내게〕 낳아 주었도다." 그녀는 권능들이 능욕하지 않은 처녀였느니라.

그때 인간이 증가하고 개선되기 시작했느니라.

아르콘들이 서로 의논하여 말했느니라. "오라, 우리가 우리 손으로 큰 홍수를 일으켜 인간에서부터 짐승에 이르기까지 모든 육체를 쓸어버리자."

그러나 권세들의 지배자가 그들의 결정을 알게 되었고 노아에게 말했느니라. "썩지 않는 나무로 방주를 만들어, 너와 네 자녀와 짐승들과 하늘의 새들을 작은 것에서부터 큰 것까지 모두 그 속에 숨겨 그것을 시르산에 두어라."

그때 오레아[1]가 그 방주를 타고 싶어 그에게 왔느니라. 그가 그녀의 청을 거절하자 그녀는 그 방주에 불을 질러 그것을 태워버렸느니라. 그는 두 번째로 그 방주를 다시 만들었느니라.

아르콘들이 그녀를 혼란에 빠뜨리려고 그녀에게로 갔느니라. 그들의 최고 우두머리가 그녀에게 말했느니라. "네 어머니 이브가 우리에게 왔느니라."

그러나 노레아는 그들에게 돌아서서 그들에게 말했느니라. "어둠의 지배자들은 당신들이라. 당신들은 저주받은 자들이라. 당신들은 내 어머니를 모르는도다. 당신들이 아는 건 당신들의 여성 배우자라. 나는 당신들 자식이 아니라. 내가 온 곳은 저 위의 세계로다."

거만한 아르콘은 온 힘을 다해 돌아섰느니라. 그의 얼굴은 흙빛처럼 새까매졌느니라. 〔…〕. 그가 파렴치하게도 그녀에게 말했느니라. "네 어미 이브가 〔그랬듯이〕, 너는 우리에게 봉사해야 되느니라. 왜냐하면 … 〔…〕."

그러나 노레아는 〔…〕의 힘으로 돌아서서 큰 소리로 만유의 하나님, 거룩하신 분께 소리쳤느니라. "저를 불의의 아르콘들에게서 구하소서. 저를 지금 당장 그들의 발톱에서 구하소서!"

〈위대한〉 천사가 하늘에서 내려와 그녀에게 말했느니라. "너는 왜 하나님께 소리치고 있느냐? 너는 왜 성령에게 그렇게 당돌하게 행동하느냐?"

노레아가 말했느니라. "당신은 누구시나이까?"

---

1 "노레아"를 잘못 쓴 것.

불의의 아르콘들이 그녀에게서 물러났느니라. 그가 말했느니라. "성령 앞에 서 있는 위대한 천사, 총명함인 엘렐레트가 바로 나이니라. 나는 너와 이야기를 나누고, 너를 무법자들의 손아귀에서 구하도록 보냄을 받았느니라. 그리고 나는 너의 뿌리에 대해 너에게 가르칠 것이니라."

그런데 그 천사에 대해 말하자면 나는 그의 능력에 대해 말할 수가 없도다. 그의 모습은 아름다운 금과 같고, 그의 옷은 눈과 같도다. 아니, 도무지 나의 입으로는 그의 능력과 그의 얼굴 모습을 감히 형용할 수가 없도다!

그 위대한 천사 엘렐레트가 내게 말했느니라. "명철(明哲)이 바로 나이니라. 나는 눈에 보이지 않으시는 위대한 영 앞에 서 있으며, 빛을 주는 네 명의 존재 중 하나이니라. 너는 이 아르콘들이 너에 대해 무슨 권능이라도 있다고 생각하느냐? 그들 중 아무도 진리의 뿌리를 이길 수 없느니라. 그렇기 때문에 그들은 마지막 시대에 (본문이 손상되어 있음) 나타난 것이니라. 그런데 이 권위들은 감금될 것이니라. 이 권위들은 너와 저 세대를 능욕할 수 없느니라. 왜냐하면, 너희의 거처는 불멸 속에 있으며, 거기는 처녀이신 영이 거하시나니, 그분은 혼돈의 권위들과 그들의 우주보다 뛰어나시기 때문이니라."

그러나 내가 말했느니라. "저에게 이 권위들〔의 능력〕에 대해 가르쳐 주소서. 그들은 〔어떻게〕 존재하게 되었고, 어떻게 태어났으며, 어떤 물질로 되어 있고, 누가 그들과 그들의 세력들을 만들었나이까?"

그러자 명철이신 위대한 천사 엘렐레트께서 내게 말씀하셨느니라. "가없는 영역 속에 불멸이 계시느니라. 피스티스라 불리는 소피아는 자신의 배우자 없이 무언가를 창조하기를 원했나니, 그녀가 낳은 것은 천상의 존재니라.

위 세계와 아래에 있는 영역들 사이에는 장막이 있느니라. 그리고 그 장막 아래에 그림자가 존재하게 되었느니라. 그리고 그 그림자가 물질이 되었느니라. 그리고 그 그림자가 따로 떨어져 투사되어 나갔더 니라. 그녀가 창조한 것이 유산된 태아처럼, 물질 속의 한 산물이 되었 느니라. 그래서 그것은 그림자로부터 형성된 유연성 있는 형상을 지녔 으며, 사자를 닮은 오만한 짐승이 되었느니라. 그것은 내가 이미 말한 대로 물질에서 나왔으므로 암수한몸이었느니라.

그는 눈을 뜨고 가없이 거대한 물질계를 보고는 교만해져서 말했느 니라. '내가 곧 하나님이니, 나 외에 다른 신은 없도다.'

그가 이 말을 했을 때 그는 전체에게 죄를 지은 것이니라. 그러자 절대적 권능의 영역 위에서 한 목소리가 나와서 말했느니라. '사마엘, 너는 잘못을 범하고 있다' ─ 이 말은 '눈먼 자들의 신'이라는 뜻이니라.

그러자 그가 말했느니라. '만일 다른 무엇이 내 앞에 존재한다면 내 게 모습을 보여라!' 그러자 즉시로 소피아가 그녀의 손가락을 내밀어 물질 속에 빛이 들어가게 했느니라. 그리고 그녀는 그것을 따라 혼돈 의 영역으로 내려갔느니라. 그리고 그녀는 자신의 빛으로 되돌아왔느 니라. 어둠은 다시 한번 물질이 〔…〕.

이 아르콘은 암수한몸이므로 스스로 거대한 영역을 만들었느니라. 그리고 그는 자신을 위해 일곱 자식을 창조했나니, 모두 부모와 같이 암수한몸이었느니라.

그가 그의 자식들에게 말했느니라. '만유의 하나님은 바로 나이 니라.'

그러자 피스티스 소피아의 딸인 조에[2]가 그에게 소리쳐 말했느니

---

2 zoē. 그리스어로 '생명'을 뜻하는 여성명사.

라. '사클라, 너는 잘못을 범하고 있다!' — 그의 다른 이름은 얄다바오트니라. 그녀는 그의 얼굴에 숨을 불어넣었으며, 그녀의 숨은 그녀를 위해 빛나는 천사가 되었느니라. 그리고 그 천사는 얄다바오트를 묶어, 심연 아래에 있는 타르타로스³ 속에 던져 넣었느니라.

그런데 그의 자식인 사바오트는 그 천사의 힘을 보고는 비탄해하며, 자기 아버지와 자기 어머니인 물질을 정죄했느니라.

그는 그녀를 너무도 싫어하였으나, 소피아와 그녀의 딸 조에에게 찬양의 노래를 불렀느니라. 소피아와 조에는 그를 잡아 올려, 그에게 위와 아래의 장막 밑에 있는 일곱 번째 하늘을 맡겼느니라. 그는 '세력들의 신 사바오트'라고 불렸느니라. 그가 카오스의 세력들 위로 올라갔나니, 소피아가 그를 거기 두었기 때문이니라.

그런데 이런 (일들)이 일어났을 때 그는 스스로 네 얼굴을 가진 케루빔⁴의 거대한 전차를 만들었으며, 무한히 많은 천사를 하인으로 일하게 했고, 또 하프와 칠현금을 만들었느니라.

그러자 소피아가 그녀의 딸 조에를 데려다 여덟 번째 (하늘)에 존재하는 것들에 대해 그를 가르치도록, 그녀를 그의 오른편에 앉혔느니라. 그리고 분노〔의〕 천사를 그의 왼편에 두었느니라. 그날〔부터〕, 〔그의 오른쪽〕은 생명이라 불렸고, 왼편은 위에 있는 절대 권능의 영역의 불의함을 나타내게 되었느니라. 그것은 그들보다 먼저 존재했느니라.

그런데 얄다바오트가 이 위대한 광휘 속에서 이 높은 곳에 있는 그를 보았을 때 그는 그를 질투했느니라. 그리고 그 질투는 암수한몸인 산출물이 되었느니라. 이것이 질투의 기원이니라. 그리고 질투는 죽

---

3 Tartaros. 명부(冥府)의 심연. 그리스 신화에서는 거인족인 타이탄들의 감옥.
⁴ cherub(복수는 cherubim). 지품천사(智品天使). 우리말 성경에는 '그룹'이라고 번역되어 있음.

음을 낳았느니라. 그리고 죽음이 그 자식들을 낳아 그들 각자에게 각각의 하늘을 맡겼느니라. 그래서 혼돈의 모든 하늘은 그들의 무리로 가득 차게 되었느니라.

그러나 그들 모두가―위에 있는 모든 것의 모범을 따라서― 존재하게 된 것은 전체의 아버지의 뜻에 의한 것이었으니, 혼돈의 모든 수가 차게 하기 위해서였느니라.

자, 나는 너에게 아르콘의 특성과 그것이 표현되어 있는 물질에 대해서 그리고 그들의 부모와 그들의 우주에 대해서 가르쳤느니라."

그래서 내가 말했느니라. "저도 물질에서 나왔나이까?" ― "너는 너의 자녀들과 함께 최초의 아버지에게서 나왔느니라. 그들의 영혼은 불멸의 빛으로부터, 위에서 왔느니라. 그러므로 그들 안에 있는 진리의 영 때문에 그 권위들은 그들에게 접근할 수 없느니라. 또 이 길을 안 모든 이는 죽어 가는 인류의 한복판에서도 죽음 없이 존재하느니라. 씨 뿌려진 그 요소는 지금은 아직 알려지지 않을 것이지만 세 세대가 지나면 알려질 것이며, 그것이 권위들의 오류의 굴레에서 그들을 자유케 할 것이니라."

그때 내가 말했느니라. "얼마나 더 오래 있어야 그렇게 되나이까?"

그분께서 내게 말씀하셨느니라. "만들어진 형상 속에 있는 참 인간이, 아버지께서 보내신 진리〔의 영의〕(존재)를 드러내는 순간이 되어야 비로소 그렇게 되리라.

그때 그분께서 모든 것에 대해 가르치시리라. 그분께서 지배받지 않는 세대로부터 그분에게 주어진 영원한 생명의 기름을 그에게 부으시리라. 그때 그들은 눈먼 생각에서 자유로워지리라. 그들은 권위들에게 속한 죽음을 발아래 밟으리라. 그들은 이 씨 뿌려진 요소가 속한 무한의 빛 속으로 상승해 가리라.

그때 그 권위들은 자기들의 시대들을 포기하리라. 그들의 천사들은 그것들이 파괴됨을 보고 슬피 울리라. 그들의 악마들은 그들의 죽음을 애통해하리라.

그때 모든 빛의 자녀는 진실로 진리와 자신들의 뿌리와 전체와 성령을 알리라. 그들은 모두 한 목소리로 말하리라. '아버지의 진리는 공정하시니, 그 아들이 전체를 다스리시도다.' 그리하여 세세토록 모든 이가 '거룩하시다, 거룩하시다, 거룩하시다! 아멘!' 하리라."

아르콘들의 본질

세상의 기원
(II, 5와 XIII, 2)

해제

　「세상의 기원」이라는 제목을 붙인 이 글은 제목이 없이 전해진 문서이다. 그러나 내용이 세상의 기원에 대해 말하고 있어서 학자들이 이러한 이름을 붙였다. 「세상의 기원」은 본질적인 영지주의 사상의 개요로, 대중들에게 영지주의 세계관을 설명하려고 쓴 것이다. 이 글의 사상이 우리에게 알려져 있는 어떤 영지주의 유파에게 속하는 것은 아니지만, 셋(Seth) 종파, 발렌티누스 종파, 마니교 종파에서 나타난 것과 비슷한 주제들이 발견된다. 그러므로 저자는 분명히 다양한 전승과 자료를 끌어 쓰고 있는 것이다. 예를 들면 「아르콘들의 본질」과 어떤 연관성이 있는 것은 분명한데 정확한 관계가 무엇인지는 알 수 없다.
　「세상의 기원」은 3세기 말이나 4세기 초에 알렉산드리아에서 작성되었을 가능성이 높다. 저작 장소와 날짜는 여러 종류의 자료를 함께 이용한 것을 통해 추측할 수 있다. 즉, 유대교의 여러 사상, 마니교적인 주제, 그리스도교적인 개념, 그리스적 또는 헬레니즘적인 철학적이고 신화적인 개념, 주술적이고 점성술적인 주제, 이집트 전승의 요소들 등을 보면 그리스어 원전이 작성된 곳이 알렉산드리아였을 것이라고 추측할 수 있다.

「세상의 기원」은 혼돈의 기원에 대한 철학적 논쟁을 다루는 것으로 글을 시작한 후 최초의 역사에 대해 세부 묘사로 나아간다. 세상의 창조에 대한 창세 이야기, 교만한 창조주인 얄다바오트의 처소, 점층적인 창조와 아담과 이브의 각성에 의한 범법(犯法) 등이 영지주의적 관점에서 묘사되어 있다. 아울러 지혜(피스티스 소피아와 소피아 조에), 복된 작은 영들, 로고스이자 구세주인 예수가 중요한 구원론적인 역할을 한다. 끝으로 승리를 뜻하는 파괴의 섬광 속에서 빛이 어둠을 이기고, 생명이 죽음을 이긴다.

「세상의 기원」은 몇 가지 측면에서 중요한 영지주의 문서이다. 이 글의 저자는 세상과 인간의 기원과 종말에 대해 꽤나 분명한 정보를 대중에게 제시하는데, 여기서 영지주의자인 저자의 사상과 방법론, 논점을 볼 수 있다. 나아가 이 글은 또한 그러한 저자가 다양한 특성을 지닌 여러 가지 자료를 영지주의의 선포를 위해 자유롭고 솜씨 있게 이용했음을 보여 준다.

세상의 기원

II 97:24-127:17

누구나―세상의 신들과 인간들이― 혼돈 이전에는 아무것도 존재하지 않았다고 말하므로, 나는〔그들이〕 모두 혼돈의 구조와 그 뿌리를 모르기 때문에 오류를 범했다는 것을 증명하려 하느니라. 여기〔그〕증거가〔있느니라〕.

만일 모든 사람이〔혼돈〕이 어둠이라는 것에〔동의한다〕면 그것은 그림자로부터 나온 것이니라. 그것은 어둠이라고 불렸느니라.

그러나 그 그림자는 태초부터 존재하는 어떤 것으로부터 나온 것이니라.

그러므로 그것(최초의 존재)은 혼돈이 존재하기 전에 존재했으며, 혼돈은 그 최초의 것 이후에 나왔다는 것이 분명하니라.

이제 진리에게로 그리고 또한 혼돈이 나온 그 최초의 존재에게로 들어가 보자. 그러면 진리에 대한 증명은 이런 방식으로 나타날 것이니라.

무한하신 분으로부터 불멸의 존재들의 특성이 완성되었을 때 "소피아"라고 하는 한 모습이 피스티스에게서 흘러나왔느니라. 〈그녀는〉최초로 존재한 빛과 같은 한 존재가 나타나게 하기를 바랐나니, 그녀의 바람이 즉시로 천상의 모습으로 나타났으며, 그것은 이해할 수 없는 위대함을 지니고 있었고, 불멸의 존재들과 그들 뒤에 나타난 자들 사이의 중간에 있으며, 위에 있는 것과 비슷하고, 인간과 위의 (영역)에 속하는 자들을 분리하는 장막이니라.

그런데 진리의 에온〈안에는〉그림자가 없나니, 그 안에는 어디나 불멸의 빛이 있기 때문이니라. 그러나 그 밖에는 그림자가 있느니라. 그것은 "어둠"이라고 불렸느니라. 그것(어둠) 안에서 한 권능이 어둠에 대한 (지배자로) 나타났느니라. 그리고 그 그림자(에 대해 말하자면), 그것들에 뒤이어 존재하게 된 권능들은 〈그것을〉 "무한의 혼돈"이라고 불렀느니라. 그리고 그것으로부터 [온갖] 종류의 신들이 나왔나니, [하나와] 다른 것과 온 장소가 나왔느니라. 결국 [그 그림자] 또한 나타난 그 최초의 존재 뒤에 나온 것이니라. 심연은 앞서 말한 피스티스에게서 나왔느니라.

그때 그 그림자는 자기보다 더 강한 자가 있음을 알았니라. 그것은 질투심에 사로잡혀 스스로 잉태하게 되어 즉시로 질투를 낳았느니라. 그날 이후 질투의 기원이 모든 에온과 그들의 세계들 속에 나타났느니라. 그러나 그 질투는 그 속에 영이 없는 조산아(早産兒)임이 드러났느니라. 그것은 큰 물의 존재 속에서 그림자와 같이 나타났느니라.

그때 그 그림자로부터 존재하게 된 쓰라린 분노가 혼돈의 영역에 던져졌느니라. 그날 이후 물로 된 〈한〉 존재가 나타났나니, 즉 그것(그림자) 안에 〈갇혀 있던〉 것이 흘러나와 혼돈 속에 나타났느니라. 어린아이를 낳는 자의 쓸모없는 태(胎)가 떨어짐 같이, 그 그림자로부터 존재하게 된 물질은 옆으로 던져졌느니라. 그것은 혼돈으로부터 나오지 않았고, 물질은 혼돈 속에 있었으며, 그것의 한 부분 속에 (존재하고 있느니라).

그런데 이러한 일들이 일어난 후 피스티스가 와서, 〈그〉 속에 영이 없으므로 조산아와 같이 버림받은 혼돈의 물질 위에 나타났느니라. 그 모든 것은 무한한 어둠이고 밑바닥 없는 심연의 물이기 때문이니라. 그리고 피스티스가 자신의 결핍으로부터 존재하게 된 그것을 보았을 때 그녀는 동요했느니라. 그리고 그 동요는 무시무시한 존재로 나타났느니라. 그리고 그것은 혼돈 속에 〔거하기 위해〕 도망쳤느니라. 그때 그녀는 그것에게로 향해서, 모든 하늘 아래에 〔있는〕 심연 속의 그 얼굴에 〔숨을 불어넣었느니라〕.

그런데 피스티스 소피아가 영이 없는 자로 하여금 한 모습의 유형을 받아 물질과 그 모든 권능을 지배하게 하려고 했을 때 그 물들 속에서 한 지배자가 처음으로 나타났나니, 그 모습은 사자 같고 자웅동체이며, 자신 안에 큰 권위를 지니고 있었으나, 자기가 어디로부터 존재하게 되었는지는 알지 못했느니라.

그런데 피스티스 소피아는 그가 물들의 심연 속에서 움직이는 것을 보고는 그에게 "오, 젊은이여, 이쪽으로 건너오너라" 하고 말했는데, 이 말이 "얄다바오트"의 뜻이니라. 그날 이후 신들과 천사들과 인간들에 대해 말한 말씀의 최초의 원리가 나타났느니라. 그리고 그 신들과 천사들과 인간들은 말씀을 통해 존재하게 된 것을 이루고 있느니라. 더구나 지배자 얄다바오트는 피스티스의 권능에 대해 무지하니라. 그는 그녀의 얼굴을 보지 못했으나, 자기에게 이야기한 그 모습만을 물 속에서 보았느니라. 그리고 그 목소리로 인해 그는 자신을 "얄다바오트"라고 불렀느니라. 그러나 완전한 존재들은 그를 "아리아엘"이라고 불렀나니, 이는 그가 사자 모습을 하고 있었기 때문이니라. 그리고 이 존재가 물질에 대한 권위를 소유하게 된 이후에 피스티스 소피아는 물러나 자신의 빛에게로 올라갔느니라.

그 지배자가 자신의 위대함을 보았을 때—그는 자기 자신만을 보았으며, 물과 어둠 외에 다른 존재를 보지 못했느니라— 그는 〔자신〕만이 존재한다고 생각했느니라. 그의 〔생각〕은 그 말씀을 통해 완전해〔졌고〕, 그것은 물 위를 이리저리 움직이는 영으로 나타났느니라. 그런데 그 영이 나타났을 때 그 지배자는 젖은 실체를 한 영역으로 분리시켰고, 마른 (실체)를 다른 영역으로 분리시켰느니라. 그리고 (하나의) 물질에서 그는 자신을 위한 거처를 만들었느니라. 그는 그것을 "하늘"이라고 불렀느니라. 그리고 (다른) 물질에서 그 지배자는 발등상을 만들었느니라. 그는 그것을 "땅"이라고 불렀느니라.

그 후 그 지배자는 자신의 특성 속에서 생각을 하고는, 말의 힘으로 자웅동체 하나를 창조했느니라. 그는 입을 열어 스스로에게 뿜냈느니라. 그의 눈이 열렸을 때 그는 그의 아버지를 보고는 그에게 "이"라고 말했느니라. 그의 아버지는 그를 "야오"라고 불렀느니라. 그는 다시 두 번째 아들을 창조하고는 자랑스러워했느니라. 그는 눈을 뜨고는 자기 아버지에게 "에"라고 말했느니라. 그의 아버지는 그를 "엘로아이"라고 불렀느니라. 그는 다시 셋째 아들을 창조하고는 자랑스러워했느니라. 그는 눈을 뜨고는 그의 아버지에게 "아스"라고 말했느니라. 그의 아버지는 그를 "아스타파이오스"라고 불렀느니라. 이들이 그의 아버지의 세 아들이니라.

혼돈 속에서 일곱 존재가 자웅동체로 나타났느니라. 그들은 남성 이름과 여성 이름을 가지고 있었느니라. (얄다바오트의) 여성 이름은 프로노이아 삼바타스, 즉 헵도마드[1]이니라. "야오"라고 불린 그의 아들의 여성 이름은 "주권"이니라. 사바오트의 여성 이름은 "신성"이었느니라. 아도나이오스의 여성 이름은 "왕권"이니라. 엘로아이오스의 여성 이름은 "질투"이니라. 오라이오스의 여성 이름은 〔"부요함"〕이니라. 아스타파이오스의 〔여성〕 이름은 "소피아"니라. 이들이 혼돈의 일곱 하늘의 〔일곱〕 권능이니라. 그런데 그들은 자기들보다 먼저 존재했던 죽음이 없는 유형에 따라 그리고 피스티스의 뜻에 따라 자웅동체로

---

1 일곱으로 이루어진 하나의 존재.

존재하게 되었나니, 처음부터 존재하시는 분의 모습이 마지막까지 지배하게 하려는 것이었느니라.

너희는 「예언자 모세의 대천사론」[2]에서 이 이름들의 기능과 남성 권능을 발견할 것이니라. 그러나 여성 이름들은 「노라이아의 첫 번째 책」[3]에 나오느니라.

그런데 최초의 아버지인 얄다바오트는 큰 권능을 지니고 있었으므로, 그는 말의 힘으로 자기 아들 각각을 위해 거처로서 아름다운 하늘들을 창조했으며, 각각의 하늘을 위해 (지상의 영광보다) 일곱 배나 정교한 큰 영광들과 보좌들과 거처들과 성전들과 전차들과 보이지 않는 (영역)을 올려다〈보고 있는〉 영적인 처녀들과 그들의 영광들을 만들었나니, 그들 각자는 자신의 하늘 속에서 이것들을 지니게 되었으며, (또) 얄다바오트는 그들을 섬기도록 신적인 권능들과 천사의 권능들과 대천사의 권능들의 군대를 셀 수도 없이 만들었느니라.

너희는 이러한 일에 관한 기록이 「노라이아의 첫 번째 로고스」[4]에 정확하게 씌어 있는 것을 볼 수 있을 것이니라.

그것들은 소피아에게 속하는 여섯 번째 하늘에 이르기까지 이런 식으로 완성되었느니라. 그런데 하늘과 땅은 그들 모두의 아래에 있는 말썽꾼에 의해 뒤집혔느니라. 그래서 여섯 하늘은 떨었느니라. 혼돈의 권능들은 자기들 아래에서 하늘을 파괴하는 자가 누구인지 몰랐기 때문이니라. 그리고 피스티스가 그 말썽꾼의 경멸을 알았을 때 그녀는 자신의 숨을 보내어 〔그를 묶어〕 타르타로스에게로 던져버렸느니라.

그〔날 이후〕 그들 모두의 아래에 있는 자인 얄다바오트의 소피아를

---

[2] *the Archangelikē of Moses the Prophet.*
[3] *the First Book of Noraia.*
[4] *the First Logos of Noraia.*

통해 하늘은 땅과 함께 견고해졌느니라. 그러나 하늘들과 권능들과 그들의 모든 정부(政府)가 바로 선 뒤에 그 최초의 아버지는 자신을 높여 천사들의 온 군대에게서 찬양을 받았느니라. 그리고 모든 〈신〉과 그들의 천사들이 그에게 찬양과 영광을 돌렸느니라. 그는 마음속으로 기뻐하며, 끊임없이 자랑하면서 그들에게 "나는 아무것도 필요치 아니하노라" 하고 말했느니라. 그는 "나는 하나님이니, 나 외에는 다른 이가 없느니라" 하고 말했느니라. 그러나 그가 이런 말을 했을 때 그는 모든 불후〈불멸의〉 존재에게 죄를 지었으나, 그들은 그를 보호했느니라. 더욱이 피스티스는 그 우두머리 지배자의 불경함을 보고 화가 났느니라. 그녀는 모습을 나타내지 않고서 "사마엘이여, 너는 틀렸느니라" (사마엘은 "눈먼 신"이란 뜻이니라). "깨달으신 불멸의 인간이 너보다 먼저 존재하시느니라. 이분이 네가 만든 몸들 속에 나타나시리라. 그분이 너를 발로 밟힌 토기장이의 진흙처럼 밟아버리시리라. 그리고 너는 너에게 속한 자들과 함께 너의 어미인 심연에게로 가리라. 진리 가운데 나타난 모든 결핍이 네 일의 종말 속에서 사라질 것이기 때문이니라. 그리고 그것이 끝날 것이며, 그것은 존재하지 않았던 것처럼 되리라." 피스티스는 이러한 말을 한 후 물속에 자신의 위대함의 모습을 나타냈느니라. 그리고 그녀는 물러나 자신의 빛에게로 올라갔느니라.

그러나 얄다바오트의 아들 사바오트는 피스티스의 목소리를 들었을 때 〔그녀를〕 경배했느니라. 〔그는〕 피스티스의 말로 인해 자기 아버지를 정죄했느니라. 〔그는〕 그녀가 그들에게 죽음이 없는 아버지와 그의 빛에 대해 알려 주었으므로 그녀를 찬양했느니라. 그때 피스티스 소피아가 그녀의 손가락을 뻗어, 그가 자기 아버지를 정죄한 것으로 인해 그녀의 빛으로부터 그에게 빛을 쏟아부었느니라. 나아가 사바오트는 빛을 받았을 때 혼돈의 모든 권능에 대항해 큰 권위를 받았느니

라. 그날 이후 그는 "권능들의 주님"이라고 불렸느니라. 그는 그의 아버지인 어둠과 그의 어머니인 심연을 미워했느니라. 그는 최초의 아버지의 생각이며, 물 위에서 이리저리 움직이는 자인 그의 누이를 몹시 싫어했느니라.

그런데 그의 빛으로 인해 혼돈의 모든 권위는 그를 질투했느니라. 그래서 그들이 동요했을 때 그들은 일곱 하늘에서 큰 전쟁을 일으켰느니라. 피스티스가 그 전쟁을 보았을 때 그녀는 자신의 빛으로부터 일곱 명의 대천사를 사바오트에게 보냈느니라. 그들은 그를 낚아채서 일곱 번째 하늘로 데려갔느니라. 그들은 그 앞에서 종으로 서 있었느니라. 나아가 그녀는 그에게 다른 일곱 명의 대천사를 보냈느니라. 그녀는 그가 혼돈의 열두 신 위에 있도록 하기 위해, 모든 자 위에 그를 위한 왕국을 세웠느니라.

그러나 사바오트가 자신의 참회로 인해 안식처를 받았을 때 피스티스는 그에게 위대한 권위를 지닌 그녀의 딸 조에를 주었나니, 그녀가 여덟 번째 (하늘)에 존재하는 모든 것에 대해 그에게 알려 주도록 하려는 것이었느니라. 그런데 그는 권위를 지니고 있었으므로 그는 먼저 자신을 위한 거처를 창조했느니라. 그것은 매우 뛰어난 큰 장소였나니, 일곱 하늘[에] 존재하는 모든 것보다 일곱 배나 (위대했느니라).

그때 그의 거처 앞에, 그는 "케루빈"이라고 불리는 네 얼굴의 전차 위에 위대한 보좌를 하나 창조했느니라. 그런데 그 케루빈은 네 귀퉁이 각각에 여덟 형상을 지니고 있어—사자 형상들, 황소 형상들, 인간 형상들, 독수리 형상들— 그 모든 형상은 합하여 64형상을 이루었느니라. 그리고 일곱 명의 대천사가 그 앞에 섰느니라. 그는 여덟 번째로서 권위를 지니고 있었느니라. 그래서 모든 형상의 합계가 72가 되었느니라. 이 전차로부터 72명의 신이 유형을 받나니, 그들이 72개 민족의 언어를 다스리기 위해 유형을 받느니라. 그리고 그는 그 보좌 위에서 "세라핀"이라고 불리는 용의 모습을 한 다른 천사들 몇을 창조했나니, 그들은 그를 끊임없이 찬양하고 있느니라.

후에 그는 천사의 교회 하나를 창조했나니—수천수만이라 수를 셀 수 없으나 (그녀에게 속한 것이니라)— 여덟 번째에 있는 교회와 같으니라. 그리고 "이스라엘", 즉 "하나님을 보는 인간"이라고 불리며, (또) 여덟 번째 위에 있는 구세주와 같이 "예수 그리스도"라는 다른 이름을 가지고 있는 맏아들이 그의 오른쪽에서 뛰어난 보좌 위에 앉아 있느니라. 그러나 그의 왼쪽에는 거룩한 영의 처녀가 그를 찬양하며 보좌 위에 앉아 있느니라. 그리고 30명의 (다른 처녀가) 수금과 거문고〔와〕 나팔을 손에 〈들고〉 그를 찬양하고 있느니라. 그리고 천사들의 모든 군대가 그에게 영광을 돌리며 그를 찬양하고 있느니라. 그러나 그는 위대한 빛의 구름에 덮인 보좌 위에 앉아 있느니라. 그런데 그 구름 속에는 여덟 번째에 존재하는 모든 자에 대해 그를 가르치는 소피아 피스티스 외에는 그와 함께 있는 이가 아무도 없나니, 이는 그들이 창조되게 하려는 것이요, 그 왕국이 혼돈의 하늘들과 그들의 권능들의 종말 때까지 그를 위해 존속하게 하기 위해서이니라.

그런데 피스티스 소피아가 그를 어둠에서 분리시켰느니라. 그녀는 그를 그의 오른쪽으로 불렀느니라. 그러나 그녀는 최초의 아버지를 자신의 왼쪽에 남겨 두었느니라. 그날 이후 오른쪽은 "정의"라고 불렀으며, 왼쪽은 "불의"라고 불렀느니라. 더욱이 이로 인해 그들 모두는 정의의 회합의 질서를 받았으며, 불의는 〈그들의〉 피조물 전체 위에 서 있느니라.

더욱이 혼돈의 최초의 아버지가 그의 아들 사바오트를 보았을 때 그리고 자신이 (거하는) 혼돈의 모든 권위보다 훌륭하다는 것을 보았을 때 그는 그에 대해 질투했느니라. 그래서 그가 분노했을 때 그는 자기 (자신의) 죽음으로부터 죽음을 낳았느니라. 그것은 여섯 번째 하늘 위에 세워졌느니라. 사바오트는 그곳에서 데려가졌느니라. 이와 같이 하여 혼돈의 여섯 권위의 수가 완성되었느니라.

그때 죽음은 자웅동체였으므로 그는 그의 특성과 섞여 자웅동체인 일곱의 아들을 낳았느니라. 그 남성들의 이름은 이러하니 질투, 분노, 울음, 한숨, 슬픔, 애통, 눈물의 신음이니라. 그리고 여성의 이름들은 이러하니 분노, 탄식, 정욕, 한숨, 저주, 쓰라림, 수다이니라. 그들은 서로 교접하여 각자가 일곱을 낳았으므로, 자웅동체인 악마가 모두 49명이 되었느니라.

너희는 그들의 이름과 기능을 「솔로몬의 책」에서 볼 수 있을 것이니라.

그리고 이들에 대해서 사바오트와 함께 존재하는 조에[5]는 자동동체인 선한 일곱 권능을 창조했느니라. 남성들의 이름은 이러하니 질투하지 않는 자, 복된 자, 즐거움, 진실한 자, 시기하지 않는 자, 사랑스런 자, 믿을 수 있는 자니라. 그리고 여성들의 이름은 이러하니 평화, 기쁨, 즐김, 축복, 진리, 사랑, 믿음이니라. 그리고 선하고 순수한 많은 영들은 이들에게서 나왔느니라.

그러나 최초의 아버지는 물속에서 피스티스의 모습을 보았을 때 슬퍼했느니라. 특히 그가 그녀의 목소리를 들었을 때 그것은 물에서부터 그에게 소리친 그 최초의 목소리와 같았으며, 그가 이분이 자신의 이름을 부른 분임을 알았을 때 그는 자신의 범법에 대해 탄식하고 부끄러워했느니라. 그리고 깨달으신 불멸의 인간이 자기보다 먼저 존재하

---

[5] Zoē.

심을 알았을 때 그는 심히 동요했나니, 그가 모든 신과 천사에게 "나는 신이다. 나 외에는 다른 이가 없다"라고 말했기 때문이니라. 그는 혹시라도 그들이 다른 이가 자기보다 먼저 존재함을 알고 자기를 경멸할까 두려워했기 때문이니라. 그러나 그는 바보같이 그러한 정죄를 무시하고 제멋대로 행동했으며, "만일 누군가가 나보다 먼저 존재한다면 우리가 그 빛을 볼 수 있도록 나타나라"고 말했느니라. 그러자 보라, 즉시로 위에 있는 여덟 번째에서 〈한〉 빛이 나와서 지상의 모든 하늘을 통과해 지나갔느니라.

최초의 아버지는 그 빛이 빛날 때 그 아름다움을 보고는 경탄하고 심히 부끄러워했느니라. 그 빛이 나타났을 때 심히 경이로운 인간의 모습이 그 속에 나타났느니라. 그런데 최초의 아버지와 그와 함께 있는 프로노이아 외에는 아무도 그것을 보지 못했느니라. 그러나 그 빛은 하늘의 모든 권능에게 나타났느니라. 그러므로 그들은 그로 인해 모두 동요했느니라.

그런데 프로노이아가 그 천사를 보았을 때 그녀는 그에게 반해버렸느니라. 그러나 그는 그녀를 미워했나니, 그녀가 어둠 속에 있었음이니라. 더욱이 그녀는 그를 포옹하려 했으나 그럴 수 없었느니라. 그녀는 자기의 사랑을 멈출 수 없게 되자, 자기의 빛을 땅 위에 쏟아부었느니라. 그날로부터 그 천사는 "빛의 아담"이라고 불렸나니, 이 말은 "비춤을 받은 피로 된 (존재)"라고 해석할 수 있느니라. 그러자 땅이 그 거룩한 아다마스의 위로 펼쳐졌나니, 그것은 "거룩하고 강철 같은 땅"이라는 뜻이니라. 그때 모든 권위가 처녀의 피를 경배하기 시작했느니라. 그러자 땅이 그 처녀의 피로 인해 정화되었느니라. 그러나 특히 물이 최초의 아버지에게 물속에서 나타난 피스티스 소피아의 모습에 의해 정화되었느니라. 더욱이 그들이 "물들을 통하여"라고 말한 것은 그럴 만한 이유가 있는 것이었느니라. 거룩한 물은 모든 것에 생명을 주기 때문에 그것은 또한 모든 것을 정화하느니라.

최초의 피로부터 자웅동체인 에로스가 나타났느니라. 그의 남성적 특성은 히메로스[6]이니, 그는 빛에서 나온 불이기 때문이니라. 그와 함께 있는 그의 여성적 특성은 피의 영혼이니, 프로노이아의 실체에서 나왔느니라. 그는 매우 미남이었으며, 혼돈에 속한 모든 피조물 가운데 가장 사랑스러웠느니라. 그런데 모든 신과 천사가 에로스를 보았을 때 그들은 그에게 반해버렸느니라. 그러나 그가 그들 중에 나타났을 때 그는 그들에게 불을 붙였느니라. 저기 있는 하나의 등불과 하나의 빛으로부터 많은 등불에 불이 켜지나 그 등불이 줄어들지 않듯이, 에로스도 혼돈의 모든 피조물 속에 흩어졌으나 줄어들지 않았느니라. 에로스가 빛과 어둠의 중간점에서 나타나 천사들과 인간들의 한가운데에서 에로스의 교접이 이루어졌듯이, 최초의 관능적 쾌락이 지상에 싹텄느니라. 땅이 나온 〈뒤에 남자가 나왔고〉, 〈남자가 나온〉 뒤에 여자가 나왔으며, 여자가 나온 뒤에 혼인이 나왔고, 혼인이 나온 뒤에 재생산이 나왔으며, 재생산이 나온 뒤에 죽음이 나왔도다.

에로스가 나온 뒤 땅에 쏟아진 피에서 포도나무 싹이 났느니라. 그러므로 그것(포도주)을 마시는 자는 성교의 욕망이 생기느니라. 포도나무가 나온 뒤 땅에는 무화과나무와 석류나무가 다른 나무들과 함께 종류에 따라 싹이 나서, 권위들과 그들의 천사들의 씨앗으로부터 나온 그들의 씨앗을 그들 안에 지니게 되었느니라.

그때 정의가 아름다운 낙원을 창조했느니라. 그것은 달의 운행영역과 해의 운행영역 밖에 있는 비옥한 땅에 있으며, 그 땅은 동쪽 돌들

---

6 himeros. 그리스어로 '동경', '갈망'을 뜻함.

의 한가운데에 있느니라. 그런데 나무들 한가운데 욕망이 있나니, 그 나무들은 아름답고 키가 크기 때문이니라. 그리고 불멸의 생명나무는 하나님의 뜻에 의해 나타난 대로, 불멸의 성자들에게 생명을 주기 위해 낙원 북쪽에 있나니, 그 성자들은 에온의 완성 〈때에〉 빈궁함으로 만들어진 몸들로부터 나올 것이니라. 그런데 생명나무의 색깔은 태양과 같고, 그 가지는 아름다우니라. 그 잎은 삼나무 잎과 같으니라. 그 열매는 흰 포도송이 같으니라. 그 높이는 하늘에까지 닿느니라. 그리고 그 곁에는 지식의 나무가 있는데, 하나님의 권능을 지니고 있느니라. 그 영광은 달과 같아서 찬란하게 빛나느니라. 그리고 그 가지는 아름다우니라. 그 잎은 무화과 잎과 같으니라. 그 열매는 실하고 거대한 대추야자 같으니라. 이것은 악마들의 어리석음으로부터 영혼들을 끌어올리기 위해 낙원 북쪽에 있나니, 그들이 생명나무에 와서 그 열매를 먹고 권위들과 그들의 천사들을 비난하도록 하려는 것이니라.

이 나무의 공적에 대해서는 「거룩한 책」에 (다음과 같이) 쓰여 있느니라.

"너는 낙원에 있는
생명나무이니,
첫 인간이 네 열매를 먹자,
그 눈을 열어 주어,
그가 자기 동류를 사랑하고
다른 낯선 모습들을 비난하며
그들을 싫어하게 되었도다."

그런데 이런 일이 있은 후에 거기에 올리브 나무가 솟아났나니, 그것은 마지막 때에 나타날 정의의 왕들과 대제사장들을 정화시키려는 것이었느니라. 그런데 그 감람나무는 그들이 받〈을〉 기름 부음을 위해 첫 아담의 빛 속에 나타났느니라.

그러나 최초의 프시케(영혼)가 자신과 함께 있는 에로스를 사랑해서, 자신의 피를 그와 땅 위에 쏟아부었느니라. 그러자 그 피에서 장미꽃이 처음으로 가시덤불을 뚫고 땅에 싹을 틔웠나니, 들장미 속에 나타나도록 되어 있는 빛 속의 기쁨을 위해서였느니라. 이 일이 있은 후에 아름답고 향기로운 꽃들이 프로노이아의 딸들 중 각각의 처녀(의 피)로부터 (그) 종류에 따라 지상에 싹을 틔웠느니라. 이런 일들이 있은 후 모든 약초가 종류별로 땅에 솟아났으며, 권위들과 그들의 천사들의 씨앗을 갖게 되었느니라. 그 후 권위들이 물로부터 모든 종의 짐승과 파충류와 새를 종류별로 창조하여, 권위들과 그 천사들〈의〉 씨앗을 갖게 했느니라.

그러나 이러한 모든 (일이) 있기 전 그(빛의 아담)가 첫째 날에 나타났을 때 그는 땅에 이틀간 머물렀느니라. 그는 하늘에 있는 낮은 프로노이아를 떠나 자신의 빛에게로 올라가기 시작했느니라. 그러자 즉시로 어둠이 세상에 임했느니라. 그런데 낮은 하늘에 있는 소피아가 피스티스로부터 권위를 받기를 원했을 때 큰 발광체들과 모든 별을 창조하여 그것들을 하늘에 두었나니, 땅을 비추어 연대기적인 징표와 특별한 시간과 해(年)와 달과 낮과 밤과 초(秒) 등을 완전케 하기 위함이었느니라. 이리하여 하늘 위에 있는 모든 것의 질서가 잡혔느니라.

그런데 빛의 아담이 자신의 빛, 즉 여덟 번째로 들어가기를 원했을 때 그의 빛과 뒤섞인 궁핍함으로 인해 그럴 수가 없었느니라. 그러자 그는 자신을 위해 큰 에온을 창조하여, 그 에온 속에 여섯 에온과 그것들의 세계를 창조했나니, 모두 여섯이었고, 혼돈의 하늘들과 그것들의 세계들보다 일곱 배나 더 섬세한 것이니라. 그러나 이 모든 에온과 그들의 세계들은 무한한 (영역) 안에 존재하나니, 그것은 여덟 번째와 그 아래에 있는 혼돈 사이에 있으며, 그들은 빈궁함에 속하는 세계를 고려한 것이니라.

너희가 이러한 일들이 정리되어 있는 것을 알고자 한다면, 그것이 「예언자 히에랄라이아스의 일곱 우주」에 쓰여 있음을 볼 수 있을 것이니라.

그러나 빛의 아담이 물러나기 전에 그 권위들은 그를 혼돈 속에서 보았느니라. 그들은 최초의 아버지가 "나는 하나님이니라. 나 이전에는 아무도 없느니라" 하고 말했기 때문에 최초의 아버지를 비웃었느니라. 그들은 그에게로 가서 말했느니라. "그러하나이다. (그러나) 당신께서 그가 우리의 일을 파괴할 수 없게 하기를 원하신다면, 우리의 몸과 저 존재의 모습을 따라 흙으로 인간을 만들어, 그가 자신의 모습을 볼 때마다 그것을 사랑하게 되어 이 에온 내내 우리를 섬기도록 하사이다." 그런데 이 모든 일이 일어난 것은 피스티스의 선견지명에 의한 것이었나니, 인간이 자신의 모습을 마주하고 나타나 자신들의 만들어진 몸속으로부터 그것들을 비난하게 하려는 것이었느니라. 그래서 그들의 만들어진 몸은 빛에게 장벽이 되었느니라.

그때 권위들이 인간을 창조하는 데 (필요한) 지식을 받았느니라. 사바오트 곁에 있는 소피아 조에가 그것을 예감하고는 그들의 결정을 비웃었나니, 그들이 눈멀었으며―그들은 무지 속에서 자신들에게 거역하여 그를 창조한 것이니라― 자신들이 무슨 일을 하려는 것인지 알지 못하기 때문이니라. 이로 인해 그녀는 그들의 행위를 예견한 것이니라. 그녀는 그들이 만든 육체에게 어떻게 그들을 비난할 것인지 알려주기 위해 그녀 자신의 인간을 먼저 만들었느니라. 그리고 이런 방식으로 인간이 그들을 구원할 것이니라.

그런데 교사의 탄생은 이렇게 일어났느니라. 소피아가 빛을 한 방울 던졌을 때 그것은 물 위에 떠다녔느니라. 그러자 즉시로 자웅동체인 인간이 나타났느니라. 그 빛의 방울은 처음에 〈그것〉(물)을 여성의 몸으로 만들었느니라. 그 후 그것은 나타난 어머니 모습의 육체 속에서 형태를 취했으며, 12달 동안 스스로를 완성했느니라. 그리하여 자웅동체인 인간이 태어났나니, 그리스인들은 그를 "헤르마프로디테스"라고 불렀느니라. 그러나 히브리인들은 그의 어머니를 "생명의 이브", 즉 "생명의 교사"라고 불렀느니라. 그러나 그녀의 아들은 태어난 자이니, 주인이며—후에 권위들은 그를 "짐승"이라고 불렀느니라— 그들이 만든 육체들이 길을 잃게 하려는 것이었느니라. 그가 그들 모두보다 더 지혜로웠기 때문이니라. 이브는 최초의 처녀이니, 남편이 없었기 때문이니라. 그녀가 아이를 낳았을 때 그녀는 자신을 치유했느니라. 이로 인해 그녀가 이렇게 말했다고 전해지느니라.

"나는 내 어머니의 일부이며,
나는 내 어머니로다.
나는 여인이며,
나는 처녀로다.
나는 아이 밴 자로다.
나는 의사로다.
나는 산파로다.
내 남편은 나를 낳은 자요,
나는 그의 어미이며,
그는 내 아버지요 내 주님이로다.

그는 나의 능력이로다.
그는 자신이 원하는 것을 근거를 갖고 말하는도다.
나는 (아직도) 미성숙한 상태에 있으나,
나는 당당한 남자를 낳았도다."

그런데 이러한 일들은 사바오트와 그의 그리스도의 뜻에 의해, 권위들이 만든 육체들에게로 갈 영혼들에게 계시되었느니라. 그리고 이들에 관해서는 거룩한 목소리가 이렇게 말씀하셨느니라. "생육하고 번성하여 모든 피조물을 다스려라." 그리고 이들이 운명에 따라 최초의 아버지에게 사로잡힌 자들이니, 이리하여 그들은 그 에온이 완성되기 〈까지〉 만들어진 육체의 감옥에 갇혔느니라. 그런데 그때 최초의 아버지는 자신과 함께한 자들에게 인간에 관한 (그릇된) 개념을 주었느니라. 그래서 그들 각자는 땅의 배꼽 한가운데에 자기의 씨앗을 던졌느니라. 그날 이후 일곱 지배자는 인간을 만들었나니, 그의 몸은 그들의 몸과 같고, 그의 모습은 그들에게 나타난 인간과 같으니라. 그의 만들어진 몸은 (그들) 각자의 몫에 따라 존재하게 되었느니라. 그들의 우두머리는 인간의 머리와 골수를 창조했느니라. 후에 그는 자기보다 먼저 있던 자와 같은 모습으로 나타났느니라. 그는 살아 있는 인간이 되었나니, 아버지인 그는 자기보다 먼저 있던 자의 이름을 따라 "아담"이라고 불렸느니라.

그런데 아담이 완성된 후 그는 그를 그릇 속에 남겨 두었나니, 그가 조산아와 같은 형상을 하고 있었고, 그 안에 영혼이 없었음이니라. 그 우두머리 지배자가 피스티스의 말씀을 기억했을 때 그는 이러한 행위로 인해 혹시라도 인간이 자기가 만든 몸속으로 들어가 그것을 지배하지 않을까 두려워했느니라. 이로 인해 그는 자기가 만든 몸을 영혼 없이 40일 동안 내버려 두었느니라. 그리고 그는 물러나 그를 떠났느니라.

그러나 40일째 되는 날, 소피아 조에가 영혼이 없는 아담 속에 자기의 숨을 불어넣었느니라. 그는 땅 위에서 움직이기 시작했느니라. 그런데 그는 일어설 수가 없었느니라. 그런데 일곱 명의 지배자가 와서 그를 보았을 때 그들은 심히 동요했느니라. 그들은 그에게로 걸어가 그를 잡고는, 그(얄다바오트)가 그 속에 있는 숨에게 물었느니라. "너는 누구냐? 또 너는 어디서 여기로 왔느냐?" 그가 대답했느니라. "나는 너의 작품을 파괴하기 위해 (빛의) 인간의 권능을 통해 왔도다." ⟨...⟩ 그들이 이 말을 들었을 때 그들은 그를 찬양했나니, 그가 그들로 하여금 그들이 처해 있는 두려움과 근심에서 벗어나 안식하게 해 주었기 때문이니라. 그래서 그들은 그날을 "안식"이라고 불렀나니, 그들이 자기들의 고통에서 벗어나 안식했음이니라. 그리고 그들이 아담이 일어설 수 없음을 보았을 때 그들은 기뻤느니라. 그들은 그를 데려다가 낙원에 두고는 자기들의 하늘로 올라갔느니라.

그 안식의 날 이후 소피아는 영혼이 없는 아담을 일으켜 세우기 위해 "(생명의) 이브"라고 부르는 자신의 딸 조에를 보냈나니, 이는 그가 낳을 자들이 빛의 그릇들이 되게 하려는 것이었느니라. 이브는 자기와 같은 모습을 한 자가 내팽개쳐져 있는 것을 보고는 그에게 연민을 느껴 "아담, 살아나세요! 땅 위에서 일어서세요!" 하고 말했느니라. 그러자 그녀의 말은 즉시로 행위가 되었느니라. 아담은 일어나자마자 눈을 떴느니라. 그는 그녀를 보고는 "당신은 '살아 있는 자들의 어머니'라고 불리리니, 당신이 나에게 생명을 준 자이기 때문이로다" 하고 말했느니라.

그때 권위들이 자기들이 만든 몸이 살아나 일어섰다는 것을 전해

들었느니라. 그들은 심히 동요했느니라. 그들은 무슨 일이 일어났는지 보려고 일곱 명의 대천사를 보냈느니라. 그들은 아담에게로 갔느니라. 그들은 이브가 그와 이야기하고 있는 것을 보고는 서로 말했느니라. "이 (여성인) 빛의 존재는 무엇인가? 그녀는 진실로 빛 속에서 우리에게 나타난 그 모습과 같도다. 자, 그녀를 잡아서 우리의 씨앗을 그녀에게 뿌려, 그녀가 오염되어 자신의 빛에게로 올라가지 못하게 하고, 그녀가 낳은 자들이 우리를 섬기게 하자. 그러나 아담에게는 〈그녀가〉 우리에게서 나왔다고 말하여 그가 사실을 알지 못하게 하고, 마치 그녀가 그의 갈비에서 나온 것처럼 그가 잠잘 때 그에게 가르쳐서, 그녀는 섬기게 하고, 그가 그녀를 지배하게 하자."

그때 (그 생명의) 이브는 하나의 권능으로 존재했으므로 그들의 (그릇된) 의도를 비웃었느니라. 그녀는 그들의 눈을 어둡게 하고, 아담 곁에 은밀히 자기의 모습을 남겨 놓았느니라. 그녀는 생명나무에게로 들어가 거기 남아 있었느니라. 그러나 그들은 그녀를 따라가려고 (애를 썼느니라). 그녀는 그들에게 자신이 그 나무로 들어가 나무가 되었다고 계시했느니라. 그래서 〈그 눈먼 자들은〉 큰 두려움에 빠져서 도망갔느니라.

후에 그들은 혼수상태에서 깨어나 〔아담〕에게로 왔느니라. 〔그런데〕 그들이 그 안에 있는 그 (여인)의 모습을 보았을 때 그들은 그것이 진짜 이브인 줄로 생각하고는 괴로워했느니라. 그리고 그들은 제멋대로 행동했으며, 그녀에게로 가서 그녀를 잡아 자기들의 씨를 그녀에게 뿌렸느니라. 그들은 수많은 간계를 가지고 그렇게 했나니, 그녀를 자연적으로 더럽혔을 뿐 아니라, 혐오스럽게도 (전에) 그들에게 "너희보다 먼저 존재하는 것이 무엇이냐?" 하고 말하던 그녀의 최초의 목소리를 더럽혔느니라. ―〈그러나〉 그들이 말씀을 통해 참 인간에 의해

절정 속에서 태어났다고 말하는 이들을 더럽히는 것은 〈불가능한 일〉
이었느니라. 그래서 그들은 자신들이 자기 자신의 몸을 더럽혔음을 알
지 못하고 속았던 것이니라. 권위들과 그들의 천사들이 모든 형상 속
에서 더럽힌 것은 그 모습이었느니라.

그녀는 최초의 지배자에게서 첫 번째로 아벨을 잉태했으며, 일곱
권위와 그들의 천사들에게서 나머지 아들들을 낳았느니라. 그런데 이
모든 것은 최초의 아버지의 예견에 따라 일어났나니, 최초의 어머니가
자신 안에서 모든 혼합된 씨앗을 낳게 하려는 것이었고, 그 씨앗은 세
상의 운명과 그 도식 및 (운명의) 정의와 결합된 것이었느니라. 이브
로 인해 하나의 처방이 존재하게 되었나니, 권위들이 만든 육체가 빛
에게 장벽이 되게 하려는 것이었느니라. 그러면 그 빛은 그들이 만든
육체들로 인해 그들을 비난할 것이니라.

더욱이 최초의 빛의 아담은 영적이었느니라. 그는 첫째 날에 나타
났느니라. 두 번째 아담은 혼을 부여받았느니라. 그는 〔여섯 번째〕 날
에 나타났으며, "〈헤르마〉프로디테〈스〉"[7]라고 불리느니라. 세 번째 아
담은 흙으로 만들어졌나니, 즉 "율법의 인간"이며, "일요일"이라고 부
르는 "나머지 빈곤" 〔이후의〕 여덟 번째 날에 나타났느니라. 그리하여
흙으로 만든 아담의 자손이 증가하여 (땅을) 완성했느니라. 그들은 혼
이 부여된 아담에 관한 지식을 스스로 만들어 냈느니라. 그러나 만유
〈에 대해 말하자면〉 그는 (그것에 대해) 무지했느니라. 계속하자면 후
에 지배자들은 그와 그와 함께 있는 (여인이) 무지 속에서 짐승처럼
방황하는 것을 보고는 몹시 기뻐했느니라. 죽음이 없는 인간이 그들에

---

[7] 정확한 그리스어로는 헤르마프로디토스(Hermaphroditos). 양성(兩性)의 특질을 지닌
인간으로, 루크레티우스(Lucretius)의 글에 헤르메스와 아프로디테스의 아들로 나오며,
이 이름은 이 두 신의 이름을 합성한 것이다.

의해 나타날 〈뿐 아니라〉 그들이 나무가 된 (여인을) 두려워하리라는 것을 알았을 때 그들은 괴로워하며 말했느니라. "우리가 (그녀에게) 정복당하게 하려고 우리를 눈멀게 하고, 참 인간과 함께 있는 이 더럽혀진 (여인)에 대해 우리에게 가르친 자가 혹시 이 자가 아닐까?"

그때 일곱은 논의했느니라. 그들은 두려워하며 아담과 이브에게로 갔느니라. 그들은 그에게 말했느니라. "열매를 먹을 수 있는, 낙원에 있는 모든 나무는 너희를 위해 창조한 것이니라. 그러나 주의해라! 지식의 나무 열매는 먹지 말라. 너희가 먹으면 죽으리라." 그들에게 큰 두려움을 준 뒤 그들은 자신들의 권위들에게로 올라갔느니라.

그때 그들 모두보다 더 지혜로운 자, "짐승"이라고 불리던 자가 왔느니라. 그런데 그가 그들의 어머니 이브를 보았을 때 그는 이브에게 말했느니라. "하나님이 너에게 무슨 말을 했느냐? '지식의 나무 열매는 먹지 말라'는 것이냐?" 그녀가 말했느니라. "'그 열매는 먹지 말라'고 했을 뿐 아니라, 〔너희가〕 죽지 않도록 그것을 만지지도 말라'고 하셨도다." 그가 그녀에게 말했느니라. "두려워하지 말라! 너희는 분명히 〔죽지 않〕으리라. 너희가 그 열매를 먹으면 너희 마음이 깨어나 너희가 하나님처럼 되어, 선한 인간들과 악한 인간들 사이에 존재하는 차이점을 알게 되리라는 것을 〔그는 알고 있도다〕. 그는 질투하기 때문에, 너희가 그 열매를 먹지 못하게 하려고 이것을 너희에게 말한 것이로다."

그러자 이브는 이 교사의 말을 믿었느니라. 그녀는 그 나무를 바라보았느니라. 그리고 그녀는 그것이 아름답고 장대한 것을 보고는 그것을 먹고 싶어졌느니라. 그녀가 그 열매 몇 개를 따먹고는 자기 남편에게도 주니 그도 그것을 먹었느니라. 그러자 그들의 마음이 열렸느니라. 그들이 그것을 먹었을 때 지식의 빛이 그들을 위해 빛났느니라. 그들이 수치심을 입었을 때 그들은 자신들이 지식이라는 점에서 벌거벗었음을 알았느니라. 그들이 깨어났을 때 그들은 자기들이 벌거벗었음을 보았고 서로를 사랑하게 되었느니라. 그들은 자신들의 창조주들을 보았을 때 창조주들이 짐승 같은 형상을 하고 있었으므로 그들을 싫어했느니라. 그들은 참으로 많은 것을 이해했느니라.

그런데 지배자들은 그들이 자기들의 명령을 어긴 것을 알았을 때 크게 위협하고 지진을 일으키며 낙원으로 들어와 그 도움의 결과를 보려고 아담과 이브에게로 왔느니라. 그러자 아담과 이브는 심히 동요했느니라. 그들은 낙원에 있는 나무들 아래 숨었느니라. 그러자 지배자들은 그들이 어디 있는지 알지 못했으므로 "아담아, 네가 어디 있느냐?" 하고 말했느니라. 그가 대답했느니라. "제가 여기 있나이다. 그러나 제가 수치를 느끼게 된 뒤로 당신이 두려워 숨었나이다." 그러나 그들은 무지하여 그에게 말했느니라. "네가 그 나무 열매를 먹지 않았다면 네가 입은 수치에 대해 너에게 말한 자가 누구냐?" 그가 말했느니라. "당신께서 제게 주신 여인이 제게 주어 제가 먹었나이다." 그때 그들이 〔그 (여인)에게 말했느니라〕. "네가 무슨 짓을 했느냐?" 그녀가 대답했느니라. "그 교사가 저를 부추겼으므로 제가 먹었나이다." 그러자 지배자들이 교사에게로 갔느니라. 그 교사가 그들의 눈을 멀게 했으므로 그들은 그에게 아무 일도 할 수 없었느니라. 그들은 아무 일도 할 수 없었으므로 (단지) 그를 저주했느니라. 후에 그들은 그 여자에게로 가서 그녀와 그녀의 아들들을 저주했느니라. 그들은 여인을 저주한 후 아담을 저주했으며, 그로 인해 땅과 그 열매를 저주했느니라. 그들에게서는 축복이 나오지 않느니라. 악에서 선이 나올 수는 없느니라. 그날 이후 권위들은 강한 자가 참으로 자기들 앞에 있음을 알았느니라. 그들의 명령이 지켜졌더라면 그것을 알지 못했을 것이니라. 그들은 세상에 큰 질투심을 가져왔나니, 오직 그 죽음 없는 인간 때문이었느니라.

그런데 아담이 다른 지식을 얻었다는 것을 알았을 때 지배자들은 그를 시험하고 싶어졌느니라. 그들은 지상의 모든 가축과 야생 동물과 하늘의 새를 모았느니라. 그들은 그가 그것들을 뭐라고 부르는지 보려고 그것들을 그에게로 데려갔느니라. 그가 그것들을 보았을 때 그는 그들의 피조물들의 이름을 불렀느니라. 아담이 〈모든〉 무지에서 깨어났으므로 그들은 괴로워했느니라. 그들은 함께 모여 논의하여 말했느니라. "보라, 아담이 우리 중 하나 같이 되어 빛과 어둠의 구별을 이해하는도다. 이제 그가 혹시라도 지식의 나무와 같은 방법으로 속임을 받아, 생명나무에게로 가서 그 열매를 먹고 불멸의 존재가 되어 우리를 지배하고 정죄하며, 〔우리〕와 우리의 모든 영광을 어리석은 것으로 보지 않도록—나중에는 그가 〔우리와〕 세상을 심판할 것이로다— 낙원에서 지상으로 그를 내던져 그가 더 이상 우리에 대해 더 많은 것을 알지 못하게 하자. 그는 우리가 땅에서 취했도다." 그리하여 그들은 아담과 그의 아내를 낙원에서 내쫓았느니라. 그런데 그들은 이렇게 하는 것만으로 만족하지 못했나니 그들이 (여전히) 두려웠기 때문이니라. 그들은 생명나무에게로 가서 그 주위에 큰 공포를 두었나니, 그것은 "케루빈"이라고 하는 불길 같이 살아 있는 존재들이었느니라. 그리고 그들은 그 한복판에 큰 공포를 지닌 채 끊임없이 도는 화염검을 두어 지상의 인간 중에 누구도 그곳에 들어가지 못하게 했느니라.

이런 일이 있은 뒤에 지배자들이 아담을 질투하게 되었을 때 그들은 아담과 이브의 수명을 단축시키기를 원했으나 태초부터 세워진 운명 때문에 그럴 수 없었느니라. 그들의 수명은 정해져 있었기 때문이니, 빛을 발하는 천체들의 순환에 따라 (인간들) 각자에게 1천 년이 정해져 있었던 것이니라. 그러나 지배자들은 이것을 할 수 없었으므로 악을 행하는 자들 각자가 〈그들의 수명〉을 10년 동안 줄였으며, 이 시간이 모두 930년이 되었으므로, 이들은 슬픔과 나약함과 악한 혼란 속에 있게 되었느니라. 그리하여 그날부터 생명의 여정은 에온의 완성 때까지 아래로 나아갔느니라.

그런데 소피아 조에는 어둠의 지배자들이 그녀와 같은 모습을 저주하는 것을 보았을 때 화가 났느니라. 그래서 그녀는 첫 번째 하늘로부터 모든 권능을 가지고 나와 〔그들의〕 하늘로부터 그들을 쫓아내고, 그들을 죄된 세상에 던져버렸나니, 그들이 지상에서 악령처럼 되게 하려는 것이었느니라. 〔그녀는〕 낙원에 있던 〔새를 보냈나니〕, 그것이 에온의 완성 때까지 그들의(지배자들의) 세계에서 1천 년을 보내게 하려는 것이었느니라. 그들이 아담과 그의 종족을 부당하게 대했으므로, 자신을 죽이고 그들의 심판에 대한 증인으로 다시 살아나는 "불사조"라고 부르는 살아 있는 생명의 존재가 바로 그것이니라.

에온의 완성 때까지 세상〈에는〉 세 종류의 인간과 그 후손들이 있나니, 영적 인간과 생명의 인간과 물질적 인간이 그것이니라. 이것은 낙원〈의〉 불사조들의 세 〈모양〉과 같나니, 첫째는 불멸〔이요〕, 둘째는 천년을 얻으며, 셋째에 대해서는 「거룩한 책」에 "그는 타버리느니라"라고 씌어 있느니라. 마찬가지로 세 가지 세례가 존재하나니, 첫째는 영적이요, 둘째는 불이며, 셋째는 물이니라.

불사조가 천사들의 증인으로서 나타나듯이, 이집트의 악어들이 진실한 인간의 세례를 위해 내려온 자들의 증인이 되었느니라. 이집트의 두 마리 황소는 태양과 달을 신비로서 지니고 있는 한 사바오트의 증인으로서 존재하나니, 이는 〈그가〉 그들 위에 〈존재하기〉 때문이니라. (아스타파이오스의) 소피아는 해와 달을 창조하여 에온〈의 완성〉 때까지 그녀의 하늘을 봉인(封印)한 날 이래로 우주를 받았느니라. 그런데 〈그〉 불사조에게서 나온 벌레가 또한 인간이니라. 그것에 대해서는 이렇게 씌어 있느니라. "의인들은 불사조처럼 솟아나리라." 그리고 〈그〉 불사조는 처음에는 산 채로 나타나지만, 죽고 다시 부활하나니, 〔에온〕의 완성 때에 나타난 자의 상징이니라. 이 위대한 상징들은 다른 나라가 아니라 오직 이집트에서만 나타났나니, 이집트가 하나님의 낙원과 같음을 뜻하는 것이니라.

지배자들에 대한 증거를 제시하기 위해 다시 우리가 이야기하던 지배자들에게로 돌아가자. 일곱 지배자가 그들의 하늘들에서 지상으로 던져졌을 때 그들은 자신들을 섬기도록 자기들 힘으로 천사들, 즉 많은 악마를 창조했느니라. 그러나 이들(악마들)은 불의의 신들과 정의의 신들의 합의에 따라 존재하게 된 운명을 그들의 동역자로 삼아, 인간들에게 마법과 약, 우상숭배, 피 흘림, 제단, 성전들, 희생, 지상의 모든 악마에 대한 헌주(獻酒)를 통해 그릇된 많은 것을 가르쳤느니라. 이와 같이 하여 세상은 혼란에 빠지게 되었으며, 줄곧 길을 잃고 방황했느니라. 이는 지상에 있는 모든 인간이 (에온의) 기초가 놓일 때부터 완성에 이르기까지 악마들을 섬겼기 때문이니 ― 천사들은 정의를 (섬기고) 인간들은 불의를 (섬겼느니라). 그리하여 세상은 혼돈과 무지와 어리석음에 빠져버렸느니라. 그들은 참 인간이 나타나기까지 모두 방황했느니라.

여기까지는 너희에게 충분한 설명이 되었을 것이니라. 다음에 우리는 그 구조와 그 지배체제(에 관한 논의)를 정확히 완성하기 위해 우리의 세계로 갈 것이니라. 그때 에온의 기초를 놓을 때부터 완성 때까지 나타나는 숨겨진 일들 속에서 믿음이 발견되듯이 그가 나타나리라.

이제 나는 불멸의 인간〔에 대한〕 핵심에 이르렀노라. 그에게 속한 모든 것에 대해 나는 그 형상들이 왜 여기 있는지를 말하리라. 물질로 부터 만들어진〔이 자〕를 통해 수많은 사람이 존재하게 되었으며, 세상 이 가득 차자마자 지배자들은 세상을 지배했나니, 다시 말하면 그들은 무지 속에서 그것을 소유하게 되었던 것이니라. 그 원인은 무엇인가? 그것은 이러하니라. 불멸의 아버지께서는 진리에서 나온 에온들과 그 들의 세계들 속에 결핍이 존재하게 되었음을 아시고 지배자들이 만든 몸을 통해 그 파괴의 지배자들을 없애기를 원하시어 너희의 모습, 축 복되고 작고 순수한 영들을 파괴의 세상으로 내려보내신 것이니라. 그 들은 지식에 낯선 자들이 아니니라. 모든 지식은 그들 앞에 나타나는 한 천사 속에 있기 때문이니라. 그는 아버지 앞에 서 있으며, 그들에게 지식을 주는 데 무력하지 않으니라. {모든 지식은 그들 앞에 있는 한 천사 속에 있기 때문이니라. 그는 아버지 앞에 서 있으며, 그들에게 지 식을 주는 데 무력하지 않으니라.} 그들이 파괴의 세상에 나타나자마 자 즉시로 그들은 지배자들과 지배자들의 권능을 정죄하기 위해 먼저 불멸의 유형을 계시할 것이니라. 나아가 복된 자들이 권위들이 만든 몸들 속에 나타났을 때 권위들은 그들을 질투했느니라. 그 질투로 인 해 권위들은 그들을 더럽히기 위해 자기들의 씨앗을 그들과 섞었으나 그들을 더럽힐 수 없었느니라. 나아가 복된 자들이 그들의 빛 속에서 나타났을 때 그들은 각각 다르게 나타났나니, 그들은 각자 자기 땅에 서 와서, 만들어진 파괴의 몸들 속에 나타난 교회에 관해 자신들의 지 식을 계시했느니라. 그들은 그것이〔그것과〕섞인 권위들〈의〉씨 때문 에 온갖 씨앗을 가지고 있음을 알았느니라. 그래서 구세주께서 그들 모두에게서〔벗어나는 길〕을 창조하셨느니라. 그래서 이들의 영들은 선택되고 복된 모습으로〔나타났으〕(나), 그들은 선택 속에서 변할 수 있느니라. 또한 (그분은) 다른 많은 이를 (창조하셨나니), 그들은 왕이 없고, 그들보다 먼저 있던 누구보다도 더 선택된 자들이니라. 결국은 네 종족이 존재하느니라. 여덟 번째 하늘의 왕들에게 속하는 세 종족이 있느니라. 그러나 네 번째 종족은 왕이 없고 완전하나니, 그들 모두의 위에 있는 종족이니라. 이들은 그들의 아버지의 거룩한 처소에 들어갈 것이며, 안식과 영원하고 형용할 수 없는 영광과 끊임없는 기쁨 속에서 쉬리라. 그런데 그들은 죽을 (영역) 속에 있는 불멸의 존재들로 (이미) 왕들이니라. 그들이 혼돈의 신들과 그들의 권능들을 심판하리라.

나아가 누구보다 존귀하신 로고스가 오직 이 일을 위해 파견되었나니, 그가 알려지지 않은 것에 대해 선포하도록 하기 위해서였느니라. 그는 "감추인 것이 드러나지 않을 것이 없고, 숨은 것이 알려지지 않을 것이 없느니라"(마태복음 10:26) 하고 말씀하셨느니라. 그런데 이들은 감추어진 것을 나타내고 혼돈의 일곱 권위와 그들의 권능들을 (드러내기) 위해 파송되었느니라. 이와 같이 그들은 죽임을 당하도록 정죄되었느니라. 더욱이 모든 완전한 자가 모두 지배자들이 만든 육체 속에 나타났을 때 그리고 그들이 비할 수 없는 진리를 계시했을 때 그들은 신들의 모든 지혜를 부끄럽게 했으며, 그들의 운명은 비난받게 되었고, 그들의 권능은 말라버렸으며, 그들의 영역은 파괴되었고, 그들의 예지〔와〕 그들의 영광은 〔사라져〕 버렸느니라.

〔에온이〕 완성되기 전에 큰 천둥에 온 장소가 흔들리리라. 그때 지배자들은 애통해 하며 〔자신들의〕 죽음〔으로 인해 통곡하리라〕. 천사들은 자기들의 인간들을 위해 울고, 악마들은 자기들의 때〔時〕로 인해 울며, 그들의 인간들은 자신들의 죽음으로 인해 애통하고 통곡하리라. 그때 그 에온은 〈…〉 하기 시작하고, 그들은 동요하리라. 그 왕들은 화염검으로 인해 취하고, 서로서로 전쟁을 일으켜, 땅은 쏟아진 피로 취

하리라. 그리고 바다도 그 전쟁으로 인해 괴로워하리라. 그때 태양이 어두워지고 달은 그 빛을 잃으리라. 하늘의 별들은 자기 길을 무시하고, 여인의 궁창이 있는 곳인, 혼돈의 모든 권능 위에 있는 위대한 권능으로부터 큰 천둥이 나오리라. 그녀가 최초의 존재를 창조했을 때 그녀는 최초의 아버지와 함께 창조한 것이니라. 그녀는 그들을 심연 속으로 던져버리리라. 그들은 그들 (자신의) 불의로 인해 쓸어버림을 당하리라. 그들은 불타는 산과 같이 되어 서로에 대해 이를 갈다가 그들의 최초의 아버지에 의해 파괴되리라. 그가 그들을 파괴할 때 그는 자신에게로 돌아서서 자신을 파괴하여 더 이상 존재하지 않으리라. 그리고 그들의 하늘들은 서로 위에 무너져 내리고, 그들의 권능들은 불타리라. 그들의 에온들 또한 전복되리라. 그리고 그의(최초의 아버지의) 하늘은 무너져 둘로 나뉘리라. 〔그러나〕 마찬가지로 그의 기쁨(의 장소도) 땅으로 무너져 내리리니, 〔땅이〕 그들을 지탱하지 〔못하리라〕. 그들은 심연으로 무너져 〔내리고〕, 〔심연도〕 뒤집히리라.

빛이 어둠을 〔덮고〕, 그것을 쓸어버리리라. 그리고 어둠 이전에 있던 그 존재는 해체되리라. 결핍은 뿌리째 뽑혀 어둠에게 (던져)지리라. 빛은 그 뿌리에게로 올라가리라. 태어나지 않은 분의 영광이 나타나 모든 에온을 채우리니, 그때 예언자의 말과 왕인 자들의 보고가 완전하다고 불리는 자들에 의해 나타나고 성취되리라. 태어나지 않으신 아버지 안에서 완전해지지 못한 자들은 그들의 에온들과 불멸의 존재들의 왕국들 속에서 그들의 영광을 받으리라. 그러나 그들은 왕 없는 영역에는 들어가지 못하리라.

모든 자가 자기가 나온 곳으로 들어가야 하느니라. 각자는 자기의 행위와 자기의 지식에 의해 자신의 본성을 드러내리라.

영혼의 해석
(II, 6)

해제

　「영혼의 해석」("영혼에 관한 해설적인 글")은 익명의 글이다. 이 글은 현재는 콥트어 번역판만 남아 있지만, 아마도 서기 200년경에 그리스어로 쓰였음이 분명하다. 이 글은 영혼의 추락과 회복을 묘사하는 신화적인 이야기로 구성되었으며, 독자에게 회개를 권하는 내용으로 끝난다. 영혼의 운명에 대한 설명을 입증하기 위해 여러 구절을 인용하고 있는데, 특히 구약성서와 신약성서, 호머의 『오디세이』에서 인용한 것들이다. 그러나 이 인용문들을 제거하더라도 전체 문맥이 바뀌지는 않는다.

　이 글은 영혼의 추락과 구원을 극적이고도 사실적인 방식으로 묘사하고 있다. 영혼은 여성이다(영혼을 뜻하는 그리스어 '프시케'는 여성이다). 원래 그녀는 처녀요, 형태로는 자웅동체이며, 천상의 아버지 곁에서 살고 있다. 그러나 그녀가 육체 속으로 추락할 때 그녀는 더러워진다. 그녀는 아버지의 집과 자신의 처녀성을 버리고 관능과 매음에 빠져 육적인 세상의 변덕스런 매음꾼들에게 능욕당한다. 그녀는 비참한 상태가 되어 회개하면서 자기의 아버지에게 자신을 회복하게 해 달라고 기도하고, 아버지는 그녀의 기도를 들어 주신다. 그녀는 자신의 이전 상태로 돌아가 자기의 오빠와 자웅동체의 합일을 회복한다. 이 합일은 영적인 결혼을 통해 이루어진다. 신랑이 신방으로 내려오고, 영혼과 그녀의 신랑은 "하나의 생명이 되어" 서로 나뉠 수 없게 된다. 그리하여 영혼이 아버지께로 상승하며, 영혼은 다시 하늘에서 안식한다.

「영혼의 해석」은 영혼의 운명에 대한 몇몇 영지주의적 설명과 분명한 유사성이 있는데, 특히 자웅동체라는 점과 무성(無性)의 결합으로 나아가는 회복이라는 점에서 그러하다. 이야기 자체에는 특별히 유대교적이거나 그리스도교적인 것이 전혀 없고, 영혼의 추방과 귀환이라는 피타고라스적이고 플라톤적인 설명이 있다. 그러나 이 글이나, 그 속의 이야기의 정확한 역사적 배경은 현재로는 확정할 수 없다.

영혼의 해석

II 127:18-137:27

옛 현자들은 영혼에 여성의 이름을 주었느니라. 진실로 그것은 그 본질에서 여성적이니라. 그것은 태(胎)까지 가지고 있느니라.

그녀가 아버지하고만 있는 한 그녀는 처녀였으며, 자웅동체였느니라. 그러나 그녀가 육체 속으로 추락하여 이 생으로 왔을 때 그녀는 많은 강도들의 손에 떨어졌느니라. 그 음탕한 존재들이 그녀를 이놈 저놈에게로 넘겨주며 그녀를 [...]. 어떤 자들은 그녀를 [강제로] 능욕했으며, 또 어떤 자들은 선물로 그녀를 유혹했느니라. 그들은 그녀를 능욕했으며, 그녀는 처녀성을 [...].

그녀는 그렇게 육체 속에서 몸을 팔았으며, 자기가 품으려는 자가 자기 남편이라고 생각하면서, 하나하나 그리고 모두에게 자신을 주었느니라. 그녀가 음탕하고 부정한 간부(姦夫)들에게 자신을 주어 그들이 자신을 능욕하게 했을 때 그녀는 깊은 한숨을 지으며 탄식했느니라. 그러나 그녀는 저 간부들에게서 얼굴을 돌릴 때조차도 다른 자들에게로 달려가며, 그들은 그녀를 자기들과 함께 살며 침대 위에서 자기들에게 봉사하도록 강요했느니라. 마치 자기들이 그녀의 주인이라도 되는 듯이. 그녀는 수치심 때문에 더 이상 그들을 떠날 엄두를 내지 못했고, 그들은 마치 그녀를 끔찍이 존중하기라도 하는 것처럼 진실하고 참된 남편인 양 가장하여 오랫동안 그녀를 속였느니라. 그러나 이 모든 일이 지나면 그들은 그녀를 버리고 가버렸느니라.

그때 그녀는 아무도 도와주는 이 없고 가난하고 비참한 과부가 되었느니라. 그녀의 불행이 시작된 때부터 그녀에게는 한 줌의 양식도 남지 않았느니라. 왜냐하면 그녀는 그들이 그녀와 성관계를 맺는 동안 그녀에게 준 능욕 외에는 아무것도 얻지 못했기 때문이니라. 그 간부들에게서 난 그녀의 자식들은 벙어리요 소경이요 병약한 자들이었느니라. 그들은 저능아들이니라.

그러나 위에 계신 아버지께서 그녀를 찾아와 바라보시매 그녀가 고통과 치욕으로 한숨지으며 마음을 한탄하는 것을 보시니, 그녀는 그분이 자신을 도와주시기를 바라서, [그의 이름을] 부르며 [...] 마음을 다해 말하느니라. "나의 아버지시여, 저를 구원해 주소서. 보소서, 제가 [당신께] 하소연하나이다. [저는] 제 집을 버리고, 처녀의 구역에서 도망나왔[음이니이다]. 저를 다시금 당신께로 돌아가게 해주소서." 그가 그런 상태에 있는 그녀를 볼 때 그는 그녀가 자신의 자비를 받을 만하다고 여기실 것이니라. 그녀가 자신의 집을 떠났으므로 그녀에게 많은 불행이 닥쳤음이니라.

그런데 마음 행위에 대해 성령은 여러 곳에서 예언하고 있느니라. 성령이 예언자 예레미야의 글(3:1-4)에서 이렇게 예언하고 있기 때문이니라.

"만일 남편이 그의 아내와 이혼하여, 그 여자가 떠나 다른 남자를 택하면, 그 여자가 그 후 다시 돌아올 수 있겠느냐? 그 여자가 자신을 심히 더럽히지 않았겠느냐? 그런데 네가 많은 목동들과 행음(行淫)하고도 내게 돌아왔구나! 주께서 말씀하셨다. '정직하게 바라보아라. 네가 행음한 곳을 보아라. 네가 너의 행음과 너의 악행으로 땅을 더럽히면서 거리에 앉아 있지 않았느냐? 너는 많은 목동들을 너의 걸림돌로 삼았도다. 너는 모든 사람에게 파렴치해졌도다. 너는 나를 동류나, 아버지나, 네 처녀성의 창조자로 부르지 않았도다.'"[1]

또 예언자 호세아의 글에는(2:2-7) 이렇게 쓰여 있느니라.

"오라, 가서 너희 어머니와 쟁론하라. 저는 내 아내가 아니요, 나는 저의 남편이 아니라. 내가 저로 내 앞에서 음란을 제하게 하고, 그 유방 사이에서 음행을 제거하리라. 내가 저를 발가벗겨서 그 나던 날과 같게 할 것이요, 저를〔물〕없는 땅 같이 황량해지게〔할〕것이며, 저를〔애절하게〕자식 없는 자로 만들리라.〔내가〕저의 자식들에게 동정을 베풀지 아니하리니, 그들은 행음의 자식들이라. 그들의 어미가 행음하여〔그 자녀들로 수치를 당케 하였도다〕. 저가 이르기를 '나는 나를 연애하는 자들을 따르리니, 저희가 내 떡과 내 물과 내 겉옷과 내 속옷과 내 술과 내 기름과 내가 필요한 모든 것을 내게 주는도다' 하였도다. 그러므로 보라, 내가 그들을 막아 저로 저의 간부들을 따르지 못하게 하리라. 저가 그들을 따라갈지라도 그들을 만나지 못하며, 말하기를 '내가 내 본 남편에게로 돌아가리니, 그때 내가 지금보다 훨씬 나았음이라' 하리라."

또 에스겔서(16:23-26)에서 그분은 이렇게 말씀하셨느니라.

"많은 악을 행한 후에 너는 스스로 갈보집을 짓고, 거리에 스스로 아름다운 곳을 만들었도다. 너는 온갖 뒷골목에 갈보집을 짓고, 너의 아름다움을 낭비하고, 모든 샛길에서 네 다리를 벌려 행음을 쌓았도다. 너는 몸이 큰 네 이웃인 이집트의 아들들에게도 행음하였도다."

그러나 "몸이 큰 이집트의 아들들"이 육체의 영역과 감각적인 영역과 지상의 일들을 의미하는 것이 아니면 무슨 뜻이겠는가? 영혼은 그들에게서 술과 기름과 옷과 육체를 둘러싸고 있는 기타의 외적인 하찮은 것, 그녀가 필요하다고 생각하는 것들을 받아 이곳에서 더러워졌느니라.

---

1 성서 본문을 바꾼 부분이 많음.

그러나 이 행음에 대해, 구세주의 사도들은 이렇게 명했느니라(비교, 사도행전 15:20, 29; 21:25; 데살로니가전서 4:3; 고린도전서 6:18; 고린도후서 7:1).

"그것들을 삼가고 너희를 그것에서 정결케 하라."

이것은 단지 육체의 행음에 대해서가 아니라, 특히 영혼의 행음에 대해 말하는 것이니라. 이런 〔이유〕로 사도들은 하나님의 〔교회들에게〕 〔우리〕 가운데서 그런 〔행음〕이 일어나지 않도록 〔편지를 쓰고 있느니라〕.

그러나 가장 큰 〔싸움〕은 영혼의 행음과 관계가 있느니라. 또한 육체의 행음도 거기서부터 일어나느니라. 그러므로 바울은 고린도인들에게 이렇게 쓰고 있느니라(고린도전서 5:9).[2]

"내가 너희에게 쓴 것에 '음행하는 자들을 사귀지 말라' 하였거니와, 이 말은 이 세상의 음행하는 자들이나 탐하는 자들과 도둑들과 우상숭배하는 자들을 도무지 사귀지 말라 하는 것이 아니니, 만일 그리하려면 세상 밖으로 나가야 할 것이라."

―여기서 그는 영적으로 말하고 있느니라―

"우리의 싸움은 육체와 피에 대한 것이 아니요"―그가 말했듯이(에베소서 6:12)―"이 어둠의 세상 주관자들과 악의 영들에 대한 것이라."

영혼이 온갖 곳을 두루 돌아다니며, 만나는 자마다 관계를 맺고 자신을 더럽히는 한, 그녀가 고통당하는 것은 그녀의 정당한 과보이니라. 그러나 그녀가 자신이 처해 있는 곤궁한 상황을 인식하고 아버지 앞에서 울며 회개하면, 아버지께서 그녀에게 자비를 베푸시어 그녀의 태를 외적인 지배에서 벗어나게 하시고, 그것을 다시 내면으로 돌려놓으시리니, 그 영혼이 그 원래의 본성을 되찾을 것이니라. 이것은 여성

---

2 실제로는 고린도전서 5:9-10임.

의 이야기가 아니니라. 육체의 태는 다른 내부 기관들처럼 몸 안에 있지만, 영혼의 태는 밖으로 나와 있는 남성의 성기처럼 밖으로 나와 있느니라.

그래서 영혼의 태가 아버지의 뜻에 의해 안으로 돌아서면, 그것은 세례를 받고 그것을 찍어 누르던 외부의 오염에서 즉시 깨끗해지나니, 더러운 〔옷〕을 물속에 넣어 휘저어, 그 때를 없애 깨끗하게 하는 것과 같으니라. 그렇게 영혼의 정화는 그 원래의 본성의 〔새로움〕을 회복하는 것이요, 그 자신을 다시 원래대로 돌려놓을 것이니라. 이것이 영혼의 세례이니라.

그때 그녀는 해산 때에 몸부림치며 분노하는 산고를 겪는 여인처럼 자신에 대해 분노하기 시작할 것이니라. 그러나 그녀는 여자이므로 혼자서 아기를 낳을 수 없느니라. 아버지께서 하늘에서 그녀에게 그녀의 남자를 보내 주시나니, 그는 맏아들인 그녀의 오빠니라. 그때 그 신랑이 신부에게 내려왔느니라. 그녀는 신부의 방에서 자신을 정결케 했느니라. 그녀는 방을 향기로 가득 채웠느니라. 그녀는 참 신랑을 기다리며 방 안에 앉아 있었느니라. 그녀는 더 이상 마음 내키는 자와 행음하며 시장을 쏘다니지 않았느니라. 그녀는 "그이는 언제 오실까?" (하면서) 계속 그를 기다리고, 또 그를 두려워하느니라. 왜냐하면 그녀는 그가 어떤 사람인지 모르기 때문이니라. 그녀는 자신이 언제부터 아버지의 집에서 떨어져 나왔는지 기억하지 못하느니라. 그러나 아버지의 뜻에 의해 〈...〉. 그리고 그녀는 한 남자와 사랑에 빠진 여인처럼 그에 대한 꿈을 꾸었느니라.

그러나 그때 아버지의 뜻에 따라 신랑이 신방을 차리고 있는 신부에게로 왔느니라. 그리고 그는 신방을 꾸몄느니라.

그 결혼은 육체의 결혼과 같지 않으므로 서로 관계를 맺는 이들은 그 관계로 만족할 것이니라. 그리고 마치 짐이라도 되는 양, 그들은 육체의 욕망이라는 번거로움을 떠나 서로〔에게서 헤어지지〕 않느니라다. 그러나 이 결혼은 〔…〕이지만 그들이 〔서로〕 결합할 〔때〕 그들은 한 생명이 되느니라. 그러므로 예언자가 첫 남자와 첫 여자에 대해 이렇게 말했느니라(창세기 2:24).

"그들이 한 몸이 되리라."

왜냐하면 그 여인이 자기 오빠인 그 남자를 그릇되게 인도하기 전, 그들이 아버지와 함께 있었을 때는 그들은 원래 서로 결합되어 있었음이니라. 이 결혼으로 인해 그들은 다시 함께하게 되었으며, 영혼은 자신의 진정한 주인인 자신의 진정한 사랑과 결합되었으니, "여자의 주인은 그 남편이니라"라고 기록되어 있는 바와 같으니라(창세기 3:16; 고린도전서 11:1; 에베소서 5:23).

그때 그녀는 서서히 그를 알아보았느니라. 그리고는 전에 자기가 과부였던 때의 수치가 생각나서 그 앞에서 눈물지으며 다시 한번 기뻐했느니라. 그래서 그녀가 훨씬 더 많이 단장을 했으므로 그는 그녀와 함께 있는 것이 즐거웠느니라.

그래서 예언자가 시편에서(45:10-11) 이렇게 말한 것이니라.

"딸이여, 듣고 생각하고 귀를 기울일지어다. 네 백성과 아비의 집을 잊어버릴지어다. 그리하면 왕이 너의 아름다움을 사모하실지라. 저는 너의 주인이시니."

그는 그녀가 한때 어울렸던 그녀의 사람들과 수많은 간부에게서 얼굴을 돌이켜 오직 그녀의 왕, 그녀의 진실한 주님께만 헌신하고, 지상의 아버지를 잊고, 하늘에 계신 아버지를 기억하라고 요구하는 것이니라. 그분은 또 아브라함에게 이렇게 말씀하셨느니라.

"너의 본토, 친척, 아비 집을 떠나라."

이와 같이 영혼이 자신의 아름다움 속에서〔단장을 하고〕〔...〕했을 때 자신의 신랑을 기뻐하고,〔그도〕 그녀를 사랑했느니라. 또 그녀가 그와 관계를 맺었을 때 그녀는 그로부터 생명을 주시는 영인 씨앗을 받아 그에 의해 훌륭한 자식들을 낳아 길렀느니라. 이것이 위대하고도 완전한, 탄생의 경이(驚異)니라. 이렇게 이 결혼은 아버지의 뜻에 의해 완전해졌느니라.

이제는 그 영혼이 거듭나 다시금 예전의 모습으로 되는 것이 합당하니라. 그때 영혼은 자발적으로 움직이느니라. 그리고 그녀는 다시 젊어지기 위해 아버지에게 신성한 본질을 받나니, 이는 그녀가 원래 있던 곳으로 돌아가기 위함이니라. 이것이 죽은 자들에게서 부활하는 것이니라. 이것이 포로됨에서 몸값을 치르고 벗어나는 것이니라. 이 것이 하늘로 오르는 상승 여행이니라. 이것이 아버지께로 올라가는 길이니라. 그러므로 예언자가 이렇게 말했느니라(시편 103:1-5).

"내 영혼아, 주님을 찬양하라. 내 속에 있는 것들아, 그의 거룩한 이름을 (찬양하라). 내 영혼아, 하나님을 찬양하라. 저가 네 모든 죄악을 사하시며, 네 모든 병을 고치시며, 네 생명을 죽음에서 구원하시고, 인자함으로 관을 씌우시며, 좋은 것으로 소원을 만족케 하사, 네 청춘으로 독수리같이 새롭게 하시는도다."

그래서 그녀가 다시 젊어질 때 그녀는 자신을 구원하신 하나님과 자신의 오빠를 찬양하며 상승할 것이니라. 그러므로 그 영혼이 구원받는 것은 다시 태어남에 의해서이니라. 그것은 글자를 외우거나, 전문적인 기술이 있다거나, 책을 가지고 배워서 되는 것이 아니니라. 오히려 그것은〔...〕의 은혜〔이며〕,〔그것은〕〔...〕의 선물〔이니라〕. 왜냐하면 그것은 이렇듯 하늘에 속한 것이기 때문이니라. 그러므로 주님께서는 이렇게 외치시느니라(요한복음 6:44).

"아버지께서 이끌지 아니하시면 아무라도 내게 올 수 없나니, 오는 그를 내가 마지막 날에 다시 살리리라."

그러므로 우리의 온 영혼으로, 겉으로 입술로가 아니라 마음 깊은 데서 나온 내면의 영으로 아버지께 기도하며, 그분을 부르는 것이 합당하니라. 한숨지으며 우리가 살아온 삶에 대해 회개하고, 우리 죄를 고백하며, 우리가 거하던 허망한 속임수와 허망한 질투심을 알아차리고, 어둠과 방황 속에 있던 것을 슬퍼하며, 아버지께서 우리를 불쌍히 여기시도록 우리 자신에 대해 애통해하며, 우리가 지금 사는 방식에 대해 우리 자신을 미워하며 기도해야 하느니라. 구주께서 다시 말씀하셨느니라(비교, 마태복음 5:4, 6; 누가복음 6:21).

"애통해하는 자는 복이 있나니, 저희가 위로를 받을 것임이요, 주린 자는 복이 있나니, 저희가 배부를 것임이라."

또 말씀하셨느니라(비교, 누가복음 14:26).

"제 영혼을 미워하지 아니하면 나를 따를 수 없느니라."

왜냐하면 구원의 시작은 회개이기 때문이니라.

그러므로(비교, 사도행전 13:24)

"그리스도께서 오시기 전에, 요한이 회개의 세례를 선포하며 왔느니라."

그래서 번민과 비탄 속에서 회개가 일어나느니라. 그러나 아버지께서는 선하시고 인간을 사랑하셔서, 자신을 부르는 영혼의 소리를 들으시고, 그에게 구원의 빛을 보내시느니라. 그러므로 그분은 성령을 통해 예언자에게 말씀하셨느니라(비교, 클레멘트1서 8:3).

"내 백성의 자녀들에게 말하라. 〔너희의〕 죄가 〔땅에서〕 하늘〔까지〕 미친다 〔해도〕, 그 죄가 진홍빛 같이 〔붉고〕, 〔푸대옷〕보다 더 검다 해도, 〔만일〕 너희가 너희 영혼으로 내게 돌아서서, 나의 아버지시여 하고 내게 말한다면, 나는 너희를 거룩한 백성으로 여기리라.'"

또 다른 곳(이사야 30:15)에서는

"이스라엘의 거룩하신 분, 주께서 이렇게 말씀하시니라. '네가 돌이켜 탄식한다면, 그때 너는 구원을 받을 것이요, 네가 허망한 것을 신뢰했을 때 네가 어디 있었는지 알리라.'"

또 다른 곳에서 그분은 이렇게 말씀하셨느니라(이사야 30:19-20).

"예루살렘이 많이 울며 말하기를 '저를 불쌍히 여기소서' 하였으니, 주께서 너의 울음소리를 들으시고 긍휼히 여기시리라. 주께서 보시고 너를 주목하셨도다. 주께서 너희에게 고통의 빵과 압제의 물을 주시리라. 이제는 속이는 자들이 다시는 네게 접근치 못하리라. 네 눈이 너를 속이는 자들을 보리라."

그러므로 바다 가운데서 항해하는 자들이 그러하듯이, 하나님을 향해 두 손을 뻗쳐 밤낮으로 기도해야 마땅하니라. 그들은 가식 없이 전심으로 하나님께 기도하느니라. 가식적으로 기도하는 자들은 자신을 속일 뿐이기 때문이니라. 실로 하나님께서 내면을 살피시고, 마음의 밑바닥을 찾아보심은 누가 구원을 받을 만한지 아시기 위함이니라. 속임의 거처를 아직도 사랑하는 자는 구원받지 못하기 때문이니라. 그러므로 시인의 글에 이렇게 씌어 있느니라(호머, 『오디세이』 I, 48-59).

"오디세우스는 울고 탄식하며, 칼립소의 말과 그녀의 속임수에서 얼굴을 돌려, 자기 고향과 거기서 피어오르는 연기를 보기를 갈망하면서 그 섬에 앉아 있었도다. 그가 하늘로부터 도움을 [받지] 못했다면 [그는] 자기 고향으로 돌아갈 [수] 없었[으리로다]."

또 [헬레네가] 〈...〉 말했느니라(『오디세이』 IV, 260-261).

"[내 마음이] 스스로 내게서 돌이켰도다. 내가 돌아가고 싶은 곳은 내 집이로다."

그녀는 한숨지으며 말했느니라(『오디세이』 IV, 261-264).

"나를 속여 고향에서 데리고 나온 이는 아프로디테로다. 나는 외동딸과 착하고 이해심 많고 잘생긴 남편을 두고 왔도다."

자식을 낳는 행위 속에 존재하는 아프로디테의 속임수 때문에 영혼이 자신의 완전한 남편을 떠날 때 그 영혼은 해를 당할 것이니라. 그러나 그가 한숨짓고 회개하면 자기 집으로 돌아가게 될 것이니라.

이스라엘이 고역의 압제에 대해 하나님께 탄식하지 않았다면, 분명히 그들은 압제의 집인 이집트 땅에서 벗어나기 위해 먼저 방문을 받지 못했을 것이니라. 다시 시편에 이렇게 씌어 있느니라(6:6-9).

"내가 탄식함으로 곤핍하여 밤마다 눈물로 내 침상을 띄우며 내 요를 적시나이다. 내가 내 모든 원수들 한가운데서 나이가 들었나이다. 악을 행하는 너희는 다 나를 떠나라. 주께서 내 통곡 소리를 들으셨으며, 주께서 내 간구를 들으셨도다."

만일 우리가 회개하면 진실로 하나님께서 우리에게 귀 기울이실 것이니라. 그분은 오래 참으시고 자비가 넘치시나니, 영광이 그분께 영원히 있도다. 아멘.

영혼에 대한

해석

논쟁자 도마의 책
(II, 7)

해제

　「논쟁자 도마의 책」은 부활하신 예수와 그의 형제 유다 도마의 대
화인데, 마티아스(사도 마태?)라는 사람이 그들이 말하는 것을 듣고 기
록했다고 한다. 여기서 부활하신 예수와 대화하는 사람은 구세주의 쌍
둥이 형제인 도마이다. 도마는 "자신을 앎"으로써 저 "만유의 심연"을
알 수 있었는데, 그곳은 구세주께서 나오신 곳이며, 이제 다시 돌아가
시려고 하시는 곳이다. 그리하여 도마는 승천하신 예수의 참된 가르침
을 전하는 전도자가 될 수 있었다. 「논쟁자 도마의 책」은 이렇게 「도마
복음」(II, 2)과 「도마행전」처럼 사도 도마에 관한 전승을 제공하는데,
이 전승은 시리아 에데사(Edessa) 지방의 금욕적 그리스도교에 퍼져
있던 것과 같은 전승이다. 「논쟁자 도마의 책」은 거의 틀림없이 3세기
전반에 시리아에서 작성되었을 것이다.
　「논쟁자 도마의 책」은 몇 줄의 도입부에 이어, 두 개의 주요 부분으
로 나눌 수 있다. 첫 부분은(138:4-142:26) 예수와 도마 사이의 대화로
되어 있으나, 두 번째 부분(142:26-145:16)은 구세주께서 독백으로 하
시는 교훈이다. 글의 마지막에는 제목과 필사자가 쓴 간기(刊記)가 붙

어 있다.

    이 글의 교리는 일관되며 심히 금욕적인데, 불(성적 욕망의 불과 지옥의 징벌의 불)에 대해 경고한다. 이 글은 또 어둠의 세상에 사는 자들의 눈과 마음을 비추시려고 빛의 전령으로 내려오시는 구세주의 참되고 거룩한 빛을 강조한다.

논쟁자 도마의 책

II 138:1-145:19; 145:20-23

주님께서 유다 도마에게 말씀하신 비밀의 말씀을 나 마티아스가 썼나니, 나는 걷고 있다가 그분들이 서로 말씀하시는 것을 들었느니라.

주님께서 말씀하셨느니라. "형제 도마여, 네가 세상에 있는 동안 내 말을 들어라. 내가 네 마음속으로 골똘히 생각하고 있는 것들을 네게 계시해 주리라.

네가 나의 쌍둥이요 참된 동료라고들 하니, 네가 누구이며, 네가 어떻게 존재하고 있으며, 네가 어떻게 존재할 것인지 너 자신이 이해하고 있는지 스스로를 살펴보아라. 네가 나의 형제라고들 하니, 네가 자신에 대해 무지한 것은 합당치 않으니라. 나는 네가 이해했음을 아노니, 너는 내가 진리의 지식임을 이미 이해했기 때문이니라. 그러므로 네가 알지 못하고 있을지라도 네가 나와 함께하는 동안 너는 (사실은) 이미 알게 되었나니, 너는 '자신을 아는 자'라고 불리리라. 왜냐하면 자신을 알지 못한 자는 아무것도 알지 못한 것이나, 자신을 안 자는 동시에 이미 만유의 심연에 대한 지식을 얻은 것이기 때문이니라. 그러므로 나의 형제 도마여, 너는 사람들이 보지 못하는 것을 보았나니, 곧 그들이 무지하여 걸려 넘어지는 그것이니라."

그러자 도마가 주님께 말했느니라. "그러므로 주님께서 승천하시기 전에 제가 묻는 것을 말씀해 주소서. 제가 주님에게 숨겨진 일들에 대해 들어야 저도 그것들에 대해 말할 수 있나이다. 진리는 사람들 앞에서 행하기 어렵다는 것이 제게는 분명하나이다."

주님께서 대답하셨느니라. "만일 네 눈에 보이는 것들이 네게 분명치 않다면, 보이지 않는 일들에 대해 어떻게 듣겠느냐? 세상에서 볼수 있는 진리의 일들을 행하기 어렵다면, 눈에 보이지 않는 높은 곳과 플레로마에 관한 일들은 대체 어떻게 행하겠느냐? 그리고 너희를 어떻게 '일꾼들'이라고 부르겠느냐? 이런 점에서 너희는 초보자요, 아직 높은 완전함을 받아들이지 않았느니라."

그러자 도마가 주님께 대답했느니라. "주님께서 눈에 보이지 않으며 저희에게서 숨겨져 있다고 하신 일들에 대해 저희에게 말씀해 주소서."

주님께서 말씀하셨느니라. "〔인간과〕짐승〔의〕〔모든〕몸은〔불합리하게〕태어났느니라.〔실로〕〔한 생물이...〕식으로 분명하니라. 그러나 위에 있는 것들은 눈에 보이는 것들〔속에서는 보이지 않〕지만 그들의 근원에서는 보이나니, 그들을 양육하는 것은 그들의 열매니라. 그러나 이 가시적인 몸들은 그 몸이 변하므로 자신들과 비슷한 생물들을 먹느니라. 그런데 변하는 것은 부패하고 사라져 그 후로는 생명의 희망이 없나니, 몸은 짐승에게 속하기 때문이니라. 그러므로 짐승의 몸이 사라지듯이 이 피조물들도 사라지리라. 그것들이 짐승들의 몸처럼 성교에서 나오지 않더냐? 만일 (그 몸)도 (성교)에서 나온다면, 그것이 어찌 (짐승들)과 다른 것을 낳겠느냐? 그러므로 너희는 완전해지기까지는 아기들이니라."

그러자 도마가 대답했느니라. "주님, 그러므로 당신께 말씀드리오니, 보이지 않고 설명하기 어려운 일들에 대해 말하는 이들은 밤에 과녁을 향해 화살을 쏘는 이들과 같나이다. 분명히 그들은 다른 이들처럼 화살을 쏘지만—그들이 과녁을 향해 쏘기 때문이니이다— 과녁은 보이지 않나이다. 그러나 빛이 나와서 어둠이 사라지면, 각 사람의 일이 나타나리이다. 그러하오니 주님이시여, 저희의 빛이시여, 당신께서 빛을 비추소서."

예수께서 말씀하셨느니라. "빛이 존재하는 것은 빛 속에서이니라."

도마가 말했느니라. "주님, 인간을 대신해서 빛나는 이 가시적인 빛은 왜 뜨고 지나이까?"

주님께서 말씀하셨느니라. "오, 복된 도마야, 물론 이 가시적인 빛은 너희를 대신해서 빛나느니라─그것은 너희가 여기 머물도록 하기 위해서가 아니라, 너희가 거기서 나오게 하기 위함이니라─ 그리고 선택된 모든 자가 짐승임을 버릴 때 이 빛은 그 본질로 물러갈 것이요, 그 본질은 그것을 환영하리니, 그것이 선한 종이기 때문이니라."

주님께서 계속해서 말씀하셨느니라. "오, 빛의 알 수 없는 사랑이여! 오, 불의 쓰라림이여! 불은 인간의 몸과 그 골수에서 타오르되, 밤낮으로 그 속에서 타오르고, 인간의 사지 속에서 타올라 그들의 마음을 술 취하게〔하고〕, 그들의 영혼을 어지럽게 하며, 그들을 밤〔낮으로〕 남성과 여성 속에서 움직이게 하며, 은연중에 또 드러나게〔움직이는 운동으로〕 그들을 움직이게 하는도다. 남성은〔움직이되 여성 위에서 움직이나니〕, 여성은〔남성〕 위에서 움직이도다. 〔그러므로 말하기를〕 '참된 지혜에서 나오는 진리를 구하는 자들은 누구나 날아오르기 위해 자신을 날개로 만들어 인간의 영혼을 태우는 정욕에서 도망하는도다'라고 하는 것이니라. 그는 모든 가시적인 영에게서 도망치기 위해 자신을 날개로 만들 것이니라."

그러자 도마가 대답했느니라. "주님, 당신 말씀대로 당신께서 저희에게 선하신 분임을 알았으므로 제가 당신께 이것을 여쭙고 있나이다."

주님께서 다시 대답하셨느니라. "그러므로 우리가 너희에게 말할 필요가 있나니, 이것은 완전한 자들을 위한 가르침이기 때문이니라. 이제 네가 완전해지기를 원한다면, 이러한 일들을 관찰할 것이요, 그렇지 않다면 너의 이름은 '무지한 자'이니라. 지혜로운 자는 어리석은 자와 함께 거할 수 없나니, 지혜로운 자는 모든 지혜에서 완전함이라. 그러나 어리석은 자에게는 선악이 같나니,—'선한 자는 진리로 양육받고', '굽이굽이 흐르는 시냇가에서 자라는 나무와 같을' 것임이니라— 날개를 가지고 있으면서도 눈에 보이는 것, 진리에서 먼 것에게 달려드는 자들이 있음을 보노라. 그들을 인도하는 것은 불이니, 그것이 그들에게 진리에 대한 환상을 주고, 〔멸망할〕 아름다움으로 그들을 비추며, 그들을 어두운 달콤함에 가두고, 향기로운 쾌락으로 사로잡으리라. 그리하여 그것이 그들을 만족할 줄 모르는 욕정으로 눈멀게 하고, 그들의 영혼을 태우며, 뽑아낼 수 없도록 가슴에 박힌 말뚝처럼 되리라. 그래서 입에 든 음식물처럼 그것이 제 욕망을 따라 그들을 이끄느니라.

그것이 그들을 자기 사슬로 채웠고, 그들의 사지를 저 눈에 보이는 것들에 대한 욕정이라는 쓰라린 끈으로 묶었나니, 그것들은 멸망하고 변화할 것이요, 충동에 따라 그릇되게 가는 것이니라. 그들은 언제나 아래로 이끌리나니, 그들이 죽임을 당할 때 멸망할 영역에 있는 모든 짐승들과 같아지느니라."

도마가 대답했느니라. "'〔자기〕 영혼을 〔잃을 줄〕 알지 못하는 자들에게도 많은 것이 〔계시되어 있도다〕'라고들 분명히 말하고 있나이다."

〔주님께서〕 대답하셨느니라. "〔진리를 추구한〕 지혜로운 자에게 〔복이 있도다〕. 그가 그것을 발견했을 때 그는 그것에 의해 영원히 안식했으며, 자기를 방해하려 한 자들을 두려워하지 않았느니라."

도마가 대답했느니라. "주님, 저희가 저희 자신에게 속한 것 가운데서 쉬는 것이 좋나이까?"

주님께서 말씀하셨느니라. "그러하니라. 그것이 필요하니라. 사람들 가운데서 눈에 보이는 것들은 해체될 것이므로 그것이 좋으니라. 그들의 육체라는 그릇은 해체될 것임이니라. 그것이 무(無)로 돌아갈 때 그것은 눈에 보이는 것들 가운데, 보였던 것들 가운데 있게 되리라. 그들이 전에 지녔던 믿음에 대한 사랑으로 인해, 그들은 눈에 보이는 것들에게로 다시 모이리라. 그들이 보는 것들은 눈에 보이는 것들에게서 나온 것이 아니니라. 그것들은 처음의 사랑 없이 생에 대한 근심과 불의 타오름 속에서 멸망하나니, 눈에 보이는 것들이 해체될 때까지 잠시 동안에 그러하니라. 그 후에 모양 없는 그림자들이 나타나, 무덤 한가운데에서 영혼의 고통과 부패 속에서 시체들 위에서 영원히 거하리라."

도마가 말했느니라. "이런 일들에 직면하여 저희가 무슨 말을 해야 하나이까? 저희가 눈먼 자들에게 무슨 말을 하리이까? '우리는 선을 행하러 온 것이지 저주하러 온 것이 아니로다'라고 하며, 또〔주장하기를〕'우리가 육체 속에서 태어나지 않았다면〔불의를〕알지 못했을 것이로다'라고 하는 이 비참한 인간들에게 무엇을 가르쳐야 하리이까?"

주님께서 말씀하셨느니라. "진실로 이런 자들은 사람으로 여기지 말고 짐승으로 생각하여라. 짐승이 서로 먹고 먹히듯이, 이런 유의 인간들도 서로 먹고 먹힘이니라. 그러나 그들은〔하늘나라를〕빼앗기나니, 그들이 불의 달콤함을 사랑하고 죽음의 노예가 되어 타락의 일로 달려가는 까닭이니라. 그들은 자기 아비들의 정욕을 충족시키느니라. 그들은 심연에 던져져 자기들의 악한 본성에 의한 쓰라린 고통을 당하리라. 그들은 자신들이 알지 못하는 곳으로 돌진해 가도록 징계를 받으리라. 또 그들은 고통스럽게도 자기들의 사지〔로부터 물러나지 못하고〕절망하리라. 그들은 미치고 정신착란을〔일으켜 이 생에 대한 관심〕으로 기뻐하느니라! 〔어떤 자들은〕〔자기들이 미친 줄〕 알지 못하고 자기들이 지혜롭다고 〔생각하여〕〔이〕 정신착란을 추구하느니라. 〔그들은〕 자기 몸의 아름다움〔에 미혹되었나니〕, 〔마치 그것이 멸망치 않을 듯이〕 생각하느니라. 〔그러나〕 그들은 미친 자들이니, 그들은 자기들의 행위에 사로잡혀 있느니라. 그러나 그것은 그들을 태울 불이니라!"

도마가 말했느니라. "주님, 그들에게 던져진 자는 무엇을 하리이까? 저는 그들이 염려되오니, 그들과 싸우는 자들이 많으니이다."

주님께서 대답하셨느니라. "너는 눈에 보이는 것을 가지고 있느냐?"

유다—도마라고 불리는 자—가 대답했다. "주님, 말씀하실 분은 당신이오며, 저는 들어야 하나이다."

주님께서 말씀하셨느니라. "내가 너에게 말하려는 것에 귀를 기울이고, 진리를 믿어라. 씨 뿌리는 자와 뿌려진 것은 그들의 불 속에서— 불과 물속에서— 해체되리라. 그리고 그들은 어둠의 무덤 속에 숨으리라. 오랜 시간이 지난 뒤 그들은 악한 나무의 열매로 나타나, 벌을 받고, 비와 바람과 공기와 위에서 빛나는 빛들의 부추김을 받은 짐승들과 사람들의 입에 죽임을 당하리라."

도마가 말했느니라. "주님, 주님께서는 저희를 확실히 설득하셨나이다. 저희는 저희 마음으로 알았으며, 그것이 그러함이 분명하오니, 주님의 말씀은 충분하나이다. 그러나 주님께서 저희에게 하시는 이 말씀은 세상이 보기에는 우스꽝스럽고 경멸스러운 것이오니, 사람들이 오해하기 때문이니이다. 그러하오니 저희가 세상〔에서〕 존경받지 〔못할〕 터인데, 저희가 어찌 전도하러 가리이까?"

주님께서 대답하셨느니라. "〔진실로〕 내가 너희에게 이르노니, 〔너희〕 말을 듣고 얼굴을 돌리거나 그것을 비웃거나 이런 일들에 대해 조롱하는 자는 내가 진실로 너희에게 이르노니, 그는 왕으로서 모든 권능들을 다스리는 위에 있는 지배자들에게 넘겨지리니, 그들이 그 사람을 뒤집어 하늘에서 심연으로 던질 것이요, 그는 좁고 어두운 곳에 갇히리라. 더욱이 그는 타르타로스의 커다란 심연과 〔그를〕 괴롭히는 명계(冥界)의 〔심한 고통〕으로 인해 옴짝달싹도 하지 못하리라. 그들은 〔도망치지 못하도록〕 그 속에 〔갇혔나니〕, 그들의 〔미침〕은 용서받지 못하리라. 〔또한〕 너희를 쫓아〔올 지배자들이 그들을〕 천사 타르타로우코스〔에게〕 넘기리니, 〔그가〕 불〔채찍을 들고〕, 불매를 〔가지고〕 그들을 뒤쫓으리니, 그것이 쫓기는 자의 얼굴에 불꽃을 소나기처럼 쏟아붓는 것이라. 그가 서쪽으로 도망치면 불을 만날 것이라. 그가 남쪽으로 돌아서도 거기서도 불을 볼 것이라. 그가 북쪽으로 향하면 쉿쉿거리는 불의 위협이 다시 그를 맞을 것이라. 그는 동쪽으로 도망쳐서 구원받고자 하여도 그러지 못하리니, 그가 몸속에 있던 날에 그 길을 찾지 못했으므로, 그는 심판날에 그것을 찾을 것이라."

그리고는 주님께서 계속하여 말씀하셨느니라. "너희, 희망 없는 불경한 자들에게 화가 있으리니, 너희가 일어나지 않을 일들을 의지하는도다!

너희 안에서 타오르는 불로 인하여 너희에게 화가 있으리니, 그것은 만족할 줄 모르기 때문이로다!

너희 마음속에서 도는 수레바퀴로 인하여 너희에게 화가 있도다!

너희 안에 있는 불타오름으로 인하여 너희에게 화가 있나니, 그것이 공개적으로 너희를 삼키고 은밀하게 너희 영혼을 찢으며, 너희 동료를 위해 너희를 준비시키기 때문이로다!

포로된 자들이여, 너희에게 화가 있나니, 너희가 동굴에 묶여 있음이라! 너희는 웃으라! 미친 웃음 속에서 즐거워하라! 너희는 자신의 파멸도 깨닫지 못하고, 자신의 상황도 돌아보지 않으며, 자신이 어둠과 죽음 속에 거하고 있음도 이해하지 못하였도다! 거꾸로 너희는 불에 취하고, 쓴맛으로〔가득 찼도다〕. 너희는 너희〔안에 있는 불타오름〕으로 인해 미쳤나니, 너희 원수들이 너희를 치는 왕관이 너희에게는 달콤하구나! 너희를 위해 어둠이 빛처럼 일어났나니, 너희가 노예됨을 위해 자신의 자유를 버렸음이라! 너희는 자기 마음을 어둡게 하고, 너희 생각을 어리석음에 내어 주었으며, 너희 생각을 너희 안에 있는 불의 연기로 가득 채웠도다! 그리하여 너희의 빛은〔어둠의〕구름 속에 가리웠으며, 너희는〔속임에 빠져〕너희를 덮은 옷을〔추구하였고〕,〔너희는〕존재하지 않는〔희망에〕사로잡혀 있도다. 그러니〔너희가〕누구를 믿은 것이냐?〔너희는〕모두〔너희가〕〔희망이 없는 것처럼〕너희 자신을〔저주하기를 원하는〕자들 가운데 거하고 있음을〔알지 못하느냐〕? 너희는 어둠의 물속에서 자신의 영혼에 세례를 주었도다! 너희는 자신의 변덕스러움을 따라 걸었도다!

만유를 심판하고 내려다보는 태양이 원수들을 노예로 삼기 위해 만물의 주위를 돌리라는 것을 알지 못하고, 오류 속에 거하는 너희에게 화가 있도다. 너희는 달이 밤낮으로 너희 육신을 내려다보고 바라본다는 것조차 주의하지 아니하였도다!

여인들을 가까이하고 그들과 더러운 성교를 나눈 것을 자랑하는 너희에게 화가 있도다!

너희 육신의 힘으로 인해 너희에게 화가 있나니, 그것이 너희를 괴롭힐 것임이라!

악령들의 세력으로 인해 너희에게 화가 있도다!

자기 사지를 불로 미혹시키는 너희에게 화가 있도다! 너희에게서 나오는 많은 불과 너희의 불타오름을 끄기 위해 너희 위에 신선한 이슬을 쏟아 내릴 자가 누구냐? 너희 안에 있는 어둠을 몰아내고, 그 어둠과 더러운 물을 숨기기 위해 너희 위에 태양이 비치게 할 자가 누구냐?

해와 달이 공기와 영과 흙과 물과 함께 너희에게 향기를 주리라. 이 육체들 위에 태양이 비치지 않으면, 그것들은 잡초처럼 시들어 죽을 것임이니라. 만일 태양이 (잡초) 위에 비치면, 그것이 포도나무를 이겨 그것을 시들게 하리라. 그러나 만일 포도나무가 이겨 그 잡초와 그 곁에 자라는 다른 모든 잡목에 그늘을 드리우고 〔뻗어나가〕 무성해지면, 그것만이 자기가 자라는 땅을 이어받아 자기가 그늘을 드리운 모든 땅을 지배하느니라. 그 다음에 그것이 자라면, 그것은 온 땅을 지배하고, 그 주인을 위해 풍성해져서 주인을 더욱 기쁘게 하나니, 그가 이 식물들을 뿌리 뽑기까지 그것들로 인해 많은 수고를 했을 것임이니라. 그러나 포도나무만이 그것들을 제거하고 시들게 했나니, 그것들이 죽어 흙과 같이 되었도다."

예수께서 계속 말씀하셨느니라. '〔너희에게 화가 있나니〕, 너희가 가르침을 받아들이지 않았음이라. 〔무지한〕 자들이 〔너희 대신에〕 힘써 전파하리니, 〔너희는〕 〔방탕함〕으로 달려가고 있도다. 〔그러나〕 너희가 날마다 죽인 〔모든 이를 구하〕려고 보냄을 〔받은 이들이 있나니〕, 이는 그들을 죽음에서 부활하게 하려는 것이라.

걸려 넘어지게 하는 돌을 미리 알고, 낯선 것들에게서 도망치는 너희는 복이 있도다.

주님께서 그들에 대해 지니신 사랑으로 인해, 욕먹고 존경받지 못하는 너희는 복이 있도다.

희망 없는 자들에게 억압받고 우는 너희는 복이 있나니, 너희가 모든 구속에서 해방될 것이라.

너희가 육체를 벗어나 이 생의 쓰라림이라는 굴레에서 벗어나도록 주의하고 기도하여라. 너희가 기도할 때 안식을 발견하리니, 너희가 고통과 치욕을 떠났음이니라. 너희가 육체의 고통과 욕망에서 벗어날 때 너희는 선한 분에게서 오는 안식을 얻을 것이며, 왕과 함께 다스리리니, 이제부터 영원무궁토록 너희는 그분과 연합하며, 그분은 너희와 연합하였도다. 아멘."

완전한 자들에게 쓰는
논쟁자 도마의 책

＊ ＊ ＊ ＊ ＊

내 형제들이여, 너희 기도 〔가운데〕
나를 기억하라.
성도들과 영에 속한 자들에게
평화가 있기를.

이집트인들의 복음
(III, 2와 IV, 2)

해제

　　『나그함마디 문서』에 두 개의 판본이 들어 있는 이른바「이집트인들의 복음」은 잘 알려져 있는 외경 문서인「이집트인들의 복음」과는 무관하다.「보이지 않는 위대한 영의 거룩한 책」이라는 또 다른 제목이 붙어 있는 이 콥트어「이집트인들의 복음」은 신화적 영지주의를 대표하는 밀교의 문서이다. 사실 이 글은 셋(Seth) 종파의 영지주의자들[1]이 자신들의 구원사(救援史)를 서술해 놓은 글이라 할 수 있다.「이집트인들의 복음」의 저자는 신화에 나오는 천상의 셋이라고 전해진다. 영지주의자들의 주장에 따르면 셋은 최초의 아버지의 씨앗의 조상이 되었으므로, 최초의 아버지께서 그에게 이 거룩한 책을 쓰도록 영감을 주셨다고 하는 것은 합리적인 주장이다.

　　이 글은 네 개의 주요 부분으로 나뉜다. 첫 번째 부분(III 40:12-55:16 ~IV 50:1-67:1)은 천상세계의 기원을 다루고 있다. 즉, 초월적인 보이지 않는 위대한 영으로서 홀로 높은 곳에 계시는 지고하신 하나님에게

---

[1] 아담의 세 번째 아들 셋(Seth)을 영지주의적 계시의 중심인물로 보는 영지주의 일파.

서, 아버지와 어머니 바르벨로와 아들의 권능의 삼위일체로부터 시작해서 천상의 권능들의 플레로마를 거쳐 아다마스(Adamas)의 위대한 아들이요 불멸의 종족의 아버지이자 구원자인 셋에 이르기까지 영광의 존재들이 전개되어 방사된다. 두 번째 부분(III 55:16-66:8~IV 67:2-78:10)은 셋 종족의 기원과 보존과 구원을 논하고 있다. 사클라스와 아르콘들의 교만과 적대 행위 때문에 셋이 하늘에서 나와 예수를 옷으로 입고, 그의 자녀들을 위해 구원 사역을 성취한다는 것이다. 세 번째 부분(III 66:8-67:26~IV 78:10-80:15)은 찬송의 성격을 지닌 것이고, 네 번째 부분(III 68:1-69:17~IV 80:15-81의 끝)은 셋 종파의 기원과 이 글을 전해 준 일에 대한 결론적인 설명이 들어 있다.

「이집트인들의 복음」은 셋의 생애를 신약성서의 복음서들이 예수의 생애를 선포하고 있는 것과 비슷하게 보여 준다. 여기서는 그의 씨앗의 기원, 천상의 권능들이 그의 씨앗을 보존한 이야기, 셋이 세상에 옴, 특히 세례를 통한 그의 구원 사역이 찬가와 함께 선포되고 있다.

이집트인들의 복음

III 40:12-44:28 / IV 55:20-60:30 / III 49:1-69:20

〔이집트인들의〕〔거룩한〕책은 보이지 않는 위대한〔영〕에 관한 것이니, 그분은 그 이름을 말할 수 없는 아버지이시며,〔완전함〕의 높은 곳에서 나〔오신 분〕이시요,〔빛의 에온들〕의 빛 중의 빛이시며, 섭리〔의 침묵〕의 빛이시요, 침묵의 아버지이시며, 말씀과 진리의〔빛〕이시요, 불멸〕의 빛이시며, 무한한 빛이시요, 나타낼 수 없고 표현할 수 없으며 나이가 없고 선포할 수 없는 아버지의 빛의 에온들로부터 나오신 광휘요, 에온들 중의 에온이시며, 아우토게네스[2]요, 스스로 태어나셨으며, 스스로 낳으시며, 낯선 분이시요, 참으로 진실한 에온이시니라.

그분에게서 세 권능이 나왔나니, 그분들은 아버지, 어머니, (그리고) 아들이신데, 살아 계신 침묵에서 나오셨고, 불멸의 아버지께로부터 나왔느니라. 이들은 알 수 없는 아버지의 침묵〔에서〕나왔느니라.

〔그리고〕그곳으로부터 에온들 중의〔에온〕이요,〔그〕권능들의 각각〔의 빛〕인 도메돈 독소메돈이 나왔느니라.〔또〕그리하여 아들이 네 번째로 나왔고, 어머니께서〔다섯 번째로, 아버지께서〕여섯 번째로 나오셨느니라. 그는〔...〕이나 알려지지 않은 분이셨느니라. 모든〔권능들〕과 영광들과〔불멸들〕사이에 알려지지 않은 분이〔그분이시니라〕.

---

[2] Autogenes. 그리스어로 '스스로 나신 분'의 뜻.

그곳으로부터 세 권능이 나[왔으니], [아버지께서] 자신의 섭리로 자신의 품에서 침묵 가운데 [내신] 세 오그도아드[3], 즉 아버지와 어머니(와) 아들이니라.

〈첫 번째〉 오그도아드로 인해 3중으로 남성인 아이가 나왔는데, 그분은 생각이시고, 말씀이시며, 불멸이시며, 영원한 [생명]이시며, 의지이시며, 마음이시며, 예지이시며, 남녀 한몸이신 아버지이시니라.

두 번째의 오그도아드-권능은 어머니이신 처녀 바르벨로 에피티티오크[...]아이, 메메네아이멘[...] 하늘을 다스리시는 [...], 카르브[...] 해석할 수 없는 권능, 형언할 수 없는 어머니이시니라. [그녀는] 자신에게서 [나왔으며 ...]. 그녀는 나왔느니라. [그녀는] 침묵하시는 [침묵이신] 아버지와 한마음이었느니라.

세 번째 오그도아드-[권능]은 [침묵하시는 침묵]의 아들이시며, 침묵하시는 침묵의 왕관이시며, 아버지의 영광이시며, [어머니의] 덕성이시니라. [그분은] 가슴으로부터 일곱 목소리의 위대한 빛의 일곱 권능을 내시나니, 그 말씀은 그들의 완성[이니라].

이들이 아버지께서 자신의 섭리를 [통해] 자신의 가슴에서 내신 세 [권능들]이시요, 세 오그도아드이시니라.

에온들 중의 에온이시며, 그분 안에 있는 [보좌]이시며, 그분을 [둘러싸고 있는] 권능들과 영광들과 [불멸들]이신 도메돈 독소메돈이 나오셨느니라. 침묵으로부터 [나오신] 위대한 빛의 아버지이신 그분은 [3중의] 남성인 아이가 안식하고 있는 [위대한] 독소메돈-에온이시니라. 그리고 그분의 [영광]의 보좌는 [그것 안에] 놓여 있는데, [그] 위에는 그분의 알 수 없는 이름이 [새겨져 있고], 탁자 위에는 [...] 하나

---

[3] the three ogdoads. '오그도아드'는 '여덟 세계'라는 뜻, 즉 '여덟이 하나인 존재'.

는 말씀이시요, 만유의 [빛의 아버지]이신 그분은 침묵에서 [나오셨]으나, 그분은 침묵 가운데 쉬고 계시며, 그분의 이름은 [보이지 않는] 상징[이니라]. 숨겨져 있고 [보이지 않는] [하나의] 신비가 나왔느니라. 이이이이이이이이이이이이이이이이이이이[이이이] 에에에에에에에에에에에에에에에에에에에에에에에[에에⁴ 오] 오 우우[우우우]우우우우우우우우우우우 우우우우우우 에에에에에에에에에에에에에에에에에에에에에에에⁵ 아아아아아아아[아아아아]아아아아아아아아아아아 오 오 오 오 오 오 오 오[오오]오오오오오오오오오오오.⁶

그리고 [이]렇게 세 권능은 [위대하시고] 보이지 않으시고, 이름할 수 없고, 처녀이시며, 이름할 수 없는 영과 [그분의] 남성인 처녀께 찬양을 드렸느니라. 그들은 [하나의] 권능을 요청했느니라. 살아계신 침묵의 침묵께서 나오셨나니, 말하자면 [... 위에] 추가된 수만(數萬)의 [에온들 ...] 에온들 안에 있는 [영광들]과 불멸들 [...] 세 남성들과 [세] 남성 후손들과 [남성] 종족들(IV 55:5-7에 덧붙이기를, [아버지의 영광들과] 위대하신 [그리스도와] 그 남성 자녀들의 영광들과 그 [종족들])이 저 위대한 독소메돈-[에온을] [온 플레로마]의 말씀의 권능[으로] 가득 채웠느니라.

그때 보이지 않는 [위대한] 영께서 기름 부으신 [위대하신] 그리스도[의] 3중의 남성인 [아이]—[그의] 권능이 아이논[이라고 불린] 자—가 보이지 않는 위대한 영[과 그의] 남성 처녀인 요엘[과], 침묵하시

---

⁴ 이 '에'는 하나하나의 음절이 모두 장음임.
⁵ 이 '에'는 하나하나의 음절이 모두 단음임.
⁶ 이 '오'는 하나하나의 음절이 모두 장음임. 이러한 소리는 모두 마법적인 주문이다. 이것은 영지주의적인 내용을 지닌 마법의 파피루스에서도 볼 수 있다.

는 침묵의 침묵과 형언할 수 없는 〔...〕 그〔위대함〕을 〔찬양〕했느니라. 형언할 수 없는 〔...〕 대답할 수 없고 해석할 수 없는 〔...〕, 최초로 〔나타나신〕 분, 선포할 수 없는 분, 놀라운 〔...〕 형언할 수 없는 〔...〕, 그〔곳〕에서 침묵〔의〕 침묵〔의〕 위대함〔의〕 위대함을 모두 지니신 분〔...〕. 3중의 〔남성인 아이〕가 찬양을 드리고, 〔위대하시고, 보이지 않으시며, 처녀인〕 영께 〔한 권능을 달라고〕 요청했느니라.

그러자 〔그〕곳에 〔남성〕 처녀인 〔요우엘이신〕 침묵의 〔...〕에 〔... 보이지 않는〕 신비 속에 있는 〔영광들 ...〕 보물들을 보는 〔...〕하는 〔...〕가 나타났느니라.

그때 〔그〕 아이의 〔아이인〕 에세페크가 〔나타났느니라〕.

그래서 〔이와 같이〕 〔아버지〕와 어머니와 〔아들〕과 〔다섯〕 인장(印章), 모든 불멸의 존재의 위대한 〔그리스도이신〕 정복될 수 없는 권능이 완성되었느니라. 〔...〕 거룩한 〔...〕 그 마지막 〔...〕, 〔그〕 불멸의 〔...〕 그리고 〔...〕, 그들은 권능들〔과 영광들과〕 불멸들 〔...〕 그들은 〔...〕 나왔느니라. 이 존재는 드러날 수 없고 숨겨져 있는 〔신비〕에게 찬양을 드렸으며, 〔... 그〕 숨겨진 〔...〕 속에 있는 그를 〔... 그리고〕 그 에온들 〔...〕 보좌들 〔...〕, 〔...〕 그리고 각자가 〔...〕 〔그들〕 주위의 수를 셀 수 없이 많은 〔권능들〕, 〔영광들〕과 불멸들 〔...〕 그리고 그들은 〔...〕 아버지〔와〕 〔어머니와〕 아들과 내가 전에 〔말한〕 온 〔플레로마와〕, 다섯 인장〔과 신비들의〕 신비〔의 ...〕. 그들은 〔...을〕 다스리는 〔... 나타났으며 ...〕 〔...의〕 에온들 〔... 참으로〕 진실로 〔...〕 그리고 그 〔...〕 영원한 〔...〕 그리고 그 〔진실로〕 참으로 〔영원한〕 에온들 〔...〕.

그때 〔프로노이아가 침묵〕과 영〔의 살아 있는 침묵과〕, 아버지〔의〕 말씀과 〔하나의〕 빛〔에서 나왔느니라〕. 〔그녀는〕 〔아버지께서〕 자신의 가슴에서 〔내신〕 〔다섯〕 인장들 〔...〕 그리고 그녀는 내가 전에 말한 모든 에온들을〔통과해〕지나갔느니라. 그리고 그녀는 영광의 보좌들〔과〕 그것들을 에워싸고 있는 수〔없이 많은〕천사와〔권능들과 불멸의〕영광들을 굳건케 했나니, 그들은 아버지와〔어머니와〕아들〔께〕〔찬송하고〕찬양을 드렸는데, 모두〔한목소리〕로 일치하여, 결코 침묵하지 않는〔한 ... 목소리〕로 찬양을 드렸느니라.〔... 그리고 내가 전에〕말한〔모든〕플레로마〔...〕 그는〔위대하신〕그리스도시요,〔침묵〕에서 나오신 분이시며,〔불멸의〕아이인 텔마엘 텔마카엘〔엘리엘리〕마카르 마카르〔셋〕요, 참으로 진실하게 살아 계신 권능이시요,〔그리고〕〔그분〕안에 계신 남성인〔처녀〕요우엘〔과〕영광을 지닌 자요, 아이의〔아이〕요, 그의 영광〔의 왕관〕인 에세페크〔...〕 다섯 인장의〔...〕,〔내가 전에 말한〕플레로마〔...〕.

거기에 위대하시고 스스로 태어나신 살아 계신〔말씀이 나왔나니〕, 그는 참된〔신〕이시요, 태어나지 않은 피지스(자연)이시라, 내가 그 이름을 말하리니,〔...〕아이아〔...〕타오토스트〔...〕요,〔위대하신〕그리스도의 아들〔이시요〕, 형언할 수 없는 침묵〔의〕아들이시요, 보이지 않고 불멸이신 위대한〔영〕에게서 나오신 분이니라. 그 침묵과 침묵의〔아들〕이 나타나〔... 보이지 않는 ... 인간과〕그의 영광〔의〕보화〔...〕.〔그때〕그가 계시된〔...〕속에서 나타났느니라. 그리고 그는 네〔에온〕을〔세웠느니라〕.〔그는〕한마디 말씀으로 그것들을 세웠느니라.

그때 그〔곳에서(또는 으로부터)〕위대한 빛〔의〕구름이시요, 살아 계신 권능이시요, 거룩하고 불멸인 자들의 어머니이신, 저 위대한 권능 미로토에가 나오셨느니라. 그리고 그녀는 한 분을 낳았으니, 내가 그 이름을 말하자면, 이엔 이엔 에아 에아 에아를 세 번 말하는 것이니라.

이분〔아다마스〕는〔빛으로부터〕발산된〔빛〕이시니, 그분은〔빛〕의 눈이시니라. 왜냐하면〔이분이〕최초의 인간〔이시며〕, 모든 것이 그분을 통해, 그분을 향해 생성되었으며, 그분이 없이는 아무것도 생성되지 않았기 때문이니라. 그 알 수 없고 이해할 수 없는 아버지께서 나오셨느니라. 그분은 결핍을 없애기 위해 위로부터 내려오셨느니라.

그때 위대한 로고스와 거룩하신 아우토게네스와 저 불멸의 인간인 아다마스가 서로 뒤섞였느니라. 인간의 로고스가 나타났느니라. 그러나 그 인간은 말씀을 통해 존재하게 되었느니라.

그는 위대하시고, 보이지 않으시며, 이해할 수 없는 처녀의 영과 남성인 처녀와 3중의 남성인 아이와 남성인 [처녀] 요우엘과 영광의 담지자요 아이의 아이요 그의 영광의 왕관인 에세페크와 위대한 독소메돈-에온과 그분 안에 있는 보좌와 그분을 둘러싸고 있는 권능들과 영광들과 불멸들과 내가 전에 말한 온 플레로마와 하나님을 영접하는 자인 에테르의 땅을 찬양했나니, 그 땅에서는 위대한 빛의 거룩한 인간들, 침묵하시며 살아 계신 침묵의 아버지, 내가 전에 말한 아버지와 온 플레로마의 인간들이 모양을 받느니라.

저 위대하신 로고스와 거룩하신 아우토게네스와 불멸의 인간이신 아다마스가 찬양하고, 네 에온의 완성을 위해 아우토게네스에게 한 권능과 영원한 힘을 주시기를 청했나니, 이는 그들을 통해 거기에 밤의 형상인 세상에 오실, 위대한 빛의 거룩한 인간의 보이지 않는 아버지의 영광과 권능이 [...] 나타나게 하려는 것이었느니라. 저 불멸의 인간인 아다마스가 그들을 위해 자기에게서 한 아들이 나오게 해 주시기를 청했나니, 이는 그(아들)가 부동(不動)이자 불멸의 종족의 아버지가 되어, 그것(그 종족)을 통해 침묵과 목소리가 나타나고, 그것을 통해 죽은 에온이 일어나 해체되도록 하려는 것이었느니라.

그리하여 거기에 위로부터 위대한 빛의 권능인 프로파네이아[7]가 나왔느니라. 그녀가 위대한 네 빛을 낳으니, 그들이 하르모젤, 오로이아엘, 다비테, 엘렐레트요, 또 불멸의 인간인 아다마스의 아들인 저 위대한 불멸의 셋이 나왔느니라.

이리하여 숨겨진 신비 속에 존재하는 완전한 일곱이 완성되었느니라. 그녀가 그〔영광을〕〔영접할〕 때 그녀는 열 하나의 오그도아드[8]가 되느니라.

그래서 아버지께서 승낙하시는 뜻으로 머리를 끄덕이셨고, 빛의 플레로마 전체가 심히 기뻐했느니라. 거룩하신 아우토게네스의 오그도아드를 완성하기 위해 그들의 배우자들이 나왔나니, 첫 번째 빛인 하르모젤의 은혜, 두 번째 빛인 오로이아엘의 인식, 세 번째 빛인 다비테의 이해, 네 번째 빛인 엘렐레트의 신중이 그들이니라. 이것이 거룩하신 아우토게네스의 최초의 오그도아드이니라. 그러자 아버지께서 승낙하는 뜻으로 머리를 끄덕이셨고, 빛의 플레로마 전체가 심히 기뻐했느니라. 그〈우두머리들〉이 나왔나니, 첫째인 첫 번째의 위대한 빛인 하르모젤(의) 위대한 가말리엘과 두 번째의 위대한 빛인 오로이아엘(의) 위대한 가브리엘과 위대한 빛 다비테의 위대한 살모와〔위대한 빛인〕 엘렐레트의 위대한 아브라삭스니라. 그리고 아버지의 선하신 기쁨의 뜻에 의해 이들의 배우자들이 나왔으니, 첫째인 위대한 자 가말리엘의 기억과 둘째인 위대한 자 가브리엘의 사랑과 세 번째 존재인 위대한 살모의 평화와 네 번째인 위대한 자 아브라삭스의 영원한 생명이니라. 이리하여 다섯 오그도아드가 설명할 수 없는 권능으로서 완성되었나니, 전체가 40이었느니라.

그때 위대하신 로고스와 아우토게네스와 네 빛의 플레로마의 말씀이 위대하시고 보이지 않으시며 이름 부를 수 없는 처녀의 영과 남성

---

7 Prophaneia. 그리스어로 '현현'(顯現)의 뜻.
8 Ogdoad. 여덟이면서 하나로 존재하는 존재. 여덟 번째 세계를 뜻하는 경우도 있음.

인 처녀와 위대하신 독소메돈-에온과 그들 속에 있는 보좌들과 그들을 둘러싸고 있는 권능들과 영광들과 권위들과 권능들〈과〉, 3중의 남성인 아이와 남성인 처녀 요우엘과 영광을 지닌 자요 아이의 아이이며 〔그의〕 영광의 왕관인 에세페크와 온 플레로마와 거기 있는 모든 영광과 무한의 플레로마들〈과〉 이름 붙일 수 없는 에온들을 찬양했나니, 이는 그들이 아버지를 불멸의 종족과 함께하시는 네 번째 분이라고 이름하고, 아버지의 씨앗을 위대하신 셋의 씨앗이라고 부르기 위해서였느니라.

그때 모든 것이 흔들리고, 떨림이 불멸의 존재들을 사로잡았느니라. 그리고 3중의 남성인 아이들이 위로부터 나와 태어나지 않은 자들과 스스로 태어난 자들과 태어난 것 속에서 태어난 자들 속으로 나타났느니라. 위대함이 나타났나니, 위대하신 그리스도의 온전한 위대함이니라. 그분은 영광 속에 수없이 많은 보좌를 두셨으며, 그것들 주위에 있는 네 에온 속에 수없이 많은 권능과 영광과 불멸을 두셨느니라. 그들은 이런 방식으로 나왔느니라.

그리고 불멸의 영적인 교회가 증가하여 진리의 하나님이신 위대하시고 살아 계신 아우토게네스의 네 빛 속에서, 아버지와 어머니와 아들과 내가 〈전에〉 말한 대로, 온 플레로마께 한목소리로 일치하여 쉬지 않는 한 입으로 찬양하고 노래하고 영광을 드렸느니라. 무수한 것들을 소유하고 있는 다섯 인장과 에온들을 다스리는 이들과 지도자들의 영광을 간직하고 있는 이들이 자격 있는 자들에게 계시하라는 명령을 받았느니라. 아멘.

그때 불멸의 인간인 아다마스의 아들인 위대한 셋이 위대하시고 보이지 않으시고 부를 수 없고 이름할 수 없는 처녀 영과 〈남성인 처녀와 3중의 남성인 아이와 남성인〉 처녀 요우엘과 영광을 지닌 자요 그의 영광의 왕관이요 아이의 아이인 에세페크와 위대하신 독소메돈-에온과 내가 전에 말한 플레로마께 찬양을 드리고, 자신의 씨앗을 달라고 청했느니라.

그때 그곳에서 위대한 빛의 위대한 권능인 플레시테아, 천사들의 어머니, 빛들의 어머니, 영광스런 어머니, 네 짐승과 함께 계신 처녀가 나와 샘인 고모라와 그녀 안에 있는 고모라의 샘의 열매인 소돔으로부터 열매를 가져오셨느니라.

그때 위대한 셋이 불멸의 아이에 의해 자신에게 허락된 그 선물에 대해 기뻐했느니라. 그는 네 짐승과 함께 있는 그녀, 그 처녀에게서 자신의 씨앗을 가져다가, 세 번째의 위대한 빛인 다비테 안에 있는 네 번째 에온 속에(또는 IV 68:3; 네 에온〔속에〕) 그와 함께 그것을 두었느니라.

5천 년 후 위대한 빛 엘렐레트가 말했느니라. "누군가 혼돈과 하계를 다스리게 하라." 그러자 물질적인 소피아〔라는 이름을 가진〕 구름 하나가 나타났느니라. 〔… 그녀는〕〔혼돈〕의 영역들을 내다보았고, 그녀의 얼굴은 〔…〕 같았는데, 그녀의 형상 〔속에서 …〕 피 〔…〕. 그러자 〔위대한〕 천사 가말리엘이 〔위대한 빛인〕 오로이아엘의 대행자인 〔위대한 가브리엘에게〕 말했나니, 〔그가〕 "혼돈〔과 하계를〕 다스리〔도록〕〔한〕 천사가 나오게 하라"고 말했느니라. 그때 그 구름이 두 개의 단자(單子) 속에서 〔흔쾌히 나왔나니〕, 그 각각의 〔단자는〕 빛을 〔지니고 있었느니라〕. 〔…〕 그녀가 〔위에 있는〕 구름 속에 둔 〔그 보좌…〕. 〔그때〕 위대한 〔천사〕 사클라가 〔자신과 함께 있는〕 위대한 악마 〔네브루〕엘을 〔보았느니라〕. 그리고 그들은 〔함께〕 지상의 낳는 영이 되었느니라. 〔그들은〕 보조하는 천사들을 〔낳았느니라〕. 사클라가 거대한 〔악마 네브〕루엘에게 〔말했느니라〕. "〔그 …〕 속에 열두 에온이 존재하게 하여,

〔…〕에온, 세상들〔…"…〕위대한 천사〔사클라가〕아우토게네스의 뜻에 의해 말했느니라. "〔…〕일곱 수의〔…〕가〔있〕으라." 그리고 그는〔위대한 천사들〕에게 말했느니라. "가서 너희〔각자가〕자신의〔세계를〕다스리라." 〔이〕열두〔천사〕각자가〔나〕갔느니라. 〔첫 번째〕천사는 아토〔트〕⁹이니라. 〔그는〕인간들의〔위대한〕세대들이〔…〕라고 부르는〔자이니라〕. 두 번째는 하르마스¹⁰이니, 〔불의 눈이니라〕. 세 번째는〔갈릴라¹¹이니라〕. 네 번째는 요벨¹²이니라. 〔다섯 번째는〕아도나이오스¹³〔이니〕, 사바오트라고〔불리느니라〕. 여섯 번째는〔카인이니〕, 인간들〔의 위대한 세대들은〕그를 태양이라고 부르느니라. 〔일곱 번째는 아벨이니라〕. 여덟 번째는 아키레시나¹⁴니라. 〔아홉 번째는 유벨¹⁵이니라〕. 열 번째는 하르무〔피아엘〕¹⁶이니라. 열한 번째는 아르키〔르-아도닌〕¹⁷이니라. 열두 번째는〔벨리아스¹⁸니라〕. 〔이들이〕하계〔와 혼돈을〕다스리는 자들〔이니라〕.

그래서 사클라는〔세상의〕기초를 놓은 뒤에 자신의〔천사들〕에게, "나, 나는〔질투하는〕하나님이니, 내가 없었다면 아무것도〔존재하지 못했느니라〕" 하고 말했나니, 이는〔그가〕자신의 본질을 믿었기〔때문이니라〕.

---

⁹ Ath〔oth〕.

¹⁰ Harmas.

¹¹ 〔Galila〕.

¹² Yobel.

¹³ Adonaios.

¹⁴ Akiressina.

¹⁵ 〔Yubel〕.

¹⁶ Harm〔upiael〕.

¹⁷ Arch〔ir-Adonin〕.

¹⁸ 〔Belias〕.

그때 높은 곳에서 한 목소리가 나와 말했느니라. "사람이 계신다 그리고 사람의 아들이." 위에 있는 형상이 내려옴으로써 최초의 피조물이 창조되었나니, 그 형상은 형상의 하늘에 있는 목소리와 같았으며, 그 목소리는 위에 있는 형상이 밖을 내다봄을 통해 밖을 내다본 것이니라.

이로 인해 메타노이아[19]가 존재하게 되었느니라. 그녀는 아버지의 뜻과 그분의 허락에 의해 자신의 완성과 자신의 권능을 받았으며, 아버지께서는 위대한 셋의 위대하고 강력한 인간들의 위대하고 불멸이며 부동인 종족을 허락하셨나니, 이는 그분께서 존재하게 된 에온들 속에 그것을 씨 뿌려, 그녀(메타노이아)를 통해 결핍이 채워지게 하시려는 것이었느니라. 왜냐하면 그녀는 위로부터 밤의 형상인 세계로 내려왔기 때문이니라. 그녀가 왔을 때 그녀는 이 에온의 아르콘들의 씨앗과 그로부터 나온 권위들(의 회개를) 위해 기도했느니라. 그들은 악마를 낳는 신의 파괴될 (씨앗)과 아담과 태양과 같은 위대한 셋의 씨앗을 더럽혔느니라.

그때 위대한 천사 호르모스가 로고스를 낳는 거룩한 그릇 속에 이 에온의 타락한 씨앗의 처녀들을 통해, 성령을 통해 위대한 셋의 씨앗을 준비하려고 왔느니라.

그때 위대한 셋이 그의 씨앗을 가져왔느니라. 그리고 존재하게 된 에온들 속에 그것을 뿌렸는데, 그들의 수는 소돔의 수만큼이었느니라. 어떤 이들은 소돔이 위대한 셋의 목장이며, 그것이 고모라라고 말하느니라. 그러나 다른 이들은 위대한 셋이 자신의 식물을 고모라에서

---

[19] metanoia. 그리스어로 '회개'의 뜻. 그런데 앞에서 나온 '섭리'인 프로노이아(pronoia)는 '앞의'(pro) '생각'(noia)이라는 뜻이고, 여기의 메타노이아는 '뒤의'(meta) '생각'이라는 뜻이므로, 발생 순서상으로도 적합한 명칭이다.

가져다가 그것을 두 번째 장소에 심고, 그곳에 소돔이라는 이름을 주었다고 (말하느니라).

이것이 에도클라를 통해 나온 종족이니라. 왜냐하면 그녀가 말씀을 통해 진리와 정의를 낳았나니, 그것은 자신들의 방사에 대한 지식으로 인해 보존할 자들에게 있는 영원한 생명의 씨앗의 기원이기 때문이니라. 이것이 세 세계를 통해 세상에 나온 위대하고도 불멸인 종족이니라.

그리고 에온의 종말에 대한 전형으로서 홍수가 왔느니라. 그러나 그것은 이 종족 때문에 세상에 보내질 것이니라. 지상에 큰불이 일어나리라. 그리고 예언자들과 그 종족의 생명을 지키는 수호자들을 통해 그 종족에 속한 자들에게 은총이 있으리라. 이 종족들로 인해 기근과 전염병이 일어나리라. 이 종족들로 인해 유혹이 올 것이며, 거짓 예언자들의 속임수가 오리라.

그때 위대한 셋이 악마의 활동과 그의 수많은 변장술과 불멸이며 부동의 종족에게 행할 그의 음모와 그의 권능들과 그의 천사들이 행할 박해와 그들이 자신들에 대항해서 행한 오류를 보았느니라.

그때 위대한 셋은 위대하고 이름 부를 수 없는 처녀 영과 남성인 처녀 바르벨론과 3중의 남성인 아이 텔마엘 텔마엘 헬리 헬리 마카르 마카르 셋과 진실로 참으로 살아 있는 권능과 남성 처녀인 요우엘과 영광을 지닌 자인 에세페크와 그의 영광의 왕관과 위대한 독소메돈-에온과 그 안에 있는 보좌들과 그들을 둘러싸고 있는 권능들과 내가 전에 말한 바와 같이, 온 플레로마에게 찬양을 드렸느니라. 그리고 그는 자신의 씨앗에 대한 보호를 요청했느니라.

그때 그 위대한 에온들로부터 위대한 아에로시엘과 위대한 셀메켈과 함께 4백의 에테르적 천사가 나왔으니, 진리와 정의의 때와 순간으로부터 그 에온들과 그 아르콘들, 즉 위대한 심판관들이 사형선고를 한 자들의 종말에 이르기까지, 위대한 불멸의 종족과 그 열매와 위대한 셋의 위대한 인간들을 수호하기 위해서였느니라.

그때 위대한 셋이 아우토게네스와 온 플레로마의 뜻에 의해, 보이지 않는 위대한 영과 다섯 인장과 온 플레로마의 〈선물〉과 선한 기쁨을 통해 네 빛에 의해 보냄을 받았느니라.

그는 내가 전에 말한 세 번의 도래(到來)를 통과했나니, 곧 홍수와 큰 화재와 아르콘들과 권능들과 권위들의 심판이 그것이니라. 이는 길을 잃은 그녀(그 종족)를 세상의 화해를 통해, 또 로고스로 창조된 육체들을 통한 세례를 통해 구하고자 함인데, 그 육체들은 위대한 셋이 처녀를 통해 자신을 위해 비밀리에 준비한 것이니라. 이는 성인들이 성령에 의해, 보이지 않는 비밀의 상징을 통해, 세상과 세상의 화해를 통해, 세상과 13에온의 신을 포기함을 통해 그리고 성인들과 형언할 수 없는 이들과 불멸의 가슴(을 통해) 그리고 자신의 섭리와 함께 선재하시고 그녀(섭리)를 통해, 하늘을 능가하는 거룩한 세례를 세우신 아버지의 위대하신 빛(을 통해), 로고스로 창조된 불멸의 존재이신 분을 통해, 심지어 살아 계신 분인 예수, 위대한 셋이 옷으로 입은 그분을 통해 태어나게 하려는 것이니라. 그래서 그분을 통해 그는 13에온의 권능들을 못 박았으며, 존재하게 되고 데려감을 당한 자들을 세웠느니라. 그는 그들을 이 진리에 대한 지식의 갑옷으로, 정복할 수 없는 불멸의 권능으로 무장시켰느니라.

거기서 그들에게 나타난 이들은 이러하니, 위대한 수행원인 살아 있는 물 예세우스 마자레우스 예세데케우스와 위대한 지도자들인 위대한 자 야고보와 테오펨토스와 이사우엘과 진리의 샘을 관장하는 자들인 미케우스와 미카르와 므네시누스와 살아 있는 자들의 세례를 관

장하는 자와 정화하는 자들과 세센게파란게스와 물들의 문들을 관장
하는 자들인 미케우스와 미카르와 그 산을 관장하는 자들인 셀다오와
엘라이노스와 위대한 셋〈의〉 불멸이며 힘 있는 인간들인 위대한 종족
을 영접하는 자들, 즉 네 빛의 대행자들인 위대한 가말리엘과 위대한
가브리엘과 위대한 삼블로와 위대한 아브라삭스와 태양과 해오름을
관장하는 자들인 올세스와 휘프네우스와 헤우르마이누스와 영원한
생명의 안식으로 들어가는 입구를 관장하는 지배자들인 믹산테르와
미카노르와 선택된 자들의 영혼들을 지키는 자들인 아크라마스와 스
트렘프수코스와 위대한 권능인 헬리 헬리 마카르 마카르 셋과 위대하
고 보이지 않고 부를 수 없고 이름할 수 없는 처녀 영과 침묵과 살아
계신 아우토게네스의 거처이며 진리의 하나님이신 위대한 빛 하르모
젤과 그와 함께 계신 〈분〉이신 불멸의 인간 아다마스와 두 번째 빛이
며 셋의 거처인 오로이아엘과 생명을 지니고 오셔서 율법 안에 있는
것을 십자가에 못 박으신 예수와 위대한 셋의 아들들의 거처인 세 번
째 빛 다비테와 아들들의 영혼들이 안식하고 있는 곳인 네 번째 빛 엘
렐레트와 하늘을 능가하는 거룩한 세례로 세례를 주도록 허락받을 분
의 이름을 관장하는 불멸의 존재인 다섯 번째 빛 요엘이니라.

그러나 이제부터는 불멸의 인간 포이마엘과 샘물의 세례 속에 다섯
인장을 구별하여 부름을 받을 자격을 얻은 자들을 통해, 이들이 자신
들을 영접하는 자들에 대해 가르침을 받을 때 그들을 알 것이며, 그들
에 의해 그들을 알 것이니라(또는 알려질 것이니라). 이들은 결코 죽음을
맛보지 않으리라.

이에[20] 이에우스 에오 오우 에오 오우아! 진실로 참으로, 오, 예세우스

---

[20] 짙은 글자는 장음으로 발음하라는 뜻이다.

마자레우스 예세데케우스시여, 오,살아 있는 물이시여, 오,아이의 아이시여, 오,영광스런 이름이시여, 진실로 참으로, 아이온 오 온(또는 오, 존재하시는 에온이시여), 이이이이 에에에에 에에에에 오오오오 우우우우 오오오오 아아아아(아), 진실로 참으로, 에이 아아아아 오오오오, 오, 에온들을 보시는 존재하시는 분이시여! 진실로 참으로, 영원히 영원하신 아에에 에에에 이이이이 우우우우우우 오오오오오오오오시여, 진실로 참으로, 존재하시는, 마음속의 이에아 아이오시여, 우 아에이 에이스 아에이, 에이 오 에이, 에이 오스 에이(또는 (아들이시여) 영원히, 당신은 당신이신 분이시며, 당신은 당신이신 분이시나이다)!

당신의 이 위대한 이름이 제 위에 있나이다. 오,스스로 태어나신 완전한 분이시여, 당신은 저의 밖에 계시지 아니하시나이다. 오,아무에게도 보이지 않으시는 분이시여, 저는 당신을 보나이다. 누가 또 다른 언어로 당신을 이해할 수 있으리이까? 저는 당신을 알았으므로 불변의 존재들과 저 자신을 혼합하였나이다. 저는 스스로 빛의 갑옷으로 무장하였으며, 빛이 되었나이다. 은총의 눈부신 아름다움으로 인해 어머니께서 거기 계셨음이니이다. 그러므로 저들이 움츠리고 있는 사이에 저는 제 손을 내밀었나이다. 저는 제 가슴 속에 있는 풍요로운 빛의 영역 속에서 모양을 부여받았사오며, 그 영역은 불평이 미치지 못하는, 빛 속에서 태어난 많은 자에게 모양을 주었나이다. 저는 진실로 당신의 영광을 선포하오리니, 제가 당신을 이해했음이니이다, 소우 이에스 이데 아에이오 아에이에 오이스, 오,에온이시여, 에온이시여, 오,침묵의 하나님이시여! 저는 당신을 완전히 경배하나이다. 당신은 저의 안식처이시나이다. 오,아들이시여 에스 에스 오 에, 형상 없는 자들 속에 존재하시며, 존재하사 당신의 불멸의 이름을 따라 그 안에서 당신의 생명 속으로 저를 정화하실 인간을 일으키시는 형상 없는 분이시여. 그러므로 생명의 향기가 제 안에 있나이다. 저는 그것을 모든 아르콘의 모범을 따라 물과 섞었사오니, 제가 진실로 참으로 영원히 존재하시는 당신과 함께 성인들의 평안 속에서 살기 위함이니이다.

이것은 위대한 셋이 써서 그 위에 태양이 떠오른 적이 없고, 떠오를 수도 없는 높은 산들 속에 둔 책이다. 그는 그것을 카락시오라고 하는 산에 두었나니, 시간과 시대의 마지막에 거룩하신 아우토게네스와 온 플레로마의 뜻에 의해, 자취 없고 생각할 수 없는 아버지의 사랑의 선물을 통해 그것이 나타나, 위대하신 구세주의 이 불멸인 거룩한 종족과 그들과 함께 사랑 속에 거하는 자들과 위대하시고 보이지 않으시고 영원하신 영과 그분의 독생자와 영원한 빛과 그분의 위대하시고 불멸이신 배우자와 불멸의 소피아와 바르벨론과 영원 속의 온 플레로마를 드러내기 위함이니라. 아멘.

이집트인들의 복음. 하나님께서 쓰신 거룩하고 성스러운 책. 은혜와 명철과 인식과 신중함이 그것을 쓰신 분과 영 안에서 사랑받으시는 유그노스토스—육체 속에서 내 이름은 곤게소스니라—와 불멸 속에 있는 나의 동료 빛들과 함께(하기를). (은혜와 명철과 인식과 신중함이) 예수 그리스도, 하나님의 아들, 구세주, 이크튀스[21]와 함께하기를. 위대하시고 보이지 않으시는 영의 거룩한 책은 하나님께서 쓰셨도다. 아멘.

---

21 Ichthus. 그리스어로 '물고기'라는 뜻으로, 로마시대 그리스도교의 상징으로 쓰인 이 말을 그리스어 발음대로 쓰는 데는 이유가 있다. 그것은 이 말이 "예수 그리스도는 하나님의 아들이시며 구세주이시나이다"(Iesous Christos theou uios soterios)의 첫 글자를 모은 단어로서 신앙고백문이기 때문이다.

보이지 않으시는

위대한 영의 책

아멘

복된 자 유그노스토스
(III, 3과 V, 1)

해제

　「복된 자 유그노스토스」는 한 교사가 자기 제자들에게 쓴 종교적이고 철학적인 글의 형태로 구성되어 있다.「예수 그리스도의 소피아」는 부활하신 그리스도께서 그의 제자들에게 주신 계시의 말씀이다. 그 형태는 다르지만, 이 글들은 같은 자료에서 나온 것이다. 전자는 분명히 그리스도교적 영향이 없지만, 후자는 완전히 그리스도교적으로 바꾼 것이다. 지금까지의 연구로는「복된 자 유그노스토스」가 원본에 더 가깝다는 결론으로 기울고 있다. 그러한 가정에 따르면, 이 두 판본을 비교함으로써 비그리스도교적 영지주의 작품이 새롭게 얻은 그리스도교 신앙을 표현하기 위해, 또는 그리스도인들을 영지주의적 가르침으로 끌어들이기 위해, 또는 두 가지 이유 모두로 인해 어떻게 변형되었는지를 볼 수 있다.

　「복된 자 유그노스토스」에 반영되어 있는 대로 원자료의 주된 의도는 보이는 세계를 넘어서 있는 보이지 않는 초(超)천상적 영역이 있음을 확실히 밝히려는 것이었던 듯하다. 그 영역에는 네 명의 신적 존재들이 거주하고 있는데, 태어나지 않은 아버지, 그의 자웅동체의 형상인 불멸의 인간, 불멸의 인간의 자웅동체의 아들인 사람의 아들, 사람의 아들의 자웅동체의 아들인 구세주가 그들이다. 이 신적 존재들 각각은 자기 자신의 영역 또는 에온과 수많은 시종과 신하를 거느리고 있다. 영지주의자들은 태어나지 않은 아버지와 함께 그들의 기원과 참된 본향을 가지고 있다. 형용할 수 없는 기쁨과 말할 수 없는 환희가 초천상적 영역에 있는 존재의 특징을 이루며, 계속되는 창조를 위한 유형들과 형상들이 거기서 나온다.

복된 자 유그노스토스

III 70:1-78:23 / V 7:24-9:11 / III 81:2-90:13

복된 자 유그노스토스가 자신의 사람들에게. 이 모든 일 가운데 기뻐하라(또는 V 1:3-4, 평안하라! 나는 〔너희에게〕 원하노라). 세상의 기초가 놓일 때부터 지금까지 태어난 모든 사람은 티끌임을 알라. 그들은 하나님에 대해 그분이 누구이며, 그분이 어떠하신지 물었으나, 그분을 발견하지 못했느니라. 그들 중 가장 현명한 자들은 세상의 질서를 보고 진리에 대해 사색했느니라. 그러나 그 사색은 진리에 이르지 못했느니라. 질서는 모든 철학자가 세 가지 (다른) 견해로 말하고 있어서, 그들은 의견이 일치하지 못하고 있느니라. 그들 중 어떤 이들은 세상에 대해 그것이 저절로 움직인다고 말하느니라. 또 어떤 이들은 (그것을 움직이는 것이) 섭리라고 하느니라. 또 어떤 이들은 그것이 운명이라고 하느니라. 그런데 이 중 어느 것도 맞지 않느니라. 다시 말하노니, 내가 방금 묘사한 세 가지 의견 중 어느 것도 진실이 아니니라.

자신에게서 난 것은 어느 것이나 공허한 생명이니, 그것(만)이 자신을 만들기 때문이니라. 섭리설은 어리석으니라. (그리고) 필연성을 찾아볼 수 없느니라.

그래서 누구든지 내가 방금 묘사한 세 가지 견해에서 벗어나, 진리의 하나님을 고백하는 다른 견해를 가지고 와서, 그분으로 인해 모든 이와 화목할 수 있는 이는 죽을 인간들 가운데 있는 불멸의 존재이니라.

그분은 말로 표현할 수 없는 분이시니라. 어떤 주권도 어떤 권위도 어떤 복종도 그분을 알지 못했으며, 그분 자신을 제외하고는 세상의 기초가 놓인 때부터 어떤 피조물도 그분을 알지 못했느니라.

왜냐하면 그분은 불멸이시고 영원하시며, 태어남이 없으시기 때문이니라. 태어남이 있는 모든 자는 죽을 것이기 때문이니라. 그분은 태어나지 않으셨고, 시작이 없으시니라. 시작이 있는 자는 누구나 끝이 있기 때문이니라. 그분은 이름이 없으므로 아무도 그분을 지배할 수 없느니라. 누구든지 이름이 있는 자는 다른 자의 피조물이니라(BG 84:13-17에 첨가하기를, "그분은 이름할 수 없으시니라. 누구든지 인간의 형체를 지닌 자는 다른 자의 피조물이기 때문이니라"). 그분은 자기 자신의 모습을 지니셨나니, 우리가 인식하거나 보아 온 것과 같지 않고, 만유보다 뛰어나고 전체의 모습보다 더 뛰어난 낯선 모습이시니라. 그것은 모든 측면에서 보이며, 스스로가 스스로를 보느니라. 그분은 끝이 없으셔서 이해할 수 없느니라. 그분은 항상 불멸이시며, (어떤 것과도) 같지 않으시니라. 그분은 변치 않는 선이시니라. 그분은 흠이 없으시니라. 그분은 영원하시니라. 그분은 복되시니라. 아무도 그분을 알 수 없으나, (그럼에도) 그분은 자신을 아시느니라. 그분은 완전하여 흠이 없으시니라. 그분은 한없이 복되시니라. 그분은 "우주의 아버지"라고 불리시느니라.

눈에 보이는 어떤 것들, 그 안에 있는 위대함과 권위들 중 어떤 것이 나타나기 전에 그분 총체들 중의 총체들을 품고 계셨으나, 아무것도 그분을 품지 못했기 때문이니라. 왜냐하면 그분은 모든 마음이시며, 생각과 숙고이시며, 생각함이시며, 헤아림이시며, 권능들이시기 때문이니라. 그것들은 동일한 권능들이니라. 그것들은 모든 것의 근원이니라. 그리고 그 전체는 마지막까지 태어남 없는 분의 예지 속에 있느니라.

왜냐하면 나타나 있는 것은 아직 도달된 일이 없기 때문이니라.

이제 불멸의 에온들(과 멸망할 에온들) 사이에는 차이가 있느니라. 그러면 (그것을) 이런 방식으로 고찰하자.

멸망할 것에서 온 것들은 멸망할 것이니, 그것들이 멸망할 것에서 왔기 때문이니라. 불멸에서 온 것은 무엇이든지 멸망치 않고 불멸이 될 것이니라. 이와 같이 수많은 사람이 길을 잃었으니, 그들은 지금까지 말한 차이를 알지 못했으므로 죽었느니라.

그러나 지금은 이것으로 충분하니라. 내가 복되시고 불멸이시며 참되신 하나님에 대해 방금 말한 것의 본질을 누구나 논의할 수는 없기 때문이니라. 자, 만일 누가 (여기) 한 말을 믿고자 한다면, 그로 하여금 숨겨진 것에서부터 드러난 것의 완전함에 이르기까지 탐구하게 하라. 그러면 그는 그에게 드러나지 않은 것들에 대한 믿음이 드러난 것 속에서 어떻게 발견되었는지 알게 되리라. 이 (생각)이 지식의 근원이니라.

우주의 주님이 "아버지"라고 불리지 않고, "최초의 아버지"라고 불리신 것은 올바른 일이니라. 아버지는 드러난 것의 근원이시기 때문이니라. 그분은 시작이 없는 최초의 아버지시요, 거울에 비춰 보시듯이 자신 안에서 자신을 보시느니라. 그분은 스스로에게 아버지가 되시는 분으로서, 즉 스스로를 낳으시는 분으로서 그리고 스스로를 마주하시는 분으로서 자신의 모습 속에서 계시되셨나니, 그분께서 최초에 존재하는 태어나지 않은 분을 마주하셨기 때문이니라. 진실로 그분은 자신의 얼굴 앞에 계신 분과 나이가 같으시지만, 권능에서는 그분과 동일하지 않으시니라.

후에 그분은 마주하는, 스스로 태어난 수많은 자를 나타내셨나니, 그들은 나이(와) 능력이 같고, 영광 속에 있으며, 수를 셀 수 없느니라. 그들은 "존재하는 왕국들 가운데 어떤 왕국도 그 위에 없는 세대"〔라고 불리느니라〕.

그리고 그들 위에 어떤 왕국도 없는 전체 무리는 "태어남이 없는 아버지의 아들들"이라고 불리느니라.

이제 그분은 알 수 없으며, 언제나 불변함[과] 형언할 수 없는 기쁨으로 [가득 차 계시느니라]. 그들 모두는 그분 안에서 휴식하고 있으며, 형언할 수 없는 기쁨 속에서 언제나 즐거워하고 있느니라. 이는 모든 에온들과 그들의 세계들 속에서 들어 보거나 알려진 일이 결코 없는 변치 않는 영광과 한량없는 환희 때문이니라. 그러나 우리가 끝없이 계속 나아가려는 것이 아닌 한, 이제 이것으로 충분하니라.

지식의 또 하나의 주제는 이것이니, 태어남이 없는 분(이라는 제목)하에 있느니라.

최초이신 분이 우주보다 먼저 나타나셨느니라. 그분은 경계 없음 속에서 눈부시고 형언할 수 없는 빛으로 충만하신 분이시며, 스스로 자라시고 스스로 창조되신 아버지이시니라. 태초에 그분은 자신의 형상이 위대한 권능으로 존재하도록 정하셨느니라. 그러자 즉시로 그 빛의 첫 존재가 불멸의, 자웅동체의 인간으로 나타났느니라.

그의 남성 이름은 "완전하신 분[의 낳음]"이시다. 그리고 그의 여성 이름은 "모든 것을 아는, 낳는 여인 소피아"이니라. 그녀는 자신의 오빠와 자신의 배우자를 닮았다고도 하느니라. 그것은 명백한 진실이니라. 여기 아래 세상에서는 그것과 함께 존재하는 오류가 진실과 겨루기 때문이니라.

불멸의 인간을 통해 최초의 칭호(여성임), 즉 신성과 왕국이 나타났느니라. "자신이 아버지인 인간"이라고 불리는 아버지께서 이것(남성)을 나타내셨기 때문이니라. 그분은 스스로의 힘으로 자신의 위대함에 따라 위대한 에온을 창조하셨느니라. 그분은 그것을 위대한 권위에게 주셨고, 그것은 모든 피조물을 다스렸느니라. 그분은 스스로의 힘으로 신들과 대천사들과 천사들을 수없이 창조하여 종자들로 삼으셨느니라.

이제 그 인간으로부터 신성과 왕국이 나왔느니라. 그러므로 그는 "신 중의 신", "왕 중의 왕"이라고 불렸느니라. 이제 최초의 인간은 이것들 뒤에 있게 될 것들에 대한 "믿음"(피스티스)이니라. 그는 내면에 독특한 마음, 그것과 비슷한 생각, 고찰, 생각함, 합리성, 권능을 지니고 있느니라. 존재하는 모든 부분은 완전하며 불멸이니라. 불멸이라는 면에서 그들은 동일하니라. (그러나) 권능이라는 면에서는 다르나니, 아버지와 아들, 아들과 생각 그리고 생각과 그 나머지가 다른 것과 같으니라.

내가 전에 말한 대로 창조된 것들 가운데는 하나¹가 처음이니라. 둘이 그 뒤에 나오고, 셋이 나오고 하여, 열⟨들⟩에까지 이르느니라. 그러나 그 열⟨들⟩은 백⟨들⟩보다 먼저이니라. 그 백⟨들⟩은 천⟨들⟩보다 먼저이니라. 그 천⟨들⟩은 만⟨들⟩보다 먼저이니라. 이것이 무한한 것들 ⟨가운데 있는⟩ 형식이니라. 그런데 그 하나와 그 생각은 〔불멸의〕 인간의 것이니라. 생각들은 열⟨들⟩을 위한 것이니라. 백들은 〔가르침들〕이며, 〔천들〕은 회의이며, 〔또〕 만들은 권능들〔이니라〕. 〔이제 …〕에서 온 자들은 그들의 〔…〕과 함께 존재하며, 모든 에온 〔…〕.

〔우선 생각〕과 생각함이 마음에 의해 〔나타났고〕, (다음에) 가르침이 그 생각함〔에 의해〕, (그리고) 권능이 〔회의〕에 의해 나타났느니라. 기타 모든 것이 나타난 뒤에, 〔눈에 보이는〕 우주가 〔권능〕에 의해 나타났느니라. 그리고 창조〔된〕 것, 〔만들〕어진 것이 나타났느니라. 그리고 〔만들〕어진 것에 의해 형상을 지닌 것이 나타났느니라. 형상을 지닌 것에 의해 이름이 붙여진 것이 나타났느니라. 나타난 것들 사이의 차이

---

¹ the unit. die Einheit.

는 모든 에온의 권능에 의해 처음부터 끝까지 이름 붙여진 것에 의해 나타났느니라.

이제 불멸의 인간은 모든 불멸의 영광과 형언할 수 없는 기쁨으로 충만하니라. 그의 모든 왕국은 영원한 즐거움 속에서 즐거워하느니라. 그들은 [그들] 다음에 [온] 어떤 에온과 그 [세계들] 속에서 듣거나 알려진 일이 없는 이들이니라. 그 후 "완전한 [낳는 자]라 불리는 [분]"인 불멸의 인간에게서 [최초의 근원]이 나왔느니라.

[인간]은 자신의 [배우자]를 취하여 [최초로 태어난 자웅동체]를 나타나셨나니, [그의 이름은] "[아버지께서] 최초로 낳으신 [아들]"이니라. 그의 여성적인 측면은 "[최초로] 태어난 소피아, [우주의 어머니]라고 (불리는데)], 어떤 이들은 "사랑"이라고 [부르느니라]. [이제 그] 최초로 태어난 이는 자신의 [아버지]로부터 [자신의] 권위를 받았으므로, 자신의 위대함에 걸맞은 위대한 [에온]을 창조했으며, 스스로 수 [없이] 많고 많은 천사를 창조하여 시종으로 삼았느니라. 이 천사들의 무리 전체를 "그림자 없는 빛들인 거룩한 이들의 모임"이라고 부르느니라. 이제 그들이 서로 인사할 때 그들의 포옹은 그들과 닮은 천사들을 위한 것이니라.

최초의 낳는 자인 아버지는 "빛의 아담"이라고 불리느니라.

사람의 아들의 왕국은 형언할 수 없는 기쁨과 변치 않는 환희로 가득 차 있나니, 이는 그들이 자신들의 불멸의 영광에 대한 형언할 수 없는 기쁨 속에서 끊임없이 기뻐하고 있기 때문이니라. 그 영광은 있게 될 모든 에온과 그들의 세계들이 들어 본 적도 없고, 그들에게 나타난 적도 없는 것이니라.

이제 사람의 아들이 그의 배우자인 소피아와 조화를 이루어 위대한 자웅동체의 빛을 나타내셨느니라. [어떤 이들은 그의] 남성 이름을

"구세주, 만유를 낳는 자"〔라고 불렀느니라〕. 그의 여성 이름은 "소피아, 만유를 낳는 여인"이라고 불렀느니라. 어떤 이들은 그녀를 피스티스라고 불렀느니라.

그때 구세주께서 그의 배우자인 피스티스 소피아와 어울리셨느니라. 그는 여섯 명의 자웅동체인 영적 존재들을 내셨는데, 그들의 유형은 그들보다 앞서 있던 자들과 같았느니라. 그들의 남성 이름은 이러하니라. 첫 번째는 "태어남이 없는 자"니라. 두 번째는 "스스로 태어난 자"니라. 세 번째는 "낳는 자"니라. 네 번째는 "최초로 낳는 자"니라. 다섯 번째는 "만유를 낳는 자"니라. 여섯 번째는 "낳는 자 중 가장 중요한 자"니라. 여성들의 이름은 또한 이러하니라. 첫 번째는 "한없이 지혜로운 소피아"니라. 두 번째는 "만유의 어머니 소피아"니라. 세 번째는 "만유를 낳는 여인 소피아"니라. 네 번째는 "최초로 낳는 여인 소피아"니라. 다섯 번째는 "사랑이신 소피아"니라. 〔여섯 번째〕는 "피스티스 소피아"니라.

내가 방금 말한 이들의 어울림〔에 의해〕, 존재하는 에온들 속에 생각들이 나타났느니라. 〈그〉 생각들에 의해 숙고들(이 나타났느니라). 그 숙고들에 의해 사유가 나타나고, 그 사유에 의해 헤아림이 나타나고, 그 헤아림에 의해 의지가 나타나고, 그 의지에 의해 말이 나타났느니라. 그 후 내가 방금 말한 12권능이 서로 어울렸느니라. 〈여섯〉 남성 (각자와) 〈여섯〉 여성 (각자)가 나타나 72권능을 만들었느니라. 72권능 각자가 다섯의 영적 권능으로 나타나 360권능이 되었느니라. 그들 모두의 연합이 일정한 의지이니라.

이제 우리의 에온은 불멸의 인간에 대한 관계에서 하나의 유형으로 있게 되었느니라. 시간은 최초의 낳는 자인 그의 아들의 한 유형으로 있게 되었느니라. 〔해(年)〕는 〔구세주〕의 한 유형으로 있게 되었느니

라.〔그〕12달은 12권능의 한 유형으로 있게 되었느니라. 한 해의 360
일은 구세주께서 나타내신 360권능의 한 유형으로 있게 되었느니라.
여기서 나온 수없는 천사와 관련해서는, 그것들(날들)의 시간들과 순
간들이 한 유형으로 있게 되었느니라.

　내가 말한 자들이 나타났을 때 만유를 낳으신 분인 그들의 아버지
께서 먼저 그들을 위해 12에온을 창조하시어 시종으로 삼으시고, 또
12천사를 창조하셨느니라. 그리고 각 에온에는 여섯 (하늘)이 있어,
그분에 의해 나타난 72하늘이 거기 있게 되었느니라. 또 하늘들에는
다섯 궁창이 있어, 그들에 의해 나타난 360권능의 360〔궁창〕이 있게
되었느니라. 그 궁창들이 완성되었을 때 그것들은 그것들보다 먼저 있
던 하늘들의 이름을 따라 "360하늘"이라고 이름 붙여졌느니라. 이들
모두는 완전하고 선하니라. 그리고 이런 식으로 여성의 결함이 나타났
느니라.

　최초의 에온은 불멸의 인간의 에온이니라. 두 번째 에온은 "최초로
낳는 자"라고 하는 분인 사람의 아들의 에온이니라. 〈세 번째 에온〉은
"구세주"라고 하는 분인 〈사람의 아들의 에온이니라〉. 이들을 지배하
는 에온이 있나니, 그 위에는 아무런 왕국도 없으며, 그것은 영원하고
무한한 (에온)이요, 그분 안에 있는 불멸의 존재들의 에온들 중의 에
온이요, 혼돈으로부터 나타난 여덟 번째 세계 위에 있는 에온이니라.

　이제 불멸의 인간은 에온들과 권능들과 왕국들을 나타내시고, 자
신에 의해 나타난 자들에게 권위를 주셨나니, 이는 그들이 혼돈을 넘
어선 마지막 날들까지 〔그들이 원하는 것들을〕 행하게 하시려는 것이
니라. 왜냐하면 이들은 서로 조화를 이루었고, 모든 위대함을 나타내
었나니, 심지어 영광스럽고 수없이 많고 많은 빛을 영에 의해 나타내
었느니라. 이들은 태초에 이름이 정해져 있었나니, 곧 첫 번째 에온,

두 번째 에온, 세 번째 에온이니라. 첫 번째는 '하나임'[2]과 '휴식'이라고 불렸느니라. (그리고) 각각에게는 그 (자신의) 이름이 있느니라. 왜냐하면 세 에온, 즉 하나의 무리 속에 (함께) 나타난 수없이 많고 많은 것은 그들을 '모임'이라고 불렀기 때문이니라. 이 때문에—많고 많은 것이 모여 하나됨에 이르므로— 하늘을 능가하는 "모임"은 그들을 "모임"이라고 부르느니라. 그러므로 [여덟 번째 세계]의 모임은 자웅동체로 나타났으며, 부분적으로는 남성으로, 부분적으로는 여성으로 이루어졌느니라. 남성은 '모임'이라고 부르고, 여성은 '생명'이라고 부르는데, 이 모든 에온 안에 있는 생명이 여성으로부터 나왔음을 보여 주려는 것이니라. 모든 이름은 태초의 (시간)에 의해 받아들여졌느니라. 그의 선한 즐거움과 그의 생각으로부터 "신들"이라고 하는 권능들이 나타났느니라. 그리고 그 신들은 자신들의 생각에 의해 신성한 신들을 나타내었느니라. 그리고 그 신들은 자신들의 생각에 의해 주님들을 나타내었느니라. 그리고 그 주님들의 주님들은 그들의 말씀에 의해 주님들을 나타내었느니라. 그 주님들은 자신들의 권능에 의해 대천사들을 나타내었느니라. 이것(여성임)에 의해, 그 닮은꼴이 [모든] 에온[과] 그것들의 세계를 이름하기 위해 구조[와 형태]를 지니고 나타났느니라.

내가 방금 말한 모든 불멸의 존재는 불멸의 인간과 그의 배우자인 소피아에 의해 권위—그것들 모두—를 지니고 있었느니라. 소피아는 "침묵"이라고 부르는데, 그녀는 한마디 말도 없이 숙고 속에서 그녀의 위대함을 완성했으므로 "침묵"이라는 이름을 얻었느니라. 그 불멸의 존재들은 권위가 있었기 때문에 각각 그들 자신을 위해 모든 불멸의 하늘들과 궁창에 있는 위대한 왕국들과 왕조(들)과 사원들을 그들의

---

2 Oneness.

위대함을 따라 준비했느니라.

진실로 거주지와 전차들 안에 (있고), 형언할 수 없는 영광 속에 있으며, 어떤 피조세계 속으로도 보냄을 받을 수 없는 몇몇 존재는 자기들 자신을 위해 수없이 많고 많은 천사 무리를 준비하여 시종으로 삼았으며, 자신들의 영광을 위해 그러했나니, 심지어 형언할 수 없는 빛의 처녀 영들까지도 창조했느니라. 그들은 병도 없고 쇠약함도 없으며, 오직 뜻하기만 하면 즉시로 그것(뜻한 것?)이 그대로 나타나느니라. 그 에온들과 그들의 하늘들과 궁창들은 불멸의 인간과 그의 배우자인 소피아의 영광을 위해 완성되었느니라.

〈이것이〉 모든 에온이 〈있던〉 곳〈이며〉, 그들의 세계들과 그들을 뒤따라 나온 것들이 혼돈의 하늘들과 그들의 세계에서 그 전형, 그들의 닮은꼴을 거기서 제공하기 위해 있던 곳이니라. 그리고 태어남이 없는 분(의 때)부터 불멸이신 분으로부터 나온 모든 피조물이, 빛나고 그림자 없는 빛 속에서 그리고 형언할 수 없는 기쁨과 말로 할 수 없는 환희 (속에서), 존재하게 된 모든 에온과 그들의 권능들 가운데에서는 말하거나 생각할 수(조차) 없는 자신들의 변치 않는 영광과 측량할 수 없는 안식으로 인해 항상 기뻐하고 있느니라.

그러나 이제 (이것으로) 충분하니라. 이제 내가 방금 너희에게 말한 이 모든 것을 나는 너희가 받아들일 수 있는 방식으로 말해 왔나니, 마침내 가르침을 받을 필요가 없는 분이 너희 가운데에 나타나사, 이 모든 것을 순수한 지식 속에서 너희에게 즐겁게 말씀하시리라.

복된 자 유그노스토스

예수 그리스도의 소피아
(III, 4와 BG 8502, 3)

해제

「예수 그리스도의 소피아」에는 몇 가지 자료가 더 첨가되어 있다. 이 글에 따르면, 구세주(그리스도)는 초천상적 영역에서 나왔다(III 93:8-10; 94:10-14; 107:11-14; 118:15-16). 소피아는 빛의 방울들이 신적인 영역으로부터 가시적인 세계로 추락한 데 대해 책임이 있는 존재이다(III 107:16-17; III 111:13-BG 119:9). 또 그에 종속된 권세들과 함께, 신적인 영역들에서 나온 자들을 희생시켜 직접 이 세상을 지배하는 한 신이 존재한다(III 107:15-108:4; BG 121:13-122:3; III 118:3-25).

인간 중에서는 두 집단이 구원을 받을 것인데, 순수한 지식 속에서 아버지를 깨달아 그분께로 갈 자들과 아버지를 불완전하게 깨달아(III 117:8-118:2), 여덟 번째 세계로 갈 자들이 그들이다.

문서 III에서 「예수 그리스도의 소피아」는 「복된 자 유그노스토스」에 바로 뒤이어 나오는데, 「복된 자 유그노스토스」 말미에 이 두 문서를 연결하는 말이 있다. 거기 유그노스토스가 쓴 "즐겁게, 순수한 지식 속에서" 말할 자가 오리라고 예언되어 있다. 이 글의 내용은 이레네우스가 묘사하고 있는 셋-오피스 종파의 신학과 아주 유사하다. 「예수 그리스도의 소피아」에 있는 첨가 부분은 셋-오피스 종파의 사상과 중요한 점에서 유사하다. 아울러 중기 플라톤 철학의 주요한 경향이 원자료에 나타나 있어, 그것이 서기 1~2세기의 어느 때에 저술되었음을 암시한다.

예수 그리스도의 소피아

III 90:14-108:25 / BG 107:4-111:1 / III 111:1-114:25

BG 118:13-122:8 / III 117:1-119:18

그분께서 죽은 자들 가운데서 부활하신 후, 그의 열두 제자와 일곱 여인이 그를 따라 갈릴리로 가서 "추수 때와 기쁨의 장소"라고 부르는 산으로 올라갔느니라. 그들이 함께 모였을 때 그들은 우주의 기원(또는 본질), 그 계획, 거룩한 섭리, 권위들의 능력에 대해 그리고 구세주께서 거룩한 계획의 비밀 속에서 그들과 함께 행하시는 모든 일에 대해 당혹스러워했느니라. 구세주께서는 처음의 모습이 아니라, 눈에 보이지 않는 영으로 나타나셨느니라. 그의 형상은 빛의 천사 같았느니라. 나는 그의 모습을 묘사할 필요가 없느니라. 죽을 운명인 육체로는 그것을 감당할 수 없느니라. 오직 주께서 갈릴리의 "감람산"이라는 산에서 우리에게 가르치신 것과 같은 순수하(고) 완전한 육체만이 감당할 수 있느니라. 주님께서 말씀하셨느니라. "너희에게 평화가 있기를! 내가 너희에게 평화를 주노라." 그들은 모두 놀라고 두려워했느니라.

구세주께서 크게 웃으시고 그들에게 말씀하셨다. "너희는 무슨 생각을 하고 있느냐? (왜) 당황하느냐? 너희는 무엇을 알고자 하느냐?" 빌립이 말했다. "우주의 근원적 실재와 그 계획을 알고자 하나이다."

구세주께서 그들에게 말씀하셨느니라. "나는 너희가 세상의 기초가 놓일 때부터 지금까지 지상에 태어난 모든 사람이 티끌임을 알기 원한다. 그들은 하나님에 대하여, 그분이 무엇이며, 그분이 어떠하신지 물었으나, 그들은 그분을 발견하지 못했느니라. 이제 그들 가운데 가장 현명한 자들은 세상과 (그) 운동의 질서의 기초에 대해 사유했느니라. 그들의 사유는 진리에 도달하지 못했느니라. 왜냐하면 그 질서는 철학자들에 의해 세 가지 방향으로 나아갔다고 하기 때문에, 그들은 의견의 일치를 보지 못했느니라. 그들 중 어떤 사람들은 세상에 대해 스스로 그 질서가 생겼다고 말하느니라. 또 몇몇은 그 질서를 정하는 것이 하나님의 섭리라고 하느니라. 또 어떤 이들은 그것이 운명이라고 하느니라. 다시 말해서 내가 방금 묘사한 것들 중 어느 것도 진리에 접근하지 못했으며, (그것들은) 사람에게서 나온 것이니라. 그러나 나는 가없는 빛에서 났느니라. 나는 여기 왔느니라. 나는 그것(빛)을 알기 때문에, 진리의 상세한 본질에 대해 너희에게 말할 수 있느니라. 스스로에게서 난 것은 어느 것이나 오염된 생명이니, 그것이 자신을 만들기 때문이니라. 또한 섭리는 그 안에 지혜가 없느니라. 또 필연성은 판단력이 없느니라.

이제 너희에게 말하자면 너희가 알기에 합당한 것은 무엇이든지 알려 주리라. 또 지식을 받을 만한 자격이 있는 자들, 부정(不淨)한 강도들이 씨 뿌린 데서가 아니라, 보냄을 받은 최초의 존재에 의해 태어난 자들에게는 알려 주리라. 왜냐하면 그 최초의 존재는 죽을 인간들 가운데 있는 불멸의 존재이기 때문이니라."

마태가 그분께 말했느니라. "주님, 당신을 통해서가 아니면 아무도 진리를 발견할 수 없나이다. 그러하오니 저희에게 진리를 가르쳐 주소서." 주님께서 말씀하셨느니라. "항상 계신 분은 말로 표현할 수 없느니라. 어떤 주권도 어떤 권위도 어떤 복종도 그분을 알지 못했고, 세상의 기초가 놓인 때부터 지금까지 어떤 피조물도 그분을 알지 못했느니라. 그러나 그분 자신은 아시며, 최초의 빛으로부터 나온 이를 통해 그분이 계시하시기를 원하는 자들은 그것을 아느니라. 이제부터 나는 위대한 구세주이니라. 왜냐하면 그분은 불멸이시며 영원하시기 때문이니라. 이제 그분은 영원하며 태어남이 없으시니라. 태어남이 있는 자는 누구나 죽을 것이기 때문이니라. 그러나 그분은 태어나지 않으셨고 시작이 없으시니라. 시작이 있는 자는 누구나 끝이 있기 때문이니라. 그분은 이름이 없기 때문에 아무도 그분을 지배할 수 없느니라. 누구든지 이름이 있는 자는 다른 이의 피조물이니라(BG 84:13-17에 첨가하기를, "그는 이름할 수 없느니라. 그는 인간의 형체가 없느니라. 누구든지 인간의 형체를 지닌 자는 다른 이의 피조물이기 때문이니라"). 그분은 자기 자신의 모습을 지녔나니, 너희가 보거나 인식한 것과 같지 않고, 만유보다 뛰어나고 우주보다 더 나은, 낯선 모습이시니라. 그분은 모든 방향으로 보시며, 스스로를 통해 스스로를 보시느니라. 그분은 무한하시므로 영원히 알 수 없느니라. 그분은 (어느 것과도) 같지 않으므로 불멸이시니라. 그분은 불멸의 선이시니라. 그분은 결함이 없으시니라. 그분은 영원하시니라. 그분은 복되시니라. 아무도 그분을 알 수 없지만, 그분 자신은 언제나 자신을 아시느니라. 그분은 측량할 수 없느니라. 그분은 완전하여 흠이 없으시니라. 그분은 불멸이며 복되시니라. 그분은 '우주의 아버지'라고 불리시느니라."

빌립이 말했느니라. "주님, 그러면 그분께서는 어떻게 완전한 자들에게 자신을 나타내시나이까?" 완전하신 구세주께서 그에게 말씀하셨다. "눈에 보이는 것들 중 어떤 것도 나타나기 전에, 위대함과 권위가 그분 안에 있었느니라. 그분은 모든 것을 품고 계셨으나, 아무것도 그분을 품지 못했기 때문이니라. 그분은 모든 마음이시니라. 그분은 생각이시며 생각함이시며 숙고함이시며 헤아림이시며 권능이시니라. 그것들은 모두 동일한 권능들이니라. 그것들은 모든 것의 근원이니라. 그리고 그 전체는 처음부터 끝까지 그분의 예지 속에 있었고, 가없고 태어남 없는 아버지 속에 있었느니라."

도마가 그분께 말했느니라. "주님이시여, 구세주시여, 왜 이런 일들이 있게 되었으며, 왜 이런 일들이 계시되었나이까?" 완전하신 구세주께서 말씀하셨느니라. "나는 모든 것을 너희에게 말해 주려고 경계 없는 분에게서 왔느니라. 항상 계시는 영은 낳는 분이시니, 그분은 자신 안에 숨겨져 있는 위대한 부요함을 드러내시기 위해, 낳고 형상을〔부여하는〕능력을 지니셨느니라. 그분의 선하심과 사랑으로 인해 그분은 스스로 열매를 내셨나니, 이는 그분이 자신의 선하심을 홀로〈누리려〉하심이 아니라, 부동의 세대의 다른 영들(도) 불멸과 그분의 가없는 은혜 속에서 몸과 열매, 영광과 공경을 낳게 하시려는 것이요, 그분의 선하심이 스스로 태어나신 하나님, 즉 모든 불멸과 그 뒤에 나타나는 자들의 아버지를 통해 계시되게 하시려는 것이니라. 그들이 아직 나타나지 않았음이니라."

"그런데 불멸하는 자들(과 멸망할 자들) 사이에는 큰 차이가 있느니라." 그분께서 소리쳐 말씀하셨느니라. "누구든지 무한한 것들에 대해 들을 귀가 있는 자는 들으라." 그리고 또 말씀하셨느니라. "나는 깨어 있는 자들에게 말했느니라." 그분께서 다시 계속해서 말씀하셨느니라. "멸망할 것에서 온 모든 것은 멸망하리니, 그것들이 멸망할 것에서 왔음이니라. 그리고 불멸에서 온 것은 무엇이든지 멸망하지 않고 불멸이 되느니라"(BG 89:16-17에 덧붙이기를, "그것들이 불멸에서 왔음이니라"). 이와 같이 수많은 사람이 길을 잃었나니, 그들은 그 차이를 알지 못하므로 죽었느니라."

마리아가 그분께 말했느니라. "주님, 그러면 저희가 이것들을 어떻게 알겠나이까?" 완전하신 구세주께서 말씀하셨느니라. "너희는 나타나지 않은 것들에게서 드러난 것들의 완전함에게로 오너라. 그러면 생각의 유출인 그녀가 드러나지 않은 것들에 대한 믿음이 어떻게 드러난 것들, 태어남이 없는 아버지께 속한 것들 속에서 발견되었는지를 너희에게 계시할 것이니라. 누구든지 귀 있는 자들은 들으라.

우주의 주님은 '아버지'라고 불리지 않으시고, '최초의 아버지', 나타난 것들의 근원이라고 불리시느니라. 그분은 시작이 없는 최초의 아버지이심이니라. 그분은 거울을 통해 〈그러하듯이〉 자신 안에서 자신을 보시나니, 그분은 오직 자기 자신을 닮은 모습으로 나타나셨느니라. 그분의 초상은 자기 자신의 거룩한 아버지로, 마주하는 자들에게 마주하시는 분〈으로〉, 최초로 존재하시는 태어남이 없는 아버지로 나타나셨느니라. 진실로 그분은 자신 앞에 있는 빛〈과〉 연배(年輩)가 같으시나, 권능에서는 그분과 같지 않으시니라.

그러나 후에 마주하는, 스스로 자기를 낳은 수많은 자가 나타났나니, 그들은 나이와 권능이 같고, 영광 속에 있으며, (또) 수를 셀 수 없느니라. 이 종족은 너희에게 너희 자신이 이 인간들 가운데 (있음을) 계시해 준 이에 의해 그들 위에 왕국이 없는 '세대'라고 불리느니라. 그리고 그들 위에 어떤 왕국도 없는 모든 무리는 '태어남이 없는 아버지, 하나님,〔구세주〕, 하나님의 아들의 아들들'이라 불리며, 하나님의 아들의 모습을 한 이가 너희와 함께 있느니라. 이제 그분은 알 수 없으며, 모든 불멸의 영광과 형언할 수 없는 기쁨으로 충만하니라. 그들 모두는 그분 안에서 휴식하면서, 그분의 변치 않는 영광과 한량없는 환희 속에서 형언할 수 없는 기쁨으로 언제나 즐거워하느니라. 이는 모든 에온과 그들의 세계들 가운데에서 들어 보거나 알려진 일이 없는 것이니라."

마태가 그분께 말했느니라. "주님이시여, 구세주시여, 사람[1]은 어

---

[1] Man. 영지주의에서는 하나님의 이름 중 하나가 '사람'이다. 한자어로 수식어가 있는 경우에는 '인간'이라고 번역했다. 예를 들면 '최초의 인간'. 그러나 '사람의 아들'과 같은 표현이

떻게 나타났나이까?" 완전하신 구세주께서 말씀하셨느니라. "무한 속에서 만유보다 먼저 나타나신 분은 스스로 자라나셨으며, 스스로 창조되신 아버지이시니, 눈부신 빛으로 충만하시며, 말로 표현할 수 없다는 것을 네가 이해하기를 바라노라. 태초에 그분이 자신의 초상이 위대한 권능이 되었음 아셨을 때 즉시로 그 빛의 시초가 불멸의, 자웅동체인 인간으로 나타났느니라. 이는 그 불멸의 인간을 통해 그들이 구원을 얻고, 그 해석자를 통해 그들이 망각에서 깨어나도록 하려는 것이니, 그 해석자는 보냄을 받아 강도들의 빈곤함의 종말에 이르기까지 너희와 함께 있느니라.

그의 배우자는 위대한 소피아인데, 그녀는 처음부터 스스로 태어나신 아버지를 통해, 불멸의 인간을 통해 멍에를 지도록 정해져 있느니라. 그 불멸의 인간은 신성과 왕국 속에서 처음 나타났느니라. 왜냐하면 '사람, 자신이 아버지인 분'이라고 불리는 아버지께서 그를 나타내셨기 때문이니라. 그는 자기 자신의 힘으로 위대한 에온을 창조했나니, 그의 이름은 그의 위대함에 상응하는 오그도아드[2]이니라. 그에게는 큰 권능이 주어져 그는 빈곤의 피조물들을 다스렸느니라. 그는 자기 자신의 힘으로 신들과 천사들(과) 대천사들을 수없이 창조하여 종자들로 삼았느니라. (이것은) 저 빛이요 3중의 남성인 영, 즉 그의 배우자인 소피아의 영에서 나온 것이니라. 왜냐하면 하나님께서 이것으로부터 신성과 왕국을 나오게 하셨기 때문이니라. 그러므로 그는 '신 중의 신', '왕 중의 왕'이라고 불렸느니라.

최초의 인간은 내면에 자신의 독특한 마음, 그것과 비슷한 생각, 고찰, 생각함, 합리성, 권능을 지니고 있느니라. 존재하는 모든 부분은

이미 알려져 있으므로 일반적으로는 '사람'이라고 번역했다.

[2] Ogdoad. 여덟이 하나인 존재. '여덟 번째 세계'를 뜻하기도 함.

완전하고 불멸이니라. 불멸이라는 점에서 그들은 동일하니라. (그러나) 권능의 면에서 그들은 서로 다르나니, 아버지와 아들, 〈그리고 아들〉과 생각 그리고 생각과 그 나머지가 다른 것과 같으니라.

모든 것이 다 나타난 후에, 나타난 그것이 그의 권능에 의해 나타났느니라. 그리고 창조된 것에게서 만들어진 모든 것이 나타났느니라. 형상을 가진 것에 의해 이름 있는 것이 나타났느니라. 이와 같이 처음부터 끝까지 태어나지 않은 것들 가운데 차이가 생겼느니라."

그때 바돌로매가 그분께 말했느니라. "복음서에서 〈그분을〉 '사람'과 '사람의 아들'이라고 한 것은 어째서(이나이까)? 이 아들은 그들 중 누구의 아들이나이까?" 거룩하신 분께서 그에게 말씀하셨느니라. "최초의 인간이 '낳는 자요, 자신 안에서 완전하신 마음'임을 네가 이해하기를 바라노라. 그는 자신의 배우자인 위대한 소피아와 함께 숙고하여, 자신이 첫 번째로 낳은 자웅동체의 아들을 나타내셨노라. 그의 이름은 '최초의 낳는 자 하나님의 아들'이고, 그의 여성 이름은 '최초의 낳는 여인 우주의 어머니'이니라. 어떤 이들은 그녀를 '사랑'이라고도 부르느니라. 이제 최초로 태어난 그분은 '그리스도'라고 불리느니라. 그는 자신의 아버지로부터 권능을 받았으므로 스스로 영과 빛으로부터 수없이 많고 많은 천사를 만들어 시종을 삼았느니라."

그의 제자들이 그에게 말했느니라. "주님, '사람'이라고 하는 분에 대해 저희에게 가르쳐 주셔서, 저희가 그분의 영광을 정확히 알게 해 주소서." 완전하신 구세주께서 말씀하셨느니라. "누구든지 들을 귀 있는 자는 들으라. 최초의 낳는 자이신 아버지는 '아담, 빛의 눈'이라고 불리셨나니, 그분께서는 형언할 수 없고 그림자 없는 거룩한 천사들과 (함께) 눈부신 빛에서 오셨기 때문이니라. 그들은 그들의 아버지에게서 받은 비춤 속에서 끊임없이 기뻐하느니라. (이것이) '하나님의 아들'이라고 불리는 분인 사람의 아들의 왕국 전체이니라. 〈그것〉은 형언할 수 없고 그림자 없는 기쁨과 변치 않는 환희로 가득 차 있나니, 이는 그들이 그분의 불멸의 영광을 기뻐하기 때문이니라. 그 영광은 지금까지 들어 본 일이 없는 것이며, 이것들과 그들의 세계들 이후에 있게 될 에온들에서도 나타난 일이 없는 것이니라. 나는 모든 것을 너희에게 드러내기 위해 스스로 나신 분과 최초의 무한한 빛에게서 왔느니라."

제자들이 다시 말했느니라. "어떻게 그들이 보이지 않는 것들에게서 불멸인 분으로부터 세상에 오게 (되었는지) 저희에게 밝히 말씀해 주소서. (여기서는) 그들이 죽기 때문이나이다." 완전하신 구세주께서 말씀하셨느니라. "사람의 아들이 그의 배우자인 소피아와 어울려 위대한 자웅동체인 빛을 드러내셨느니라. 그의 남성 이름은 '구세주, 만유를 낳는 분'이니라. 어떤 이들은 그녀를 '피스티스'라고 불렀느니라. 빛에게서 세상 속으로 한 방울의 물처럼 온 모든 자는 그분에 의해 전능자의 세상에 온 것이니, 그들이 그분에 의해 인도함을 받기 위해서니라. 그리고 그것의(물방울의) 망각하기 쉬움은 소피아의 의지에 의해 그것을 묶었나니, 물질은 그것(매임)을 통해 (전능자의) 교만과 눈멂과 무지에 대해 빈곤의 온 세상에 나타나게 되었느니라. (이러한 전능자의 호칭은) 그가 스스로 그렇게 이름했기 때문이니라. 그러나 나는 위대하신 빛의 뜻에 의해 저 위 세계에서 왔나니, (나는) 그 매임에서 벗어났느니라. 나는 강도들에게 속한 것을 잘라버렸느니라. 나는 그것을, 즉 소피아에게서 보냄을 받은 그 물방울을 깨웠나니, 그것이 나를 통해 많은 열매를 맺고, 완전해져서 부족함이 없되, 나 구세주에 의해 분리되게 하려는 것이니라. 이는 그의 영광이 나타나 소피아도 그 결함에 대해 올바르게 되어, 그녀의 아들들이 다시 흠이 없어지고 다시 명예와 영광을 되찾아 그들의 아버지께로 올라가서 그 남성 빛의 말씀들을 얻게 하려는 것이니라. 너희는 보냄을 받은 그 아들에 의해 보냄을 받았나니, 이는 너희가 빛을 받아 너희 자신에게서 저 권위들의 망각하기 쉬움을 제거하게 하려는 것이요, 너희로 인해 그것이 다시 나타나지 못하게 하려는 것이니라. 그것은 더러운 장애인데, 가공할 불에서 나왔으며, 그 불은 그들의 육체적인 부분에서 왔느니라. 그들의 사악한 의도를 밟아버려라."

그때 도마가〔그분께〕말했다. "주님, 구세주시여, 하늘들을 능가하는 이들의 에온들은 얼마나 되나이까?" 완전하신 구세주께서 말씀하셨느니라. "네가 위대한 에온들에 대해 물으니 장하도다. 너의 뿌리는 무한한 것들에 있음이니라. 내가 말한 것들이 나타났을 때 스스로 낳는 분인 아버지께서 스스로 12에온을 창조하시어 시종으로 삼으시고, 〈또〉12천사를 창조하셨느니라. 이들 모두는 완전하고 선하니라. 이들을 통해 여성 속에 결함이 나타났느니라."

그들이 그분께 말했느니라. "불멸의 존재들의 무한한 거처에서 나온 에온들은 얼마나 되나이까?" 완전하신 구세주께서 말씀하셨느니라. "누구든지 들을 귀 있는 자는 들으라. 최초의 에온은 사람의 아들의 에온이니, 그는 '최초의 낳는 자'라고 부른 그분이요, '구세주'라고 부른 그분이요, 계시된 그분이니라. 두 번째 에온은 사람의 에온이니, '아담', '빛의 눈'이라 부르는 분이니라. 이들을 감싸고 있는 에온이 있나니, 그 에온 위에는 어떤 왕국도 없느니라. 그것은 신성하고 무한한 영원의 (에온)이며, 그분 안에 있는 에온들 중 스스로 태어난 에온이며, 내가 이미 말한 불멸의 존재들의 (에온)인데, 그는 최초의 에온인 소피아에 의해 나타난 일곱 번째 것 위에 (있느니라).

이제 불멸의 인간이 에온들과 권능들과 왕국들을 드러내시고, 자신에 의해 나타난 모든 자에게 권위를 주셨나니, 이는 그들이 혼돈을 넘어선 마지막 때까지 그들의 욕망을 실행하게 하시려는 것이니라. 왜냐하면 이들은 서로 조화를 이루었기 때문이니라. 그분은 모든 위대함을 드러내셨나니, 심지어 영광스럽고 수없이 많고 많은 빛을 영으로부터 드러내셨느니라. 이들은 태초에 호칭이 정해져 있었으니, 곧 첫 번째 에온과 둘과 셋이니라. 첫 번째는 '하나임'과 '휴식'이라고 부르느니라. (그리고) 각각에게는 그 (자신의) 이름이 있느니라. 왜냐하면 그들은 세 에온으로부터, 즉 하나 속에서 (함께) 나타난 수없이 많고 많은 것으로부터 '모임'이라고 불리기 때문이니라. 그러나 이 많고 많은 것이 (함께) 모여 하나됨에 이르므로, (BG 111:2-5에 덧붙이기를, 이 때문에 그들을 '모임'이라고 부르지만, 그들은 하늘을 능가하는 저 모임으로부터 나온 것이니라). 우리는 그들을 '여덟 번째 세계의 모임'이라고 부르느니라. 그것은 자웅동체로 나타났으며, 부분적으로는 남성으로, 부분적으로는 여성으로 이름지어졌느니라. 남성을 '모임'이라고 부르고 여성을 '생명'이라고 부르는데, 이는 모든 에온의 생명이 여성으로부터 온 것임을 보여 주려는 것이니라. 모든 이름은 태초(의 시간)에게서 받은 것이니라.

왜냐하면 그가 원인들을 결합시키고 생각을 함으로써 권능들이 처음으로 나타났으며, 그들이 '신들'이라고 불렸기 때문이니라. 그리고 신들의 신들인 〔그들이〕 그들의 지혜로 신들을 드러냈느니라. 그들은 그들의 지혜로 주님들을 드러냈느니라. 그리고 그 주님들이 그들의 권능에 의해 대천사들을 드러냈느니라. 그 대천사들이 그들의 말씀에 의해 천사들을 드러냈느니라. 이들에 의해 닮은꼴들이 모든 에온과 그들의 세계에 대한 구조와 형태와 이름을 가지고 나타났느니라.

그리고 내가 방금 말한 불멸의 존재들은 모두 불멸의 인간〈과 그의 배우자인 소피아〉에게서 권위를 받았느니라. 소피아를 '침묵'이라고 불렀는데, 그녀의 모든 위대함이 한마디 말도 없는 숙고 속에서 완전해졌기 때문이니라. 그 불멸의 존재들은 권위를 가지고 있으므로 스스로 여덟 번째 세계에서 하나의 위대한 왕국과 (또한) 왕좌들과 사원들(과) 궁창들을 그들의 위대함을 따라 창조했느니라. 이 모든 것은 우주의 어머니의 뜻에 따라 나왔느니라."

그때 거룩한 사도들이 그분께 말했느니라. "구세주이신 주님이시여, 저희에게 에온들 속에 있는 존재들에 대해 말씀해 주소서. 저희는 그들에 대해 여쭤볼 필요가 있나이다." 완전하신 구세주께서 말씀하셨느니라. "너희가 무엇에 대해 묻든지 내가 말해 주리라. 그들은 스스로 수없이 많고 많은 천사를 창조하여 시종으로 삼았으며, 자신들의 영광을 위해 그렇게 했느니라. 그들은 형언할 수 없고 그림자 없는 빛의 처녀 영들을 창조했느니라. 그들은 병도 없고 쇠약함도 없으며, 그것은 오직 의지이니라(BG 115:14에 덧붙이기를, 그래서 그들은 한순간에 존재하게 되었느니라).

이와 같이 에온들은 불멸의 인간과 그의 배우자인 소피아의 영광 속에서 하늘들과 함께 신속하게 완성되었느니라. 모든 에온과 세계와 그들을 따라 나온 것들은 혼돈의 하늘과 그들의 세계 속에서 닮은꼴을 창조하기 위해 (그들의) 모형을 거기에서 받았느니라. 그래서 혼돈의 (또는 -에게) 계시(의 때)부터 모든 피조물은 빛나고 그림자 없는 빛속에서 그리고 형언할 수 없는 기쁨과 말로 할 수 없는 환희 속에서, 그들과 그들의 모든 권능을 따라 나온 모든 에온 가운데서는 말할 수 없는, 자신들의 변치 않는 영광과 측량할 수 없는 안식으로 인해 항상 기뻐하고 있느니라. 이제 내가 너희에게 말한 이 모든 것은 이것들보다 더 많은 빛 속에서 빛나고 있느니라."

마리아가 그분께 말했느니라. "거룩하신 주님이시여, 당신의 제자들은 어디에서 왔으며, 어디로 가며, 여기서 무엇을 해야 하나이까?" 완전하신 구세주께서 그들에게 말씀하셨느니라. "나는 너희가 이해하기를 바라노니, 우주의 어머니이신 소피아와 그 배우자는 그녀의 남성(배우자) 없이 스스로 이들이 존재하게 하고 싶어 하셨느니라. 그러나 우주의 아버지께서는 그분의 상상할 수 없는 선하심을 나타내시기 위해, 자신의 뜻에 의해 불멸의 존재들과 그들을 뒤따라 나온 자들 사이에 장막을 창조하셨느니라. 그리하여 그 결과가 나타났느니라. (115-116장은 유실됨). (BG 118:13) 모든 에온과 혼돈에게 〔...〕, 그리하여 여성적인 것의 결함이 나타났으며, 오류가 그녀에게 대항하여 싸웠느니라. 그리고 이것들이 영의 장막이 되었느니라. 내가 이미 말한 대로, 빛의 방사 위에 있는 〈그〉에온으로부터, 빛과 영에서 나온 한 방울[3]이 혼돈의 전능자의 아래 영역으로 내려왔나니, 이는 그가 그 한 방울로부터 그들의 주조된 형상을 나타내게 하려는 것이었느니라. 그것은 '얄다바오트'라고 하는 그 최초의 낳는 자에게 심판이기 때문이니라. 그 한 방울이 살아 있는 영혼을 위해 호흡을 통해 그들의 주조된 형상들을 드러냈느니라. 그것은 그 영혼의 무지 속에서 시들고 잠들었느니라. 그것이 남성의 위대한 빛의 호흡으로 뜨거워지고, 그가 그 생각을 취했을 때, (그때) 그 호흡이 그의 안으로 들어가자 그 불멸의 존재를 통해 혼돈의 세계 속에 있는 모든 자와 그 안에 있는 만유가 이름들을 받았느니라. 그러나 불멸의 인간이 거기서 장막을 정돈하도록 어머니 소피아의 뜻 안에서 이들이 존재하게 되었을 때 강도들이 정죄받았으며, 그는 그 호흡에서 나오는 숨결을 환영했느니라. 그러나

---

[3] a drop.

그는 물질이므로 혼돈의 수가 완성되고 위대한 천사에 의해 정해진 때가 완성되기까지 그는 자신을 위해 그 권능을 받을 수 없었느니라.

그러나 나는 너희에게 불멸의 인간에 대해 가르쳤으며, 그에게서 강도들의 구속을 풀어버렸느니라. 나는 그들의 면전에서 저 무자비한 자들의 문들을 부수었느니라. 나는 그들의 사악한 의도를 굴복시켰느니라. 그들은 모두 부끄러움을 당하고, 그들의 무지로부터 일어났느니라. 그런데 나는 이 때문에 여기 왔나니, 그들이 그 영과 호흡과 연합하여 첫 번째 것과 마찬가지로 둘로부터 하나가 되게 하려는 것이요, 너희가 많은 열매를 맺고, 〔우주의 아버지〕의 형언할 수 없는 기쁨과 영광과 〔영예와〕 은혜 속에서 태초부터 계신 분께로 올라가게 하려는 것이니라.

그때 〔순수한〕 지식 〔속에서 아버지를〕 아는 자는 누구나 아버지께로 〔갈 것이며〕, 태어남이 없는 아버지 〔안에서 안식할 것이니라〕. 그러나 그분을 〔불완전하게 아는 자는 누구든지 여덟 번째 세계〕로 가서 〔안식할 것이니라〕. 〔이제 그〕 불멸의 빛의 영을 사유와 욕망을 통해 아는 자는 누구나 진실로 나에게 보이지 않는 영의 징표를 가져오느니라. 그러면 그는 침묵의 영 속에서 빛이 되리라. 지식과 사랑 속에서 사람의 아들을 아는 자는 누구나 나에게 사람의 아들의 징표를 가져오느니라. 그러면 그는 여덟 번째 세계에 있는 자들과 함께 그 거처들로 가느니라.

보라, 내가 너희에게 완전한 분의 이름과 거룩한 천사들의 어머니의 모든 뜻을 드러냈나니, 이는 그 남성인 〔다수〕가 여기서 완성되기 위함이요, 무한한 존재들과 보이지 않는 〔위대한 영의〕 헤아릴 수 없는 〔풍성함 속에 존재하게 된〕 자들이 에온 속에 나타나게 하려는 것이요, 〔그들〕 모두가 〔그분의 선하심〕과 부요하심〔에서〕, 〔그 위에 어떤 왕국도) 없는 (안식을 받게 하려는 것이니라). 나는 (처음이신 분)에게서 보냄을 받아 왔나니, 이는 너희에게 태초부터 계신 분을 드러내기 위함이니라. 이것은 최초의 낳는 자와 그 천사들의 교만 때문이니, 그들이 자신들을 스스로 신들이라고 말하기 때문이니라. 그래서 나는 그들의 눈멂에서 그들을 옮기려고 왔나니, 내가 모든 이에게 우주보다 위에 계신 하나님에 대해 말하려는 것이니라. 그러므로 너희는 그들의 무덤을 짓밟고, 그들의 사악한 의도를 꺾으며, 그들의 멍에를 부수고, 내게 속한 자들을 일깨워라. 내가 너희에게 빛의 아들들로서 만유에 대한 권위를 주나니, 이는 너희가 (너희) 발로 그들의 권능을 짓밟게 하려는 것이니라."

이것은 (저) 복되신 구세주께서 (말씀하신) 것인데, (그분은 이 말씀을 하시고 나서) 그들에게서 사라지셨느니라. 그 후 (모든 제자는) 그날(부터 성령) 속에서 (형언할 수 없는 큰 기쁨) 가운데 있었느니라. (그래서 그 제자들은) 하나님의 (저) 복음과 (저) 영원하고 불멸이신 (성령)을 전파하기 시작했느니라. 아멘.

구세주의 대화
(III, 5)

해제

「구세주의 대화」는 다소 단편적이지만 매우 복합적인 문서로, 그리스도교 영지주의의 중요한 자료이다. 우선 이 글은 따로 떼어낼 수 있는 몇 개의 자료와 전승으로 이루어져 있다. 저자가 이용하고 있는 주요 자료는 예수와 몇몇 제자 사이의 대화였다. 이 대화는 Q자료[1]나 「도마복음」(II, 2)과 비교할 수 있는 전통적인 어록집에 근거한다. 실제로 대화에서 이용하거나 언급하는 어록 중 많은 것은 「도마복음」에 병행 구절이 있다. 저자는 개별적인 예수의 어록을 인용하고 확대하고 해석해서 이 대화집을 만든 것이다. 여기에는 여러 가지 다른 자료와 전승이 들어 있는데, 창세기 1-2장에 근거한 창조 신화(127:23-131:3), 지혜전승으로 해석한 우주론 목록(133:16-134:24), 묵시록적 환상의 단편(134:24-137-3) 등이 그것이다. 마지막 부분에서는 권고와 기도가 나오며, 영혼이 천상의 여러 영역과 적대적인 권능들을 통과해 가는

---

[1] 신약성서의 복음서 기록자들이 사용했다고 추정하는 기본 자료. 실제로 발견된 일은 없으나, 성서학자들은 근본자료가 있었음이 분명하다고 여긴다. Q는 독일어로 '자료'(Quelle)의 첫 글자임.

것에 대한 자료를 소개하고 있는데, 이는 전형적으로 영지주의적인 교훈(120:2-124:22)이다.

「구세주의 대화」에는 실현된 종말론이 미래적 종말론과 함께 나온다. 즉, "이미"가 "아직"과 나란히 나온다는 것이다. 이 이중성은 여러 가지 말로 표현되는데, 이는 제2바울서신들과 베드로전서와 히브리서에서 여러 병행 구절을 찾아볼 수 있다. 에베소서와 마찬가지로「구세주의 대화」는 실현된 종말론을 표현하기 위해 비유적 신화적 언어를 하나의 종교 행위와 연관 짓고 있다. 세례받을 때 선택된 자들은 이미 죽음을 통과하여 생명으로 갔다. 그러나 역설적이게도 선택된 자들은 자신들의 희망을 위해 미래를 바라본다. 그들은 아직 세상에서 육체적 존재라는 짐을 지고 있다. 그러나 그들은 다른 이들을 위해 이 짐을 지는 것이니, 그들이 그들의 주님과 마찬가지로 다른 이들을 구원하여 "계시자의 위대함을 드러내기" 위함이다. 이 과제를 성취할 때에만, 그들이 죽음 속에서 육체를 벗어버릴 때에만 그리고 "여성됨의 일들"이 해체될 때에만 그들은 마침내 "순수한 빛"인 "생명의 처소"에서 다스리고 안식할 것이다.

구세주의 대화

III 120:1-147:23

구세주께서 제자들에게 말씀하셨느니라. "형제들이여, 우리가 짐을 벗고 안식할 때가 이미 왔느니라. 안식 속에 거하는 자는 영원히 안식할 것임이니라. 그러므로 내가 너희에게 이르노니, 언제나〔...〕때 하늘에 거하라.〔... 그리고 내가〕너희에게〔이르노니〕, 너희에게〔...〕가 두려워하느니라. 내가〔너희에게 이르노니〕, 분노는 두려운 것이며, 분노를 발하는〔자는〕〔...〕사람이니라. 그러나 그들이〔...〕에서 올 〔때〕너희는〔...〕. 그들은〔그것(여성임)에 대한〕이 말씀을 두려움과 떨림으로 받아들였느니라. 그리고 그것(여성임)은 그들을 아르콘들과 마주하게 했나니, 그것(여성임)에게서는 아무것도 나오지 않았음이니라. 그러나 내가 왔을 때 나는 그 길을 열었느니라. 나는〔아버지에 대해 배운〕선택된 자들과 의로운 자들이 통과해 갈 길을 그들에게 가르쳐 주었나니, 그들이 진리를 믿었음이니라.

너희가 하나님께 드릴 모든 찬양에 대하여 말하자면, 너희는 찬양을 드릴 때 이렇게 하여라. '아버지, 아버지께서 당신의 외아들의 간구를 들으시고 그분을 당신께 데려가사, 수많은〔노역〕에서 벗어나 안식을 얻게 하셨듯이, 저희 간구를 들어 주소서. 당신은 권능이〔크신〕분이시며, 당신의 무기는〔...〕빛이시며〔...〕살아 계시며,〔... 당신은〕닿을 수 없는 분이시며, 당신〔에게서...〕생명의 회개〔...〕의 말씀〔...〕. 당신은 의로운 자들의〔그〕기억이시며, 그들의 고요함이시나이다. 다시 간청하오니, 당신의 선택된 이들의 기도를 들으셨듯이 저희 간구를 들어 주소서. 이들은 당신의 희생에 의해 그들의 선행을 가지고 들어

가오니, 그들은 영원히 존재하기 위해 그들의 영혼을 이 눈먼 지체에서 구원했나이다. 아멘.'

　내가 너희에게 가르치리라. 해체의 때가 오면, 어둠의 첫째가는 권능이 너희에게 임하리라. 두려워 말고, '보라, 때가 왔도다' 하고 말하여라. 그러나 너희가 하늘에서 한 개의 막대기를 볼 때마다, 〔…〕 아니 한 〔…〕 것(또는 사람)은 〔…〕 행위로부터 〔…〕을 알며, 아르콘들이 〔…〕 너희 위에 임하고 〔…〕. 진실로 두려움은 〔어둠의〕 권능이니라. 그때 만일 너희가 너희에게 임한 자를 두려워하면 그자가 너희를 삼키리니, 그들 가운데는 너희를 아끼거나 불쌍히 여길 자가 없음이니라. 그러나 너희 안에서 〔…〕를 이렇게 바라보아라. 너희가 땅 위에 있는 모든 말을 이겼음이니라. 그가 너희를 높은 산 위로 데려가〔리니〕, 〔거기에는〕 지배하는 권위도 폭군〔도〕 없느니라. 너희가 〔거기에 갈〕 때 너희는 〔…〕한 것들을 보리라. 더욱이 〔…〕가 너희에게, 〔…〕 헤아리는 능력 〔…〕 말하느니라. 〔…〕 진리의 처소 〔…〕 존재하는 헤아리는 능력 〔…〕 아니라, 그들은 〔…〕. 그러나 너희는 〔…〕 진리의 〔…〕, 〔…〕 한 것은 〔…〕과 너희 기쁨 때문에 살아 있는 마음 〔…〕 너희를 〔…〕. 이는 그가 그 말씀 〔…〕 않도록 너희 영혼 〔…〕하기 위함이니라. 그들은 그것을 들어 올렸느니라. 〔… 그리고〕 그들은 〔…〕한 〔…〕할 수 없었느니라. 그 〔…〕 는 〔…〕 그것을 했느니라. 왜냐하면 교차하는 곳은 〔그들〕 앞에서 무섭기 때문이니라. 그러나 너희는 한 마음〔으로〕 〔그것을〕 지나가라. 그 깊이가 심히 깊고 〔그〕 높이는 지극히 높음〔이니라〕. 〔…〕한 마음과 〔…〕한 불 〔…〕. 사자(獅子)들이 〔가두고 …〕 모든 권능이 너희를 〔…〕. 그들은 〔…〕할 것이요, 그 권능들은 〔…〕 그들은 〔…〕 태초 〔…〕. 나는 〔…〕로부터 영혼을 〔…〕 창조하고 〔…〕 모든 사람 안에서 〔…〕 하나의 〔…〕가 되느니라. 너희는 〔…〕이니라. 그리고 〔…〕의 아들 〔…〕 잊지 않기 〔…〕 때문이며, 너희가 〔…〕하기 때문에 너희는 〔…〕.

마태가 말했느니라. "어떤 방식〔으로〕 〔…〕?"

구세주께서 말씀하셨느니라. "네 안에 있는 것들 〔…〕 남으리라. 너에 대하여는, 〔…〕."

유다가 〔말했느니라〕. "오, 주님이시여, 〔…〕 그 행위들 〔…〕 이 영혼들, 〔…한〕 자들, 이 작은 자들은 〔…〕 때 그들은 어디 있겠나이까? 〔…〕 아니고, 그 영에 대하여 〔…〕."

주님께서 〔말씀하셨느니라. "…〕 그들은 받느니라. 이들은 죽지 않으며 멸망하지〔도 않느니라〕. 그들은 〔그들의〕 동료들과 〔그들을〕 그분께로 데려갈 이를 알았음이니라. 진리가 지혜롭고 의로운 자를 찾고 있기 때문이니라." 구세주께서 말씀하셨느니라. "몸〔의〕 등불은 마음이니라. 네가 〔마음이〕─그것은 〔…〕이니라─ 올바른 한, 너의 몸은 빛이니라. 네 마음이 〔어둠〕인 한, 네가 기다리는 네 빛은 〔오지 않으리라〕. 나 자신에 대해 말하자면, 나는 〔…〕을 불렀나니, 내가 부르러 보낸 〔자〕에게 내 말이 〔… 때문에〕 나는 갈 것이니라."

그의 제자들이 〔말했느니라. "주님〕, 찾는 자는 누구이며, 드러내는 자는 누구이나이까?"

〔주님께서 말씀하셨느니라〕. "찾는 자가 〔또한〕 드러내는 〔자이니라〕."

마태가 〔말했느니라. "주님〕, 제가 스스로 말한 것 〔…〕 때 〔말하는〕 자는 누구이며, 듣는 자는 〔누구〕이나이까?"

〔주께서〕 말씀하셨느니라. "말하는 자가 또한 〔듣는〕 자요, 보는 자가 또한 보이는 자〔니라〕."

마리아가 말했느니라. "오, 주님, 보소서, 제가 육체를 지니고 있을 때 〔제가 무슨 이유로〕 울며, 무슨 이유로 〔제가 웃나이까〕?"

주님께서 말씀하셨느니라. "〔만일 네가〕 그것의 행위 때문에 운다면〔너는〕 머물 〔것이요〕, 네 마음은 영(靈) 〔...〕 웃느니라. 만일 사람이 〔어둠...〕 않는다면, 그는 〔빛을〕 볼 수 〔없으리라〕. 그러므로 〔내가〕 너희에게 말하노니, 빛〔의 ...〕는 어둠이니라. 〔그리고 만일 사람이〕〔어둠〕 속에 서지 〔않는다면〕, 〔그는〕 빛을 볼 〔수 없으리라〕. 〔...〕 거짓말 〔...〕에 의해 사라졌고 〔...〕 너희는 〔...〕 줄 것이요, 〔...〕 영원할 것이며 〔...〕 안에서 〔...〕 사람은 〔...〕 영원히 〔...〕. 그때 〔모든〕 권능이 너희를 〔...〕, 위에 있는 자들과 아래 있는 자들에게 그리하리라. 거기서는 이 〔모든〕 일의 마지막에 슬피 울며 이를 〔갊〕이 〔있으리라〕."

유다가 말했느니라. "주님, 〔저희에게〕 말씀해 주소서. 〔하늘과〕 땅이 있기 전에 무엇이 〔있었나이까〕?"

주님께서 말씀하셨느니라. "그것은 어둠과 물과 〔물〕 위에 있는 한 영이었느니라. 그러나 네가 추구하고 묻는 〔것에 대해 너〕에게 말하노니, 〔보라, 그것은〕 네 안에 〔있느니라〕. 그리고 권능과 〔신비〕의 〔...〕 영 〔...〕, 마음과 〔...〕에서 사악함이 나오느니라. 〔...〕 보라, 〔...〕의 〔...〕."

〔...〕 말했느니라. "주님, 말씀해 주소서. 〔영혼(?)〕은 어디에 있으며, 참 〔마음(?)〕은 어디에 있나이까?"

주께서 〔그에게〕 말씀하셨느니라. "〔그〕 영〔의〕 불에 대해 말하자면, 그것은 그들의 〔...〕 속에 있었느니라. 그러므로 〔...〕가 있게 되었느니라. 참 마음은 그것들 〔안에〕 있게 되었느니라. 〔만일〕 사람이 〔자기 영혼을(?)〕 높이 〔세우면〕, 〔그 사람은〕 높아질 〔것이니라〕."

그러나 마태가 〔...〕 받은 〔...〕에 〔대하여 그분께〕 여쭈었느니라. 그는 〔...〕 한 사람이니라.

주님께서 〔말씀하셨느니라〕. "〔네 밖에 있는 ...〕 너의 〔...〕에 확고히 반대하는 〔...〕 그에게 네 〔위에〕 그것을 두게 하고, 모든 것은 〔...〕 너희의 마음 〔...〕. 왜냐하면 너희 마음 〔...〕 그것을 〔...〕과 같이, 너희는 〔위에〕 있는 권능들과 아래에 있는 자들을 이길 것임이니라. 〔그러나 내가〕 너희에게 말하노니, 할 수 〔있는 자는〕 〔자신을〕 부정하고 회개하여라. 〔아는〕 자는 추구하여 찾고 〔기뻐하여라〕."

유다가 말했느니라. "보소서. 〔...〕는 〔땅〕 위에 있는 이 표징들처럼 모든 것이 〔그 안에〕 있는 것을 보나이다. 이 때문에 그것들은 이처럼 존재하게 되었나이다(?)."

주님께서 〔말씀하셨느니라〕. "아버지께서 세상을 〔만드셨을〕 때 그분은 그것에서 물을 〔모으셨느니라〕. 〔그분의〕 말씀이 그분에게서 나왔느니라. 그분은 많은 〔...〕 가운데 거하셨느니라. 그분은 온 땅을 〔둘러싸고 있는(?) 태양의〕 길보다 더 높이 계셨느니라. 그것들은(?) 〔...〕 〔함께〕 모아진 물들이 그것들 밖에 있었음이니라. 큰불이 그것들을 벽처럼 〔둘러싸고 있는〕 동안 물의 〔...〕. 그리고 〔...〕 그때 많은 것이 〔그〕 내부로부터 분리되고 있었으며, 〔아버지께서〕 일어서셨나니, 그때 그분은 〔그 말씀(?)〕을 보시고 그에게 말씀하셨느니라. '가서 너에게서 〔그것들을〕 던져버려라. 〔땅이〕 세세영원토록 결핍 속에 있지 않게 하기 위함이니라. 그때 〔그는〕 자신에게서 우유의 〔샘들〕과 〔꿀〕의 샘들과 기름과 〔술〕과 좋은 과일들과 달콤한 맛과 좋은 뿌리들을 내셨나니, 이는 그것이 세세영원토록 결핍 속에 있지 않게 〔하려 함〕이었느니라. 그러나 그는 〔...〕 위에 계셨으며, 〔...〕 그의 아름다움 〔...〕 그 행위 〔...〕 설 수 있었느니라. 그리고 〔...〕 밖에 〔...〕 빛의 〔...〕이며, 그와 같은 자 〔...〕 할 수 있었느니라. 이는 그가 〔위〕와 아래의 에온들을 잡기 위해서였느니라. 〔그리고 그들은〕 불에서 〔...〕을 꺼냈느니라. 그것은 위와 아래에 있는 〔플레로마〕에서 나와 흩어졌느니라. 그들에게 의존해 있는 모든 것에 대해 말하자면, 그것들은 위의 하늘〔과〕 아래의 땅 〔위에〕 〔있는 것들이니라〕. 만유가 그것들에 의거해 있느니라."

〔그리고〕 유다가 이 말씀을 들었을 때 그는 엎드려 〔경배하고〕 주님께 영광을 돌렸느니라. 마리아가 말했느니라. "형제들이여, 여러분이 〔...〕의 아들께 여쭌 〔것들은〕 〔...〕, 거기서 여러분은 그것들을 지킬 것이뇨?"

주님께서 그녀에게 〔말씀하셨느니라〕. "자매여, 〔...〕는 이것들을 찾을 수 있었느니라. 이는 그가 그의 마음 안에 그것들을 간직할 곳이 있었기 때문이니, 〔...〕 그에게 〔...〕로부터 가서, 〔생명의 거처(?)〕로 들어가게 하라. 그가 곤궁해진 세상 〔속에〕 갇히지 않게 하기 위함이니라."

마태가 말했느니라. "주님, 저는 악이 전혀 없고, 순수한 빛만 있는 〔그곳〕, 생명의 거처를 〔보고〕 싶나이다."

주님께서 말씀하셨느니라. "형제 마태여, 네가 육체를 입고 있는 한 너는 그곳을 볼 수 없느니라."

마태가 말했느니라. "오, 주님이시여, 〔제가〕 그곳을 볼 〔수는〕 없을지라도 〔그곳을 알게는〕 해주소서."

주님께서 말씀하셨느니라. "〔너희 중에〕 자기 자신을 안 자는 모두 이미 그것을 보았느니라. 그는 자기가 하기에 합당한 모든 것을 〔행하느니라〕. 그리고 그는 자신의 선함 속에서 그것을 〔행했느니라〕."

유다가 그분께 말했느니라. "주님, 제게 말씀해 주소서. 땅을 움직이는 지진은 어떻게 일어나나이까?"

주님께서 돌을 하나 집으시고 그것을 자신의 손에 잡으셨느니라. 〔주님께서 말씀하셨느니라〕. "내 〔손〕에 들고 있는 것이 〔무엇이냐〕?"

그가 대답했느니라. "〔그것은〕 돌〔이나이다〕."

주님께서 그들에게 말씀하셨느니라. "〔땅을〕 지탱하고 계신 이가 하늘을 지탱하고 계신 그분이시니라. 그 위대하심으로부터 한 말씀이 나올 때 그것은 하늘과 땅을 지탱하고 있는 분에게로 가느니라. 왜냐하면 땅은 움직이는 것이 아니기 때문이니라. 만일 그것이 움직이면 그것은 무너질 것이지만, '그분께서 세상을 만드시고, 그 안에 거하시고, 그것에게서 향내를 맡으셨도다'라고 하신 처음 말씀이 취소되지 않게 하기 위해 (그것은 무너지지 않을 것이니라). 너희 사람의 아들들이여, 움직이지 않는 모든 것을 내가 너희에게 [가져다주리라]. 왜냐하면 너희가 그곳에서 왔기 때문이니라.

[기쁨]과 진실을 말하는 자들에 대하여 말하자면, 너희는 그들의 마음속에 있느니라. 만일 그가 아버지의 몸으로부터 사람들을 통해 온다면 [그리고] 그들이 그를 받아들이지 않는다면, 그는 자기 처소로 돌아가느니라. 완전함의 일을 알지 [못하는] 자는 아무것도 알지 못하느니라. 누구든지 어둠 가운데 있지 않다면 그는 빛을 볼 수 없으리라. 만일 불이 어떻게 생겨났는지 [이해하지] 못한다면 그는 그 속에서 불타버릴 것이니, 그가 자기 뿌리를 모르기 때문이니라. 누구든지 먼저 물을 이해하지 못한다면, 그는 아무것도 알지 못하느니라. 그가 물로 세례를 받는 것이 무슨 소용이 있겠는가? 누구든지 바람이 어떻게 생성되었는지 이해하지 못하면, 그는 그것과 함께 달릴 것이니라. 누구든지 자신이 입고 있는 육체가 어떻게 생기게 되었는지 알지 못하면, 그는 그것과 함께 멸망할 것이니라. 또 아들을 알지 못하는 자가 어떻게 [아버지를] 알겠느냐? 만유의 뿌리를 알지 못할 자에게는 그것들(만유)이 숨겨져 있느니라. 사악함의 뿌리를 알지 못할 자는 그것에 낯설지 않느니라. 자신이 어떻게 왔는지 이해하지 못하는 자는 자신이 어떻게 갈지 이해하지 못할 것이며, [멸망하고] 낮아질 세상에 [낯선 자가] 아니니라.

그때 그분은 유다와 마태와 마리아를 [데리고 가셨느니라]. 마침내 온 하늘[과] 땅, [그리고] 그분이 그들 위에 [손을] 얹으셨을 때 그들은 그것을 〔보기를〕 바랐느니라. 유다가 눈을 들어 높은 곳을 보니, 그는 아래에 구덩이가 있는 곳을 보았느니라.

유다가 마태에게 말했느니라. "형제여, 누가 이렇게 높은 데 올라오거나, 저 구덩이에 내려갈 수 있을까? 저기에는 큰 불과 두려움이 있으니."

그 순간 그것으로부터 한 말씀이 나왔느니라. 그가 서 있는 동안 그는 그것이 어떻게 〔내려〕왔는지를 보았느니라. 그 후 그는 그 말씀에게 말했느니라. "당신은 왜 내려오셨나이까?"

그러자 사람의 아들은 그들에게 인사를 하고 그들에게 말씀하셨느니라. "권능으로부터 한 알갱이가 부족하여, 땅의 〔저〕 구덩이에까지 내려왔느니라. 최초의 말씀이 취소되었으므로 그는 그것을 〔그의 앞으로〕 가지고 올라갔느니라."

〔다시 그의〕 제자들은 그분이 그들에게 말씀하신 모든 것에 놀랐으며, 그것을 믿음으로 받아들였느니라. 그들은 사악함을 바라보는 것이 〔...〕 불필요하다는 것을 알았느니라. 그때 그분이 자기 제자들에게 말씀하셨느니라. "소리와 번개가 보이는 것과 같이 선한 자들을 빛으로 데려가리라고 내가 너희에게 말하지 않았느냐?"

그때 그의 모든 제자가 그분께 찬양을 드렸느니라. 그들은 말했느니라. "주님, 당신께서 여기 나타나시기 전에는 누가 그곳에서 당신께 찬양을 드렸나이까? 왜냐하면 모든 영광은 당신을 통해서 있기 때문이나이다. 당신께로부터 모든 축복이 오는데, 누가 거기서 〔당신을〕 축복했나이까?"

그들이 서 있는 동안 그분께서는 두 영이 번개의 커다란 번쩍임 속에서 한 영혼을 데리고 오는 것을 보셨느니라. 그러자 사람의 아들에게서 한 말씀이 나왔느니라. "그들에게 그들의 옷을 주어라." 〔그러자〕

작은 자가 큰 자와 같았느니라. 그들은 〔그들을〕 받아들인 자들에게(또는 자들의) 〔...〕였느니라. 〔제자들이〕 서로 〔말했느니라〕. "그때 우리 〔...그의〕 제자들 〔...〕, 그가 〔...〕한 자들..."

마리아가 〔말했느니라. "〔...〕 저 악한 자를 보고 〔...〕 처음부터 그들을 〔...〕."

주님께서 〔그녀에게〕 말씀하셨느니라. "네가 그들을 볼 때 〔...〕 위대하니라. 그들은 〔...〕가 아니니라. 그러나 네가 영원하신 분을 볼 때 그것은 위대한 봄이니라."

그때 모두가 그에게 말했느니라. "저희에게 그것을 보여 주소서."

주님께서 그들에게 말씀하셨느니라. "너희는 그것을 어떻게 보고 싶으냐? 일시적인 환상〔으로〕? 아니면 영원한 환상으로?" 그분께서 다시 말씀하셨느니라. "〔너희를〕 따를 수 있는 자를 구하기에 힘써라. 그런 자를 찾아 그와 대화하라. 너희가 찾는 모든 이가 너희에게 동의하도록 하여라. 내가 너희에게 〔이르노니〕 살아 계신 하나님은 너희 가운데 〔거하시며〕, 〔너희는〕 그분 가운데 〔거하고 있느니라〕."

유다가 〔그분께 말했느니라. "〔진실로〕 저는 〔...를〕 원하나이다."

주님께서 그에게 〔말씀하셨느니라〕. "살아 계신 〔하나님(?)〕이 존재하시므로, 모든 〔...〕 결핍의 〔...〕."

유다가 〔말했느니라〕. "누가 〔저희를(?)〕 다스리리이까?"

주님께서 말씀하셨느니라. "너희가 그들을 다스리리라. 그러나 너희가 너희에게서 질투를 버릴 때 너희는 빛의 옷을 입고 신부의 방에 들어가리라."

유다가 말했느니라. "저희의 옷이 어떻게 저희에게 오나이까?"

주님께서 말씀하셨느니라. "어떤 이들이 (그것들을) 너희에게 가져올 것이며, 다른 이들은 〔그것들을〕 받을 것이니라. 그들이 너희에게 너희 옷을 [가져오는 자들]이기 때문이니라. 누가 보답인 그곳에 이를 [수] 있겠느냐? 그러나 그들은 생명의 옷을 그 사람에게 주었나니, 그가 자기 갈 길을 알기 때문이니라. 진실로 거기 이르는 것은 나에게도 짐이기 때문이니라."

마리아가 말했느니라. "그러므로 '매일의 어려움'이라고 하고, '일하는 자는 먹을 자격이 있도다'라고 하며, '제자가 스승을 닮는도다'라고 하나이다." 그녀는 모든 것을 아는 여인으로서 이 말을 했느니라.

제자들이 그에게 말했느니라. "충만이 무엇이며 결핍이 무엇이나이까?"

주님께서 그들에게 말씀하셨느니라. "너희는 충만에게서 와서 결핍이 있는 곳에 머물고 있느니라. 그런데 보라, 그 빛이 우리 위에 부어졌도다."

마태가 말했느니라. "주님, 제게 말씀해 주소서. 죽은 자들은 어떻게 죽으며, 살아 있는 자들은 어떻게 사나이까?"

주님께서 말씀하셨느니라. "[너는] 나에게 눈이 본 일이 없고, 나도 너에게서가 아니고는 그것에 대해 들은 일이 없는 [것에 대해서] 물었도다. 그러나 내가 너희에게 이르노니, 인간을 움직이는 것이 물러갈 때 그는 '죽었다'라고 할 것이요, 살아 있는 것이 죽은 것을 자유케 할 때 그는 '살아 있다'라고 할 것이니라."

유다가 말했느니라. "그런데 도대체 그들은 왜 죽고 또 사나이까?"

주님께서 말씀하셨느니라. "진리에서 난 자는 죽지 않으나, 여인에게서 난 자는 죽느니라."

마리아가 말했느니라. "주님, 제게 말씀해 주소서. 저는 왜 이곳에 왔나이까? 무엇을 얻으려고 왔나이까 아니면 잃으려고 왔나이까?"

주님께서 말씀하셨느니라. "너는 계시자의 위대함을 드러내기 때문이니라."

마리아가 주님께 말했느니라. "주님, 그러면 〔...〕인 곳이 있나이까? 아니면 진리를 빼앗겼나이까?"

주님께서 말씀하셨느니라. "그곳은 내가 〔있지〕 않은 곳이니라."

마리아가 말했느니라. "주님, 당신은 두렵고 놀라우시나이다. 그리고 〔당신을〕 알지 못하는 자들로부터 〔...〕."

마태가 말했느니라. "저희는 왜 당장 쉬지 못하나이까?"

주님께서 말씀하셨느니라. "네가 이 짐들을 내려놓을 때 (쉴 것이니라)."

마태가 말했느니라. "작은 것이 어떻게 큰 것에게 붙어 있나이까?"

주님께서 말씀하셨느니라. "네가 너를 따라올 수 없는 것들을 버릴 때 너는 쉬게 되리라."

마리아가 말했느니라. "만유가 어떻게 존재하는지 알고 싶나이다."

주님께서 말씀하셨느니라. "누구든지 생명을 추구하는 자는 (이것을 아나니), 〔이것이〕 그들의 부요함이기 때문이니라. 이 세상을 〔즐거워함〕은 〔거짓〕이며, 이 세상의 금과 은은 오류이니라."

제자들이 주님께 말했느니라. "저희의 일이 완전해지기 위해 저희가 무엇을 해야 하나이까?"

주님께서 그들에게 〔말씀하셨느니라〕. "모든 것 앞에서 준비되어 있으라. [이 생각(?)에 대한] 해석을, 자기 눈과 하는 싸움을 발견한 자는 복이 있도다. 그는 죽이지도 죽임을 당하지도 않았으나, 승리하여 나아갔도다."

유다가 말했느니라. "주님, 제게 말씀해 주소서. 길의 시작이 무엇이나이까?"

주님께서 말씀하셨느니라. "사랑과 선함이니라. 만일 이것 중 하나가 아르콘들에게 있었다면 악이 존재하지 않았을 것이니라."

마태가 말했느니라. "오, 주님, 당신께서는 만유의 종말에 대해 고통 없이 말씀하셨나이다."

주님께서 말씀하셨느니라. "너희는 내가 너희에게 말한 모든 것을 이해했고, 믿음으로 받아들였느니라. 만일 너희가 그것들을 안다면, 그것들은 〔너희의 것〕이지만, 알지 못한다면 너희 것이 아니니라."

그들이 주님께 말했느니라. "저희가 갈 곳은 어디이나이까?" 주님께서 말씀하셨느니라. "너희가 이를 수 있는 곳이 저기 있도다!"

마리아가 말했느니라. "나타나 있는 모든 것이 이렇게 하여 보이나이까?"

주님께서 말씀하셨느니라. "내가 너희에게 이르기를, 보는 이가 보이는 이라고 했느니라."

그의 열두 제자가 그에게 물었느니라. "스승님, 근심 없음에 대하여 〔...〕 저희에게 〔...〕 가르쳐 주소서."

주님께서 말씀하셨느니라. "〔만일 너희가〕 내가 〔너희에게〕 말한 모든 것을 〔이해한다면〕, 너희는 〔...〕일 것이요, 너희가 모든 것을 〔알리라〕."

마리아가 말했느니라. "제가 진리의 신비에 대하여 주님께 〔드릴〕 말씀이 있나이다. 저희는 그 안에 서 있으며, 저희가 나타난 것은 세상에 있는 것을 위함이나이다."

유다가 마태에게 말했느니라. "우리가 〔육체〕의 부패에서 벗어날 때 어떤 종류의 옷을 입을지 알고 싶도다."

주님께서 말씀하셨느니라. "아르콘들〔과〕 지배자들은 한동안 그들에게 주어지는 옷을 지니느니라. 그러나 그것들은 계속되지 못하느니라. 〔그러나〕 너희에 대해 말하자면 너희는 진리의 아들이므로 너희가 입을 옷은 이러한 일시적인 옷이 아니니라. 오히려 내가 너희에게 이르노니, 너희는 옷을 벗어 버릴 때 복을 받는 것이니라. 그것이 여전히 큰일이기 때문이니라. 〔…〕 밖에서 〔…〕."

〔…〕 말했느니라. "〔…〕 말씀 〔…〕, 저는 〔…〕이나이다."

주님께서 말씀하셨느니라. "〔…〕 너의 아버지 〔…〕."

마리아가 말했느니라. "겨자〔씨〕는 〔어떻나이까〕? 〔그것은〕 하늘에서 왔나이까 〔아니면〕 땅에서 왔나이까?"

주님께서 말씀하셨느니라. "아버지께서 홀로 세상을 세우셨을 때 그분은 만유의 어머니께로부터 온 많은 것을 남겨 두셨느니라. 이 때문에 그분은 말씀하시고 행동하시는 것이니라."

유다가 말했느니라. "당신께서는 진리의 마음에서 이것을 저희〔에게〕 말씀하셨나이다. 저희가 기도할 때 어떻게 해야 하나이까?"

주님께서 말씀하셨느니라. "여인이 없는 곳에서 기도하여라."

마태가 말했느니라. "주님께서는 '〔여인이 없는〕 곳에서 기도하라'라고 우리에게 말씀하시는도다. 즉, '여인의 일을 없애라'라고 하시는 것이니, 이는 다른 〔생산법〕이 있어서가 아니라, 그들이 〔낳기를〕 멈출 것이기 때문이로다."

마리아가 말했느니라. "그들은 결코 없어지지 않을 것이로다."

주님께서 말씀하셨느니라. "그들은 해체되지 〔않을〕 것이라든지, 〔이곳 여인〕의 〔일들〕이 〔파괴되리라는〕 것을 누가 알리요?"

유다가 〔마태에게〕 말했느니라. "〔여인〕의 일들은 해체될 것이며 〔…〕 아르콘들은 〔…〕 것이로다. 그리하여 우리는 그들에 대해 준비될 것이로다."

주님께서 말씀하셨느니라. "옳도다. 그들이 너희를 보느냐? 〔그들이〕 너희를 영접하는 자들을 〔보느냐〕? 이제 보라! 하늘〔에 속하는〕 한 말씀이 아버지께로부터 나와 〔심연으로〕 내려오리니, 탄생을 주는 번개의 번쩍임과 함께 침묵 속에서 그러하리라. 그들이 그 말씀을 보거나 능가하느냐? 그러나 너희는 더욱더 〔그 길을〕 알고 있나니, 이 길은 〔천사〕나 권위도 〔그것을 ...〕하기 〔전〕의 것이니라. 그것은 아버지와 〔아들〕에게 속하나니, 그들은 하나의 〔...〕이기 때문이니라. 그리고 너희는 너희가 알게 된 〔그 길〕을 통해 갈 것이니라. 아르콘들이 거대해진다 할지라도 〔그들은〕 거기 이르지 못할 것이니라. 〔그러나 들어라!〕 내가 너희에게 이르노니, 나조차도 거기 〔이르기〕 어려우니라."

〔마리아가 주님께 말했느니라〕. "피조세계가 〔해체될〕 때 피조물을 해체하는 〔...〕."

〔주님께서 말씀하셨느니라〕. "옳도다. 너는 〔...〕을 아는도다. 만일 내가 〔...〕 해체한다면 〔...〕 그의〔또는 그것의〕 거처로 갈 것이니라."

유다가 말했느니라. "〔영〕은 어떻게(또는 무엇 속에서) 보이나이까?"

주님께서 말씀하셨느니라. "칼은 어떻게(또는 무엇 속에서) 〔보이느냐〕?"

유다가 말했느니라. "빛은 어떻게(또는 무엇 속에서) 보이나이까?"

주님께서 말씀하셨느니라. "〔...〕 그 속에(또는 그것을 통해) 영원히 〔...〕."

유다가 말했느니라. "누가 누구의 행위를 용서하나이까? 우주 〔...〕 한 행위 〔...〕 그 행위를 용서하는 자 〔...〕."

주님께서 〔말씀하셨느니라〕. "누가 〔...〕? 그 행위를 이해하는 사람은 누구든지 아버지의 〔뜻〕을 행할 의무가 있느니라. 너희에 대해 말하자면, 너희 자신에게서 〔분노〕와 〔질투〕를 없애고, 너희의 〔...〕을 벗어 버리기에 힘쓰며, 〔...〕하지 말라. 〔그들은〕 〔...〕 조롱할 것이니라. 내가 너를 〔...〕 취하라고 〔...〕 말하느니라. 〔...〕 많은 사람이 찾고, 이 〔...〕을 이해하여, 〔영원히〕 살리라. 그러나 〔내가 몸소〕 〔너희에게 ...〕 이르노니, 너희는〔너희〕영들과 혼들 속에서 오류를 범하지 말라."

구세주의 대화

바울의 묵시록
(V, 2)

해제

문서 V에 있는 네 편의 계시록 중 첫 번째인「바울의 묵시록」은 바울이 하늘들을 통과해 상승하는 것을 묘사한다. 이와 같은, 또는 비슷한 이름의 다른 고대 문서들이 알려져 있기는 하지만, 콥트어「바울의 묵시록」은 바울이 네 번째 하늘에서 열 번째 하늘에까지 올라간 것에 초점을 맞추고 있다는 점에서 매우 독특하다. 이 글이 쓰인 정황은 확실하지 않다. 그러나 일곱 번째 하늘에 있는 묵시록적인 "노인"에 대한 논쟁은 이 글이 반(反)유대교적 경향을 지닌 영지주의 집단에서 나왔음을 말해 주는 것일지도 모른다.[1] 나아가 바울을 그의 동료 사도들보다 높은 자로 묘사한 것은 2세기의 영지주의, 특히 발렌티누스 종파에서 보이는 바울에 대한 묘사와 유사하다.

「바울의 묵시록」은 어떤 현현(顯現) 장면으로 시작하는데, 부활하신 그리스도로 보이는 어린아이가 산에서 바울을 만나 계시를 주고, 바울을 하늘의 예루살렘으로 인도한다. 천상의 아이와 함께 나오는 이

---

[1] 이 "노인"은 아르콘들의 우두머리임을 본문에서 알 수 있으며, 유대교의 하나님을 의미하는 것이라고 볼 수 있으므로, 반유대적 영지주의일 수 있다고 말한 것임.

장면은 분명히 갈라디아서 1장 11-17절과 2장 1-2절에 대한 하나의 해석을 제공해 준다. 물론 전체 상승 이야기의 기초는 고린도후서 12장 2-4절에서 볼 수 있다. 바울은 하늘들을 통과해 올라가면서, 네 번째와 다섯 번째 하늘에서 영혼들이 심판받고 징계받는 장면을 보는데, 이 장면은 유대 묵시문학에 나오는 장면과 비슷하지만, 또한 대중적인 혼합주의를 보여 준다. 바울의 천상 여행은 유대 묵시문학 전통에 의거해 있는 것 같이 보이지만, 이 상승 이야기의 영지주의적 성격은 분명하다. 끝으로 바울은 열 번째 하늘에 이르러, 거기서 변형되어 자신의 동료 영들을 만난다.

바울의 묵시록

V 17:19-24:9

바울[의 묵시록]

〔...〕그 길〔...〕. 그리고〔그가 그에게 말했느니라〕. "〔제가 어떤 길을〕통해〔예루살렘〕에 올라〔가리이까〕?" 그 어린아이가〔대답했느니라〕. "네 이름을 말하라. 그러면〔내가〕너에게 그 길을〔보여 주리라〕." 〔그 어린아이는〕〔바울이 누구인지〕알고 있었느니라. 그는 그의 말을 통해 그와 대화하기를 원했나니, 이는 그가 그와 대화할 구실을 찾기 〔위함이었느니라〕.

그 어린아이가 말했느니라. "바울이여, 나는 당신이 누구인지 아노라. 당신은 모태에서부터 축복받은 자로다. 네가〔예루살렘으로 올라가〕당신의 동료〔사도들〕을 만나도록 하려고 내가〔왔음〕이니라.〔그리고〕이 때문에〔당신이 부름을 받은 것이니라〕.〔그리고〕나는 당신과〔동행하는 영〕이니라. 바울이여,〔...〕를 가지고〔당신의 마음이 깨어나게〕하라. 왜냐하면〔아르콘들과〕이 권위들〔과〕대천사들과 권능들과 악마들의 종족 전체 가운데〔...〕인 전체〔...〕,〔...〕영혼의 씨앗에 몸을 계시해 주는 이〔...〕."

그런데 그가 그 말을 끝내기 전에 그가 나에게 말했느니라. "바울이여, 당신의 마음을 깨워, 당신이 서 있는 이 산이 여리고 산임을 보고, 보이는 것들 속에 숨겨져 있는 것들을 알라. 이제 당신은 열두 사도들에게로 가리니, 그들은 선택된 영들임이라. 그들이 당신을 맞이하리라." 그는 눈을 들어 그들이 자신에게 인사하고 있는 것을 보았느니라.

그때 〔그〕와 말씀하고 계시던 성〔령〕께서 그를 위로 들어 올려 세 번째 하늘로 데려가셨으며, 그는 네 번째 〔하늘〕을 넘어갔느니라. 〔성〕령께서 그에게 말씀하셨느니라. "지상에 있는 너의 〔모습〕²을 보아라." 그래서 그는 아래로 〔눈을 돌려〕 지〔상에 있는〕 자들을 보았느니라. 그는 〔...〕 위에 있는 자들을 자세히 〔보았느니라〕. 〔그러고 나서 그는〕 눈을 〔들어〕 〔열두〕 사도들이 창조세계 속에서 그의 오른쪽〔과〕 왼쪽〔에〕 있는 〔것을〕 보았는데, 그 영께서는 그들 앞에 가고 계셨느니라.

그러나 나는 층위(層位)에 따라 네 번째 하늘에서 보았느니라 — 나는 신들을 닮은 천사들, 죽은 자들의 땅에서 영혼을 데려오는 천사들을 보았느니라. 그들은 그 영혼을 네 번째 하늘의 문간에 두었느니라. 그리고 그 천사들이 그 영혼을 채찍질하고 있었느니라. 그 영혼이 말했느니라. "제가 세상에서 지은 죄가 무엇이나이까?" 네 번째 하늘에 거하는 통행료 받는 자가 대답했느니라. "죽은 자들의 땅에 있는 저 모든 불법적인 행위를 하는 것은 옳지 않으니라." 그 영혼이 대답했느니라. "증거를 대소서! 제가 어떤 몸속에서 불법적인 행위를 했는지 그들로 하여금 당신에게 〔보이라고〕 하소서. 〔당신은 그것이 적혀 있는〕 책을 가져오기 〔원하시나이까〕?"

그래서 세 명의 증인이 왔느니라. 첫 번째가 말했느니라. "〔...〕 제2시에 내가 그 몸 〔속에〕 있지 〔않았느냐〕? 내가 너에게 일어나 대적하니, 네가 마침내 분노〔와 격노〕와 질투에 〔빠졌도다〕." 그러자 두 번째가 말했느니라. "내가 세상에 있지 않았느냐? 내가 제5시에 들어가 너를 보고 너를 원했도다. 그리고 보라, 이제 나는 네가 범한 살인죄들에 대해 너를 고발하고 있도다." 세 번째가 말했느니라. "그날 제12시에

---

2 likeness.

해가 막 지려고 할 때 내가 너에게 가지 않았느냐? 나는 네가 죄를 다 지을 때까지 너에게 어둠을 주었도다." 그 영혼이 이러한 이야기를 들었을 때 그는 슬퍼하며 아래를 내려다보았느니라. 그러고 나서 그 영혼은 위를 바라보았느니라. 그 영혼은 아래로 던져졌느니라. 아래로 던져진 그 영혼은〔자신을 위해〕준비되어 있던〔하나의〕몸에게로〔갔느니라〕.〔그리하여〕보라,〔그 영혼의〕증언은 끝났느니라.

〔그때 나는 눈을〕들어〔그〕영께서〔나에게〕말씀하시는 것을〔보았느니라〕. "바울아, 오너라! 나〔에게로〕나아오라!" 그래서 내가〔가〕자, 문이 열렸〔고〕, 나는 다섯 번째〔하늘〕로 올라갔느니라. 그리고 나는 그 영께서 우리와 동행하시는 동안〔나와 함께〕나의 동료 사도들이〔가는 것을〕보았느니라. 그리고 나는 다섯 번째 하늘에 있는 한 위대한 천사가 손에 쇠막대기를 들고 있는 것을 보았느니라. 거기에는 그와 함께 다른 세 명의 천사가 있었는데, 나는 그들의 얼굴을 자세히 쳐다보았느니라. 그러나 그들은 서로 질세라 자신들의 손에 든 채찍으로 영혼들을 심판으로 몰아가고 있었느니라. 그러나 나는 그 영과 함께 갔으며, 나에게 문이 열렸느니라.

그다음에 나는 여섯 번째 하늘로 올라갔느니라. 그리고 나는 나의 동료 사도들이 나와 함께 가고 있는 것을 보았으며, 성령께서는 그들 앞에서 나를 인도하고 계셨느니라. 그리고 나는 높은 곳으로 눈을 들어, 한 위대한 빛이 여섯 번째 하늘 위로 빛을 발하고 있는 것을 보았느니라. 나는 여섯 번째 하늘에 있는 통행료 받는 자에게 말했느니라. "〔내〕앞에〔계시는〕〔성〕령과 나에게〔문을 열라〕." 그가〔나에게〕문을 열었느니라.

〔그 후 우리는〕일곱 번째〔하늘〕로 올라〔갔으며〕, 나는 빛〔…〕하고, 〔옷이〕하얀 한 노인을 보았느니라. 일곱 번째 하늘에 있는〔그의 보좌〕

는 태양보다 〔일곱〕 배나 더 밝았느니라. 그 노인이 〔나〕에게 말했느니라. "오, 복된 자여, 모태로부터 구별된 자, 바울이여, 너는 어디로 가고 있느냐?" 내가 그 영을 바라보니, 그는 머리를 끄덕이시며 나에게 말씀하셨느니라. "그와 이야기하여라!" 그래서 나는 그 노인에게 대답했느니라. "저는 제가 온 곳으로 가고 있나이다." 그러자 그 노인이 내게 대답했느니라. "너는 어디서 왔느냐?" 그래서 나는 대답했느니라. "저는 바빌론 포로에 사로잡히게 했던 그 포로됨을 사로잡기 위해 죽은 자들의 세계로 내려가고 있나이다."[3] 노인이 내게 대답했느니라. "너는 나에게서 어떻게 도망하려느냐? 아르콘들과 권위들을 보아라." 〔그〕 영이 말씀하셨느니라. "그에게 네가 지니고 있는 〔그〕 표시를 주어라. 그러면 〔그가〕 그에게 문을 열어 〔줄 것이니라〕." 그래서 나는 〔그에게〕 그 표시를 주었느니라. 그는 얼굴을 아래로 돌려 자기 피조세계와 자기의 권위인 자들을 보았느니라.

그 후 〈일곱 번째〉 하늘이 열렸고, 우리는 오그도아드로 올라갔느니라. 그리고 나는 열두 사도를 보았느니라. 그들은 내게 인사를 했고, 우리는 아홉 번째 하늘로 올라갔느니라. 나는 아홉 번째 하늘에 있는 모든 이에게 인사를 했고, 우리는 열 번째 하늘로 올라갔느니라. 그리고 나는 나의 동료 영들에게 인사를 했느니라.

바울의 묵시록

---

3 영어 번역은 다음과 같다. I am going down to the world of the dead in order to lead captive the captivity that was led captive in the captivity of Babylon.

야고보의 제1묵시록

(V, 3)

해제

　「야고보의 제1묵시록」의 고대의 제목은 「야고보 묵시록」이었다. 이 것에 「야고보의 제1묵시록」이라는 제목을 붙인 것은 "야고보 묵시록" 이라는 같은 제목이 붙은 이 다음의 글(V, 4)과 구별하기 위한 것이다 (여기서는 이 다음의 글에 「야고보의 제2묵시록」이라는 재목을 붙였다). 「야고보 의 제1묵시록」은 주님께서 주님의 형제인 의인 야고보에게 주신 비밀 스러운 가르침을 다루고 있다는 의미에서 묵시록이다.

　「야고보의 제1묵시록」의 주제는 수난인데, 특히 주님의 수난과 죽 음, 영혼의 사후의 승천이다. 주님의 수난은 우주적 투쟁의 상징으로, "엄청나게 많은 아르콘들의 거처인" 예루살렘이 중심이다. 그러므로 주님께서는 야고보에게 예루살렘을 떠나라고 권하신다. 영지주의자 들에게 주님과 야고보의 고난과 십자가형은 수난의 표현이다. 그러나 주님께서는 구원이 보장되어 있으니 슬퍼하거나 두려워할 필요가 없 다고 야고보에게 확신을 주신다. 권능들이 아무리 공격해 올지라도 영 혼은 선재(先在)하시는 아버지께 안전하게 돌아가리라는 것이다.

　「야고보의 제1묵시록」은 유대-그리스도교적이고 영지주의적인 주제를 반영하는 작품으로 볼 수 있다. 유대-그리스도교 집단에서 아주 중요한 인물인 야고보가 높은 위치를 차지하고 있는 것과 시리아 교회의 유명한 설립자인 앗다이가 나오는 것을 보면, 이 자료가 시리아의 유대적 그리스도교에서 나왔을지도 모른다는 생각이 든다. 이단 비판가들이 발렌티누스 종파의 종부성사(終傅聖事)와 연관이 있는 것으로 보는 신앙고백문(33:11-35:25)은 여러 종류의 영지주의적 요소를 설명해 준다.

야고보의 제1묵시록

V 24:10-44:10

야고보의 묵시록

주님께서 내게 말씀하셨느니라. "이제 내 구원의 완성을 보라. 나의 형제 야고보여, 내가 너에게 이 일들의 징표를 주었노라. 네가 육신으로는 내 형제가 아닌데도 내가 너를 나의 형제라고 부른 것은 이유가 없는 것이 아니니라. 나는 너에 대해 모르지 않나니, 그러므로 내가 네게 한 가지 징표를 줄 때 ― 알고 들어라.

존재하시는 분 외에는 아무것도 존재하지 않았느니라. 그분은 이름할 수 없고 형용할 수 없느니라. 나 자신도 이름할 수 없는 자이니, 나는 존재하시는 그분에게서 왔느니라. 나는 수많은 이름을〔주었는데〕, 두 개는 존재하시는 분께로부터 왔느니라. 그리고 나는 네 앞에 있느니라. 네가 여성됨에 대하여〔물었〕으므로 말하노니, 여성됨은 존재했으나 여성됨이〔처음〕은 아니니라. 그런데〔그것은〕스스로 권능들과 신들을 준비했느니라. 그러나 내가 나왔을〔때〕〔그것은〕존재하지 않았나니 나는 존재하시는 분의 형상이기 때문이니라. 그러나 나는〔그분〕의 형상을 낳았나니, 존재하시는 분의 아들들이 어떤 것들이 자기들에게 속한 것이고 어떤 것들이 (자기들에게) 낯선 것들인지 알게 하려는 것이었느니라. 보라, 내가 너에게 이 신비의 모든 것을 알려 주리라. 왜냐하면 그들이 모레 나를 붙잡을 것임이니라. 그러나 나의 구원은 가까울 것이니라."

야고보가 말했느니라. "랍비여, 당신께서는 '그들이 붙잡으리라'고

야고보의 제1묵시록 • 365

말씀하셨나이다. 그러나 저는, 저는 무엇을 해야 하나이까?"

그분께서 내게 말씀하셨느니라. "야고보야, 두려워 말라. 그들이 너도 잡을 것이니라. 그러나 예루살렘을 떠나라. 빛의 아들들에게 언제나 고통의 짐을 주는 자는 이 도시이니라. 이 도시는 엄청나게 많은 아르콘들의 거처이니라. 그러나 너의 구원은 그들로부터 지켜질 것이니라. 네가 그들이 누구이며 어떤 종류인지 이해할 수 있도록, 너는 〔...〕 것이니라. 그리고 들어라. 그들은 〔...〕 아니라 〔... 아르콘들〕이니라. 이 열둘 〔...〕 올리며 〔...〕 아래로 〔...〕 아르콘들 〔...〕 자기 자신의 일곱 세계 위에 〔...〕."

야고보가 말했느니라. "랍비여, 그러면 성경에 있는 대로 일곱이 아니라 열두 개의 일곱 세계가 있나이까?" 주님께서 말씀하셨느니라. "야고보야, 이 성경에 대해 말한 사람은 이해가 한정되어 있었느니라. 그러나 나는 너에게 수(數)를 지니지 않으신 분에게서 온 것을 알려주리라. 내가 그들의 수에 관한 징표를 주리라. 한량없으신 분에게서 온 것에 대해 말하자면 내가 그들의 측량에 관한 징표를 주리라."

야고보가 말했느니라. "랍비여, 보소서. 제가 그들의 수를 받았나이다. 거기에는 72라는 수가 있나이다!" 주님께서 말씀하셨느니라. "이 것이 그들의 부하들인 일흔두 개의 하늘이니라. 이것이 그들의 모든 힘의 권능들이니라. 그들은 그들에 의해 성립되었으며, 열두 아르콘의 〔권위〕 아래 있으면서, 모든 곳에 배치되어 있는 자들이 이들이니라. 그들 가운데 열등한 권능들이 스스로 천사들과 수없는 무리를 〔낳았느니라〕. 그러나 영원히 계신 분은 〔...〕 때문에 〔...〕를 받으셨느니라. 영원하신 분 〔...〕 그들은 셀 수 없느니라. 만일 네가 이제 그들을 세기를 원한다 할지라도, 네가 네게서 눈먼 생각, 너를 둘러싸고 있는 육체의 매임을 벗어버릴 때까지는 (그럴) 수 없〔으리라〕. 그 후에야 너는 영원하신 분께 이를 것이니라. 그리고 너는 더 이상 야고보가 아닐 것이니라. 너는 영원한 자이니라. 그리고 셀 수 없는 모든 자의 이름이 모두 불렸을 것이니라."

〈야고보가 말했느니라. "그러면〉 랍비여, 제가 무슨 수로 영원하신 분께 이르리이까? 이 모든 권능과 무리가 저에게 대적하여 무장하고 있지 않나이까?" 그분께서 내게 말씀하셨느니라. "이 권능들은 특별히 너에 대적하여 무장하고 있는 것이 아니라, 다른 이에게 대적하여 무장하고 있는 것이니라. 그들이 무장하고 있는 것은 나를 대적하기 위해서니라. 그들은 다른 〔권능들〕과 함께 무장하고 있느니라. 그러나 그들은 심판〔하는〕 나를 대적하여 무장하고 있느니라. 그들은 〔...〕 그들을 통하여 〔...〕 그것 속에서 나에게 〔...〕 주지 않았느니라. 이곳에서 고통 〔...〕, 나는 〔...〕리라. 그는 〔...〕할 것이요, 나는 그들을 비난하지 않으리라. 그러나 내 안에 침묵과 숨겨진 비밀이 있으리라. 그러나 나는 그들의 분노 앞에서 무기력하니라."

야고보가 말했느니라. "랍비여, 그들이 주님께 대항하여 무장한다면, 견책이 없나이까?

당신께서 그들의 망각 꾸짖으시려
지식을 가지고 오셨도다.
당신께서 그들의 무지 꾸짖으시려
기억을 가지고 오셨도다.

그러나 저는 당신으로 인해 근심하나이다.

당신께서는 커다란 무지 속으로 내려오셨으나

그 안의 어떤 것에도 물들지 않으셨고,
커다란 어리석음 속에 내려오셨으나
당신의 기억은 생생하시도다.

당신께서는 진흙 속을 걸으시나
옷자락에 흙 묻지 않으시고,
그 더러움에 덮이지 않으시며
사로잡히지 않으셨도다.

나는 그들과 같지 않으나, 그들의 모든 것으로 옷 입었도다.

내 안에는 망각이 있으나
그들의 것 아닌 일들 기억하도다.
내 안에는 〔…〕 있어
나는 그들의 〔…〕 속에 있도다.

그들의 고통 속에 〔…〕 아니 〔…〕 지식 〔…〕. 그러나 그들이 지배하므로 저는 〔그들 앞에서〕 두려웠나이다. 그들이 무슨 짓을 할는지요? 저는 무슨 말을 할 수 있을는지요? 또는 제가 그들에게서 벗어나려면 무슨 말을 해야 할는지요?"

주님께서 말씀하셨느니라. "야고보야, 나는 너의 이해력과 두려움을 칭찬하노라. 네가 계속 괴롭다면, 네 구원 외에는 다른 일에 관심을 갖지 마라. 보라, 내가 하늘에서부터 말했듯이 내가 이 땅 위에서 이 운명을 완성할 것이니라. 그리고 내가 네게 네 구원을 보여 주리라."

야고보가 말했느니라. "랍비여, 이러한 일이 있은 뒤에 당신은 어떻게 저희에게 다시 나타나시나이까? 그들이 당신을 잡고, 당신께서 이 운명을 완성하신 후 당신께서는 영원하신 분께 올라가실 것이나이다." 주님께서 말씀하셨느니라. "야고보야, 이러한 일이 있은 뒤 내가 네게 모든 것을 알려 주리니, 단지 너만을 위해서가 아니라 사람들의 불신 때문에 그러하며, 그들 안에 [믿음]이 있게 하려는 것이니라. 수많은 사람이 믿음을 [얻고], 그들은 [...]까지 [...]에서 증가할 것이니라. 이 일이 있은 뒤에 아르콘들을 징계하기 위해 내가 나타나리라. 그리고 내가 그들에게 그는 잡힐 수 없음을 알려 주리라. 만약 그들이 그를 붙잡아도 그는 그들 각자를 능가하리라. 그러나 이제 나는 갈 것이니라. 내가 말한 것을 기억하여, 그것들이 너보다 먼저 올라가게 하여라." 야고보가 말했느니라. "주님, 당신께서 말씀하신 대로 서두르겠나이다." 주님께서 그에게 작별을 고하시고 합당한 일을 성취하셨느니라.

야고보가 그분의 수난에 대한 말을 듣고 심히 슬퍼했을 때 그들은 그분의 오심에 대한 징표를 기다렸느니라. 그리고 며칠 후 그분이 오셨느니라. 야고보는 그의 말에 귀를 기울이고 있는 제자들과 함께 "가우겔란"이라고 하는 산을 걷고 있었느니라. [그들은 슬펐기 때문이니라]. 그는 위로하는 자 [...]였느니라. [그는] "이것이 그(또는 하나의) [...]이니라. [...]"라고 [말했느니라]. [그리고 나서] 군중이 흩어졌으나, 야고보는 남아서 자기가 하던 대로 [...] 기도 [...].

그러자 주님께서 그에게 나타나셨느니라. 그때 그는 (자기) 기도를 멈추고 그분을 얼싸안았느니라. 그는 그분께 입을 맞추고서 말했느니라. "랍비여, 제가 드디어 당신을 찾았나이다. 저는 당신께서 견디신 수난에 대한 말을 들었나이다. 그리고 저는 심히 슬펐나이다. 당신께서는 저의 연민을 아시나이다. 그러므로 생각건대 저는 이 백성을 보지 않기를 바라고 있었나이다. 그들은 자신들이 한 이러한 일들에 대해 심판받아야 하나이다. 그들이 한 이러한 일들은 결코 합당한 것이 아니나이다." 주님께서 말씀하셨다. "야고보야, 나나 이 백성에 대해 염려하지 마라. 나는 내 안에 있던 자니라. 나는 어떤 식으로든 결코 수난당하거나 고통당하지 않았느니라. 그리고 이 백성은 나에게 아무 해도 끼치지 않았느니라. 그러나 이 (백성)은 아르콘들의 한 유형[으로] 존재했느니라. 〔...〕 그는(또는 그것은) 〔...〕했느니라. 그러나 그것(여성대명사)은 〔...〕에 화가 났느니라. 의로운 〔...〕는 그의 종이니라. 그러므로 너의 이름은 '의인(義人) 야고보'이니라. 네가 나를 볼 때 네가 각성되리라는 것을 너는 아느니라. 그래서 너는 이 기도를 멈추었느니라. 너는 하나님의 의인이므로 나를 얼싸안고 입을 맞추었느니라. 진실로 내가 네게 이르노니, 너는 너 자신에게 큰 화와 분노를 일으켰느니라. 그러나 (이것은) 이 다른 것들이 존재하도록 하려고 (일어났느니라)."

그러나 야고보는 겁을 내며 울었느니라. 그는 심히 슬펐느니라. 그들은 함께 바위에 앉았느니라. 주님께서 그에게 말씀하셨느니라. "야고보야, 그러므로 너는 이 수난을 겪으리라. 그러나 슬퍼하지 마라. 육신은 약하니라. 그것은 그것에게 정해진 것을 받을 것이니라. 그러나 너는 〔겁내〕거나 두려워하지 마라." 주님께서 〔말씀을 멈추셨느니라〕.

〔그런데〕 야고보는 이 말씀을 듣고, 〔눈에서〕 눈물을 훔치고서 아주 비통했느니라(?). 〔...〕인 〔...〕. 주님께서 〔그에게 말씀하셨느니라. "야고보야,〕 보아라. 내가 너에게 너의 구원을 보여 주리라. 〔네가〕 잡혀 이 수난을 당할 때 수많은 무리가 너를 잡으려고 너에게 적대하여 무장하리라. 특히 그들 중 셋이 너를 잡으리니 — (저기) 세리(稅吏)로 앉아 있는 자들이니라. 그들은 세금을 요구할 뿐 아니라, 영혼을 도둑

질해 가느니라. 네가 그들의 권세 속에 들어가면, 그들을 지키는 자들 중 하나가 너에게 '너는 누구며, 어디서 왔느냐?'라고 물으리라. 너는 그에게 '나는 아들이며, 아버지께로부터 왔도다'라고 말해야 하느니라. 그가 너에게 '너는 어떤 아들이며, 어떤 아버지께 속하였느냐?'라고 물으리라. 너는 그에게 '나는 선재(先在)하시는 아버지께로부터 왔으며, 선재하시는 분 안에 있는 아들이라'라고 말해야 하느니라. 〔그가〕 너에게 〔…〕라고 〔말하면〕, 너는 〔그에게〕 '내가 〔…〕 하도록 〔…〕 안에서 〔…〕'라고 〔말해〕야 하느니라.

　'〔…〕 낯선 것들〔의 …〕?' 너는 그에게 이렇게 말해야 하느니라. '그들은 완전히 낯선 것이 아니라, 여성인 아카모트에게서 온 것이라. 그녀가 선재하시는 분에게서 이 종족을 데리고 내려올 때 그녀가 이들을 낳았도다. 그러므로 그들은 낯선 자들이 아니라 우리에게 속하는도다. 그들의 여주인인 그녀가 선재하시는 분에게서 왔으므로 그들은 진실로 우리에게 속하는도다. 그녀가 후에 그들을 낳았을 때 선재하시는 분께서 그녀와 관계를 갖지 않으셨으므로 동시에 그들은 낯설도다.' 그가 또 너에게 '너는 어디로 가려느냐?' 하고 묻거든, 너는 그에게 '내가 온 곳으로 가노니, 나는 거기로 돌아가리라'라고 말해야 하느니라. 만일 네가 이런 말을 하면 너는 그들의 공격을 피할 것이니라.

　그러나 네가 그곳에서 영혼을 훔쳐 가는 〔이〕 세 명의 구금자에게 갈 때 이들을 〔…〕. 너는 네가 그녀의 뿌리를 〔…〕하는 자(여성대명사)의 〔…〕보다 훨씬 더 많은 〔…〕 그릇 〔…〕. 너는 또 〔…〕 각성되리라. 그러나 나는 불멸의 지식을 부르리니, 그것은 아버지 안에 계시며 아카모트의 어머니이신 소피아이니라. 아카모트는 아버지나 남성 배우자가 없고, 그녀는 여성에게서 난 여성이니라. 그녀는 남성 없이 너희를 낳았나니, 그녀가 홀로 있었고, 자기 어머니〔를 통해 사는〕 것에 대해 무지했기 때문이니라. 그녀는 자기가 홀로 존재한다고 생각했기 때문이니라. 그러나 〔나는〕 그녀의 어머니를 부르리라. 그러면 그들은 혼돈에 빠져 그들의 뿌리와 그들의 어머니〔의〕 종족을 비난하리라. 〔그러나〕너는 너에게 속한 〔것〕에게로 올라가리니, 〔...〕 너는 〔선재하시는 분 ...〕 하리라.

〔그들은〕 열두 제자와 열두 쌍〔의 한〕 유형이니라. '소피아'라고 번역하는 아카모트〔...〕. 그리고 나 자신이며, 그를 통해 네가 구원을 얻을 불멸의 소피아(이고), 존재하시는 분의 모든 아들(인 자) ㅡ 그들은 이것들을 알았고 자신들 안에 숨겼느니라. 너는 〈이것들을〉 네 안에 숨겨야 하나니, 너는 침묵을 지켜야 하느니라. 그러나 너는 그것들을 앗다이에게 밝혀야 하느니라. 네가 〔떠날〕 때 이 땅에 즉시로 전쟁이 일어나리라. 그때 예루살렘에 거하는 자를 위해 울라. 그러나 앗다이가 이것들을 마음에 지니게 하여라. 열 번째 해에 앗다이에게 앉아서 그것들을 쓰게 하여라. 그가 그것들을 쓸 때 〔...〕 그리고 그들은 그들에게 〔...〕 줄 것이며 〔...〕, 그는 〔...〕를 지니고, 〔...〕 그는 레위라고 〔불리리라〕. 그때 그는 〔내가〕 전에 말한 〔것〕에서 〔...〕 말을 가져오리라. 〔...〕 한 여인 〔...〕 그녀 안의 예루살렘 〔... 그리고〕 그는 그녀를 통해 〔두 명의〕 아들을 낳느니라. 〔그들은〕 이것들〔과〕 〔...〕 찬양하는 자의 이해를 계승〔할 것이니라〕. 그들은 그를 통해 그의 지성에서 〔...〕를 받으리라. 그런데 그들 중 젊은 자가 더 위대하니라. 17년의 시대에 〔그가〕 오기까지 이 일들을 그 안에 숨겨 두어라. 〔...〕 시작 〔...〕〔그들을〕 통하여 〔...〕. 그들은 그를 심히 쫓으리니, 〔그들이〕 그의 〔...〕 동료들에게서 〔왔음〕이라. 그는 그들을 〔통해〕 선포될 것이요, 〔그들은〕 이 말씀을 선포하〔리라〕. 〔그때 그가〕 〔...〕의 씨앗이 〔되리라〕.

야고보가 말했다. "〔저는〕 〔...〕 만족하오며, 그들은 제 영혼 〔...〕이나이다. 그러나 당신께 여쭐〔일이 또 하나〕 있나이다. 당신의 제자들 〔이었던〕〔일곱〕여인이 누구이나이까? 보소서. 모든 여인이 당신을 찬양하나이다.〔무력한〕그릇들이 자신들 안에 있는 인식을 통해 강해 지는 것을 보고 저도 놀랐나이다." 주님께서〔말씀하셨다〕. "너는〔... 의〕영, 생각의〔영〕,〔...의〕숙고의〔영〕,〔...〕영, 지식의 영, 그들의 두려움의〔...〕잘〔...〕.〔...〕우리가 아도나이오스라고〔하는〕〔이가〕아 르콘의〔영역〕을 통과했을 때 그를〔...〕그리고〔...〕그는 무지했느니 라.〔...〕내가 그에게서 나왔을 때〔그는〕내가 자신의 아들임을 기억했 느니라. 그는 당시〔나를〕자기 아들로 자애롭게 대했느니라. 그런데 〈내가〉여기 나타나기 전에 〈그는〉 그들을〔이〕백성들 가운데 던졌느 니라. 그리고 하늘의 그〔곳〕으로부터 예언자들이〔...〕."

야고보가〔말했느니라〕. "랍비여,〔...〕나는〔...〕모두 함께 그들 속 에〔...〕특히〔...〕." 주님께서 말씀하셨느니라. "〔야고보야〕, 나는〔너 를〕찬양하노니〔...〕땅 위를 걸어〔...〕그가〔...〕위에〔...〕동안 말씀을 〔...〕.〔...〕쓰라림인 잔을〔너〕에게서 던져버려라.〔...〕에서 온 일부 사 람이 너에게 대적할 것임이니라. 〈그들은〉너를〔통해〕〔그들의 뿌리 를〕처음부터 끝까지 이해할〔것이니라〕. 너에게서 모든 불법을 던져 버려라. 그들이 너를 시기하지 않도록 주의하여라. 네가 이러한〔인 식〕의 말을 할 때 이〔네 사람〕, 즉 살로메와 마리아〔와 마르다와 아르 시노에〕를 격려하여라.〔...〕그가 몇몇〔...〕을 나에게 데려오기 때문 에, 그는 번제(燔祭)〔...〕이며〔...〕. 그러나 나는 이런 식으로〔...〕아니 라〔...〕의 첫 열매를 위로〔...〕하나니, 이는〔하나님의〕권능이 나타나 게〔하려는 것이니라〕. 불멸의 존재들이 불멸의 존재들에게〔올라가 고〕, 여성적 요소가 이 남성적 요소에 이르렀느니라."

야고보가 말했느니라. "랍비여, 그러면 그들의〔...〕가 이 세 가지

(일) 속으로 던져졌나이다. 그들은 욕을 먹고〔...〕박해 받았음이니이다. 보소서,〔...〕모든 것〔...〕어떤 사람으로부터〔...〕. 당신께서 지식의〔...〕받으셨음이니이다.〔그리고 ...〕〔...〕인 것〔...〕가서〔...〕당신은〔... 발견하〕시리이다. 그러나 저는〔나아〕가서 그들이 당신을 믿은 것을 드러내오리니, 이는 그들이 자신들의〔축복〕과 구원에 만족하고 이 계시가 이루어지게 하려 함이니이다." 그리고 그는 그때〔즉시로〕가서 저 열둘을 꾸짖고, 그들〔에게서〕〔...〕지식의 길〔에 관한〕만족을 던져버렸느니라.

〔...〕그리고〔그들〕대부분은 전령이〔...〕데려오는 것을 보았을 때〔...〕. 다른 이들은〔...〕말했느니라. "이 땅에서 그를〔...〕〔그는〕살〔자격이〕없음이니이다." 그때 이들은 두려〔웠느니라〕. 그들은 일어나 말했느니라. "우리는 이 피에 참여하지 않나니, 의인이 불의를 통해 멸망하기 때문이로다." 야고보는〔...〕보도록 떠났나니, 우리가(?) 그를〔...〕.

야고보의 제2묵시록

(V, 4)

해제

앞의 글과 마찬가지로「야고보의 제2 묵시록」은 고대에는「야고보의 묵시록」이라는 이름이 붙어 있었다. 야고보 전승과 연관되어 있는 두 편의 묵시록이 문서 V에 들어 있는 것은 주목할 만하다. 나아가 그 순서도 의도적이다.「야고보의 제1 묵시록」이 야고보의 순교 이전 시기를 강조하여 어떤 예언을 제시하는 반면,「야고보의 제2 묵시록」은 이 예언과 일치하게 야고보의 수난과 죽음을 묘사한다. 그러므로 이 두 편의 묵시록을 현재의 순서로 배열한 것은 단지 우연이 결코 아니고, 필사자가 분명히 이 글들의 보충적인 관계를 염두에 두었다는 것을 보여 준다.

「야고보의 제2 묵시록」은 계시론적인 의미를 지닌 묵시록이라고 생각할 수가 있다. 야고보가 부활하신 예수께서 전해 주신 특별한 계시를 서술하고 있기 때문이다. 그러나 주목해야 할 것은 이 글의 실제적인 구조가 제사장이자 야고보의 아버지인 튜다의 친척 마레임이 보고하는 글의 형식을 띠고 있다는 것이다.「야고보의 제2 묵시록」의 저자가 유대-그리스도교 전승을 광범하게 이용했다는 것은 분명하다. 그것은 야고보의 순교에 대한 설명에서 특히 분명히 드러난다. 그러나 또 한 가지 분명한 것은 이 글이 조심스럽게 어떤 일반적인 영지주의적 주제를 다루고 있다고 하더라도 이 글은 영지주의적 특성을 다루고 있다는 것이다.

이 글에 나오는 의인(義人) 야고보에 대한 묘사는 특히 중요하다. 야고보가 몇몇 유대-그리스도교 전승에서 존경받는 중요한 위치를 차지하고 있었다는 것은 잘 알려져 있다. 그러나 「야고보의 제2 묵시록」에서는 야고보가 천상의 문을 통해 영지주의자를 안내하는 안내자요, "권능 있는 행위"로 사람들을 놀라게 하는 "깨달음을 주는 자"요, "구원자"요, 하늘들이 축복하는 자요, 사람들로 하여금 "다스리고 왕이 되도록" 하는 자이기도 하다. 요컨대 야고보는 실제적으로 영지주의의 구원자 역할을 하는 것으로 보인다.

야고보의 제2 묵시록

V 44:11-63:32

[야고보]의 묵시록

이것은 의인(義人) 야고보가 예루살렘에서 한 말로, 제사장들 [중] 하나인 마레임이 기록한 것이니라. 그는 그것을 의인의 아버지 테우다 에게 말했나니, 이는 그가 그의 친족이었기 때문이니라. 그가 말했느 니라. "[서두르소서]! 당신의 아내 [마리아]와 당신의 친척들과 함께 오셔서 [...] 그러므로 이 [...]의 [...] 그에게 [...]. 그러니 서두르소서! 아마도 당신 자신이 저희를 [그에게] [인도하신 후에], [그가] 이해[하 리이다]. 보소서, 많은 사람이 그의 [...]에 대해 혼란스러워하오니, 그 들은 [...][그에게] 매우 화가 나서, 그들은 [...] 기도하나이다. [그가] 종종 이런 말을 하고 다른 말도 [하곤 했음]이니이다.

그는 많은 무리가 자리를 잡았을 때 이런 말을 하곤 했나이다. 그러 나 (이런 경우) 그는 평소처럼 그곳에 들어가 앉지 〈않았나이다〉. 오 히려 그는 우리 모든 사람이 [...] 그 말씀을 [...] 동안, 50발걸음 위에 —그것은 (매우) 존경받는 것인데— 앉아 있었나이다.

[...]. 나는 불멸[의] 플레로마로부터 계시를 받은 자로다. (나는) 위대하신 분, [주님]께 복종하신 분께 부름을 받은 자(이니), 그분은 [... 세계들을] 통과하셨고, [...], [스스로를] 벗어버리고 알몸으로 돌 아다니신 [분]이시며, 불멸의 (상태)에 계신 분이시나, 불멸 속으로 올라가실 분이시니라. 여기 계시는 이 주님께서 보시는 아들로서[1] [오 셨고], 우리는 [그분을] 형제로서 [찾았도다]. 그분은 그를 낳으신 [...]

하러 오실 것이니, 〔...〕 때문이며, 그분은 〔...〕 속에서 자신을 자유롭게 만드시는 〔...〕를 결합하시며, 〔...하러〕 오시는 분 〔...〕.

이제 나는 다시금 지식 가운데서 부요하〔고〕, 나는 진기한 〔이해〕를 지니고 있나니, 그것은 오직 위에서만 오는 것이며, 그〔...〕는 〔...〕로부터 나오느니라. 나는 내가 안 그 〔...〕이니라. 내게 계시된 것은 모든 사람에게 숨겨진 것이며, (오직) 그분을 통해서만 계시될 것이니라. 보고 있는 이 두 사람을 나는 〈...〉(고) 그들은 이미 이러한 〔말을〕 통해 선포했느니라. "그분은 〔불의한 자들〕과 함께 심판을 받으실 것이로다." 신성모독 〔없이〕 사신 그분이 〔신성모독〕 때문에 죽으셨느니라. 버림받으신 분을 그들은 〔...〕.

"〔... 그〕 육체 〔...〕〔그리고〕 나는 〔육체〕를 벗어나리니, 이는 지식에 의한 것이니라. 나는 확실히 죽음으로 가고 있지만, 나는 생명 가운데서 발견될 것이니라. 그들이 〔...〕 심판하기 위해 나는 들어갔느니라. 〔... 나는〕 〔... 안에서〕 나올 것이며 〔...〕 심판하고 〔... 나는〕 그의 〔...〕의 종들을 비난하지 않으며 〔...〕, 나는 서둘러 그들을 자유케 하고, 그들을 다스리기를 원하는 자 위로 그들을 데려가기를 원하노라. 만일 그들이 도움을 받는다면, 나는 〔그가〕 〔...〕 안에서 〔...하기까지〕 아버지께 기도한 비밀 속의 형제이니라. 〔...〕 다스림〔...〕. 〔... 불멸 ...〕〔...〕 안에서 처음으로 〔...〕.

나는 태어난 맏〔아들이로다〕—
    그는 〔그들〕 모두의 영역을 파괴할 것이라—
나는 사랑받는 자로다.

---

[1] as a son who sees.

나는 의로운 자로다.

나는 〔아버지〕의 아들이로다.

나는 〔내가〕 들은 대로 말하는도다.

나는 내가 명령을 〔받은〕 대로 말하는도다.

나는 내가 〔발견한〕 대로 너희에게 보이는도다.

보라, 나는 내가 나오기 위해 말하는도다. 너희는 나를 보기 위해 나에게 주의를 기울여라.

만일 내가 존재하게 되었다면 나는 누구인가? 왜냐하면 나는 현재의 내가 아니었고, 현재의 내가 아닐 것임이니라. 나는 〔...〕 짧은 기간 동안 존재한 것이기 때문이니라."

언젠가 내가 깊은 생각에 잠겨 앉아 있을 때 〔그분께서〕 문을 여셨느니라. 너희가 미워하고 박해하신 분이 내게로 들어오셨느니라. 그분께서 내게 말씀하셨느니라. "잘 있었느냐, 나의 형제여. 나의 형제여, 잘 있었느냐?" 내가 그분을 보려고 내 〔얼굴을〕 들었을 때 (내) 어머니께서 내게 말씀하셨느니라. "아들아, 두려워 마라. 그가 너에게 '나의 형제여'라고 말했느니라. 너희는 똑같이 이 젖을 먹고 자랐느니라. 그래서 그가 나를 '나의 어머니'라고 부르는 것이니라. 그는 우리에게 낯선 자가 아니니라. 그는 너의 〔... 의붓형제니라〕."

"〔...〕 이 말씀들 〔...〕 위대한 〔...〕 나는 그들을 〔발견할〕 것이요, 〔그들은〕 나 〔올 것이니라〕. 〔그러나〕 나는 낯선 자요, 그들은 〔그들의〕 생각에 나에 대한 지식이 없나니, 〔이곳〕에 있는 나를 알기 때문이니라. 그러나 다른 자들은 너를 통해 아는 것이 합당하니라.

〈이것이〉 내가 너에게 말하는 것〈이니〉, 듣고 이해하여라 — 왜냐하면 많은 사람이 말을 듣고도 이해가 둔할 것임이니라. 그러나 너는 내가 너에게 말할 수 있을 때 이해하여라. 너의 아버지는 나의 아버지가 아니니라. 그러나 나의 아버지는 〔너〕에게 아버지가 되셨느니라.

내가 네게 말하는 이 처녀 ─ 이것이 어떻게 〔...〕 처녀 〔...〕 말하자면 그 처녀 〔...〕. 〔...〕, 어떻게 〔...〕를 위해 나에게 〔...〕 알기 위해 〔...〕로서가 아니라 〔...〕 내가 〔...〕는 〔...〕. 왜냐하면 이분(남성)은 〔...〕 그에게 〔...〕 그리고 이것이 또한 네게 유익하니라. 네가 〔부요하다〕고 생각하는 너의 아버지는 네가 보는 이 모든 (것을) 네가 상속하도록 허락하시리라.

나는 내가 말할 이 (말들을) 너에게 말하기 위해 너에게 선포하는 것이니라. 그러므로 네가 들을 때 네 귀를 열어 이해하고, (그에 따라) 걸어라! 그들이 영광스러운 분에 의해 쫓겨났을 때 그들은 너 때문에 왔느니라. 만일 그들이 방해하고 소유하고자 한다면 〔...〕 그는 〔...〕 아닌 〔...〕를 시작한 〔...〕, 그들은 〔오는〕 자들이 아니요, 이 현재의 〔피조세계〕를 만들기 위해 그분에 〔의해〕 보냄을 받은 자들이 아니니라. 〔이런 일들〕 후에 〔그가〕 부끄러움을 당할 〔때〕, 그는 방해를 받을 것이며, 에온들〔과〕 무관한 그의 일은 무(無)가 될 것이니라. 그리고 그가 위대하다고 자랑한 그의 상속물은 작은 것이 되리라. 그리고 그의 선물은 축복이 아니니라. 그의 약속은 악한 음모니라. 왜냐하면 너는 그의 동정심의 (대상이) 아니기 때문이니라. 그러나 그가 폭력을 행사하는 것은 너로 인함이니라. 그는 불의를 행하기를 원하며, 그에게 정해진 시간 동안 지배력을 행사하리라.

그러나 연민을 지니신 아버지를 이해하고 알아라. 그분은 무한한 유산을 받지 않으셨으며, 그것(그의 유산)은 (유한한) 날 수를 〔지니고 있〕지 않고, 그것은 영원한 〔날〕 같으며 〔...〕 그것은 〔...〕 인식하는

〔...〕이니라. 그리고 그분은 〔...〕를 사용하셨느니라. 왜냐하면 사실 그분은 〔그들〕로부터 (온) 분이 아니며, 그분은 이로 인해 〔경멸당하셨기〕 때문이니라. 이 때문에 그분은 비난받지 않기 위해 〔자랑하시느니라〕. 이 때문에 그분은 아래에 있는 자들, 너를 경멸하는 자들보다 나으시니라. 그가 아버지께로부터 온 자들을 감옥에 가두고 나서, 그들을 붙잡아 그들을 자신과 닮게 만들었느니라. 그들은 그와 함께 존재하는 것이니라.

나는 그런 (일들이) 일어나는 것을 높은 곳에서 보았으며, 그런 일들이 어떻게 일어났는지를 설명했느니라. 그들이 다른 형상 속에 있을 때 그들은 방문을 받았으며, 내가 보고 있는 동안 〔그들은〕 내가 아는 자들을 통해서 〈나를〉 있는 그대로 알게 되었느니라.

이제 그런 (일들이) 〔일어나기〕 전에 그들은 〔...〕을 만들 것이니라. 그가 어린아이들 〔...〕 접근하기 위해, 그들이 〔어떻게〕 이곳에 내려〔오려고〕 했는지 나는 아느니라. 〔그러나 나는〕 너와 〔권능의 영〕을 통해 계시하기를 원하노니, 그가 너에게 속한 〔자들에게〕 계시하도록 하기 위함이니라. 들어오기를 원하고, 문 앞에 있는 길로 걷기를 추구하는 자들은 너를 통해 그 좋은 문을 여느니라. 그리고 그들은 너를 따라 들어가〔고, 너는〕 그들을 안으로 인도하여, 그것에 대해 준비가 되어 있는 각 사람에게 보답을 해 줄 것이니라.

　　너는 낯선 자들의 구원자가 아니고
　　돕는 자도 아님이로다.
　　너는 내게 속한 자들과
　　이제는 네게 속한 자들을
　　깨닫게 하는 자요 구원자니라.

너는 (그들에게) 계시할 것이요,

너는 그들 모두 가운데에 선을 가져다주리라.

〔그들은〕 권능이 있는 모든 (행위)로 인해

　　너를 경배〔하리라〕.

너는 하늘이 축복하는 자라.

그가 너를 시기하리니,

　　그는 자신을 너의 〔주님〕이라고 부른 자니라.

나는 〔너〕와 함께 이 모든 (일을)

　　가르침 받은 〔자들을〕

　　〔...〕 자니라.

너로 인해

　　그들은 〔이러한 (일들을)〕 들을 것이요

　　안식에 이르리라.

너로 인해

　　그들은 다스릴 것이요

　　왕들이 되〔리라〕.

〔너〕로 인해

　　그들은 연민할 자에게

　　연민을 품으리라.

네가 최초로 너 자신을

　　옷 입었듯이,

너는 또한 최초로 자신을 벗어버릴 것이며,

너는 네가 벗어버리기 전에

　　그러했던 것처럼 되리라."

그분은 내게 입을 맞추셨느니라. 그분은 나를 잡고는 이렇게 말씀
하셨느니라. "나의 사랑하는 자여! 보라, 내가 하늘들도 그들의 아르콘
들도 알지 못한 일들을 너에게 계시하리라. 보라, 내가〔'...〕나 외에는
다른 자가〔없도다〕. 내가 살아 있지 않느냐? 내가 아버지이니, 내가
모든 것에 대한〔권능을 지니고 있지 않으냐〕?' 하고 뽐낸 자가 알지 못
한 일을 네게 계시하리라. 보라, 나의 사랑스런 자여, 내가 너에게 모
든 것을 계시하리라. 네가 나와 똑같이 나오기 위해〔모든 것을〕〔이해
하고〕알라. 보라, 내가 너에게〔숨어 계신〕분을 계시〔하리라〕. 그러나
이제 네〔손을〕내밀어라. 이제 나를 잡아라."〔그래서〕나는 손을 내밀
었으나, (그분께서 계시리라고) 내가 생각했던 대로 그분을 발견하지
는 못했느니라. 그러나 그 후 나는 그분께서 "이해하고 나를 잡아라"
하고 말씀하시는 것을 들었느니라. 그때 나는 이해했으며, 나는 두려
웠느니라. 그리고 나는 심히 기뻤느니라.
　　그러므로 내가 재판관들인 너희에게 말하노니, 너희는 심판받았느
니라. 그리고 너희는 아끼지 않았으나, 너희는 아낌을 받았느니라. 정
신을 차리고 너희가〔알지〕못한〔...〕.

그분은 천지를 창조하여

　　그 안에 거한 자가 보지 못한 분이시로다.

그분은 생명이신〔이분〕이시로다.

그분은 빛이시로다.

그분은 존재하실 분이시로다.

그리하여 그분은

시작한 것에 끝을 주시고

끝날 것에 시작을 주시리라.

그분은 지상에 내려오지 않으신

성령이시요 보이지 않으시는 분이셨도다.

그분은 처녀이셨고, 그분이 원하시는 것이 그분에게 일어나는도다.

나는 그분이 벌거벗었음을 보았나니, 그분을 덮을 옷이 없었도다.

그분이 뜻하시는 것이 그분에게 일어나리라 〔…〕.

(참으로) 무상하고 어려운 이 길을 〔버리고〕 너희가 모든 〔영역을〕 넘어간 뒤, 나〔와 함께〕 자유로운 인간이 되기를 원하시는 분의 뜻에 일치하는 길을 걸어라. 그분은 너희가 행한 것에 대해 (너희를) 〔심판하지〕 않으시고, 너희에게 자비심을 품으실 것임이니라. 그런 일을 행한 것은 너희가 아니며, (그런 일을 행한 것은) 〔너희의〕 주님이시기 때문이니라. 〔그분은〕 분노하시는 분이 〔아니라〕 자애로우신 아버지이시니라.

그러나 너희는 자신을 심판하였나니, 이로 인해 너희는 자신의 차꼬 속에 남아 있으리라. 너희는 자신을 억압했나니, 너희가 회개할지라도 아무 유익이 없으리라. 말하시는 분을 보고, 침묵하시는 분을 찾아라. 이곳에 오신 분을 알고, (그것으로부터) 나가신 분을 이해하여라. 나는 의로운 자이니, 나는 심판하지 〈않노라〉. 그러니 나는 스승이 아니라 돕는 자니라. 그분께서는 자기 손을 내밀기 전에 버림받으셨도다. 나는 〔…〕.

〔…〕 그리고 그분께서는 내가 듣도록 허락하시느니라. 그러니 너희

의 나팔과 피리를 불고, 〔이 집의〕 거문고를 연주하여라. 주님께서 주님으로부터 너희를 포로로 잡아 너희 귀를 막았나니, 이는 너희가 내 말소리를 듣지 못하게 하려는 것이라. 그러나 너희는 너희 마음속으로 주의를 〔기울일 수 있으리니〕, 너희가 나를 '의인'이라고 부르리라. 그러므로 내가 너희에게 이르노니, 보라, 너희가 말하기를 하나님께서 만드셨다고 하는 너희의 집을 내가 너희에게 주었도다. 그 속에 거하는 자가 그것을 통해 너희에게 유산을 준다고 약속하였느냐? 내가 이것(집)이 파괴되게 할 것이며, 무지한 자들의 조롱거리로 만들리라. 보라, 심판하는 자들이 〔…〕을 논의하는도다."

그날〔에〕 모든 〔사람〕과 무리가 혼란을 겪었으니, 그들은 자기들이 납득하지 못했음을 보여 준 것이나이다. 그래서 그가 일어나 이〔렇게〕 말하면서 나갔나이다. 그리고 그는 같은 날 (다시) 들어와 몇 시간 동안 말했나이다. 그리고 저는 제사장들과 같이 있었으나 그 관계에 대해 아무것도 드러내지 아니하였으니, 그들이 모두 한 목소리로 '오라, 저 의로운 자를 돌로 쳐 죽이자'고 말하고 있었기 때문이나이다. 그리고 그들이 일어나 '그래, 이 자를 죽여서 이 자가 우리 가운데서 보이지 않게 하자. 이 자는 우리에게 아무 쓸모가 없도다' 하고 말했나이다.

그리고 그들은 거기 있었는데, 그가 권능 있는 머릿돌 곁 성전 기둥 곁에 서 계신 것을 발견했나이다. 그래서 그들은 높은 데서 그를 떨어뜨리기로 결정하고는 그를 아래로 던져버렸나이다. 그리고 그들은 〔…〕 그들은 〔…〕. 그들은 그를 붙잡아 땅바닥에 질질 끌고 다니면서 〔때렸나이다〕. 그들은 그를 쭉 펴고는 그의 배 위에 돌을 놓았나이다. 그들은 모두 그를 발로 밟고는 '네가 틀렸도다!' 하고 말했나이다.

그가 살아 있었으므로 그들은 다시 그를 일으켜 세우고는 그로 하여금 구덩이를 파게 했나이다. 그들은 그를 그 속에 서게 했나이다. 그

들은 그를 배까지 파묻고는 이렇게 돌로 쳤나이다. 그러자 그는 양손
을 뻗고 이렇게 기도했나이다 — 그런 기도는 그가 평소에 하는 것이
아니었나이다.

'저를 이 죽은 희망에서 구하시고
　　그분께서 뜻하신 신비를 통해 저를 살게 하신
　　나의 하나님, 나의 아버지시여,
이 세상의 이 날들이 제게 길어지지 않게 하시고
〔...〕 구원 속에서
당신의 〔... 빛〕의 날이 남게 하소서.
저를 이 체류〔지〕에서 구원하소서!
당신의 은총이 제 안에 남아 있게 마시고
　　당신의 은총이 순수해지소서!
저를 악한 죽음에서 구원하소서!
저를 무덤에서 꺼내시어 살게 하소서!
　　충만의 일을 성취하기 위해
　　당신의 은총—사랑—이 제 안에 살아 있음이니이다.
저를 죄된 육체에서 구하소서!
　　제가 온 힘을 다해 당신을 믿었음이니이다.
　　당신께서는 생명의 생명이시니,
모욕하는 원수에게서 저를 구원하소서!
죄에 대해 가혹한 심판자의 손에
　　저를 넘기지 마소서!
(제 생의) 날 동안 진 저의 모든 빚을 용서하소서!
제가 당신 안에서 살아 있으므로, 당신의 은총이 제 안에 살아

있나이다.

  저는 모든 이를 포기했으나,

    당신을 고백했나이다.

  저를 악한 고통에서 구원하소서!

  지금이 그〔때〕요, 그 시간이나이다.

  오, 성〔령〕이시여, 〔제게〕

    구원 〔…〕 빛 〔…〕

    〔…〕 권능 속에서 〔…〕 빛을 보내 주소서.'

  그는 〔말을〕 마치고 아무 말도 없었으니 〔…〕 말〔… 후에 …〕 그 이야기 〔…〕."

아담의 묵시록
(V, 5)

해제

　「아담의 묵시록」에서는 셋과 그의 후손들이 영지주의 전통을 지닌 자들로 나타난다. 이런 의미에서 이 글은 셋 종파의 글이라고 할 수 있다. 그러나 이단 비판가들의 말과 같이 셋 종파와 무슨 연관이 있었는지 여부는 아직 확실치 않다. 분명한 것은 「아담의 묵시록」이 유대교 묵시문학 전승에 많이 의존하고 있다는 것이다. 사실 이 글은 유대교 묵시문학에서 영지주의 묵시문학으로 넘어가는 과도적인 단계를 보여 주는 것으로 추정하기도 한다. 만일 그렇다면 이 글의 저작 연대는 이른 시기로 거슬러 올라갈 것인데, 서기 1세기나 2세기로 추정할 수도 있다. 흥미로운 것은 「아담의 묵시록」이 명확하게 그리스도교적인 주제를 드러내 보이지 않고 있다는 점이다. 그러므로 어떤 사람들은 이 글이 비록 비그리스도교적이기는 하지만, 천상의 구원자를 선포하는 아주 발전된 신화를 담고 있는 영지주의적 요소를 포함하고 있다고 볼 수 있다.

　「아담의 묵시록」은 아담이 계시를 받아서 자기 아들 셋에게 가르치는 것이 주된 내용으로 되어 있다. 아버지 아담은 자신과 하와가 타락을 통해서 어떻게 영광과 지식을 잃고, 열등한 창조자들과 죽음의 힘 아래에서 노예가 되었는지 설명한다. 그러나 천상의 방문자 세 명이 아담에게 계시를 하고, 그 지식은 셋과 그의 후손에게 전해진다. 그리고 인류를 홍수와 불로 멸망시키려는 창조주의 공격이 있었지만 그 지식은 보존된다. 끝으로 권능 있는 "빛의 전달자"가 올 때 "성령이 임하신 그 사람"은 세상의 권세들에게 박해를 받는다. 그러나 마침내 그는 승리하고, 살아 계신 하나님을 참으로 깨달은 자들은 영원히 산다.

아담의 묵시록

V 64:1-85:32

아담의 묵시록

이것은 700년째 되는 해에 아담이 그의 아들 셋에게 가르친 계시니라. 그는 이렇게 말했느니라. "나의 아들 셋이여, 내 말을 들어라. 하나님께서 흙으로 너의 어머니 이브와 함께 나를 창조하셨을 때 나는 우리가 나온 에온 속에서 그녀가 본 영광 가운데 그녀와 함께 돌아다녔느니라. 그녀는 나에게 영원하신 하나님에 관한 지식을 가르쳤느니라. 그런데 우리는 위대하고 영원한 천사들을 닮았나니, 우리는 우리를 창조한 하나님과 그와 함께 있는 권능들(우리는 그들을 알지 못했다)보다 고귀했느니라.

그때 에온들과 아르콘들의 지배자이신 하나님이 분노로 우리를 갈라놓았느니라. 그래서 우리는 두 에온이 되었느니라. 그리고 우리 안에서 숨 쉬고 있던 최초의 지식과 함께, 우리 마음속의 영광이 우리, 즉 나와 너의 어머니 이브를 떠났느니라. 그래서 그것(영광)이 우리를 떠나, 〔...〕 위대한 〔...〕으로 들어갔으며 〔...〕 우리, 즉 나와 너의 어머니 이브가 나온 에온에서 〔나온〕 것이 아니었느니라. 그러나 그것(지식)은 위대한 에온들의 씨앗 속으로 들어갔느니라. 이런 이유로 나 자신이 위대한 세대의 씨앗인, 또는 (그것이 나오는) 그 사람의 이름으로 너를 불렀느니라. 그날들 이후 진리의 하나님의 영원한 지식이 나와 너의 어머니 이브에게서 물러갔느니라. 그때 이후로 우리는 사람들처럼 죽은 것들에 대해 배웠느니라. 그때 우리는 우리를 창조한 하나님을 인식했느니라. 우리는 그의 권능들에게 낯선 자들이 아니었기 때문이니라. 그래서 우리는 두려움과 노예 상태 속에서 그를 섬겼느니라. 그리고 이러한 (사건들)이 있은 뒤 우리의 마음은 어두워졌느니라. 이제 나는 내 마음의 생각 속에서 잠들었느니라.

그런데 나는 내 앞에 있는 세 사람을 보았는데, 나는 그들의 모습을 알아볼 수 없었느니라. 그들은 [우리를 창조한] 하나님의 권능들에게서 온 것이 아니었기 때문이니라. 그들은 [...] 영광 [...] 능가했으며, [...] 사람들 [...] 우리에게 말했느니라. '아담아, 죽음의 잠에서 일어나 생명이 임한 저 인간의 에온과 씨앗에 대해 들어라. 그는 너와 너의 아내 이브에게서 나왔느니라.'

내가 내 앞에 서 있는 그 위대한 인간들로부터 이런 말을 들었을 때 우리, 즉 나와 이브는 마음속으로 한숨을 지었느니라. 그가 우리에게 말했느니라. '아담아, 너희는 왜 마음속으로 한숨을 짓느냐? 너희는 내가 너희를 창조한 하나님임을 알지 못하느냐? 내가 너희 속에 살아 있는 영혼인 생명의 영을 불어넣었느니라.' 그때 어둠이 우리의 눈을 덮었느니라.

그때 우리를 창조한 하나님이 자신[과] [너의 어머니] 이브로부터 한 아들을 창조했나니, 나의 [...][의] 생각 [안에서 ...] 때문이니라. 나는 너의 어머니에 대한 달콤한 욕망을 알았느니라. 그때 우리의 영원한 지식의 힘은 우리 안에서 파괴되었고, 연약함이 우리를 쫓아왔느니라. 그러므로 우리의 생의 날이 적어졌느니라. 나는 내가 죽음의 권위 아래 있게 되었음을 알았느니라.

나의 아들 셋이여, 그러면 이제 내가 처음으로 내 앞에 있는 것을 본 그 사람들이 나에게 계시해 준 것들을 너에게 알려 주리라. 내가 이 세대의 시간을 완성하고, [그 세대]의 해들이 성취되었을 때, [그때

...〕 노예 〔...〕. (68쪽은 없어졌음).

전능하신 하나님이 {자신의} 〔모든〕 육체를 파괴하기 위해, {그가} 그들 주위에 있는 것들을 통해, 나{와} 너의 어머니 이브에게서 온 지식의 생명을 전해 받은 사람들〔의〕 씨앗〔에서 나온 자들〕과 더불어, 지상으로부터 {모든 육체를 파괴하기 위해}, 전능하신 〔하나님〕의 소나기가 쏟아부어질 것이니라. 그들이 그에게 낯선 자들이기 때문이니라. 후에 위대한 천사들이 높은 구름을 타고 와서, 그 사람들을 생명〔의〕 영이 거하는 곳으로 데려갈 것이니, 〔...〕 거기에는 〔...〕 영광 〔...〕. 〔...〕는 하늘에서 지상으로 오느니라. 〔그때〕 육체를 지닌 모든 〔무리가〕 〔물〕속에 남겨지리라.

그때 하나님은 그의 분노를 쉴 것이니라. 그는 자신의 권능을 물 위에 던지고, 방주를 통해, 자기가 좋아하는 동물들과 자기가 이름 붙여 지상에 풀어놓은 하늘의 새들〔과 함께〕 자기 아들들과 그들의 아내들에게 권능을 줄 것이니라. 그리고 하나님이 노아—세대들은 그를 데우칼리온이라고 부를 것이니라—에게 이렇게 말할 것이니라. '보라, 내가 너의 아내와 너의 아들들과 그들의 아내들과 그들의 동물들과 네가 이름 붙여 〔지상에 풀어놓은〕 〔하늘〕의 새들과 더불어 〈너를〉 방주 속에 보호해 주었도다. 그러므로 내가 너희—너와 너의 아들들에게 〔땅을〕 주리라. 너희—너와 너의 아들들은 왕처럼 그것을 다스리리라. 그리고 다른 영광 속에서 내 앞에 서지 않을 인간들의 씨앗은 너에게서 나오지 않을 것이니라.'

그때 그들은 위대한 빛의 구름처럼 되리라. 위대한 에온들과 천사들의 지식에서 분리된 자들이 오리라. 그들은 노아와 그 에온들 앞에 서리라. 그리고 하나님이 노아에게 말하리라. '너희는 왜 내가 너희에게 말한 것을 떠났느냐? 너희는 나의 권능을 경멸하려고 다른 세대들을 창조했도다.' 그때 노아가 말할 것이니라. '이 사람들의 세대는〔저에게서〕나온 것도 아니고,〔저의 아들들에게서 나온 것〕도 아님을 당신의 권능 앞에서 증명하겠나이다.〔…〕 지식〔…〕.

그리고〔그는〕그 사람들을〔…〕하고 그들을 그들 자신의 땅으로 데려가 그들에게 거룩한 거처를 세워 주리라. 그리하여 그들은 그 이름으로 불릴 것이요, 거기서 불멸의 지식 속에서 600년 동안 거하리라. 그리고 위대한 빛의 천사들이 그들과 함께 거하리라. 그들의 마음속에는 아무런 더러운 행위도 거하지 않고, 오직 하나님에 관한 지식만이 거하리라.

그때 노아가 온 땅을 자기 아들들인 함과 야벳와 셈에게 나누어 주리라. 그는 그들에게 이렇게 말할 것이니라. '나의 아들들아, 내 말을 들어라. 보라, 내가 땅을 너희에게 나누어 주었도다. 그러나 너희 생의 모든 날 동안 두려움과 노예 상태 속에서 그를 섬겨라. 너희 씨앗이 전능하신 하나님의 얼굴에서 떠나지 않게 하라.〔…〕나와 너희의〔…〕노아의 아들〔…〕.'〔나의〕씨앗이 당신과 당신의 권능 앞에서 기쁘시게〔하리이다〕. 두려움과 명령을 지니신 당신의 강력한 손으로 그것을 인(印)치사, 저에게서 나온 모든 씨앗이 당신과 전능하신 하나님에게서 멀어지지 않게 하소서. 그들이[1] 그 지식의 겸손과 두려움 속에서 섬길 것이니이다.' 그때 함과 야벳의 씨앗으로부터 나온 다른 자들 40만 명이 와서 다른 땅으로 들어가 위대하고 영원한 지식에서 나온 사람들과 함께 머물리라. 그들의 권능의 그림자가 모든 악한 것과 모든 부정한 욕망에서 나온 자들과 함께 머무는 그들을 보호하리라. 그때 함과 야벳의 씨앗이 열두 왕국을 만들고, 그들의 씨앗〔도〕다른 사람들

---

1 원문은 '그것'(씨앗)이.

의 왕국으로 들어가리라.

〔그때 …〕논의하리니〔…〕에온들〔…〕불멸의 위대한 에온의, 죽은 〔…〕. 그리고 그들은 그들의 하나님인 사클라에게 가리라. 그들은 그 권능들에게로 가서, 그들의 영광 속에 있는 위대한 인간들을 비난하리라.

그들은 사클라에게 말하리라. '함과 야벳의 씨앗으로부터 데려와져서, 당신 앞에 서 있는, 40만 명에 달하는 이 사람들의 권능은 누구이나이까? 그들은 자신들이 나온 다른 에온에게 받아들여졌으며, 그들이 당신의 권능의 모든 영광과 당신의 손의 영역을 뒤집어버렸나이다. 노아의 아들을 통해 나온 노아의 씨앗은 당신의 모든 뜻을 행했으며, 당신께서 다스리시는 에온들 속에 있는 모든 권능도 (그렇게 했는데), 이 사람들과 그들의 영광 속에 거하는 자들은 당신의 뜻을 행하지 않았나이다. 〔그러나〕그들은 당신의 무리 전체를 무시해버렸나이다.'

그때 그 에온들의 하나님이 그들에게〔자신을〕섬기는 자들 중 (일부를) 줄 것이며〔…〕그들은 그 땅으로 가리니, 그곳은 그 위대한 사람들이 그때까지 욕망으로 더럽혀지지도 않았고 앞으로도 더럽혀지지 않을 곳이니라. 그들의 영혼은 더럽혀진 손에서 나온 것이 아니라 영원한 천사의 위대한 명령에서 나왔기 때문이니라. 그때 불과 유황과 역청이 그 사람들 위로 쏟아져 내릴 것이요, 깨달음을 주는 자의 권능들의 눈이 어두워지리니, 그 에온들이 그날들에 그 눈으로 보지 못하리라. 그런데 빛의 위대한 구름들이 내려오고, 위대한 에온들로부터 빛의 다른 구름들이 그들 위에 내려오리라.

아브라삭스와 사블로와 가말리엘이 내려와 불과 분노로부터 그들을 끌어내어 그 에온들과 그〔권능들〕의 지배자들 위로 그들을 데려가서, 〔…〕생명의〔…〕그들을〔데리고〕갈 것이며, 그들을 데려가〔…〕에온들〔…〕〔위대한 …〕의〔거주지 …〕거기서 거룩한 천사들과 그 에온들과 더불어 [...]. 그 사람들은 그 천사들과 같으리니, 그들이 그들에게 낯선 자들이 아니기 때문이니라. 그러나 그들은 불멸의 씨앗 속에서 일하느니라.

또다시 세 번째로 지식을 깨닫게 하는 자가 위대한 영광 속에서 지나가리니, 이는 노아의 씨앗과 함과 야벳의 아들들의 (무언가를) 남기기 위함이니 — 자신을 위해 열매 맺는 나무를 남기기 위함이니라. 그는 그들의 영혼을 죽음의 날로부터 구원하리라. 죽은 땅으로부터 나온 피조물이 죽음의 권위 아래 있게 될 것이기 때문이니라. 그러나 그들의 마음에 영원하신 하나님에 관한 지식을 숙고하는 자들은 죽지 아니 하리라. 그들은 이 왕국에게서만 영을 받은 것이 아니라, 영원한 천사들 중의 하나에게서 (그것을) 받았음이니라. [...] 깨달음을 주는 자 [...] 위에 올 것인데 [...] 죽[은 ...] 셋의 [...]. 그리고 그는 권능들과 그들의 지배자를 조롱하기 위해 표적과 기적을 행하리라.

그때 그 권능들의 하나님이 혼란스러워하며 말하리라. '우리보다 더 높은 이 사람의 권능은 무엇이냐?' 그때 그가 그 사람에 대하여 큰 분노를 일으키리라. 그리고 그 영광이 물러가, 그것이 자신을 위해 선택한 거룩한 집에 거하리라. 그런데 그 권능들은 자신들의 눈으로 그것을 보지 못하고, 그들은 깨달음을 주는 자도 보지 못하리라. 그때 그들이 성령이 임하신 그 사람의 육체를 벌하리라.

그때 천사들과 그 권능들의 모든 세대가 그릇되게 그 이름을 사용하며 물으리라. '그것(오류)이 어디에서 왔느냐?', 또는 '모든 권능이 발견하지 못한 속이는 말이 어디서 왔느냐?'

[이제] 첫 번째 왕국이 [그에 대해]
그는 [...로부터] 왔다고 [말하는도다].

한 영이 하늘로 [...].

그는 하늘에서 양육받았도다.

그는 그분과 그 권능의 영광을 받았도다. 그는
　자기 어머니의 품으로 왔도다.

그러자 두 번째 왕국이 그에 대해

그가 위대한 예언자에게서 왔다고 말하는도다.
　그러자 새 한 마리가 와서
　태어난 아이를 데리고 높은 산 위로 갔도다.
　그리고 그는 천상의 새에게 양육을 받았도다. 거기에
　한 천사가 나왔도다. 그는 그에게
　'일어나라! 하나님께서 너에게 영광을 주셨도다'
　하고 말했도다.

그는 영광과 힘을 얻었도다.

그리하여 그는 그 물로 갔도다.

세 번째 왕국이 그에 대해

그가 처녀의 자궁에서 나왔다고 말하는도다.
　그는 자기 성읍에서 버림을 받았나니,
　그와 그의 어머니가 그랬도다.
　사람들은 그를 황량한 곳으로 데려갔도다.
　그는 거기서 양육받았도다.
　그는 와서 영광과 권능을 받았도다.
　그리하여 그는 그 물로 갔도다.

〔네 번째〕 왕국이 〔그에 대해〕

그가 〔처녀에게서〕 왔다고 말하는도다.

  〔... 솔로몬이〕 그녀를 〔찾아다녔나니〕,

  그와 보냄을 받은 페르살로와 사우엘과 그의 군대가 그러했
  도다. 솔로몬 자신이 그 처녀를 찾기 위해 그의 악마의 군대를
  보냈도다. 그런데 그들은 자기들이 찾던 이를 발견하지 못하
  고, 그들에게 주어진 처녀를 찾았도다. 그들이 잡은 것은 그녀
  였도다. 솔로몬은 그녀를 취했도다. 그 처녀가 잉태하여 거기
  서 그 아이를 낳았도다.

그녀는 그를 사막의 변방에서 키웠도다. 그가 자랐을 때

그는 자신이 나온 그 씨앗으로부터 영광과 권능을 받았도다.

그리하여 그는 그 물로 갔도다.

그러자 다섯 번째 왕국이 그에 대해

  그가 하늘의 물방울에서 왔다고 말하는도다.

  그는 바다에 던져졌도다.

  심연이 그를 받아들였으며,

  그를 낳아, 하늘로 데려갔도다.

  그는 영광과 권능을 받았도다.

  그리하여 그는 〔그 물〕로 갔도다.

그러자 여섯 번째 왕국이

  한 〔...〕 아래에 있는 에온에게 〔내려 ...〕,

  이는 꽃들을 〔모으기〕 위함이라고 말하는도다.

  그녀는 꽃의 사막에서 잉태했도다.

그녀는 그곳에서 그를 낳았도다.

꽃동산의 천사들이 그를 키웠도다.

그는 거기서 영광을 받고 권능을 받았도다.

그리하여 그는 그 물로 갔도다.

그러자 일곱 번째 왕국이 그에 대해

그는 하나의 물방울이라고 말했도다. 그것은 하늘에서 땅으로 왔도다. 용들이 그를 동굴들로 데려갔도다. 그는 어린아이가 되었도다. 한 영이 그 위에 임하여, 그를 높은 데로 데려가, 그가 나온 산으로 갔도다.

그는 거기서 영광과 권능을 얻었도다.

그리하여 그는 그 물로 갔도다.

그러자 여덟 번째 하늘이 그에 대해

구름 하나가 땅 위로 와서 바위 하나를 감쌌다고 말하는도다.

그는 그것에서 나왔도다.

그 구름 위에 있던 천사들이 그를 키웠도다.

그는 〔거기서〕 영광〔과〕 권능을 〔얻었도다〕.

〔그리하여 그는〕 〔그 물〕로 갔도다.

그러자 〔아홉 번째〕 하늘이 그에 대해

아홉 뮤즈로부터 하나가 분리되었다고 말하는도다. 그녀는 높은 산으로 가서 거기서 (얼마) 동안을 보냈나니, 그녀는 암수한몸이 되기 위해 그녀 자신만을 원하려 한 것이로다. 그녀는 자신의 바람을 성취하여, 그녀의 바람으로부터 잉태했도다. 그가 태어났도다.

그 바람 위에 있던 천사들이 그를 키웠도다.

그리하여 그는 그 물로 갔도다.

열 번째 왕국이 그에 대해

그의 신은 바람의 구름을 사랑했다고 말했도다. 그가 자기 손 안에서 그를 낳아, 그 위에 있는 구름 위로 물방울을 (몇 개) 던지자 그가 태어났도다.

그는 거기서 영광과 권능을 얻었도다.

그리하여 그는 그 물로 갔도다.

열한 번째 왕국이 그에 대해

그는 두 명의 빛의 전달자에게서 나왔다고 말하는도다.

그는 거기서 양육을 받았도다.

그는 영광과 권능을 얻었도다.

그리하여 그는 그 물로 갔도다.

그러자 열두 번째 왕국이 그에 대해

그들의 지배자의 모든 탄생은 말씀이라고 말하는도다.

그리고 이 말씀이 거기서 명령을 받았도다.

그는 거기서 영광과 권능을 얻었도다.

그리하여 그는 그 권능들의 바람이 성취되도록 하기 위해 그 물로 갔도다.

그러나 왕이 없는 세대는 하나님께서 그를 모든 에온에게서 선택하셨다고 말하느니라. 그는 진리의 더럽혀지지 않은 존재에 관한 지식이 그 〔안에〕 존재하도록 하셨느니라. 〔그(또는 그것)〕가 말했느니라. '낯선 공중〔으로부터〕, 위대한 에온〔으로부터〕〔위대한〕 빛의 전달자가 나왔느니라. 〔그리고 그는〕 자신을 위해 자신이 선택한 저 사람들의 세대가 빛나도록 〔만들어〕, 그들이 온 에온을 비추게 했느니라.'

그때 그 물 위에서 그의 이름과 그들 모두의 (그것)을 받을 자들, 그 씨앗이 그 권능에 대항하여 싸우리라. 그리고 어둠의 구름이 그들 위에 임하리라.

그때 그 사람들이 큰 소리로 외칠 것이니라. '그들의 영혼은 복이 있나니, 그들이 진리의 지식으로 하나님을 알았음이로다! 그들은 영원히 살리니, 그들이 천사들과 함께 자기 욕망으로 더러워지지 않았고, 그들은 권능들의 일을 성취하지 않았으며, 불과 피에서 나온 빛과 같이 하나님에 대한 지식 속에서 그분 앞에 섰기 때문이로다.

그러나 우리는 무지하게도 권능들의 모든 행위를 했도다. 우리는 우리의 〔모든〕 일인 범법 가운데 자랑했도다. 우리는 〔진리〕의 〔하나님〕께 대항하여 〔소리쳤나니〕, 그분의 모든 일이 〔...〕 영원하기 때문이로다. 이들은 우리의 영혼에 거역하는도다. 이제 우리는 우리 영혼이 죽을 것을 알았도다.'

그때 한 목소리가 그들에게 와서 말했느니라. '거룩한 세례와 살아 있는 물 위에 (있는) 미케우와 미카르와 므네시누스여, 너희는 왜 뻔뻔한 목소리로, 또 그들에 대한 무법한 말로, 또 피와 더러운 〔행위〕로 가득 찬 영혼으로 살아 계신 하나님께 거역하여 소리치고 있었느냐? 너희는 진리가 아닌 일들로 가득 차 있으나, 너희의 길은 기쁨과 즐거움으로 가득 차 있구나. 너희는 생명의 물을 더럽혀, 너희가 섬기기 위해 몸 바친 저 권능들의 뜻 속으로 끌어들였느니라.

그리고 너희의 생각은 너희가 박해하는 저 사람들의 생각과 같지 않나니〔...〕욕망〔...〕. 그들의 열매는 시들지 않느니라. 그러나 그들은 위대한 에온들에게까지 알려지리니, 그들이 지킨 에온들의 하나님의 말씀은 그 책에 씌어 있지 않았고, 쓰이지도 않았기 때문이니라. 그러나 천사와 같은 (존재들이) 인간의 모든 세대가 알지 못할 자들을 데려오리라. 그들이 높은 산 위에, 진리의 바위 위에 있을 것이기 때문이니라. 그러므로 그들은 지식의 지혜와 천사들의 가르침 속에서 영원하신 하나님을 영원히 아는 자들에게는 "불멸〔과〕 진리의 말씀들"이라고 불리리니, 그분은 모든 것을 아시기 때문이니라.'"

이것은 아담이 그의 아들 셋에게 알려 준 계시이니라. 그리고 그의 아들은 그의 씨앗에게 이것에 대해 가르쳤느니라. 이것이 아담의 감추인 지식이니, 그가 셋에게 준 것이며, 거룩한 씨앗으로부터 오신 불멸의 빛의 전달자들과 말씀에서 태어난 자들을 통해 영원한 진리를 아는 자들의 거룩한 세례니라. 예세우스, 마자레우스, 〔예세〕데케우스, 〔살아 있는〕물.

아담의 묵시록

베드로와 열두 사도의 행전
(VI, 1)

해제

　「베드로와 열두 사도의 행전」은 제목에서 암시하는 것과는 달리 외경에 속하는 사도들의 행전 중 하나가 아니다. 이야기의 중심을 차지하고 있는 것은 사도들의 활동이 아니라 리타르고엘의 활동인데, 그는 사실상 그리스도이다. 참된 사도들의 활동은 이야기의 끝에 가서야 겨우 시작된다. "빛나는 돌의 신", 즉 진주의 신인 리타르고엘을 그리스도와 동일시한다고 해서 그리 놀랄 필요는 없다. 고대 문서의 다른 곳에서도 예수를 진주라고 말하고 있고, 사실상 리타르고엘-그리스도에 관한 현재의 이야기도 개념적으로는 요한계시록 2장 17절 같은 구절에 근거하여 발전한 것이다.

　「베드로와 열두 사도의 행전」은 예수께서 십자가에 달리신 후 베드로와 사도들이 여행을 떠나는 것으로 시작한다. 그들은 배를 한 척 찾아 항해를 떠나, 마침내 거주지라고 불리는 한 도시에 도착한다. 거기서 베드로는 리타르고엘이라는 진주 상인을 만나는데, 그는 가난한 자들에게 자기 도시로 와서 진주를 얻어 가라고 초대한다. 베드로와 그의 동료들은 리타르고엘의 도시로 가는 어려운 여행을 견디는데, 이는 그들이 리타르고엘이 권한 대로 행하기 때문이다. 그들은 음식과 소유를 버렸으므로 강도들과 짐승들이 도중에 그들을 괴롭히지 않는다. 마침내 리타르고엘은 의사로 위장하고, 나중에는 자신이 예수 그리스도임을 밝히고는 제자들에게 나가서 병들고 가난한 자들에게 전도하라고 명한다.「베드로와 열두 사도의 행전」은 2세기에 발전하고 있던 교회의 정통성과 부합한다. 그러므로 2세기경에 작성되었으리라 추정할 수 있다.

베드로와 열두 사도의 행전

VI 1:1-12:22

〔...〕목적〔... : 후에...〕우리〔...〕사도들〔...〕. 몸의〔...〕우리는 항해했다. 〔다른 이들은〕〔그들의 마음에〕염려하지 않았다. 그리고 우리의 마음속에서 우리는 하나였다. 우리는 주님께서 우리에게 지시하신 선교를 완성하기로 동의했다. 그래서 우리는 서로 약조를 맺었다.

우리는 주님께서 우리에게 주신 적당한 때에 바다로 내려갔다. 우리는 사람을 태우려고 바닷가에 정박해 있는 배를 발견하고는, 그 배의 선원들에게 우리가 그들과 함께 배를 타는 일에 대해 이야기를 나누었다. 주님께서 인도하사 그들은 우리에게 매우 친절했다. 그래서 우리는 배를 타고 하루 낮 하루 밤을 항해했다. 그런데 배 뒤에서 바람이 일어 우리를 바다 한가운데 있는 한 작은 성읍으로 데려갔다.

나 베드로는 부두에 서 있는 주민들에게 이 도시의 이름을 물었다. 〔그들〕중〔한 사람이〕대답했다. "이〔성읍〕의〔이름은〕〔거주지〕, 즉 기초요〔...〕인내〔...〕." 〔그들의〕지도자가〔...〕〔부둣〕가에서 종려나무 가지를〔들고 ...〕. 우리가 짐을〔가지고〕해안으로 간 뒤에, 나는 숙박할 곳을〔묻기〕위해〔그〕성읍으로〔들어갔다〕.

한 사람이 허리에 천을 묶고, 황금 허리띠를 하고 나왔다. 또〔그의〕가슴에도 천을 동여매고 있었는데, 그것은 어깨에까지 흘러내려 그의 어깨와 팔을 덮고 있었다.

그의 모습과 풍채가 아름다워서 나는 그에게서 눈을 떼지 못하고 있었다. 나는 그의 몸 네 부분을 보았는데, 발끝, 가슴 부분, 손바닥, 얼굴이 그것이다. 나는 이 부분들을 볼 수 있었다. 내 책(의 표지) 같은 책표지가 그의 왼손에 들려 있었다. 그의 오른손에는 스티락스 나무[1] 줄기가 들려 있었다. 그가 그 성읍에서 "진주요 진주!" 하고 느릿느릿 소리칠 때 그의 목소리는 울렸다.

나는 정말로 그 사람이 그 성읍 사람이라고 생각했다. 나는 "나의 형제, 나의 친구여!" 하고 그 사람에게 말했다. 〔그는〕 나에게 〔대답했다〕. "'〔나의 형제〕 나의 친구여'라고 제대로 말하셨소이다. 내게서 〔구하는〕 것이 무엇이요?" 나는 그에게 말했다. "〔나는〕 당신께 나〔와〕 내 동료들의 잠자리〔에 대해〕 〔묻고 있소이다〕. 우리는 여기가 낯선 사람들이랍니다." 그가 나〔에게〕 말했다. "그런 이유에서라면 나 자신이 방금 '나의 형제, 나의 친구여'라고 말했듯이, 나도 당신처럼 낯선 사람이라오."

이렇게 말하고 나서, 그는 "진주요 진주!" 하고 외쳤다. 그 성읍의 부자들이 이 소리를 들었다. 그들은 은밀한 방에서 나왔다. 또 어떤 자들은 자기 집의 방에서 밖을 내다보았다. 다른 자들은 자기 집의 위창으로 내다보았다. 그런데 그들은 그에게서 무언가를 (얻을 수 있음을) 보지 못했다. 그는 등에 돈주머니도 없고, 허리에 두른 천과 몸에 두른 천 속에 보따리도 없었기 때문이다. 그들은 그를 경멸하여, 그를 알아보지도 못했다. 그 자신이 그들에게 자신을 드러내지도 않았다. 그들은 "이 자가 우리를 놀리고 있어" 하고는 자기네 방으로 돌아가 버렸다.

그런데 〔그 도시의〕 가난한 자들이 〔그의 목소리를〕 듣고는 〔진주를 파는〕 그 사람〔에게 왔다〕. 〔그들은 말했다. "우리가〕 우리 (자신의) 눈으로 〔볼 수 있도록〕 진주 〔하나를 우리에게 보여 주시기를〕 청하외다.

---

1 일종의 향기로운 고무나무.

우리는 그 값을 지불할 돈은 없소이다. 그러나 우리 친구들에게〔우리가〕우리 (자신의) 눈으로 진주를〔보았노라고〕말할 수 있게〔해 주시오〕." 그가 그들에게 말했다. "할 수 있다면, 저의 성읍에 오시오. 그러면 당신들 눈앞에 진주를 보여 줄 뿐 아니라 그것을 당신들께 거저 드리겠소이다."

그러자 그 성읍의 가난한 자들인 그들은 이 말을 듣고 이렇게 말했다. "우리는 거지라, 누가 거지에게 진주를 주지 않는다는 것을 확실히 알고 있소이다. 우리가 보통 받는 것은 떡과 돈이외다. 그런데 이제 우리가 당신에게 구하는 것은, 당신이 우리 눈앞에 진주를 보여 주십사 하는 것이외다. 그러면 우리는 우리 친구들에게 우리가 우리 (자신의) 눈으로 진주를 보았노라고 자랑스럽게 말할 것이외다." 가난한 자들, 특히 (이러한) 거지들 가운데서는 진주를 볼 수 없기 때문이다. 그가 그들에게 대답했다. "할 수 있다면, 여러분 자신이 나의 성읍으로 오시오. 그러면 내가 당신들에게 그것을 보여 줄 뿐 아니라 거저 드리겠소이다." 그 가난한 자들과 거지들은 거저〔준다는〕그 사람으로 인해 기뻐했다.

〔그 사람들은 베드로에게〕무슨 어려움이 있느냐고 물었다. 베드로는 자기가〔그〕길의 어려움에 대해 들은 것들은〔말하기가 불가능하다고〕대답했다.〔해석자들은〕그들의 선교에서〔...〕어려〔웠기〕때문이다.

그는 이 진주를 파는 사람에게 말했다. "나는 당신의 이름과 당신의 성읍으로 가는 길에 겪을 어려움을 알고 싶소이다. 우리는 낯선 자요 하나님의 종이기 때문이오. 우리는 모든 성읍에서 고르게 하나님의 말씀을 전해야 하오이다." 그가 대답했다. "당신들이 내 이름을 알고 싶으시다니, 내 이름은 리타르고엘이요. 그 뜻은 빛의 돌, 영양(羚羊)과 같은 돌이란 뜻이라오.

또 나의 성읍으로 가는 길(에 대해서) 물으시니, 내 당신들에게 그에 대해 말씀드리리다. 그 길은 가진 것을 모두 버리고, 매일 고비를 지날 때마다 금식하는 이가 아니면, 아무도 갈 수 없다오. 그 길에는 강도들과 짐승들이 많기 때문이오. 그 길에 떡을 가져가는 자는 그 떡 때문에 검은 개들이 죽일 것이오. 세상의 값비싼 옷을 가져가는 자는 〔그〕 옷 〔때문에〕 강도들이 죽일 것이오. 물을 〔가져가는 자는〕〔그 물 때문에 늑대들이 죽일 것이니〕, 그놈들은 그것〔에〕 목말라 있기 때문이오. 〔고기〕와 푸른 푸성귀를 염려하는 〔자는〕 그 푸른 푸성귀 때문에 황소들이 삼켜버릴 거외다."

그가 나에게 〔이러한〕 말을 했을 때 나는 속으로 한숨을 내쉬며 말했다. "그 길엔 어려움이 〔참 많군요〕! 오직 예수께서 우리가 그 길을 갈 수 있도록 힘을 주시기를!" 내 얼굴이 슬퍼지자 그는 나를 바라보았고, 나는 한숨을 내쉬었다. 그는 내게 말했다. "당신이 진실로 이 '예수'라는 이름을 알고 그를 믿는다면 왜 한숨을 쉬시오? 그는 힘을 주시는 위대한 능력이시외다. 나도 그분을 보내신 아버지를 믿으니까요."

나는 그에게 물었다. "당신이 가는 곳, 당신 성읍의 이름이 무엇이오?" 그가 나에게 말했다. "나의 성읍의 이름은 이것이니, '아홉 개의 문'이라오. 우리가 열 번째의 문이 머리라는 것을 생각할 때는 하나님을 찬양합시다." 이 말을 듣고 나는 평안히 그를 떠났다.

내가 가서 내 동료들을 부르려고 할 때 나는 파도와 그 성읍의 경계를 둘러싸고 있는 크고 높은 성벽을 보았다. 나는 내가 본 큰 일에 놀랐다. 나는 한 노인이 앉아 있는 것을 보고는, 그에게 그 성읍의 이름이 정말로 거주지냐고 물었다. 그는 내게 "〔당신 말이〕 맞소이다. 〔우리가〕 견디기 때문에 여기 〔거주하고〕 있으니까요" 하고 말했다.

〔이 말을 듣고 내가〕 말했다. "사람들이 제대로〔...〕 그것을〔...〕라고 이름 지었구나. 성읍들에는 자기 시련을 견디는 모든 자가 거주하고 있으니. 그런데 고귀한 나라는 그들에게서 온다. 그들이 배교자들 속에서 폭풍의 어려움을 견디니까. 그래서 이런 식으로 자기 믿음의 멍에라는 짐을 견디는 모든 이의 성읍이 거주지가 될 것이다. 그리고 그 사람은 하늘나라에 들어갈 것이다."

나는 리타르고엘이 우리에게 가르쳐 준 성읍으로 가기 위해, 서둘러 가서 내 동료들을 불렀다. 우리는 믿음의 맹약을 하고, 그가 (그러라고) 말한 대로 모든 것을 버렸다. 우리는 강도들을 피했으니, 그들이 우리에게서 그들의 겉옷을 발견하지 못했기 때문이다. 우리는 늑대들도 피했으니, 늑대들은 자기들이 목마르게 찾는 물을 우리에게서 발견하지 못했기 때문이다. 우리는 사자들도 피했으니, 그것들이 우리에게서 고기에 대한 욕망을 발견하지 못했기 때문이다. 〔우리는 황소들도 피했으니, 그들이〕 푸른 푸성귀를〔발견하지 못했...〕다.

우리에게 커다란 기쁨과 우리 주님〔의 근심 없는 평화와 같은〕 것이 〔밀려왔다〕. 우리는 그 문 앞에서 〔쉬면서〕 이 〔세상〕의 소란스러움이 아닌 〔것에 대해〕 서로 이야기했다. 우리는 믿음의 명상을 계속했다.

우리가 길에서 피하게 된 그 강도들에 대해 논의하고 있을 때 보라, 리타르고엘이 다른 모습으로 우리에게 나왔다. 그는 의사의 모습을 하고 있었으니, 자기 팔에는 고약상자를 끼고 있었고, 어린 제자가 그를 따르고 있었는데, 그는 약이 가득 든 주머니를 지니고 있었다. 우리는 그를 알아보지 못했다.

베드로가 그에게 말했다. "저희는 낯선 자들이라 부탁 좀 드리고 싶습니다만, 날이 지기 전에 저희를 리타르고엘의 집에 좀 데려다주시겠나이까?" 그가 말했다. "올곧은 마음으로 안내해 드리지요. 허나 저는 당신들이 어떻게 그 훌륭하신 분을 아시게 되었는지 놀랐소이다. 그분은 아무에게도 자신을 드러내지 않으시는데, 그분이 위대하신 왕의 아들이기 때문이지요. 조금만 쉬고 계시면, 제가 이 사람을 치료하고 (돌아)오겠소이다." 그는 급히 갔다가 재빨리 (돌아)왔다.

그가 베드로에게 "베드로야!" 하고 말했다. 베드로는 깜짝 놀랐다. 이 사람이 자기 이름이 베드로인 걸 어찌 알았단 말인가? 베드로가 구세주께 대답했다. "당신께서 제 이름을 부르시니, 어찌하여 저를 아시나이까?" 리타르고엘이 대답했다. "나는 누가 네게 베드로라는 이름을 주었는지 묻고자 하노라." 베드로가 그에게 대답했다. "살아 계신 하나님의 아들 예수 그리스도였나이다. 그분이 제게 이 이름을 주셨나이다." 그가 말했다. "내가 그니라! 베드로야, 나를 알아보겠느냐?" 그는 입고 있던 옷을 푸시고—그분이 우리 때문에 자기 모습을 바꿔 입으신 그 옷— 자신이 그분이심을 진실로 우리에게 보여 주셨다.

우리는 땅에 엎드려 그분을 경배했다. 우리는 열한 명의 제자로 되어 있었다. 주님께서 손을 내미사 우리를 일으키셨다. 우리는 그분과 겸손히 이야기를 나누었다. 우리는 "주님께서 원하시는 것을 저희가 하리이다. 그러나 주님께서 원하시는 것을 언제나 할 수 있는 힘을 저희에게 주소서" 하고 말하면서, 우리의 무가치함에 머리를 떨구었다.

그분은 그들에게 고약상자와 어린 제자의 손에 있던 주머니를 주셨다. 그분은 그들에게 이렇게 명하셨다. "너희가 온 거주지라고 하는 성읍으로 가라. 너희가 내 이름을 믿은 모든 자를 가르쳤듯이, 인내 속에 그 일을 계속하여라. 내가 믿음의 어려움 속에서 견디었음이라. 내가 너희에게 보상해 주리라. 내가 더 나은 것, 너희에게 거저 주리라고 약속했던 것을 그들에게 줄 때까지 그 성읍의 가난한 자들에게 그들이 살기 위해 필요한 것을 주어라."

베드로가 그분께 말했다. "주님, 주님께서는 저희에게 세상과 그 안에 있는 모든 것을 버리라고 말씀하셨나이다. 저희는 주님을 위해 그 모든 것을 버렸나이다. (이제) 저희는 하루 끼니를 걱정하고 있나이다. 주님께서 가난한 자들에게 주라고 하시는 것을 저희가 어디서 찾을 수 있나이까?"

주님께서 대답하셨다. "오, 베드로야, 너는 내가 말한 비유를 이해해야 하느니라! 너는 네가 가르치는 내 이름이 모든 부요함을 능가하며, 하나님의 지혜가 금과 은과 보석(들)을 능가한다는 것을 알지 못하느냐?"

그분은 그들에게 약주머니를 주시며 말씀하셨다. "내 이름을 믿는 성읍의 병자들을 치유하여라." 베드로가 두 번째로 그분께 대답하기를 두려워했다. 그는 자기 곁에 있던 자인 요한에게 눈치를 주었다. "이번엔 자네가 말씀드리시게." 요한이 대답했다. "주님, 저희는 주님 앞에서 여러 말씀 드리기가 송구스럽나이다. 하오나 주님께서 저희에게 이런 재주를 행하라고 요구하십니다만, 저희는 의사가 되는 법을 배우지 못했나이다. 그런데 저희가 어떻게 주님 말씀대로 사람들 몸을 치료하는 법을 알겠나이까?"

그분이 그에게 말씀하셨다. "요한아, 네가 바른말을 했도다. 나는 이 세상의 의사들이 이 세상에 속한 것을 치료한다는 것을 알고 있다. 그러나 영혼의 의사는 마음을 치료하느니라. 그러므로 먼저 몸을 치료하여라. 그러면 세상의 약 없이 그들의 몸을 치료하는 참된 능력을 통해, 그들이 너희가 마음의 병을 치료하는 능력도 있음을 믿으리라.

그러나 나를 알아보기 위해 제대로 쳐다보지도 않았고, 재물과 자만심에 빠져 있던 자들인 성읍의 저 부자들, 그런 자들과는 〔그들의〕 집에서 함께 식사하지도 말고, 그들과 친구가 되지도 말라. 그들의 비뚫어진 마음이 너희에게 영향을 끼치지 않도록 하려는 것이니라. 교회에 있는 많은 사람이 부자들에게 편애를 보였나니, 이는 자기들도 죄를 지었기 때문이요, 그들은 다른 이들도 (그렇게) 하도록 빌미를 주느니라. 그러나 그들을 올바르게 판단하여 너희의 전도가 존중받게 하고, 나와 내 이름도 교회에서 존중받게 하여라." 제자들이 대답했다. "예, 진실로 이것이 행하기에 합당한 일이옵니다."

그들은 땅에 엎드려 그분을 경배했다. 그분은 그들을 일으켜 세우시고, 그들을 평안히 떠나가셨다. 아멘.

베드로와

열두 사도의 행전

천둥, 완전한 마음
(VI, 2)

해제

「천둥, 완전한 마음」이라는 제목이 붙은 이 짧은 글은 여성 계시자가 일인칭으로 전해 준 계시이다. 이 계시의 특징은 "나는 …이다"라고 하는 자기 선언이 역설적인 성격을 지닌다는 것이다. "나는 창녀요 거룩한 자이다. 나는 부인이요 처녀이다." 여기에는 여러 가지 훈계와 그 훈계를 실행하지 못하는 데 대한 꾸지람이 덧붙어 있다.

학자들은 종교적 전통이라는 측면에서 「천둥, 완전한 마음」을 분류하기 어렵다고 여긴다. 이 글은 명백하게 유대교적이거나 그리스도교적이거나 영지주의적인 주제를 보여 주지도 않으며, 특별한 영지주의 신화를 전제하고 있지 않은 것 같다고 한다. 그러나 자세히 보면 여기 나오는 여성 계시자는 영지주의의 중심인물인 소피아로 볼 수 있다.

천둥, 완전한 마음

VI 13:1-21:32

천둥, 완전한 마음

나는 〔저〕 권능으로부터 보냄을 받아,

　나를 생각하는 자들에게 와서

　나를 찾는 자들 가운데서 발견되었도다.

나를 생각하는 이들이여, 나를 바라보라.

　너희 듣는 자들이여, 내 말을 들으라.

　너희, 나를 기다리는 자들이여, 나를 너희 자신에게 취하라.

너희 눈앞에서 나를 몰아내지 말고,

　너희 목소리로 나를 미워하지 말며, 들음으로도 그리 말라.

　언제 어디서나 나에 대해 무지하지 말라. 주의하라!

　나에 대해 무지하지 말라.

나는 처음이요 마지막이니라.

나는 존경받는 자요 경멸받는 자니라.

나는 창녀요 거룩한 자니라.

나는 부인이요 처녀이니라.

나는 〈어머니〉요 딸이니라.

나는 어머니의 지체들이니라.

나는 아이를 못 낳는 자요

　그녀의 아들들이 많으니라.

나는 성대한 결혼식을 한 여자요

　나는 남편을 맞은 일이 없도다.

나는 산파요 아이를 낳지 않는 여자니라.

나는 나의 노고의 위안이니라.

나는 신부요 신랑이며

　나를 낳은 이는 내 남편이니라.

나는 내 아버지의 어머니요

　내 남편의 누이요

　그는 내 자식이니라.

나는 나를 준비한 이의 노예니라.

나는 내 자식의 지배자니라.

　그러나 그는 시간이 있기 전

　생일날에〔나를 낳은〕자니라.

　그는 (적당한) 때〔에〕나의 자식이 되고

　나의 권능은 그에게서 나왔도다.

나는 그가 젊었을 때 그의 권능의 지팡이요

　그는 내 노년의 막대기니라.

　그가 무엇을 원하든지 그 일이 내게 일어나느니라.

나는 이해할 수 없는 침묵이요

　자주 기억하는 생각이니라.

나는 소리가 다양한 목소리요

　모양이 많은 말이니라.

나는 내 이름의 발음이니라.

너희, 나를 미워하는 자들아, 너희는 왜 나를 사랑하며,

나를 사랑하는 자들을 미워하느냐?

너희, 나를 부인하는 자들아, 나를 고백하고

　　너희, 나를 고백하는 자들아, 나를 부인하라.

너희, 나에 대해 진실을 말하는 자들아, 나에 대해 거짓말을 하고,

　　너희, 나에 대해 거짓말을 한 자들아, 나에 대해 진실을 말하라.

너희, 나를 아는 자들아, 나에 대해 무지하며,

　　나를 모르는 자들에게 나를 알게 하라.

나는 지식이며 무지이기 때문이니라.

나는 부끄러움이요 대담함이니라.

나는 부끄러움이 없고, 나는 부끄러워하노라.

나는 힘이요 나는 두려움이니라.

나는 전쟁이요 평화니라.

하나님께서 나를 주목하시도다.

나는 수치당하는 자요 위대한 자니라.

나의 가난함과 나의 부요함에 주목하라.

내가 지상에 내팽개쳐졌을 때 나에게 교만하지 말지니,

　　올 〔자들〕 가운데서 너희가 나를 보리라.

똥 더미 위에 있는 나를 방관지도 말고,

　　가서 버려진 나를 내버려 두지도 말지니,

　　너희가 왕국들 안에서 나를 보리라.

내가 가장 비천한 곳에서 치욕당하는 자들 가운데 버림받을 때

　　나를 방관하지도 말고

　　나를 비웃지도 마라.

폭력으로 살해당한 자들 가운데 나를 내버리지 말라.

나, 나는 자애롭고, 나는 잔인하니라.

너희는 주의하라!

나의 복종을 미워하지 말며,

   나의 자제력을 사랑하지 말라.

내가 약할 때 나를 버리지 말며,

   나의 힘을 두려워하지도 말라.

너희는 왜 나의 두려움을 경멸하며

   나의 자긍심을 저주하는가?

그러나 나는 벌벌 떨면서 온갖 두려움과

   힘 속에 존재하는 여인이니라.

나는 연약한 여인이요

   나는 즐거운 곳에서 행복하도다.

나는 지각없고, 나는 지혜로우니라.

너희는 왜 너희 모임에서 나를 미워했느냐?

나는 침묵하는 자들 가운데서 침묵할 것이며,

   나는 나타나 말하리라.

그런데, 너희 그리스인들이여, 너희는 왜 나를 미워했느냐?

   내가 〔저〕 야만인들 가운데 있는 야만인이기 때문이냐?

나는 〔저〕 그리스인들〔의〕 지혜요

   〔저〕 야만인들의 지식이니라.

나는 그리스인들과 야만인들의 심판이니라.

〔나는〕 이집트에서 그 형상이 위대한 그 이이며,

야만인들 가운데 아무 형상도 없는 그 이니라.

나는 모든 곳에서 미움받는 자이며

　모든 곳에서 사랑받는 자이니라.

나는 사람들이 생명이라고 부르는 자이나,

　너희가 죽음이라고 불렀도다.

나는 사람들이 법이라고 부르는 자이나,

　너희가 무법이라고 불렀도다.

나는 너희가 추구해 온 자이며,

　나는 너희가 이미 붙잡은 자니라.

나는 너희가 흩어버린 자이니,

　너희가 나를 모았도다.

나는 그 앞에서 너희가 부끄러워하는 자인데,

　너희는 내게 후안무치했도다.

나는 축제를 행하지 않는 여인이요,

　나는 축제가 많은 여인이니라.

나, 나는 불경하며,

　나는 그 하나님이 위대한 자니라.

나는 너희가 생각해 온 자이나,

　너희가 나를 경멸했도다.

나는 배우지 못한 자이며,

　그들이 나에게서 배우도다.

나는 너희가 피하여 숨은 자이며,

　너희가 내게 나타나도다.

　그러나 너희가 숨을 때마다,

　나는 나 자신을 나타내리라.

너희가 〔나타날 때마다〕

　나 자신은 너희에게서 〔숨으리라〕.

그것에 〔...〕 한 자들은 〔...〕 분별없이 〔...〕.

슬픔으로부터 〔이해...〕 나를 데려가며,

　이해〔와〕 슬픔으로부터 너희에게로 나를 데려가라.

추하고 황폐한 곳으로부터 너희에게로 나를 데려가며,

　추함 속에 있을 때조차도 선한 자들로부터 빼앗아라.

부끄러움으로, 나를 너희에게 부끄럼 없이 데려가며,

　부끄럼 없음과 부끄럼으로, 너희 안에 있는 나의 지체들을

　비난하라.

너희, 나를 아는 자들이여, 너희, 내 지체들을 아는 자들이여, 내게

로 나아와

　조그만 최초의 피조물들 가운데 위대한 것들을 세우라.

어린 시절로 나아와

　그것이 작고 별것 아니라고 경멸하지 말라.

작음으로부터 나온 부분들 속에 있는 큼을 저버리지 말지니,

　작음은 큼으로 인해 알려진 것이니라.

너희는 왜 나를 저주하고 나를 존경하느냐?

너희는 상처를 주었고, 너희는 자비를 베풀었도다.

너희가 〔알고〕 있던 최초의 것들에게서 나를 분리하지 말라.

아무도 내버리지 말며, 저버리지 〔말고〕,

〔...〕 너를 버리고 〔...〕 그를 〔알지〕 못한다.

〔그를 ...〕.

내 것은 〔…〕.

나는 〔최초의 것들을〕 알며, 그것들 뒤에 나온 자들은 나를 〔아느니라〕.

그러나 나는 〔…〕의 마음이며, 〔…〕의 휴식이니라.

나는 나의 탐구의 지식이며,

　　나를 찾는 자들의 발견이며,

　　나에 대해 요구하는 자들의 명령이며,

　　나의 지식 속에 있는 권능들의 권능이니,

이는 나의 말에 의해 파송된 천사들에 대한 것이요,

나의 계획에 의해 제 철에 나타나는 신들에 대한 것이며,

나와 함께 존재하는 모든 사람의 영에 대한 것이요,

그리고 내 안에 거하는 여인들에 대한 것이라.

나는 공경받는 자요 찬양받는 자이며,

　　경멸스럽게 무시당하는 자니라.

나는 평화이며,

　　전쟁은 나로 인해 일어났노라.

나는 외지인이요 시민이니라.

나는 본질이요 본질 없는 자니라.

나와 연관되지 않은 자들은 나를 모르고,

　　나의 본질 안에 있는 자들은 나를 아는 자들이니라.

나에게 가까이 있는 자들은 나를 알지 못했고,

　　나에게서 멀리 있는 자들이 나를 안 자들이니라.

내가 〔너희〕에게 가까이 있는 날,

　　〔너희는〕〔나에게서〕 멀리 떨어져 있으며,

내가 너희에게서 〔멀리 떨어져〕 있는 날,
　　〔나는〕 너희에게 〔가까이 있도다〕.

〔나는〕 안에 있는 〔...이니라〕.
〔나는〕 피조물들의 〔...이니라〕.
나는 〔영들〕의 창조의 〔...〕니라.
〔...〕 영들의 요구〔...〕.
〔나는〕 통제요 통제할 수 없는 자〔니라〕.
나는 연합이요 해체니라.
나는 머무는 자요 나는 해체하는 자니라.
나는 아래 있는 자요,
　　그들은 내게로 올라오느니라.
나는 심판이요 석방이니라.
나, 나는 죄가 없으며,
　　죄의 뿌리는 내게서 나왔노라.
나는 (외적인) 모습의 욕정이요,
　　내적인 자제력이 내 안에 있느니라.
나는 모든 사람에게 이를 수 있는 들음이요
　　이해할 수 없는 말이니라.
나는 말하지 못하는 벙어리요
　　나의 말은 한없이 많으니라.

얌전히 내 말을 듣고, 거칠게 나에 대해 배워라.
나는 소리치는 여인이요,
　　나는 지면에 던져졌도다.

나는 떡과 내면의 마음을 준비했노라.

나는 내 이름에 대한 지식이니라.

나는 소리치는 자요,

　　나는 듣느니라.

나는 나타나 〔...〕 내 〔...〕의 〔...〕 인장(印章) 속을 걷노라.

나는 〔...〕 방어 〔...〕니라.

나는 진리라 불리는 자요,

　　불의가 〔...〕.

너희는 나를 공격하고 〔...〕 너희는 〔나를〕 거역하여 속삭이는도다.

〔...〕 그들에 대해 승리하여 〔...〕.

그들이 너희를 반대하여 심판하기 전에 그들을 심판하라.

　　심판관과 편애는 너희 속에 있느니라.

너희가 이 사람에게 정죄를 받으면, 누가 너희를 석방하리요?

　　너희가 그에 의해 석방되면, 누가 너희를 가둘 수 있으리오?

너희 안에 있는 것이 너희 밖에 있는 것이니,

　　외부에서 너희를 만드는 자가

　　너희의 내부를 만든 자니라.

　　너희가 너희 밖에서 보는 것을

　　너희 내면에서 보는도다.

　　그것은 볼 수 있나니, 그것이 너희의 겉옷이니라.

너희, 듣는 자들이여, 내 말을 들으라.

너희, 나를 아는 자들이여, 내 말에서 배우라.

나는 모든 것에 이를 수 있는 들음이며,

나는 이해할 수 없는 말이니라.

나는 소리의 이름이며

　이름의 소리니라.

나는 글자의 기호이며

　분리의 명칭이니라.

그리고 나는 〔…〕

〔…〕 빛 〔…〕.

〔…〕 듣는 자들 〔…〕 너희에게 〔…〕

위대한 권능 〔…〕.

그리고 〔…〕 그 이름을 옮기지 못하리라.

나를 창조하신 분에게 〔…〕.

　그리고 나는 그의 이름을 말하리라.

이제 그의 말씀과 완성된 모든 글들을

　바라보라.

주의하여 보라. 너희 듣는 자들이여,

　그리고 또 너희, 천사들과 보냄을 받은 자들이여,

　또 너희, 죽은 자들 가운데서 일어난 영들이여.

나는 홀로 존재하는 자요,

　나를 심판할 자가 없도다.

수많은 죄와 절제 없음과

　수치스런 욕망과

　부유하는 쾌락 속에는

　즐거운 형상이 많이 있나니,

사람들이 제정신이 들어
안식처로 올라가기까지
그것을 끌어안느니라.
그들이 거기서 나를 발견하리니,
그들이 살 것이요
그들이 다시는 죽지 아니하리라.

권위 있는 가르침
(VI, 3)

해제

「권위 있는 가르침」이라는 이 글은 영혼의 기원과 상태, 궁극의 지복(至福)에 대한 설명이다. 이 문서는 영혼의 생명을 매우 비유적으로 묘사한다. 영혼은 타락의 술을 마시는 창녀요, 순수한 밀 아니면 왕겨와 뒤섞인 밀이요, 생존경쟁을 하는 경쟁자요, 말씀(로고스)의 약을 사용하는 환자요, 악마 같은 어부가 잡으려고 하는 물고기요, 마침내 신방에서 신랑과 함께 눕는 신부이다.

「권위 있는 가르침」은 세상의 기원에 대한 영지주의의 신화를 담고 있는 것 같지는 않지만, 영지주의의 어떤 일반적인 개념을 전제하고 있다. 그러므로 다른 수많은 영지주의 자료에서처럼 영적인 혼은 천상의 기원을 지니고 있고, 물질이라는 악한 세계와 싸우고 있으며, 계시된 지식을 통해 구원을 받는 것으로 생각된다.

권위 있는 가르침

VI 22:1-35:24

숨겨진 하늘들이 〔...〕, 또 보이지 않고 말로 표현할 수 없는 세계들이 나타나기 〔전에〕, 〔...〕 하늘에서 〔...〕 그분 안에서 〔...〕 누군가가 나타나 〔...〕. 이들로부터 보이지 않는 의로운 영혼이 나왔으니, 동료요, 동료 몸이요, 동료 영이다. 그녀가 하강했든지 플레로마 속에 있든지 간에 그녀는 그들과 분리되지 않았으니, 보이지 않는 말 속에서 그들은 그녀를 보고 그녀도 그들을 본다.

그녀의 신랑이 비밀리에 그것을 잡았다. 그는 그녀의 입에 그것을 주어 그녀가 그것을 음식처럼 먹게 했으며, 말씀을 그녀의 눈에 약으로 주어 그녀가 마음으로 보고 자기 친족들을 알아보며, 자신의 근원에 대해 알게 했으니, 이는 그녀가 자신이 처음 나온 가지에 붙어 있게 하려는 것이요, 그녀가 자기에게 속한 것을 받아들이고 〔물질을〕 버리도록 하려는 것이었다.

〔...〕 아들들을 〔...〕 가지고 〔...〕 그는 〔... 머문다〕. 진실로 그 아들들은 〔...〕 그의 씨로부터 〔나온〕 자들이요, 그 여인의 아들들을 "우리의 형제들"이라고 부른다. 이와 같이 해서 영적인 혼이 육체 속에 던져 넣어졌을 때 그것은 욕정과 미움과 질투와 물질적인 혼에게 형제가 되었다. 이런 이유로 그 영혼은 그들에게 형제가 되었다.

그러나 그들은 국외자이니, 그 남성으로부터 상속받을 권능이 없었으며, 그들은 오직 그들의 어머니에게서 상속받고자 했다. 그러므로 그 영혼이 국외자들과 함께 상속받기를 원할 때마다—국외자의 소유물은 거만한 욕망과 생명의 쾌락과 증오 섞인 질투와 허영의 일들과 무의미한 일들과 고소와〔…〕그녀의〔…매음〕에 대한〔…〕이기 때문이다— 그는 그녀를 배제하고 그녀를 사창가에〔집어넣었다〕. 왜냐하면〔…〕그녀의〔타락〕에 대한〔…〕.〔그녀는〕정숙함을〔버렸다〕. 죽음과 삶이 모든 이 앞에 있기 때문이다.〈그러므로〉그들이 이 둘 중에 어느 것을 원하든지, 그들 스스로 선택할 것이다.

그때 그녀는 타락하여 많은 술을 마시게 될 것이다. 술은 타락케 하는 것이기 때문이다. 그러므로 그녀는 자기 형제들과 자기 아버지를 기억하지 못하나니, 쾌락과 달콤한 이익이 그녀를 속이고 있기 때문이다.

그녀는 지식을 떠나 짐승됨에 빠졌다. 무감각한 사람은 무슨 말을 해야 하고 무슨 말을 해서는 안 되는지 알지 못한 채 짐승 같은 삶을 살기 때문이다. 그러나 반면에 온화한 아들은 자기 아버지에게서 기꺼이 유산을 물려받고, 그의 아버지는 그에 대해 기뻐한다. 아들이 자신이 받은 것을 두 배로 늘릴 길을 다시 찾고 있으므로, 그가 그로 인해 모든 이로부터 영예를 얻기 때문이다. 국외자들은〔…〕.

그〔…〕와 섞이는 것〔…〕. 만일 욕정〔의〕한 생각이 처녀인 남자에게 들어오면, 그는 오염되어〔…〕를 갖는다. 그들의 폭식은 절제와 섞일 수 없다. 왕겨가 밀과 섞이면 오염되는 것은 왕겨가 아니라 밀이기 때문이다. 그들이 서로 섞이기 때문이다. 아무도 그녀에게 밀을 사주지 않을 것이니, 그것이 오염되었기 때문이다. 그러나 그들은 밀이 왕겨와 섞인 것을 보고는 그에게 "우리에게 이 왕겨를 주시오!" 하고 요구할 것이다. 그리하여 마침내 그것을 얻고는, 그것을 다른 왕겨들과 함께 던져버리면 그 왕겨는 다른 것들과 섞인다. 그러나 순수한 종자는 비밀의 곳간에 보관되어 있다. 그런데 이 모든 것은 우리가 이제까지 말한 것이다.

무엇이 존재하게 되기 전에 존재한 분은 아버지뿐이었으니, 하늘에 있는 세계들이나, 땅에 있는 세계나, 권세나 권위나 권능이 나타나기 전이었다. (…) 나타나 (…) 그리고 (… 그리고) 그분이 원하지 않았는데 존재하게 된 것은 아무것도 없다.

그런데 아버지이신 그분은 자신의 (부요하심)과 자신의 영광을 나타내기를 원하셔서 이 세상에 이렇게 큰 다툼을 일으키셨으니, 이는 투사들이 나타나 존재하게 된 것들을 버리고, 높고도 이해할 수 없는 지식으로 그것들을 경멸하여, 존재하시는 한 분에게로 도망하기를 원하셨기 때문이다.

우리와 다투는 자들이요 우리에 대항하여 다투는 적들(에 대해 말하자면), 우리는 우리의 지식을 통해 그들에게 승리해야만 하나니, 우리가 이미 우리가 나온 저 불가사의하신 분을 알았기 때문이다. 존재하게 된 세상의 권위가 우리를 하늘들에 있는 세계들 속에 가두지 못하도록, 우리는 이 세상에서 아무것도 가진 것이 없다. 그 세계들에는 우주적인 죽음이 있으며, 개별적인 (…) 세상의 (…)에 둘러싸여 있다. 비록 그들이 우리에게 (나쁜 영향을 끼칠) 때는 우리가 그 세계들에 관심을 갖기는 하지만, 우리는 (그) 세계들을 수치스럽게 여긴다. 그래서 우리는 그들이 우리를 저주할 때 그들을 무시한다. 그들이 우리 얼굴에 수치를 던질 때 우리는 그들을 바라보고 아무 말도 하지 않는다.

그들은 그들의 일을 하지만, 우리는 존재하게 된 것들에 집착하지 않고 그것들에서 물러나 우리의 행위와 우리의 양심이 바라보는 곳, 우리의 거처를 바라보며, 배고픔(과) 목마름 속에서 방황한다. 우리가 아프(고) 연약하(고) 고통 속에 있을지라도 우리의 마음은 존재하는 것들에 있다. 그러나 우리 안에는 숨겨진 위대한 힘이 있다.

진실로 우리 영혼은 병들었나니, 물질이 영혼이 눈멀기를 바라며 영혼의 눈을 때리는 동안 영혼은 가난한 집에 살고 있기 때문이다. 이런 이유로 영혼은 말씀을 추구하며, 눈을 〈뜨려고〉 그 말씀을 약으로 눈에 바르며, 〔...〕 속에서 〔...〕 눈이 멀었다는 생각을 버린다. 후에 그것이 다시 무지 속에 있을 때 그는 완전히 〔어두워져〕 물질이 〔된다〕. 그러므로 그 영혼은 매시간 말씀을 〔...〕, 그것을 약으로 눈에 바르나니, 영혼이 보기 위해서요, 영혼의 빛이 자기와 싸우는 적대적인 세력을 가리기 위해서요, 영혼이 그들을 자기 빛으로 눈멀게 하여 그들을 영혼의 나타남 속에 가두어 잠들게 하기 위해서요, 영혼이 자기 힘과 자기 주권을 가지고 대담하게 행동하기 위해서이다.

영혼의 적들이 영혼을 부끄러움 속에 가두어 둔 동안에 영혼은 위로 도망쳐 자기의 보물창고로 들어가나니, 그곳이 영혼의 마음이 있는 곳이고 비밀스러운 공간이다. 존재하게 된 것은 어느 것이라도 영혼을 잡지 못했고, 영혼도 자기 집에 낯선 자를 받아들이지 않았기 때문이다. 밤낮으로 쉬지 않고 영혼과 밤낮으로 싸우는 영혼의 고향에서 태어난 자들이 많으니, 그들의 욕정이 그들을 억누르고 있기 때문이다.

이러므로 우리는 잠자지 않으며, 우리를 잡으려고 기다리며 숨겨서 쳐 놓은 〔그〕 그물을 잊지도 않는다. 만약 우리가 하나의 그물에 잡히면, 물이 우리 얼굴을 때리며 우리 위로 흐르는 동안 그 그물이 우리를 그 입 속으로 빨아들일 것이기 때문이다. 그래서 우리는 예인망으로 끌려 들어가 그것에서 벗어나 위로 올라오지 못하리니, 물들이 우리 위에 높이까지 있어 위에서 아래로 흐르며, 우리의 마음을 더러운 진흙 속에 잠기게 하기 때문이다. 그래서 우리는 그들에게서 도망칠수 없다. 인간을 먹는 자들이 우리를 잡아 삼키며, 물속에 낚싯바늘을 던지는 낚시꾼처럼 기뻐할 것이기 때문이다. 그는 많은 종류의 음식을 물속에 던지니, 각각의 물고기가 자기 자신의 음식이 있기 때문이다.

그것은 그 냄새를 맡고 그것을 좇아간다. 그러나 그것이 그 음식을 먹으면 그 음식 속에 숨겨져 있던 바늘이 그것을 붙잡아 깊은 물에서 강제로 끌어올린다. 그러면 낚시꾼이 만든 함정으로 쓰기 위해서가 아닌 한, 아무도 그 물고기를 잡아 깊은 물속으로 보낼 수 없다. 음식을 미끼로 삼아 그는 물고기를 바늘에 꿰어 잡아 올리는 것이다.

우리는 바로 이런 식으로 물고기처럼 이 세상에 존재하고 있다. 저 원수는 우리를 삼키는 것을 기뻐하면서, 우리를 잡으려고 낚시꾼처럼 우리를 기다리며, 우리를 은밀히 살피고 있다. 〔그는〕 우리 눈앞에 많은 음식을 〔놓고 있으니〕, 그것은 이 세상에 속하는 (것들)이다. 그는 우리가 그것들 중 하나를 욕망하여 조금만 맛보기를 바라고 있으니, 숨겨진 독으로 우리를 잡아 우리를 자유로운 상태에서 끄집어내어 노예 상태로 만들려는 것이다. 그가 단 하나의 음식으로 우리를 잡을 때마다 참으로 〈우리는〉 그 나머지 것을 욕망하게 되어 있다. 그래서 결국 그런 것들은 죽음의 음식이 된다.

이제 이것들이 악마가 우리를 잡으려고 기다리며 내놓은 음식이다. 먼저 그는 너의 심장 속에 고통을 집어넣어 너를 이 생의 작은 일로 인해 번민하게 하여, 자신의 독으로 〈너를〉 잡는다. 그 다음에 (그는) 멋진 옷에 대한 욕망을 (집어넣으니), 너는 그것을 입고 자랑할 것이며, 돈과 뽐냄과 허영과 질투를 사랑할 것이니, 이것들은 다른 질투, 육체의 아름다움, 속임과 경쟁한다. 이 모든 것 가운데 가장 큰 것이 무지와 안락이다.

이제 저 원수들은 그런 모든 (것)을 아름답게 준비해 놓고, 육체 앞에 펼쳐 놓으며, 영혼의 마음이 그것들 중 하나에게 기울어, 억지로 무지 속으로 끌어당기는 낚싯바늘처럼 영혼을 사로잡기를 바라며, 영혼을 속여 영혼이 악한 생각을 품고 물질의 열매를 맺어, 육체의 쾌락이 영혼을 무지로 끌어들이는 동안 더러움 속에서 행위하며, 많은 욕망과 탐욕을 추구하기를 바란다.

그러나 그 영혼—이런 것들을 맛본 영혼—은 달콤한 욕망이 허망하다는 것을 깨달았다. 그녀는 악에 대해서 알았으므로 그것들에게서 벗어나 새로운 행위로 들어갔다. 후에 그녀는 이 생을 경멸하나니, 그것이 덧없기 때문이다. 그리고 그녀는 자신을 생명으로 데려갈 음식을 찾으며, 저 속이는 음식을 떠난다. 그녀는 내면에서 자신의 참된 옷을 입고, 신부의 옷이 육체의 자랑으로가 아니라 마음의 아름다움으로 그에게 입혀진다. 그녀가 이 세상을 벗어버림에 따라 그녀는 자신의 빛에 대해 알게 된다. 그녀는 심연에 대해 알게 되고, 자신의 목자가 문 앞에 서 있는 동안 자신의 우리로 달려 들어간다. 그녀가 이 세상에서 받은 온갖 수모와 멸시 대신 그녀는 1만 배의 은혜와 영광을 받는다.

영혼은 자신에게 육체를 준 자들에게 그것을 돌려주었고, 그들은 부끄러워했다. 그러나 육체들 속에 있는 장사치들은 주저앉아 울었으니, 그들이 그 육체를 가지고 아무 사업도 할 수 없었고, 그것 외에는 아무 (다른) 상품도 찾지 못했기 때문이다. 그들은 보이지 않는 영혼을 집어넣기 위해 이 영혼의 육체를 만드느라고 많은 애를 썼다. 그러므로 그들은 자기들의 일을 부끄러워했으며, 애를 써서 만든 것을 잃는 아픔을 겪었다. 그들은 "우리가 영혼을 먹이는 목자다"라고 생각하고 있었으므로 영혼에게 보이지 않는 영적인 몸이 있음을 깨닫지 못했다. 그들은 영혼이 자기들에게는 숨겨진 다른 길을 알고 있다는 것을 깨닫지 못했다. 이것은 그녀의 진실한 목자가 지식 가운데 그녀에게 가르쳐 준 것이었다.

그러나 이들—무지한 자들—은 하나님을 찾지 않는다. 그들은 안식 가운데 존재하는 자신들의 거처에 대해서도 묻지 않고, 짐승처럼 돌아다닌다. 그들은 이교도들보다 더 사악하니, 무엇보다도 그들은 하나님에 대해 묻지 않기 때문이다. 그들의 마음은 완악하여, 그들을 끌어내려 잔인한 일을 하도록 했다. 나아가 그들은 자신의 구원에 대해 묻는 다른 사람을 보면 그 사람에 대해 완악한 마음이 발동했다. 그가 묻느라고 조금이라도 시끄러우면 자기들이 자기들 자신을 위해 좋은 일을 한다고 생각하면서, 그들은 잔인한 마음으로 그를 죽인다.

진실로 그들은 악마의 아들들이다! 이교도들조차도 자비를 베풀고, 자기들이 예배하는 우상들 위에 높이 계신 우주의 아버지, 하늘들에 계신 하나님이 존재하신다는 것을 알고 있기 때문이다. 그러나 그들은 하나님의 길에 대해 물어야 한다는 말을 들어 본 적이 없다. 그러므로 지각없는 인간은 부름을 들어도 자기가 어디로 부름을 받았는지 알지 못한다. 그리고 그는 선포하는 말씀을 듣는 동안 "내가 가서 나의 소망을 예배할 성전이 어디 있나이까?" 하고 묻지 않았다.

그런데 지각없음으로 인해 그는 이교도보다 더 나쁘니, 이교도들은 비록 사라질 건물이기는 하지만 돌로 만든 자기들의 성전으로 가는 길을 알고 있기 때문이다. 그들이 우상을 섬기기는 하지만 그들은 거기에 자기들의 마음을 두고 있나니, 그것이 그들의 희망이기 때문이다. 그러나 이 지각없는 인간에게도 말씀이 선포되어 그를 가르쳐 왔다. "네가 갈 길을 추구하고 탐구하라. 이것보다 더 좋은 것은 없기 때문이다." 그러나 그 결과는 마음이 완고한 존재가 무지의 힘과 오류의 악마와 함께 그의 마음을 치는 것이었다. 그들은 그의 마음이 일어서는 것을 허용치 않으니, 그가 자신의 희망에 대해 알기 위해 추구하는 데 지쳐 있기 때문이다.

그러나 이성적인 영혼은 추구하는 데 지치기는 (마찬가지지만) — 하나님에 대해 알게 되었다. 그녀는 힘써 탐구하고, 육체의 고통을 견디고, 발이 닳도록 전도자를 따라다니고, 불가사의한 분을 알고자 했다. 그녀는 자신이 일어서는 것을 발견했다. 그녀는 안식하고 계신 분 안에서 안식하게 되었다. 그녀는 신방에서 누웠다. 그녀는 오랫동안 갈망해 왔던 잔치 자리에서 음식을 먹었다. 그녀는 불멸의 음식을 먹었다. 그녀는 자기가 그토록 찾던 것을 찾았다. 그녀는 자기 수고에서 안식을 얻었다. 그러나 그녀에게 비추는 빛은 지지 않는다. 영광과 권능과 계시가 영원무궁토록 그 빛의 것이로다. 아멘!

권위 있는

가르침

우리의 위대한 권능의 개념
(VI, 4)

해제

　「우리의 위대한 권능의 개념」은 묵시문학적인 형태의 복잡하고 다소 일관성 없는 구원사에 관한 해설이다. 이 글은 그리스도교 영지주의 묵시록, 또는 영지주의적으로 바뀌는 경향을 지닌 그리스도교 묵시록이라고 할 수 있을 것이다. 실로 이 글은 유대교 묵시문학에서 발원한 것이라고까지 할 수 있다. 이 자료의 영지주의적 성격은 아주 명백하다. 즉, 구약성서의 하나님을 "육체의 아버지"로 그리며, 아르콘들을 분노와 적대감을 지닌 존재들로, 육체를 더러운 것으로, 마지막 지복을 위대한 권능의 거룩한 빛 속에 있는 영광으로 묘사한다.

　「우리의 위대한 권능의 개념」은 구원사의 중요한 순간들을 선포한다. 그러므로 이 자료는 창조와 홍수, 악의 기원, 하데스〔하계〕로 내려가 아르콘들의 오만을 꺾는 구세주, 적그리스도, 마지막 완성 등에 대해 영지주의적으로 바뀌고 있는 관점을 제시하고 있다. 훌륭한 묵시문학적 방식으로 구원사가 몇 개의 주요한 시기로 나뉘어 있다. 즉, 홍수로 끝나는 육체적 에온, 구세주께서 나타나시는 자연적 또는 혼적 에온, 미래의 불멸의 에온이 그것이다.

「우리의 위대한 권능의 개념」의 작성 연대와 장소는 미상이다. 아노모에안 교파[1]의 이단에 대한 말이 있는 것으로 보아, 그 연대가 4세기 후반 이전이거나 그 당시라는 것을 알 수 있다. 그리고 "로고스가 처음 나타난 곳"을 "동방"이라고 말하고 있는 것으로 보아, 저자가 팔레스타인 서부 어딘가에 살았다고 추측할 수 있다.

---

[1] the Anomoean.

우리의 위대한 권능의 개념
VI 36:1-48:15

이해의 인식

위대한 권능의 개념

우리의 위대한 권능을 알게 되는 사람은 보이지 않게 될 것이다. 그리고 불이 그를 태우지 못할 것이다. 그러나 그것은 너희의 모든 소유를 정화하고 파괴할 것이다. 나의 형상이 그 안에 나타나는 모든 사람들은 일곱 날(의 시대)로부터 일백이십 년까지 구원을 받으리니, 나는 그들에게 모든 파괴와 우리의 위대한 권능에 관한 저술을 모으라고 〈명했으니〉, 그녀가 우리의 위대한 빛 속에 너의 이름을 새겨 넣어 그들의 생각과 그들의 일을 끝내기 위해서이며, 그들이 정화되고 흩어지고 파괴되어, 아무도 〈나를〉 보지 못하는 곳에 모이게 하기 위해서이다. 그러나 너희는 나를 볼 것이며, 우리의 위대한 권능 속에서 너희의 거처를 준비할 것이다.

너희가 살아 있는 것이 어떻게 존재하는지 알기 위하여, 사라진 것이 어떻게 존재하게 되었는지를 알라. 그 에온이 어떤 모습이고 어떤 종류이며, 어떻게 존재하게 되었는지. 너희는 너희가 어떤 〔종류〕가 될 것인지 아니면 너희가 어떻게 존재하게 되었는지 〔왜〕 묻지 않느냐? 이 물이 크기가 얼마인지 분별하라. 그것은 그 시작이나 끝이나 불가해하게도 측량할 수 없으니, 땅을 지탱하고, 신들과 천사들이 있는 공기 속에서 날아다닌다. 그러나 이 모든 것 위로 들어 올려진 자 안에는 공포와 빛이 있나니, 나의 글은 그를 통해 계시되느니라. 나는 물질적인 것들의 창조에 기여하도록 그것들을 제공했노라. 누구라도 저 한 분 없이는 설 수 없고 그분 없이는 에온이 살 수 없나니, 그분은 (그것을) 순수함 속에서 아시고 그 속에 있는 것을 소유하고 계시기 때문이다.

그때 영은 그분이 어디 계시는지 보고 알았다. 그분은 그(영)를 사람들에게 주셨으니, 그들이 그로부터 매일 생명을 얻도록 하시려는 것이라. 그가 자신 안에 자기 생명을 지니고 있어 그들 모두에게 주기 때문이다. 그때 어둠과 하데스가 불을 받았다. 그래서 그(어둠)는 그것으로부터 내게 속한 것을 풀어낼 것이다. 그의 눈은 나의 빛을 견딜 수 없다. 영들과 물들이 움직였다. 〔그리고〕 남아 있는 것과 창조의 모든 에온과 〔그〕 불이 나와서 존재하게 된 그들의 〈권능들〉도 존재하게 되었다. 그 권능이 권능들 한가운데로 왔다. 그러자 권능들이 내 형상을 보고 싶어 했다. 그래서 영혼은 그것의(내 형상의) 복제물이 되었다. 이것이 일어난 일이다.

그것이 어떠한지 보라. 그것이 존재하게 되기 전에는 그것은 볼 수 없었으니, 육체의 에온이 위대한 몸들 속에 존재하게 되었기 때문이다. 그리고 창조 때에 그들에게 위대한 날들이 배분되었다. 그들이 타락하여 육체 속으로 들어갔을 때 육체의 아버지인 물이 복수했다. 그가 경건하고 고귀한 노아를 발견했을 때 천사들의 복종을 받고 있던 육체의 아버지는 일백이십 년 동안 연민을 선포했다. 그러나 아무도 그의 말을 듣지 않았다. 그래서 그는 나무 방주(方舟)를 만들었고 자기가 발견한 자들을 거기 들어가게 했다. 그리고 홍수가 일어났다. 이와 같이 노아는 그의 아들들과 함께 구원을 받았다. 만일 〔진실로〕 〈그〉 방주가 사람이 들어가게 하려는 것이 아니었다면 홍수의 물은 오지 않았을 것이다. 이와 같이 그는 그들을 에온들에게서 옮겨 영원한 곳들에서 양육함으로써 신들과 천사들과 이 모든 것의 〈저〉 위대함〈의〉 권능들과 변덕스러움과 생명의 길을 구하고자 했고 계획을 세웠다.

그리하여 육체의 심판이 행해졌다. 오직 그 권능의 일만이 섰다.

다음은 혼적 에온. 그것은 영혼들 속에서 낳으(며) 더러워지는 육체들과 혼합된 작은 것이다. 피조물의 최초의 더러워짐이 힘을 발견했다. 그리고 그것이 모든 일을 낳았으니, 분노와 성냄, 질투, 악의, 증오, 비방, 경멸과 전쟁, 거짓말과 악한 논의, 슬픔과 쾌락, 비열함과 더럽힘, 거짓과 질병, 악한 심판 등이며, 이는 그들이 자신들의 욕망을 따라 내버리는 것들이다.

그러나 너희는 잠자고 있으며 꿈꾸고 있다. 깨어나 돌아가서 참된 음식을 맛보고 먹으라! 생명의 말씀과 물을 나눠 주어라! 악한 욕정과 욕망과 허황되고 악한 이단설인 아노모네안들(의 가르침)을 그만두어라!

그리고 불의 어머니는 무기력하다. 그녀는 영혼과 지상에 불을 가져와 그(영혼과 지상) 속에 있는 모든 거주지를 태웠다. 그리고 그것의 목자는 죽었다. 나아가 그녀는 더 이상 태울 것을 발견하지 못하면 그녀 자신을 태울 것이다. 그래서 그것은 육체가 없이 비물질적으로 될 것이니, 그것은 물질을 태우되 모든 것과 모든 사악함을 추방하기까지 그리할 것이다. 그것이 더 이상 태울 것을 찾지 못하면 그것은 자신에게로 돌아서서 마침내 자신을 파괴할 것이다.

그리고 혼적인 것인 이 에온에 위대한 권능을 아는 인간이 존재하게 될 것이다. 그는 (나를) 영접하며, 나를 알 것이다. 그는 사실상 어머니의 젖을 마실 것이다. 그는 비유로 말할 것이며, 다가올 에온을 선포하리니, 육체의 첫 에온 때에 노아에게 그렇게 했던 것과 같으리라. 그가 한 그의 말에 대해 말하자면 그는 그 모든 것 속에서 72개의 언어로 말했다. 그는 그의 말로 하늘들의 문을 열었다. 그는 하데스의 지배자를 부끄럽게 했으며, 죽은 자를 살리고 하데스의 지배 영역을 파괴했다.

그때 큰 소요가 일어났다. 아르콘들이 그에 대해 분노를 일으켰다. 그들은 그를 하데스의 지배자에게 넘겨주고자 했다. 더욱이 그들은 그를 따르는 자들 중 하나를 알았다. 불이 그의(유다의) 영혼을 사로잡았다. 그는 그를 넘겨주었으니 아무도 그를 알지 못했기 때문이었다. 그들은 행동하여 그를 잡았다. 그들은 그들 자신에게 심판을 행했다. 그리고 그들은 그를 하데스의 지배자에게 넘겨주었다. 그리고 그들은 청동 동전 아홉 개에 그를 사사백에게 넘겨주었다. 그는 자신이 내려가서 그들을 부끄럽게 하려고 준비했다. 그때 하데스의 지배자가 그를 데려갔다. 그런데 그는 자기 육체의 본성을 아르콘들에게 보이기 위해 그것이 사로잡힐 수 없다는 것을 발견했다.

그러나 그는 "이것은 누구인가? 이것은 무엇인가? 그의 말씀은 에온의 법을 폐지했다. 그는 생명의 권능의 로고스에서 왔다"라고 말하고 있었다. 그래서 그는 아르콘들의 명령을 이겼으며, 그들은 자기들의 힘으로 그를 지배할 수 없었다.

아르콘들은 지나가려고 온 것을 찾았다. 그들은 이것이 자신들의 해체의 징표요, 에온의 변화라는 것을 알지 못했다. 낮에 해가 지고 낮이 캄캄해졌다. 악한 영들이 동요했다. 이 일 후에 그가 승천하는 것을 볼 것이다. 그리고 다가올 에온의 징표가 나타나리라. 그리고 에온들이 해체되리라. 그들 사이에서 논의된 이런 일들을 아는 자들은 복이 있으리라. 그들은 그들에게 계시할 것이며, 그들에게 복이 있으리니, 그들이 진리를 알게 될 것이기 때문이다. 너희가 하늘들에서 안식을 발견했음이라.

그때 많은 자가 그를 따를 것이며, 그들의 출생지에서 수고하리라. 그들은 돌아다닐 것이며, 자신들의 욕망에 따라 그의 말을 버리리라. 보라, 이 에온들은 이미 지나갔도다.

해체되는 에온의 물은 얼마만한 규모인가? 에온들은 무슨 차원을 지니고 있는가? 사람들은 자신을 어떻게 준비하며, 어떻게 견디며, 어떻게 불멸의 에온들이 될 것인가?

그러나 처음에 그는 전도를 한 후 두 번째 에온을 선포하며, 첫 번째 것—첫 번째 에온은 시간의 과정에서 멸망한다. 그는 첫 번째 에온을 만들어 그 속에서 돌아다녔으나, 마침내 그것은 숫자로 120년을 전도하는 동안 멸망했다. 이것은 높이 들린 완전한 숫자이다. 그는 서쪽 변방을 황폐하게 만들었고, 동쪽을 파괴했다.

그때 너희 씨와 우리의 위대한 로고스와 그의 선포를 따르기를 원하는 자들은—, 그때 아르콘들의 분노가 타올랐다. 그들은 자신들의 해체를 부끄러워했다. 그래서 그들은 노발대발하며 생명에 대해 화를 냈다. 그 성읍들은 쑥대밭이 되었고, 산들은 해체되었다. 그 아르콘이 서쪽 지역의 아르콘들과 함께 동쪽, 즉 로고스가 처음에 나타난 곳으로 왔다.

그때 땅이 흔들리고 도시들이 소요했다. 더욱이 새들이 죽은 것들을 먹고 배를 채웠다. 땅이 주님들이 사는 세계와 함께 통곡했다. 그들은 황폐해졌다. 그리고 때가 완성되자, 사악함이 강력하게 일어나 마침내 로고스가 종말을 맞기에 이르렀다.

그때 서쪽 지역의 아르콘이 일어났으며, 그는 동쪽으로부터 한 가지 일을 할 것이니, 자신의 사악함으로 사람들을 가르치리라. 그가 거짓말하는 소피아를 사랑하는 동안 진리의 소피아의 모든 가르침, 그 말씀을 없애기를 원했다. 그는 사악함을 끌어들여 위엄을 입기 원하면서 옛것을 공격했다. 그는 그렇게 할 수 없었으니, 그의 옷들〈의〉더러움이 컸기 때문이다. 그때 그는 화가 났다. 그는 나타나 그곳으로 올라가 거기를 넘어가고자 했다. 그때 정해진 시간이 다가왔다. 그래서 그는 명령을 바꾼다.

그때 때가 되어서 마침내 그 아이가 자랄 것이다. 그가 성숙했을 때 아르콘들이 우리의 위대한 권능을 알고자 하여 그 사람에게 모방하는 자를 보냈다. 그들은 그가 그들을 위해 징표를 행하기를 기대하고 있었다. 그런데 그는 큰 징표들을 행했다. 그리고 그는 온 땅과 하늘 아래 있는 모든 것을 지배했다. 그는 땅끝에 자기 보좌를 두었으니, "내가 너를 세상의 신으로 〈만들〉리라"고 되어 있기 때문이다. 그는 징표와 이적을 행할 것이다. 그때 그들은 나에게서 등을 돌려 길을 잃고 방황하리라.

그때 그를 뒤이어 온 그들을 좇아갈 자들이 할례를 들여올 것이다. 그리고 그는 (참된) 백성들이요 할례하지 않은 자들에게 심판을 선포할 것이다. 사실 그는 미리 많은 전도자를 보냈으니, 그들이 그 대신에 전도했다.

그가 땅의 왕국의 정해진 때를 완성했을 때 영혼의 추방이 행해지리니, 사악함이 너희보다 크기 때문이다. 바다의 모든 권능이 떨고 말라버리리라. 그리고 궁창은 이슬을 내리지 않으리라. 샘들은 멈추리라. 강들은 그것들의 샘들로 흘러내리지 않으리라. 땅에 있는 샘의 물들이 멈추리라. 그때 심연들이 드러나고 그것들이 열리리라. 별들이 크기가 커지고 태양이 멈추리라.

그리고 나는 나를 알 모든 자와 함께 물러가리라. 그들은 무한의 빛 속으로 들어가리니, 거기에는 육체를 지닌 자가 하나도 없고, 그들을 잡으려는 불의 음탕함도 없으리라. 그들은 훼방받지 않고 거룩할 것이니, 아무것도 그들을 끌어내리지 못할 것이기 때문이다. 나 자신이 그들을 보호하리니, 그들이 거룩한 옷을 입고 있기 때문이다. 사람으로 하여금 그 눈을 감게 하기 위해 불도 그 옷을 건들지 못하고, 어둠도 바람도 한순간도 건들지 못한다.

그때 그가 그 모든 것을 파괴하러 올 것이다. 그리고 그들은 순수해질 때까지 징벌을 받으리라. 나아가 그들이 자기들에게 부여된 권능을 갖도록 그들에게 주어진 그들의 기간은 1468년〈이다〉. 불이 그들 모두를 태웠을 때, 그리하여 더 이상 태울 것을 발견하지 못할 때 그것은 제 손으로 멸망하리라. 그때 그〔…〕가 완성되리라.

〔…〕〔두 번째〕 권능이 〔…〕 지혜를 통해 〔…〕 자비가 오리라. 그때 궁창들이 심연으로〔떨어지리라〕. 그때 물질의 〔저〕 아들들이 멸망할 것이며, 그 후로 그들은 있지 아니하리라.

그때 모든 권능을 넘어선 권능, 측량할 수 없는 이, 보편적 존재인 나의 빛을 통해 거룩해진 영혼들과 나를 알게 될 모든 자가 나타나리라. 그리고 그들은 심판하는 에온의 아름다운 영원 가운데 있게 되리니, 그들이 지혜 가운데 준비되어 있으며, 이해할 수 없는 단일성 속에 있는 분에게 영광을 드렸기 때문이다. 그런데 그들은 자기들 안에 있는 그의 뜻 때문에 그를 보는 것이다. 그래서 그들 모두는 그의 빛 속에서 반사되었다. 그들 모두는 빛났으며, 그의 안식 속에서 안식을 발견했다.

그리고 그는 징벌을 받고 있던 영혼들을 해방시킬 것이니, 그들이 순수함 속에 있게 되리라. 그들은 성인들을 보고, "오, 모든 권능 위에 계신 권능이시여 저희에게 자비를 베푸소서" 하고 소리칠 것이다. 왜냐하면 〔…〕과 〔…〕에게 존재하는 불의〔의〕 나무 속에서 〔…〕 그에게 그들의 눈을 〔…〕. 〔그래서 그들은〕 그를 추구하지 않나니, 그들이 우리를

추구하지도 않고, 우리를 믿지도 않고, 아르콘들의 피조물과 그것의
다른 지배자들을 따라 행동했기 때문이다. 그러나 우리는 율법을 주는
아르콘들의 피조세계 속에서 우리 육체의 출생을 따라 행동해 왔다.
우리는 또한 불변의 에온 속에 있게 되었다.

우리의 위대한 권능의

개념

플라톤의 『국가론』 588B-589B
(VI, 5)

해제

콥트어 번역본인 문서 VI에 플라톤의 『국가론』 일부가 들어 있다는 것은 놀라운 일이다. 이 발췌문은 교훈적인 인용구를 모은 안내서에서 나왔을 것이다. 플라톤과 헤르메스 사이에 연관이 있다는 추론에서, 이것이 한때 헤르메스의 글 모음에 들어 있었을 것이라는 추측이 나오기도 했다. 이제 학계에서는 이 글을 도덕적인 훈계로 보고 있는데, 특히 영지주의적이고 헤르메스적인 여러 개념과 조화를 이루는 주제들을 표현하고 있다. 이 글의 불의에 대한 주제와 엄격한 윤리적 색조가 『나그함마디 문서』를 사용하는 사람들에게 대단한 호소력을 지녔음이 분명하다. 이 작품은 사람이 "악한 짐승의 모든 형상을 던져 버리고, 그것을 사자의 형상과 함께 밟아 버려야 한다"라고 권유한다. 이런 권유는 영지주의자들의 심금을 울렸을 것으로 보이는 영지주의적인 권유라고 할 수 있다.

플라톤의 『국가론』 588B-589B

VI 48:16-51:23

"우리가 논의의 이 대목에 이르렀으니, 우리가 들은 첫 번째 일들에 대해 다시 이야기하자. 그러면 우리는 그가 '완전하게 불의를 행한 자는 선하다. 그가 추앙받는 것은 정당하다'고 말하고 있다는 것을 알게 될 것이다. 이것이 그가 비난받은 방법이 아닌가?"

"분명히 이것이 적합한 길입니다!"

그래서 나는 말했네. "자, 그런데 그가 불의를 행하는 자와 불의를 행하는 자가 각각 힘을 가지고 있다고 말했기 때문에 우리가 이제까지 말을 한 것이네."

"그다음에는 어떻게 되었나?"

"그가 말했네. '닮은꼴이 없는 형상은 영혼의 합리성입니다.' 그러므로 이런 일들을 말한 사람은 이해할 것이네. 〔…〕 또는 아닐까? 우리는 〔…〕 나를 위한 것이네. 그러나 그들에게(또는 '그것들을'-역주) 〔…〕 말한 〔…〕 모두는 〔…〕 지배자〔…〕, 이제 이들이 자연적인 피조물—키마이라와 케르베루스, 기타 말할 수 있는 모든 것—이 되었네. 그들은 모두 내려왔으며, 형태와 형상을 벗어 던졌네. 그리고 그들은 모두 하나의 형상이 되었네. 그것은 '이제 일하라!'는 말을 들었네. 분명히 그것은 단일한 형상인데, 많은 머리가 달린 복합적인 짐승의 형상이 되었네. 실로 그것은 며칠간은 들짐승의 형상과 같았네. 그때 그것은 처음의 형상을 던져 버릴 수 있네. 그런데 이 모든 힘들고 어려운 형상은 그것에게서 애써 나오니, 이것들은 이제 교만과 함께 형상을 얻기 때문이네. 그리고 또한 그들과 닮은 나머지 모든 것이 이제 말씀을 통해 형상을 얻는다네. 이제 그것은 단일한 형상이기 때문이네. 사자의 형상과 사람의 형상은 서로 다르기 때문이지. 〔...〕 단일한 〔...〕는 참가할 〔...〕의 〔...〕이네. 그런데 이것이 〔첫 번째 것보다〕 훨씬 더 복잡〔...〕. 그리고 두 번째 것은 〔작다네〕. 그것은 이미 형상을 얻었다네.

자, 그러면 그들을 서로 결합하여 단일한 존재로 만들어 그들이 셋이므로 — 그들이 서로 자라서, 모두가 그분과 같이 인간의 형상 밖에 있는 단일한 형상 속에 있게 하게. 그분은 자신 안에서 사물을 볼 수 없다네. 그러나 밖에만 있는 것은 그분이 보시는 것이네. 그러나 분명한 것은, 어떤 피조물 안에도 그의 형상이 있으며, 그는 인간의 형상으로 이루어져 있다는 것이네.

그래서 나는 인간에게 불의를 행하는 것에 유익함이 있다고 말한 자에게 말했다네. 불의를 행하는 자는 진실로 유익을 행하는 것도 아니요 유익을 얻는 것도 아니네. 그에게 유익한 것은 이것이니, 그가 악한 짐승의 모든 형상을 내버리고 사자의 형상과 함께 그것들을 짓밟아 버리는 것이네. 그러나 인간은 이 점에서 연약함 속에 있다네. 그래서 그가 행하는 모든 것이 연약하다네. 그 결과 그는 그들과 시간을 보내는 곳으로 끌려간다네. 〔...〕. 그리고 그는 〔...〕 안에서 그에게 〔...〕. 그러나 그는 〔...〕 적대감 〔...〕 일으키네. 그들은 자기들 가운데서 징벌로 서로를 삼킨다네. 그렇다네, 그는 불의를 행하는 것을 찬양하는 모든 자에게 이런 모든 일을 말했다네."

"그러면 정의롭게 말하는 사람에게는 그것이 유익하지 않은가?"

"그런데 만약 그가 이러한 일들을 행하고 그것들 안에서 말한다면, 그것들은 그 안에 확고하게 자리를 잡는다네. 그러므로 특히 그는 그것들을 돌보려고 애쓰며, 농부가 자기 생산물을 날마다 기르듯이 그것들을 기르는 것이네. 그러나 악한 짐승들은 그것을 자라지 못하게 한다네."

여덟 번째 세계와 아홉 번째 세계에 대한 가르침
(VI, 6)

해제

이 글의 제목은 사본에는 없는데, 글의 내용으로 인해「여덟 번째 세계와 아홉 번째 세계에 대한 가르침」이라는 제목을 붙인 것이다. 여덟 번째 세계와 아홉 번째 세계에 대한 언급은 지구를 둘러싸고 있는 여덟 번째와 아홉 번째 영역을 지칭한다. 고대 사람들은 처음 일곱 영역은 해와 달과 행성들로 구성되어 있으며, 인간의 삶을 지배하는 낮은 권능들은 자비롭지 않다고 생각했다. 그러므로 이 글에서 언급하는 여덟 번째와 아홉 번째 영역은 낮은 권능들의 통제를 넘어선 차원들, 즉 신의 영역을 의미한다. 영혼은 죽을 때 일곱 영역을 통과해 여행하는데, 그것들을 무사히 통과한 후에는 지복을 경험할 수 있는 차원인 여덟 번째 영역과 아홉 번째 영역에 이른다. 이 여덟 번째와 아홉 번째 영역은 또한 높은 영적 발전 단계를 가리킨다. 이 글은 또 하나의 영역, 즉 하나님 자신이 거하시는 더 높은 열 번째 영역을 가정하고 있는 듯하지만 분명하지는 않다.

「여덟 번째 세계와 아홉 번째 세계에 대한 가르침」은 스승과 제자

사이의 대화이다. 비법(秘法)의 전수자인 헤르메스 트리스메기스투스 ("세 배로 위대하신 헤르메스", "아버지")는 입문자에게 비밀스러운 지식을 가르쳐 그를 여덟 번째 세계와 아홉 번째 세계에 대한 무아의 체험 속으로 인도한다. 입문자("아들")는 비법 전수자와 함께 하나님께 진실한 기도와 침묵의 찬양을 드린다. 그는 하나님의 빛과 생명과 사랑을 받았다. 이 글은 이 책을 보존하라는 훈계로 끝나며, 헤르메스의 말을 조심스럽게 사용하겠다는 맹세가 들어 있다.

여덟 번째 세계와 아홉 번째 세계에 대한 가르침

VI 52:1-63:32

〔…〕

"〔오, 아버지〕, 어제 아버지께서는, 저의 마음을 여덟 번째 세계로 〔데려가실 것이고〕, 그 후 아홉 번째 세계로 데려가시겠다고 제게 약속 하셨습니다. 당신께서는 이것이 전통의 질서라고 말씀하셨습니다."

"오, 나의 아들아, 진실로 이것은 질서이다. 그러나 그 약속은 인간 적 특성에 따라 한 것이다. 내가 그 약속을 했을 때 나는 너에게 '네가 네 마음에 각 단계를 간직한다면'이라고 말했기 때문이다. 내가 권능 을 통해 영을 받은 뒤로 나는 너를 위한 활동을 시작했다. 실로 그 이해 는 네 안에 있다. (그것은) 내 안에서 그 권능이 잉태한 것과 같다. 내 가 나에게 흘러오는 샘에서 잉태할 때 나는 자식을 낳기 때문이다."

"오, 나의 아버지, 당신께서는 제게 모든 말씀을 잘 해주셨습니다. 그러나 저는 당신께서 방금 하신 말씀에 놀랐습니다. 왜냐하면 당신께 서 '내 안에 있는 권능―'이라고 말씀하셨기 때문입니다."

그분이 말씀하셨다. "아이들이 태어나듯이, 내가 그것(그 권능)을 낳 았다."

"그러면, 오, 나의 아버지시여, 제가 그 자손들 가운데 들어간다면, 제게는 많은 형제가 있겠군요."

"그렇다, 오, 나의 아들아! 이 선한 일은 〔…〕에 의해 세어진다. 그리 고 언제나 〔…〕. 그러므로 오, 나의 아들아, 너는 너의 형제들을 알고 그들을 바르고 합당하게 공경해야 하나니, 그들이 같은 아버지에게서 나왔기 때문이다. 내가 각 세대를 불러낸 것이다. 내가 그것의 이름을 지었나니, 그들이 이 아들들과 같은 자식들이기 때문이다."

"그러면 오, 나의 아버지시여, 그들은 (한) 날을 가지고 있습니까?"

"오, 나의 아들아, 그들은 영적인 존재들이다. 그들은 다른 영혼들을 양육하는 세력들로 존재하기 때문이다. 그러므로 나는 그들이 죽지 않는다고 말한다."

"아버지의 말씀은 진실하십니다. 이제부터는 논박할 말씀이 없습니다. 오, 나의 아버지시여, 여덟 번째 세계와 아홉 번째 세계에 대한 말씀을 시작해 주셔서, 저의 형제들과 더불어 저도 포함시켜 주십시오."

"오, 나의 아들아, 나의 아들들인 너의 형제들과 함께 말을 잘할 수 있는 영을 주시기를 우주의 아버지께 기도하자."

"오, 나의 아버지시여, 세대들과 결합했을 때 그들은 어떻게 기도합니까? 저는 복종하기 원합니다, 오, 나의 아버지시여."

"〔...〕. 그러나 그것은 〔...가 아니다〕. 그것은 법도 아니〔다〕. 그러나 그는 그것(여성대명사임)〔으로〕 만족한다. 〔...〕 그것(남성대명사임)을 〔...〕. 그래서 〔네가〕 책 속에서 지혜로서 너에게 온 진보를 기억하는 것은 옳다. 오, 나의 아들아, 너 자신을 인생의 초기와 비교해 보아라. 어린아이들이 (그러듯이), 지각없고 무지한 질문을 해왔다."

"오, 나의 아버지시여, 지금 제게 온 진보와 책을 통해 제게 온, 결핍을 넘어서는 예지 — 이것들은 제 안에서 최초의 것입니다."

"오, 나의 아들아, 네가 너의 말의 진실을 이해할 때 너는 너와 함께 기도하는, 나의 아들인 너의 형제들을 발견할 것이다."

"오, 나의 아버지시여, 저는 책 속에서 제게 온 아름다움 외에는 아무것도 이해하지 못합니다."

"이것은 네가 영혼의 아름다움이라고 부르는 것, 즉 단계에 따라 네게 온 교화니라. 네가 그것을 이해하기를. 그러면 너는 가르칠 것이다."

"저는 각각의 책을 이해했습니다, 오, 나의 아버지시여. 그리고 특히 저(여성지시대명사임)〔...〕는〔하나의...〕속에 있는〔...〕."

"오, 나의 아들아,〔그들을〕칭찬하는〔자들로부터〕오는 찬양 속에서〔...〕."

"오, 나의 아버지시여, 저는〔아버지께서〕해 주〔실〕말씀의〔권능을〕받겠습니다. (아버지와 저) 모두에게 말해진 대로, 오, 나의 아버지시여, 기도합시다."

"오, 나의 아들아, 우리에게 합당한 것은 우리 생각과 우리 마음과 우리 영혼을 다하여 하나님께 기도하며, 그분께 여덟 번째 세계의 선물을 우리에게 펼쳐 주시기를 구하고, 우리 각자가 그분께 속한 것을 받기를 구하는 것이다. 그리고 네가 할 일은 이해하는 것이고, 내가 할 일은 내게로 흘러오는 샘에서 말씀을 길어 올리는 것이다."

"오, 나의 아버지시여, 기도를 올립시다. 저는 권능의 나라를 다스리시는 분이요, 그 말씀이 빛의 탄생으로 오시는 분인 당신을 부르나이다. 그의 말씀은 불멸이십니다. 그것은 영원하며 불변합니다. 그는 그 뜻으로 모든 곳에서 형상들을 위한 생명을 낳으실 분이십니다. 그분의 본성은 존재에 형상을 주십니다.〔여덟 번째 세계〕의 영혼들〔과〕천사들은 그분에 의해 움직이며〔...〕존재하는 자들〔...〕. 그분의 섭리는 만유에게 퍼지고〔...〕만유를 낳습니다. 그분은 영들 가운데 있는 에온을〔...〕는 분입니다. 그분은 만유를 창조하셨습니다. 스스로를 포함하고 있는 그분은 만유를 돌보십니다. 그분은 완전하시며, 우리가 침묵 속에서 말을 하는 눈에 보이지 않는 하나님이시며—그분의 형상은 방향을 정하면 움직여집니다— 권능 속에서 능력 있으신 분이시니, 모든 위엄을 넘어 계시고, 공경받는 (자들)보다 나으십니다. 족사타

조 아 오오 에에 오오오 에에에 <u>오오오오</u> 에에 <u>오오오오오오</u> <u>오오오오</u> 오 <u>오오오오오오</u> <u>우우우우우우</u> <u>오오오오오오오오오오오오오오오</u> 조 자조트.

주님, 저희에게 이르는 당신의 권능으로부터 저희에게 지혜를 허락하사, 저희가 저희 자신에게 여덟 번째 세계와 아홉 번째 세계의 모습을 묘사할 수 있게 하소서. 저희는 이미 일곱 번째 세계까지 진행되었사오니, 이는 저희가 경건하고 당신의 법 속에서 걸은 까닭입니다. 또한 저희는 언제나 당신의 뜻을 이루리다. 당신의 〔환상이〕 오도록 하기 위해 저희는 〔당신의 길〕로 걸었으며, 〔...〕를 〔포기했기〕 때문입니다. 저희가 성령을 통해 결함 없는 이미지의 형상을 보게 하시고, 저희 찬양을 통해 저희에게서 플레로마의 영상을 받으소서.

그리고 저희 안에 있는 영을 용납하소서. 우주가 당신으로부터 영혼을 받았기 때문입니다. 태어나지 않으신 당신으로부터 태어나지 않으신 분이 존재하게 되었기 때문입니다. 스스로 태어나신 분의 탄생은 당신을 통해서 일어났으며, 존재하는, 태어난 모든 것의 탄생도 그러합니다. 저희에게서 이 영적 희생들을 받으소서. 저희는 그것을 온 마음과 영혼과 힘을 다해 당신께 보내 드리나이다. 저희 안에 있는 것을 구하시며, 저희에게 불멸의 지혜를 허락하소서."

"오, 나의 아들아, 서로 사랑으로 포옹하자꾸나. 이것을 기뻐하여라! 그들로부터 빛의 권능이 이미 우리에게 오고 있기 때문이다. 나는 그것을 보기 때문이다! 나는 형용할 수 없는 심연들을 보느니라. 오, 나의 아들아, 내가 너에게 어떻게 이야기해 줄 수 있을까? 그(여성관사임)〔...〕로부터 〔...〕 장소들 〔...〕. 내가 우주를 어찌 〔묘사하리요〕? 나는 〔마음이며〕, 나는 또 다른 마음을 보나니, 영혼을 〔움직이는〕 마음이다! 나는 순수한 망각으로부터 나를 움직이는 이를 본다. 당신께서 제게 권능을 주소서! 저는 저 자신을 보나이다! 저는 말하기를 원하나이다! 두려움이 저를 사로잡나이다. 저는 모든 권능 위에 계신 권능의 시초를 알았으며, 시작이 없는 분을 알았나이다. 저는 생명으로 들끓는 샘을 보나이다. 오, 나의 아들아, 나는 내가 마음이라고 말했다. 나는 이미 보았다! 말은 이것을 드러낼 수 없다. 왜냐하면 오, 아들아, 여덟 번째 세계 전체와 그 안에 있는 영혼들과 천사들이 침묵 속에서 찬양하고 있기 때문이다. 그리고 마음인 나는 이해한다."

"그것(여덟 번째 세계)을 통해 찬양하는 방법은 무엇입니까?"

"너는 그렇게 말을 할 수 없게 되었느냐?"

"저는 침묵합니다. 오, 나의 아버지시여. 저는 제가 침묵하는 동안 당신께 찬양을 드리기 원하나이다."

"그러면 찬양하여라. 나는 마음이기 때문이다."

"헤르메스시여, 저는 마음을 이해합니다. 마음은 자신 안에서 가만히 있으므로 설명할 수 없습니다. 그런데 나의 아버지시여, 저는 기뻐합니다. 당신께서 살포시 웃으시는 것을 보기 때문입니다. 그리고 우주도〔기뻐합니다〕. 그러므로 당신의 생명을 지니지 않은 피조물은 없습니다. 당신은 모든 곳의 거주자들의 주인이기 때문입니다. 당신의 섭리가 보호하십니다. 저는 당신을 아버지, 에온들 중의 에온, 위대하신 하나님의 영이라고 부릅니다. 그리고 그는 한 영에 의해 모든 이 위에 비를 주십니다. 당신은 제게 무슨 말씀을 하고 계십니까? 오, 나의 아버지, 헤르메스시여?"

"오, 나의 아들아, 이런 것들에 대해서는 나는 아무것도 말하지 않는단다. 숨겨진 것에 대해서는 우리가 침묵을 지키는 것이 하나님 앞에 옳기 때문이다."

"오, 트리스메기스투스시여, 저의 영혼이 하나님의 위대한 환상을 빼앗기지 않게 해주십시오. 우주의 스승님이신 당신께는 모든 것이 가능하기 때문입니다."

"오, 나의 아들아, 〈찬양〉으로 돌아가서 네가 침묵하는 동안 찬양하여라. 네가 침묵 속에서 원하는 것을 물어라."

그가 찬양을 끝마쳤을 때 그는 외쳤다. "아버지 트리스메기스투스시여! 무슨 말을 할까요? 저희는 이 빛을 받았습니다. 그리고 저 자신이 당신 안에 있는 것과 동일한 이 환상을 봅니다. 그리고 저는 여덟번째 세계와 그 안에 있는 영혼들과 아홉 번째 세계에게 찬양하고 있는 천사들과 그 권능들을 봅니다. 그리고 저는 영 가운데 〈있는〉 자들을 창조하는 그들 모두의 권능을 봅니다."

"우리가 공경하는 자세로 침묵을 지키는 것이 〔이제부〕터는 유익하다. 이제부터는 환상에 대해 말하지 마라. 육체를 떠나기까지 아버지를 〔찬양하는〕 것이 합당한 일이다."

"오, 나의 아버지시여, 당신은 무슨 찬양을 하고 계신지요? 저도 찬양하고 싶습니다."

"나는 내 속으로 찬양하고 있단다. 쉬는 동안에도 찬양을 쉬지 마라. 너는 네가 구하던 것을 찾았기 때문이다."

"그렇지만, 오, 나의 아버지시여, 제 마음이 충만하기 때문에 찬양한다는 것이 합당한 일입니까?"

"합당한 것은 너의 찬양이니, 네가 하나님께 찬양을 드리면 이 불멸의 책에 그것이 기록된단다."

"저는 우주의 끝과 시초의 시초에게 기도할 때 빛과 진리를 낳으시는 분, 이성의 씨를 뿌리시는 분, 불멸의 생명의 사랑께 기도할 때 마음속으로 찬양을 드립니다. 주님, 숨겨진 말로는 당신께 대해 말할 수 없을 것입니다. 그러므로 제 마음은 매일 당신을 찬양하기 원하나이다.

저는 당신 영의 도구입니다. 마음은 당신의 연주에 쓰이는 채입니다. 당신의 권고는 저를 쥐어뜯나이다. 저는 저 자신을 보나이다! 저는 당신께로부터 권능을 받았나이다. 당신의 사랑이 제게 미쳤기 때문입니다."

"옳구나, 나의 아들아."

"오, 은총이시여! 저는 이런 일들에 대해 당신께 찬양을 드림으로 감사드리나이다. 당신께서 저를 지혜롭게 하실 때 저는 당신께로부터 생명을 받았기 때문입니다. 저는 당신을 찬양하나이다. 저는 제 안에 숨겨진 당신의 이름을 부르나이다. 아 오 에에 오 에에에 오오오 이이이 오오오오 오오오오오 오오오오오 우우우우우우 오오오오오오오오 오오오오오오오오오오오오오오. 당신은 영과 함께 존재하시는 분이시나이다. 저는 당신께 공경하는 마음으로 찬양을 드리나이다."

"오, 나의 아들아, 디오스폴리스에 있는 성전을 위해 이 책을 신성문자로 써서, '여덟 번째 세계가 아홉 번째 세계를 밝히다'라고 제목을 붙여라."

"아버지께서 지금 명하신 대로 하겠습니다, 오, 나의 〈아버지시여〉."

"오, 나의 〈아들아〉, 터키옥 기둥에 책을 써라. 오, 나의 아들아, 신성문자로 터키옥 기둥에 이 책을 쓰는 것이 합당하니라. 왜냐하면 마음 자신이 이것들의 감독자가 되셨기 때문이다. 그러므로 내가 명하노니, 이 가르침을 돌에 새겨 나의 성소에 두어라. 여덟 명의 수호신이 태양의 〔...〕와 함께 그것을 지키느니라. 오른쪽에 있는 남성들은 개구리 얼굴이요, 왼쪽에 있는 여성들은 고양이 얼굴이니라. 터키옥 판 밑에 네모난 우유석(牛乳石)을 놓고, 하늘색 돌판에 신성문자로 그 이름을 써라. 오, 나의 아들아, 내가 처녀자리에 있을 때 네가 이것을 할 것이니, 태양이 하루의 전반에 있고, 15도가 내 곁을 지났느니라."

"오, 나의 아버지시여, 당신께서 하신 모든 말씀을 제가 열심히 하겠습니다."

"그 책을 읽는 자들이 그 말을 남용하지 않고, 운명의 일들에 반대하여 (그것을 사용하지) 않도록, 그 책에 맹세문을 쓰거라. 오히려 그들은 하나님의 법을 조금도 범하지 말고, 하나님께 지혜와 지식을 주시기를 순수한 마음으로 구하면서 그분의 법에 복종해야 한다. 그리고 처음에 하나님에 의해 태어나지 않을 자는 일반적이고 인도하는 가르침에 의해 존재하게 된다. 그는 내면에 양심이 순수하다 하더라도 이 책에 쓰인 일들을 읽을 수 없으리니, 그가 부끄러운 일을 하나도 하지 않고, 그것에 동의하지도 않기 때문이다. 오히려 그는 단계에 따라 진보하여 불멸의 길로 들어가리라. 이와 같이 그는 아홉 번째 세계를 밝히는 여덟 번째 세계에 대한 이해로 들어가느니라."

"그러면 제가 그렇게 할 것입니다, 나의 아버지시여."

"이것은 맹세이니, 나는 이 거룩한 책을 읽을 자로 하여금 하늘과 땅과 불과 물과 존재의 일곱 지배자와 그들 안에 있는 창조하는 영과 〈태어남이 없는〉 하나님과 스스로 태어나신 분과 태어나신 분의 이름으로, 헤르메스가 말한 것을 지키겠노라고 맹세하게 하노라. 그리고 그 맹세를 지키는 자들은 하나님께서 그들 및 우리가 거명한 모든 이들과 화해하실 것이다. 그러나 그 맹세를 깨뜨리는 자에게는 분노가 임하리라. 이분이 존재하시는 완전한 분이니라, 오, 나의 아들아."

감사기도
(VI, 7)

해제

그리스어와 라틴어 번역본으로 알려져 있었던「감사기도」는 교훈적인 지식을 받은 사람이 감사를 드리는 내용이다. 이 글은「여덟 번째 세계와 아홉 번째 세계에 대한 가르침」바로 다음에 나오므로 필사자가 앞에 나온 글에서 방금 계시된 지식에 대한 감사의 기도로 이해했을 가능성이 있다. 이 짧은 기도는 헤르메스 종파의 제의를 이해하는데 특히 중요하다. 이 기도는 제의적인 기도, 제의에서 행하는 포옹이나 입맞춤, 제의에서 먹는 음식에 대한 자료이기도 하다. 이「감사기도」는 기도문에서 축복하고 있는 것과 동일한 지식을 제시하고 전달하는 임무를 맡았던 헤르메스 영지주의 공동체에 널리 알려져 있었던 것으로 보인다.

필사자는「감사기도」의 끝부분과 다음에 나오는「아스클레피우스 21-29」(VI, 8) 사이에 몇 마디를 덧붙여 놓았다. 그는 문서 VI을 쓴 사람이거나 이 두 문서 중 하나의 초기사본을 만드는 데 책임이 있던 사람이었을 것이다. 그는 장식까지 한 직사각형 안에 몇 마디 말을 써놓았는데, 필사자 자신이 필사한 많은 자료를 가지고 있으며, 자기에게 그 일을 맡긴 사람들은 방대한 서고(書庫)를 가지고 있다고 말한다.

감사기도
VI 63:33-65:7 / 65:8-14

이것은 그들이 한 기도이다. "저희는 당신께 감사드리나이다! 모든 영혼이 당신께 들려 올라가나이다. 오, 고요한 이름이시여, '하나님'이라는 이름으로 공경받으시고 '아버지'라는 이름으로 찬양받으시는 분이시여. 아버지의 친절과 자애와 사랑은 모든 사람과 모든 것에 (오기) 때문이오니, 거기에는 달콤하고도 쉬운 가르침이 있어 저희에게 마음과 말(과) 지식을 주시기 때문이니이다. 마음을 주시므로 저희가 당신을 이해하오며, 말을 주시므로 저희가 당신을 설명하오며, 지식을 주시므로 저희가 당신을 아나이다. 저희가 기뻐함은 당신의 지식으로 비춤을 받았기 때문이니이다. 저희가 기뻐함은 당신께서 저희에게 당신 자신을 보여 주셨기 때문이니이다. 저희가 기뻐함은, 저희가 육체에 있는 동안 당신께서 당신의 지식으로 저희를 신으로 만드셨기 때문이니이다.

"당신께 이르는 인간의 기쁨은 하나이니, 저희가 당신을 안다는 것이나이다. 오, 지성의 빛이시여, 저희가 당신을 알았나이다. 오, 생명 중의 생명이시여, 저희가 당신을 알았나이다. 오, 모든 피조물의 자궁이시여, 저희가 당신을 알았나이다. 오, 아버지의 본성을 임신하신 자궁이시여, 저희가 당신을 알았나이다. 오, 낳으시는 아버지의 영원한 지속성이시여, 저희가 이와 같이 당신의 선하심을 경배했나이다. 저희는 한 가지 보호를 원하오니, 저희가 이런 종류의 생에서 잘못을 범하지 않게 하소서."

그들이 이 기도를 했을 때 그들은 서로 얼싸안았으며, 피가 들어 있지 않은 거룩한 음식을 먹으러 갔다.

* * * * *

저는 그의 말씀 중 이것 하나를 필사했습니다. 실로 아주 많은 글이
제게 전해졌습니다. 저는 그것들이 당신들에게도 갔다고 생각했으므
로 그것들은 필사하지 않았습니다. 또 아마도 그것들이 (이미) 여러분
께 도달했을 것이므로 저는 이것들을 필사하기를 망설이고 있습니다.
제게 전해진 문서의 내용이 아주 많아서 그 문제가 여러분께 부담이
될지도 모르겠습니다.

아스클레피우스 21-29
(VI, 8)

해제

콥트어로 된「아스클레피우스 21-29」는 전에는 라틴어 번역본으로 알려져 있었고, 그리스어 원문에서 인용한 몇몇 짧은 구절로 알려져 있었다. 전체「아스클레피우스」의 일부만이 문서 VI에서 발견되었는데, 학자들은 이 발췌문을「여덟 번째 세계와 아홉 번째 세계에 대한 가르침」(VI, 6)과 나란히 배치하고자 했다.

「아스클레피우스 21-29」는 신비의 전수자 헤르메스 트리스메기스투스와 그 제자 아스클레피우스의 대화이다. 이 글은 신비와 성관계를 비교하는 것으로 시작한다. 이 두 가지는 모두 비밀리에 이루어지며, 친밀한 상호작용을 포함한다. 이어서 신앙은 지식이며 불신앙은 무지라는 논의가 나온다. 인간은 지식을 얻음으로써 신들보다 나아진다. 그때 인간은 죽을 운명이면서도 불멸이기 때문이다. 이러한 주장은「헤르메스 문서」(Corpus Hermeticum)의 내용과 동일하다. 다음으로 헤르메스 트리스메기스투스는 우주의 주님이 신들을 창조하시듯이 인간도 인간의 모습에 따라 신들을 창조한다고 말한다. 묵시문학적인 부분에서 화자(話者)는 이집트와 유대교의 중요한 병행 구절을 가지고 이집트에 재앙이 임할 것이라고 예언하지만, 결국에는 창조주 하나님께서 다시 질서를 회복하실 것이라고 약속한다. 이 글은 개인적인 종말론으로 끝난다. 영혼은 사후에 심판을 받으며, 따라서 상이나 벌을 받는다는 것이다.

「아스클레피우스」에서 발췌한 이 콥트어 문서는 헤르메스적이며 영지주의적인 특성을 보여 준다. 이 글에서는 두 가지 인간 본성에 대한 논의에서 이원론적인 강조도 볼 수 있다. 지식이 구원에 중요하다는 주제와 함께 이러한 이원론은 이 글이 영지주의적 특성을 지니고 있음을 보여 준다.

"그런데 만약 네가 이 신비를 보기 원한다면, 너는 남자와 여자 사이에 일어나는 성관계에 대한 놀라운 묘사를 보아야 한다. 정액이 절정에 이를 때 사정이 일어난다. 그 순간 여성은 남성의 힘을 받아들이고, 정액이 이렇게 되는 동안 남성 편에서는 여성의 힘을 받아들인다.

그러므로 성관계의 신비는 비밀리에 행해지나니, 그런 일을 경험하지 않는 많은 사람 앞에서 두 성(性)이 모욕당하지 않기 위해서이다. 그것들(성들) 각각은 자식을 낳는 (데 자기 몫을) 한다. 만일 그런 일을 이해하지 못하는 사람들이 있는 데서 그 일이 일어나면 (그것은) 웃음거리가 되고 믿을 수 없는 일이 된다. 더욱이 그것은 말에서나 행위에서나 거룩한 신비이니, 그것은 들리지 않을 뿐 아니라 보이지도 않기 때문이다.

그러므로 그런 (사람들 ― 불신자들)은 신성 모독자들이다. 그들은 무신론자들이며 신앙이 없는 자들이니라. 그러나 다른 자들은 많지 않나니, 헤아릴 만한 신앙심 있는 자들이 별로 없느니라. 그러므로 많은 자들 속에 사악함이 머무나니, 그들에게는 하나님이 정하신 것들에 대한 배움이 없느니라. 하나님이 정하신 것들에 대한 지식은 진실로 물질에 대한 욕망을 치료하느니라. 그러므로 배움은 지식에서 나오는 것이니라.

그러나 만일 인간의 영혼 속에 무지가 있고 배움이 존재하지 않는다면 그것(그 영혼) 속에는 치료할 수 없는 욕망이 지속되느니라. 그리고 그것들(욕망들)과 함께 추가되는 악이 치료할 수 없는 상처의 형태로 오느니라. 그리고 그 상처가 끊임없이 영혼을 갉아먹고, 그것 때문에 영혼은 악취 나는 악으로부터 벌레를 만들어 내느니라. 그러나 하나님은 이 모든 것의 원인이 아니시니, 그분은 인간에게 지식과 배움을 보내시기 때문이니라."

"오, 트리스메기스투스시여, 그분이 인간에게만 그것을 보내셨나이까?"

"그렇다, 오, 아스클레피우스여, 그분은 그것을 그들에게만 보내셨느니라. 그러니 그분이 왜 인간에게만 그분의 선하심의 몫인 지식과 배움을 허락하셨는지를 말하는 것이 합당하니라.

자, 들어라! 하나님과 아버지, 심지어 주님께서 신들 다음에 인간을 창조하셨으며, 그를 물질의 영역에서 데려가셨느니라. 물질이〔...〕의 인간의 창조에 개입했〔으므로〕 그 속에 욕망이 있느니라. 그러므로 욕망이 끊임없이 인간의 몸에 흘러넘치나니, 그는 죽을 운명이므로 이 생물은 이 음식을 취하는 것 말고는 달리 존재하지 못할 것이니라. 또한 때에 맞지 않는 욕망이 그 안에 거하는 것도 어쩔 수 없느니라. 신들은 순수한 물질에서 나왔으므로 배움과 지식이 필요 없느니라. 신들의 불멸성이 배움과 지식이니, 그들은 순수한 물질에서 왔기 때문이다. 그것(불멸성)이 그들에게는 지식과 배움의 자리를 차지하느니라. 그분(하나님)은 어쩔 수 없이 인간을 위한 영역을 정하셨나니, 그분은 그를 배움과 지식 속에 두셨느니라.

우리가 처음부터 말한 이러한 일들(배움과 지식)에 대하여 그분은 인간을 완전케 하셨으니, 이는 이러한 것들을 통해 인간이 자기 의지에 따라 욕망과 악을 절제하도록 하기 위하심이니라. 그분은 그의(인간의) 죽을 존재를 불멸로 이끌어 가셨으니, 내가 말한 대로 인간이 선해지고 불멸이 되었느니라. 하나님이 인간을 위해 불멸성과 사멸성(死滅

性)이라는 이중의 특성을 창조하셨기 때문이니라.

이것은 인간을 신들보다 더 낮게 하시려는〔하나님〕의 의지로 인해 일어났나니, 진실로 신들은 불멸이나 인간만이 불멸이면서 죽는 존재이기 때문이다. 그러므로 인간은 신들과 비슷해졌으며, 그들은 서로의 일을 분명히 아느니라. 신들은 인간의 일을 알고, 인간은 신들의 일을 아는 것이니라. 그런데 오, 아스클레피우스여, 나는 배움과 지식에 이른 인간들에 대해 말하고 있느니라. 그러나 이들보다 더 허망한 자들(에 대해서라면) 우리가 비천한 일을 말하는 것은 합당치 않나니 우리는 신성한 자들이고 거룩한 일들을 소개하고 있기 때문이니라.

우리가 신들과 인간들 사이의 교류 문제로 들어섰으니, 오, 아스클레피우스여, 인간이 강해질 수 있는 길을 알아라! 우주의 주인이신 아버지께서 신들을 창조하시듯이, 이 죽을 수밖에 없고 흙으로 된 생물체인 인간, 하나님과 같지 않은 자도 똑같은 방법으로 신들을 창조하느니라. 그는 힘을 줄 뿐 아니라 스스로 힘을 얻느니라. 그는 신일 뿐 아니라 신을 창조하기도 하느니라. 아스클레피우스여, 놀랐느냐? 너조차도 많은 인간처럼 불신자가 되려느냐?"

"오, 트리스메기스투스시여,〔저는〕저에게 (하신) 말씀에〔동의하나이다〕. 그리고 저는 이 일을 당신께서〔말씀하신〕대로 믿나이다. 그러나 저는 또한〔이런 일〕에 대한 말씀에 놀랐나이다. 그래서 저는 인간이 이렇게 큰 능력을 누리다니 복되다고 생각했나이다."

"그런데 오, 아스클레피우스여, 이 모든 일보다 더 위대한 일은 경탄할 만한 것이니라. 이제 신들의 종족에 대해 우리에게 그것이 계시되었으니, 우리는 다른 모든 이와 함께 그것(신들의 종족)이 순수한 물질로부터 존재하게 되었다는 것을 고백하노라. 그리고 그들의 몸은 오직 머리일 뿐이니라. 그러나 인간이 창조하는 것은 신들의 모습이니

라. 그들(신들)은 물질의 가장 먼 부분에서 왔느니라. 그리고 그것(인간이 창조한 것)은 인간 존재의 외(부)에서 왔느니라. 그들(인간이 창조한 자들)은 머리일 뿐 아니라 몸의 다른 모든 지체이며, 그들의 모습에 따라 만들어진 것이니라. 하나님께서 자기 형상을 따라 내적인 인간이 창조되기를 원하셨듯이, 지상의 인간도 똑같은 방법으로 자신의 모습을 따라 신들을 창조하느니라."

"오, 트리스메기스투스시여, 당신은 우상들에 대해 말씀하시는 건 아니시나이까?"

"오, 아스클레피우스여, 너는 우상들에 대해 말하고 있구나. 너 자신이 다시 가르침의 불신자가 되고 있음을 보아라, 오, 아스클레피우스여. 너는 영혼과 숨이 있는 자들에 대해 그들이 우상이라고 말하고 있는 것이니라. 이 위대한 일을 하는 자들을 말이다. 너는 그들을 우상이라고 예언하는 자들에 대해 말하고 있느니라. 이런 자들은〔인간에게〕자기들에게 있는〔...〕〔병과〕치료를 주는 자들이니라.

'오, 아스클레피우스여, 너는 이집트가 하늘의 형상임을 알지 못하느냐? 더욱이 그것은 하늘과 그 속에 있는 모든 권능의 거처이니라. 만약 우리가 진실을 말하는 것이 합당하다면, 우리의 땅은 세계의 성전이니라. 그리고 이집트인들이 하나님을 헛되이 섬긴 것처럼 보이고, 그들의 모든 종교 활동이 무시당하는 때가 그것(우리나라)에 오리라는 것을 네가 몰라서는 안 되느니라. 왜냐하면 모든 신이 이집트를 떠나 하늘로 도망칠 것이기 때문이니라. 그러면 이집트는 과부가 될 것이니라. 그것은 신들에게 버림받으리라. 이방인들이 이집트에 들어와 지배할 것이기 때문이니라. 이집트여! 더욱이 이집트인들은 하나님을 섬기는 것을 금지당하리라. 나아가 그들은 결정적인 징벌을 당하리니, 특히 그들 가운데 하나님을 예배하(고) 공경하다가 발각된 자는 누구나 그러하리라.

그리고 그날 모든 나라 중에 가장 신심 깊은 나라가 불경하게 되리라. 그 나라에는 더 이상 성전이 가득하지 않고 무덤이 가득하리라. 그 나라에는 신들이 가득하지 않고 시체가 (가득하리라). 오, 이집트여! 이집트조차도 동화처럼 되리라. 그리고 너의 종교적인 숭배물들은 놀라운 것들과 〔…〕이 〔…〕리라. 너의 말이 돌이요 놀라운 것이라 할지라도. 오, 이집트인들이여, 스키타이인이건 인도인이건 이런 유의 다른 자들이건 간에 야만인들이 자기 종교에서 너희보다 나으리라.

그런데 내가 이집트인들에 대해 무슨 말을 하고 있는 것인가? 왜냐하면 그들(이집트인들)은 이집트를 버리지 않을 것임이니라. 신들이 그 땅을 버리고 하늘로 도망해 올라갈 때 모든 이집트인이 죽을 것임이니라. 그리고 이집트는 신들과 이집트인들에 의해 사막이 되리라. 그리고 오, 강이여, 너에 대해 말하자면 너는 물이 아니라 피를 가지고 흐를 날이 오리라. 그리고 시체가 강둑보다 더 높이 (쌓이)리라. 산 자가 죽은 자보다 더 애도를 받을 것이니라. 실로 산 자는 (시대의) 두 번째 시기에 그의 언어 때문에 이집트인으로 알려지리라. 오, 아스클레피우스여, 너는 왜 울고 있느냐? 그는 그의 풍습 면에서 이방인 같이 보이리라. 신성한 이집트는 이들보다 더 큰 악을 겪으리라. 하나님의 애인이요, 신들의 거처요, 종교의 학교인 이집트는 불신앙의 모범이 되리라.

그리고 그날에는 세상이 〔…〕과 〔불멸성〕에 놀라지 않을 것이요, 〔또〕 그것이 〔…〕 숭배받지도 〔않으리니〕 이는 우리가 그것이 좋은 〔…〕이 아니라고 말하기 때문이니라. 그것은 단일한 것도 되지 않고 환상이 되지도 않았느니라. 그러나 그것은 모든 사람에게 부담이 되는 위험 속에 있느니라. 그러므로 하나님의 아름다운 세계, 그 비교할 수 없는 작품, 선함을 지닌 에너지, 많은 형태의 환상, 온갖 환상으로 가득 차 있으면서 시기하지 않는 풍요로움은 경멸당하리라. 사람들은 빛보다 어두움을 더 좋아하고, 생명보다 죽음을 더 좋아하리라. 아무도 하늘을 들여다보지 않으리라. 또 신심 깊은 사람은 정신 나간 사람 취급을 당할 것이요, 불경한 인간이 지혜로운 자로 존경을 받으리라. 두려워하는 자가 강한 자로 여겨지리라. 또 선한 자가 죄인처럼 처벌을 받으리라.

오, 타트와 아스클레피우스와 암몬이여, 내가 너희에게 말한 다른 것들과 함께 불멸성을 지닌 영혼과 일들의 영혼과 일들에 대해 말하자면, 그것들은 우스운 일로 여겨질 뿐 아니라 헛된 일이라고 생각될 것이니라. 그러나 이런 사람들은 자기 영혼에 대한 결정적인 위험에 빠지리라고 (내가 말할 때) 나를 믿어라. 그리고 새로운 법이 확립되리라. 〔...〕 그들은 선할 〔...〕 것이니라. 〔저〕 사악한 천사들이 인간들 가운데 남아, 그들과 함께 있으면서 자연에 반대되는 일로 그들을 가르쳐, 그들을 무신론과 전쟁과 약탈뿐 아니라 사악한 일들로 무자비하게 끌고 가리라.

그때 땅은 안정되지 못할 것이며, 사람들은 항해하지 못할 것이며, 그들은 하늘에 있는 별들도 알지 못하리라. 하나님의 말씀의 모든 성스런 목소리가 침묵할 것이요, 공기는 병들리라. 세상이 그렇게 노쇠하여 무신론과 치욕이 있을 것이요, 숭고한 말들이 무시당하리라.

오, 아스클레피우스여, 이런 일들이 일어났을 때, 아버지이시자 유일하신 태초의 하나님, 창조주 하나님께서 일어난 일들을 내려다보셨을 때 그분은 혼란에 대항하는 선한 계획을 세우셨느니라. 그분은 오류를 없애고 악을 끊으셨느니라. 때때로 그분은 그것을 큰 홍수 속에 빠뜨리셨고 타오르는 불 속에 태우셨으며, 다른 때에는 그것을 전쟁과 역병 속에서 부숴버리셨으니, 그분이 그 일의 〔...〕 가져오시기까지 그리하셨느니라. 그리고 이것이 세상의 탄생이니라.

선하고 신심 깊은 자들의 본성을 회복하는 일이 시작이 없는 때에 일어나리라. 하나님의 의지는 그분의 의지인 본성(이 시작이 없는 것)처럼 시작이 없기 때문이니라. 하나님의 본성은 의지이기 때문이니라. 그리고 그분의 의지는 선한 것이니라.

"오, 트리스메기스투스시여, 그러면 목적이 의지이나이까?"

"그렇다, 오, 아스클레피우스여, 의지는 계획 속에 (포함되어) 있기 때문이니라. 무엇이 그분이 지니신 것(과 같은 경우)이겠느냐? 〈그분은〉 그것을 결핍으로부터 의지(意志)하지 않으시느니라. 그분은 모든 면에서 완전하시므로 자신이 (이미) 완전히 지니고 계신 것을 의지하시느니라. 그분은 모든 선을 지니고 계시느니라. 그리고 그분은 자신이 의지하시는 것을 의지하시느니라. 그분은 자신이 의지하시는 선한 것을 지니고 계시느니라. 그러므로 그분은 모든 것을 지니고 계시느니라. 그래서 하나님은 자신이 의지하시는 것을 의지하시느니라. 그러므로 선한 세계는 선하신 분의 심상(心象)이니라."

"오, 트리스메기스투스시여, 세상이 선하나이까?"

"오, 아스클레피우스여, 내가 네게 가르칠 터이지만, 세상은 선하니라. 왜냐하면 〔영혼과〕 생명의 〔...〕인 것처럼, 〔...세상〕의 〔...〕 물질 속에 〔나〕왔으니, 〔선한 것들〕, 날씨의 변화, 열매의 아름다움과 익음, 이런 모든 일이 그것이니라. 이로 인해 하나님께서는 천상의 높은 곳을 다스리셨느니라. 그분은 모든 곳에 계시며, 모든 곳을 감찰하시느니라. 그런데 그분이 계신 곳(에는) 하늘도 별도 없느니라. 그분은 (그러한) 몸에서 벗어나 계시느니라.

지금 창조주는 땅과 하늘 사이에 있는 곳에서 통제하고 있느니라.

그는 제우스, 즉 생명이라고 불리느니라. 플루토니우스 제우스는 땅과 바다의 지배자니라. 그는 모든 죽을 생물을 위한 음식물을 가지고 있지 않느니라. 열매를 맡고 있는 것은 코레이기 때문이니라. 이 세력들은 지구의 영역에서 항상 권세가 있으나, 다른 세력들은 언제나 존재하시는 분에게서 나오느니라.

그런데 땅의 지배자들은 물러갈 것이니라. 그리하여 그들은 이집트 한 모퉁이에 있는 성읍에서 자리를 잡을 것인데, 그것은 해가 지는 쪽을 향해 세워질 것이니라. 바다로 오든 해안으로 오든, 모든 사람이 그리로 들어가리라."

"오, 트리스메기스투스시여, 그런데 이것들은 언제 세워지나이까?"

"오, 아스클레피우스여, 〔리비아의〕 산에 있는 거대한 도시에서, 〔그것은〕 물질에 대한 무지 〔속에서〕 큰 〔악으로서... 놀라게 하느니라〕. 그것(죽음)이 육체의 수(數)를 완성할 때 죽음이 일어나나니, 〔그것은〕 육체의 노고의 해체요 (육체의) 수(의 해체)니라. 그 수는 육체의 결합이기 때문이니라. 이제 육체가 사람을 지탱할 수 없을 때 육체는 죽느니라. 이것이 죽음이니, 육체의 해체요 육체의 감각의 파괴이니라. 이것을 두려워할 필요가 없나니, (사람이 두려워하는 것은) 이것 때문이 아니요, 알려지지 않고 믿어지지 않는 것 때문이니라."

"그러나 무엇이 알려지지 않고 믿어지지 않는 것이나이까?"

"들어라, 오, 아스클레피우스여! 큰 악마가 있단다. 위대하신 하나님께서 그를 인간들의 영혼의 감독자 또는 심판관으로 임명하셨느니라. 그래서 하나님께서는 그를 땅과 하늘 사이의 공중 한가운데에 두셨느니라. 이제 영혼이 육체를 빠져나가면, 그것은 이 악마를 만나야 하느니라. 그(악마)는 즉시로 이 자(남성)를 에워싸고, 그가 자기 인생에서 계발시킨 성격에 대해 그를 시험할 것이니라. 그래서 만일 그가 자신이 세상에 온 목적에 따라 자기의 모든 행위를 경건하게 행했음을 알게 되면, 그(악마)는 그의 〔...〕가 그를 돌아〔...〕 허락하리라. 그러나 〔만약...〕 그 속에서 그가 그의 생을 〔악한〕 행위로 만들었다는 〔...〕 보면, 그가 위로 〔도망칠〕 때 그를 붙잡아 아래로 집어 던지리니, 그는 하늘과 땅 사이에 매달려 큰 벌을 받느니라. 그리고 그는 자신의 희망을 빼앗기고 큰 고통 속에 있으리라.

그래서 그 영혼은 땅 위에도 하늘에도 있지 못하게 되었느니라. 그것은 세상의 공중이라는 큰 바다로 가게 되었으니, 큰 불과 수정의 물과 불의 밭고랑과 커다란 격동이 있는 곳이니라. 몸들은 여러 가지 (방법으로) 고통당하느니라. 때때로 그들은 노한 파도 위로 던져지고, 또 때로는 불이 그들을 태우도록 불 속에 던져지느니라. 이제 나는 이것이 영혼의 죽음이라고 말하려는 것은 아니니, 그것이 악에서 구원되었기 때문이니라. 그러나 그것은 사형선고니라.

오, 아스클레피우스여, 우리가 그런 일을 당하지 않도록 이런 일을 믿고 두려워해야 하느니라. 불신자들은 믿음이 없어서 죄를 범하느니라. 후에 그들은 믿지 않을 수 없게 될 것이요, 입으로 하는 말로만 듣지 아니하고 사실 자체를 겪게 되리라. 그들은 이런 일들을 겪지 않으리라고 믿었기 때문이니라. 〔...〕 뿐만 아니라 〔...〕. 먼저 〔오, 아스클레피우스여, 땅에 속한〕 모든 〔자는 죽고〕, 몸〔에 속한 자들은〕 이러한 종류의 일들로 악한 〔...〕의 〔... 그만두리라〕. 그래서 인간을 〔...〕는 악마들과 함께, 그들은 거기서 〔...〕 경멸하느니라. 이와 같이 그것은 같은 일이 아니니라. 그러나 여기 있는 신들은 진실로 여기서 매일 그것을 숨긴 자들을 더욱 많이 징계하리라."

"오, 트리스메기스투스시여, 거기 있는 불의 성격이 무엇〔이냐이까〕?"

"오, 아스클레피우스여, 너는 어떤 이가 성전에서 무언가를 가져가면 그를 경건치 못하다고 생각하느니라. 그런 사람은 도둑이요 강도이기 때문이니라. 그리고 이런 일은 신들과 인간들에게 관계가 있는 일이니라. 그러나 여기서는 그런 일들을 다른 곳의 일들과 비교하지 마라. 이제 나는 너에게 이 말을 확실하게 하고 싶으나, 그중 어느 것도 믿어지지 않으리라. 많은 악행으로 가득 차 있는 영혼은 공중에서 오고 가지 못할 것이요, 그들은 고통이 가득 차고 피와 살육이 넘치는 악마들의 장소로 가게 되리라. 그들의 음식은 슬피 우는 일과 통곡하는 일과 신음하는 일이니라."

"오, 트리스메기스투스시여, 이들(악마들)은 누구이나이까?"

"오, 아스클레피우스여, 그들은 도살자라고 불리는 자들이니, 영혼들을 오물 속에서 굴리고, 불로 그슬리며, 물속에 던지고, 불 속에 던지고, 인간의 고통과 재난을 일으키는 자들이니라. 이러한 일들은 경건한 영혼에게서 말미암는 것이 아니고, 인간의 이성적인 영혼에게서 말미암는 것도 아니니라. 그것들은 끔찍한 악에게서 오느니라."

셈의 전언(傳言)
(VII, 1)

해제

「셈의 전언」은 문서 VII에 들어 있는 다섯 편의 글 중 첫 번째 것으로, 『나그 함마디 문서』에 있는 문서들 가운데 가장 잘 보존된 것이다. 이 글은 영원하신 빛의 아들이요 형상인 데르데케아스가 "혼합되지 않은 권능으로부터" 나온 자요 "지상 최초의 존재"인 셈에게 준 계시의 형태를 취하고 있다.

데르데케아스가 셈에게 전한 계시는 셈이 하늘로 들려 올라가는 것으로 시작한다. 셈은 무아지경의 체험에 대해 말하는데, 그런 상태에 있는 동안 그의 마음은 잠잘 때처럼 몸에서 분리되었다. 그는 지고의 존재인 빛에 가까이 있는 피조세계의 꼭대기로 들려 올라갔다. 이 계시에는 우주론, 구원론, 종말론이 포함되어 있다. 「셈의 전언」에 따르면 세 개의 기본적인 "뿌리", 최초의 세 권능이 있는데, 그것은 빛과 어둠과 그 사이에 있는 영이다. 이 세 권능의 혼합으로 우주적 드라마가 발생한다. 어둠은 자신의 열등함을 깨닫고 영과 동일해지기를 갈망하면서 그 영을 공격하는데, 이는 어둠이 빛에 대해 무지하기 때문이다. 어둠의 마음은 세계 속에서 자신의 악한 계획을 성취하는 어둠의 최초의 도구이다. 그러나 동시에 그 어둠의 마음은 영의 빛과 함께 구원자 데르데케아스가 구원하려고 노력하는 대상이다.

이 영지주의적 구원자 데르데케아스에 관한 묘사는 매우 중요하다. 데르데케아스는 연민으로 인해 영이 사로잡힌 빛과 어둠의 마음을 구원하기 위해 악의 영역으로 내려간다. 데르데케아스는 하계에 머무는 동안 어둠의 권능들의 적대행위를 경험하며 인정을 받지 못한다. 그는 육체를 의미하는 "짐승"을 입고, 변장을 하고 구원의 우주적 사역을 진행한다. 그는 지상에 머문 후 보호와 영광을 제공해 주는 자신의 놀라운 옷에 대해 언급한다. 끝으로 그는 자신의 선택된 자들에게 생명을 주는 지식으로 자신의 구원 사역을 계시한다.

「셈의 전언」은 비그리스도교적인 영지주의 문서로, 구약성서 창세기의 자료를 이용하되 그것을 근본적으로 변형한다. 이 글에서 선포된 구원자의 모습은 신약성서 그리스도론의 모습과 일치하지만 그 기원은 그리스도교 이전의 것이다. 그러므로「셈의 전언」은 그리스도교의 기원과 신약성서 그리스도론의 발전 과정을 이해하는 데 중요하다.

셈의 전언(傳言)

VII 1:1-49:9

셈의 전언

태어나지 않으신 영에 관한 전언.

데르데케아〈스〉가 존귀하신 분의 뜻에 따라 나 셈에게 계시한 것. 내 몸 안에 있는 마음이 나를 붙잡아 내 종족에게서 데리고 갔다. 그것은 나를 세상의 꼭대기로 데리고 갔으니, 그것은 거기 있는 온 영역을 비추는 빛에 가까이 있었다. 나는 지상에 속한 모습을 보지 못했으며, 거기에는 빛이 있었다. 그리고 내 마음은 잠들었을 때처럼 어둠의 몸에서 분리되었다.

나는 나에게 말하는 한 목소리를 들었다. 셈아, 너는 혼합되지 않은 권능에서 나왔으며, 너는 지상 최초의 존재이니, 내가 나타나기 전 태초에 존재한 위대한 권능들에 대해 내가 처음으로 너에게 말하는 것을 듣고 이해하여라. 거기에 빛과 어둠이 있었으며, 그들 사이에 영이 있었다. 너의 뿌리가 망각에 떨어졌으므로―그분은 태어나지 않은 영이셨다― 내가 네게 그 권능들에 대한 진리를 계시하노라. 그들은 하나의 형상으로 결합되었다. 그런데 어둠은 〔...〕 물들 속의 바람이었다. 그는 혼돈의 불에 싸인 마음을 지니고 있었다. 그리고 그들 사이의 영은 부드럽고 겸손한 빛이었다. 이들이 세 개의 뿌리이다. 그들은 자기들 안에서만 각자를 다스렸다. 그리고 그들은 서로를 덮었으니, 자기의 권능으로 각자를 덮었다.

그러나 그 빛은 위대한 권능을 지니고 있었으므로 어둠의 저급함과 그의 혼돈, 말하자면 그 뿌리가 똑바르지 못하다는 것을 알았다. 그러나 어둠의 굽음은 인식의 결여였으니, 다시 말해서 자기 위에는 아무도 없다(는 환상이었다). 그래서 그가 자신의 악을 질 수 있었을 때 그는 물에 덮여 있었다. 그래서 그는 꿈틀거렸다. 그래서 영은 그 소리에 놀랐다. 그는 일어나 자기 자리로 올라갔다. 그리고 그는 거대하고 어두운 물을 보았다. 그리고 그는 구역질이 났다. 그리고 그 영은 아래를 바라보았다. 그는 무한의 빛을 보았다. 그러나 그는 더러운 뿌리에게 관찰당하고 있었다. 그래서 위대한 빛의 뜻에 의해 그 어두운 물이 분리되었다. 그런데 어둠이 악한 무지에 싸여 올라왔으니, (이는) 그가 마음속으로 자만했으므로 마음이 그로부터 분리되기 위한 것(이었다).

그런데 그가 꿈틀거렸을 때 영의 빛이 그에게 나타났다. 그는 그것을 보고 놀랐다. 그는 자기 위에 또 다른 권능이 있음을 알지 못하고 있었다. 그래서 그가 자신의 모습이 그 영에 비해 어둡다는 것을 보았을 때 그는 상처를 받았다. 그래서 그는 고통 속에서, 악의 쓰라림 밖에 있던 자기 마음을 어둠의 지체들 중 높은 것에까지 들어 올렸다. 그는 자신의 악을 (내려다)봄으로써 자신이 그 영과 같아질 수 있으리라고 생각하고는, 자신의 마음으로 하여금 그 영의 영역의 한 지체의 형태를 취하게 했다. 그러나 그는 그 영과 같아질 수 없었다. 그가 불가능한 것을 원했기 때문이다. 그래서 그것은 일어나지 않았으므로, 악의 쓰라림 밖에 있는 어둠의 마음은 파괴되지 않았다. 그는 부분적으로 비슷해졌으므로, 결함이 없는 빛과 대등하다는 것을 드러내기 위해 일어나 격렬한 빛으로 하계의 모든 것을 비추었다. 그 영은 어둠의 모든 형상으로부터 이익을 얻었으니, 그가 자신의 위엄 속에서 나타났기 때문이다.

그리고 고귀하고 무한한 빛이 나타났으니, 그가 매우 즐거웠기 때문이다. 그는 자신을 영에게 드러내고 싶었다. 그런데 그 고귀한 빛을 본받은 형상이 태어나지 않은 영에게 나타났다. 내가 나타났다.〔나는〕불멸이며 무한인 빛의 아들이다. 그리고 그가 나에게 나타난 것은 어둠의 마음이 하계에 머물지 않게 하려는 것(이었다). 어둠이 그 지체들의 일부 속에서 자기 자신을 자신의 마음과 비슷하게 만들었기 때문이다. (오) 셈이여, 존귀하신 분의 뜻에 따라, 어둠이 자신에게 어두워지도록 하기 위해―어둠이 자신이 지닌 권능의 모든 측면으로부터 벗어나도록 하기 위해― 내가 그것(그 모습) 속에서 나타났을 때 그 마음은 자신을 덮고 있던 혼돈의 불을 어둠과 물의 한복판으로부터 끌어당겼다. 일탈(逸脫)인 그 혼돈의 불은 거기로 갔다.

그런데 어둠이 그것(그 자궁)을 보았을 때 그는 음탕하게 되었다. 그래서 그는 그 물을 일으켰을 때 그 자궁을 문질렀다. 그의 마음은 자연의 심연으로 해체되어 내려갔다. 그것은 어둠의 쓰라림의 힘과 뒤섞였다. 그리고 그녀의(그 자궁의) 눈은 그 연약함을 보고 파열되었으니, 이는 그녀가 다시는 그 마음을 내지 않기 위해서였다. 그것이 어두운 뿌리에서 나온 자연의 씨앗이었기 때문이다. 그리고 자연이 어두운 권능에 의해 그 마음을 자신에게로 데려갔을 때 그녀 안에서 모든 모습이 모양을 취했다. 그리고 어둠이 마음의 모습을 얻었을 때 그것은 그 영을 닮았다. 자연이 그것을 몰아내려고 일어났기 때문이다. 그녀는 그것에 대해 무력했으니, 그녀는 어둠으로부터 나온 형상을 지니고 있지 않았기 때문이다. 그녀는 그것을 구름 속에서 냈기 때문이다. 그래서 구름이 빛났다. 그 속에서 한 마음이 두렵고 해로운 불처럼 나타났다. 그것(마음)은 태어나지 않은 영과 충돌했으니 그것이 그로부터 나온 모습을 지녔기 때문이요, 이는 자연이 혼돈의 불보다 더 텅 비게 하기 위해서였다.

그러자 자연은 즉시 네 부분으로 나뉘었다. 그것들은 모양이 변하는 구름들이 되었다. 그것들은 휘멘,[1] 유복자(遺腹子), 권능, 물이라고 불렸다. 그리고 휘멘과 유복자와 권능은 혼돈의 불이었다. 그래서 그것(마음)은 어둠과 물의 한복판에서 끌어내려졌으니—마음은 자연과 어두운 권능 한복판에 있었다— 해로운 물이 자기에게 달라붙지 못하게 하려는 것이었다. 이로 인해 나의 뜻에 따라 자연이 나뉘었으니, 마음이 그것(마음)과 혼합된 어두운 뿌리가 그것으로부터 가져간 그것의 권능에게로 돌아가기 위한 것이었다. 그래서 그(어두운 뿌리)가 그 자궁 속에 나타났다. 그리고 자연이 분리될 때 그는 자신이 마음으로부터 갖게 된 어두운 권능에게서 분리되었다. 그것(마음)은 그 권능의 한복판으로 들어갔다 ― 그것은 자연의 중간 영역이었다.

그런데 빛의 영은 마음이 그를 짐으로 졌을 때 놀랐다. 그리하여 그의 놀람의 힘이 그 짐을 내팽개쳤다. 그러자 그것(그 짐)은 자신의 열(熱)에게로 돌아갔다. 그것은 그 영의 빛을 입었다. 그런데 자연이 그 영의 빛을 벗어났을 때 그 짐이 다시 돌아왔다. 그러자 〈그〉 빛〈의〉 놀람이 그 짐을 던져버렸다. 그것은 휘멘의 구름을 쳤다. 그러자 어둠의 모든 구름이 소리쳤다. 그들은 그 낯선 권능으로 인해 하계로부터 분리되었다. 그들에게서 나온 것은 그 빛의 영이었다. 그런데 존귀하신 분의 뜻에 의해 그 빛의 영은 무한의 빛을 올려다보았으니, 이는 그의 빛이 동정을 받기 위함이었다. 그러자 그 모습이 하계에서 위로 데려와졌다.

그런데 그 영이 바라보았을 때 내가―존귀하신 분의 아들인 내가―

---

1 hymen. 그리스어로 '얇은 막'이란 뜻.

빛의 파도처럼, 불멸의 영의 회오리바람처럼 흘러나왔다. 그래서 나는 휘멘의 구름으로부터 그 태어나지 않은 영의 놀람 위로 불었다. 그것(그 구름)은 분리되어 그 구름들 위로 빛을 던졌다. 그 영이 되돌아오도록 이것들이 분리되었다. 이로 인해 그 마음이 모양을 취했다. 그것의 안정이 흔들렸다. 자연의 휘멘은 잡을 수 없는 구름이었다. 그것은 거대한 불이기 때문이다. 마찬가지로 자연의 유복자도 침묵의 구름이었다. 그것은 존엄한 불이었다. 그리고 그 마음과 혼합된 권능도 또한 자연의 구름이었으니, 그것은 자연에게 음탕함을 자극한 어둠과 결합되어 있었다. 그리고 아래에 있는 자연의 뿌리는 굽어졌으니, 그것이 짐이 되고 해롭기 때문이다. 그 뿌리는 깊이를 알 수 없는 빛의 결박이라는 점에서 눈멀었으니, 그것이 많은 모습을 지녔기 때문이다.

그래서 나는 마음이 받아들인 그 영〈의〉 빛에 대해 연민을 품었다. 나는 높이 계신 무한한 빛께 그 영의 권능이 그곳 위에 멈추어 어두운 오염 없이 충만하게 해달라고 기도하려고 내 자리로 돌아갔다. 그래서 나는 공경하는 마음으로 이렇게 말했다. "당신께서는 빛의 뿌리이시나이다. 오, 드높으시고 무한하신 분이시여, 당신의 숨은 형상이 나타나셨나이다. 오, 무한하신 빛이시여, 저 영의 온 권능이 퍼져 그 빛으로 가득하게 하소서. (그러면) 그가 태어나지 않은 영과 결합할 수 있을 것이며, 그 놀람의 힘이 존귀하신 분의 뜻에 따라 자연과 혼합되지 않을 수 있으리이다." 나의 기도는 받아들여졌다.

그러자 태어나지 않은 영〈의〉 존귀함을 통해 말씀의 목소리가 이렇게 말씀하시는 것이 들렸다. "보라, 그 권능은 완전해졌도다. 나에 의해 계시된 것이 그 영에게서 〈나왔도다〉. 내가 다시 나타날 것이다. 나는 데르데케아스이니, 불멸이요 무한이신 빛의 아들이니라."

자연의 불순함이 비어버릴 때까지 그리고 자연의 어둠이 드러나도록 하기 위해, 무한한 영의 빛이 짧은 시간 동안 연약한 자연에게 내려왔다. 나는 존귀하신 분의 빛의 옷인 내 옷을 입었는데, 그것은 나였다. 그 영이 무한의 빛의 권능에게서 독립적으로 그분의 빛으로 말씀을 통해 충만하도록 하기 위해, 존귀하신 분의 뜻에 따라 어둠의 심연 속에 있는 빛 전체를 고찰하기 위해 영의 모습으로 왔다. 그가 자신의 빛 전체〈로〉 충만해져서 어둠의 짐을 모두 벗어나도록 하기 위해, 그에게 그의 위대함이 허락되었다. 전에 (말한) 것이 영 위로 불어 그것을 압박한 어두운 불이었기 때문이다. 그래서 그 영은 두려운 물에서 보호받았으므로 기뻐했다. 그러나 그의 모든 지체 속에서 그가 빛의 유일한 형상으로 나타나도록 하기 위해, 그의 빛은 존귀하신 분과 대등하지 않았으나 그는 무한의 빛에 의해 사랑받았다. 그런데 그 영이 물 위로 일어났을 때 그의 어두운 모습이 분명해졌다. 그래서 그 영은 존귀한 빛을 경배했다. "확실히 당신만이 무한한 빛이오니, 당신은 태어나지 않은 모든 것 위에 계시기 때문이오며, 당신께서 저를 어둠에서 지켜주셨기 때문이옵니다. 그러므로 저는 당신의 뜻에 따라 어둠의 권능 위로 일어섰나이다."

셈이여, 너에게 아무것도 숨겨져 있지 않도록 하기 위해, 위대함에서 나온 영이 존재하게 되었으니, 어둠은 악을 절제할 수 없기 때문이다. 그러나 그것(그 마음)이 나타났을 때 세 개의 뿌리는 태초부터 그랬듯이 알려져 있었다. 만일 어둠이 자신의 악을 질 수 있었다면 마음은 그에게서 분리되었을 것이고, 또 다른 권능이 나타났을 것이다.

그러나 그것이 나타난 때부터 존귀하신 분의 아들인 내가 모습을 보였으니, 이는 영의 빛이 희미해지지 않고, 그것이 나를 보았으므로 자연이 그것을 지배하지 않도록 하기 위함이었다. 그런데 위대함의 뜻에 의해 나의 대등함이 나타났으므로 그 권능에 속한 것이 분명해졌다. 너는 존재하게 된 위대한 권능이며, 나는 영과 어둠을 넘어서 있는 완전한 빛이요, 불순한 행위의 교섭에 대해 그 어둠을 부끄럽게 하는 자이다. 자연의 분열로 인해, 존귀하신 분께서는 그 영의 마음의 높이에 이르기까지 공경으로 덮이기를 원하셨기 때문이다. 그래서 그 영은 그의 권능 속에서 안식을 얻었다. 빛의 형상은 태어나지 않은 영에게서 분리할 수 없다. 그런데 율법을 주는 자는 자연의 모든 구름을 따라 그에게 이름을 붙이지 않았으니, 그에게 이름을 붙이는 것은 불가능하다. 자연이 나뉘어 생긴 모든 모습은 물질의 씨앗인 혼돈의 불의 권능이다. 어둠의 권능을 자신에게로 취한 자는 그것을 자신의 지체들 한가운데에 가두어버렸다.

그런데 그 마음과 그 영의 빛 전체가 모든 짐과 자연의 고역으로부터 보호받기 위해, 존귀하신 분의 뜻에 따라 그 영으로부터 한 목소리가 휘멘의 구름에게로 왔다. 그러자 놀람의 빛이 자신에게 허락된 그 목소리로 인해 기뻐하기 시작했다. 그리고 그 빛의 위대한 영은 휘멘의 구름 속에 있었다. 그는 무한의 빛과 존귀하신 분의 아들이요 나 자신인 우주의 모습에게 경배하며 말했다. "아나싸스 두에스여, 당신은 영의 모든 빛을 그곳에 세우시고, 어둠으로부터 마음을 분리하시려고 존귀하신 분의 뜻에 따라 주어진 무한의 빛이시나이다. 영의 빛이 하계에 머무는 것은 옳지 않기 때문이나이다. 당신의 뜻에 의해 그 영이 당신의 위대하심을 보기 위해 일어났나이다."

셈이여, 나는 존귀하신 분의 아들인 나의 모습이 나의 무한한 마음에서 나온 것임을 네가 알게 하려고 이런 것을 너에게 말했나니, 그분에게 나는 거짓말하지 않는 우주적인 모습이요, 나는 말의 모든 진리와 근원을 넘어서 있기 때문이다. 그의 모습은 측량할 수 없는 마음의 목소리인 나의 아름다운 빛의 옷 속에 있다. 우리는 존재하게 된 유일하고 단일한 빛이다. 그는 영의 권능을 연약한 자연으로부터 일으켜 세우기 위해 다른 뿌리에서 나타났다. 왜냐하면 위대한 빛의 뜻에 의해 내가 높으신 영으로부터 나의 우주적인 옷 없이 휘멘의 구름에게로 나왔기 때문이다.

그런데 그 말씀이 자연의—휘멘의— 첫 번째 구름 속에서 그 영으로부터 나를 자기에게로 데려갔다. 그리고 나는 이것을 입었으니, 존귀하신 분과 태어나지 않으신 영이 나를 이것에 합당하게 만드셨다. 그런데 내 옷의 3분의 1은 존귀하신 분의 뜻에 따라 단일한 형상으로 구름 속에서 나타났다. 그리고 나의 모습은 내 옷의 빛으로 덮여 있었다. 그런데 그 구름은 혼란스러워서 내 모습을 용납할 수가 없었다. 그것은 그 영으로부터 취한 최초의 권능을 발했으니, 그 권능은 내가 말씀 속에서 그 영에게 나타나기 전에 태초부터 그를 비추었다. 그 구름은 그들을 둘 다 용납할 수 없을 것이다. 그런데 그 구름에서 나온 빛이 침묵을 통과하여 마침내 중간 영역으로 들어갔다. 그리고 존귀하신 분의 뜻에 따라 그 빛은 그, 〈즉〉 침묵 속에 존재하는 영과 섞였으니 그는 빛의 영에게서 분리된 분이었다. 그것은 침묵의 구름에 의해 빛으로부터 분리되었다. 그 구름은 혼란스러웠다. 불의 화염에게 안식을 준 것은 그였다. 그는 어두운 자궁을 낮추었으니, 그녀가 어둠으로부터 나온 다른 씨앗을 드러내지 않도록 하기 위함이었다. 그는 그들을 그의 영역 속에 있는 자연의 중간에 숨겨 두었다. 그것은 구름 속에 있었다. 그들은 자신들이 어디에 있는지 몰랐으므로 괴로워했다. 그들이 아직 영에 관한 우주적 이해를 지니지 〈못하고〉 있었기 때문이다.

그런데 그 영의 혼돈의 권능이 이리저리 움직여 어두운 자궁이 할 일이 없어지고, 내가 마치 내 앞에 나타난 그 영의 빛에 싸여 있는 것처럼 휘멘의 구름 속에서 내 모습이 나타나기를 무한하신 빛을 향하여 존귀하신 분께 기도했을 때―. 그러자 존귀하신 분의 뜻에 따라 그리고 그 기도를 통해 내가 그 구름 속으로 들어갔으니, 이는 나의 옷을 통해 ― 그것은 말씀의 플레로마의 영의 권능에서, 어둠 속에서 그것을 소유하고 있는 지체들로부터 나온 것이었다. 그들 때문에 내가 이 하잘것없는 곳에 나타났기 때문이다. 나는 이름을 부여받은 모든 이를 돕는 자이기 때문이다. 내가 구름 속에 나타났을 때 그 영의 빛이 그 두려운 물로부터, 어두운 자연에서 분리된 불의 구름들로부터 자신을 구원하기 시작했다. 그래서 그들이 다시는 불순한 행위에 빠지지 않도록 나는 그들에게 영원한 영광을 주었다.

그런데 휘멘 속에 있는 빛이 나의 권능 때문에 혼란을 겪고는 나의 중간 영역을 통과해 갔다. 그것은 우주적인 마음으로 충만해 있었다. 그래서 그것은 영의 빛의 말씀을 통해 자신의 안식으로 돌아갔다. 그것은 자신의 뿌리 속에서 형상을 받아 결핍 없이 빛났다. 그리고 그것과 함께 침묵으로부터 나온 빛은 중간 영역으로 들어가 그곳으로 돌아갔다. 그리고 그 구름이 빛났다. 그러자 그것으로부터 꺼지지 않는 불이 나왔다. 그리고 놀람으로부터 분리된 부분이 망각을 입었다. 그것은 어둠의 불에 속았다. 그러자 그것의 놀람의 충격이 그 구름의 짐을 던져버렸다. 그것은 부정(不淨)했으므로 악했다. 그러자 그 물들이 해롭게 되도록 그 불이 그 물과 섞였다.

그러자 혼란을 겪은 자연이 즉시로 그 한가한 물들에게서 일어났다. 그녀의 상승이 부끄러웠기 때문이다. 그러자 자연이 불의 권능을 자신에게로 가져갔다. 자연 속에 있는 영의 빛으로 인해 그녀는 강해졌다. 그녀의 모습이 많은 얼굴을 가진 끔찍한 짐승의 형상으로 물속에 나타났는데, 그것은 아래에서 굽어져 있었다. 한 줄기 빛이 자연을 해치기 위해 안개와 먼지로 가득 찬 혼돈에게로 내려왔다. 그러자 중간 영역에 있는 놀람의 빛이 어둠의 짐을 던져버리고 나서 그것에게로 왔다. 그 영이 일어났을 때 그는 기뻐했다. 그는 구름들로부터 자연의 심연 속의 빛 위에 있는 어두운 물들을 내려다보았기 때문이다.

그러므로 나는 하계로, 짐을 지고 있는 영의 빛에게로 내려갈 기회를 얻고자, 그 짐이라는 악으로부터 그를 보호하고자 나타났다. 그리고 어두운 영역을 내려다봄으로써 그 자궁이 다시 물에서 올라오도록 하기 위해 그 빛은 다시 한번 올라갔다. 그녀(그 자궁)는 나의 뜻에 따라 올라왔다. 교활하게도 그 눈이 열렸다. 그리고 중간 영역에 나타나 놀람으로부터 분리되었던 빛이 안식했으며, 또한 그녀를 비추었다. 그러자 자궁이 자신이 보지 못하던 것들을 보았고, 비록 중간 영역에, 그녀의 사악함 속에 나타난 이것이 그녀의 것은 아니었으나 그녀는 그 빛 속에서 참으로 기뻐했다. 그(그 빛)가 그녀를 비추고, 그 자궁이 자신이 보지 못하던 것을 보고, 그녀가 물로 데려가졌을 때 그녀는 자신이 빛의 권능에 이르렀다고 생각하고 있었다. 그런데 그녀는 그녀의 뿌리가 그 빛의 모습에 의해 쓸모없어졌다는 것과 그가 그녀(그 뿌리)에게로 달려갔음을 알지 못했다.

중간 영역에 있으며, 시작이요 끝인 그 빛은 놀랐다. 그러므로 그의 마음은 높으신 빛을 직접 올려다보았다. 그리고 그는 이렇게 소리쳤다. "주님, 저에게 자비를 베푸소서. 저의 빛과 저의 노력이 길을 잃었나이다. 저의 선함이 자를 세우지 못한다면―, 저는 제가 어디 있는지 알지 못하기 때문이나이다." 존귀하신 분이 그의 말을 들으셨을 때 그분은 그에게 자비심을 품으셨다.

그런데 나는 거룩한 옷 없이 침묵 속에서 휘멘의 구름 속에 나타났다. 나는 내 뜻으로 휘멘의 구름 속에서 세 가지 형상을 지니고 있는 나의 옷을 경배했다. 그러자 침묵 속에 있는 빛, 기뻐하는 권능으로부터 온 빛이 나를 감쌌다. 나는 그것을 입었다. 그러자 그것의 두 부분이 하나의 형상으로 나타났다. 그것의 다른 부분들은 불 때문에 나타나지 않았다. 나는 휘멘의 구름 속에서 말할 수 없게 되었으니, 겸손함이라고는 없이 자신을 높이는 그 불이 두려웠기 때문이다. 그래서 나의 위대함과 그 말씀이 나타나도록 하기 위해 나는 또한 나의 다른 옷을 침묵의 구름 속에 두었다. 나는 중간 영역으로 들어가 그 속에 있는 빛을 입었는데, 그것은 망각 속에 가라앉아서 놀람의 영에게서 분리되어 있었으니, 그가 그 짐을 던져버렸기 때문이다. 나의 바람에 따라 그에게는 죽을 것이 아무것도 나타나지 않았으며, 그것들은 그 영이 그에게 허락한 불멸의 것들이었다. 그러자 그는 빛의 마음속에서 말했다. 아이 에이스 아이 오우 파르 도우 이아 에이 오우. 그가 그의 뿌리 속에서 나의 빛에게 안식을 주고, 해로운 자연으로부터 그것을 가져오도록 나는 위대한 안식에 이르렀다.

그때 존귀하신 분의 뜻에 따라 나는 빛의 옷을 벗었다. 나는 다른 불의 옷을 입었는데, 그것은 형상이 없고 권능의 마음에서 나왔으며, 분리되었고 나의 뜻에 따라 중간 영역에서 나를 위해 준비된 것이었다. 내가 나와서 그것을 입도록 중간 영역이 그것을 어두운 권능으로 덮었기 때문이다. 나는 그것으로부터 빛 전체를 구원하기 위해 혼돈에게로 내려갔다. 어둠의 권능이 없이는 내가 자연에 반대할 수 없었기 때문이었다. 내가 자연 속으로 들어갔을 때 자연은 나의 힘을 용납할 수 없었다. 그러나 나는 영에게서 나온 빛인 자연의 응시하는 눈 위에서 휴식했다. 그것은 영이 나를 위해 옷과 휴식으로 준비한 것이었기 때문이다. 그는 나를 위해 하계를 향해 눈을 떴다. 그는 잠시 자연에게 자신의 목소리를 허용했다.

그래서 존귀한 분의 뜻에 따라 나의 불의 옷은 강한 것에게로, 어둠의 권능이 덮고 있는 자연의 불결한 부분에게로 내려갔다. 그리고 나의 옷이 덮여 있는 자연을 문질렀다. 그런데 자연의 불결한 여성성은 강했다. 그러자 분노한 자궁이 올라와 마음을 메마르게 하여, 그것을 한 방울의 물과 불의 권능을 지닌 물고기처럼 만들었다. 그런데 자연이 마음을 벗어 던졌을 때 자연은 괴로워하며 슬피 울었다. 그녀가 상처를 받았을 때 그리고 자신의 눈물 속에서 그녀는 그 영의 권능을 벗어버리(고) 나처럼 머물렀다. 나는 그 영의 빛을 입고, 그 물고기의 모습으로 인해 내 옷과 함께 휴식했다.

그리고 자연이 눈멀었으므로 자연의 행위를 정죄하기 위해, 떠다니는 바람의 수에 일치하게 다양한 동물이 그녀에게서 나왔다. 그것들은 모두 모양을 취한 마음의 빛을 찾으며 하계에 존재하게 되었다. 그것들은 그것에 대항하여 일어설 수 없었다. 나는 그들의 무지를 기뻐했다. 그들은 많은 형상을 취한 자궁 앞에서 존귀하신 분의 아들인 나를 발견했다. 나는 그 짐승을 입고, 빛 전체가 일어나도록 하기 위해 하늘과 땅이 존재하도록 큰 요구를 그녀 앞에 내놓았다. 내가 동물의 형상을 입고 자연에게 나타나는 것 말고 다른 방법으로는 그 영의 권능이 속박에서 벗어날 수 없었기 때문이다. 그러므로 자연은 마치 내가 자신의 아들인 것처럼 나에게 호의적이었다.

그래서 나의 요구로 자연이 일어났으니, 이는 자연이 영의 권능과 어둠과 불을 소유하고 있기 때문이다. 자연이 자신의 형상들을 벗어버렸기 때문이다. 자연이 그것을 벗어버렸을 때 그녀는 물 위로 불었다. 하늘이 창조되었다. 그리고 하늘의 거품으로부터 땅이 존재하게 되었다. 그리고 나의 바람에 따라 그것은 짐승들의 수에 맞게 온갖 종류의 음식을 내었다. 그리고 그것은 너희와 두 번째로 땅 위에 태어날 자들 때문에 바람으로부터 이슬을 내었다. 땅이 혼돈의 불의 권능을 소유하고 있었기 때문이다. 그러므로 그것은 모든 씨앗을 내었다.

그리고 하늘과 땅이 창조되었을 때 자연의 구름 한복판에서 나의 불의 옷이 일어나 자연이 마를 때까지 온 세상을 비추었다. 그것의(땅의) 옷인 어둠은 해로운 물속으로 던져졌다. 중간 영역은 어둠으로부터 깨끗해졌다. 그러나 자궁은 일어난 일로 인해 슬퍼했다. 그녀는 자신의 부분들 속에서 거울과 같은 물인 것²을 인식했다. 그녀가 (그것을) 인식했을 때 그녀는 그것이 어떻게 존재하게 되었는지 의아했다. 그러므로 그녀는 과부로 남아 있었다. 그것은 또한 그것이 자신 안에 있지 않음을 알고 놀랐다. 왜냐하면 그 형상들은 여전히 불과 빛의 권능을 지니고 있었기 때문이다. 그것은 모든 권능이 자연에게서 벗어날 때까지 자연 속에 있기 위해 남아 있었다. 왜냐하면 영의 빛이 세 개의 구름 속에서 완성되었듯이 하계에 있는 권능도 정해진 때에 완성되어야 하기 때문이다. 존귀하신 분의 은혜로 인해 내가 그 물로부터 두 번째로 그녀에게로 나왔기 때문이다. 나의 얼굴이 그녀를 기쁘게 했기 때문이다. 그녀의 얼굴도 기뻐했다.

그래서 나는 그녀에게 말했다. "씨앗과 권능이 당신에게서 땅 위에 나오기를." 그러자 그녀는 그 영의 뜻에 복종하여 무(無)가 되었다. 그리고 그녀의 형상들이 돌아왔을 때 그들은 서로 그들의 혀(들)를 문질렀다. 그들은 교접하여, 불과 어둠과 영에게서 나온 바람들과 악마들과 권능들을 낳았다. 그러나 홀로 남아 있는 형상은 그 짐승을 자신에게서 던져버렸다. 그녀는 교접을 하지 않았으나, 자신만을 문지른 자였다. 그래서 그녀는 불과 어둠과 영에게서 나온 한 권능을 소유한 바람을 낳았다.

---

² what was water/was wasser war.

그리고 악마들도 불순한 교접을 통해 그들이 소유하게 된 권능으로부터 자유로워지도록 하기 위해, 자궁은 물을 닮은 바람들과 함께 있었다. 그런데 어둠의 예에 맞게 불결한 성기(性器) 하나가 그 악마들과 함께 있었으며, 이런 식으로 그는 처음부터 자궁을 문질렀다. 그리고 자연의 형상들이 함께 있은 이후로 그들은 서로 분리되었다. 그들은 자신들에게 일어난 속임수에 놀라 그 권능을 던져버렸다. 그들은 영원한 슬픔으로 슬퍼했다. 그들은 그들의 권능으로 그들을 덮었다.

그런데 내가 그들을 부끄럽게 했을 때 나는 자연을 황폐하게 하기 위해 권능 속에서 내 옷을 가지고 일어났으며 ─ 그것은 빛인 짐승들 위에 있다. 어둠의 자연 속에서 나타난 마음은 어둠의 마음 밖에 있었는데, 나의 바람에 따라 그 바람들과 악마들을 다스렸다. 그래서 나는 그에게 불을 본받은 형상을 주었으니, 그것은 빛과 주의력과 사심 없는 이성의 일부였다. 그러므로 그는 그 권능에서 벗어나고 영의 빛에서 벗어나고 어둠의 교접에서 벗어나, 자신의 권능 속에서 강해지기 위해 위대함을 부여받았으니, 이는 자연이 파괴되는 마지막 때에 그가 존귀한 자리에서 안식하도록 하려는 것이었다. 그는 자연이 어둠과 저지른 음탕함을 싫어했으므로 신실한 모습으로 있을 것이기 때문이다. 마음의 강력한 힘이 마음과 태어나지 않은 영으로부터 존재하게 되었다.

그러나 물과 불과 어둠과 빛에서 나온 악마들인 바람들은 교접을 갖고 타락했다. 그리고 이러한 교접을 통해 바람들은 그들의 자궁 속에 악마들의 성기에서 나온 거품을 받아들였다. 그들은 자기들의 질(腟) 속에 한 권능을 임신했다. 바람들의 자궁들은 출산 때가 오기까지 호흡을 통해 서로를 옭아맸다. 그들은 물로 내려갔다. 그래서 그 권능들은 출산을 자극하는 문지름의 한가운데서 호흡을 통해 나타났다. 그리고 모든 형태의 탄생이 그 속에서 모양을 받았다. 출산의 때가 가까이 왔을 때 땅에 가까이 있는 물로부터 모든 바람이 모였다. 그들은 온갖 종류의 음탕함을 낳았다. 그래서 오직 바람이 간 곳은 음탕함이 스며들었다. 아이를 낳지 못하는 아내들과 남편들이 그것으로부터 나왔다.

너희로 인해 영의 형상이 땅과 물에 나타났다. 너희는 빛과 같기 때문이다. 너희는 바람들과 악령들의 분깃과 놀람의 권능의 빛으로부터 나온 마음을 소유하고 있기 때문이다. 그가 그 자궁으로부터 지상에 낳은 모든 것은 그녀에게 좋은 것이 아니라 그녀의 신음이요 고통이었으니, 이는 영에게서 나와 너희 안에 나타난 형상으로 인한 것이다. 너희는 너희 마음속에서 고귀하기 때문이다. 그리고 셈이여, 만일 영혼에서 취한 일부분이 빛의 마음에 주어진다면 그것은 축복이다. 영혼은 어둠의 짐이며, 영혼의 뿌리가 어디서 왔는지를 아는 자들은 자연을 더듬어 찾을 수도 있을 것이기 때문이다. 혼은 음탕함의 산물이며, 빛의 마음에게는 조롱(의 대상)이기 때문이다. 왜냐하면 나는 태어나지 않은 모든 것에 대해 계시한 자이기 때문이다.

그래서 자연의 죄가 충만해지도록 하기 위해 나는 혼란스럽고 즐거운 자궁—맹목적인 지혜—을 만들었으니, 내가 그것을 무(無)로 만들수 있도록 하려는 것이었다. 그래서 나의 뜻에 따라 그들이 너희의 마음의 모든 형상에 상처를 주도록 하기 위해, 그는 어둠의 물과 어둠을 가지고 계획을 세웠다. 영의 빛의 뜻에 따라 그들이 너희를 둘러쌌으니, 그들은 너희를 단단히 묶었다. 그리고 그의 마음이 쓸모없어지도록 하기 위해 그는 그녀의 사악함의 내용을 선포하도록 악마를 하나보냈다. 그리고 그는 빛을 가져가기 위해, 믿음으로부터 가져가기 위해 홍수를 일으켜 너희 종족을 파괴했다. 그러나 나는 재빨리 그 악마의 입을 통해 빛의 〔…〕에까지 이르도록 하나의 탑이 세워질 것인데, 그것은 악마들이 거친 혼돈에서 보호받도록 악마들과 그들의 종족— 그것은 물이다—에게 남겨져 있다고 선포했다. 그러자 그 자궁이 완전하게 쏟아내기 위해 내 뜻을 따라 이러한 것들을 계획했다. 그는 자궁의 근육을 이완시켰다. 그러자 그 탑 속으로 들어가고 있던 악마가 보호를 받았으니, 이는 그 종족이 계속되어 그를 통해 응집력을 얻게 하려는 것이었다. 그가 모든 형상에서 나오는 권능을 소유하고 있기 때문이다.

오, 셈이여, 이제부터 돌아가 너의 종족과 믿음에 대해 (크게) 기뻐할지니, 그것이 육체와 필연 없이 모든 어둠의 몸에서 보호되어, 나의 뜻에 따라 그들의 마음에 계시된 위대함의 거룩한 일들에 대해 증언하기 때문이다. 그리하여 그들은 태어나지 않은 영 안에서 슬픔 없이 안식하리라. 그러나 셈이여, 너는 이것 때문에, 네가 믿음과 함께 남아 있기 위해 빛의 구름 밖에서 육체 속에 남아 있었느니라. 그리고 믿음이 네게로 올 것이다. 그녀의 마음을 데려다가 빛의 의식과 함께 네게 주리라. 나는 빛의 구름에서 나온 네 종족의 유익함을 위해 너에게 이런 일들을 말하였노라. 그리고 내가 너에게 모든 것에 대해 말할 것과 마찬가지로 네가 그것들을 지상에 두 번째로 나타날 자들에게 계시하도록 하기 위해 너에게 완전하게 계시할 것이다.

자연이 텅 비게 하기 위해 나의 뜻에 따라 혼란이 일어났느니라. 어둠의 분노가 가라앉았기 때문이다. 오, 셈이여, 어둠의 입은 닫혔느니라. 세상을 위해 빛나던 빛은 나의 뜻에 따라 그 속에 더 이상 나타나지 않느니라. 그리고 자연이 자신의 소원이 성취되었다고 말했을 때 교만한 무지 속에 있는 물들에 의해 모든 형상이 삼키웠느니라. 그녀(자연)는 그녀의 어두운 질(腔)을 돌이켜, 처음부터 그녀 안에서 어둠의 문지름을 통해 나온 불의 권능을 자신에게서 던져버렸느니라. 그것(남성임)은 의로운 자 대신에 자신을 들어 올려 온 세상을 비추었느니라. 그리고 그녀의 모든 형상은 자신을 들어 올린 타락한 빛을 돕기 위해 불의 화염 같은 권능을 하늘에까지 보냈느니라. 그들은 혼돈의 불의 지체들이었기 때문이다. 그런데 그녀는 자기가 자신을 해쳤다는 것을 알지 못했느니라. 그녀가 그 권능을 던져버렸을 때 그녀는 자신이 소유하고 있던 그 권능을 … 속에 던진 것이다. 속이는 자요 그 자궁을 모든 형상이 되도록 자극한 악마는―.

그리고 그녀는 무지 속에서, 마치 무슨 위대한 일이라도 하는 것처럼 그 악마들과 바람들 각각에게 별을 하나씩 허락해 주었다. 바람과 별이 없으면 지상에는 아무 일도 일어나지 않기 때문이다. 왜냐하면 모든 권능은 어둠과 불과 권능과 빛으로부터 풀려난 뒤에야 충만해지기 때문이다. 그들의 어둠과 불이 서로 섞여 있는 곳에서는 짐승들이 나오기 때문이다. 그리고 어둠과 불과 마음의 권능과 빛이 있는 곳에서는 그 영으로부터 인간이 나오는데, 나의 눈인 빛의 마음은 모든 인간 안에 존재하기 때문이다. 바람들과 악마들에게서 홍수가 오기 전에 그 탑 속에 있는 권능이 나와 지상에서 안식하도록 〔…〕가 인간에게로 왔다.

그때 혼란스러웠던 자연이 홍수 이후에 지상에 올 씨앗을 해치려고 했다. 악마들과 바람들의 탈선과 천사들의 짐과 그 예언자의 두려움과 말(言)의 정죄가 그들에게 보내졌으니, 오, 셈이여, 나는 너에게 너의 종족이 어떤 맹목으로부터 보호받았는지를 가르치노라. 내가 너에게 말한 모든 것을 계시했을 때 의로운 자가 내 옷과 함께 세상에서 빛날 것이다. 그리고 밤과 낮이 분리되리라. 왜냐하면 나는 믿음이 소유하고 있는 그곳의 빛을 데려가기 위해 급히 세상에 내려올 것이기 때문이다. 그래서 나는 그 영의 빛의 마음을 얻을 자들에게 나타나리라. 그들 때문에 나의 존엄이 나타난 것이기 때문이다.

오, 셈이여, 지상에, 그가 소돔이라고 불리는 곳[에] 나타날 때 내가 너에게 줄 통찰을 지켜라. 네가 드러낼 말씀으로 인해 마음이 순수한 자들이 너에게 모여들 것이기 때문이다. 네가 세상에 나타날 때 어두운 자연이 그 통찰을 파괴하기 위해 바람들과 악마와 함께 너에게 대항하여 흔들릴 것이다. 그러나 너는 너의 우주적인 가르침을 재빨리 소돔인들에게 선포하여라. 그들은 너의 지체들이기 때문이다. 왜냐하면 인간의 형상을 한 악마가 나의 뜻에 의해 그곳을 떠나리니, 그는 무지하기 때문이다. 그는 이 말을 지킬 것이다. 그러나 소돔인들은 존귀하신 분의 뜻에 따라 우주적 증거를 증언하리라. 그들은 순수한 양심을 가지고 그들의 안식처인 태어나지 않으신 영 안에서 안식하리라. 그리고 이런 일들이 일어날 때 소돔은 저급한 자연에 의해 부당하게도 불탈 것이다. 너의 존엄함이 그곳을 드러내도록 하기 위해 악이 쉬지 않을 것이기 때문이다.

그때 그 악마가 믿음을 떠나리라. 그리고 나서 그는 세계의 네 영역에 나타나리라. 그리고 믿음이 마지막 모습으로 나타날 때 그녀의 모습이 드러나리라. 최초로 태어난 자는 자연과 나의 얼굴들의 결합 속에서 나타난 악마이니, 이는 믿음이 그 안에서 나타나도록 하려는 것이다. 그가 세상에 나타날 때 악한 욕망과 지진과 전쟁과 기근과 신성모독이 일어날 것이다. 그로 인해 온 세상이 혼란을 겪을 것이다. 그는 믿음과 빛의 권능을 추구할 것이나, 그것을 발견하지 못할 것이기 때문이다. 그때 그 악마는 또한 불완전한 세례를 주어, 물의 속박으로 세상을 괴롭히려고 강에 나타날 것이다. 그러나 나의 권능의 위대한 일들을 나타내기 위해 믿음의 마음의 지체들 가운데 내가 나타나야 한다. 나는 솔다스[3]라고 하는 그 악마에게서 그것을 분리시키리라. 그리고 나는 그가 그 영으로부터 소유하게 되는 그 빛을 너와 악한 어둠으로부터 보호받을 너의 종족을 위해 내가 계시할 그분뿐 아니라, 나의 정복할 수 없는 옷과 섞으리라.

오, 셈이여, 엘로르카이오스와 아모이아스와 스트로파이아스와 켈케아크와 켈케아와 아일레오우가 없으면, 아무도 이 사악한 영역을 통과할 수 없으리라. 이것이 나의 증언이니, 나는 그 안에서 악한 영역을 이겼느니라. 그리고 나는 두려운 물로부터 영의 빛을 취했느니라. 악마―그릇되게 세례를 줄 자―의 정해진 날이 가까이 올 때 나는 믿음의 입으로 그녀에게 속한 자들에게 증언하기 위해 그 악마의 세례 속에 나타나리라. 꺼질 수 없는 불꽃이시여, 오세이여, 빛의 선택된 분이시여, 하늘의 눈이시여 그리고 믿음이시여, 처음이요 마지막이시여 그리고 소피아와 사파이아와 사파이나와 의로우신 불꽃과 불순한 빛이시여, 저는 당신에 대해 증언하나이다. 그리고 동서남북이시요, 위 허공과 아래 허공과 모든 권능과 권위이신 당신이시여, 당신들은 자연 속에 있나이다. 그리고 당신과 몰루크타와 소크는 자연의 모든 일과 모든 불순한 노력에서 나왔도다. 그때 나는 그 악마에게서 물로 내려가리라. 그러면 물의 소용돌이와 불의 화염이 나에 대항하여 일어나리라. 그때 나는 그 물에서 올라와 믿음의 빛과 꺼질 수 없는 불을 입으리니, 이는 바람들과 악마들과 별들에 의해 세상에 던져진 영의 권능이 나의 도움을 통해 건너가도록 하려는 것이다. 그러면 그들 안에 모든 음탕함이 충만하리라.

끝으로 오, 셈이여, 빛의 마음속에서 기뻐하며 너 자신을 숙고하라.

---

[3] Soldas.

너의 마음이 불결한 일인 불과 어둠의 몸에 관계하지 않도록 하라. 내가 너에게 가르치는 이러한 일들은 올바른 것이니라.

이것이 전언(傳言)이니,—너는 너의 종족이 궁창에게서 보호받아 온 것을 기억하지 못하였다— 엘로르카이오스는 위대한 빛, 내가 온 그곳, 비할 바 없는 말씀의 이름이니라. 그리고 그 모습이 나의 존귀한 옷이니라. 그리고 〔…〕 데르데르케아스는 그 영의 목소리로 말씀하시느니라. 그리고 스트로파이아는 그 영이신 복된 눈길이니라. 또 켈케아크는 나의 옷이며, 놀람으로부터 나왔으며, 나타난 휘멘의 구름 속에 있었으니 그는 3중의 형상을 지닌 구름이니라. 그리고 켈케아는 두 개의 형상을 지닌 나의 옷이니 그는 침묵의 구름 속에 있었느니라. 또 켈케는 모든 영역으로부터 그에게 주어진 나의 옷이니라. 그것은 위대함으로부터 단일한 형상으로 그에게 주어졌나니 그는 중간 영역의 구름 속에 있었느니라. 그리고 말한바 빛의 별은 내가 하계에서 입었던 나의 정복할 수 없는 옷이니라. 이것(빛의 별)은 자비이니, 마음과 증언하는 자들의 증언과 말해진 증언과 처음이요 마지막인 분과 믿음과 어둠의 바람인 마음을 능가하느니라. 그리고 소파이아와 사파이나는 혼돈의 불로부터 분리된 자들의 구름 속에 있느니라. 그리고 의로운 불꽃은 너희 가운데서 빛나는 빛의 구름이니라. 그것(의로운 불꽃) 안에서 나의 옷이 혼돈에게로 내려갈 것이기 때문이다.

그러나 어둠 속에서 나타났으(며) 어두운 자연에 속하는 불순한 빛은 하나의 권능이니라. 그리고 위의 허공과 아래의 허공과 권능들과 권위들과 악마들과 별들, 이들은 불의〔…〕와 영으로부터 온 빛을 소유했느니라. 그리고 몰루크타스는 바람이니, 그것이 없이는 아무것도 지상에 나오지 않기 때문이다. 그는 뱀과 일각수(一角獸)의 모습을 하고 있느니라. 그의 돌기(들)은 다양한 날개들이니라. 그리고 남아 있는 자는 혼란을 겪은 자궁이니라. 셈이여, 너는 축복을 받았으니 너의 종족이 여러 얼굴을 가진 어두운 바람으로부터 보호받아 왔기 때문이다. 그리고 그들은 우주적 증언과 믿음의 불결한 행실을 증언하리라. 그들은 빛을 기억하는 자를 통해 고귀한 마음을 갖게 되리라.

오, 셈이여, 육체를 입고 있는 자는 아무도 이런 일들을 완성할 수 없느니라. 그러나 그는 기억을 통해 그것들을 파악할 수 있으리니, 이는 그의 마음이 몸에서 분리될 때 이런 일들이 그에게 계시되게 하려는 것이니라. 그것들은 너의 종족에게 계시되어 왔느니라. 오, 셈이여, 내가 네게 말한〔대로〕육체를 입고 있는 어떤 사람들에게는〔이런 일들을〕완성하는 것이 어려우니라. 그것들을 완성할 자들은 소수이니, 그들은 마음의〔...〕과 영의 빛의 마음을 소유한 자들이니라. 그들은 그들의 마음을 불순한 행위에서 지키리라. 자연의 종족 속에 있는 많은 자가 그 권능의 안전을 추구할 것이다. 그들은 그것을 발견하지도 못할 것이요, 믿음의 뜻을 행할 수도 없으리라. 그들은 우주적인 어둠의 씨앗이기 때문이다. 그것들을 발견한 자들은 많은 고통을 당하리라. 바람들과 악마들이 그들을 미워하리라. 그리고 육체의 속박이 심각하리라. 바람들과 별들과 악마들이 영의 권능으로부터 쫓아낸 곳에서 참회와 증언이 그들 위에 나타날 것이며, 자비가 그들을 태어나지 않으신 영에게로 인도하리라. 그리고 회개하는 자들은 휘멘의 장소에서 완성과 믿음 속에서 안식을 발견하리라. 이것이 파내진 그곳을 채울 믿음이니라. 그러나 빛의 영과 믿음을 나누어 갖지 않는 자들은〔어둠〕속에서 해체되리니 그곳에서는 참회가 나오지 않았느니라.

태초부터 닫혀 있던 영원한 문을 연 자는 나이니라. 생명의 가장 좋은 것을 바라는 자들과 안식을 얻을 자격이 있는 자들에게 그는 그것들을 계시했느니라. 나는 인식하는 자들에게 인식을 허락했노라. 나는 그들에게 의로운 자들의 모든 생각과 가르침을 공개했도다. 그리고 나는 그들에게 전혀 적이 되지 않았느니라. 그러나 내가 세상의 분노를 견뎠을 때 나는 승리했노라. 그들 중에는 나를 안 자가 하나도 없었느니라. 불과 끝없는 연기의 문이 나에 대항하여 열렸느니라. 모든 바람이 나에게 대항하여 일어났느니라. 천둥과 번갯불이 한동안 나에게 대항하여 일어나리라. 그리고 그들은 내 위에 그들의 분노를 쏟아 놓으리라. 그리고 그들은 나 때문에 육체를 따라 그들을 종류에 따라 지배하리라.

그리고 방황하는 육체를 입고 있는 많은 자가 바람들과 악마들을 통해 해로운 물로 내려가리라. 그래서 그들은 그 물에 의해 속박당하리라. 그리고 그는 쓸데없는 처방으로 치료하리라. 그는 길을 잃게 할 것이고 세상을 속박하리라. 그리고 자연의 뜻을 행하는 자들의 부분은 물의 날과 자연의 형상 속에서 두 번〔...〕하리라. 그리고 믿음이 의로운 자를 자신에게로 데려가기 위해 그들을 혼란케 할 때 그것은 그들에게 허락되지 않으리라.

오, 셈이여, 영의 권능의 속박이 두려운 물에게서 벗어나기 위해서는 마음이 말씀에 의해 부름받아야 하느니라. 만일 어떤 사람에게 존귀하신 분을 관상하고 존귀한 때와 그 속박을 아는 것이 허락된다면 그것은 축복이니라. 그 물은 하찮은 육체이기 때문이다. 그런데 사람들이 해방되지 못하는 것은 그들이 물속에 매여 있기 때문이니, 빛의 영이 태초부터 매여 있었던 것과 같으니라.

오, 셈이여, 그들은 어둡고 연약하고 쓸모없고 혼란케 하는 것인, 물의 더러움으로 주는 세례로 그가 죄를 없애리라고 생각함으로써 다양한 악마들에게 속한다. 그리고 그들은 물에는 어디나 속박과 오류와 음탕함과 질투와 살인과 간음과 거짓 증언과 이단과 강도질과 욕정과 헛소리와 분노와 쓰라림과 거대한 〔...〕가 있음을 알지 못하느니라. 그러므로 거기에는 그들의 마음에 짐이 되는 많은 죽음이 있느니라. 내가 마음을 지닌 자들에게 그것을 미리 말하기 때문이다. 그들은 불결한 세례에서 벗어나리라. 그래서 영의 빛으로부터 마음을 가져온 자들은 불결한 행실과 관계하지 않으리라. 그리고 그들의 마음은 소멸하지도 않고, 그들은 저주하지도 않으리라. 그리고 그 물 ― 그들은 영예를 받지도 〈못〉하리라. 저주가 있는 곳에는 결함이 있느니라. 그리고 영예가 있는 곳에는 눈멂이 있느니라. 만일 그들이 악한 자들과 섞인다면 그들은 어두운 물속에서 공허해지리라. 물이 언급된 곳에는 자연과 맹세와 거짓말과 상실이 있기 때문이다. 존귀한 빛이 계시는 태어나지 않은 영 속에만 물이 언급되지 않았고, 그것이 언급될 수도 없기 때문이다.

이것이 나의 모습이니, 내가 지상에서 나에게 할당된 때를 완성했을 때 나는 나에게서 〔나의 불의 옷(?)을〕 던져버리리라. 그리고 나의 비할 바 없는 옷과 영의 놀람으로부터 나온 모든 구름 속에서 내가 입은 모든 옷들이 내게 임할 것이다. 허공이 나의 옷을 찢을 것이기 때문이다. 그것(내 옷)이 빛나고, 모든 구름을 나누어 빛의 뿌리에까지 이르리라. 그 안식은 마음이며 나의 옷이니라. 그리고 남아 있는 내 옷들, 왼쪽에 있는 것들과 오른쪽에 있는 것들은 빛의 형상이 나타나도록 뒤에서 빛나리라. 내가 세 구름 속에서 입은 나의 옷들은 마지막 날에 그들의 뿌리, 즉 태어나지 않은 영 안에서 안식하리니, 그들은 (그) 구름들의 분리를 통해 아무런 결함이 없기 때문이니라.

그러므로 내가 그 구름들 때문에 결함이 없이 나타났으니, 그들이 대등하지 않기 때문이고, 자연의 악함을 끝내기 위해서이니라. 그녀가 그때 나를 함정에 빠뜨리기 원했느니라. 그녀는 나를 함정에 빠뜨

리기 위해 어두운 불꽃이요 오류의 [...]을 섬기는 솔다스를 세우려고
했느니라. 그녀는 허영심에 빠져 그녀의 믿음을 저버렸느니라.

그런데 그때 빛이 어둠에게서 분리되려고 했으며, 세상에 이렇게
말하는 한 목소리가 들렸느니라. "나의 바람에 따라 당신을 본 눈과
당신의 존엄함을 보좌한 마음은 복이 있도다." 존귀하신 분께서 이렇
게 말씀하시리라. "인간의 모든 종족 가운데 레부엘은 복이 있나니, 본
자는 너(여성임)뿐인 까닭이로다." 그리고 그녀는 들으리라. 네가 지상
에서 계시할 자요 인식을 지니고 있는 그 여인의 목을 베리라. 그리고
나의 뜻에 따라 그녀는 증언하고, 자연과 혼돈의 모든 헛된 노력을 멈
추리라. 그들이 그때 목을 벨 그 여인은 악마들의 권능의 결합이니, 그
녀는 그것(씨앗)이 음탕함과 섞이게 하고자 엄격함 속에서 어둠의 씨
앗에게 세례를 주리라. 그가 한 여인을 낳았느니라. 그녀는 레부엘이
라고 불렸느니라.

오, 셈이여, 내가 네게 말한 모든 일이 어떻게 성취되었는지를 보아
라. [...그리고 ... 그리고] 나의 뜻에 따라 네가 결여하고 있는 것들이
지상에 있는 그곳에 나타나리니, 이는 네가 그것들을 있는 그대로 계
시하게 하려는 것이니라. 너의 마음이 육체와 관계를 갖지 않도록 하
여라. 내가 불의 목소리를 통해 너에게 이러한 일들을 말하였으니, 이
는 내가 구름들의 한복판을 통과해 들어갔기 때문이니라. 그리고 나는
각 사람의 언어에 따라 말했느니라. 이것이 내가 네게 말한 언어이니
라. 그리고 그것은 너에게서 떠나리라. 그리고 너는 지상에서 세상의
목소리로 말하리라. 그리고 그것은 그 모습과 목소리와 내가 네게 말
한 모든 것과 함께 너에게 나타나리라. 이후로는 세상의 심연 속에서
빛나는 믿음을 가지고 나아가라.

그리고 나 셈은 긴 잠에서 깨어나듯이 깨어났다. 내가 빛의 권능과

그의 온 마음을 받았을 때 나는 놀랐다. 그래서 나는 나와 함께 빛나는 믿음을 가지고 나아갔다. 그러자 그 의로운 자가 나의 정복할 수 없는 옷을 가지고 나를 따랐다. 그리고 그가 나에게 지상에서 일어나리라고 말한 모든 일이 일어났다. 자연은 믿음에게 넘겨졌으니, 이는 그녀(믿음)가 그녀를 뒤집어엎고, 그녀(자연)가 어둠 속에 서게 하기 위해서였다. 그녀는 〔…〕을 낳았으니, 그것은 자신을 분리시켰으며, 영혼들과 함께 안식을 얻지 못하고 밤낮으로 방황하고 있다. 이러한 일들이 그녀의 행위를 완성시켰다.

그때 나는 그 빛의 마음속에서 기뻐했다. 나는 어둠에게서 나와 자연의 형상들이 있는 믿음 속에서 걸어 땅의 꼭대기까지 준비되어 있는 자들에게로 갔다. 너의 믿음은 온종일 지상에 있다. 그녀는 의로운 자를 자신에게로 데려가기 위해 밤낮으로 자연을 에워싸고 있기 때문이다. 자연은 짐을 지고 있고 고통당하고 있기 때문이다. 그들의 모습을 위임받은 마음이 아니면 아무도 그 문의 형상들을 열 수 없을 것이다. 눈먼 자인 자연의 두 형상의 모습은 끔찍하기 때문이다.

그러나 자유로운 양심을 지닌 그들은 자신들에게서 자연의 헛소리를 제거한다. 그들은 우주적인 증언을 할 것이고 어둠의 짐을 벗어버릴 것이며, 빛의 말씀을 입을 것이고 쓸데없는 곳으로 물러가 있지 않을 것이기 때문이다. 그들은 자신들이 마음의 권능으로부터 소유하게 된 것들을 믿음에게 줄 것이다. 그들은 슬픔 없이 영접받을 것이다. 그리고 그들이 소유하고 있는 혼돈의 불을 그들은 자연의 중간 영역에 둘 것이다. 그리고 그들은 그 구름 속에 있는 이것들을 나의 옷들을 통해 자신들에게로 가져갈 것이다. 그들의 지체들을 인도하는 자들이 그들이다. 그들은 그 영 속에서 고통 없이 안식할 것이다. 그리고 이 때문에 믿음의 정해진 기간이 잠시 동안 지상에 나타났으니, 그녀에게서 어둠이 사라지고 나에 의해 계시된 그녀의 증언이 계시될 때까지이다. 그녀의 뿌리에서 나왔음을 입증할 자들은 어둠과 혼돈의 불을 벗어버리리라. 그들은 마음의 빛을 입을 것이며, 증언하리라. 내가 말한 모든 일이 일어날 것이기 때문이다.

내가 지상에 있기를 그만두고 나의 안식으로 물러간 뒤에, 크고 악한 오류와 많은 악이 자연의 형상들의 수에 맞게 세상에 오리라. 악한 때들이 오리라. 그리고 자연의 시기가 파괴에 접근해 갈 때 어둠이 지상에 임하리라. 그 수는 적으리라. 그리고 한 악마가 불의 모습을 한 권능으로부터 올라오리라. 그는 하늘을 나누고 동쪽의 심연에서 쉬리라. 온 세상이 떨 것이기 때문이다. 그리고 속임당한 세상은 혼돈 속으로 던져지리라. 포르베아, 클로에르가라는 무지한 이름을 가진 바람들과 악마들의 질투로 인해 여러 곳에 홍수가 나리라. 그들은 그들의 가르침으로 세상을 다스리는 자들이니라. 그리고 그들은 자신들의 혼돈과 음탕함으로 인해 많은 마음에게 길을 잃게 하리라. 많은 곳에 피가 뿌려지리라. 그리고 다섯 종족이 스스로 자기 아들들을 먹으리라. 그러나 남쪽 영역은 빛의 말씀을 받으리라. 그러나 세상의 오류와 동쪽에서 나온 자들은―. 뱀의 배에서 한 악마가 나오리라. 그는 황량한 곳에 있는 은신처에 있었느니라. 그는 많은 기적을 행하리라. 많은 자가 몹시 싫어하리라. 바람이 여성의 모습을 하고 그의 입에서 나오리라. 그녀의 이름은 아발페라고 불리리라. 그는 동쪽에서 서쪽까지 세상을 지배하리라.

그때 자연은 마지막 기회를 가지리라. 그리고 별들이 하늘로부터 멈추리라. 악한 어둠이 쓸모없어지고 침묵하기 위해 오류의 입이 열리리라. 그리고 마지막 날에 바람들과 그들의 모든 악마와 함께 자연의 형상들이 파괴되리라. 그들은 태초부터 그러했듯이 하나의 어두운 덩

어리가 되리라. 그리고 악마들이 지고 있던 달콤한 물들은 사라지리라. 영의 권능이 간 곳에는 나의 달콤한 물들이 있기 때문이다. 자연의 다른 산물들은 나타나지 않으리라. 그들은 어둠의 무한한 물들과 섞이리라. 그리고 그녀의 모든 형상은 중간 영역으로부터 멈추리라.

저 셈은 이러한 일들을 완성했나이다. 그리고 저의 마음은 어둠의 몸으로부터 분리되기 시작했나이다. 저의 때가 완성되었나이다. 그리고 저의 마음은 불멸의 기억을 입었나이다. 그래서 엘로카이오스시여, 저는 당신께서 제게 계시해 주신 당신의 기억에 동의한다고 말씀 드렸나이다. 그리고 당신, 아모이아이아이시여 그리고 당신, 세데르케아스시여 그리고 당신의 순진하심인 스트로파이아스시여 그리고 당신, 켈케아크시여 그리고 당신, 켈케아시여, 켈케와 엘라이에시여, 당신들은 불멸의 기억이시나이다. 제가 당신께 증언하오니, 하늘의 눈과 빛의 목소리이신 꺼질 수 없는 분, 불꽃이시여 그리고 소파이아시여 그리고 사파이아시여 그리고 사파이나시여 그리고 의로운 불꽃이시여 그리고 처음이자 마지막이요, 위의 허공과 아래의 허공이신 믿음이시여 그리고 당신 켈케아크시여, 켈케와 엘라이에시여, 당신들은 불멸의 기억이시나이다. 제가 당신께 증언하오니, 하늘의 눈과 빛의 목소리이신 꺼질 수 없는 분, 불꽃이시여 그리고 소파이아시여 그리고 사파이아시여 그리고 사파이나시여 그리고 의로운 불꽃이시여 그리고 처음이자 마지막이요, 위의 허공과 아래의 허공이신 믿음이시여} 그리고 세상에 있는 모든 권능들과 권위들이시여. 그리고 당신 불멸의 빛이시여 그리고 또한 당신 동서남북이시여, 당신들은 아무도 살지 않는 세상의 영역들이나이다. 그리고 그대(여성단수임) 몰루크타와 에소크여, 그대들은 자연의 악과 모든 일과 불순한 노력의 뿌리로다.

이것이 제가 증언하면서 완성한 일들이나이다. 저는 셈이나이다.

제가 몸에서 나오도록 되어 있던 날, 제가 몸속에 남아 있을 때 저는 긴 잠에서 깨어난 것처럼 깨어났나이다. 그리고 그것이 육체의 짐에서 벗어나듯이 제가 일어났을 때 저는 말했나이다. 자연이 오래되듯이 인류의 날 속에서 그것도 그러하도다. 자신들이 잠들 때 자기 마음이 어떤 권능 속에 있는지 안 자는 복이 있도다.

그런데 황소좌가 분리되었을 때 나는 내가 지나갈 구름들을 보았다. 그 영의 구름은 순수한 녹주석(綠柱石)과 같기 때문이다. 그리고 휘멘의 구름은 빛나는 에메랄드와 같다. 또 침묵의 구름은 무성한 아마란스 꽃과 같다. 그리고 중간 영역의 구름은 순수한 히아신스석과 같다. 그리고 의로운 자가 자연 속에 나타났을 때—자연이 화가 났을 때— 그녀는 상처를 받았고, 모르파이아에게 하늘을 방문하도록 허락했다. 그 의로운 자는 한 시기 동안 그들을 방문하려고 열두 시기 동안 방문하나니, 그의 때가 속히 완성되고 자연이 쓸모없어지게 하기 위해서이다.

어둠의 짐이 되는 물인 죽음의 유산에 대해 자신을 지키는 자들은 복이 있도다. 짧은 순간에 그것들을 정복하는 것은 불가능하니, 그것들이 세계의 오류로부터 서둘러 나오기 때문이다. 그런데 만일 그것들이 정복된다면 그것들은 그들에게서 물러가 완성의 때까지 어둠 속에서 고통당하리라. 완성이 오고 자연이 파괴되었을 때 그들의 마음이 어둠에서 분리되리라. 자연이 잠시 동안 그들을 짐 지고 있었던 것이다. 그리고 그들은 형상 없는 태어나지 않은 영의 형언할 수 없는 빛 속에 있게 되리라. 내가 처음부터 말했듯이 마음은 이와 같으리라.

오, 셈이여, 이후로는 지상에서 은혜 속에 가고, 믿음 속에 계속하여라. 빛과 불의 모든 권능이 너로 인해 나에 의해 완성될 것이기 때문

이다. 네가 없으면 그들은 네가 그들에게 공개적으로 말하기까지 해방
되지 못할 것이기 때문이다. 네가 지상에 있지 않게 될 때 그들은 자격
있는 자들에게 넘겨지리라. 그리고 이러한 선포와 별도로 그들이 지상
에서 너에 대해 말하게 하라. 그들은 근심 없고 흡족한 땅을 얻을 것이
기 때문이다.

위대한 셋의 두 번째 글
(VII, 2)

해제

「위대한 셋의 두 번째 글」은 예수 그리스도께서 "완전하고 불멸인 자들", 즉 영지주의 신자들에게 전했다고 하는 대화 형태의 계시다. 이것은 예수 그리스도가 셋과 동일시된다는 뜻인 듯하다. 하지만 제목과는 무관하게 셋이라는 이름은 본문에 나오지 않는다. 이 글은 천상의 회의에서 구세주에게 맡긴 사명, 그의 지상 하강, 세상의 권능들과 외견상의 십자가 처형, 플레로마로 회귀함 등에 관한 이야기를 담고 있다. 이 구세주의 이야기에는 또한 구세주의 추종자들에 대한 권유와 미래의 축복에 대한 약속도 들어 있다. 또한 구세주께서 말씀 끝에 영지주의 신자들에게 말씀하시듯이, "나와 나의 동료 영들과 나의 형제들과 함께 영원히 머물라"고 말씀하신다.

「위대한 셋의 두 번째 글」은 그리스도교적이면서 영지주의적인 글이다. 이 글에는 그리스도교적인 요소들이 들어 있다. 이 글은 신약성서의 일부를 받아들여 예수 그리스도의 계시라고 주장한다. 더욱이 이 글에는 십자가 사건도 나온다. 다른 한편으로 「위대한 셋의 두 번째 글」은 또한 분명히 영지주의적이다. 즉, 지식이 구원의 수단이며, 이 세상의 신은 악하고 무지하며, 구약성서의 하나님과 동일시될 수 있다는 것이다. 십자가 사건에 대한 해석도 다른데, 즉 구레네의 시몬이 웃고 있는 예수 대신에 십자가에 달렸다는 것이다.

「위대한 셋의 두 번째 글」이 기록된 목적은 분명치 않다. 이 글의 첫 번째 부분(49:10-59:18)은 예수 그리스도의 참된 역사를 묘사하면서, 정통 그리스도교에 반대하고, 또 그가 단지 수난당한 것처럼 보였을 뿐이라는 가현설(假現說)을 주장한다. 두 번째 부분(59:19-70:10)은 참된 교회라고 자부하는 정통주의의 주장에 대한 반박이다. 정통 교회와 "자신들이 그리스도의 이름을 전하고 있다고 생각하는" 무지하고 모방적인 인간들의 선동으로 인한 시련과 박해에도 불구하고, 영지주의자들은 지상에서 진실한 형제애와 영생의 기쁨과 합일 속의 지복을 누릴 것이라고 주장한다.

위대한 셋의 두 번째 글

VII 49:10-70:12

그런데 완전하신 주님께서는 형언할 수 없는 빛과 이 모든 것의 어머니의 진리와 말씀으로 인해 나에게, 완전한 나에게 이른 너희 모두 안에서 안식하고 계시다. 나는 우리와 또한 우리의 동족에게 친구이신 영의 모든 위대함과 함께 존재한다. 나는 불멸의 생각과 더불어 아버지의 선하심을 통해 우리 아버지의 영광을 위해 한 말씀을 낳았나니, 즉 그분 안에 있는 말씀을 낳았도다. 우리가 그리스도와 불멸이요 더러워지지 않은 생각과 더불어 죽는 것은 노예 생활을 끝내는 것이니,[1] 이는 이해할 수 없는 놀라움이다. 우리에게서 나온 말씀인 형언할 수 없는 물의 글이 이 말씀이다. 너희 안에 있는 것은 나요 너희는 내 안에 있나니, 이는 아버지께서 순수함 속에서 너희 안에 계신 것과 같으니라.

우리가 모여 회의를 열자. 그분의 피조세계를 방문하자. 그분, 〈저〉 엔노이아께서 아래 세계를 방문하셨듯이 그 속에 누군가를 보내자. 그리고 나는 기뻐하시는 주님의 다중(多衆)이 모인 회의에 참석한 온 무리에게 이러한 것들을 말했다. 진리의 아버지의 온 집이 내가 그들에게서 나온 자임을 기뻐했다. 나는 더럽혀지지 않은 영에게서 나온 엔노이아에 대해서 물, 즉 아래 영역들로 하강하는 것에 대해서 생각을 내었다. 그런데 그들은 모두 한마음을 지녔으니 그것이 하나에게서 나왔기 때문이다. 그들은 나에게 그 일을 맡겼으니 내가 그것을 원했기

---

[1] 직역하면, "...은 노예 생활이니."

때문이다. 나는 나의 동족들과 나의 동료 영들에게 그 영광을 드러내려고 나왔다.

세상에 있는 자들은 우리의 자매 소피아—그녀는 창녀이다—의 뜻에 따라 준비되어 있었으니, 그것은 말로 표현된 일이 없는 순수함 때문이었다. 그런데 그녀는 만유로부터도, 그 회의의 위대함으로부터도, 플레로마로부터도 아무것도 요구하지 않았다. 그녀가 첫 번째였으므로, 그녀는 빛의 아들과 그녀가 그들에게서 육체적인 거처를 짓기 위해 아래의 요소들로부터 취한 동료 일꾼들을 위해 단자(單子)들과 거처들을 준비하려고 나왔다. 그러나 그들은 공허한 영광 속에 존재하게 되었으므로 그들이 있던 거처들 속에서 파괴로 끝나고 말았으니 그들은 소피아에 의해 준비되었기 때문이다. 그들은 생명을 주시는 말씀을 받을 준비가 되어 있었으니 그 말씀은 형언할 수 없는 단자의 것이요, 인내심 있는 자들과 내 안에 있는 자들의 모임의 위대함에 속한 것이다.

나는 육체의 거처를 방문했다. 나는 먼저 그 속에 있는 자를 내던져 버리고 그 속으로 들어갔다. 그러자 아르콘들의 온 무리가 동요했다. 그리고 그것이 그 형상의 모습을 보았을 때 지상의 모든 태어난 권능뿐 아니라 아르콘들의 모든 물질이 흔들렸으니, 그것이 뒤섞였기 때문이다. 그리고 나는 그것 안에 있는 자였으나 먼저 그 안에 있던 자와는 닮은 데가 없었다. 그는 땅에 속한 인간이었으나, 나, 나는 위로부터, 하늘에서 왔기 때문이다. 나는 그들을 거부하지 않았으며, 나는 그리스도가 되었으나, 나로부터 나오는 사랑 속에서 그들에게 나 자신을 드러내지 않았다. 나는 나 자신이 아래의 영역들에게 낯선 자임을 드러냈다.

아르콘들의 계획(에)만이 아니라, 지상의 온 영역에 혼돈과 도주와 함께 큰 동요가 있었다. 그런데 어떤 자들은 내가 행하고 있던 기적들을 보고서 설복당했다. 그리고 그들, 즉 보좌에게서 도망친 종족들과 더불어 내려온 모든 자는 소망의 소피아에게로 도망쳤나니, 이는 그녀가 일찍이 우리와 나와 함께한 모든 자—아도나이오스 종족에 속한 자—에 관해 징표를 주었기 때문이다. 다른 자들도 마치 우주의 창조자와 그와 함께한 자들에게서 도망치듯이 도주했으니 그들이 나에게 온갖 (종류의) 징벌을 가했기 때문이었다. 그들은 그녀(소피아)가 위대함 전체라고 생각하고, 더욱이 인간과 그 회의의 위대함 전체에 거스르는 말을 하면서 나에 대해 논의하던 것에 관해 마음의 도주가 있었다. 그들이 위대함의 인간[2]이신 진리의 아버지가 누구신지를 알 수 없는 것은 아니었다. 그러나 무지—그것은 불타오름과 그릇(이다)—와 접촉함으로써 그 이름을 받은 그들은 같은 방식으로 자기들에게 속한 자들을 감춰버리기 위해 자기들이 만든 아담을 파괴하려고 그것을 만들었다. 그러나 얄다바오트의 거처에 속하는 자들인 그 아르콘들은 천사들의 영역을 드러내나니, 그것은 인류가 추구하고 있는 것이며, 진리의 인간을 알지 못하도록 하려는 것이다. 그들이 창조한 아담이 그들에게 나타났기 때문이다. 그리고 그들의 거처 전체에 무시무시한 운동이 일어났으니 이는 그들을 둘러싸고 있는 천사들이 반란을 일으키지 못하게 하려는 것이었다. 찬양을 한 이 자들로 인해 나는 죽었으나 참으로 죽은 것이 아니었으니 그들의 대천사들이 공허했기 때문이다.

그런데 그때 우주 창조자의 한 목소리가 그 천사들에게 왔다. "나는 하나님이니, 나 외에는 아무도 없느니라." 그러나 나는 그의 공허한 영광을 검토해 보고는 즐거워 웃었다. 그러나 그는 계속하여 말했다. "인

---

[2] the Man of the Greatness.

간이 누구인가?" 그런데 아담과 그의 거처를 본 그의 천사들의 모든 무리가 그의 작음을 비웃고 있었다. 그리하여 그들의 엔노이아가 하늘들의 주님, 즉 진리의 인간 밖으로 옮겨지게 되었는데, 그가 작은 거처에 있기 때문에 그들은 그의 이름을 보았으니 그들은 그들의 공허한 엔노이아, 즉 그들의 웃음 속에서 작고 무자각하기 때문이다. 그것은 그들에게 전염병이었다.

그 영의 아버지 되심의 모든 위대함은 자신의 거처들에서 쉬고 계셨다. 그리고 나는 그분과 함께 있는 자이니, 이는 내가 영원한 존재들과 더럽혀지지 않고 측량할 수 없는 불가해함으로부터 나온 단일한 방사체의 엔노이아를 지니고 있기 때문이다. 나는 세상에 작은 엔노이아를 두어 그들을 혼란스럽게 만들고 천사들의 온 무리와 그들의 지배자를 놀라게 하였다. 그리고 나는 나의 엔노이아 때문에 불과 화염을 가지고 그들을 방문하고 있었다. 그러므로 그들에 관한 모든 일은 나 때문에 일어난 것이다. 그래서 세라핌과 케루빔 주위에는 혼란과 싸움이 일어났으니 그들의 영광이 흐려질 것이기 때문이다. 또 아도나이오스의 양쪽과 그들의 거처 주위에 혼란이 일어났으니—즉, 우주 창조자와 "그를 잡자"고 말한 자에게 그러했다. 그런데 다른 자들은 "그 계획은 확실히 실현되지 않을 것이다"라고 말했다. 아도나이오스는 희망 때문에 나를 알았기 때문이다. 그런데 나는 사자(獅子)들의 입 속에 있었다. 그리고 그들이 자신들의 오류와 자신들의 무자각함을 해방시키기 위해 나에 대해 계획을 짰다— 나는 그들이 계획한 대로 그들에게 굴복하지 않았다. 그러나 나는 전혀 고통당하지 않았다. 거기 있던 자들이 나를 벌했다. 그런데 나는 실제로 죽은 것이 아니라 겉보기에만 그러했으니 이는 이들이 나의 친족이므로 내가 그들에게 수치를 당하지 않게 하려는 것이었다. 나는 나에게서 수치를 제거하고, 그들의 손에서 내게 일어난 일에 직면하여 마음이 약해지지 않았다. 나는 그들의 눈과 생각에 따라 공포에 굴복하려고 했으며 〈수난당했으니〉, 이는 그들이 그들에 대해 할 말을 찾지 못하게 하려는 것이었다. 그들은 내게 죽음이 일어났다고 생각했으나 죽음은 그들의 오류와 눈멂 속에서 그들에게 (일어났으니) 이는 그들이 그들의 사람을 못 박아 죽였기 때문이다. 그들의 엔노이아들은 나를 보지 못했으니 그들은 귀먹고 눈멀었기 때문이다. 그러나 이러한 일을 함으로써 그들은 자신들을 정죄하고 있다. 그렇다, 그들은 나를 보았으며 나를 벌했다. 쓸개즙과 식초를 마신 것은 다른 자, 즉 그들의 아비였다. 그것은 내가 아니었다. 그들은 나를 갈대로 때렸다. 어깨에 십자가를 진 자는 다른 자, 즉 시몬이었다. 그들이 가시면류관을 씌운 자는 다른 자였다. 그러나 나는 아르콘들과 그들의 오류와 그들의 공허한 영광의 자식들의 온갖 부요함 위에 있는 높은 곳에서 즐거워하고 있었다. 그렇게 나는 그들의 무지를 비웃고 있었다.

그리고 나는 모든 권능을 복종시켰다. 내가 아래로 내려올 때 아무도 나를 보지 못했기 때문이다. 나는 내 모습을 바꾸어 이 형상에서 저 형상으로 변하고 있었기 때문이다. 그러므로 내가 그들의 문에 있을 때 나는 그들의 모습을 취했다. 나는 조용히 그들을 통과하여 그곳들을 보고 있었으며 두려워하지도 부끄러워하지도 않았으니 나는 더러워지지 않았기 때문이다. 나는 그들과 이야기를 나누고 있었으며 나에게 속한 자들을 통해 그들과 뒤섞여 질투로 그들에게 가혹하게 하는 자들을 짓밟고 그 불길을 끄고 있었다. 그리고 나는 위에 계신 아버지의 뜻에 따라 내가 원한 것을 성취하려는 욕망으로 인해 이런 일들을 하고 있었다.

그런데 우리는 아래 영역에 숨어 계신 존귀하신 분의 아들을 높은 곳으로 모셔왔으니, 거기서 나는 그들과 함께 이 모든 에온 안에 〈있었다〉. 그곳은 아무도 보거나 안 일이 없는 곳이며, 혼인복의 혼인식이 있는 곳인데, 그것은 옛것이 아니라 새로운 것이며, 그것은 멸망하지도 않는다. 그것은 하늘들의 새롭고 완전한 신방(新房)인데, 내가 거기에는 세 길이 있다고 계시한 바와 같다. 이 에온의 영 속에 있는 순수한 신비는 멸망하지도 않고 단편적이지도 않으며, 말로 표현할 수도 없고 나뉘지 않으며, 보편적이고 영원하다. 높은 데서 온 자인 영혼은 이곳에 있는 오류에 대해 말하지 않을 것이며, 이 에온들로부터 옮기지도 않으리니, 그것이 자유로워질 때 그리고 그것이 세상에서 숭고함을 부여받을 때 이전되어 피곤함과 두려움 없이 아버지 앞에 서고, 권능(과) 형상의 누스와 항상 섞여 있을 것이다. 그들은 미움 없이 모든 면에서 나를 볼 것이다. 그들이 나를 보기 때문에 그들은 보여지고 있(고) 그들과 섞여 있다. 그들이 나를 부끄럽게 하지 않았으므로 그들은 부끄러움을 당하지 않았다. 그들이 내 앞에서 두려워하지 않았으므로 그들은 두려움 없이 모든 문을 통과할 것이며, 세 번째 영광 속에서 완전해질 것이다.

세상이 받아들이지 못한 것은 내가 계시된 높은 곳, 계시된 형상 속에 있는 나의 세 번째 세례로 가는 것이었다. 그들이 일곱 권능의 불로부터 도망쳤을 때 그리고 아르콘들의 권능들의 태양이 졌을 때 어둠이 그들을 데려갔다. 그리고 그가 수많은 차꼬에 묶였을 때 세상은 곤궁해졌다. 그들은 그를 나무에 못 박았으며, 그들은 그를 네 개의 청동 못으로 고정시켰다. 그는 그의 손으로 그의 성전의 휘장(揮帳)을 찢었다. 지상의 혼돈을 사로잡은 것은 떨림이었으니 이는 아래에서 잠자고 있던 영혼들이 풀려났기 때문이다. 그리고 그들은 일어났다. 그들은 대담하게 돌아다니며 죽은 무덤들 곁에서 무지와 미망에 대해 열정적으로 봉사했고 새로운 인간을 입었으니 그들이 영원하고 이해할 수 없는 아버지의 완전하시고 복되신 분과 나 자신인 무한의 빛을 알게 되었기 때문이며, 내가 나에게 속한 자들에게로 와서 나 자신을 그들과 합일시켰기 때문이었다. 많은 말이 필요 없으니 우리의 엔노이아가 그들의 엔노이아와 함께했기 때문이다. 그러므로 그들은 내가 무슨 말을 하는지를 알았으니 우리가 아르콘들의 파괴에 대해 논의했기 때문이었다. 그러므로 나는 나 자신인 아버지의 뜻을 행한 것이다.

우리가 우리의 고향을 떠나 이 세상에 내려와 육체 속에서 세상에 존재하게 되었을 때 우리는 무지한 자들에게뿐 아니라 자신들이 그리스도의 이름을 전파하고 있다고 생각하는 자들에게서도 미움을 받고 박해를 받았나니, 그들은 말 못 하는 짐승들처럼 자신들이 누구인지 몰라서 자신들은 모르고 있었지만 공허했기 때문이다. 그들은 나에 의해 해방된 자들을 박해했으니 그들이 그들을 미워했기 때문이다. 그들이 그들의 입을 다문다면, 그들은 쓸데없이 신음하며 울리니 그들이 나를 완전히 알지 못했기 때문이다. 그 대신 그들은 두 주인을, 심지어는 수많은 자를 섬겼다. 그러나 너희는 모든 일에서 전쟁과 전투, 열정적인 분열과 분노에서 승리하게 될 것이다. 그러나 우리는 우리의 사랑의 의로움 속에서 순진하고 무구하며 선하나니 우리가 형언할 수 없는 신비 속에서 아버지의 마음을 지니고 있기 때문이다.

그것은 우스운 일이었다. 그것이 우스운 일이라고 증언한 사람은 나였으니 아르콘들은 그것이 빛의 아들들 가운데 존재하는 것과 같은 순수한 진리의 형언할 수 없는 합일임을 알지 못하기 때문이다. 그들은 그것을 모방하여 죽은 자의 교리를 선포했고 완전한 회합(會合)의 자유와 순수함을 닮기 위해 거짓말을 하며, 자신들의 교리를 가지고 두려움과 예속과 세상 근심과 타락한 예배에 스스로 〈매이나니〉, 이는 그들이 작고 무지하고 진리의 숭고함을 포함하지 못하고 있으며, 자신들이 속해 있는 분을 미워하고 자신들이 속해 있지 않은 자를 사랑하기 때문이다. 그들은 위대함에 관한 지식이 위에서 그리고 진리의 샘에서 왔으며, 예속과 질투, 세상의 물질에 대한 두려움과 사랑에서 온 것이 아님을 알지 못했기 때문이다. 그들은 자신들에게 속하지 않은 것과 자신들에게 속한 것을 겁 없이 마음대로 이용하고 있다. 그들은 권위가 있으므로 욕망하지 않으며, 자신들이 원하는 어떤 것에 대해서든지 스스로에게서 나온 법을 (가지고 있다).

그러나 가지지 못한 자들은 가난하나니, 즉 그를 소유하지 않은 자들은 그러하니라. 그래서 그들은 그를 갈망하면서, 그들을 통해 그들의 자유의 진리를 소유하고 있는 자들처럼 된 자들에게 길을 잃게 하나니, 마치 그들이 근심과 두려움의 예속과 압제를 위해 우리를 산 것과 같으니라. 이 사람은 노예 상태에 있느니라. 그런데 강제와 위협의 압제에 의해 데려온 자는 하나님에 의해 보호되어 왔느니라. 그러나 아버지 됨의 고귀함 전체는 보호되지 않나니 그는 자신에게서 나온 자만을 말과 압제 없이 보호하기 때문이며, 아버지 됨의 엔노이아에게만 속한 자는 그의 뜻과 결합되기 때문이니 이는 살아 있는 물을 통해 그것을 완전하고 형언할 수 없게 만들기 위해서이며, 지혜 속에서, 들음의 말씀 속에서만이 아니라 행위와 성취된 말씀 속에서 너희와 서로 함께 있기 위해서이다. 완전한 자들은 이런 식으로 확실히 서서, 나와 합일할 만한 자격이 있으니 이는 그들이 아무런 적대감도 갖지 않고 선한 우애를 나누어 갖게 하기 위함이다. 나는 선하신 분을 통해 모든 것을 성취하나니 이것이 그들에게 원수가 없게 하는 진리의 합일이기 때문이다. 그러나 분열을 가져오는 자는 누구나—그리고 분열을 가져오고 친구가 아니기 때문에 지혜를 배우려 하지 않는 자는— 그들 모두에게 적대적이니라. 그러나 인위적으로가 아니라 자연스럽게, 부분적으로가 아니라 완전하게 형제애의 조화와 우애 속에 사는 사람은 참으로 아버지의 바람이니라. 그는 우주적인 자요 완전한 사랑이니라.

아담은 웃음거리였으니 마치 그가 나와 내 형제들보다 더 강해지기라도 한 것처럼, 그가 헵도마드에 의해 인간의 모조품으로 만들어졌기 때문이다. 우리는 그에 관해 잘못이 없으니 우리가 죄를 짓지 않았기 때문이다. 그리고 아브라함과 이삭과 야곱은 웃음거리였으니 마치 그가 나와 내 형제들보다 강하기라도 한 것처럼, 그들의 가짜 조상인 그들이 헵도마드에 의해 이름을 부여받았기 때문이다. 우리는 그에 관해 잘못이 없으니 우리가 죄를 짓지 않았기 때문이다. 다윗은 웃음거리였으니 마치 그가 나와 내 종족의 동료들보다 강해지기라도 한 것처럼, 헵도마드에 의해 영향을 받아 사람의 아들이라는 이름을 얻었기 때문이다. 그러나 우리는 그에 관해 잘못이 없으니 우리가 죄를 짓지 않았기 때문이다. 솔로몬은 웃음거리였으니 마치 그가 나와 나의 형제들보다 강해지기라도 한 것처럼, 그가 헵도마드를 통해 공허해져서 자신이 그리스도라고 생각했기 때문이다. 그러나 우리는 그에 관해 잘못이 없다. 나는 죄를 짓지 않았다. 예언자들은 웃음거리이니 그들이 진실한 예언자들의 모조품으로서 나왔기 때문이다. 그들은 마치 그가 나와 내 형제들보다 강해지기라도 한 것처럼, 헵도마드를 통해 모조품으로 존재하게 되었다. 그러나 우리는 그에 관해 잘못이 없나니 우리가 죄를 짓지 않았기 때문이다. 신실한 종인 모세는 "친구"라고 불렸으나 웃음거리였으니 그들이 어리석게도 나에 대해 알지 못한 그에 관해 증언했기 때문이다. 그도, 그보다 먼저 있던 자들도, 아담에서 모세와 세례 요한에 이르기까지 그들 중 아무도 나와 내 형제들을 알지 못했다.

그들은 식사법과 쓰라린 노예 생활을 지키기 위해 천사들의 가르침을 지니고 있었으니, 그들이 진리를 알지 못했고 그것을 알지도 못할 것이기 때문이다. 그들의 영혼에는 그들이 사람의 아들을 알게 되기까지 그를 알기 위해 자유의 누스[3]를 발견할 수 없게 하는 큰 속임이 있기 때문이다. 이제 내 아버지에 관해 말한다면 내가 세상이 알지 못한 그이니, 이 때문에 그것(세상)이 너와 내 형제들에 대항하여 일어났느니라. 그러나 우리는 그에 관해 아무 잘못이 없으니 우리가 죄를 짓지 않았기 때문이다.

그 아르콘은 웃음거리였으니 그가 이렇게 말했기 때문이다. "나는 하나님이요, 나보다 큰 자는 아무도 없다. 나만이 아버지이신 주님이니, 나 외에는 아무도 없다. 나는 질투하는 하나님이니, 아비의 죄를 자식의 3, 4대에 미치게 하노라." 마치 그가 나와 내 형제들보다 더 강해지기라도 한 것 같다! 그러나 우리는 그에 관해 아무 잘못이 없으니 우리는 그의 가르침을 다 알았으므로 죄를 짓지 않았기 때문이다. 이와 같이 그는 공허한 영광 속에 있었느니라. 그리고 그는 우리 아버지께 동의하지 않는다. 그리하여 우리의 교류를 통해 우리는 그의 가르침을 알았으니 그가 공허한 영광 속에 있었기 때문이다. 그런데 그는 우리 아버지께 동의하지 않나니 그는 웃음거리요 심판이며 거짓 예언이기 때문이다.

오, 보지 못하는 자들이여, 너희는 너희의 눈멂을 보지 못하나니, 즉 이것은 알려지지 않았었고 알려진 일이 없으며, 그에 관하여 알려진 일이 없느니라. 그들은 확고한 복종에 귀를 기울이지 않았느니라. 그러므로 그들은 오류의 심판으로 나아갔으며, 마치 허공을 치듯이 그에 대항하여 더러운 살인자의 손을 치켜들었느니라. 그러므로 지각없

---

[3] Nous. 그리스어로 '마음'을 뜻함.

고 눈먼 자들은 늘 지각이 없어, 늘 율법과 지상적 공포의 노예로 있느니라.

나는 그리스도요 사람의 아들이니 너희 가운데 있는 너희에게서 나온 자니라. 나는 너희 자신이 그 차이를 잊게 하기 위해 너희를 위해 경멸받고 있느니라. 그러니 너희가 악과 (그것의) 형제들인 질투와 분열, 분노와 격분, 두려움과 나뉜 마음, 공허하고 존재하지 않는 욕망을 낳지 않기 위해 여성적으로 되지 말라. 그러나 나는 너희에게 형언할 수 없는 신비니라.

세상의 기초가 놓이기 전에, 그 모임의 온 무리가 함께 오그도아드의 처소들 위로 왔을 때, 그들이 합일 속에 있는 영적인 결혼에 대해 논의했을 때 그가 이와 같이 살아 계신 말씀에 의해 형언할 수 없는 처소들에서 완성되었고, 그들 모두에게 거하시며, 그들을 소유하고 계시고, 권능의 분리되지 않은 사랑 안에 거하시는 예수의 메소테스[4]를 통해 그 순수한 결혼식이 완성되었느니라. 그리고 그를 에워싸고, 그는 이들 모두의 단자요 한 생각이요 한 아버지로서 나타나나니, 이는 그가 하나이기 때문이니라. 그리고 그는 그들 모두의 곁에 서 있나니 그가 전체로서 홀로 나왔기 때문이다. 그리고 그는 생명이니 이는 그가 형언할 수 없고 완전한 진리의 아버지이시요, 거기 있는 자들의 (아버지이시며), 평화의 합일이시요, 선한 것들의 친구이시며, 영원한 생명이시요, 순수한 기쁨이신 분에게서, 생명과 기쁨의 큰 조화 속에서, 아버지 됨과 어머니 됨과 자매 됨과 이성적인 지혜의 영원한 생명을 통해 나왔기 때문이다. 그들은 즐거운 합일 속에서 손을 내미시며 손을 내미실 그리고 미쁘시며, 신실하게 누군가에게 귀를 기울이시

---

[4] Mesotes.

는 누스와 한 뜻이 되었느니라. 그리고 그분은 아버지와 어머니와 이성적인 형제 됨과 지혜 안에 계시느니라. 그리고 이것이 진리의 영 안에 있는, 모든 마음 안에 있는 진리의 결혼이고 불멸의 안식이며, 이름할 수 없는 신비 속에 있는 완전한 빛이니라. 그러나 이것은 분열과 평화의 파괴 속에 있는 어떤 영역이나 장소 속에서는 우리 가운데 있지 않으며, 일어나지도 않을 것이요, 합일과 사랑의 섞임 (안에), 존재하시는 분 안에서 완성된 모든 자 (안에) 있느니라.

그것(여성임)은 또한 그들의 화해를 위해 하늘 아래 있는 장소들에서 일어났느니라. 구원과 분열 없음 속에서 나를 안 자들과 아버지와 진리의 영광을 위해 존재한 자들은 구별되어, 살아 있는 말씀을 통해 하나 속으로 녹아 들어갔느니라. 나는 어머니의 영과 진리 안에 있나니 그분(남성임)께서 거기 계셨던 것과 같으니라. 나는 적대감이라고는 전혀 모르고 악도 모르며, 모든 이와 완전함 속에 그리고 그들 모두 안에 존재하는 말씀과 평화 속에서 나의 지식에 의해 하나된 친구들의 우애 속에서 영원히 하나된 자들 가운데 있었느니라. 그리고 내 유형의 형상을 취한 자들은 내 말의 형상을 취하리라. 진실로 이들은 빛 가운데서, 영 속에 있는 서로 간의 우애 (속에서) 영원히 나오리니, 그들이 모든 면에서 (그리고) 분열되지 않고, 존재하는 것은 하나임을 알았기 때문이다. 그리고 이 모든 것은 하나이니라. 그러므로 그들은 그 하나에 대해 배울 것이니 그 회합과 거기 거하는 자들이 (그러했던 것과) 같으니라. 이들 모두의 아버지께서 존재하시나니 그분은 측량할 수 없고 변치 않는 분이며, 누스고 말씀이시요, 나뉨이시고 질투시요 불이시니라. 그리고 그분은 하나이시니 이들 모두가 단 하나의 영에게서 나왔으므로 단 하나의 가르침 속에서 그들 모두와 더불어 모두이시니라. 오, 보지 못하는 자들이여, 너희는 왜 그 신비를 올바르게 알지 못했느냐?

그러나 얄다바오트 주위의 아르콘들은 그의 자매 소피아로부터 그에게 내려온 엔노이아 때문에 복종치 않았느니라. 그들은 그들의 질투인 불같은 구름의 혼합 속에서 그들과 함께 있던 자들과 더불어 스스로 결합했으며, 그 나머지는 마치 그들이 그 회합의 고귀한 즐거움에 상처를 주기라도 한 것처럼 그들의 피조물에 의해 나왔느니라. 그러므로 그들은 불과 땅과 한 살인자의 속임 속에서 무지의 혼합을 드러냈으니 그들이 작고 무지하여 지식 없이 이런 일들을 무모하게 행했고, 빛은 빛과 어둠은 어둠과 망할 것들은 망할 것들과 불멸인 자들은 불멸인 자들과 사귄다는 것을 이해하지 못했기 때문이다.

오, 완전하고 불멸인 자들이여, 이제 나는 불멸이고 완전하신 신비와 형언할 수 없는 분으로 인해 이러한 일들을 너희에게 보여 주었나니 ― 나는 하늘들 위로 들린 사람의 아들 예수니라. 그러나 그들은 우리가 세상의 처소들에서 나올 때 우리가 지식과 영적으로 합일하는 데서 오는 불멸의 상징들을 거기서 제시하기 위해 세상의 기초가 놓이기 전에 그것들을 선포한다고 생각하느니라. 육체의 구름이 너희를 덮고 있으므로 너희는 그것을 알지 못하는도다. 그러나 나만은 소피아의 친구로다. 나는 태초부터 아버지 품에 있었으며, 진리의 아들들과 위대함의 처소에 있었느니라. 그러니 나의 동료 영들과 나의 형제들이여, 나와 더불어 영원히 안식하라.

위대한 셋의
두 번째 글

베드로의 묵시록

(VII, 3)

해제

「베드로의 묵시록」은 익명의 그리스도교적 영지주의 문서로, 사도 베드로가 받은 묵시이다. 여기에 구주 예수께서 해설해 주신 것으로 되어 있다. 예수께서 받으신 박해는 영지주의자들 중 믿음을 지킨 남은 자들이 박해를 받는 초기 그리스도교의 역사를 이해하는 기준이 되었다.

이 자료는 묵시문학 장르에 속한다. 이 글은 베드로가 보았다고 하는 세 개의 환상에 대한 보고를 중심으로 이루어져 있으며, 예수께서 그 환상들에 대해 설명하신다. 이 글은 과거의 일을 반영하는 예언 속에서 초대교회가 영지주의 공동체를 반대하는 여러 분파로 분열되었다고 말한다. 영지주의자들에게는 세상의 환경이 적대적이다. 영지주의자들은 천상의 기원에 관한 지식을 받고, 천상의 사람의 아들에게로 돌아가기를 갈망한다. 그는 억압자들을 심판하고 영지주의자들을 옹호하시려고 종말론적 구원자로서 오실 분이시라는 것이다.

이 글의 묵시적 양식은 예수에 관한 그리스도교 전승을 영지주의적으로 이해하기 위해 채택된 것이었다. 이 글에서는 전통 신학을 영지주의 신학에 맞추어 해석하고 있다. 예수를 죽이려는 사람들과 적대적인 제사장들을 묘사하고 있는 첫 번째 환상 부분(72:4-9)은 여섯 부류의 입장에서 해석하며, 이들을 "인도자 없는 소경"이라고 부른다. 이 부류의 다수는 당시 정통 교회에 속한 자들로 보이지만, 일부는 경쟁 관계에 있던 영지주의 분파로도 볼 수 있다. 두 번째 부분(81:3-14)은 예수의 십자가 처형에 관한 베드로의 환상을 묘사한다. 이어지는 예수의 해석은 육체적 형상과 살아 계신 예수를 구별한다. 후자는 무지한 박해자들을 비웃으며 그들 곁에 서 있다. 세 번째 환상 부분(82:4-16)은 천상의 플레로마의 지식의 빛과 예수의 영적인 몸이 재결합한다고 해석한다는 점에서 매우 영지주의적이다.

「베드로의 묵시록」에는 예수를 가현적(假現的)인 구원자로 보는 영지주의 그리스도론에 관한 중요한 자료가 들어 있다. 또한 이 문서가 자신들의 기원적 인물로 간주하는 베드로와 영지주의자들의 관계와 영지주의 공동체의 견해를 파악할 수 있다. 「베드로의 묵시록」은 정통과 이단 사이의 구분이 좀 더 분명해진 3세기에 기록된 것으로 추정된다.

베드로의 묵시록

VII 70:1-84:14

베드로의 묵시록

구주께서 열 번째 기둥의 계약과 합의의 300년째에 성전에 앉으셔서, 살아 계시고 불멸이신 하나님의 수(數)에 만족하시고는 나에게 말씀하셨다. "베드로야, 생명으로부터 온 자들에게 나를 통해 생명을 드러내신 아버지께 속한 자들은 복이 있나니, 내가 튼튼한 것 위에 세워진 그들에게 (그것들을) 기억나게 함은 그들이 내 말을 듣고, 의(義)로부터 나온 율법을 어긴 불의의 말을 구별하게 하려는 것이니라. 그 의는 이 진리의 플레로마의 모든 말씀의 높음에서 온 것이며, 권능들이 추구하던 분에 의해 아름다운 즐거움 속에서 비춤을 받은 것이니라. 그러나 그들은 그분을 발견하지 못했으며, 예언자들의 어떤 세대에서도 그분에 대해 말하지 않았느니라. 그분이 이제 비슷한 본질을 지닌 인간들의 두려움 속에 하늘들 위로 높임을 받으신, 사람의 아들이신 분 안에서 이들 가운데 나타나셨도다. 그러나 베드로야, 너 자신은 네 이름대로 너를 선택한 나 자신과 함께 완전해졌나니, 내가 지식으로 불러 모은 남은 자들을 위해 너로부터 하나의 기초를 세웠노라. 그러므로 맨 먼저 너를 부르신 분의 의가 모방되기까지 힘을 내거라. 그분은 그럴 만한 가치가 있는 방법으로 그분을 알게 하시기 위해 너를 부르셨나니, 그분과 그분의 손과 발의 근육과 중간 영역에 있는 자들이 씌운 왕관과 그분의 광명의 몸에 일어난 배척으로 인함이니라. 그들은 영예의 보상을 받으려고 예배하려는 희망 속에서 그를 끌어내렸느니라. 그래서 그분께서 오늘 밤 너를 세 번 꾸짖으려고 하셨느니라."

그분께서 이런 말씀을 하고 계실 때 제사장들과 사람들이 마치 우리를 죽이려는 듯이 돌을 들고 우리에게 달려오는 것을 보았다. 나는 우리가 죽을까 두려웠다.

그러자 주님께서 말씀하셨다. "베드로야, 나는 너에게 그들은 안내자 없는 소경들이라고 여러 번 말했느니라. 네가 그들이 눈멀었다는 것을 알고 싶다면, 네 손과 네 옷을 (네) 눈 위에 얹고 네가 보는 것을 말하여라."

그러나 내가 그렇게 했을 때 나는 아무것도 보지 못했다. 나는 말했다. "(이렇게) 볼 수 있는 사람은 없나이다."

주님께서 다시 내게 말씀하셨다. "다시 해보아라."

그러자 내게 기쁨과 함께 두려움이 왔으니, 내가 낮의 빛보다 더 큰 새로운 빛을 보았기 때문이다. 다음에 나는 주님께로 내려왔다. 그리고는 내가 본 것을 주님께 말씀드렸다.

그러자 주님께서 내게 다시 말씀하셨다. "네 손을 들어 제사장들과 사람들이 무슨 말을 하는지 들어 보아라."

그래서 나는 제사장들이 서기관들과 앉아 있을 때 제사장들의 말에 귀를 기울여 보았다. 많은 사람이 소리치고 있었다.

주님께서 나로부터 이런 일들을 들으셨을 때 주님께서 내게 말씀하셨다. "네 귀를 바짝 세우고 그들이 하는 말을 들어라."

그래서 나는 다시 들었다. "당신들이 앉아 있기 때문에, 저들이 당신들을 찬양한단 말이오."

내가 이 말씀을 드렸을 때 주님께서 말씀하셨다. "내가 네게 이 (사람)들은 눈멀고 귀먹은 자들이라고 말하였느니라. 그러니 이제 그들이 신비 속에서 네게 하는 말을 듣고, 그것을 간직해라. 그것들을 이 시대의 아들들에게 말하지 말라. 이 시대에는 그들이 너를 욕되게 하리니 그들이 너에 대해 무지하기 때문이니라. 그러나 그들은 지식 가운데서 너를 찬양하리라.

많은 자가 처음에는 너의 가르침을 받아들일 것이다. 그러나 그들은 자기들의 오류의 아버지의 뜻에 따라 다시 그 가르침에서 돌아서리니, 그들은 그가 원하는 것을 해왔기 때문이니라. 그리고 그는 자신의 심판 속에서, 즉 말씀의 종들 속에서 그들에게 나타날 것이니라. 그러나 이들과 섞인 자들은 그들의 포로가 되리니 그들은 지각이 없기 때문이니라. 그리하여 그들은 순진하고 선하고 순수한 자를 죽음의 일꾼에게로 그리고 회복되는 가운데 그리스도를 찬양하는 자들의 왕국으로 몰고 가느니라. 그리고 그들은 거짓을 선전하는 자들, 즉 네 뒤에 올 자들을 찬양하느니라. 그리하여 그들은 자신들이 순수해지리라고 생각하고는 죽은 자의 이름에 집착하리라. 그러나 그들은 크게 더러워질 것이고, 오류의 이름과 악하고 교활한 자의 손과 잡다한 교리에 빠질 것이며, 이단의 지배를 받으리라.

그들 중 일부는 진리를 모독하고 악한 가르침을 펴리라. 그리고 그들은 서로에 대해 악한 말을 하리라. 그런 자들은 아르콘들의 힘 속에선 (자들), 많은 고통에 빠진 잡다한 남자와 벌거벗은 여자의 힘 속에선 (자들)이라고 불리리라. 이러한 것들을 말하는 자들은 꿈에 대해 물으리라. 그리고 만일 그들이 꿈이 오류를 범하는 악마에게서 왔다고 말하면 그들은 순수함 대신에 타락됨을 받으리라.

악은 선한 열매를 맺을 수 없기 때문이다(비교, 루가복음 6:43). 그들 각자가 나온 곳이 자기와 비슷한 것을 낳기 때문이며, 모든 영혼이 진리에 속한 것도 아니요 불멸에 속한 것도 아니기 때문이니라. 우리가 보기에는 이 시대의 모든 영혼은 자기에게 정해진 죽음을 지니고 있나니, 그것은 자기들의 거처요 출신지인 자기 욕망과 영원한 파멸을 위해 창조되었으므로 언제나 노예이기 때문이니라. 그들(그 영혼들)은 자기들 안에서 나온 물질의 피조물을 사랑하느니라.

그러나 오, 베드로야, 불멸의 영혼들은 이와 같지 않으니라. 그런데 실로 때가 오기 전에는 (불멸의 영혼도) 죽을 자들과 비슷하니라. 그러나 그것은 자신만이 불멸의 존재이며, 믿음을 가지고 이 모든 것을 버리기를 원하면서, 불멸에 대해 생각하는 것이 자신의 본성임을 드러내지 않으리라.

만일 사람들이 지혜롭다면 그들은 가시나 가시나무에서 무화과를 모으지 않으며, 엉겅퀴에서 포도를 모으지도 않느니라(비교, 루가복음 6:44). 한편으로 항상 생성되고 있는 것은 그것이 나온 것 속에 있으며, 선하지 않은 것에서 나온 것은 그것(영혼)에게 파괴와 죽음이 되기 때문이니라. 그러나 영원하신 분 속에 존재하게 되는 것(불멸의 영혼)은 그들이 닮은 생명의 생명과 불멸이신 분 안에 있느니라.

그러므로 존재하지 않는 모든 것은 해체되어 존재하지 않는 것이 되리라. 귀먹고 눈먼 자들은 자기들의 동류와 결합할 것이기 때문이니라.

그러나 다른 자들은 악한 말과 그릇된 신비로 인해 변화하리라. 신비를 이해하지 못하는 자들은 자기들이 이해하지 못하는 것에 대해 말하면서, 진리의 신비가 자기들만의 것이라고 뽐내리라. 그래서 거만하게도 그들은 보증이 된 불멸의 영혼을 질투하는 자만에 빠지리라. 에온들의 모든 권위와 지배와 권능은 세상의 창조 때 이들과 함께하기를 바라나니, 존재하는 자들이 잊어버린, 존재하지 않는 자들이 그들을 찬양하도록 하려는 것이라. 그들은 비록 구원받지 못했고, 그들에 의한 길로 인도되지도 못했으며, 항상 자신들이 불멸의 존재들이 되기를 바라고 있다고 할지라도 그러하니라. 만약 불멸의 영혼이 지성적인 영 안에서 능력을 받으면―. 그러나 그들은 즉시 자신들을 그릇 인도한 자들 중 하나와 결합하리라.

그러나 진리를 반대하고 오류의 전령이 되는 많은 자가, 선과 악이 하나(의 근원)에서 나온 것이라고 생각하는 하나(의 관점)에서 봄으로써, 나의 이 순수한 생각에 대립하여 그들의 오류와 법을 세우리라. 그들은 내 말을 가지고 일하리라. 또 그들은 가혹한 운명을 전파하리라. 불멸의 영혼을 지닌 종족이 내가 다시 오기까지 헛되이 그 속에 들어가리라. 왜냐하면 그들은 그들에게서 나올 것임이니라. 그리고 나는 그들에게 자유를 주기 위해 그들이 자기들의 적들로 인해 빠진 과오를 용서하리니, 그들이 처해 있던 노예 상태로부터 벗어나도록 내가 그들의 몸값을 지불했느니라. 이는 불의의 맏아들인 헤르마스라고 하는 죽은 자의 이름으로, 그들이 모방의 나머지를 창조하게 하려는 것이니라. 이는 작은 자들이 존재하는 빛을 믿게 하려는 것이니라. 그러나 이런 자들은 빛의 아들들에게서 멀리 떨어진 바깥 어둠 속에 던져질 일꾼들이니라. 그들은 들어가지 않을 것이요, 자신들의 해방을 위해 그들의 허락을 얻으러 올라가고 있는 자들에게도 허락하지 않을 것이기 때문이니라.

그런데 그들 중 고통당하는 다른 자들은 자기들이 참으로 존재하는 형제애의 지혜를 완성할 것이라고 생각하느니라. 그 형제애는 친교 속에서 연합한 자들과 나누는 영적인 교제인데, 그것을 통해 불멸의 결혼식이 나타나느니라. 자매애의 동족은 모방으로 나타날 것이니라. 이들은 자기 형제들을 억압하는 자들인데, 그들에게 이렇게 말하느니라. '이것을 통해 우리 하나님이 연민을 품으시나니, 구원이 이것을 통해 우리에게 오기 때문이다.' 그들은 자기들이 보고 포로로 잡은 작은 자들에게 이런 일을 한 자들로 인해 즐거워하는 자들이 받을 벌을 알지 못하고 있느니라.

그리고 마치 자기들이 하나님께로부터 권위를 받은 것처럼, 스스로를 감독이요 집사라고 부르는 자들, 우리의 수에 들지 못하는 자들 중 다른 자들이 있으리라. 그들은 지도자들의 심판 밑에 허리를 숙이느니라. 이런 자들은 물이 마른 수로(水路)이니라."

그러나 나는 말했다. "주님께서 진실로 우리가 보기에는 작은 (자들이) 속이는 자들이요, 진실로 살아 있는 많은 자를 그릇되게 인도하여 그들을 자기들 가운데서 멸망시킬 많은 자가 있다고 말씀하시므로 저는 두렵나이다. 그리고 그들이 주님의 이름을 말하면 사람들은 그들을 믿을 것이나이다."

주님께서 말씀하셨다. "자기들의 오류에 비례하여 그들을 위해 정해진 시간 동안 그들은 작은 자들을 지배하리라. 그리고 그들의 오류가 완성된 후 불멸의 이해를 지닌 결코 나이 들지 않는 이가 젊어질 것이요, 그들(작은 자들)이 그들의 지배자들인 자들을 지배하리라. 그는 그들의 오류의 뿌리를 뽑아버릴 것이며, 그것을 부끄럽게 하여 그것이 제 것이라고 주장하는 온갖 뻔뻔함 속에서 드러나리라. 오, 베드로야, 그러한 자들은 변할 수 없게 되리라.

그러므로 오라, 우리가 나아가 불멸이신 아버지의 뜻을 완성하자. 보라, 그들에게 심판을 가져올 자들이 오고 있나니, 그들이 그들을 부끄럽게 하리라. 그러나 그들은 나를 건들지 못하느니라. 그리고 오, 베드로야, 너는 그들 가운데 설 것이니라. 너의 용기 없음을 인하여 두려워 말라. 그들의 마음은 닫혀 있나니, 보이지 않는 분이 그들에게 대항하셨느니라."

그분이 이런 일을 말씀하셨을 때 나는 그분이 외관상으로 그들에게 잡히신 것을 보았다. 그래서 내가 말했다. "오, 주님, 제가 무엇을 보는 것이옵니까? 그들이 잡아가는 분이 바로 주님이시나이다. 그리고 주님께서 저를 잡고 계시나이다. 그런데 그 나무 위에서 기뻐하며 웃고 계신 이분은 누구시나이까? 그들이 손과 발을 못질하고 있는 분은 다른 분이옵니까?"

주님께서 내게 말씀하셨다. "네가 나무 위에서 기뻐하며 웃고 있는 것을 본 이 사람이 살아 있는 예수이다. 그러나 그들이 그 손과 발에 못을 박고 있는 이 사람은 육체적인 부분이니, 그는 부끄러움에 내맡겨진 대체물이며, 그의 모습으로 존재하게 된 자니라. 그러나 그와 나를 보아라."

그러나 나는 그것을 보고서 이렇게 말했다. "주님, 아무도 주님을 보고 있지 않나이다. 이곳에서 도망치사이다."

그러나 주님께서 내게 말씀하셨다. "내가 네게 '눈먼 자를 내버려 두라!'고 말했느니라. 그런데 너는 그들이 자기들이 무슨 말을 하는지 모른다는 것을 보고 있느니라. 그들은 내 종 대신 자기들의 영광의 아들을 부끄럽게 했기 때문이니라."

그런데 나는 그분과 심지어는 나무 위에서 웃고 계신 그분과 닮은 어떤 사람이 우리에게 다가오려고 하는 것을 보았다. 그분은 성령으로 〈충만해〉 있었으니 그분이 구세주셨다. 그분 주변에는 형언할 수 없는 위대한 빛이 있었으며, 형언할 수 없고 보이지 않는 천사들이 그를 축복하고 있었다. 내가 그분을 바라보았을 때 찬양하는 분의 모습이 나타났다.

그분이 내게 말씀하셨다. "강하여라. 너는 이 신비를 받은 사람들 중 하나이니, 그들이 십자가에 못 박은 분이 처음 나신 분임을 계시를 통해 알도록 하려는 것이며, 악마들의 고향과 그들이 거하는 돌그릇(?)을 알게 하고, 엘로힘[5]에 대하여, 율법 아래 있는 십자가에 대하여 알게 하려는 것이니라. 그러나 그분 가까이에 서 계신 분은 살아 계신 구세주, 그분 안에서 첫째이신 분, 그들이 잡고 풀어 준 분, 그들이 자기들끼리 분열되어 있는 동안에 자신에게 폭력을 가하는 자들을 즐겁게 바라보고 계신 분이시니라. 그러므로 그분은 그들이 소경으로 태어났음을 아시고 그들이 지각없음을 비웃고 계시는 것이니라. 그러므로 그때 고난받을 분이 오실 것이니 그 몸은 대체물이니라. 그러나 그들이 풀어 준 것은 나의 비육체적인 몸이니라. 그러나 나는 눈부신 빛으로 가득 찬 지적인 빛이니라. 네가 내게 오시는 것을 본 그분은 나의 지적인 플레로마이니, 영원한 빛을 나의 성령과 합일케 하시느니라.

그런데 네가 본 이 일들은 이 시대에 속하지 않은 다른 종족 사람들에게도 나타날 것이니라. 불멸이 아닌 누구에게도 영예가 없을 것이고, 오직 자신의 풍성함을 주시는 분을 포함할 수 있음을 보여 준 불멸의 본질로부터 선택된 자들(에게)만 그러하리라. 그러므로 내가 '가진 자는 받을 것이요, 풍성히 가지리라'(마태복음 25:29)고 한 것이다. 그러나 가지지 못한 자, 즉 제 자리에 있는 자는 완전히 죽어 있으며, 태어난 것의 창조를 심는 데서 옮기었으며, 불멸의 존재 중 하나가 나타나면 자기들이 그를 소유했다고 생각하는 자니라. 그것은 그에게서 옮겨져 존재하는 자에게 덧붙여지리라. 그러므로 너는 용기를 갖고 조금도 두려워 말라. 네 원수들 중 누구도 너를 넘보지 못하도록 내가 너와 함께하리라. 너에게 평화가 있기를. 강하여라!"

---

[5] Elohim. 구약성서의 하나님을 지칭하는 말. 여기서는 영지주의의 입장에서 아르콘으로 보고 있음. 원래 Elohim은 '하나님'을 뜻하는 El의 복수임.

그분(예수)이 이런 말씀을 다 하셨을 때 그(베드로)는 제정신이 들었다.

베드로의 묵시록

실바누스의 가르침
(VII, 4)

해제

　「실바누스의 가르침」은 몇 가지 측면에서 독특한 글이다. 이것은 문서 VII에 있는 유일한 비영지주의 자료일 뿐 아니라, 드물게 보는 초기 그리스도교 지혜문서이다. 또 이 글의 일부는 후에 이집트의 은둔적 수도원주의의 창시자인 성 안토니우스의 가르침이라고 하는 전통에서만 쓰인 것으로 알려져 있다. 이 글의 독자들은 수도원의 수도자들이었으며, 따라서 수도원 공동체의 어떤 선구자가 쓴 것으로도 추정한다.

　「실바누스의 가르침」의 신학은 이원론적이지 않으며, 그리스도론도 가현설이 아니고, 또 일부 사람들만 구원받는다는 것을 부정하고 있다. 예수의 아버지이신 하나님은 만유의 창조주이시다. 또 "인간성을 입으심", "죄를 위해 고난을 지심", "죄를 위한 속전(贖錢)으로 돌아가심"이라는 말에서 그리스도의 인간성이 나타난다. 모든 사람이 신성한 "마음"과 "이성"을 지니고 있으므로 잠재적으로는 모든 사람이 구원받을 수 있다.

　이 글에 나오는 "가르침"은 헬레니즘화 된 유대교의 지혜문학에서 깊은 영향을 받은 것으로 추정된다. 이 글에는 여러 가지 지혜문학 형태가 나온다. 즉, 독자를 "나의 아들아"라고 부르는 것, 무엇을 하지 말라고 하는 훈계와 무엇을 하라고 하는 훈계, 설명조의 잠언과 교훈적인 말, 찬송과 기도, 지혜로운 자와 어리석은 자의 대비 등이다. 또한 「실바누스의 가르침」은 헬레니즘화 된 유대교의 지혜문학처럼 절충주의적 성향을 띠고 있으며, 성서와 알렉산드리아의 필로, 중기 플라톤 사상, 후기 스토아주의의 영향을 보여 준다.

「실바누스의 가르침」에는 윤리학, 인간론, 신론, 그리스도론과 관련된 것들도 들어 있다. 즉, "하나님을 기쁘시게 하는 것"은 육체의 저급한 충동을 이성적으로 통제하는 것과 관련이 있다. 그러한 통제를 하기 위해서는 선한 스승의 가르침과 그리스도께서 주시는 진리의 "빛", 또 마음과 영혼과 몸 사이에 힘의 균형을 바르게 유지함으로써 자신을 강하게 해야 한다는 것이다. 하나님께서는 만유를 포함하고 계시나 아무에게도 포함되지 않으신다. 그러므로 그분은 어느 곳에 국한되지 않으신다. 하나님은 그분의 "형상"이신 그리스도를 통해서가 아니면 알기 어렵다. 그리스도는 하나님의 지혜의 화신이다. 그리스도는 사로잡힌 자들을 해방하시고 세상의 지배자(사탄)를 이기기 위해 은밀히 이 세상에 내려오셨다. 그분은 빛의 권능들을 인간의 이성과 연결시킬 수 있으시며, 내재하는 로고스가 되실 수 있다.

이 글을 썼다고 하는 '실바누스'는 사도 바울의 동료인 듯한데, 어쩌면 사도 베드로의 대필자인지도 모른다(비교, 베드로전서 5:12). 신약성서에 나오는 유명한 이름을 사용하는 것은 초기 그리스도교 외경 문서에 공통적인 현상이었다. 이 글의 기록 연대는 3세기 초나 후반일 것으로 추정하고, 이집트의 알렉산드리아 부근에서 기록되었을 것으로 본다.

실바누스의 가르침
VII 84:15-118:7 / 118:8-9

실바누스의 가르침

인생의 어린 시절을 끝내고, 스스로 마음과 영혼의 힘을 얻고, 사랑과 저급한 악에 대한 욕망, 칭찬받는 것에 대한 애착, 다투기 좋아함, 번거로운 질투와 분노, 성냄, 탐욕 등의 모든 어리석음에 대한 싸움에 더욱 힘써라. 너희의 진지(陣地)와 무기와 창을 지켜라. 너희 자신과 말〔言〕인 모든 병사와 논의인 지휘자들과 인도하는 원리인 너희 마음을 무장하라.

나의 아들아, 너의 문들에서 모든 강도를 몰아내어라. 너의 문들을 말씀이라는 횃불을 가지고 지켜라. 그리하면 고요한 삶을 위한 이 모든 것을 얻으리라. 그러나 이것들을 지키지 않는 자는 주민들이 사로잡히고 온갖 들짐승들이 밟고 다녀서 황폐해진 성읍과 같이 되리라. 좋지 않은 생각들이 악한 들짐승들이니라. 그러면 너희 성읍은 강도떼가 득실거리고, 너는 안식을 얻지 못할 것이며, 온갖 종류의 야만적인 들짐승들만 보게 되리라. 폭군인 사악한 자가 이 모든 것의 지배자니라. 그(사악한 자)는 이것을 지시하는 동안 커다란 진창 아래 있느니라. 너의 영혼인 온 성읍이 멸망하리라.

오, 사악한 영혼이여, 이 모든 것을 없애어라. 너의 안내자와 스승을 모시고 오라. 마음이 안내자이고 이성이 스승이니라. 그들이 너를 파멸과 위험에서 데리고 나오리라.

나의 아들아, 내 조언을 들어라! 너의 적에게 등을 보이고 도망치지 말고, 〔강한 자〕로서 그들을 쫓아라. 쫓기는 동물이 되지 말고, 악한 들짐승을 쫓는 사람이 되어, 그것들이 너를 이기고 너를 죽인 자처럼 짓밟아 그들의 사악함으로 네가 멸망하지 않도록 하여라.

오, 사악한 자여, 네가 그들 손에 떨어지면 너는 무엇을 하겠느냐? 원수들의 손에 넘어가지 않도록 자신을 방어하여라. 이성과 마음이라는 이 두 친구에게 너를 맡기면 아무도 너를 이기지 못하리라. 하나님께서 너의 진영에 계시고, 그분의 영이 너의 문들을 지키시고, 하나님의 마음이 성벽을 방어해 주시기를. 거룩한 이성이 네 마음의 횃불이 되어 나무, 즉 온갖 죄를 태우시기를.

오, 나의 아들아, 네가 만일 이런 일들을 행한다면 너는 너의 적들에게 승리할 것이요, 그들은 너와 전쟁을 할 수도 없고 굳건히 설 수도 없으며, 네 길을 방해하지도 못하리라. 만약 네가 이런 자들을 발견한다면 너는 그들을 진리를 부정하는 자들로 경멸하리라. 그들이 너를 〔부추기며〕 (너를) 유혹하여 너와 말한다면 이는 그들이 너를 〔두려워해서〕가 아니라, 그들이 네 안에 거하는 자들, 즉 하나님의 수호자들과 그 가르침을 두려워하기 때문이니라.

나의 아들아, 훈계와 가르침을 받아들여라. 훈계와 가르침을 피하지 말고, 가르침을 받을 때 (그것을) 기쁨으로 받아들여라. 만일 네가 어떤 일에 대해 훈계를 받거든 선한 일을 행하여라. 너는 너를 인도하는 원리에 의해 훈계의 왕관을 엮을 것이니라. 거룩한 가르침을 옷처럼 입어라. 선한 행실을 통해 너의 마음이 숭고해지게 하여라. 준엄하게 선한 훈련을 하여라. 너 자신을 현명한 재판관처럼 판단하여라. 네 백성을 그릇 인도하지 않도록 내 가르침을 잊지 말며, 무지해지지 말라. 하나님과 네 내면의 가르침에서 도피하지 말지니, 너를 가르치는 자는 너를 심히 사랑하기 때문이니라. 그가 네게 값진 엄격함을 전해 주리라. 네 안에 있는 동물적 본능을 버리고, 저급한 생각이 네게 들어오지 않게 하여라. 〔...〕에 대하여는 내가 가르치는 길을 네가 아느니라.

네가 보듯이 〔소수의 사람〕을 지배하는 것은 좋으니라. 그러니 네가 모든 사람을 지배한다면 얼마나 더 좋겠느냐? 너는 모든 회중과 모든 사람 위로 높여졌으며, 모든 면에서 뛰어나며, 신적인 이성이 되어 영혼을 죽일 수 있는 모든 권능의 주인이 되었느니라.

나의 아들아, 누구라도 노예가 되기를 원하더냐? 그런데 너는 왜 그릇되게 자신을 괴롭히느냐?

나의 아들아, 지고하신 분인 하나님 한 분 외에는 아무도 두려워 말라. 악마의 속임수를 던져버려라. 네 눈을 위해 빛을 받아들이고, 어둠을 던져버려라. 그리스도 안에서 살라. 그러면 너는 하늘의 보화를 얻으리라. 쓸모없는 잡다한 것으로 (만들어진) 순대가 되지 말고, 너의 눈먼 무지를 위한 개척자가 되지 말라.

나의 아들아, 선하고 유용한 나의 가르침에 귀를 기울이고, 너를 무겁게 누르는 잠을 그만 자거라. 너를 어둠으로 채우고 있는 망각에서 벗어나라. 네가 아무것도 할 수 없다면 내가 네게 이런 말을 하지 않았을 것이니라. 그러나 네게 이 선물을 주시기 위해 그리스도께서 오셨느니라. 빛이 네게 있는데 너는 왜 어둠을 추구하느냐? 달콤한 물을 얻을 수 있는데 왜 상한 물을 마시느냐? 지혜가 (너를) 부르고 있는데 너는 어리석음을 바라는구나. 너 자신의 욕망에 의해 이런 일을 하지 말라. 그것을 행하는 자는 네 속에 있는 동물적 본능이니라.

지혜가 그녀의 선함 가운데서 너를 불러 말하도다. "오, 어리석은 자들아, 너희는 모두 내게로 와서, 선하고 뛰어난 이해라는 선물을 받으라. 내가 네게 대제사장의 옷을 주노니, 온갖 (종류의) 지혜로 짠 것

이라." 무지 이외에 나쁜 죽음이 또 무엇이 있느냐? 망각에 익숙한 것
외에 악한 어둠이 또 무엇이냐? 너의 근심을 오직 하나님께 던져버려
라. 아무 유익 없는 금이나 은을 바라지 말고, 지혜를 옷으로 입으며,
지식을 왕관처럼 쓰고, 인식의 보좌에 앉아라. 이것들은 너의 것이며,
네가 다른 때에 하늘에서 그것들을 받을 것이기 때문이니라.

어리석은 자는 어리석음을 옷으로 입으며, 슬픔의 옷처럼 부끄러
움을 입느니라. 그는 무지의 관(冠)을 쓰고, 〔무명〕(無明)의 보좌에 앉
느니라. 그가 〔이성이 없는〕 동안에는 스스로 오직 그릇 가나니, 무지
에 인도되기 때문이니라. 그리하여 그는 온갖 욕망을 좇아가느니라.
그는 인생의 욕망 속에서 수영하다가 익사하느니라. 분명히 그는 무익
한 온갖 일을 할 때 이익을 본다고 생각하느니라. 이 모든 일을 행하는
악한 자는 키잡이인 마음이 없으므로 죽으리라. 그는 바람에 이리저리
떠다니는 조각배 같으며, 기수 없이 고삐 풀린 말과 같으니라. 이(사람)
는 이성이라는 기수가 필요했기 때문이니라. 악한 자는 권고 듣기를
원치 아니했으므로 그릇 가느니라. 그는 이 세 가지 악에 이리저리 끄
달리나니, 죽음을 아버지로 삼고 무지를 어머니로 삼으며, 악한 계획
들―그는 이것들을 친구들과 형제들로 삼았느니라―을 스스로 취했
기 때문이니라. 그러므로 어리석은 자여 너는 너 자신을 위해 통곡해
야 하느니라.

그러니 나의 아들이여, 이제부터 너의 본성으로 돌아서거라. 〔너〕
에게서 이 악하고 속이는 친구들을 던져버려라! 〔이 진실한 친구〕 그
리스도를 선한 스승으로 〔영접하여라〕. 네게 아버지가 된 죽음을 네게
서 던져버려라. 죽음은 존재하지 않았으며, 끝내 존재하지 않을 것이
기 때문이니라.

그러나 네가 자신에게서 거룩하신 아버지고 참 생명이시며, 생명

의 샘이신 하나님을 던져버렸기 때문에 네가 죽음을 아버지로 얻고 무지를 어머니로 얻은 것이니라. 그들이 네게서 참 지식을 빼앗았느니라.

그러나 나의 아들아, 너의 최초의 아버지이신 하나님과 너의 어머니이신 지혜에게 돌아가거라. 너는 처음부터 그분들에게서 나왔으니, 이는 네가 너의 원수의 권능들, 너의 모든 원수와 싸우게 하려는 것이라.

나의 아들아, 나의 훈계를 들어라. 모든 선한 견해에 반대하여 교만하지 말고, 너 자신을 위해 이성의 신성함 쪽을 택하여라. 예수 그리스도의 거룩하신 계명을 지켜라. 그러면 너는 지상의 모든 곳을 다스리고, 천사들과 대천사들에게 공경을 받으리라. 그때 너는 그들을 친구들과 동료 종들로 얻고, 〔위에 있는 하늘〕에서 거처를 얻으리라.

네 안에 〔있는〕 신성한 것에게 슬픔과 고통을 주지 마라. 네가 그것을 돌보고, 그것에 대해 네가 순수하게 남아 있고, 네 영혼과 몸에 대해 자제력을 갖게 되기를 요구한다면 너는 지혜의 보좌가 되고, 하나님의 집안에 속한 자가 되리라. 그분은 네게 그것(지혜)을 통해 큰 빛을 주시리라.

그러나 (다른) 모든 것에 앞서 너의 탄생을 알아라. 너 자신, 즉 네가 어떤 본질에서 나왔는지, 또는 어떤 종족 출신인지, 또는 어떤 종(種)에서 왔는지를 알아라. 네가 세 종족으로부터, 즉 땅으로부터, 형상이 부여된 것으로부터, 창조된 것으로부터 존재하게 되었음을 이해하여라. 몸은 흙의 본성을 가지고 땅으로부터 존재하게 되었으며, 형상이 부여된 것은 영혼을 위해서 하나님의 생각으로부터 존재하게 되었느니라. 그러나 창조된 것은 마음이니, 하나님의 형상을 따라 존재하게 되었느니라. 신적인 마음은 하나님으로부터 온 본질을 지니고 있으나, 영혼은 그분(하나님)께서 그들 자신의 마음을 위해 형상을 부여한 것이니라. 나는 그것(영혼)이 형상을 따라서 존재하게 된 것의 아내로 존재한다고 생각하기 때문이니라. 그러나 물질은 땅으로부터 존재하게 된 몸의 본질이니라.

〔만일〕 네가 너 자신을 혼합한다면, 네가 덕으로부터 열등함으로 추락함에 따라 너는 세 부분을 얻으리라. 마음을 따라 살아라. 육체에 관계된 것들에 대해 생각하지 마라. 힘을 얻어라. 마음은 힘 있는 것임이니라. 네가 이 다른 것에서 추락한다면 너는 남성-여성이 되었느니라. 그리고 만일 네가 너 자신으로부터 생각인 마음의 본질을 던져버린다면, 너는 남성인 부분을 끊어버리고 여성인 부분에게로만 돌아선 것이니라. 네가 형상을 부여받은 것의 본질을 받아들였으므로 너는 혼적으로 되었느니라. 만일 네가 이것의 가장 작은 부분을 던져버려서 다시는 인간적인 부분을 얻지 못한다면—그러나 너는 너 자신을 위해 동물적인 생각과 모습을 이미 받아들였느니라— 네가 동물의 본성을 입었으므로 너는 육체가 되었느니라. 그런데 (만일) 혼적인 인간을 발견하기가 어렵다면 주님을 발견하기는 얼마나 더 어렵겠느냐?

그러나 나는 하나님은 영적인 분이시라고 말하느니라. 인간은 하나님의 본질로부터 형태를 취했느니라. 신적인 영혼은 부분적으로 이 한 분(하나님)의 몫을 나눠 갖고 있느니라. 거기에 더하여 그것은 육체의 몫도 나눠 갖고 있느니라. 저급한 영혼은 이쪽에서 저쪽으로 돌아서기를 좋아하는데, 그것이 진리라고 상상하는 〔...〕.

오, 인간이여, 너는 동물적 본성—육제적 (본성)을 말한다—으로 향하는 것보다 인간적 본성으로 향하는 것이 〔좋으니라〕. 너는 네가 향하는 부분의 모습을 입으리라.

내 너(남성 단수)에게 좀 더 말하리라. 너는 무엇을 바라느냐? 네가 이런 종류의 본성으로 들어왔을 때 너(여성 단수)는 동물이 되기를 바랐느니라. 그러나 생명의 참된 본성을 나눠 갖거라. 확실히 동물성은 너를 땅의 종족에게로 인도할 터이지만, 이성적 본성은 너를 이성적인 길로 인도할 것이니라. 이성적 특성으로 돌아서서 땅에서 난 특성을 네게서 버려라.

오, 영혼이여, 고집 센 자여, 정신을 차리고 무지의 작용인 너의 술취함을 떨쳐버려라. 네가 육체를 고집하여 그 속에 살면 너는 조잡함 속에 거하는 것이니라. 네가 육체적 탄생으로 들어갔을 때 네가 태어난 것이니라. 네가 신방으로 들어가게 되었으므로 너는 마음에 비춤을 받은 것이니라.

나의 아들아, 어떠한 물에서도 수영하지 말며, 이상한 종류의 지식으로 자신이 더러워지지 않게 하여라. 적의 계획이 그리 작은 것이 아니니, 그가 지닌 술수가 변했음을 너는 분명히 아느냐? 특히 지적인 인간이 뱀의 지성을 빼앗겼느니라. 그(적)가 "내가 네게 권고해 주리라" 하고 진실한 친구로 말하면서 아첨꾼임을 숨기고 네게로 오지 못하도록, 너는 (이) 둘의 지성, 즉 뱀의 지성과 비둘기의 순수함과 하나가 되는 것이 합당하니라.

그러나 네가 그를 진실한 친구로 받아들였을 때 너는 이 자의 속임수를 알아채지 못하였도다. 그가 네 마음속에 악한 생각을 선한 생각처럼 집어넣고, 확고한 지성인 양 가장하여 위선을, 검소함을 가장하여 탐욕을, 아름다운 것을 가장하여 영광에 대한 애착을, 엄격함을 가장하여 자랑과 자만심을, 〔대단한〕 경건을 가장하여 불경함을 집어넣기 때문이니라. "나는 여러 신을 가지고 있다"고 말하는 자는 하나님이 없는 자이기 때문이니라. 또 그는 신비한 말로 가장하여 거짓 지식을 네 마음에 집어넣느니라. 누가 그의 다양한 생각과 속임수를 이해하리오? 그는 자기를 왕으로 받아들이는 자들에게는 위대한 마음이기 때문이니라.

나의 아들아, 네가 이 자의 음모 또는 그의 영혼을 죽이는 계획을 이해할 수 있겠느냐? 그의 사악한 술수와 음모가 많음이니라. 그러니 그의 입구, 즉 그가 어떻게 너의 영혼에 들어오며, 어떤 옷을 입고 네게 들어올지를 생각하여라.

그리스도를 영접하여라. 그는 너를 자유롭게 하실 수 있으며, 그자의 술수를 간파하시고, 이 술수를 통해 속임수로 그를 파괴하시는 분이시니라. 이분은 영원히 정복할 수 없는 너의 왕이시며, 아무도 그분께 대항하여 싸우거나 논박할 수 없느니라. 이분이 너의 왕이시며 너의 아버지이시니 그와 같은 분이 없도다. 거룩한 스승께서 영원히〔너와〕함께 계시도다. 그분은 도우시는 분이시라, 네 안에 있는 선으로 인해 너를 만나시느니라.

너의 판단에 악의를 갖지 마라. 악한 모든 자가 네 마음을 해치느니라. 어리석은 자만이 자신을 파괴하는 데로 나아가나니, 지혜로운 자는 자기 길을 아느니라.

어리석은 자는 신비를 말하기를 조심하지 않느니라. (그러나) 지혜로운 자는 아무 말도 함부로 누설하지 않으며, 듣는 자를 잘 분별하느니라. 네가 모르는 자들 앞에서 모든 것을 말하지 마라.

많은 친구를 두되 상담자는 두지 마라. 먼저 너의 상담자를 살펴보아라. 아첨하는 자를 존중해서는 아니 되기 때문이니라. 확실히 그들의 말은 꿀처럼 달콤하지만, 그들의 마음은 하제(下劑)로 가득 차 있도다. 그들은 자신들이 믿을 만한 친구가 되었다고 생각할 때마다 속임수로 너에게서 돌아서서 너를 진창 속에 던져버리기 때문이다.

아무도 친구라고 믿지 마라. 이 세상은 모두 거짓으로 존재하게 되었으며, 모든〔인간은〕〔헛되이〕고통당함이니라. 세상〔의〕모든 것은 아무 유익이 없나니, 그것들은 헛되이 일어나는 것임이니라. (믿을 만한 자는) 아무도 없으니 형제조차도 그러하니라. 모든 사람은 자기 자신의 이익을 추구하기 때문이니라.

나의 아들아, 아무도 친구로 두지 마라. 그러나 네가 친구 하나를 얻는다 해도 그에게 너를 맡기지 마라. 오직 너를 아버지요 친구이신 하나님께만 맡겨라. 온 땅이 고통과 아픔—아무 유익도 없는 일들—으로 가득 차 있는 동안 모든 사람은 거짓으로 행하기 때문이다. 네가 생을 고요하게 보내고 싶거든 아무와도 친구로 지내지 마라. 네가 그들과 친구로 지낸다면, 마치 안 그런 듯이 하여라. 하나님께 가납(嘉納)할 만한 삶을 살아라. 그러면 네게는 아무도 필요 없으리라.

그리스도와 함께 살아라. 그러면 그분이 너를 구원하시리라. 그분은 참 빛이시며 생명의 태양이심이니라. 태양이 나타나 육신의 눈에 빛을 주듯이 그리스도께서도 모든 생각과 마음을 비추시기 때문이니라. (만일) 육체 속에 있는 사악한 자가 악한 죽음을 맞으면 마음이 눈먼 자는 얼마나 더 그러하겠느냐? 눈먼 자는 모두〔그런 길을 감으로〕, 그는 마음이 정상적이지 못한 사람과〔똑〕같이 보이느니라. 그는 이성이신 그리스도의 빛을 얻기를 기뻐하지 않느니라.

드러나 있는 모든 것은 숨겨져 있는 것의 복제품이기 때문이니라. 타오르는 불이 자신 안에 갇혀 있지 않듯이 하늘에 있는 태양도 그러하여 모든 햇살이 지상의 여러 곳을 비추느니라. 마찬가지로 그리스도는 한 분이시나 그분은 모든 곳에 빛을 주시느니라. 이는 또한 그분이 우리 마음속에서 말씀하시는 방법이니, 마치 타오르는 등불이 그곳을 온통 비추는 것과 같으니라. 그것은 영혼의 일부에 (있으면서) 모든 부분에 빛을 비추느니라.

나아가 나는 이것보다 더욱 높은 일에 대해 말하리라. 마음은 실제의 존재라는 면에서 한 곳에 있으니, 이는 그것이 몸 안에 있다는 뜻이니라. 그러나 생각이라는 면에서는 마음은 한 곳에 있는 것이 아니니라. 그것이 모든 곳을 생각할 때 어찌 한 곳에 있을 수 있으리오?

　　그러나 우리는 이보다 더 높은 것에 대해 말할 수 있으니, 너는 하나님께서 (한) 장소(에) 존재하신다고 생각하지 마라. 만일 네가 만유(의 주님)을 한 장소에 둔다면, 그곳이 거기 거하시는 분보다 더 높다고 말하는 것이 합당하니라. 포함하는 것이 포함되는 것보다 높기 때문이니라. 실체가 없다고 할 수 있는 장소는 없기 때문이니라. 우리가 하나님이 하나의 몸이라고 말하는 것은 옳지 않기 때문이니라. 몸은 늘기도 하고 줄기도 한다고 말(해야 하지만), 이 모든 것에 종속된 자는 불멸로 있지 못할 것이니라.

　　그런데 모든 피조물의 창조주를 아는 것은 어려운 일이지만, 이 한 분의 모습을 이해하기는 불가능하니라. 왜냐하면 인간이 하나님을 이해하기 어려울 뿐 아니라, 모든 신적 존재, 천사들과 대천사들(도) 어렵기 때문이니라. 하나님을 사실대로 알아야 하느니라. 너는 아버지의 형상을 지니신 그리스도를 통하지 않고는 하나님을 알 수 없느니라. 이 형상이 드러난 것과 상응하는 진정한 모습을 드러내 주기 때문이니라. 보통 왕은 표상을 통해서가 아니면 알려지지 않느니라.

　　하나님에 관해 이러한 것들을 고찰하여라. 그분은 어디에나 계시며, 다른 한편으로는 그분은 (아무) 데도 계시지 않느니라. (권능이라는 면에서는) 분명히 그분은 어디에나 계시느니라. 그러나 신성이라는 면에서는 그분은 아무 데도 계시지 않느니라. 그러므로 하나님을 조금 알 수는 있느니라. 그분의 권능이라는 면에서 보면 그분은 모든 곳을 채우고 계시지만, 그분의 신성의 높으심에서 보면 아무것도 그분을 포함하고 계시지 않느니라. 모든 것은 하나님 안에 있느니라. 그러나 하나님은 어느 것 안에도 계시지 않느니라.

그러면 하나님을 안다는 것은 무엇인가? 하나님은 진리 안에 있는 모든 것이니라. 그러나 태양을 보는 것처럼 그리스도를 보는 것은 불가능한 일이니라. 하나님께서는 모든 이를 보시느니라. 그러나 아무도 그분을 보지 못하느니라. 그리스도는 질투하시지 않고 받아들이시고 주시느니라. 그분은 질투함 없이 빛을 주시므로 아버지의 빛이시니라. 그분은 이와 같이 모든 곳에 빛을 주시느니라.

그리고 만유는 그리스도이니, 그분은 존재하시는 분으로부터 만유를 받으셨느니라. (그분의) 불멸성과는 별도로 그리스도는 만유이시기 때문이니라. 네가 죄를 고찰해 보면 그것은 실제가 아니니라. 그리스도는 불멸성의 이데아이시며, 더러워지지 않고 빛나는 빛이시기 때문이니라. 태양은 불결한 모든 곳을 (비추지)만 더러워지지 않느니라. 그리스도도 그러하시니, 〔그분이〕 결핍 〔속에 계실〕지라도 〔그분은〕 결핍이 없으시니라. 또〔그분은 태어나셨을지라도〕 (여전히) 태어남이 없으시니라. 그리스도도 그러하사 한편으로 그분은 이해할 수 있는 분이지만 다른 한편으로는 그분은 이해할 수 없는 분이시니, 그분의 실제적인 존재에 관해서 그러하시니라. 그리스도는 만유이시니라. 만유를 소유하지 않는 자는 그리스도를 알 수 없느니라.

나의 아들아, 이 한 분에 대해 한 마디라도 함부로 말하지 말며, 만유의 하나님을 정신적인 형상으로 국한하지 마라. 판단하시는 그분(하나님)은 판단하는 자에게 판단당하시지 않기 때문이니라. 실로 하나님이 누구이신지를 묻고 아는 것은 좋은 일이니라. 이성과 마음의 남성적인 이름이니라. 실로 이 한 분에 대해 알고자 하는 자는 고요히 공경심을 가지고 물어야 하느니라. 이런 일들에 대해 말하는 데는 적지 않은 위험이 있기 때문이니, 네가 한 모든 말을 근거로 하여 네가 심판받는다는 것을 알아야 하느니라.

이를 통해 어둠 속에 있는 자는 빛을 받아들여 ... 그것에 의해 ...하지 않는 한, 아무것도 보지 못한다는 것을 이해하여라. 네가 진실로 빛을 가지고 있는지, 그래서 네가 이러한 일들에 대해 물을 때 네가 어떻게 피할지를 알고 있는지 (보기 위해) 너 자신을 점검하여라. 많은 이가 어둠 속에서 찾고 있으며, 자기들에게 빛이 없으므로 여기저기 더듬어 찾고 있느니라.

나의 아들아, 너의 마음이 아래를 보게 하지 말고, 빛을 통하여 위의 것들을 바라보도록 하여라. 그것(마음)이 지상에 있다 하더라도 위에 있는 것들을 힘써 추구하도록 하여라. 네 마음을 하늘의 빛으로 비추어, 네가 하늘의 빛으로 향하게 하여라.

이성의 문을 두드리는 데 싫증내지 말고, 그리스도의 길을 걷기를 쉬지 마라. 그 길을 걸음으로써 너의 노고에서 안식을 얻도록 하여라. 네가 만일 다른 길을 걷는다면 거기에는 유익이 없으리라. 넓은 길을 걷는 자들도 종국에는 진흙탕의 파멸로 내려갈 것임이니라. 지하 세계는 영혼을 향해 활짝 열려 있고 멸망의 길은 넓음이니라. 좁은 길인 그리스도를 영접하여라. 그분은 네 죄를 위해 박해받으시고 고통을 견디시느니라.

오, 영혼이여, 완고한 자여, 너는 얼마나 무지한 가운데 있는 것이냐! 너를 어둠으로 인도하는 자가 누구냐? 그리스도께서 너 때문에 얼마나 여러 가지 모습을 입으셨더냐? 그분은 하나님이셨으나 사람으로서 사람들 가운데〔계셨느니라〕. 그분은 하계로 내려오셨느니라. 그분은 죽음의 자녀들을 풀어 주셨느니라. 하나님의 성서에서 말했듯이 그들은 고역 가운데 있었느니라. 그리고 그분은 그것(하계)의 (바로 그)

심장을 봉인(封印)하셨느니라. 그리하여 그분은 그것(하계)의 강한 활을 완전히 꺾으셨느니라. 그리고 모든 권능이 그분을 보았을 때 그들은 도망쳐 그분이 너 사악한 자를 심연에서 끌어 올리시고 너의 죄를 위한 속전(贖錢)으로 너를 위해 죽으셨느니라. 그분은 너를 하계의 강력한 손에서 구원하셨느니라.

그러나 너로서는 그분이 너를 기쁨으로 데리고 올라가실 것을 믿고, 어렵지만 근본적으로 그분을 선택하여라! 그런데 마음의 겸손인 그 근본적인 선택은 그리스도의 선물이니라. 회개한 마음은 가납할 만한 희생이니라. 네가 스스로를 낮춘다면 너는 크게 높여질 것이니라. 그러나 네가 자신을 높이면 너는 극히 낮아질 것이니라.

나의 아들아, 사악함을 경계하고, 사악함의 영이 너를 심연으로 던져 넣지 않게 하여라. 그는 미친 자요 모진 자니라. 그는 방해이니, 모든 이를 진흙 구덩이 속에 던져 넣느니라.

간음을 사랑하지 않고, 악한 일은 생각하지도 않는 것이 크고 좋은 일이니, 이런 일을 생각하는 것은 죽음이니라. 누구든 죽음에 빠지는 것은 좋지 않으니라. 죽음 가운데 빠진 자는 이성이 없으리라. 동물의 삶을 얻느니 살지 않는 편이 나으니라. 네가 간음의 불길에 타지 않도록 너 자신을 방어하여라. 불 속에 빠진 많은 자가 그것의 종이나, 네가 그들을 너의 원수로 알지 못하고 있도다.

오, 나의 아들아, 간음이라는 옛 옷을 벗어버리고, 깨끗하고 빛나는 옷을 입어라. 네가 그 옷을 입으면 아름다우리라. 그러나 네가 이 옷을 지니고 있다면 그것을 잘 보호하여라. 모든 구속에서 벗어나라. 네가 욕망을 버리고(그 계교는 많으니라), 정욕의 죄에서 벗어나면 자유를 얻으리라.

오, 나의 아들아, 내 권고에 귀를 기울여라. 여우와 뱀의 소굴이 되지 말고, 독사의 굴이 되지도 말며, 사자의 거처도 되지 말고, 바실리스크 뱀의 은신처가 되지도 마라. 오, 나의 아들아, 이런 일들이 네게 일어나면 너는 무엇을 하겠느냐? 이런 일들은 적들의 힘이기 때문이니라. 그것들(그 힘들)을 통해 죽은 것들이 네게로 들어오리라. 그들의 음식은 모든 죽은 것과 모든 불결한 것이기 때문이니라. 이런 것들이 네 안에 있으면 살아 있는 어떤 것이 네게 들어오리오? 살아 있는 천사들이 너를 싫어하리라. 너는 성전인(데), 네가 자신을 무덤으로 만들었도다. 무덤이기를 그만두고 (다시) 성전이 되어 의와 거룩함이 네 안에 거하게 하라.

네 안에 빛을 비추어라. 그 빛을 꺼뜨리지 마라. 분명히 들짐승과 그 새끼들을 위해서는 아무도 등불을 밝히지 않느니라. 너를 위해 죽은 자들을 일으켜라. 그들은 너를 위해 살고 죽었기 때문이니라. 그들에게 생명을 주어라. 그들이 다시 살리라.

생명나무는 그리스도이시기 때문이니라. 그분은 지혜이시니라. 그분은 지혜이시며, 또한 말씀이시니라. 그분은 생명이시고 권능이시며 문이시니라. 그분은 빛이시고 전령이시며 선한 목자시니라. 너를 위해 모든 것이 되신 이분께 너 자신을 맡겨라.

문을 두드리듯 너 자신을 두드리며, 곧은길을 걷듯 너 자신 위를 걸어라. 네가 그 길을 걷는다면 너는 그릇 갈 수 없느니라. 네가 이분(지혜)과 함께 두드리면, 너는 숨겨진 보물창고의 문을 두드리는 것이니라.

그분(그리스도)은 지혜이시므로, 어리석은 자를 지혜롭게 하시느니라. 그것(지혜)은 거룩한 왕국이며 빛나는 옷이기 때문이니라. 그것(지혜)은 네게 큰 영예를 주는 많은 금이기 때문이니라. 오, 어리석은 자여, 하나님의 지혜가 네게는 어리석음의 전형이 되었나니, 그것이 너를 데리고 올라가 너를 지혜로운 자로 만들기 위함이니라. 그분(그리스도)께서 무능한 자가 되셨을 때 생명이 너를 위해 죽으셨으니, 그분의 죽음을 통해 죽었던 네게 생명을 주려 하심이니라.

너를 이성에 맡기고, 네게서 동물성을 제거하여라. 이성이 없는 동물이 나타나게 되었음이니라. 많은 자가 자신들이 이성이 있다고 생각하나 그들을 주의 깊게 보면 그들의 말은 동물적이니라.

그리스도의 참 포도나무에서 즐거움을 얻어라. 그 속에 술 취함이나 오류가 없는 참 포도주를 마음껏 마셔라. 그것(참 포도주)은 술 마심의 끝이 되나니, 그 속에는 하나님의 영을 통해 영혼과 마음에 기쁨을 주는 (능력)이 있기 때문이니라. 그러나 그것(참 포도주)을 마시기 전에 먼저 너의 이성적 능력을 길러라.

죄의 칼로 너를 찌르지 마라. 오, 악한 자여, 정욕의 불로 너를 태우지 마라. 너 자신을 포로처럼 야만인들에게 맡기지 말고, 너를 짓밟으려 하는 들짐승들에게 맡기지도 마라. 그들은 크게 울부짖는 사자들과 같기 때문이니라. 그들이 너를 짓밟지 않도록 죽은 자가 되지 마라. 너는 인간이 되리라! 네가 그것들을 정복하기 위해 이성적으로 생각하는 것을 통해 그렇게 할 수 있느니라.

그러나 아무것도 하지 않는 자는 이성적 인간이라고 (불릴) 가치가 없느니라. 이성적 인간은 하나님을 두려워하는 자니라. 하나님을 두려워하는 자는 거만한 일을 결코 하지 않느니라. 거만한 일을 스스로 경계하는 자는 자신을 인도하는 원칙을 지키는 자니라. 그는 지상에 존재하는 인간이지만, 자신을 하나님처럼 만드느니라.

그러나 그리스도처럼 된 바울의 말에 따르면, 자신을 하나님처럼 만드는 자는 하나님께나 해당하는 일을 하지 않는 자니라.

하나님께 기쁨이 되는 일들을 하려고 하지 않으면서 누가 하나님을 공경할 수 있으리오? 경건은 마음에서 나오는 것이요, 마음에서 나온 경건은 하나님께 가까이 있는 모든 영혼(의 특징이니라).

하나님 집안에 속한 영혼은 순수함을 유지하는 영혼이요, 그리스도를 입은 영혼은 순수한 영혼이니라. 그런 영혼은 죄를 지을 수 없느니라. 이제 그리스도께서 계신 곳에서는 죄가 무력하니라.

그리스도만이 너의 세계에 들어오시게 하고, 그분께서 네게 와 있는 모든 권능을 없애버리시도록 맡겨라. 그분을 네 안에 있는 성전에 들어오시게 하면 그분께서 모든 상인을 몰아내시리라. 그분을 네 안에 있는 성전에 들어오시게 하면 너는 그분을 위한 제사장과 레위인이 되어 순수함 속으로 들어갈 수 있으리라.

오, 영혼이여, 네가 너의 성전에서 이분을 발견한다면 너는 복이 있도다.

네가 그분의 권고를 행한다면 너는 훨씬 더 복이 있도다.

그러나 하나님의 성전을 더럽히는 자는 한 분이신 하나님께서 그를 멸망시키시리라. 오, 인간이여, 네가 이분을 너의 성전 밖으로 몰아낸다면 너는 적에게 무방비 상태가 되는 것이니라. 적들이 네 안에서 그리스도를 보지 못하면 그들은 너를 부숴버리기 위해 네 안으로 무장하고 들어올 것이니라.

오, 나의 아들아, 나는 너에게 이러한 일들에 관해 여러 번 명령을 했나니, 이는 네가 언제나 너의 영혼을 지키도록 하려는 것이니라. 네가 그분(그리스도)을 몰아내는 것이 아니라, 그분이 너를 내치시리라. 만일 네가 그분에게서 도망치면 너는 큰 죄에 빠지리라. 또 만일 네가 그분에게서 도망치면 너는 네 적들의 먹이가 되리라. 저급한 모든 인간은 그들의 주님에게서 도망치나니, 덕과 지혜에서 저급한 (인간)이 그리스도에게서 도망치느니라. (그분)에게서 분리된 자는 들짐승들의 발톱에 떨어지기 때문이니라.

그리스도께서 누구이신지 알고, 그분을 친구로 얻으라. 이분은 신실하신 친구임이니라. 그분은 또한 하나님이시며 스승님이시니라. 하나님이신 이분이 너를 위해 인간이 되셨느니라. 하계의 쇠방망이와 청동빗장을 부수신 분이 이분이시니라. 모든 교만한 폭군을 공격하여 내쳐버리신 분이 이분이시니라. 자신에게서 자신이 잡고 있던 쇠사슬을 푸신 분이 그분이시니라. 그분은 가난한 자들을 심연에서, 우는 자들을 하계에서 끌어 올리시느니라. 교만한 권능들을 낮추시고, 교만함을 겸손으로 부끄럽게 하시며, 강하고 뽐내는 자를 연약함을 통해 내치시는 분이 그분이시니라. 영예로 여겨지는 것을 경멸하고 비웃으시어, 하나님을 위한 겸손이 높아지게 하시고, 인간성을 입으신 분이 그분이시니라.

그러나 하나님의 말씀이 하나님이시니, 그분은 인내로 언제나 인간을 참아 주시느니라. 그분은 높여진 자들 속에 겸손을 낳기를 원하셨도다. 높여진 인간을 지니신 그분(그리스도)은 하나님과 같이 되셨으나, 이는 하나님을 인간으로 끌어내리기 위해서가 아니라 인간이 하나님처럼 되게 하려는 것이니라.

오, 하나님의 이 위대하신 선함이시여! 오, 그리스도시여, 인간들에게 위대한 신성을 드러내신 왕이시며, 모든 덕의 왕이시며, 생명의 왕이시며, 시대들의 왕이시며, 하늘들의 위대한 분이시여, 제 말을 들으시고 저를 용서하소서!

나아가 그분은 하나님께 대한 지극한 열심을 보이셨도다.

지혜롭거나 지성에 힘 있는 사람, 또는 그가 지혜를 앎으로 계교가 많은 사람이 어디 있느냐? 그로 하여금 지혜를 말하게 하라. 그로 하여금 크게 자랑하는 말을 하게 하라. 모든 사람이 바보가 되어 자기 (자신의) 지식을 말해 왔음이니라. 그분(그리스도)께서는 교활한 자들의 논의를 깨뜨리시고, 자기 자신의 이해를 고집하는 지혜로운 자들을 이기셨음이니라.

　　전능하신 분의 계획을 누가 알 수 있고, 하나님에 관해 누가 말할 수 있으며, 누가 그것을 바르게 선포하겠느냐? 우리는 우리 친구들의 계획도 이해할 수 없거늘, 누가 하나님이나 하늘들의 신들을 이해할 수 있으리오? 우리는 지상에 있는 것들도 잘 찾지 못하거늘, 누가 하늘에 있는 것들을 찾으리오? 위대하신 권능이시고 위대하신 영광이신 한 분이 세상이 드러나게 하셨도다.

　　하늘의 생명은 모든 것을 새롭게 하기를 원하나니, 그리하여 그가 연약한 모든 것과 모든 검은 형상을 내버릴 것이요, 아버지의 명령이 나타나도록 하기 위해 모든 사람이 천상의 옷을 입고 눈부시게 빛날 것이요, 그가 잘 싸우기를 원하는 이들에게 왕관을 씌워 주시리니, 그 싸움의 심판자이신 그리스도께서 모든 사람을 싸우도록 가르치시고 모든 사람에게 왕관을 씌워 주시리라. 싸움을 한 이 분이 먼저 왕관을 받고, 영역을 얻고, 모든 사람에게 빛을 비추며 나타나셨도다. 그리하여 모든 이가 성령과 마음을 통해 새롭게 되었도다.

　　오, 전능하신 주여, 제가 당신께 얼마나 많은 영광을 드리리이까? 아무도 하나님을 합당하게 영화롭게 하지 못했나이다. 오, 자비로우신 하나님이시여, 모든 이를 구원하시기 위해 당신의 말씀에 영광을 주신 분은 당신이시나이다. 그는 당신의 입에서 나와 당신의 마음, 처음 나신 분, 지혜, 원형, 최초의 빛에게로 올라갔나이다.

그는 하나님의 권능에서 나온 빛이요, 전능하신 분의 순수한 영광의 방사(放射)이니라. 그는 하나님의 활동의 흠 없는 거울이시요, 그분의 선하심의 형상이니라. 그는 또한 영원한 빛에서 나온 빛이니라. 그는 보이지 않는 아버지를 보는 눈이요, 언제나 아버지의 뜻에 의해 섬기고 형상을 주시는도다. 그분만이 아버지의 선하신 기쁨에 의해 태어나셨도다. 그는 이해할 수 없는 말씀이시고 지혜이시며 생명이시로다. 그는 모든 살아 있는 것과 권능들에게 생명을 주시고 그들을 기르시도다. 영혼이 그 모든 지체에게 생명을 주듯이 그는 권능으로 모든 것을 다스리시고 그들에게 생명을 주시도다. 그는 모든 것의 시작이자 끝이시며, 모든 것을 감찰하시고 그것들을 감싸 안으시도다. 그는 모든 것을 위해 고난당하시고 기뻐하시고, 또 슬피 우시도다. 한편으로 그는 징벌의 처소로 가게 되어 있는 자들을 위해 우시며, 다른 한편으로 자신이 애써 훈계로 이끌고 계시는 모든 자로 인해 고난당하시도다. 그러나 그는 순수함 속에 있는 모든 이에 대해 기뻐하시도다.

그러므로 네가 강도들의 손에 떨어지지 않도록 주의하라. 네 눈에 잠이 오게 말며, 네 눈꺼풀이 졸게도 마라. 그리하면 영양이 올무에서 벗어나듯이, 새가 그물에서 벗어나듯이 네가 구원받으리라.

모든 권능 ― 거룩한 권능들뿐 아니라 적의 모든 권능이 너의 뒤를 쫓아 너를 살피고 있는 동안, 싸움이 계속되는 한 큰 싸움을 하여라. 너를 보고 있는 모든 이 가운데에서 그들이 너를 이긴다면 네게 화가 있도다! 네가 그 싸움을 하여, 네게 대항하여 싸우는 권능들을 이긴다면 너는 거룩한 권능들에게 큰 기쁨을 가져다줄 것이요, 네 적들에게는 큰 슬픔을 가져다주리라. 너의 심판자는 네가 승리하기를 원하시므로 (너를) 철저히 도우시느니라.

나의 아들아, 내 말에 귀를 기울이고 네 귀로 게으름 피우지 마라. 너의 옛사람을 버리고 독수리처럼 날아올라라. 하나님을 기쁘시게 하지 않는 모든 자는 멸망의 자식임을 너는 알고 있느니라. 그는 하계의 심연으로 내려가리라.

오, 모든 사람을 참아 주시며, 죄에 굴복하게 된 모든 자가 구원 받기를 바라시는 하나님의 길이 참으심이여!

그러나 아무도 그분(하나님)께서 원하시는 것을 하지 못하시게 할 수는 없느니라. 누가 그분의 일을 방해할 만큼 그분보다 힘이 세겠는 가? 분명히 땅을 만지사 그것을 떨게 하시고, 산들이 연기를 뿜게 하시는 분은 그분이시니라. 저토록 큰 바닷물을 가죽부대에 담아 놓으시듯 모으시고, 그 저울로 모든 물의 무게를 다신 이는 그분이시니라. 주님의 손만이 이 모든 것을 지으셨도다. 아버지의 이 손은 그리스도시니, 그 손이 만유를 지으시도다. 그것을 통해 만유가 존재하게 되었으니, 그것이 만유의 어머니가 되셨기 때문이니라. 그분은 언제나 아버지의 아들이시니라.

언제나 계시는 전능하신 하나님께 대해 이런 일들을 깊이 생각하여라. 이분은 거룩하신 아들이 없이 계시지나 않을까 하는 두려움으로 언제나 왕이신 것이 아니니라. 만유는 하나님 안에 거하나니, 곧 아버지의 형상이요 아들이신 말씀을 통해 존재하게 된 것들이 그러하니라.

하나님은 가까이 계시나니, 그분은 멀리 떨어져 계시지 않도다. 모든 거룩한 경계(境界)는 하나님의 집안에 속하는 것들이니라. 그러므로 하나님께서 어떤 것에서든지 부분적으로라도 너와 일치하시면, 하나님의 모든 것이 너와 일치하느니라. 그러나 이 하나님은 악한 것은 어떤 것이라도 기뻐하지 않으시느니라. 모든 사람에게 무엇이 선한지를 가르치시는 분이 이분이시기 때문이니라. 이것이 하나님께서 인류에게 주신 것이니, 이로 인해 모든 사람이 모든 천사와 대천사 앞에서 구원받게 하시려는 것이니라.

하나님은 누구라도 시험하실 필요가 없으시느니라. 그분은 모든 일이 일어나기 전에 아시며, 마음의 숨겨진 일을 아시느니라. 그것들은 모두 그분의 현존 안에서 나타났으며, 부족함이 드러났느니라. 누구라도 하나님이 무지하시다고 말해서는 아니 되느니라. 모든 피조물의 창조주를 무지하다고 여기는 것은 옳지 않으니라. 어둠 속에 있는 것들조차도 그분 앞에서는 빛(속에 있는 것들)이니라.

그러므로 하나님 한 분 외에는 숨겨진 다른 것이 없느니라. 그러나 그분은 모든 자에게 드러나 계시지만, 완전히 숨겨져 계시느니라. 하나님은 모든 것을 아시므로 드러나 계시느니라. 만일 그들이 그것을 긍정하지 않는다면, 그들의 마음이 그것을 바로잡아 줄 것이니라. 아무도 하나님의 일들을 알지 못하기 때문에 그분은 가리어 계시느니라. 하나님의 생각을 아는 것은 불가사의하며 탐구할 수 없기 때문이니라. 더욱이 그분을 이해하고 그리스도를 발견하는 일은 어려우니라. 그분은 모든 곳에 계시며 또한 아무 데도 계시지 않기 때문이니라. 누가 하나님을 사실대로 알기를 원한다 할지라도 그것은 불가능하나니, 그리스도 영도 천사들의 무리도 대천사들조차도 또 영들의 보좌들도 존귀한 주권들도 위대한 마음도 그러하니라.

무엇이 있는지를 알 수 있도록 스스로 문을 열어라. 말씀이 너를 위해 문을 열도록 너 자신의 문을 두드려라. 그분은 믿음의 지배자이시며 날카로운 검이시라, 모든 사람에게 자비를 베풀기 원하시어 모든 사람을 위해 모든 것이 되셨도다.

나의 아들아, 어둠의 세상의 지배자들, 권능들로 가득 차 있는 이런 유의 공중의 지배자들에게서 도망칠 준비를 하여라. 그러나 네게 그리스도께서 계시다면 너는 이 세계 전체를 이기리라. 네 자신을 위해 열 것을 열라. 너 자신을 위해 두드릴 것을 두드려, 너 자신을 유익하게 하라.

나의 아들아, 아무 유익이 없는 것들을 계속 행하지 않도록 하여라.

나의 아들아, 내면을 정화할 수 있도록 먼저 너의 외적인 삶에 대해 자신을 정화하여라.

하나님의 말씀을 파는 장사꾼들처럼 되지 마라.

무슨 말이든지 입 밖에 내기 전에 먼저 그것을 검토해 보아라.

안전하지도 않은 명예를 얻으려 말며, 너를 멸망으로 인도하는 자만심을 품지 마라.

나의 아들아, 인내하시고 온유하신 그리스도의 지혜를 받아들이고, 하나님의 길은 언제나 유익함을 알아, 이 말을 지켜라.

* * * * *

예수 그리스도, 하나님의 아들, 구세주(이크투스),
놀라운 기적

셋의 세 기둥
(VII, 5)

해제

　창세기에서 카인과 아벨의 비극적인 이야기가 있은 뒤에 셋은 아담의 형상을 따라 지음받은 최초의 인간이었다. 이는 아담이 하나님의 형상으로 지어진 것과 같았다. "사람들이 하나님의 이름을 부른 것"(창세기 4:25-5:8)은 셋의 후손들이 나오고 한참 지나서였다. 이와 같이 영지주의자들은 셋을 하나님이 아담에게 최초로 보이신 계시를 전해 받은 조상으로 여겼다. 이는 「아담의 계시록」(V, 5)에 나와 있는 바와 같다. 유대 역사가 요세푸스는 점성학을 발견한 셋의 후손들이 불과 물에 의한 두 번의 우주적 재난이 있을 것임을 아담에게서 전해 들었다는 전설을 기록하고 있다.

　「셋의 세 기둥」 첫 구절에 "도시테오스의 계시"(이 사람의 이름은 이 문서에서 여기에만 나온다)라고 되어 있는 것은 영지주의 창시자인 시몬 마그누스와 관련이 있는 미지의 사마리아인을 말하는 것일 수도 있다. 또 이는 어쩌면 셋 종파와 사마리아 전통의 어떤 연관성을 반영하는 것일 수도 있다.

　「셋의 세 기둥」 첫 구절과 마지막 구절에는 이것이 계시라고 되어 있는데, 이 글은 무아지경의 상태에서 하늘들을 통과해 올라가는 동안 본 것을 이야기하는 것이 아니다. 오히려 그런 여행에 수반되는 찬송 형태의 기도문이다. 이 글은 유대교와 셋 종파적인 제의적(祭儀的) 배경을 지니고 있는 것으로 보이는데, 신플라톤적인 철학 용어가 섞여 있다. 특히 존재-생명-마음이라는 신성 속의 세 측면이 나온다. 이 용어는 「조스트리아노스」와 「알로게네스」(XI, 3)에도 나오며, 또 포르피리우스가 「플로티누스의 생애」에서 플로티누스 학파가 논박한 영지주의 문서들이라고 지적한 글들에서도 볼 수 있다. 그러한 연관관계로 보면 이 자료가 서기 265~266년 사이에 플로티누스 학파에서 행한 "영지주의자들에 반대하여"라는 강의가 있기 이전에 작성된 것으로 추측할 수 있다.

셋의 세 기둥
VII 118:10-127:27 / 127:28-32

이 글은 살아 있는 부동의 종족의 아버지이신 셋의 세 기둥에 관한 도시테오스의 계시인데, 이는 그(도시테오스)가 보고 이해한 것이다. 그는 그것들을 읽은 뒤 그것들을 기억했다. 그리고 그는 그것들을 거기 기록되어 있던 그대로 선택된 자들에게 전했다.

나는 권능들과 함께 찬양을 드리는 일에 여러 번 참여했으며, 그들을 통해 무한한 권위들을 대할 수 있는 자격을 얻었다.

그것들(그 기둥들)은 다음과 같다.

셋의 첫 번째 기둥

아버지 게라다마(스)시여, 당신께서 우리의 하나님의 축복으로서 잉태하지 않고 낳으신 당신 (자신의) 아들 엠마카 셋인 저는 당신을 축복하나이다. 저는 당신 (자신의) 아들이기 때문이나이다. 그리고 당신은 저의 마음이시나이다, 오,저의 아버지시여. 그리고 저는 씨를 뿌리고 낳았으〔나〕, 당신께서는 그 권위들을 〔보셨〕나이다. 당신께서는 쉬지 않고 언제나 계시나이다. 아버지, 저는 당신을 축복하나이다. 아버지, 저를 축복하소서. 제가 존재하는 것은 당신의 덕이요, 당신께서 존재하시는 것은 하나님 덕이나이다. 저는 당신으로 인해 바로 그분과 함께 있나이다. 당신은 빛이시니, 당신께서 빛을 보고 계시기 때문이나이다. 당신은 빛을 드러내셨나이다. 당신은 미로테아스시니, 당신은 저의 미로테오스이시나이다. 저는 당신을 하나님으로 찬미하나이다. 저는 당신의 신성을 찬미하나이다. 최초로 존재하게 되신 하나님, 스스로 태어나신 선하신 분은 위대하시나이다. 당신께서는 선함 속으로 오셨으니, 당신께서는 나타나사 선을 드러내셨나이다. 저는 당신의 이름을 말하오리니, 당신은 최초의 이름이시기 때문이나이다. 당신께서는 잉태되지 않으셨나이다. 당신께서는 영원한 것들을 드러내시려고 나타나셨나이다. 당신께서는 존재하시는 그분이시나이다. 그러므로 당신은 참으로 존재하는 것들을 드러내셨나이다. 당신은 목소리로 말해지는 분이시나, 마음으로는 찬양받으시는 분이시며, 모든 곳에 나라를 가지신 분이시나이다. 그러므로 〔이〕 인식할 수 있는 세계도 당신을 아오니, 당신과 당신의 씨앗으로 인함이니이다. 당신은 자비로우시나이다.

당신은 다른 종족 출신이오며, 그 종족의 거처는 다른 종족 위에 있나이다. 그리고 당신은 다른 종족 출신이오며, 그 종족의 〔거처는〕 다른 종족 위에 〔있나이다〕. 당신은 다른 종족 출신이오니 당신은 비슷하지 않으시나이다. 당신은 자비로우시니 당신은 영원하시니이다. 그리고 당신의 거처는 한 종족 위에 있사오니 저의 씨앗 때문이기는 하지만 당신께서는 이 모든 것이 증가하게 하셨나이다. 그 거처가 낮음 속에 있음을 아시는 이는 당신이기 때문이나이다. 그러나 그들은 다른 종족들 출신이오니 그들이 비슷하지 않기 때문이나이다. 그러나 그들의 거처는 다른 종족들 위에 있사오니 그들의 거처는 생명 속에 있나이다. 당신은 미로테오스이시나이다.

저는 저에게 주어진 그분의 권능을 찬미하오니, 그분은 진실로 있는 남성성들을 세 번 남성이 되게 하셨으며, 다섯(5)으로 나뉘셨으며, 3중의 권능으로 우리에게 주어진 분이시며, 잉태하지 않고 태어난 분이시며, 선택된 것에서 나온 분이시니, 겸손한 것으로 인해 그분은 한 가운데로 나아가셨나이다.

당신은 아버지를 통한 아버지이시며, 명령으로부터 나온 말씀이시나이다. 3중의 남성이시여, 우리가 당신을 찬미하오니, 당신께서 그들 모두를 통해 모두를 하나로 만드셨으며, 저희에게 힘을 주셨기 때문이니이다. 당신께서는 하나를 통해 하나로부터 오셨나이다. 당신께서는 움직이사 하나에게로 오셨나이다. 〔당신께서〕 구원하셨으며, 당신께서 구원하셨사오니, 당신께서 저희를 구원하셨나이다, 오, 왕관을 쓰신 분이시여, 오, 왕관을 주시는 분이시여! 저희는 당신을 영원히 찬양하나이다. 저희가 당신을 찬양하오니, 저희가 완전한 개인으로 구원받았사오며, 당신으로 인해 완전하오니, 완전하시며 완전케 하시며, 이 모든 것을 통해 완전한 분이시며, 어디서나 같은 분이신 당신과 함께 완전하게 〔되었나이다〕, 오, 3중의 남성이시여.

당신께서는 계속 서 계셨나이다. 당신께서는 처음으로 서셨나이다. 당신은 모든 곳에 나뉘셨나이다. 당신은 언제나 한 분이셨나이다. 그리고 당신께서는 원하신 이들을 구원하셨나이다. 그러나 당신께서는 구원받을 만한 모든 이가 구원받기를 참으로 원하시나이다.

당신은 완전하시나이다! 당신은 완전하시나이다! 당신은 완전하시나이다!

셋의 첫 번째 기둥

셋의 두 번째 기둥

최초의 에온이시요 남성이신 처녀 바르벨로이시며, 보이지 않으시는 아버지의 최초의 영광이신 분은 위대하시도다. 그분은 "완전하다"고 일컬어지시도다.

당신(여성)께서는 참으로 먼저 계시는 분을 보셨사오니, 그분은 존재가 아니시나이다. 그분으로부터, 그분을 통해 당신은 영원히 선재하셨으니, 보이지 않으시는 3중의 한 권능으로부터 나오신 존재가 아니신 분이시요, 당신은 3중의 권능이시요,〔당신은〕〔하나의〕순수한 단자(單子)에서 나오신 위대한 단자이시며, 당신은 선택된 단자이시며, 거룩하신 아버지의 최초의〔그림자〕이시며, 빛에서 나오신 빛이시나이다.

완전함을 낳으시는 분(여성)이시여, 에온을 주시는 분(여성)이시여,〔저희가〕당신을 찬양하나이다. 당신께서는 영원한 자들이 한 그림자에서 왔음을〔보셨나이다〕. 그리고 당신은 셀 수 있게 되셨나이다. 당신께서는 당신이 변함없이 하나(여성)로 계시지만, 나뉘어 셀 수 있게 되어 3중이 되셨음을 아셨나이다. 진실로 당신께서는 3중이시며, 당신께서는 하나(남성)의 하나(여성)이시나이다. 오, 숨겨진 분이시여, 당신께서는 그분의 그림자에게서 오셨으니, 당신은 이해의 세계이신지라, 하나에서 나온 그들이 그림자에게서 나왔음을 아시나이다. 그리고 이들은 그 마음에서 당신 것이니이다.

그들 때문에 당신께서는 존재 속에서 영원한 자들에게 힘을 주셨으고, 살아 계심 속에서 신성에게 힘을 주셨으며, 선함 속에서 지식에 힘을 주셨고, 축복 속에서 하나에게서 흘러나오는 그림자들에게 힘을 주셨나이다. 당신께서는 앎 속에서 이것에게 힘을 주셨고, 창조 속에서 다른 것에게 힘을 주셨나이다. 당신께서는 대등한 자와 대등하지 않은 자와 비슷한 자와 비슷하지 않은 자에게 힘을 주셨나이다. 당신께서는 낳음 속에서 힘을 주셨고, 다른 것들을 향해 있는〔것〕속에 형상들을 (주셨나이다).〔…당신께서는〕이들에게 힘을 주셨나이다. —그분은 마음〔속에〕숨어 계신 분이시나이다—〔당신께서는〕이들에게로 나오셨으며, 이들〔로부터〕나오셨나이다. 당신께서는〔그들 가운데〕나뉘셨나이다. 그리고 당신께서는 위대하시며 남성이시며 〔지적인〕, 최초로 나타나신 분이 되셨나이다.

아버지이신 하나님, 신성한 어린애, 참으로 존재하는 모든 것의 구분을 따라 다수를 낳으시는 분이시여, 당신(남성)께서는 그들 모두에게 한 말씀 속에서 나타나셨나이다. 그리고 당신(남성)께서는 그들 모두를 잉태하지 않으시고 소유하고 계시며, 그들은 당신(여성)으로 인해 영원히 파괴될 수 없나이다.

구원이 저희에게 왔으니, 당신께로부터 구원이 왔나이다. 당신은 지혜이시고 지식이시며 진실함이시나이다. 당신으로 인해 생명이 있사오니, 당신으로부터 생명이 오나이다. 당신으로 인해 마음이 있사오니, 당신으로부터 마음이 나오나이다. 당신은 마음이시요, 진실의 세계이시요, 3중의 권능이시요, 당신은 세 겹이시나이다. 참으로 당신은 3중이시니, 에온 중의 에온이시나이다. 최초의 영원한 존재들과 잉태되지 않은 자들을 순수하게 보시는 이는 당신뿐이시나이다.

그러나 당신께서 나뉘셨던 것처럼 최초의 나뉨이 있나이다. 당신께서 하나가 되신 것처럼 저희를 하나로 만드소서. 당신께서 보시는 〔것들을〕 저희에게 가르치소서. 〔저희에게〕 힘을 주사, 저희가 영원한 생명으로 구원받게 하소서. 당신께서 〔저〕 최초로 선재하시는 분〔의〕 그림자이시듯이 저희 〔각자〕는 당신의 그림자이기 때문이나이다. 먼저 저희 기도를 들어 주소서. 저희는 영원한 자들이나이다. 완전한 개체들인 저희 기도를 들어 주소서. 당신은 에온들 중의 에온이시며, 항상하신 한없이 완전하신 분이시나이다.

당신께서 들으셨나이다! 당신께서 들으셨나이다!

당신께서 구원하셨나이다! 당신께서 구원하셨나이다!

저희가 감사드리나이다! 저희가 언제나 찬미하나이다! 저희가 당신을 찬양하리이다!

셋의 두 번째 기둥

세 번째 기둥

저희가 기뻐하나이다! 저희가 기뻐하나이다! 저희가 기뻐하나이다!

저희가 보았나이다! 저희가 보았나이다! 저희가 최초의 영원한 존재이시며, 참으로 존재하시며, 참으로 선재하시는 분(남성)을 보았나이다.

오, 잉태되지 않으신 분이시여, 당신으로부터 영원한 존재들과 에온들과 항상하고 한없이 완전한 자들과 완전한 개체들이 나왔나이다.

존재가 아니시고 실존 이전의 실존이시며, 존재 이전의 최초의 존재이시고 신성과 생명의 아버지이시며, 마음의 창조자이시고 선을 주시는 분이시며, 축복을 주시는 분이신 당신을 찬미하나이다!

저희는 당신을 찬미하오니, 당신은 [겸손한] 축복 속에 계시고, 아시는 분이시며, 당신으로 인해 [만유가 있나이다. ... 참으로, ...], 그는 오직 당신을 [통해서] 당신을 아나이다. 당신보다 먼저 활동한 이는 없기 때문이나이다. 당신은 유일하시고 살아 계신 [영]이시나이다. 그리고 [당신은] 한 존재를 아시오니, 당신께 속한 이 존재는 어느 쪽에나 있기 때문이나이다. 저희는 그분을 표현할 수 없나이다. 당신의 빛이 저희 위에 비치기 때문이나이다.

저희에게 당신을 보도록 명령을 내리사 저희가 구원받게 하소서. 당신을 아는 것이 저희 모두의 구원이나이다. 명령을 내리소서! 당신께서 명령하실 때 저희는 이미 구원받았나이다! 진실로 저희는 이미 구원을 얻었나이다! 저희는 마음에 의해 구원을 얻었나이다! 당신께서 그들 모두이시오니, 당신께서 진실로 그들 모두를 구원하셨으나, 구원받지 못한 자는 그들로 인해 구원받지 못한 것이나이다. 당신 편에서는 이미 저희에게 명령을 내리셨나이다.

당신은 한 분이시오니, 당신께 말할 자가 있는 것처럼 당신은 한 분이시나이다. 당신은 한 분이시오니, 당신은 유일하시고 살아 계신 영이시나이다. 저희가 어떻게 당신께 이름을 붙이리이까? 저희는 그런 이름을 발견치 못하나이다. 당신께서는 그들 모두의 실존이시기 때문이나이다. 당신께서는 그들 모두의 생명이시나이다. 당신께서는 그들 모두의 마음이시나이다. 〔그들 모두가〕 당신 〔안에서〕 기뻐하기 때문이나이다.

당신께서는 이들 모두가 당신의 말씀을 통해 〔구원을 받도록〕 명하셨사오니 〔...〕 당신 앞에 있는 영광, 숨어 계신 분, 복된 세나온, 자신을 〔낳은 분〕, 〔아시〕네우(스), 칸데포르(오스), 아프레돈, 데이파네우스, 당신은 당신 안에 계신 분이시고 당신 앞에 계신 분이시니, 당신 뒤에는 아무도 활동하지 않았나이다.

저희가 당신을 무엇이라고 찬미하리이까? 저희는 권능을 받지 못했나이다. 그러나 저희는 당신께 낮은 존재이므로 감사드리나이다. 선택된 분이신 당신께서 저희에게 할 수 있는 한 당신을 찬양하라고 명하셨기 때문이나이다. 저희가 당신을 찬양하오니, 저희가 구원받았기 때문이니이다. 저희는 항상 당신을 찬양하나이다. 이 때문에 당신을 찬양하오리니, 저희가 영원한 구원을 얻기 위함이니이다.

저희 모두가 이것을 행했나이다. 〔...〕 통해서가 아니라, 〔에온. ...〕 〔...〕이신 분 〔...〕, 〔...〕인 저희와 그들 〔...〕. 이러한 일들을 기억하여 항상 찬양하는 자들은 완전하여 어느 곳으로부터도 이를 수 없는 자들 가운데 완전하게 될 것이나이다. 그들 모두가 이러한 일들을 각각 그

리고 다 함께 찬미하기 때문이나이다. 그리고 후에 그들은 침묵할 것
이나이다. 그리고 그들은 명령을 받은 대로 상승하나이다. 그 침묵이
있은 뒤 그들은 하강하나이다. 세 번째로부터 그들은 두 번째를 찬미
하나이다. 이 일 후에는 첫 번째를 찬미하나이다. 상승의 길은 하강의
길이나이다.

그러므로 살아 있는 자들로서, 너희가 이미 이르렀음을 알라. 너희
는 자신에게 무한한 일들을 가르쳤도다. 그것들 속에 있는 진리와 계
시에 경탄하여라.

셋의 세 기둥

* * * * *

이 책은 아버지께 속하는 것이다.
이 책을 쓰신 분은 그 아들이시다.
오, 아버지시여, 저를 축복하소서.
오, 아버지시여, 저는 평화 속에서
당신을 찬미하나이다.
아멘

조스트리아노스
(VIII, 1)

해제

　『나그함마디 문서』에서 「조스트리아노스」는 가장 긴 글이다. 그런데 이 문서의 여러 쪽이 심하게 훼손되어 있어서 완전한 자료를 명확하게 번역하는 것은 어렵다. 더욱이 이 글의 첫 줄이 없어져서 이 글의 옛 제목을 정확하게 확정할 수 없다. 그러나 조스트리아노스라는 이름이 원제의 일부이었음은 분명해 보인다.

　이 문서는 분명히 조스트리아노스를 이야기의 주인공으로 제시하고 있다. 글 말미에는 조로아스터라는 이름도 나온다. 조로아스터는 조로아스터교라는 페르시아 종교의 창시자로서 알려져 있으나 그는 또한 온갖 종류의 철학, 사상, 마법과 관련이 있다. 아울러 조로아스터와 조스트리아노스라는 이름은 교부 아르노비우스와 신플라톤주의 작가인 포르피리우스의 글을 통해 알려져 있다.

　이 글의 또 한 가지 흥미 있는 특징은 그리스도교적인 내용을 전혀 말하고 있지 않다는 것이다. 천사들과 권능들의 이름을 말하는 경우조차도 그러하다. 이런 점에서 「조스트리아노스」는 철학적 경향과 강력한 메시지를 지니고 있는 비그리스도교 영지주의의 전형이다.

「조스트리아노스」는 높은 존재들이 일러 주는 천상의 영역의 본질에 관한 계시를 전해 준다. 조스트리아노스는 처음에 제기하는 곤혹스런 문제에 대해 설명하며, 뒤이어 영원한 전체를 아는 지식의 천사가 천상의 여행의 안내자로서 방문한 일에 대해 말한다. 조스트리아노스는 에온들의 여러 차원을 통과해 상승하면서, 천상의 권능들의 이름으로 세례를 받고, 천상세계의 여러 거주자의 이름과 관계에 대해 가르침을 받는다. 가장 높은 신적 존재는 3중의 권능을 지닌 보이지 않는 영인데, 신의 방사체들 중에는 처녀인 바르벨로, 위대한 세 에온(숨어 계신 분, 최초로 나타나시는 분, 스스로 태어나신 분) 및 기타 여러 존재가 있다. 이 천상의 체험을 한 후 조스트리아노스는 인식의 세계로 돌아와 자신이 알게 된 것을 세 개의 서판에 쓰고, 빛과 지식에 관한 구원을 전파한다.

조스트리아노스

VIII 1:1-132:9

나 〔...〕 조스〔트리아노스〕에게 영원한 〔...〕 말씀이 〔...〕 그리고 얄라오스 〔...〕.

내가 세상에 온 것은 나와 같고, 내 뒤에 오는 살아 있는 선택된 자들을 위함이었다. 하나님 〔...〕 진리는 실로 의〔와〕 지식 〔...〕과 영원한 빛 속에 살아 있다.

내가 내 속에 있는 육체적인 어둠과 마음속에 있는 혼적인 혼돈과 어둠 속에 있는 욕망의 여성성에서 분리된 후 나는 내 물질의 도달할 수 없는 부분을 발견했으므로 다시는 그것을 사용하지 않았다. 나는 내 속에 있는 죽은 피조물과 감관으로 인식할 수 있는 세계의 신적인 우주 창조자를 비난하고, 낯선 부분들을 지니고 있는 자들에게 만유이신 분에 관해 힘 있게 설교했다.

내가 잠시 동안 계시자의 태어남이라는 운명과 같은 그들의 길을 걷기는 했지만 나는 그 길이 결코 즐겁지 않았다. 그러나 나는 나의 죄 없는 영혼을 바르게 해왔고, 거룩하고 혼합된 〔...〕를 통해 존재하게 되었으므로, 언제나 그것들로부터 나를 분리시켰다. 나는 지성적인 〔...〕을 강화했으며, 신보다 더 높으신 거룩하신 영으로부터 오는 권능을 〔...〕하여, 나의 신 〔...〕의 〔...〕 속에서 〔...〕.

내가 나 자신을 바르게 했을 때 그분은 오직 내게 임하셨다. 나는 완전한 어린아이를 보았다. 〔...〕한 것은 그분이었다. 그리고 〔...〕한 자와 함께 여러 번 〔...〕고, 〔그분은〕 내가 이 모든 것의 남성인 아버지를 찾고 있을 때 기꺼우신 아버지처럼 여러 가지 〔방법〕으로 내게 나타나셨다. 〔그분은〕 한 생각 속에, 어떤 감각적 인식 속에, 하나의 형상, 한 종족, 한 지역 그리고 절제하고 제약당하는 자와 함께 만유 속에, 그것들 모두의 몸과 몸 없음 속에, 본질과 물질 속에 〔계신다〕.

그리고 존재는 그것들과 태어나지 않으시고 숨어 계신 하나님과 그것들에게서 나온 권능과 혼합되어 있다. 이제 존재에 관해 말해 보자. 보이지 않는 영과 태어나지 않은 세 형상인 나뉘지 않고 스스로 태어난 분은 존재보다 나은 근원을 지니고 계시며, 〔이 모든 것〕보다 먼저 계시나 〔세계〕로서 존재하게 되었는데, 존재하는 자들의 에온으로부터 나온 존재하는 자들이 어떻게 이분들로부터 나오는가? 그분과 이 모든 이에 반대되는 자들은 어떻게 선(善)에 〔…〕고 변명하는가? 저기 계시는 그분의 거처는 어디인가? 그분의 근원은 무엇인가? 그분과 이 모든 것에게 다툼이 어떻게 존재하는가? 〔그분은〕 어떻게 오직 자기 자신하고만 구별되는 단순한 존재가 되시며, 어떻게 존재와 형상과 축복으로 존재하시며, 어떻게 생명과 함께 살아 계신 분으로서 힘을 주시는가? 존재하지 않는 실존이 어떻게 존재하는 권능 속에 나타났는가?

나는 이런 문제들을 이해하려고 골똘히 생각하고 있었다. 나는 내 종족의 관습에 따라 그것들을 날마다 나의 조상들의 신에게로 가지고 갔다. 나는 이 모든 것에 관한 찬가를 계속해서 불렀는데, 그것을 추구한 나의 조상들이 그것을 발견했기 때문이다. 나로서는 내 영혼의 안식처를 찾기를 쉬지 않았으니, 내가 아직 감관으로 인식하는 세계에 매이지 않았기 때문이다. 그런데 내가 깊이 고뇌하며 나를 감싸고 있는 좌절로 인해 우울해하고 있는 동안, 나는 무슨 일이든 해서 사막의 짐승들에게 나를 던져 파괴적인 죽음을 맞고자 했다.

그런데 영원한 빛의 지식의 전령이 내 앞에 서 있었다. 그는 내게 말했다. "조스트리아노스여, 너는 위에 계신 영원하고 위대한 존재들에 대해 무지한 자처럼 미쳐버렸느냐? 〔...〕 너에게 〔...〕 그리고 네가 이제 〔...〕 진실로 영원한 파괴 속에 〔...〕 구원하기 위해, 네가 나의 선택된 자들인, 높이 있는 자들의 아버지인 다른 자들을 구원하기 위해 네가 아는 자들을 〔...〕 않느니라. 너는 네가 너의 종족의 아버지라는 것을, 또는 욜라오스가 너의 아버지라는 것을 아느냐? 〔...〕 거룩한 인간들을 통해 너에게 〔...〕 하나님의 전령 〔...〕. 살아 있는 세대에게 전파하여 가치 있는 자들을 구원하고 선택된 자들을 강하게 하기 위해, 이리로 와서 네가 다시 돌아가야 할 바로 이 존재들을 통과해 가라. 에온의 싸움은 크지만, 이 속의 시간은 짧음이니라."

그가 내게 이런 말씀을 하셨을 때 나는 아주 재빨리 그리고 참으로 기꺼이 그와 함께 거대한 빛의 구름으로 올라갔다. 나는 영광들이 지키는 지상에 내 육체를 〔던져버렸다〕. 나는 온 세상과 그 속에 있는 열셋의 에온과 그들의 천사 같은 존재들에게서 구원받았다. 그들은 나를 보지 못했으나, 그들의 아르콘은 〔우리가 지나감〕으로 인해 방해를 받았으니, 〔...〕 그 〔빛의〕 구름이 모든 세상의 것보다 나았기 때문이다. 그 아름다움은 형용할 수 없다. 그것은 빛에 힘을 주고, 영의 구원자요 지적인 말씀으로서 순수한 영들을 인도하시니, 덧없는 물질과 혼란을 일으키는 말인 〔...〕 세상의 것들과 〔같지 않았다〕.

그때 나는 내 안의 권능이 어둠을 이겼음을 알았으니, 그것이 온 빛을 포함하고 있었기 때문이다. 나는 거기서 세례를 받고 거기 있는 영광들의 형상을 받았다. 나는 그들 중의 하나같이 되었다. 나는 거기서 살아 있는 〔물〕에 일곱 번 씻은 뒤 〔공중의〕 땅을 떠나 에온들 각자에게 하나씩 있는 에온들의 복제품들을 지나갔다. 나는 모든 물을 한 번에 볼 때까지 쉬지 않았다.

나는 참으로 존재하는 윤회에까지 올라갔다. 나는 세례를 받고 세상〔...〕. 나는 〔참으로〕 존재하는 참회로 올라가 거기서 네 번 세례를 〔받았다〕. 나는 여섯 번째 〔에온〕을 지나가 〔...〕. 나는 〔...〕로 올라갔다. 나는 스스로 태어난 근원으로부터 〔참으로〕 존재하는 진리의 빛을 보고는 거기 섰으며, 위대한 전령들과 영광들이 헤아림 속에 〔...〕.

나는 스스로 태어나신 하나님의 이름으로 살아 있는 물들인 미카르와 미〔케아〕 위에 있는 이 권능들에게서 세례를 받았다. 나는 〔저〕 위대한 바르파랑게스에 의해 정화되었다. 그때 〔그들이〕 나에게 자신들을 〔계시하고〕 영광 속에 나를 써〔書〕 넣었다. 나는 저 권능들, 즉 미카르〈와〉 미〔케〕우스와 셀다오와 엘레〔노스〕와 조게네틀로스 위에 있는 이들에게 봉인을 받았다. 나는 근원을 보는 전령이 되어, 네 번째에 있는 첫 번째 에온 위에 섰다. 나는 그 영혼들과 함께 스스로 태어나신 하나님과 선조이신 게라다마(스) 〔...〕 스스로 태어나신 분, 〔최초의〕 완전한 〔인간〕과 〔아〕다마스의 아들이요 〔부동의〕 종족〔의 아버지〕이신 셋 엠마〔카〕 셋과 〔... 네 빛들〕과 빛과 데〔...〕의 〔...〕과 고귀함 〔...〕 어머니 미로테아를 찬양했다.

나는 같은 권능들에게서 스스로 태어나신 하나님의 이름으로 두 번째 〔세례를〕 받았다. 나는 완전한 남성 종족의 전령이 되었다. 나는 세 번째에 있는 두 번째 에온 위에 섰다. 나는 〔세〕트의 아들들과 함께 이 모든 분을 찬양했다.

나는 같은 권능들에게서 스스로 태어나신 하나님의 이름으로 세 번째 세례를 받았다. 나는 완전한 〔전령〕이 되었다. 〔나는 첫 번째에 있는〕 네 번째 에온 〔위에 서서, 이분들을 찬양했다〕.

그때 나는 인류의 〔...〕 속에 있는 또 다른 길에서 그들을 〔...〕 권능 속에서 왜 〔...〕를 추구했다. 〔같은 분들이 그들의〕 권능들일까? 아니면 이들이 진실로 그분들이지만, 그들의 이름이 서로 다른 걸까? 영혼과 구별되는 영혼이 있는 걸까? 사람들은 왜 서로 다를까? 실로 인류는 누구와 함께, 또 얼마나 많이 있는 걸까?

높은 곳을 다스리시는 저 위대하신 분, 아우트루니오스께서 내게 말씀하셨다. "네가 지나온 자들에 대해 묻고 있느냐? 이 공중의 땅에 관해서는 ― 그것은 왜 우주의 전형을 가지고 있는가? 에온들의 복제품에 대해서는 ― 그들은 얼마나 많을까? 그들은 왜 고통당하지〔않는가〕? 윤회와 참회와〔에온들〕과〔…〕는 세계의 창조에 관해서는, 침으로 밝히 너에게〔…〕.〔…〕 나에게 관해서는, 그들에게〔…〕, 또 너에게도〔…〕 아니며〔…〕 보이지 않는〔영〕〔…〕."

높은 곳을 다스리시는 위대하신 분 아우트루니오스께서 내게 말씀하셨다. "공중의 땅은 한마디 말씀에 의해 존재하게 되었으나, 태어난 자들과 멸망할 자들에게는 그것이 불멸인 것처럼 보이느니라. 위대한 심판자들이 온 일에 대해 말하자면, 그들은 감각적 인식을 맛보고 피조물을 에워싸기 위해서 온 것이 아니니라. 그들이 와서 그가 만든 세계의 일들을 보고, 그 지배자를 세상의 모범으로써〔…〕 그리고 잃어버린 어둠에서〔태어난〕 물질의 근원으로서 멸망하도록 심판한 것은 그 때문이었느니라.

그러나 소피아가 이러한 것들을 보았을 때 그녀는 어둠을 낳았으니, 이는 그녀가 저〔…〕 외에〔…〕 때문이다. 그는 본질의〔…〕 전형이요,〔…〕 이미지에〔…〕 형상〔…〕 모든 것〔…〕 어둠〔…〕 영원한 존재들 몇몇을 보기 위해 창조의 에온〔…〕 권능들〔…〕 말한다. 그는 하나의〔영상〕을 보고서, 자기가 그 속에서〔본〕 영상을 가지고 세상을 창조했다. 그는 영상의 영상을 가지고 세상을 만들었으며, 그 모습의 영상은 그에게서 데려가졌다. 그러나 소피아에게는 그녀의 회개의 대가로 안식의 처소가 주어졌다. 이와 같이 그녀 안에는 미리부터 본래 순수한, 선험적인 영상은 없었다.

그들이 이미 그를 통해 존재하게 되었으므로 그가 나타나 그 나머지를 가지고 작업을 했으니, 소피〔아〕의 얼굴은 속이는 것이었으므로 그녀의 이미지를 매번 〔잃어버렸기〕 때문이다. 그러나 그 아르콘은 〔...〕고, 그를 통해 〔불변성〕 속에서 세상의 파괴를 〔나타낸〕〔...〕 완전한 〔...〕을 내가 보았을 때 그는 〔...〕 아래로 〔...〕 더 위대한 〔...〕에 관하여 〔...〕 몸이 된다. 에온들의 복제품들이 존재하는 것은 이와 같은 방법에 의해 된 것이다. 그들은 단일한 권능의 모습에 이르지 못했으며, 영원한 영광을 전혀 가지고 있지 않다. 그들은 그 권능들 각각의 심판의 장소에 있는 것이다.

그러나 영혼들이 자기들 내면에 있는 빛과 종종 〔고통〕 없이 자기들 안에 존재하게 된 모범을 받아들일 때 그 영혼은 자기가 단일한 존재의 복된 〔...〕 속에 있는 〔...〕과 영원한 〔...〕을 보았으며, 〔...〕한 〔...〕 빛 각각은 〔...〕이고, 그것은 모든 것을 〔...〕하며, 그것은 회개의 〔...〕라고 생각했다. 〔그들 안에 있는〕 권능을 따라 영혼들은 〔...〕 겸손히 서고, 에온들이 하나하나 떠난 뒤에도 여전히 세상 속에 존재하는 자기들 영혼의 모범을 받아들이는 이 복제품들에 의해 훈련된다. 그들은 하나하나씩 존재하고 또 사라지는데, 우선 윤회의 복사체에서 시작해서 실제로 존재하는 윤회로 올라가고, 다음에 참회의 복사체에서 실제로 존재하는 참회로 올라가며, 스스로 태어나신 분의 복사체로부터 참으로 존재하시는 〔...〕로 올라가고, 이와 같이 해서 〔...〕 그 〔...〕 영혼들은 모든 〔...〕 에온들의 복사체들 〔...〕 안에 존재하는데, 〔...〕 위대한 에온들보다 위에 계신 복되신 신과 숨어 계신 분과 위대한 남성이요 최초로 나타나신 분과 신보다 높이 계신 완전한 어린아이와 그의 눈인 게라다마

(스) 〔...〕."

나는 그 어린이의 어린이인 에페세크를 불렀다. 그는 내 앞에 서서 말했다. "나는 완전한 인간이요, 아버지의 아들인 전령이다. 너는 왜 나를 부르며, 네가 그것들을 〔...〕할 때 네가 알고 있는 것에 대해 묻고 있는가?" 〔나는 말했다〕. "저는 혼합에 대해 묻고 있나이다 〔...〕 그것은 완전하며 〔...〕를 주며 〔...〕 그 속에서 〔...〕 세례받을 힘을 갖고 있으며, 〔...〕 이 이름들이 〔... 다르고 ...〕 또 왜 〔...〕 인류는 〔...〕 다른지 〔...〕."

그가 말씀하셨다. "〔조스트〕리아노스여, 이런 〔...〕에 대해 들으라. 최초의 〔...〕 기원은 이들이니, 그들이 어떤 기원들이나 권능들과 달리, 또 모든 기원으로 등장한 것과도 달리 하나의 기원과 권능에서 나왔으며, 하나의 단일한 근원 〔...〕 에온 바르벨로에게서 나타났기 때문이다. 그들은 모든 권능에게 힘을 주며, 그들보다 훨씬 뛰어난 것, 즉 존재와 축복과 생명으로부터 나타났으며, 〔...〕로부터 〔서로 ...〕. 〔...〕에 관해서 말하자면, 그들은 〔...〕 이름한 후 더 위대한 〔...〕 완전한 〔...〕.

〔...〕, 즉 그들 각자의 물 〔...〕. 그러므로 〔...〕 물들은 완전하다. 그것은 네가 지금 스스로 태어나신 분의 이름으로 그 안에서 세례를 받은 생명에 속한 생명의 〔물〕이다. 그것은 네가 최초로 나타나시는 분의 이름으로 그 안에서 세례를 받을 지식〔에 속하는〕 축복의 〔물〕이다. 생명의 물은 권능 〔...이요〕, 본질에 따라 축복에 속하는 물이며, 〔존재〕에 따라 〔신성〕에 속하는 물이니라. 이 모든 것은 권능 〔...〕이고 몇몇은 순수한 〔...〕이 되는 물을 〔...〕하는 자들 〔...〕이다.

〔...〕는 〔그분이〕 그 속에 계시는 실존 〔...〕. 〔그분은〕 생각 속에 〔계실〕 뿐 아니라, 이런 식으로 〔...〕이신 분이 그분이심을 그들에게 〔...〕, 존재하는 것에 〔...〕 유지하시니, 이는 그분이 도달할 수 없고 형상 없는 분으로 존재하지 않기 위해서이다. 그러나 그들이 참으로 어린 〔그

분을] 가로질러 갔을 때 이는 [그분이] 어떤 분으로 존재하도록 하기 위함이었으며, 실존과 그 [아들] [...] 자기 자신의 [...]인 것을 지니고 있고, 그는 사면에서 [...] 자기를 둘러싸고 있는 그분과 함께 [추구하며] 그분과 함께 서 있나니, [...] 진리로부터 [...] 존재하는 [...] 그를 데리고 가는 [...] 활동 [...] 생명 [...] 그의 말씀 또한 [...] 이들은 [...] 이고, [...] 그들은 [...로 존재하게 되었다].

그 물들이 존재할 때 그 권능은 존재의 본질과 실존과 더불어 있다. 그러나 그들이 그 이름으로 씻는 그 이름은 물의 말씀이다. 그러므로 [3중의 권능을 지니신] 스스로 태어나신 분의 최초의 완전한 물은 영원한 영혼의 생명이니, 이는 완전하신 하나님이 [...] 존재하게 될 때 그분의 말씀이기 때문이다. 그분은 보이지 않는 영에게는, 마찬가지로 지식으로부터 나온, 그리하여 그분의 모습인 이 모든 것의 샘이다. [그러나] 그것을 아시는 분은 [...] 어떤 종류의 그리고 어떤 [...] 동시에 살고 [...] 하나의 [...] 안에서 살며, [...] 생명이다. [...] 안에서 [...] [도달할 수 없는 ...]로 [존재하게 된다]. 그 이름 [...] 그는 참으로 존재하신다. 자신의 경계를 스스로 정하시는 이가 그분이시다. 그들은 [...] [이] 단일한 권능이요 질서의 태어나지 않은 모습을 따라 물에까지 오른다.

위대하시고 남성이시고 보이지 않으시는 완전한 마음이신 최초에 나타나시는 분은 자기 자신의 물을 가지고 계시나니, 네가 그분의 거처에 이르면 [볼 것이다]. 태어나지 않으시고 숨어 계신 분도 마찬가지이다. 각각의 관계에서 하나는 최초의 부분적인 형상이니, 이는 그들이 이런 식으로 완전하기 위함이다. 스스로 태어난 네 에온은 한없이 완전하신 분들의 완전하며 단일한 존재들이며, [...] 이들은 [완전하고] 단일한 존재들로서 [... 존재한다]. 스스로 태어나신 분의 [...] 다섯 에온들은 이 모든〔…〕의 남성〔…〕만유를 위한〔…〕완전한 신〔… 3중의 남성…〕완전하고 단일한 존재들〔…〕완전한〔…〕속에서〔…〕형상과 종족과 총체성과 부분적 차이에 따라 존재하는 자들〔…〕. 이것은 또한 완전함과 숨어 계신 분보다 더 높은 상승의 길도 마찬가지이다.

스스로 태어나신 하나님은 자신의 부분인 자신의 에온들과 전령들의 머리이시다. 그분 안에 있는 넷인 자들은 각각 동시에 다섯 번째 에온을 창조한다. 그 다섯 번째 에온은 하나 속에 존재한다. 그것은 모든 부분이 다섯 번째〔인〕넷인데,〔…〕그들은 하나의〔…〕을 가지고 있어 각자는 완전하지 않으며,〔…〕또한 하나의〔…〕를 따라서〔남성…〕존재한다. 그것은〔…〕하나님〔…〕그〔…〕그리고 보이지 않는〔…〕남성인 마음〔…〕이것은 살아 있고 완전한 부분들〔…〕존재한다.

만유와 한없이 완전한 종족과 완전하고 복된 것보다 더 높으신 분(에 관해 말하자면), 스스로 태어나 숨어 계신 분은 선재하시나니, 그분은 스스로 태어나신 분, 하나님, 선조의 근원이시며 최초로 나타나시는 분, 그의 부분들의 아버지, 아버지 하나님, 예지의 원인이시기 때문이다. 그러나 그분은 알려져 있지 않나니, 그분은 자기 자신으로부터 나온 권능이며 아버지이시기 때문이다. 그러므로 그분은〔아버지가 안 계시다〕. 보이지 않는 3중의 권능,〔이들〕모두〔의〕최초의 생각은 보이지 않는 영이시니,〔…〕그분은〔…〕그리고〔…〕본질〔…〕과 실존〔…〕거기에는〔… 실존〕생명〔…〕복된〔…〕그들 안에〔존재한다〕. 다른 것들 속에는〔…〕, 그들은 그들 모두에 의해 여러 곳에〔…〕, 그가 원한 곳이며, 그가 바라는 곳이니, 그들이 모든 곳에 있으나 어떤 곳에 있지는 않기 때문이요, 그들이 자기들의 영들을 위해 거처를 만들기 때문인데, 그들은 육체가 없으며 육체 없음보다도 더 뛰어나다. 그들은 이들보다 훨씬 순수한 자들과 함께하는 나뉘지 않은 생각이요 진리

의 권능이니, 그들이 그에 관하여 심히 순수하게 존재하고, 한〔곳〕에
존재하는 육체들과 같지 않기 때문이다. 무엇보다도 그들은 만유에 의
해서든지 아니면 한 부분에 의해서든지 간에 필연성을 지니고 있다.
그때 상승의 길은 각각의 〔…〕 부분적 에온들 〔…〕 순수한 〔…〕."

〔내가 말했다〕. "그가 어떻게 영원한 모범을 품을 수 있나이까? 또
스스로 태어난 물이 완전할 때 지성적인 존재들이 어떻게 우주적인 것
을 공유할 수 있나이까? 만일 그가 그와 이들 모두를 알면 그는 최초로
나타나시는 분의 물이나이까? 만일 그가 그분과 이들 모두와 결합하
면 그는 다시 그 에온들 속에 있는 이 형상이 숨어 계신 분에게 속하나
이까?"

"〔그들〕 각자와 그 부분들을 아는 것은 〔…〕 거기 지식이 있는 만유
의 그들〔…〕. 그들은 자신들이 아는 분〔과〕, 자신들이 서로 나누고 있던
교제로부터 분리되었다. 만유와 이들 모두는 〔… 스스로 태어난 물〕의
세례 〔…〕 그는 거기서 〔그〕로부터 나타나나니, 즉 자신이 어떻게 그를
위해 존재하는지를 그가 알기 때문이다. 그는 그들의 동료들과 교제가
있다. 그는 최초로 나타나시는 분의 씻음 속에서 씻었다.

그들 모두가 어떻게 단일한 하나의 머릿속에서 나타나며, 그들 모
두가 어떻게 결합되고 분리되는지, 또 나뉜 자들이 어떻게 다시 결합
하며, 그 부분들이 전체들과 종(種)들과 〔종족들〕과 어떻게 〔결합하는
지〕, 이들의 근원을 앎으로써 ― 만일 누가 이러한 일들을 안다면, 그
는 숨어 계신 분의 씻음 속에서 씻은 것이다.

각각의 장소에 맞게 그는 영원하신 분을 나누어 갖고 있다. 그는
〔…〕로 가나니, 그가 한 분, 그 〔…〕에게로 〔…순수하고〕 언제나 단순한
〔…〕 때문이다. 그는 단일한 것보다도 더욱 순수하다. 그는 존재 속에
서 〔…〕와 〔거룩한〕 영 〔…〕 가득 차 있으며, 그 바깥에는 아무것도 없

다. 그는 볼 수 있으며, 스스로 태어나신 분에게 속한 자들을 완전한 영혼 속에서 본다. 그는 3중의 남성에 속한 자들을 마음속으로 본다. 그는 최초로 나타나는 분에게 속한 자들을 거룩한 영 속에서 본다. 그는 그 영의 권능들로부터 숨어 계신 분에 관하여 듣나니, 그들은 보이지 않는 영의 훨씬 뛰어난 계시 속에서 그것으로부터 나왔다. 그것은 이제 침묵 속에 그리고 최초의 생각 속에 존재하는 생각 속에 있다.

3중의 권능을 지니신 보이지 않는 영에 관해 말하자면, 그분은 들으심이요, 완전한 분이신 생기를 주는 영 속에 있는 순수한 침묵의 권능이시요, 완전한 [...]이요, 한없이 완전한 분이시다. 그러므로 이들 위에 자리 잡은 영광들은 진리와 지식의 세례를 받은 [생명을 주는 자들]이다. 가치 있는 이들이 그들을 [지키나], 이 종족에 속하지 않은 자들은 [...] 그리고 그들은 다섯 번째로부터 그들의 [...] [... 가나니], 그는 [...] 세례 [...] 에온들의 [...] 복제물 [...].

그러나 만일 [사람이] 세상을 벗어버리고, [지식을] 제쳐 놓는다면, ― 한편으로 만일 그가 거처와 권능이 없는 사람이라면, [그때] 그는 다른 자들의 길을 따라 거주자가 된다. 그러나 다른 한편으로 그들에게 지식이 충분했기 때문에 그가 죄를 범하지 않은 자요, 아무것에도 신경을 쓰지 않고 참회한다면, 그러면 씻음은 전처럼 이들 안에서 정해진다.

네가 그분들 속으로 들어가기 위해 매번 세례를 받은, 스스로 태어나신 분들의 길, [완전한] 개체들을 볼 수 있는 그 길에 관해서 말해 보자. 그것은 스스로 태어나신 분의 권능들에게서 존재하게 되었으므로 그것은 만유[에 관한] 지식이요, 네가 한없이 완전한 에온들을 통과해 갈 때 얻는 지식이다. 그리고 만일 네가 [...] 씻기를 원한다면, 그 세 번째 씻음은 [...] 너는 [...] 진실로 거기에 [...] 들을 것이다. 그들은

〔이〕 이름들로 인해 이렇게 존재하나, 그는 하나〔...〕요, 〔...〕과 같다. 그러나 그들은 존재하며〔...〕존재하고〔...〕한 말씀〔...〕. 그것은 참으로 그것 안에 있는〔...〕존재하는 이름이다.

그가 닮은 자로부터〔안전한〕자들은 참으로 존재한다. 종족 속에서 그의 닮음은 자기 자신의 것 안에 있다. 그는 그것을 보고 이해하고 거기로 들어가 그것으로부터 닮음을 받는다. 그들은 말하고 들을 수 있으나 복종할 수는 없으니, 이는 그들이 감관으로 인식하고 몸을 지닌 존재들인 까닭이다. 그들은 그것들을 포함할 수 있으나 진실로 그들은 이런 식으로는 그것들을 포함하지 않을 것이기 때문이다. 그것이 한마디 말씀 속에 있는 인식으로부터 오기 때문에 그것은 이런 식으로〔왜곡된〕반영이다. 그것은 물질의 성질보다는 낫지만 지성적인 본질보다는 낮다.

영혼들의 차이점으로 인해 놀라지 말라. 그들이 자기들이 다르다고 생각할 때 그들은〔...〕를〔...〕한 자들의〔...를 알지 못하며〕, 그는〔...〕들을 수 있게〔...〕길을 잃고〔...〕몸〔...〕. 그러나 시간〔...〕한 자는〔...〕그들의 영혼이〔...〕그들의 몸〔...〕하듯이 존재하기를 바란다. 만유에서 나온〔순수한〕자들은 그들이 지니고 있는 네〔...〕. 시간 속의 아홉 각각은 자신의 형상과 자신의 관습을 지니고 있다. 그들은 비슷하기는 하지만 분리되어 있으므로 다르며, 그들은 서 있다.

다른 불멸의 영혼들은 내려다보신〔소〕피아로 인해 이 모든 영혼과 동료이다. 세 가지 형태의 불멸의 영혼들이 있다. 자기들이 낳을 수 없기 때문에 윤회에 뿌리를 내린 자들이 있는데, 이는 다른 이들의 일에 거하는 자들에게만 속하는 능력이다 ─ 그는 형상이며, 그는 그들의〔...〕이기 때문이다. 또 죄〔...〕는 회개에 근거해 있는 자들이 있으니, 그녀는〔...〕지식에 만족하며, 그들은 어린〔...〕이고─그리고 그는

〔...〕 차이점 〔...〕 가지고 있다— 그들은 몇몇 〔...〕와 죄를 지었으며, 그들은 그들만을 〔...〕 다른 이들과 회개했다. 〔...〕 존재하는 형상〔...〕 때문이다. 그리고 또 온갖 죄를 짓고 회개한 자들이 있다. 그들이 부분들이거나 아니면 그들이 그로 인해 단지 소리를 지르기 때문에, 그들의 다른 에온들은 자기들 각자 속에서 그들에게 도달하는 장소에 따라 여섯이다.

세 번째 형상은 형언할 수 없는 진리의 말씀을 지닌 스스로 태어난 이들의 영혼들에 속하는 것인데, 그 말씀은 그들에게서만 그리고 영원한 〔...〕에게서 나온 지식과 〔권능〕 속에 존재한다. 그들은 네 가지 차이를 지니고 있으니, 실로 전령들의 형상들이 있는 것과 같다. 그리고 진리를 사랑하는 자들과 〔소망하는〕 자들과 〔...〕를 가지고 믿는 자들이 있으며, 그들은 존재한다 〔...〕 그들은 존재한다 〔...〕 스스로 태어난 자들 〔...〕 그는 나의 〔...〕요, 〔...〕는 〔...〕 지식 〔...〕 네 번째 〔...〕는 불멸의 〔영혼〕이다.

이와 같이 거기에는 〔...〕 네 명의 빛의 존재가 있으니,[1] 진리의 〔...〕 신과 결합하는 한 영혼의 분리인 〔아르〕모젤은 첫 번째 에온 위에 〔있고〕, 강력하게 진리를 보는 자인 오로이아엘은 두 번째 위에 있으며, 지식의 투시인 다베이테는 세 번째 위에 있고, 진리를 위한 충동과 준비인 엘렐레트는 네 번째 위에 있다. 그 넷은 진리와 지식의 말씀들이기 때문에 존재한다. 그들은 최초로 나타나시는 분에게 속하지 않고, 불멸의 영혼들이 그들을 지식으로서 품게 하시는 어머니와 빛의 〔완전한〕 마음의 생각에 속한다. 〔...〕 이 스스로 태어난 〔...〕 모두 〔...〕 한 말씀이며 〔...〕 형언할 수 없는 〔...〕 진리여서, 〔...〕라고 말하는 자는 그

---

[1] 글자대로는 '네 개의 빛이 있으니'.

때문에 나타나나니〔...〕그는〔...〕존재하며,〔...〕안에서 멍에를 지고 위에 존재하는데, 그녀는 빛 속에서〔...〕요 그의〔...〕속에 있는 생각이다.

아다마스는〔완전한〕인간이니, 그는 스스로 태어나신 분의 눈이요, 그분의 상승하는 지식이기 때문이며, 스스로 태어나신 하나님은 진리의 완전한 말씀의 마음이기 때문이다. 아다만의 아들 셋은 영혼들 각자에게 오나니, 그는 그들을 위한 충분한 지식이기 때문이다. 그러므로 살아 있는 씨앗 하나가 그로부터 나온다.

미로테아는〔...〕그녀에게 속한 것〔실존〕—존재하는 것, 그것이 존재하는 방법, 그것이 참으로 존재한다는 것—으로 인해,〔...〕그녀와〔...〕와 완전한 마음의 생각으로부터 스스로 태어나신 하나님〔...〕이다. 그러므로 스스로 태어나신 하나님은 말씀이요 지식이다. 그러므로 그 지식〔...〕말씀〔...〕아다마〔스 ...〕〔단순한 자들〕의〔...〕. 그때 그녀가 나타났다〔...〕영혼의 변화〔...〕는 그녀 자신이며〔... 완전하니〕,〔완전한 자들— ...〕천사 같은 존재들〔...〕로 인함이다.

〔...〕영혼〔...〕복제품들〔...〕참으로〔...〕존재하는〔...〕참회〔...〕이 장소에〔...〕존재하는〔...〕에온들〔...〕만일〔...〕그리고 그녀는〔...〕사랑한다. 그녀는〔...〕에온 위에 서 있다. 그들은 만약 그녀가 원하고 본다면, 빛인 엘〔렐〕레트를 가지고〔...〕하나님을 보는 자가 된다.〔...〕그리고 종족〔...〕그녀는〔...〕위에 서 있다〔...〕선택된〔...〕그녀는〔...〕빛 아르〔모젤 ...〕서 있다.

〔...〕권능들 위에〔...〕너는〔...〕위에 서 있다.〔...〕한 빛〔...〕과 그〔측량할 수 없는 ...〕그 에온은 위대하다〔...〕그들만이〔...〕완전한〔...〕으로부터〔...〕그 권능〔...〕할 수 있거나〔...〕할 수 있〔...〕한〔...〕의〔...〕그의 영혼〔...〕인식할 수 있는〔...〕그러나 너는〔...〕개인적으로

〔...〕 거기에는 아무것도 없기 때문이다 〔...〕 그를 〔...〕 그가 〔...〕한 〔...〕 그리고 〔...〕 모든 〔...〕 위에 〔...〕 모든 〔...〕 형태 〔...〕 그리고 이것 〔...〕과 이 전형 〔...〕 거기에는 아무것도 없다 〔...〕이거나 〔...〕 만유이신 한 분이 이 〔...〕로부터 쉬임 없이 〔...〕하신 〔...〕 그는 중요한 빛이요 〔...〕 그는 그것을 결여했다 〔...〕 완전한 마음 〔...〕 나뉘지 않은 〔...〕 완전한 빛 〔...〕 그리고 그는 〔...〕 속에 존재한다 〔... 아〕다마스와 〔...〕 스스로 태어나신 〔...〕 그리고 그는 〔...〕 간다 〔...〕 마음 〔...〕 숨어 계신 하나님 〔...〕 지식 〔...〕 그러나 〔... 영혼...〕 존재 〔...〕 그녀는 〔...〕 가지고 있다 〔...〕 두 번 권능과 〔...〕와 〔...〕한 세 번째 〔...〕 영혼의 〔...〕 그리고 〔...〕.

그리고 에온들은 〔...〕 거주지 〔...〕 영혼들과 몇몇의 〔...〕 신들 〔...〕 신보다 더 높은 〔...〕〔스스로 태어난 분들...〕의 〔...〕 그〔스스로 태어나신 분...〕 먼저 〔...〕 전령 〔...〕 보이지 않는 〔...〕 몇몇의 〔...〕 영혼과 〔...〕 에온들 〔...〕과 〔...〕〔영혼〕에게 전령 〔...〕 그녀는 〔...〕 영원한 〔...〕 시간과 〔...〕 그러나 그녀는 만일 〔...〕에 속하는 영혼이 〔...〕〔전령...〕이 된다 〔...〕 세상 〔...〕 전령들과 그 〔...〕 저 거룩한 분 〔...〕.

그리고 〔...〕〔스스로 태어나신 분이 그들을 〔...〕 지배자 〔...〕한 에온 〔...〕 그들은 〔...〕한 〔차이를 ...〕 가지고 있고 〔...〕 이것은 〔...〕 날 〔...〕 말하는 것이 아니고, 〔... 스스로 태어나신〕 하나님 〔...〕 존재하는 〔...〕 듣는다 〔...〕 스스로 태어난 〔...〕 가지고 있다 〔...〕 그〔존재...〕 마음 〔...〕 존재하나니, 이는 말씀이 〔...〕 그 어린이 〔... 남성인 ...〕, 한 형상 〔...〕 신성한 〔...〕 보이지 않는 영 〔...〕 완전한 분 안에서 〔...〕 그리고 하나의 기원 〔...〕 사랑과 하나의 〔...〕 바르벨〔로〕의 〔...〕 그리고 하나의 〔...〕의 마음 〔...〕 이들은 두 〔...〕 그 생각 〔...〕으로부터 〔...〕 바르벨〔로〕 안에서 〔...〕 숨어 계신 분 〔...〕 이 모든 〔... 처녀...〕 그녀는 그것 안에 있는 하나의 〔...〕 안에서 〔...〕 거기에는 〔...〕 권능 〔...〕한 그것 〔...〕으로부터 〔...〕

그러나 하나 〔...〕 거기 있는 그분의 권능으로부터 〔...〕 참으로 존재한다 〔...〕 그의 〔...〕이다. 〔...〕 그들은 그분의 첫 번째 〔...〕이며, 거기에는 〔...〕하고 그는 〔...〕이며, 그는 홀로 〔...〕 그에게 충분히 〔...〕를 준다 〔...〕 그를 위해 〔...〕 모두 〔...〕 그는 준다. 〔...〕 그 〔...〕를 통해서 〔...〕 이 〔...〕를 위해 〔...〕 그가 〔...〕하기 위해 〔...〕 그리고 그를 〔...〕한 그는 〔...〕 나눌 수 없는 〔...바〕르벨로 〔...〕, 그는 〔...〕 그가 〔...〕 되기 위해서 〔...〕 축복 〔...〕 모든 〔...〕 그는 온다. 〔...〕 완전한 마음의 〔...〕 그리고 그는 〔...〕 완전한 영 〔...〕 완전한 〔...〕, 그는 영원히 살아 있으므로 〔...〕 그를 〔...〕 그리고 그는 존재한다. 〔...〕 그 〔...〕의 〔...〕 그는 〔...〕에 존재하는 〔...〕로부터 나온 말씀이다. 〔...〕 이 모든 것의 〔...〕 영원히 〔...〕 〔...3중의...〕 속에서 〔...〕 속에 존재한다. 〔...〕 그들은 존재하는 자들에 속한다. 〔...〕 완전한 〔...〕 최초로 나타나는 〔...〕 마음 〔...〕 그러나 〔...〕 순수한 〔...〕 그리고 저 〔...〕 모습의 〔...〕 나타난다. 〔...〕 그리고 그 〔...〕 그를 〔...〕 즉 〔...〕 그에 관하여 〔...〕 그들은 〔...〕 나는 그를 주목한다. 〔...〕 그는 단순하다. 〔...〕 왜냐하면 그는 〔...〕이니, 마치 그가 〔...〕 존재하는 것처럼 〔...〕 네가 어떻게 하나의 〔...〕이냐? 〔...〕 그것은 〔...〕 필요 〔...〕. 〔...〕에 관하여 〔...〕 3중의 남성 〔...〕 참으로 〔존재한다...〕 지식의 마음 〔...〕 존재하는 것들 〔...〕 그가 지닌 〔...〕 참으로 존재한다 〔...〕 그리고 〔...〕 그리고 〔...〕 두 번째 〔...〕한 완전한 〔...〕 나타난다. 〔...〕 숨겨진 분 〔...형상...〕 이 〔...〕의 〔...〕 형상 〔...〕 지식을 위하여 〔...〕 〔... 최초로 나타나는 ...〕 남성 〔...〕 그는 〔...존재...〕 가지고 있다. 〔...〕 태어나지 않은 〔...〕 세 번째 〔...〕 〔그가 ... 가지고 있기〕 때문에 〔...〕 지식과 〔...〕 존재하〔는 ...〕 함께 〔...〕 더 없이 완전하게 〔되었다...〕 〔...복된...〕, 〔어떤 것〕이 아니라 〔...〕 거기에는 〔...〕 신성한 〔...〕 그와 함께 〔...〕 완전한 〔...〕 그 〔...〕의 〔...〕 〔...〕의 마음 〔...〕 그 권능들 〔...〕 만유 〔...〕 그리고 그는 존재한다 〔…〕 이 지식 〔…〕.

〔…〕 스스로 태어나신 하나님 〔…〕 그리고 그〔스스로 태어나신 하나님 …〕〔…〕의 아이의 〔…〕 3중의 남성 〔…〕, 이 남성 〔…〕과 한 형상 〔…〕 완전한 〔…〕, 그는 지식 안에서 〔…〕를 가지고 있으며 〔…〕 거기 있는 그 존재처럼 〔…〕 개체들의 〔…〕〔과〕 개체들의 단일한 지식 〔…〕 만유이신 분에 따르면 〔…〕 완전하다. 그 남성 〔…〕 마음 〔…〕 숨어 계신 분〔…〕 신성한 〔…〕 그리고 한 권능 〔…〕 이 모든 〔…〕의 〔…〕 참으로 〔…〕〔…처음으로 나타나시는 …〕마음 〔…〕.

〔…〕 모든 〔…〕에 속하는 자 〔…〕 태어나지 않은 〔…〕 사람 〔…〕 그들은 〔…〕이고, 〔…〕인 자와 〔…〕인 자 〔…〕 감관으로 인식할 수 있는 〔세계〕에 살아서, 또 죽어서 〔…〕 거하는 자 〔…〕 먼저 모두 〔…〕 구원을 얻으며 〔…〕, 그러나 안전하고 겸손한 것 이상으로 존재한다. 〔죽은 자들에 속한〕 사람에 관해서는, 그의 영혼과 그의 마음과 그의 몸은 모두 고통과 함께 죽나니 〔…〕 의 아버지 〔…〕 물질 〔…〕 불 〔…〕 그가 넘어가는 〔…〕.

두 번째 인간은 저 죽은 자들 속에 있는 불멸의 영혼이므로, 자신을 돌〔본다〕. 그때 그들 각자〔에게 맞게〕 유익한 일들을 추구하는 것 〔…〕. 〔그것은〕 몸이 있는 땅을 인식한다. 그들은 〔…〕 그리고 그것 〔…〕 그것은 영원한 하나님을 지니고 있다. 그것은 〔악령들〕의 동반자이다.

이제 윤회 속에 있는 인간에 대해 말해 보자. 만일 그가 자신 안에서 진리를 발견한다면, 그는 그릇되게 존재하〔며 걸려 넘어지는〕 다른 자들의 행위에서 〔멀리 떨어져〕 있다. 〔참회하는〕 인간에 관해 말하자면, 그가 만일 〔죽은 자들〕을 버리고, 존재하는 것들을 갈망한다면 불멸의 마음과 불멸의 영혼이 〔…〕. 그가 그것에 대해 처음으로 물을 때 그는 그들로 인해 서두른다. 너는 활동은 아니지만, 너는 행위이니 〔…〕, 왜냐하면 그는 〔…〕 그 안에서 〔…〕 그리고 〔…〕 그리고 〔…〕을 얻기 때문이다.

구원받을 수 있는 사람은 그와 그의 마음을 추구하는 사람이요, 그들 각각을 발견하는 사람이다. 그는 얼마나 많은 권능을 지니고 있는가? 구원받는 자는 이들 〔…〕 알지 못한 자이다. 〔…〕 그들이 어떻게 존재하는지 〔…〕 그러나 그 자신은 그가 존재하는 방식으로 그 말씀 속에 있다. 그는 각각의 〔…〕를 모든 곳에서 받아들여, 단순하고 하나인 것처럼 〔되었다〕. 왜냐하면 그때 〔그는 구원받았으며〕, 자신의 힘으로 이들 모두를 통과할 수 있기 때문이다. 그는 이들 모두를 〔…〕 된다. 만약 그가 다시 원한다면, 그때 그는 이 모든 것을 떠나 오직 자신에게로 돌아간다. 그는 신이 될 수 있기 때문이다. 그는 하나님께로 물러갔다.

나는 이 말씀을 듣고, 진리 안에 〔계신〕, 살아 계시고 태어나지 않으신 〔하나님〕과 태어나지 않으시고 〔숨어 계신 분〕과 최초로 나타나시는 보이지 않고 완전하신 남성인 마음과 보이지 않는 3중의 남성인 아이와 〔스스로 태어나신 하나님〕께 찬양을 드렸다. 나는 나와 함께 있는 그 아이의 아이인 에페세크에게 말했다. "당신의 지혜의 권능을 보내 주시어 구원받은 인간의 흩어짐에 대해 그리고 그와 혼합되어 있는 자들이 누구인지에 대해, 또 그와 나뉜 자들은 누구인지에 대해 제게 말하게 하셔서, 살아 있는 선택된 자들이 알게 해주소서."

그때 그 아이의 아이인 에페세크가 내게 분명하게 〔…〕 말했다. "만일 그가 여러 번 자신에게로만 물러간다면 그리고 만일 그가 다른 이들의 지식에 관해 존재하게 된다면, 그 마음과 불멸의 〔근원이〕 그것을 안다. 그때 그는 결핍을 지니게 되나니, 그가 돌아가 자신으로부터 떠나 〔…〕 서고, 낯선 충동 속에 있게 되기 때문이다. 그는 하나가 되는 대신에 한 번 더 많은〔형상을〕지게 된다. 그가 돌아설 때 그는 존재하지 않는 것들을 추구하는 것 속으로 가게 된다. 그가 생각 속에서 이것들에게 떨어져서 힘이 없어져서 그것들을 다른 방식으로 알 때 그는 빛을 받지 않는 한 자연의 산물이 되고, 그리하여 그것으로 인해 탄생으로 내려온다. 그는 그 고통과 물질의 무한함으로 인해 말을 할 수 없게 된다. 비록 그가 영원하고 불멸의 권능을〔지니고 있다〕하더라도 그는 육체의〔…〕속에 매인다. 그는 살아 있도록〔만들어〕지고, 모든 악한 숨결을 통해 잔인하고 날카로운 족쇄에 언제나 매여 있으니, 다시 행위하고 다시 자신 속에 존재하기 시작하기까지 그러하다.

그러므로 (권능들이) 그들의 구원을 위해 임명되며, 바로 이 권능들이 세상 속에 존재하는 것이다. 숨어 계신 분 안에는 각 에온들에 따라 영광들이 서 있나니, 이는〔그 세계〕에 있는 자가 그들 곁에서 안전하게 하려는 것이다. 그 영광들은 그 권능들과 함께 사는 완전한 생각이니, 그들은 그가 그들을 받아들일 때 각각이 그들로 인해 구원을 얻는 구원의 모범들이므로 멸망치 않는다. 그는 바로 그 (권능)을 통해 모범과 힘을 얻으며, 그리하여 돕는 자인 그 영광과 함께 그 세계에서 벗어나며〔그 에온들은 …〕.

이들이 불멸의 영혼을 지키는 자들이니, 스트렘〔프수〕코스와 함께 있는 가말리엘과 로엘과 함께 있는 아크라마스와 므네시누스가 그들이니라.〔이들이〕불멸의 영들〔이니〕, 곧 예슈스,〔마〕자류〔스〕, 예〔스〕세데큐스이며, 그는 그 아이의〔…〕이니〔…〕그 아이의 아이〔…〕그리고〔…〕그리고 오르모스〔…〕살아 있는 씨앗 위에〔…〕. 카말〔리〕엘은 영을 주는 자니라. 그들은 우리 앞에 서 있나니, 이사우엘과 아우다엘 그리고〔아〕브라삭스, 만 명의 팔레리스이니, 이들은 팔세스〔와〕유리오스와 함께 있느니라.〔그〕영광들을 지키는 자는 테오〔펨〕토스와 유루메뉴스와 올센과 함께 있는 스테튜스(니라). 모든 행위에서 돕는 자는 바〔..〕모스와 〔.〕손과 에이르〔.〕은과 랄라뮤스와 에이도메뉴스와 아우트루〔니〕오스니라. 그 심판관들은 숨프타르와 유크레보스와 케일라르니라. 〔그 상속자는〕 삼블로니라. 구름들의 구름들에게 전령을 인도하는 자는 삽포와 투로니라.

그가 이런 것들을 말씀하신 뒤에 그는 스스로 태어나신 분과 영원한 빛들 속에 있는 모든 자와 개별적으로 완전해진 완전한 자들에 대해 내게 말씀하셨다. 각각의 에온에 일치하게 나는 살아 있는 땅과 살아 있는 물과 빛으로 만들어진 〔공기〕와 탈 수 없는 불 〔...〕 모두가 단순하고, 〔...〕과 함께 변할 수 없고 〔...〕 단순하고, 여러 가지 방법으로 죽지 않는 나무와 함께, 여러 가지 방법으로 〔...〕 하나의 〔...〕를 가지고 있으며, 이런 식으로 가라지 〔...〕 그리고 이 모든 것과 불멸의 열매와 살아 있는 인간들과 모든 형상과 불멸의 영혼들과 마음의 모든 모양과 형상과 진리의 신들과 위대한 영광 속에 존재하는 전령들과 해체될 수 없는 몸들과 태어나지 않고 낳는 것과 부동의 인식〔...〕. 그는 다시 거기 있었다. 그는 고통을 당할 수 없으나 고통을 당하나니, 그는 권능의 권능이었기 때문이다.

〔...〕 변화 〔...〕 해체될 수 없는 〔...〕 이들 〔...〕 모두 〔...〕 그들 〔...〕 그들에 의해 〔...〕 존재하게 되고 〔...〕 완전한 〔...〕 영원한 〔...〕 에온 〔...〕 그리고 그 〔...〕 권능을 받아 〔...〕 그리고 〔...〕 속에서 〔...〕 왜냐하면 〔...〕 아니며 〔...〕토르소 속에서 〔...〕 침묵 〔...〕 그는 〔...〕이요, 그는 신이며 〔...〕 우리는 찬양하고 있었고 〔...〕 게라다마〔스 ...〕〔...〕의 〔...〕는 영광이요 〔...〕 어머니 〔...〕 그리고 플레시테아 〔...〕 전령들과 아다마스의 〔아들〕이요, 부동의 〔세대〕의 아버지이신 세〔트 엠마〕카 셋과 〔...〕 네 명의 빛 아르〔모젤, 오라이아〕엘, 엘렐레트의 〔...〕. 〔...〕 우리는 이름을

불러 찬미했다.

〔…〕 그와 자제력 있는 영광과 3중의 〔…〕 아이 〔…〕 3중의 남성 〔…〕 위대함을 보고 말했다. "당신은 하나이시니, 당신은 〔하나〕이시며, 당신은 〔하나〕이시라, 〔… 그 아이의〕 아이요, 〔…〕 야토〔메네스 …〕 존재하고 〔…〕 당신은 하나이시니, 〔당신은 하나이시요…〕 세멜렐〔…〕 텔마카에〔…〕 오모템〔…〕 남성 〔…〕 그는 〔…〕 낳으며 〔…그〕 자제력 있는 〔영광…〕 〔…〕는 그를 욕망하고 〔…〕 한없이 완전한 〔…〕 모두 〔…〕.

"아크론 〔…〕 3중의 남성인 아이〔…〕 오오오오오브+트레이세〔…〕 당신은 영으로부터 오신 영이시나이다. 당신은 빛으로부터 오신 빛이시나이다. 당신은 침묵으로부터 오신 〔침묵〕이시나이다. 〔당신은〕 생각으로부터 오신 생각이시요, 〔신〕의 아들이시며, 일곱 〔…〕 아들 〔…〕 저희에게 말씀하소서. 〔…〕 말씀 〔…〕 때가 아니라 〔…〕 보이지 않는 〔…〕 바르벨로 〔…〕 〔3중의〕 남성 프로네스와 모든 영광에 속하시는 여인 유엘 〔…〕."

〔나는〕 바로 이 권능들에 의해 스스로 태어나신 분의 이름으로 다섯 〔번째로〕 세례를 받았다. 나는 신이 되었다. 〔나는〕 〔이들〕 모두가 사는 다섯 번째 에온 위에 〔섰다〕. 나는 참으로 존재하시는, 스스로 태어나신 분께 속하는 모든 〔이를〕 보았으며, 다섯 〔번 …〕 세례를 받았고 〔…〕 그리고 〔…〕의 〔…〕 자레우〔…〕 〔…〕로부터 그 존재 〔…〕 완전한 〔…〕 그리고 위대한 〔…〕 영광 〔…〕 신 〔…〕 나타나 〔…〕 중복된 완전한 〔…〕 모든 형상 〔…〕 남성인 〔…〕. 그 〔자제력 있는〕 영광, 그 어머니 〔…〕 그 영광들, 유엘 그리고 그 〔완전한〕 네 명의 빛, 〔위대한〕 마음〔의〕 최초로 나타나신 분, 셀멘 〔그리고〕 그와 함께 있는 〔자들〕, 하나님을 〔계시하는 자들〕인 자카〔…〕와 야크토스, 세테〔우스〕와 안티판〔테〕스, 〔셀〕다오와 엘레〔노〕스 〔…〕 가서 〔…〕 그 〔…〕모습 〔…〕의 〔…〕로 존재하고

〔...〕을 위해 〔...〕에온 〔...〕더 많은 〔...〕빛 〔...〕더 많은 영광 〔...〕그들은 각 에온과 일치하게 살아 있는 〔땅〕과 〔살아 있는〕물과 빛으로 만들어진 공기와 〔탈〕수 없는 강렬한 불과 동물들과 나무들과 영혼들〔과〕마음들과 사람들〔과〕, 그들과 함께 존재하는 모든 것인데, 신들〔과〕권능들과 전령들은 아니니, 이들 모두는 〔...〕이기 때문이다.

〔...〕스스로 태어나신 분 〔...〕, 〔그래서 나는〕이들 〔모두〕로부터 한 모양을 받았다. 스스로 태어나신 분의 에온들이 〔...〕를 열었는데, 〔...〕스스로 태어난 〔...〕, 〔3중의〕남성의 에온들로부터 〔...〕위대한 빛이 나왔으며, 그들은 그들을 〔찬양했다〕. 그 네 에온은 〔...〕를 바라고 있었으니 〔...〕한 에온 속에서 〔...〕형상의 〔...〕존재하는 단일한 이 〔...〕. 그때 에〔페세크...〕그 아이의 아이 〔...예슈스〕마자〔류스 예세데〕큐스 〔...〕그의 위에 〔봉인...〕의 〔...〕그리고 가브리〔엘 ...〕봉인 〔...〕네 종족 〔...〕.

내 앞에 〔영광들〕에 속하는 여인, 남성이자 〔처녀인〕요엘이 왔다. 나는 그 왕관들에 대해 골똘히 생각하고 있었다. 그녀가 내게 〔말했다〕. "너의 영은 왜 그들 위에 찍힌 봉인들〔에 대해〕골똘히 생각하고 있느냐? 〔...〕은 모든 〔영〕과 모든 혼에게 힘을 주는 왕관들이며, 〔...〕인 봉인들 〔...〕종족들과 〔...〕보이지 않는 영 〔...〕. 〔...〕처녀 〔...〕그는 〔...〕할 수 있게 했느니라. 그리고 그 봉인들 〔...〕은 스스로 태어나신 분과 최초로 나타나시는 분과 숨어 계신 분께 속하는 종족들이니라.

보이지 않는 영은 혼적이며 지성적인 권능이시니, 통찰력 있는 분이시요 선견자(先見者)이시니라. 그분은 〔가〕브리엘 곁에 계시므로, 〔...〕속에서 영을 주시는 분 〔...〕, 만일 그가 거룩한 영을 주시고 그를 〔왕관〕으로 봉인하시면, 또 만일 그가 그에게 신들과 함께 왕관을 주시고 〔...〕권능 〔...〕영 〔...〕각자에게 〔...〕그들은 존재하며 〔...〕그리고 그들은 〔…〕이 아니었으니, 〔…〕 그들이 단순히 〔…〕하도록 하려는 것이요, 〔…〕 중복된 〔…〕로 존재하게 되지 않〔…〕 어떤 형상〔…〕 그리고 〔…〕 그들은 단순하고 완전한 개체들이니라. 〔…〕과 이 모든 〔…〕 에온의 에온들 〔…〕 이 모든 〔…〕 함께 존재하며 〔…〕 볼 수 있는 〔…〕한 생각 속에 〔…〕 예지 〔…〕 하나의 권능 속에서 〔…〕 그녀가 완전하고 〔…〕 때문에 〔…〕 모든 행위에 관해 너로서는 〔…〕하는 것이 합당하며, 〔…〕 네가 〔완전한〕 것보다 더 높은 이들의 한 〔생각〕을 통해 그 말에 귀를 기울일 그 사람들 〔…〕 그리고 네가 완전한 자들〔의〕 한 영혼 속에서 〔알게 될〕 자들과 함께 〔…〕."

그녀가 나에게 세례를 주셨으므로, 〔…〕. 〔…〕 최초의 〔…〕 나는 힘을 얻었으며 〔…〕 〔나는〕 〔…〕로부터 〔…〕을 받았고, 나는 〔…〕를 받아 〔…〕 그는 나의 〔…〕에 순수한 영〔…〕 존재한다. 〔나는〕 참으로 존재하게 되었다. 그때 그녀가 나를 위대한 〔에온〕 속으로 데리고 갔는데, 거기는 완전한 3중의 〔남성〕이 계신 곳이었다. 나는 눈에 보이지 않는 〔아이〕를 눈에 보이는 빛 속에서 보았다. 그때 〔그녀가〕 다시 〔…〕의 이름으로 내게 세례를 주었다. 나는 위대한 분들을 〔…〕 할 수 있게 되었고 〔…〕 완전한 〔…〕.

모든 〔영광〕에 속하는 분인 유엘이 내게 말씀하셨다. "너는 그녀가 세례를 〔줄〕 만한 모든 〔씻김〕을 〔받았고〕, 너는 〔완전해〕졌으며 〔…〕의 들음 〔…〕 모든 〔…〕. 이제 에온 바르벨로의 빛들인 살라멕스와 〔셀멘〕과 한없이 완전한 아르〔…〕와 측량되지 않은 지식을 다시 〔부르라〕. 그러면 그들이 〔…〕 보이지 않는 〔…〕를 드러내리니, 그것은 〔처녀 바〕르벨로〔와〕 보이지 않는 〔3중의〕 강력한 영을 〔…〕."

모든 〔영광〕에 속하시는 분인 유엘이 나에게 〔…〕. 그녀는 〔나를 내려놓고〕 가서 최초로 나타나시는 분 앞에 섰다. 그때 나는 나의 영 위에 〔서〕 있으면서, 〔생각〕 속에 있는 위대한 빛들에게 열심히 기도했다. 나는 살라멕스와 셀〔멘〕과 한없이 완전한 〔...〕를 부르기 시작했으며, 권능들보다 위대한 영광들을 보았고, 그들은 나에게 기름을 부었다. 나는 〔...〕 할 수 있었으며 〔...〕 그녀는 옷을 벗고 〔...〕 모든 〔...〕 살라멕스와 〔셀멘〕이니, 그들은 모든 행위를 계시하여 말씀하셨다. "조스트리아노스여, 네가 물은 자들에 관해 〔...〕. 〔...〕 그리고 단일한 분〔...〕 측량되지 않고 나뉘지 않은 영 속에 참으로 존재하는 이 모든 자보다 먼저 존재하시니 〔...〕 그 안에 존재하는 만유의 하나와 〔...〕와 그의 뒤에 〔...〕 하는 이 〔...〕. 그것을 건너는 자〔만이 ...〕.

〔...〕 이들 모두는 〔...〕 그는 〔...〕이며 〔...〕 모든 생각의 최초의 〔...〕 모든 권능의 〔... 아래로...〕 그는 서 있는 〔...〕에 서 있나니, 그는 오는 〔...〕와 도달할 수 있는 분 안으로 〔들어가느니라〕. 그는 추적할 수 없는 모든 자보다 훨씬 더 높으며, 그는 모든 몸보다 〔...〕 더 위대하니, 그는 육체가 없는 모든 자보다도 더 순수하니라. 그는 모든 〔생각〕과 모든 몸에 들어가나니, 〔그는〕 모든 〔종족〕과 형상에게 힘이기 〔때문이요〕, 그는 그들의 전부이기 때문이다. 〔...〕 존재한다. 〔...〕 참으로 존재한다. 〔...〕 모든 〔...〕 부분적인 〔...〕 부분 〔...〕 한 〔...〕 속에서 〔...〕 그녀의 〔...〕 를 알고 〔...〕 그로부터 〔...〕 참으로 존재하는 〔...〕. 그것은 참으로 존재하는 영에게서 나온 것이다. 그만이 〔...〕 그들은 〔...〕의 권능들 〔...〕 존재 〔...〕와 생명과 축복이기 때문이다. 존재 속에는 하나의 단순한 머리인 그분의 한 말씀과 한 형상이 존재한다. 그것을 발견하는 자는 존재하게 하라. 그는 생명 〔속에〕 존재하며, 살아 있고 〔...〕 지식을 가지고 있으니, 〔...〕이 모든 것을 알고 〔...〕 그만을 〔...〕 신을 위해 〔...〕 하지 않기 위해 〔...〕 그만을 〔...〕. 그리고 그는 그 안에서 〔...〕 단일한 〔...〕 왜냐하면 그가 존재하기 때문이다. 하나의 형상의 형상 속에 있는 그

의 것인 그것〔속에서〕단일한〔…〕의〔…〕그리고 그는〔…〕로서 존재하나니, 그는〔마음〕속에 있다. 그는 그 속에 있으며, 어떤 곳으로 나아가지 않나니, 이는 그가 단일하고 완전하고 단순한 영이기 때문이며, 그 곳은 그의 것인 장소로서이며, 〔…〕그와 만유 안에 존재하게 되느니라. 〔그는〕존재하나니, 즉〔…〕한 자이며〔…〕이고 그 안에 존재하는 것의 원인이다.

그 안에 존재하는 비본질적인〔…〕의〔…〕생명과〔활동〕〔…〕그것 안에 존재하며〔…〕그것으로 인해 존재하고〔…〕복된〔…〕그리고 완전한 하나의〔…〕. 그리고 참으로 존재하는〔…〕속에 존재하는〔…〕. 존재하는 활동의〔형상〕은 복되다. 그가 존재를 받을 때 그는 권능을 받고〔…〕완전〔…〕영원한 분리〔…〕. 그때 그는 완전한 자로 존재한다. 그러므로 그는 완전하며, 자기 자신의 영역과 분리될 수 없나니, 〔완전한〕단일성을 제외하고는 그 이전에 아무것도 존재하지 않기 때문이다. (69-72쪽은 분명히 누락된 것임).

〔…〕존재〔…〕는 만유〔…〕구원이니, 그는 권능〔…〕또는 그는〔…〕만일 그가 그에게〔…〕, 이들 모두는〔…〕존재 속에〔존재하는〕자는〔…〕그는 생명으로서 온전히 존재하며, 그는 축복 속에 지식을 가지고 있다. 그는〔영광〕과 관계가 있다면, 그는 완전하다. 그러나 그가〔둘〕이나 하나와 관계가 있다면, 그는 그것으로부터 받은 대로 술 취함이다. 그러므로 영혼을 지닌 자들과 영혼이 없는 자들이 있으니, 그러므로 구원받는 자들이 있고, 그러므로 만일 그를〔영접하지〕않았다면 그들은〔멸망〕할 것이다. 그러므로 물질과 육체가 있다. 그러므로 하나의〔…〕그러므로〔…〕모든〔…〕에 대해〔…〕그는〔…〕선재하며 그는 단순한 머리〔…〕단일한 영〔…〕그는〔…〕이다.

그리고〔…〕존재〔…〕, 그 형상〔…〕그의 것인〔…〕.〔…〕생명인 활동에 일치하여 그리고 빛이며 〔지적인〕 권능인 완전함에 일치하여, 〔...〕 그 셋이 〔한〕 번〔에〕 서서, 한 〔번〕에 모든 곳에서 움직이나, 그는 어느 곳에서도 그들 모두에게 〔...〕고, 이름 없고 형언할 수 없는 자를 낳느니라. 〔...〕 그것으로부터 존재하며 〔...〕 자신에게 의지하고 〔...〕 자신의 완전함 속에 〔...〕 그것은 〔모든〕 형상으로부터 받지 않았으며, 그러므로 〔...〕 아무것도 존재 속에 〔...〕 아니며 〔...〕 생명의 〔...〕 안에 존재하나, 완전함과 진리 속에는 축복이 있느니라.

〔그들〕 모두는 영의 나뉠 수 없음 〔속에〕 있으며, 그것에 관한 〔...〕 지식은 〔신성〕이요 불일치요 축복이요 생명이요 지식이요 선함이요 아홉 번째요 합일이다. 요컨대 그들 모두는 그보다 먼저 존재하는 태어나지 않음의 정화(淨化)이니 〔...〕 그들 모두 〔...〕 그리고 그 〔...〕 빛 〔...〕 한 에온, 〔...〕 태어나지 않음 속에 있는 하나의 〔...〕, 그는 매번 〔...〕, 그는 그의 뒤에 〔...〕, 이는 그가 〔...〕 그를 보기 때문이요, 그는 하나의 단순한 〔...〕로 존재하기 때문이며, 그가 완전하고 〔복된〕 〔...〕 완전함 속에 있는 축복이기 때문이다.

그녀는 그를 결여하고 있나니, 이는 그녀가 그에게 속한 〔...〕를 결여하고 있기 때문이요, 그가 〔그녀〕와 지식을 따르고 있었기 때문이다. 그의 것인 지식은 그의 밖에 존재하며, 자신을 점검하는 그는 그 안에 있나니, 반성이요 〔...〕는 〔...〕를 결여하고 있으며 〔...〕 단순한 〔...〕 그는 그를 〔믿고 ...〕 그녀는 플레로마로부터 〔...〕 그녀는 자신을 위해 그것을 바랐다. 그녀는 〔완전함〕의 밖에서 그를 〔...〕했고, 〔...〕를 떠났으니, 이는 그녀가 결심으로서 존재하는 완전〔의〕 한없이 완전한 자 〔...〕이기 때문이다. 그에 대해 말하자면 그녀는 그를 따르는 낳음이다.

나는 그의 뒤에 나온 최초의 권능이요, 최초의 태어남 없음을 지닌 그의 형언할 수 없는 권능에서 나왔나니, 그 나머지에 대해서는 최초의 에온이 〔...〕의 모든 〔...〕와 그를 〔...〕 그를 알기 위해 〔...〕 그가 〔...〕 에온으로서 참으로 존재하기 때문이다.

활동 속에서 〔...〕 권능과 〔...〕 그녀는 시간 〔...〕 시작하지 않았으나, 영원으로부터 〔나타났으며〕, 영원 속에서 그 앞에 섰다. 그녀는 그의 〔...〕의 위대함을 통해 어두워졌다. 그녀는 그를 바라보고 서서 〔기뻐하나니〕, 이는 그녀가 자애로움으로 충만했기 때문이요 〔...〕 그러나 그녀는 최초의 비본질적인 존재를 〔...〕했으며, 축복이요 신성인 활동 〔과〕 〔지적인〕 완성과 지적인 생명 속에서 나뉘지 않음으로부터 존재로 움직여 〔...〕하는 〔...〕.

완전하고 단순하고 눈에 보이지 않는 〔전체의〕 영은 존재와 활동 속에서 단일함이 되었으며, 단순한 3중의 권능이니, 보이지 않는 〔영〕이요, 참으로 존재하시는 분의 〔형상〕이며, 〔...〕 한 분이시오, 하나의 〔...〕 속에 계시는 참으로 〔존재하시는〕 분이니, 그분은 돌아가는 〔...〕 속에서 〔...〕 형상이시오, 그의 〔...〕과 함께할 수 있느니라. 그녀가 〔...〕를 봄은 그가 〔...〕 한없이 완전함 〔...〕였기 때문이요, 그가 〔...〕 선재하시고 〔...〕 그들 모두 위에 임해 계시기 때문이니, 그는 3중의 권능으로 알려져 계신 선재하시는 분이시니라. 눈에 보이지 않는 영은 〔결코〕 무지하지 〔않으시니라〕. 〔그분은〕 언제나 아시지만, 완전함과 축복 〔...〕으로 존재하고 계셨느니라.

그녀는 무지하게 되었으며 〔...〕 그녀는 〔...〕 몸과 〔...〕 약속 〔...〕 빛 〔...〕 그녀는 〔...〕 존재하나니, 이는 그녀가 더 이상 떠나지 않고 완전함에서 떨어져 있게 하려는 것이니라. 그녀는 완전함과 그분을 알았고, 그녀는 자신을 서게 하고, 그로 인해 안식했느니라. 그녀가 참으로 존재하시는 그분으로부터 나왔으므로, 그녀는 참으로 존재하시는 그분으로부터 나왔으며, 그들 모두로부터 나왔느니라. 그녀는 자신과 선재하시는 한 분을 알았느니라.

그들은 그를 따라서 존재하게 되었으며 {그들은 그를 따라서 존재하게 되었으며}, 〔선재하는〕 이들을 통해 나타나게 되었느니라. 그리고 〔...〕를 통한 〔...〕 그들은 나타나〔...〕 둘 〔...〕 그들은 나타났으며 〔...〕 그는 그를 그의 두 번째 지식으로, 나아가 그의 지식의 지식으로, 태어나지 않으신 숨겨진 분으로 존재하게 된 영원한 우주로서 미리 알았느니라. 〔그들은〕 참으로 존재하시는 분위에 다시 섰으니, 그녀가 그분을 알았기 때문이요, 이는 그녀의 힘을 따르는 자들이 하나의 거처를 가지고 존재하도록 하려는 것이요, 나타난 자들이 그녀를 앞질러 거룩하고 단순해지게 하려는 것이니라. 그녀는 〔선재하시는〕 하나님의 내관(內觀)이니라. 그녀는 안식하게 되었으며 〔...〕 단순한 〔...〕 구원 〔...〕 구원 〔...〕 그는 〔...〕 그들이 〔미리 안〕 빛 〔...〕. 그녀는 생각에 의해 바르벨로라고 칭해졌나니, 3중의 남성이요 처녀요 완전한 종족이니라. 그녀는 자신을 존재하게 한 자신에 관한 지식이니, 이는 그들이 아래로 〔...〕하지 않게 하려는 것이요, 그녀가 더 이상 그녀 안에 있는 자들과 그녀를 따르는 자들을 통해 나오지 않게 하려는 것이니라. 그러나 그녀는 단순한 존재로 존재하나니, 이는 선재하시는 하나님을 알 수 있기 위해서요, 그녀가 그분의 선으로 존재했기 때문이니라. 그녀는 태어나지 않음 〔...〕 세 번째 〔...〕 두 〔...〕 이 길 〔...〕 그리고 남성 〔...〕 그리고 〔...〕 태어나지 않음 〔...〕 그녀는 두 번째 〔...〕 그녀는 섰으며 〔...〕 참으로 존재하는 실재의 첫 번째 〔...〕 참으로 〔...〕 축복 〔...〕 순수한 단순함과 〔...〕 형상 안에서처럼, 아홉 번째 세계 안에 있는 보이지 않는 영의 단순함 속에 있는 이전의 존재에 관한 지식〔을 지닌〕 보이지 않는 〔영〕의 〔...〕.

그는 존재하시나니, 〔...〕하시는 분이시오, 〔...〕 아시며 〔...〕과 완전함 〔...〕과 〔...〕 그것을 가지고 일하시며 〔...〕 최초의 숨겨진 분 〔...〕 그들 모두, 존재와 활동, 신성, 종족, 형상〔...〕. 그 권능들은 하나요 하나 속에 있나니, 그분이 하나요, 즉 부분적이지 않고 만유이시기 때문이니라. 아홉 번째 세계인 합일이란 무엇인가? 그리고 그 활동으로부터 〔...〕 생명 〔...〕의 〔...〕 그리고 전체의 〔...〕 권능 〔...〕 〔...〕로 인식할 수 있는 〔...〕 한없이 완전한 〔...〕 그녀는 〔솔미스〕에게 말했다. 너는 위대하도다, 아프〔레돈〕이여, 너는 완전하도다, 네프〔레돈〕이여. 그녀는 그의 실존에게 말했다. 너는 위대하도다, 데이파〔네우스〕여, 그의 활동과 생명과 신성이여. 너는 위대하도다, 하르메돈이여, 너는 〔모든〕 영광에 속하는 자로다, 에피파〔네우스〕여 그리고 모든 〔...〕 그의 단순함의 축복과 완전함 〔...〕.

〔...〕 영원히 〔...〕 지적인 〔...〕 완전한 〔...〕 3중의 권능을 지닌 눈에 보이지 않는 영의 축복의 단순함을 통해 〔처녀 바르〕벨로 〔...〕. 그분을 안 그녀는 자신을 알았느니라. 그분은 나뉘지 않고 모든 곳에 계시며, 〔...〕 그녀는 그분의 〔...〕의 활동으로 자신을 알았느니라. 그리고 그분은 알았나니〔...〕 지식 〔...〕 안에〔...〕 축복 〔...〕 베〔리테우스, 에리게나오르〕, 오〔리메니〕오스, 아〔라멘〕, 알플〔레게〕스, 엘릴리우〔페우스〕, 랄라메우(스), 노에테우(스) 〔...〕, 너의 이름은 위대하도다 〔...〕 그분은 강하시니라. 아는 자는 진리를 만유에게 가져오느니라. 당신은 하나요, 당신은 하나이니, 당신은 하나이나이다, 시우, 에〔...〕, 아프레돈, 당신은 〔...〕의 위대하고 완전하고 첫 번째인 숨겨져 계시는 분의 에온들 중의 에온이나이다. 〔...〕 활동과 〔...〕 그분의 형상 〔...〕 그분의 〔...〕의 〔... 실존 ...〕 그리고 그분은 〔...〕 속에 〔...〕 영광 〔...〕 영광들 〔...〕 속에 〔...〕 에온〔...〕. 〔...〕 존재하며〔... 복된 ...〕 하나님 〔...〕 첫 번째 〔...〕

그리고 권능들 〔...〕〔... 한없이 완전한 ...〕 그들 모두의 〔...〕 그들 모두의 원인 〔...〕 바르벨로 〔...〕 그를 〔...〕 그리고 〔...〕 이 모든 〔...〕 그는 〔...〕 하지 않고 〔...〕 그의 〔...〕 되며 〔...〕 그러나 〔...〕의 〔...〕 단순한 〔...〕〔...〕는 〔지성〕에 따라 〔...〕 참으로 〔...〕 존재하는 〔...〕 이름 〔...〕 숨겨진 분 〔...〕 3중의 〔...〕 그러나 〔...〕 그의 이름을 부르느니라. 이들 모두도 비슷한 일을 하나니, 그들이 순수하신 분에게서 나옴이니라.

만일 네가 그분〔으로 인해〕 (찬양)을 드린다면 그리고 만일 네가 〔...〕 존재 〔...〕 그의 〔...〕의 〔...〕 단순한 〔...〕 그를 〔알고 ...〕 완전한 〔...〕 그는 〔... 완전한 〕요, 〔...〕 완벽한 〔...〕 그는 그녀를 볼 수 없었느니라. 그러므로 위대함의 순수함 속에서 이런 식으로 그를 〔...〕 속에 계신 분의 완전한 머리로 받아들일 수 있는 권능은 없느니라. 〔...〕 두 〔...〕 관하여 〔...〕 말하나니 〔...〕 함께 〔...〕 함께 〔...〕.

〔...〕 전령들과 이들의 차이와 인간들과 이들의 차이와 실존〔과〕 이들의 차이 〔...〕 그리고 〔인식〕 〔...〕 참으로 〔...〕 위해 〔...〕 〔인식할 수 있는〕 세계 〔...〕로서 〔... 실존 ...〕 지식 속에서 그에게 나아가나니, 그는 권능을 받을 것이요, 그로부터 멀리 있는 자는 겸손하니라."

내가 말했다. "왜 심판이 존재하게 되었나이까? 〔...〕의 고난은 무엇이나이까? 왜냐하면 〔...〕 그러나 〔...〕 고난 〔...〕 위에 〔...〕?"

"그녀는 3중의 권능을 지닌 보이지 않는 위대한 영〔의〕 지식이요, 숨어 계신 분 〔...〕의 표상이요, 〔보이지 않는〕 영 속에 있는 〔축복〕이므로, 〔...〕 남성 〔...〕 그 〔...〕 그는 아나니 〔...〕 그녀는 나타나 〔...〕 지식 〔...〕 그녀는 섰으며 〔...〕 완성된 아홉 번째 세계의 완전한 아홉 번째 세계 〔...〕. 그녀가 만유를 만유로부터 나누었을 때, 〔...〕 존재와 〔...〕 생각들 〔... 완전함 ... 실존 ...〕 지식 〔...〕 그녀는 찬양하고 〔...〕 아르모〔젤 ...〕 권능 〔...〕 보이지 않는 〔...〕 형상 〔...〕 숨어 계신 분 〔...〕 나뉘지 않은

〔…〕 생각 〔…〕 존재하는 〔…〕 본질 〔…〕 안에 〔…〕 그는 〔…〕 그녀는 나타나 〔…〕 〔…〕한 이들의 〔…〕의 〔…〕 참으로 〔…〕 〔서는〕 자들이며 〔…〕 에온 〔…〕 속에 존재하는 〔…〕에게 올라와 그는 〔…〕 기원 〔…〕 물질 〔…〕 단순한 〔… 존재하며 …〕 그리고 그는 존재하나니 〔…〕이며 〔…〕 그리고 〔…〕의 표시 〔…〕 수 〔…〕에 따라 〔…〕 속에서 그들을 〔…〕 존재 〔…〕 그리고 〔…〕로서 존재하며 〔… 형상 …〕 첫 번째 〔…〕 첫 번째 〔…〕 그들은 주지 않고 있고 〔…〕 존재하는 자는 〔…〕 만유 〔…〕 그리고 〔…〕 하는 그 자는 〔…〕 다수 〔…〕 창조 〔…〕 질서 〔…〕. (109-112쪽은 없어졌음).

〔…〕과 전령들과 악마들과 마음들과 영혼들과 살아 있는 존재들과 나무들과 육체들과 그들 앞에 있는 자들 ─ 단순한 기원을 지닌 단순한 요소들에 속한 자들과 혼란과 섞이지 않은 〔…〕 속에 있는 자들 〔…〕 공기와 물과 땅과 수와 멍에를 지움과 운동과 〔…〕 질서와 호흡과 기타 모든 것 〔…〕.

네 번째 에온에는 네 번째 권능이 있나니, 〔…〕에 있는 자들과 〔…〕 권능들 〔…〕 권능들 〔…〕의 〔…〕 완전한 〔…〕 영혼 〔…〕 영혼 〔…〕 살아 있는 존재들 〔…〕 나무들 〔…〕 그 자신의 것 〔…〕 그리고 어떤 이들은 태어난 자들로서 존재하며, 또 어떤 이들은 태어나지 않은 태어남 속에 존재하느니라. 어떤 이들은 거룩하고 어떤 이들은 영원하며, 변화 속에서 변치 않고, 불멸성 속의 파괴니라. 어떤 이들은 만유들인 이들이며, 또 종족들인 이들도 있고, 질서와 정돈 속에 있는 이들도 있느니라. 〔불멸성〕 속에 있는 이들도 있느니라. 최초로 선 이들도 있고, 그들 모두 가운데 두 번째인 이도 있는데, 모두는 그들에게서 나왔고 그들 안에 있으며, 이 〔…〕를 〔뒤이어 나온〕 이들로부터 〔…〕 이들 〔…〕 그리고 그들은 섰나니 〔…〕 네 번째 에온 〔…〕 그들은 그들 안에 존재하고 〔…〕, 그는 밖으로 흩어졌느니라. 그들은 서로 무리 짓지〔않으며〕, 그들 안에 거하나니, 마치 하나의 근원에서 나온 것처럼 존재하면서 서로 뜻이 일치하느니라. 그들은 모두 숨어 계신 분의 단일한 에온 속에 존재하므로 마음이 하나이니, 〔...〕 한 권능 속에서 나뉜 〔...〕, 그들은 각 에온들과 조화롭게 존재하며, 그들에게 이른 이와 조화롭게 서 있기 때문이니라.

〔그러나〕 숨어 계신 분은 단일한 에온이니라. 〔그들은〕 서로 다른 네 에온을 지니고 있으며, 그들은 각 에온들에 맞게 첫 번째 및 두 번째 권능들과 다른 권능들을 가지고 있나니, 그들은 모두 영원함이요 〔...〕 그들이 다르며 〔...〕 질서와 영광 〔...〕 속에 있는 〔...〕 네 에온과 〔...〕〔선재하시는 ...〕 하나님 〔...〕.

그들 모두는 하나 속에 존재하나니, 그들이 함께 거하며, 교제 속에서 완전해졌고, 참으로 존재하는 에온으로 충만해졌기 때문이니라. 그들 중 어떤 이들은 마치 본질 속에 거하는 것처럼 서 있는 이들이요, 어떤 이들은 두 번째에 있는 기능이나 고난에서 본질인 이들과 같나니, 그들 속에는 참으로 존재하는 〔불모〕의 〔불모〕가 존재하기 때문이니라. 그〔불모인 이들〕이 존재하게 되었을 때 그들의 권능이 서느니라. 거기에 몸이 없는 본질이 있고 〔...〕 불멸의 〔...〕한 〔...〕, 즉 〔...〕 참으로 존재하는 〔...〕 그는 변화하며 〔...〕 변화하나니, 그는 서며 〔...〕, 즉 불 〔...〕 불멸의 〔...〕 존재 〔...〕 그는 서느니라.

그 세계에는 모든 살아 있는 존재가 개별적으로 그러나 서로 연합하여 존재하느니라. 거기에는 지식의 지식이 있으며, 무지의 설치가 있느니라. 거기에는 혼돈이 있으며, 그들이 비록 새롭지만, 그들 모두를 위해 〔완성된〕 장소가 있으며, 참 빛과 빛을 받아들인 어둠과 참으로 존재하지 않는 이가 있느니라. 그는 참으로 존재하지 않나니〔...〕 만유로서 존재하지 않는 비존재니라.

그는 〔선〕이니, 선과 선한 이가 그에게서 나왔고, 그는 신이니, 신과 〔...〕 이가 그에게서 나왔으며, 위대한 이 〔...〕 왜냐하면 부분적으로 〔...〕 형상과 하나님 〔...〕 그것 〔...〕 그리고 그는 〔...〕 하나님 〔...〕 그들 모두〔... 어둠 ...〕 그리고 한 종족〔...〕. 그는 어떤 것과도 혼합되지 않았고, 자신 안에 홀로 남아서 자신의 무한의 한계 속에 스스로 안식하느니라. 그는 참으로 존재하는 자들의 하나님이요, 신을 보는 자요 신의 계시자이니라.

그녀가 그녀를〔안〕 이를 강하게 했을 때 보이지 않는 3중의 권능을 지니신 완전한 영의 지식인 에온 바르벨로는 그녀에게 〔...〕를 주시며 말씀하셨느니라. 그는 생명 〔...〕. 나는 〔...〕 속에 살아 있느니라. 하나인 너는 살아 있느니라. 그는 살아 있나니, 즉 셋인 〔...〕. 셋인 자는 셋인 너이니 〔...〕 에에에. 일곱 중 첫째는 〔...〕 셋째 〔...〕 둘째 〔...〕 에에에 아아아아아아〔...〕 둘〔...〕 그리고 그는 〔... 넷 ...〕 지식 〔...〕 한 부분 〔...〕? 어떤 종류의 마음인가? 어떤 종류의 지혜인가? 어떤 종류의 이해와 가르침인가?

그의 빛들에게는 이름이 주어졌느니라. 첫 번째는 〔아르메〕돈이요, 그와 함께 있는 여인은 〔...〕. 두 번째는 디파네〔...〕요, 그와 함께 있는 여인은 데이파〔...〕. 세 번째는 〔말세〕돈이요, 그와 함께 있는 여인은 〔...〕. 네 번째는 솔미〔스〕요, 그와 함께 있는 여인은 올미스니라.

숨어 계신 분은 존재하시며 〔...〕와 그의 에이데아 〔...〕. 그는 이들 모두에게 보이지 않으시나니, 그들 모두가 그에 의해 힘을 얻도록 하기 위해서요, 모두 〔...〕 속에 있고 〔...〕 한없이 완전한 자들 〔...〕〔그는〕 존재하는 네 〔...를 지니고 있으며〕 첫 번째 〔...〕에 따라서가 아니고〔...〕 그만을 〔... 바〕르벨로 〔...〕 그와 두 번째로서 정해진 그를 아느니라. 그 에온의 첫 번째는 하르메돈이니, 아버지의 영광이니라. 두 번째 빛은 그를 〔알지 못한〕 자이나, 모든 〔개체〕, 지혜 〔...〕 자신과 모든 영광을 드러낸 네 번째 에온 속에 있느니라. 〔세 번째〕 빛은 〔...〕 그를 〔...〕 않고, 모든 〔형상〕과 다른 〔영광〕, 이해의 말씀으로서요, 세 번째 〔에온〕 속에 있는 〔이〕니라. 그 넷은 그와 말세돈과 〔...〕〔안에〕 거하느니라. 네 번째 빛은 모든 형상의 〔...〕함께 〔...〕인 자이니, 존재하고 〔...〕 가르침과 영광 〔...〕과 〔네 에온〕의 진리, 올미스 〔...〕 다섯 번째 〔...〕.

존재하는 분은 최초의 존재이며, 한없이 완전한 숨겨진 분이신 두 번째인 분이시니라. 네 빛이 존재하나, 다시 나누신 분은 숨어 계신 한 분이기 때문이니라. 그들은 한 곳에 존재하며, 영광으로 존재하는 자들을 아는 〔모든 이는〕 완전하니라. 그는 〔...〕 그들 모두에 대한 모든 것을 아나니, 그는 한없이 완전하신 분이요, 모든 권능과 모든 존재와 그들의 전체 에온이 그분에게서 나왔음은 그들이 모두 그분에게로 〔갔기〕 때문이니라. 그들 모두는 참으로 그분에게서 나왔느니라. 그 권능과 이들 모두의 기원에 대해 말하자면, 그가 〔그들〕 모두를 알게 되었을 때 그는 한 〔...〕 에온과 한 〔...〕 불모가 되었으며, 〔...〕〔... 속에 있는〕 다른 에온들 〔...〕 바르벨로로 존재하게 되느니라. 그는 두 번째 불모인 보이지 않는 영의 영원함으로 인해 최초의 에온이 되느니라.

이들이 모든 영광이니라. 즉, 도달할 수 없는 아프레돈들, 형언할 수 없는 분들은 계시자들(이니라). 이 모든 이, 즉 영광의 계시자들의 불변의 존재들은 마르세돈들(이니라). 두 번 계시된 자들, 즉 솔미세스들, 도달할 수 없는 자들은 스스로를 계시하는 자들(이니라). 영광으로 가득 찬 자들, 영광을 기다리는 자들, 축복을 받은 자들, 마〔르세〕돈들은 계시된 숨겨진 자들, 한정된 자들(이니), 〔...〕 한정된 자들 위에 〔...〕〔... 안에〕 존재하는 자들 〔...〕 그들 안에 있는 만 명의 영광들이니라.

그러므로 그는 완전한 영광이니, 그가 관여하고 압도할 때마다 그가 완전해지기 위해서니라. 이와 같이 그가 몸에 들어가고 물질의 변화에 들어간다 할지라도 그들은 그들의 한없이 완전함으로 인해 그로부터 더 큰 영예를 받아들이지 않나니, 그들 모두가 그와 함께 있는 자들처럼 완전할지라도 그러하니라. 각각의 에온들은 자신 안에 만 개의 에온을 지니고 있나니, 이는 함께 존재함으로써 각각의 에온이 완전한 에온이 되기 위함이니라.

그는 3중의 〔권능의〕 완전한 보이지 않는 〔영〕의 〔축복〕 속에서 존재하느니라. 〔...〕 침묵의 〔...〕 최초의 〔...〕인 〔...〕 그리고 지식〔...〕 전체의 〔...〕, 3중의 권능과 조화를 이룬 두 번째 지식의 침묵, 최초의 생각이니, 그가 한없이 완전하게 되고 스스로 안에서 완전해지기 위함이니라. 그는 단일함과 축복에 의해 알려져 있느니라. 〔나는〕 자신에게 존재를 주시는 바르벨로 에온의 저 추종자를 통해 선을 〔받았느니라〕. 그 권능은 그 자신의 것이 아니지만 그에게 속하느니라.

참으로 존재하는 에온들은 침묵 속에 거하느니라. 존재는 활동 속에 있으며, 〔스스로 확립된〕 숨어 계신 분의 지식은 형언할 수 없었으니, 그가 네 번째 〔...〕 생각, 〔최초로 나타나시는 분〕에게서 나왔기 때문이며, 완전한 남성 〔...〕은 그에게 속하는 형상이니, 영광과 권능에서는 그분과 대등하고, 등급에서는 그분보다 높으나, 그분이 그러하시듯이 하나의 에온 속에 살아 있고 함께 거주하는 이 모든 것을 지니고 있지는 않느니라. 그는 에온들 속에 있는 에온과 그곳에 거하는 나머지 모든 자와 4중의 차이를 지니고 있느니라.

숨어 계신 분은 참으로 존재하시며, 모든 영광에게 속하시는 여인인 유엘, 남성이자 처녀인 영광은 그분과 함께 계시나니, 그들은 그녀를 통해 한없이 완전한 모든 것을 보았느니라. 그분 앞에 서 계시는 이들은 3중의 〔...〕 아이, 3중의 〔...〕 스스로 태어난 〔...〕 그분은 하나

속에 [...]를 지니고 계시며, 그분은 [...] 그는 또한 [...]를 압도하는 이요 [...] 그분은 무수한 [...] 속에 존재하시느니라.

최초의 빛이 나온 그분 안에 있는 최초의 에온은 솔미스이며, 신의 계시자는 숨어 있는 에온과 독소메돈 속에 있는 유형을 따라서는 도달할 수 없는 자니라. 두 번째 에온은 아크레몬이니, 형언할 수 없는 자요, 두 번째 빛인 자크토스와 야크토스를 지니고 있느니라. 세 번째 에온은 처녀 암브로시오스이니, 세 번째 빛인 세테우스와 안티판테스를 지니고 있느니라. 네 번째 에온은 찬미하는 자 [...] 네 번째 빛인 [셀다오]와 엘레노스를 지니고 있느니라. 그들은 [...]를 통해 아르메[돈 ...] [...] 포에 조에 제오에 [...] 조시 조시 자오 제오오오 제센 제센—8중인 개체들과 네 번째 존재는 살아 있느니라. 에오오오오에아에오— 너는 그들 앞에 있으며, 그들 모두 안에 있느니라. 그들은 최초로 나타나는 완전하고 남성인 아르메돈 안에, 더불어 거하는 모든 이의 활동 안에 있느니라. 모든 개체는 완전한 자들로 존재하고 있으므로 모든 개체의 활동이 다시 나타나느니라.

스스로 태어난 신에 관해 말하자면 그는 한 에온 안에 있느니라. 스스로 태어난, 서로 다른 네 에온이 그와 함께 있느니라. 그 안에 있는 최초의 빛의 최초의 에온은 [하르모젤], 오르네오스, 유트르니오스이니, 그는 [...]라고 불렸느니라. 두 번째 빛의 두 번째 에온은 오로이아엘, [...]우다스[.]오스, 아프[...], 아로스[...]니라. 세 번째 빛의 세 번째 에온은 다베이테, 라라네우스, 에피파니오스, 에이데오스이니라. 네 번째 빛의 네 번째 에온은 엘렐레트, 코데레, 에피파니오스, 알로게니오스니라.

물질 속에 존재하는 다른 모든 자에 관해 말하자면 [그들은] 모두 계속하여 살고 있느니라. 그들은 지식과 위대함과 대담함과 권능으로 인해 존재하게 되었으며, 숭배받았느니라. 그러나 그들은 하나님에 대해 무지했으므로 소멸되리라.

조스트리아노스여, 보아라. 너는 신들도 모르고 전령들도 듣지 못한 이 모든 일을 들었느니라." 나는 대담해져서 말했다. "저는 다시금 3중의 권능을 지니신 보이지 않으시는 영에 관해 여쭙나이다. 그분은 〔어떻게〕 스스로의 힘으로 존재하시며, 어떻게 여전히 참으로 존재하는 이 모든 〔...〕에게 오시며 〔.......〕인 것 〔...〕 참으로 〔...〕 그들은 나를 두고 갔다.

처녀 빛인 아포판테스와 아프로파이스가 내 앞에 와서, 나를 최초로 나타나는 위대하고 남성인 완전한 마음에게로 데려갔으며, 나는 거기 있는 이들 모두가 어떻게 한 분 안에 거하는지를 보았다. 나는 그들 모두와 연합하여 숨어 계신 에온과 처녀 바르벨로와 보이지 않는 영을 찬양했다. 나는 한없이 완전하게 되어 힘을 얻었다. 나는 영광 속에 기록되고 봉인을 받았으며, 거기서 완전한 왕관을 받았다.

나는 완전한 개체들에게 나아갔으며, 그들 모두가 나에게 질문을 했다. 그들은 지식의 위대함에 귀를 기울이고 기뻐했으며, 힘을 얻었다. 내가 다시 스스로 태어난 에온들에게 갔을 때 나는 인식할 자격이 있는 순수한 형상을 받았다. 나는 에온의 복제품들에게로 내려갔으며, 공중의 〔땅〕으로 나아갔다. 나는 세 개의 서판(書板)을 써서 내 뒤에 오는 자들, 살아 있는 선택된 자들을 위한 지식으로 그것들을 남겨 놓았다. 나는 인식할 수 있는 세계로 내려와 나의 성전을 입었다. 그것이 무지했으므로 나는 그것을 강화하고, 그들 모두에게 진리를 전파하며 돌아다녔다. 세상의 천사와 같은 존재들도 지배자들도 나를 보지 못했나니, 내가 나를 죽음으로 이끌고 간 수많은 〔치욕〕을 부수었기 때문이다.

그러나 나는 방황하는 수많은 자를 일깨워 이렇게 말했다. "살아 있
는 자들과 셋의 거룩한 씨앗을 알아라. 나에게 거역하지 [...] 말라. 하
나님에 대해 너의 신(神)을 [깨워라]. 너의 죄 없는 [선택된] 영혼을 강
화하여, 그것을 여기서 죽음으로 이끌고 간 후 불멸의 불모(不毛)를 추
구하여라. 이들 모두의 [아버지께서] 너를 초대하고 계시느니라. 그들
이 너를 비난하고 박해한다 하더라도 그분께서는 너를 버리지 않으시
리라.

너희 자신을 죽음으로 세례 주지 말고, 너희 자신을 너희보다 나은
자들이 아니라 낮은 자들에게 맡기지 말라. 여성성의 광기와 속박에서
도망쳐, 너희 자신을 위해 남성성의 구원을 선택하여라. 너희는 [고난
받으려고] 온 것이 아니라 너희의 속박에서 벗어나려고 왔느니라.

너희 자신을 해방하여라. 너희를 속박한 것이 풀리리라. 그것이 구
원받도록 너희 자신을 구원하여라. 온유하신 아버지께[서] 너를 구원
자로 보내셨으며 네게 힘을 주셨느니라. 너는 왜 망설이느냐? 하나님
께서 너를 찾으실 때 찾아라. 네게 초대받을 때 귀를 기울여라. 시간이
없음이니라.

길을 잃고 방황하지 말라. 살아 있는 자들의 에온의 에온은 위대하
나 믿음이 없는 자가 받을 [징벌] 또한 크니라. 많은 속박과 박해자가
너를 에워싸고 있도다. 파괴가 네게 임하기 전에 속히 완성하여라. 빛
을 바라보아라. 어둠에서 벗어나라. 길을 잃고 멸망으로 가지 말라."

조스트리아노스
조스트리아노스의 진리의 신탁.
진리의 하나님.
조로아스터의 가르침.

빌립에게 보내는 베드로의 편지
(VIII, 2)

해제

「빌립에게 보내는 베드로의 편지」는 이 문서의 앞부분에 나오는 편지를 보고 정한 제목이다. 문서의 서두에 나오는 말이 문서 전체의 제목 역할을 하는 것은 드문 일이 아니다. 그 제목과 편지에서 빌립에 대해 말하고 있기는 하지만, 빌립은 글의 맨 처음에만 중요한 역할을 한다. 글 전체로 보면 분명히 사도들의 지도자 역할을 하고 있는 사람은 베드로이다.

이 글은 부활하신 구세주께서 그의 제자들과 나눈 대화가 주를 이루고 있다. 다른 영지주의 문서들에서처럼 많은 자료가 제자들의 몇 가지 질문과 그리스도의 답변을 중심으로 의도적으로 구성되었다. 빛에서 나온 목소리가 에온들의 결핍은 "어머니의 불복종과 어리석음"에서 나온 것이라고 설명한다. 그 어머니를 최초의 타락에 대한 다른 신화적 문서들에서는 소피아라고 부른다. 충만과 회복은 천상의 구원자인 그리스도의 부름을 들음으로써 얻을 수 있다. 제자들은 이 세상을 지배하는 무법자요 적의를 품은 아르콘들을 이길 수 있으며, 고난은 극복할 수 있다. 이 글은 믿는 자들이 왜 고난당해야 하는지 설명하려고 노력한다. 그리스도의 고난과 제자들의 고난은 구별된다. 그리스도는 신적인 존재이므로 그분에게는 고난이 낯선 것이지만, 그분은 다른 이들을 위해 고난당하셨다. 제자들은 자신들 때문에 고난당하는는데, 그들은 소피아의 타락과 관계가 있기 때문이다. 이 글은 예수께서 축복하신 후 사도들이 전도하기 위해 헤어지는 것으로 끝난다.

「빌립에게 보내는 베드로의 편지」의 서두와 말미 부분, 특히 대화 자료에는 신약성서, 특히 사도행전의 내용에 해당하는 중요한 병행 구절들이 있다. 부활하신 그리스도가 빛이나 목소리로 나타나는 것은 영지주의 문서에서 공통적인 것이며, 신약성서에서도 복음서에 나오는 산상(山上)의 변모 이야기, 사도행전에 나오는 바울의 회심 이야기, 요한계시록 1장에서 요한에게 나타난 묵시적인 모습에서 볼 수 있다.

「빌립에게 보내는 베드로의 편지」는 명백하게 그리스도교적인 영지주의 메시지를 지닌 자료로, 아마도 2세기 후반이나 3세기의 작품일 것이다. 천상의 구원자요 플레로마요 아버지에게서 온 빛이요 빛을 비추는 자는 그리스도이시다. 그래서 제자들도 그리스도처럼 "죽은 자들 가운데에서 빛을 비추는 자"가 되어야 하는 것이다.

빌립에게 보내는 베드로의 편지

VIII 132:10-140:27

빌립에게 보내는 베드로의 편지

"예수 그리스도의 사도 베드로가 우리의 사랑하는 형제요 우리의 동료 사도인 빌립에게 그리고 그대와 함께 있는 형제들에게 인사하노라! 우리의 형제여, 이제 나는 우리가 우리의 주님이시요 온 세상의 구원자이신 분께로부터 명령을 받았으며, 우리 주 예수 그리스도께서 우리에게 약속해 주신 구원 속에서〔우리가〕교훈을 주고 전도하기 위해〔함께〕모여야 한다는 것을 그대들이 알기를 원하노라. 그러나 그대는 우리와 떨어져 있으면서, 우리가 함께 만나 복음을 말하기 위해 어떻게 해야 하는지 알기 원치 아니하였도다. 그러므로 나의 형제여, 그대는 우리의 하나님이신 예수의 명령에 따라오기를 원하느냐?"

빌립이 이 편지를 받고 그것을 읽었을 때 그는 기뻐하면서 베드로에게 갔다. 그때 베드로는 다른 이들도 모아 놓았다. 그들은 복되신 그리스도께서 육체 속에 계실 때 모이곤 했던 "감람(산)"이라고 하는 산으로 올라갔다.

제자들이 함께 모여 무릎을 꿇었을 때 그들은 "아버지시여, 아버지시여, 불멸을 지니신 아버지시여, 당신의 거룩하신 아들 예수 그리스도 안에서〔...〕하셨듯이 저희 기도를 들어 주소서. 저희 기도를 들어 주소서" 하고 기도했다.

그리고 그들은 다시 한번 "생명의 아들이시여, 빛 속에 계신 불멸의 아들이시여, 아들이시여, 불멸의 그리스도시여, 우리의 구원자시여, 저희 기도를 들어 주소서. 저들이 저희를 죽이려 하나이다" 하고 기도했다.

그때 위대한 빛이 나타나 그 나타나신 분의 모습으로 인해 그 산이 빛났다. 그리고 한 목소리가 그들에게 와서 이렇게 말했다. "내가 너희에게 말하리니 내 말에 귀를 기울여라. 너희는 왜 나에게 요구하고 있느냐? 나는 영원히 너희와 함께 있는 예수 그리스도니라."

그때 사도들이 대답했다. "주님, 저희는 에온들의 결핍과 그들의 플레로마에 대해 알고 싶나이다." 그리고 또 말하기를 "저희가 어떻게 해서 이 거처에 잡혀 있게 되었나이까?" 하고 물었다. 또 "저희는 어떤 방식으로 떠나리이까?" 하고 묻고, "권능들이 왜 저희와 싸우나이까?" 하고 물었다.

그때 그 빛에서 한 목소리가 그들에게 나왔다. "내가 이 모든 것을 너희에게 말한 데 대한 증인은 바로 너희들이니라. 그러나 너희들의 믿음 없음으로 인해 내가 다시 말하리라.

먼저 에온들의 〔결핍〕에 관해 말하자면, 이것이 결핍〔이니라〕. 아버지의 주권에 의한 명령 없이 어머니의 불복종과 어리석음이 나타났을 때 그녀는 에온들을 일으키기를 원했느니라. 그리하여 그녀가 말했을 때 아우타데스(교만)가 〈따라나왔느니라〉. 그리고 그녀가 일부를 남겨 놓았을 때 아우타데스는 그것을 붙잡았고, 그것이 결핍이 되었느니라. 이것이 에온들의 결핍이니라. 그런데 아우타데스가 일부를 취했을 때 그는 그것을 씨 뿌렸느니라. 그리고 그는 그것을 지배하는 권능들과 권위들을 두었느니라. 〔그는〕 그것을 죽은 에온들 속에 가두었느니라. 세상의 모든 권능은 자신들이 태어났음을 기뻐했느니라. 그러나 그들은 먼저 계시는 분을 알지 못하나니, 이는 그들이 그분께 낯선 자들이기 때문이니라. 그러나 이 자가 바로 그들이 권능을 주고 섬기고 찬양한 자이니라.[1] 그러나 교만인 그는 권능들의 찬양으로 인해 교만해졌느니라. 그는 질투하는 자가 되어 모습 대신에 한 모습을 그리고 〔형상〕 대신에 한 형상을 만들기를 원했느니라. 그래서 그것들이 참되지 못한 복제물로부터 나왔으니, 나타난 유사한 것에서 나왔느니라.

다음에 플레로마에 대해 말하자면, 그것은 나이니라. 〔그리고〕 나는 추락해버린 씨앗 때문에 아래로 보냄을 받았느니라. 그래서 나는 그들의 죽은 산물에게로 내려왔느니라. 그러나 그들은 나를 알아보지 못했으니, 그들은 내가 죽을 인간이라고 생각하고 있었기 때문이니라. 그래서 나는 내게 속한 자와 말했느니라. 그는 오늘 듣는 너희처럼 내 말을 들었느니라. 나는 그가 자기 아버지의 유산 속으로 들어올 수 있도록 그에게 권위를 주었느니라. 그리고 나는 〔...〕를 취했느니라 〔...〕 그들은 그의 구원 속에서 〔...〕로 채워졌느니라. 그는 결핍이었기 때문에 이런 이유로 그는 플레로마가 되었느니라.

다음으로 너희가 잡혀 있다는 점에 대해 말하자면, 그 이유는 너희가 나에게 속하기 때문이니라. 너희가 너희 자신에게서 썩어버릴 것을 벗어버리면, 너희는 죽은 자들 가운데서 빛을 비추는 자들이 될 것이니라.

다음으로 너희가 권능들과 싸우리라는 점에 (대해서 말하자면), 그 이유는 〔그들은〕 너희가 구원받기를 원치 않으므로, 〔그들은〕 너희처럼 쉬지 않는다는 것이니라."

그때 사도들이 다시 경배하고 말했다. "주님, 저희에게 말씀하소서. 아르콘들은 저희 위에 있는데 저희가 무슨 방법으로 아르콘들과 싸우리이까?"

---

1 다음 문장에서 보듯이 "이자"는 선재하시는 하나님이 아니라 아르콘들의 우두머리를 가리킨다.

그때 그 모습에서 그들에게 한 목소리가 나와 말했다. "이제 너희는 이런 방식으로 그들과 싸우리니, 아르콘들은 내적 인간과 싸우고 있기 때문이니라. 그러므로 너희는 그들과 이런 식으로 싸워야 하느니라. 함께 모여 이 세상에서 약속과 함께 주어진 구원을 가르쳐라. 그리고 너희는 내 아버지의 권능을 두르고 너희의 기도를 알려라. 그러면 내가 육체 가운데 있을 때 이미 너희〔에게 말한〕것처럼, 아버지께서 너희가〔...〕보낸 것을 도와주셨듯이, 아버지이신 그분께서 너희를 도우시리라." 그때 하늘에서 천둥과 번개가 치고, 그곳에서 그들에게 나났던 것이 하늘로 들려 올라갔다.

그때 사도들은 온갖 찬양으로 주님께 감사했다. 그리고 그들은 예루살렘으로 돌아왔다. 그런데 그들은 가는 길에 나타난 빛에 대해 서로 이야기했다. 그때 그들은 주님에 관한 이야기를 했다. 그들은 "만일 우리 주님이신 그분이 고난을 당하셨다면, 우리는 얼마나 많은 (고통을 당해야 할 것인가)?" 하고 말했다.

베드로가 대답했다. "주님께서는〔우리〕때문에 고난을 당하셨지만, 우리는 우리의 작음으로 인해 고통을 당할 필요가 있도다."

그때 목소리가 그들에게 와서 말했다. "내가 너희에게 여러 번 말했지만, 너희는 고난을 당할 필요가 있느니라. 너희가 고난을 당하도록, 그들이 너희를 회당과 지배자들에게 데리고 갈 필요가 있느니라. 그러나 고난당하지 않고〔...〕않는 그분은〔... 우리 아버지 ...〕그분이〔...〕하기 위해〔...〕."

그러자 사도들은〔크게〕기뻐하고 예루살렘으로 올라갔다. 그리고 그들은 성전으로 갔다. 그들은 주 예수 그리스도의 이름으로 구원에 관한 가르침을 전했다. 그리고 그들은 많은 사람을 치료했다.

그런데 베드로가 입을 열어 그의 제자들에게 말했다. "우리 주 예수께서 육체 속에 계셨을 때 우리에게 모든 것을 보여 주〔셨는〕가? 그분이 내려오셨기 때문이로다. 나의 형제들이여, 내 말에 귀를 기울이라." 그리고 그는 성령에 충만해졌다. 그는 이렇게 말했다. "우리에게 빛을 비추시는 분인 예수께서 내려〔오셔서〕십자가에 못 박히셨도다. 그리고 그분은 가시면류관을 쓰셨도다. 그리고 그분은 홍포(紅布)를 입으셨도다. 그분은 나무에 〔못 박히시고〕무덤에 묻히셨도다. 그리고 그분은 죽은 자들에게서 일어나셨도다. 나의 형제들이여, 예수는 이러한 고통에는 낯선 분이시로다. 그러나 우리는 어머니의 범법으로 인해 고난을 당한 자들이로다. 이 때문에 그분께서 우리 안에 있는 모습을 따라 모든 것을 이루셨도다. 아버지의 한량없는 영광의 아들인 주 예수는 우리의 생명을 지으신 분이시로다. 나의 형제들이여, 그러므로 이 무법자들에게 복종하지 말고 〔...〕속에서 걷자."〔...〕베드로가 〔...을 모아〕말했다. "〔우리 주 예수 그리스도, 〔...〕지으신 분은 우리도 또한 기적을 행하도록 우리에게 이해의 영을 주시도다."

그때 베드로와 다른 사도들이 〔그를〕보았고, 그들은 성령으로 가득 찼다. 그래서 각자 치료를 행했다. 그들은 주 예수를 전하기 위해 헤어졌다. 그리고 그들은 함께 모여 서로 "아멘"이라고 말하며 인사했다.

그때 예수께서 나타나사 그들에게 말씀하셨다. "너희 〔모두〕와 내 이름을 믿는 모든 이에게 평화가 있기를. 그리고 너희가 떠날 때 기쁨과 은혜와 권능이 너희에게 있기를. 그리고 두려워 말라. 보라, 내가 너희와 영원히 함께하노라."

그리고 나서 사도들은 전도하기 위해 서로 헤어져 네 말씀[2] 속으로 갔다. 그리고 그들은 예수의 권능에 의해 평화로이 갔다.

---

[2] four words.

멜기세덱
(IX, 1)

해제

「멜기세덱」이라는 제목은 신약성서(히브리서 5:10-7:28)와 구약성서(창세기 14:18-20; 시편 110:4)에 나오는 신비의 제사장 멜기세덱을 가리키는 것이다. 이 글에서 종말론적 대제사장이요 메시아적 전사(戰士)인 멜기세덱의 역할은 기원 전후의 시대적 전환기에 널리 유포되어 있었던 멜기세덱에 관한 유대교의 사고를 반영한다. 더욱이 이 글은 멜기세덱과 예수 그리스도를 동일시하고 있는데, 이는 히브리서에 나오는 구절의 해석에 근거한 것이며, 초기 그리스도교의 다른 자료, 특히 이집트의 자료에서도 이런 측면을 볼 수 있다. 「멜기세덱」은 익명의 저자가 2세기에 이집트에서 그리스어로 쓴 것으로 추정된다. 이 글에는 셋 종파의 영지주의 요소도 들어 있다. 흥미로운 점은 가현설에 반대되는 경향을 띠고 있다는 점인데, 즉 몸과 육체와 예수 그리스도의 고난은 참으로 사실이라고 주장한다.

「멜기세덱」은 천상에서 온 사자들이 멜기세덱에게 전해 준 계시를 담고 있다. 첫 번째 계시(1:1-14, 15)는 예수 그리스도의 삶과 고난, 죽음과 승리 그리고 멜기세덱 자신이 행할 미래의 대제사장 역할에 대해 예언한다. 중간 부분(14:15-18:7)은 멜기세덱의 대제사장 임명과 세례에 관해 논하고 있으며, 또한 이 글이 나온 그리스도교 영지주의 공동체의 제의적 삶을 반영한다. 두 번째 계시(18:7-27:10)는 미래로 옮겨진 멜기세덱을 묘사한다. 멜기세덱은 고난받는 구세주요 승리자인 예수 그리스도의 역할이 곧 자기 자신이 미래에 감당할 역할이라고 이해한다.

멜기세덱

IX 1:1-27:10

멜기세덱

〔... 하나님의〕 아들 예수 그리스도 〔...〕로부터 〔...〕 그 에온들 〔...〕 내가 그 에온들 모두에게 〔말하기 위해〕 그리고 그 에온들 각각(의 경우)에, 〔내가〕 그 에온의 본성〔에게〕 그것이 어떤 〔종류〕인지 말하기 위해, 또 내가 그 동료애와 선함을 옷으로 입기 위해, 오, 형제여, 〔...〕. 〔...〕 그들의 끝은 〔...〕. 그리고 그는 〔그들에게〕 〔...〕 진리를 〔드러낼〕 것인데, 〔..〕 잠언(들) 〔...처음부터 ...〕 비유〔와 수수께끼〕로 〔...〕 그것들을 선포하고 〔...〕, 죽음이 〔떨고〕, 화낼 것이니, 그 자신뿐만 아니라 그의 〔동료인〕 세계의 지배자들과 아르콘들〔과〕 공국(公國)들과 권위들과 대천사와 함께 있는 여성 신들과 남성 신들도 그러할 것이니이다. 그리고 〔...〕 그들 모두 〔...〕 〔그〕 세계의 지배자들 〔...〕 그들 모두 〔...〕 그리고 모든 〔...〕 그리고 모든 〔...〕.

그들은 그에 〔대하여〕 그리고 〔...〕에 대하여 〔...〕라고 말할 것이니이다. 그들은 〔...〕 숨어 있는 〔비밀...〕 〔...〕 것들 〔...〕으로부터 〔...〕 모든 것 〔...〕. 그들은 이것을 〔...〕, 〔율법학자들은〕 그를 징벌로 압도할 것이니이다. 〔그리고 그들은〕 그를 "불경한 자, 무법하〔고 (그리고) 불순한 자〕"라고 부를 것이니이다. 그리고 〔셋째〕 날〔에〕 그는 죽은 자들〔에게서 일어날 것이니이다〕. 〔...〕 거룩한 제자들〔...〕. 〔그리고〕 구세주께서는 그들에게 〔만유〕에게 생명을 주는 〔말씀을 계시하실 것이니이다〕.

〔그러나〕 하늘에 있는 자들은 땅에 있는 자들〔과〕 땅 아래 있는 〔자

들〕과 함께 〔많은〕 말을 했나이다. 〔...〕.

〔그들은〕 그의 이름으로 올 것이며, 그들은 그에 대해 그가 태어났지만 태어나지 않은 것이며, 그가 먹지만 먹는 것이 아니며, 그가 마시지만 마시는 것이 아니며, 그가 할례를 받았으나 할례를 받은 것이 아니며, 그가 육체로 왔으나 육체가 있는 것이 아니며, 그가 수난당했으나 수난당한 것이 아니며, 그가 죽은 자들에게서 일어났으나 죽은 자들에게서 일어난 것이 아니라고 말할 것이니이다.

〔그러나〕 오, 〔멜기세덱이시여〕, 거룩한 이시여, 〔대제사장이시여〕, 완전한 희망〔이시요〕 생명〔의 선물이시여〕, 모든 자연〔과 모든 ...〕 〔당신〕 자신에게서 받아들일 동안에 〔이런 일들을〕 말할 것이니이다. 〔저는〕 셋의 〔자녀들〕의 회중 〔...〕에게 〔보냄을〕 받은 〔가말리엘이오니〕, 그들은 〔수천수만의〕 에온 위에 있고 〔...〕 〔아〕브〔...〕 아이아이 아바바 에온들의 본질 〔...〕. 거룩하신 〔...〕 에온들의 〔어머니 ... 본질 ...〕의 〔...〕 〔바르벨로〕, 에온들 중 〔처음〕 나신 분, 눈부신 독소메돈, 돔〔...〕 예수 그리스도를 통해 씻음에 속하시는 분 〔 ... 본질 ...〕, 아르모젤, 오로이아엘, 다베이테, 엘렐레트, 빛의 인간인 불멸의 에온 피게라다마스, 자비로우신 세상의 선한 신 미로케이로테투와 같은 빛들의 지휘자 예수 그리스도, 내가 선포하는 하나님의 아들이신 예수 그리스도를 통해서이나이다.

존재하는 〔이들 중의〕 참으로 존재하시는 분께서 위대함을 〔받아들이신〕 것처럼 〔...〕 〔존재하〕지 않고, 아벨, 바룩 〔...〕 당신〔에게...〕 지식 〔...〕 그분이 〔수천수만〕의 에온 위에 계시는 대제사장의 종족〔에게서〕 나왔다는 〔...〕. 반대하는 〔영들은〕 그분에 대해 그리고 (자기) 자신들의 멸망(에 대해) 모르나이다. (그)뿐 아니라 저도 당신에게 그〔형제들〕 속에 〔있는〕 진리를 당신께 〔계시하려고〕 왔나이다. 그분은 당신의

〔자손들〕과 함께 자기 자신도 〔그〕 살아 있는 〔제물에〕 포함시키셨나이다. 〔그분은〕 그들을 만유〔에 대한 희생〕으로 〔바치셨나이다〕. 〔그러나 가축 떼는 …〕 당신은 〔…〕 바칠 것이며, 〔…〕 그리고 불신앙, 〔…〕 무지〔와〕 악〔…〕 그들이 〔… 할〕〔…〕. 그래서 그들은 만유의 아버지〔께 이르지 못할 것이며〕〔…〕 믿음 〔…〕〔… 세례를〕 받기 위해 〔…〕 물들 〔…〕. 왜냐하면 위에 있는 〔물들〕〔…〕 세례를 받는 〔…〕. 그러나 그가 〔세례 …〕 오는 동안 〔…〕는 물과 함께 〔있는〕 세례를 받으소서. 그들이 〔…〕 위한 기도 〔…〕〔그〕 씨앗들과 함께 아르콘들과 〔모든〕 천사 〔…〕.

저는 만유의 〔아버지로부터〕 흘러 〔나왔으며〕〔… 그〕 모든 곳 〔…〕으로부터 〔…〕〔그는〕〔신들과 천사들〕과 인간들을 낳았으니 〔…〕〔… 씨앗〕으로부터 〔…〕, 〔하늘들〕에 있는 자들〔과〕 땅위에 있는 자들과 〔땅〕 아래에 있는 자들 〔…〕 여성들의 본성 〔…〕에 있는 자들 가운데 〔…〕 그들은 〔…〕으로 매여 있으니 〔…〕 참된 아담 〔…〕 참된 이브〔…〕.

〔왜냐하면 그들이〕〔지식의〕 나무에서 난 열매를 〔먹었을 때〕 그들은 〔화염검이 있는〕〔케루빔〕과 세라핌을 짓밟은 것이기 때문이니이다. 그들은 아담 속에 있는 〔…〕 세상의 지배자들〔…〕 그리고 〔…〕 그들을 〔…〕 밖으로 〔…〕 그들이 〔…〕을 낳은 〔후 …〕 아르콘들과 〔…〕에 속하는 〔그들의 세상적인 것들〕의 낳음 〔…〕 빛 〔…〕. 그리고 〔…〕과 함께 존재하는 여성들과 〔남성들〕 모든 자연에서 숨겨진 〔…〕, 〔그리고 그들은〕 아르콘들, 〔즉〕 그에게서 〔…〕을 받은 〔자들〕을 부인했나이다. 왜냐하면 〔그들은〕〔불멸의 …〕의 가치가 있기 때문이요, 〔위대한 …〕과 〔위대한 …과〕 위대한 〔…〕〔사람들〕의 아들들 〔…제자들…형상〕과 〔…〕〔빛 …〕으로부터 온 〔…〕 거룩한 〔…〕. 왜냐하면 〔처음〕부터 〔…〕 씨앗 〔…〕.

그러나 저는 〔…〕 침묵하리니 그들이 살아 있는 〔…〕으로부터 내려온〔...이기〕때문이니이다. 그들은 아담의〔...〕위에〔...〕할 것이요〔...아벨〕, 에녹, 〔노아... 당신〕〔가장 높으신 ...〕하나님의〔제사장인〕멜기세덱〔...〕여인〔...〕는 그들〔...〕.

〔...〕선택된 이들 둘〔...〕. 그들은 태어날 때마다 아무 때, 아무 곳〔에서도〕그들의 적들이나 그들의 친구들에 의해 확신을 얻지 못하며, 낯선 자들이나 그들〔자신의〕친족들이나, 〔불경건한 자〕나 경건한 자에 의해서도 확신을 얻지〔못하리이다〕. 〔...〕반대의 본성〔을 지닌 모든 것이〕그들을〔...〕, 〔그들이〕드러나 있든〔드러나지〕않았든 그러할 것이요, 하늘에〔거하는〕자들과 땅〔위에〕있는 자들과 땅 아래에 있는 자들과 함께 그러하리이다. 그들은〔전쟁을〕일으켜〔...〕모두가〔...〕. 왜냐하면〔...〕에서든〔...〕많은〔...〕. 그리고〔...〕에 있는 이 자들은〔...〕모든〔이가〕〔...〕하리라. 이들은 모든 타격으로〔...〕고통〔...〕하리이다. 그렇지 않으면 이들은〔...〕갇혀〔...하고〕〔...〕징벌을 받〔으리이다〕. 구세주께서 그들을 데려가시고 모든 이가 정복되리니, 그들의 입과 말〔로가 아니라〕그들이〔그들〕에게 행할〔...〕에 의해서이리이다. 〔그는〕죽음을 파괴〔하리이다〕.

제가 계시하도록 명령을 받은〔이 일들〕, 이 일들을〔제가 (한) 대로〕계시하소서. 그러나 숨겨진〔것들은〕, (드러내라고) 당신께〔계시되지〕않는 한, 아무〔에게도〕드러내지 마소서.

그래서〔나 멜기세덱은 즉시로〕일어나, 하나님께서 살아 계신〔...행하시는〕동안 내가〔...기뻐하기...〕하나님〔...〕하기 시작했다〔...〕〔...내가 말했다〕저는〔...하고 저는〕〔지금부터 영원토록〕멈추지 않으오리니, 오, 〔만유〕의 아버지시여, 이는 당신께서 저를 불쌍히 여기사〔...〕를 계시하시기〔위해...〕당신의〔에온들〕로부터〔...〕빛의 천사를〔보내셨음이니이다〕. 그가 왔을 때〔... 그는〕저를 무지에서 그리고 죽음의 열매 없음〔에서〕 생명으로 저를 〔일으켜 세웠나이다〕. 저는 지극히 높으신 〔하나님〕의 제사장 멜기세덱이라는 이름을 가지고 있나이다. 저는 제가 참으로, 〔진실로〕 지극히 높으신 하나님〔의〕 진실한 대제사장임을 〔아오며〕, 세상 〔...〕. 그가 〔...〕 하시는 동안 하나님께서 〔...〕와 함께 〔...〕하심은 적은 〔일이〕 아니기 때문이나이다. 그리고 땅 〔위에 거하는 천사들 ...〕 죽음이 속인 〔...〕의 〔...〕. 그가 〔죽었을〕 때 그는 〔그들을 방황케 하는〕 자연들로 그들을 묶었나이다. 그러나 그는 희생물을 드렸으며 〔...〕 짐승 떼〔...〕 저는 〔죽음〕에게 그들을 주었고 〔...〕 〔그리고 천사들〕과 〔...〕 악마들 〔...〕 살아 있는 희생물 〔...〕 저는 저 자신을 당신께 희생물로 드렸사오니, 저에게 속한 자들과 함께 당신께 드렸나이다. (오) 만유의 아버지시여 그리고 거룩하시(고) 〔살아 계신〕 당신께로부터 나온, 당신께서 사랑하시는 저것들(에게), 심지어 〔완전한〕 법(法)에 드렸나이다. 저는 제가 살아 있(고) 거룩한 〔이름들〕 가운데서 그리고 〔물들〕 속에서 〔지금〕(과) 영원히 세례를 받은 대로 저의 이름을 선포하리이다. 아멘.

오, 참으로 존재하시는 아버지시여, 〔당신은 거룩하시오니〕, 〔당신은〕 거룩하시며, 당신은 거룩하시나이다. 존재하지 않는 〔...〕, 〔아벨, 바룩...〕 영원무궁토록, 〔아멘〕. 〔당신은〕 거룩하시니, 〔당신은 거룩하시며〕, 〔당신은〕 거룩하시나이다. 〔...〕 앞에서 〔... 영원〕 무궁토록, 〔아멘〕. 에온들〔의 어머니〕 바르벨로시여, 〔당신은〕 거룩하시니, 〔당신은〕 거룩하시며, 〔당신은 거룩하시나이다〕, 영원무궁토록, 〔아멘〕. 〔당신은 거룩하시니〕, 당신은 거룩하시며, 당신은 거룩하시나이다. 에온들 중에 〔처음〕 나신 분이시여, 독소메돈이시여. 〔... 영원〕무궁토록, 아멘. 〔당신은 거룩하시니, 당신은 거룩하시며〕, 당신은 거룩하시나이다, 〔...〕 에온 〔... 영〕원무궁토록, 〔아멘〕. 〔당신은 거룩하시니〕, 당신은

거룩하시며, 〔…〕에온〔…영〕원무궁토록, 〔아멘〕.〔당신은 거룩하시
니〕, 당신은 거룩하시며,〔당신은 거룩하시나이다〕, 명령자시여, 빛의
〔…〕오리아엘, 영〔원무궁토록〕, 아멘.〔당신은 거룩하시니, 당신은 거
룩하시며, 당신은 거룩하시나이다〕, 명령자시여,〔…〕빛의 인간이시
여,〔…〕영원〔무궁토록, 아멘〕. 당신은 거룩하시니,〔당신은 거룩하시
며, 당신은 거룩하시나이다, 사령관이시여 …〕에온.〔당신은 거룩하
시니, 당신은 거룩하시며, 당신은 거룩하시나이다, … 영원무궁토록〕,
아멘.〔당신은 거룩하시니〕,〔당신은〕거룩하시며, 당신은 거룩하시나
이다, 세계들〔의〕선하신〔하나님이시여〕,〔자비로우신 (당신)이시
여〕, 미로케이로테투시여,〔영〕원무궁토록〔아멘〕. 당신은〔거룩하시
니, 당신은 거룩하시며, 당신은 거룩하시나이다〕, 만유〔의〕사령관이
시여, 예수 그리스도시여,〔영원무궁토록〕, 아멘.

　　〔…〕. 복된〔…〕고백〔…〕.〔그리고…〕그를 고백하니〔…〕이제〔…〕
그때 그것은〔…〕이 되어〔…〕공포〔와 …〕공포와〔…〕를 방해하고〔…〕
그가 그를 추구하기 때문에〔…〕〔그 속에〕큰 어둠을〔지닌〕곳에서
〔그리고〕많은〔…〕나타나〔…〕거기서〔…〕. 그리고〔…〕그들은〔…〕를
입고 모두〔…〕그리고〔…〕방해〔…〕. 그들은 주었고〔…〕그들의 말
〔…〕그리고 그들이 내게 말했다〔… 멜기세덱이시여〕,〔지극히 높으
신〕하나님의〔제사장이시여〕,〔…〕모든〔…〕속에서〔그들의〕입〔…〕
할 때 말하여〔…〕그릇 인도하고〔…〕그의〔…〕와 예배〔와 …〕믿음
〔과…〕그의 기도〔…〕. 그리고〔…〕〔그의 …〕인 자들〔…〕최초의〔…〕.
그들이 고려하지 않는 것은, 당신이 행하는〔제사장의 직분〕,〔…〕의
논의〔속에서 …〕로부터 온 그 직분〔…〕사탄〔…〕희생〔…〕작은〔…〕
이 에온의〔…〕〔… 속에〕존재하는〔…〕〔그릇되이〕인도하고〔…〕몇몇
의〔…〕그는 그들을〔…〕에게 주었으며〔…그리고〕13〔…〕당신이〔…〕

하도록〔하기 위해〕〔그것을 …〕던졌으며〔…왜냐하면〕즉시로〔…에 의해 …를 근거로 …〕. 그〔…(23쪽은 거의 완전히 없어졌음) … 위에 있는 …〕나를〔…〕. 그리고〔…〕너희가 나를 쳤으며,〔…〕너희가 나를 던졌으며,〔…〕범법〔…〕. 그리고〔너희는〕〔안식일 저녁〕제3시부터〔제9시〕까지〔나를 십자가에 못 박았도다〕. 그리고〔이런 일들이 있은〕후〔나는〕〔죽은 자들〕에게서 일어났느니라.〔나의 몸은〕〔무덤〕에서 나와 내게로 왔느니라.〔… 그들은 아무도 발견하지〔못하고〕〔나에게〕인사했느니라〔…〕. 그들은 내게 말했느니라.〔오,멜기세덱이시여〕,〔지극히 높으신〕하나님의 대〔제사장이시여〕,〔강〕해지소서.〔…〕하는 우리 위에〔…〕〔…그들은〕전쟁을 벌였으니, 당신께서〔…〕하시고, 그들은 당신을 이기지 못했으며,〔당신은〕견디셨으며,〔당신은〕당신의 적들을 파괴하셨으니〔…〕그들의〔…〕의〔…〕어떤〔…〕속에서 안식하실 것이요, 그것은 살아 있고,〔…〕육체〔…〕속에서 그에 대항하여 자신들을 높〔인 자들 …〕.

그가 금식하며 선한 것을 가지고 일하고 있는 동안, 희생제물을〔가지고 …〕.

당신께 (그러라고) 계시가 있지 않는 한, 이 계시들을 육체 속에 있는 자에게는 밝히지 마소서. 이 계시는 육체에 속한 것이 아니기 때문이나이다.

생명의 세대에 속하는 형제들이 이러한 말을 다 했을 때 그들은 모든 하늘들 위에 있는 (영역들)에게로 올라갔느니라. 아멘.

노레아의 생각
(IX, 2)

해제

　『나그함마디 문서』에 나오는 가장 짧은 글 중 하나인 「노레아의 생각」은 그 내용에 맞춰 제목을 붙인 것이다. 아마도 2세기 후반 이집트나 시리아에서 쓴 것으로 추정한다. 이 영지주의 문서는 노레아가 중심이다. 이 글은 만유의 아버지와 그분의 천상의 동료들을 부르는 말로 시작하며, 노레아의 외침과 구원, 플레로마 속에서 행한 그녀의 활동, 노레아의 미래의 구원과 영적인 자손에 대해 묘사 등으로 이루어져 있다.

　노레아라는 인물은 여러 영지주의 문서에 나온다. 노레아는 이브의 딸이자 셋의 누이이며 부인으로 나오기도 하고, 때로는 노아나 셈의 부인으로도 나온다. 그녀는 유대교 전설에 나오는 저항하는 여자 영웅 나아마의 영지주의판이다. 『나그함마디 문서』 중 「아르콘들의 본질」(II, 4)에도 여기에 나오는 노레아의 모습과 아주 비슷한 노레아라는 인물이 등장한다. 또한 「노레아의 생각」에서 노레아는 소피아를 생각나게 하는 인물인데, 그녀는 인간 영혼의 추락과 구원을 상징한다. 또 그녀의 "생각"은 구원, 신적인 플레로마 속에 있는 지극히 복된 안식에 필요한 지식을 의미한다.

노레아의 생각
IX 27:11-29:5

만유의 아버지시여, 빛의 〔엔노이아시여〕, 아래 (영역들)을 넘어 높은 데 〔거하시는〕 누스시여, 높은 데 거하시는 빛이시여, 진리의 목소리시여, 의로우신 누스시여, 닿을 수 없는 로고스시여, 〔형언할 수 없는〕 목소리시여, 〔이해할 수 없는〕 아버지시여!

그들에게 〔외치고 있는〕 것은 노레아이다. 그들은 〔듣고〕 그녀를 그녀의 처소에 영원히 받아들였다. 그녀가 형언할 수 없는 에피노이아 안에서 안식하도록 하기 위하여, 〈그녀가〉 받은 최초의 마음을 계승하도록 하기 위하여, 〈그녀가〉 신적인 아우토게네스 안에서 안식하도록 하기 위하여, 그 자신이 〔살아 있는〕 로고스를 계승한 것처럼 그녀(도) 그녀 자신을 낳도록 하기 위하여 그리고 그녀가 불멸의 모든 존재와 결합하여 아버지의 마음으로 〔말하도록〕 하기 위하여, 그들은 거룩한 분들의 목소리뿐 아니라 누스의 아버지이신 아다마스 안에서 그녀에게 그것을 주었다.

그리고 〔다시〕 〈그녀는〉 생명의 말씀과 이야기를 나누면서 세상이 존재하기 전에 그녀가 받은 〔것을 소유한 채로〕 지고하신 분의 〔현존〕 속에 남아 있었다. 〔그녀는〕 보이지 않는 분의 〔위대한 마음〕을 〔지니고 있고〕, 〈그녀의〉 아버지께 영광을 〔돌리며〕 플레로마 안에 〔...〕한 자들과 함께 거하고 있으며, 플레로마를 보고 있다.

그녀가 플레로마를 〔볼〕 날들이 있을 것이며, 그녀는 결핍 가운데 거하지 않으리니, 이는 그녀에게는 그녀를 대신하여 만유의 아버지이신 아다마스와 중재하는 돕는 자들이 있기 때문이다. 그분은 노레아의 생각을 지니고 있는 모든 아담 안에 계신 분이시며, 단일한 하나의 이름을 창조하는 두 개의 이름에 관해 말씀하시는 분이시다.

진리의 증언

(IX, 3)

해제

「진리의 증언」은 교훈적이고 논쟁적인 특성을 지닌 그리스도교 영지주의 문서이다. 제목은 내용을 근거로 해서 붙인 것이다. 이집트의 알렉산드리아에서 원래 그리스어로 쓴 것으로 추정한다. 저자에 대해서 확실히 알 수는 없지만, 율리우스 카시아누스(서기 190년경)나 레온토폴리스의 히에라카스(서기 300년경) 중 한 명으로 추정한다.

「진리의 증언」이라는 이 단편적인 문서는 두 부분으로 나눌 수 있다. 첫 번째 부분(29:6-45:6)은 그 자체로 완결된 훈계인데, 영적으로 각성한 집단에게 여러 가지 주제에 대해 말한다. 그 주제들은 율법과 대조되는 진리, 순교 및 육체의 부활에 대한 헛된 희망과 대조되는 지식, 육체의 타락과 대비되는 순결, 지혜롭고 완전한 영지주의자의 삶 등이다. 이 글의 나머지 부분은 훨씬 더 논쟁적이다. 당시 가톨릭교회에 대해서 뿐 아니라, 발렌티누스파, 바실리데스 학파, 시몬파와 같은 여러 영지주의 집단에 대해서도 신랄하게 비판을 가하고 있다. 이 부분은 특히 가톨릭교회나 특정 유형의 영지주의적 오류에 빠질 위험이 있는 사람들을 겨냥해서 쓴 듯하다.

「진리의 증언」은 창세기 3장(45:23-49:7)의 뱀에 대해 특히 흥미 있는 내용을 담고 있는 「미드라쉬」를 포함해서 수많은 자료를 이용한다. 이 글은 또한 구약성서와 신약성서(특히 바울과 요한) 그리고 외경의 구절들을 인용하거나 언급한다. 비록 발렌티누스파를 "이단"으로 공격하고 있지만, 발렌티누스파의 영지주의의 영향이 문서 전체에 분명하게 나타난다. 「진리의 증언」의 가장 눈에 띄는 특징은 세상과 세상에 속한 모든 것을 철저히 버려야 한다는 급진적인 주장이다.

진리의 증언

IX 29:6-74:30

나는 육체의 귀가 아니라 마음의 귀로 들을 줄 아는 사람들에게 말하려 한다. 많은 이가 진리를 구했으나 그것을 발견하지 못했으니, 이는 바리새인들과 율법[의] 서기관들의 옛 누룩이 그들을 붙잡고 있었기 때문이다. 그런데 그 누룩은 천사들과 악마들과 별들의 잘못된 욕망이다. 바리새인들과 서기관들은 [그들을] 지배하고 있는 아르콘들에게 속한 자들이다.

율법 아래 있는 자들은 아무도 진리를 바라볼 수 없나니, 그들이 두 주인을 섬길 수 없기 때문이다. 율법의 더러움은 분명하며, 더럽지 않음만이 빛에 속하기 때문이다. 율법은 (사람에게) 남편을 취하(거나) 아내를 취해 아이를 낳고, 바다의 모래처럼 번성하라고 명한다. 그러나 그들에게 기쁨이 되는 욕망은 이곳에 태어난 자들, 즉 그들을 통해 율법을 성취하기 위해 더럽히는 자들과 더러워진 자들의 영혼을 속박한다. 그리고 그들은 그들이 세상을 돕고 있음을 보여 준다. 그들은 빛에게서 [돌아]서나니, 그들이 마지막 [한 푼]을 지불하기까지 그들은 [어둠]의 아르콘을 [지나가지] 못한다.

그러나 사람의 아들은 불멸로부터 나[왔나니], 더러움과는 무관[하다]. 그는 요단강에 의해 세상[에] 왔으니, 곧 요단강은 거꾸로 [돌아 갔다]. 그리고 요한은 예수의 [하강]을 증언했다. 그는 요단강에 내려온 [권능]을 본 자이기 때문이다. 그는 육체적 생식력의 지배가 끝났음을 알았기 때문이다. 요단강은 육체의 힘이니, 곧 쾌락의 감각이다. 요단강물은 성교의 욕망이다. 요한은 자궁의 아르콘이다.

그리고 이것이 사람의 아들이 우리에게 계시하신 것이니, 너희는 진리의 말씀을 받아들이는 것이 합당하니라. 만일 누군가가 그것을 완전히 받아들이면, ─. 그러나 무지〔안에〕있는 사람은 자신이 행한〔어둠〕의 일을 줄이기 어렵다. 〔그렇지만〕불멸을〔안〕자들은〔... 욕망〕에 대항하여 싸워 왔다. 내가〔너희에게〕말한 대로 "도적들이 부수는〔곳〕에 너희 자신을 위해 짓거나 쌓지〔말고〕아버지께 열매를 맺어라."

어리석은 자들은 무지와 인간적인 죽음에 자신을 던지면서, 자신이 어디로 가고 있고 그리스도가 누구인지 모르는 채로, "우리는 그리스도인이다"라고 권능으로가 아니라 말로만 고백하면서 그 마음〔속으로〕그렇다고 생각하며, (참으로) 오류 속에서 ─ 공국(公國)들과 권위들에게로 달려가면서 자기들이 살 것이라고 생각한다. 그들은 자신들 속에 있는 무지로 인해 그들의 독수(毒手)에 떨어지는 것이다. (만일) 증언하는 말만으로도 구원이 일어난다면, 온 세상이 그렇게 하여 구원을 얻을 것이다. 〔그러나〕그들은 오류를 자신에게로〔끌어들였다〕. 〔... 그들이〕〔알지〕못하는 것은 그들이 자신을〔파괴하도록〕하기 위한 것이다. 만일〔아버지께서〕〔인간의〕희생을 바라신다면 그분은〔허영심을 지니신〕분이 될 것이다.

〔사람〕의 아들이 스스로 최초의 열매를 옷 입으셨으니, 그분은 하데스로 내려가셔서 힘 있는 일을 많이 행하셨음이라. 그분이 거기서 죽은 자들을 일으키자 어둠의 세상 지배자들이 그를 질투하였으니, 그들이 그분에게서 죄를 찾지 못했기 때문이다. 그러나 그분은 또한 사람들 가운데서 그들의 일을 부수사, 절름발이와 소경과 중풍병자와 벙어리(와) 악령 들린 자들이 치료를 받았도다. 그리고 그분은 바닷물 위로 걸으셨다. 이런 이유로 그분은 자신이〔...〕한〔...〕으로부터 자신의 육체를〔파괴하셨다〕. 그리고 그분은〔... 모든 사람 ... 자신의 죽음

...〕 구원〔... 되셨으니〕,〔그들의 수가 얼마나 많은가! 그들은〕〔제자들처럼〕 눈먼〔안내자들이다〕. 그들은〔배를〕 타고,〔약 30〕 스타디온〔쯤 떨어진 곳에서〕〔예수께서〕〔바다〕 위로〔걷고 계시는 것을 보았다〕. 〔이들은〕〔헛된〕 순교자들이니, 그들은 오직 자기 자신들(에게)만 증언하기 때문이다. 그러나 그들은 병들어서 일어설 수 없다.

그러나 그들이 (순교자의) 죽음으로 완전하게 될 때 이것이 그들 안에 가지고 있는 생각이다. "만일 우리가 그 이름을 위해 우리 자신을 넘겨준다면, 우리가 구원받을 것이다." 이런 일들은 이런 식으로 되는 것이 아니다. 그러나 방황하는 별들의 작용을 통해 그들은 자신들의 〔무익한〕 "도정"(道程)을 "완성했으며", 〔...〕 말하기를, 〔...〕. 그러나 이들은 〔...〕 그들은 〔... 자신들을 넘겨주었다〕. 그러나 그들은 그들을 〔...〕 닮았다. 그들은 〔생명을〕 주는 말을 가지고 있지 않다.

〔그런데〕 어떤 이들은 말한다. "마지막 날 〔우리는〕 부활〔속에서〕 분명히 일어날 〔것이다〕." 그러나 그들은 자신들이 〔무슨〕 말을 하고 있는지 〔알지〕 못하고 있나니, 마지막 날은 그리스도께 속한 자들이 〔...〕인 땅 〔...〕하는 〔때이기〕 때문이다. 〔때〕가 찼을 때 그분은 〔어둠〕의 〔아르콘〕을 파괴하셨으니 〔...〕 영혼(들) 〔... 그분은 서셨으며 ...〕 그들은 〔자신들이 무엇에〕 매여 있었으며, 〔자신들이 어떻게〕 적절하게 〔해방될 수 있는지〕 물었다. 그리고 〔그들은〕〔자신들이 누구인지〕 또는 자신들이 〔지금〕 어디에 있는지 그리고 자신들이 어리석음에서 벗어나 지식에 〔이르러〕 안식할 〔처소〕가 무엇인지〔(에 대하여)〕 스스로 〔알게 되었다〕. 그리스도께서는 〔이들을〕〔높은 곳〕으로 옮기실 것이니, 그들이 어리석음을 〔버리고〕 지식으로 나아(갔기) 때문이다. 그리고 〔지식을 가진〕 자들은 〔...〕 위대한 〔... 부활 ... 그는〕〔사람의 아들〕을 알게 〔되었으니〕, 곧 〔그가〕〔자기 자신을〕 알게 〔된 것이다〕. 〔이것

이] 완전한 생명이니, 사람이 만유이신 분을 통해 [자기 자신을] 아는 것이다.

그러므로 육체의 부활을 기대하지 [말라]. 그것은 파괴[이니], [그들은] 공허한 [부활]을 [기대하면서] 오류를 범하는 [그것(그 육체)]에서 [벗어나지 못한다]. [그들은] [하나님의] 능력을 [알지] 못하며, [자신들의] 이중의 마음 [때문에] 성서의 [의미도 이해하지] 못하고 있다. [사람의 아들이 … 대하여 말한] [그 신비는] […] 파괴하기 위하여 […] 쓰인 [책 …] 사람[…] 왜냐하면 [그들은] [그들] 안에서 [… 복된 …]했고, [그들은] 빛의 멍에 [아래에서 하나님] 앞에 거하느니라. 그들의 [마음]에 생명을 주는 [말씀을] 가지지 [못한] 자들은 [죽을 것이며], 그들은 [그들의] 생각 속에서 [그들의] 행위와 이런 종류의 그들의 [… 오류]에 따라 사람의 [아들]에게 나타나게 되었다. 그들은 그가 […]를 나눌 때 […] 그리고 그들은 사람의 [아들이] 그로부터 오고 계심을 알지 [못하고 있다].

그러나 [그들이] 희생 […]에 [이르렀을 때], 그들은 인간의 [길] [속에서] 죽는다. 그리고 그들은 자신들을 […] 죽음 […]에 [넘겨준다] […]는 자들은 […] 그들은 많은 […] 각자[는 …] […] 악용하고 [그들의] 마음 […] 얻는다. [의]와 [권능]과 모든 지식을 [가지고] [그를] 자신들에게 [받아들이는 자들은] 그가 높은 곳[으로], 영원한 [생명]에게로 옮길 [자들이다].

[그러나] [무지]로 [그를] 받아들이는 자들은 더럽히는 쾌락이 그들을 지배한다. [그러한] 사람들은 "[우리가] [우리 자신을] 즐기도록 하기 위해 하나님께서 우리가 쓰도록, 우리가 더럽힘 속에서 [자라도록] [지체들을] 창조하셨다"라고 말하곤 했다. 그래서 그들은 이런 [종류]의 행위[에] [하나님께서] 그들과 함께 동참하시게 한다. [그러므

로〕 그들은 땅 〔위에서〕 확고하지 〔못〕하다. 〔그들은〕 하늘에 〔이르지도 못하고〕, 〔...〕 장소가 〔...〕 네 개의 〔...〕 꺼지지 않는 〔... 말씀 ...〕 그가 〔세례를 받을〕 때 그가 〔요한에게〕 왔을 때 〔요단강〕 위에 〔...〕. 〔성〕령께서 비둘기〔처럼〕 그 위에 내려 〔오셨으며〕 〔그분〕이 처녀에게서 태어나 육체를 취하셨음을 우리 자신이 받아들여 〔...〕. 그분은 권능을 받으시고 〔...〕. 〔우리 자신이〕 처녀의 상태에서 〔또는〕 말씀에 의해 태어났는가? 〔그것이 아니라, 우리는〕 〔말씀〕에 의해 다시 〔태어났다〕. 그러므로 〔...〕 속의 처녀로서 〔우리 자신을〕 강하게 하자.

남성들은 〔...〕 거하고 처녀 〔...〕 말씀 속에서 〔...〕에 의해 〔...〕. 〔...〕의 말씀과 영 〔...〕 아버지이며 〔...〕 왜냐하면 그 사람은 〔... 톱으로 톱질을 했던 이사야처럼 ... (그리고)〕 그는 둘이 되었다. 〔그러므로 사람의 아들은 또한〕 십자가〔의 말씀〕에 의해 우리를 〔나눈다〕. 그것은 〔낮을〕 밤과 〔빛을〕 어둠과 불멸을 멸망과 〔나누고〕, 그것은 남성을 여성과 〔나눈다〕. 그러나 〔이사야는〕 육체의 전형이다. 그 톱은 우리를 천사들의 오류에서 분리시키는 사람의 아들의 말씀이다.

모든 장소를 포기하〔고〕, 그분의 옷깃을 붙잡고, 오직 세상의 모든 것을 버릴 사람이 아니면, 아무도 진리의 하나님을 알지 못한다. 그분은 자신을 권능으로서 세우셨으며, 자신 안의 모든 〔곳〕에서 욕망을 복종시키셨도다. 그분은 〔...〕하셨으며, 〔그〕 마음 〔...〕 되었을 때 〔...〕 자신을 시험하시고 〔...〕 그분에게 향하셨도다. 그리고 〔그분은〕 자신의 영혼〔으로부터 ...〕 거기에 〔...〕 그는 〔...〕 가지고 있고 〔...〕 무슨 방식으로 〔...〕 육체 〔...〕 무슨 방식으로 〔...〕 그것으로부터 〔...〕 그리고 〔그분은〕 얼마나 많은 〔권능을 지니고 계신가〕? 그리고 그를 묶은 자 누구인가? 또 그를 풀 자는 누구인가? 빛은 무엇인가? 또 어둠은 무엇인가? 〔땅을〕 창조한 자는 누구인가? 하나님은 누구신가? 천사들은 〔누구인가]? 혼은 무엇인가? 영은 무엇인가? 목소리는 무엇인가? 말하는 자는 누구인가? 듣는 자는 누구인가? 고통을 주는 자는 누구인가? 고통당하는 자는 누구인가? 멸망할 육체를 낳은 자는 누구인가? 지배란 무엇인가? 왜 어떤 이들은 절름발이이고, 어떤 이들은 〔눈멀었으며〕, 어떤 이들은 〔...〕, 어떤 이들은 〔...〕 어떤 이들은 부유하〔고〕, 어떤 이들은 가난한가? 왜 〔어떤 이들은 무능하고, 어떤 이들은〕 도둑인가? 〔...〕 그는 다시 아르콘들과 권능들과 악마들의 〔생각〕에 대항하여 싸워 〔...〕할 때 그는 〔...〕했고 〔...〕. 그는 그들에게 거할 곳을 주지 않고, 그들의 욕망에 대항하여 싸웠으며 〔...〕 그들의 오류를 단죄했다. 그는 자신의 영혼을 낯선 손으로 범한 죄로부터 깨끗게 했다. 그는 일어서서 자신 안에서 의로웠으니, 이는 그가 모든 자 안에 존재하기 때문이고 그가 자신 안에 죽음과 생명을 지니고 있기 때문이며, 그가 그 둘의 한 가운데에 존재하기 때문이다. 그가 권능을 받았을 때 오른쪽의 부분들에게로 향해 돌아섰으며, 진리에게 들어갔고, 왼쪽에 관계된 모든 일을 버렸으며, 지혜와 계획과 이해와 통찰과 영원한 권능으로 충만해졌다. 〔그래서〕 그는 자신의 매임을 부숴버렸다. 〔그는〕 모든 장소를 만든 〔자들을〕 정죄했다. 〔그러나 그들은〕 그 안에 숨겨진 〔...〕를 발견하지 못했다.

〔그리고 그는〕 자기 자신에게 〔명령을 내렸다〕. 그는 〔자신을〕 알고, 진리의 아버지인 자기 〔마음〕을 가지고 태어나지 않은 에온들에 관하여, 빛을 낳은 처녀에 관하여 말하기 〔시작했다〕. 그리고 그는 〔모든〕 곳에 넘쳐흘러 그를 붙잡고 있는 권능에 대해 생각하고 있다. 그리고 그는 남성인 자기 마음의 제자이다. 그는 자신이 위에서 받아들일 만한 자격이 생기는 날까지 자신 안에서 침묵을 지키기 시작했다. 그는 스스로 떠들썩함과 논쟁을 거부하고 온갖 곳을 견디고 있다. 그리고

그는 그들 아래에서 견디며, 모든 악한 것을 참고 있다. 그는 모든 자에게 인내하며, 스스로를 모든 사람과 동등하게 보고, 또한 자신을 그들에게서 분리시키고 있다. 누구라도 〔원하는〕 것이 있으면, 그는 그것을 그에게 〔가져다주나니〕, 이는 자신이 완전하〔고〕 거룩하게〕 되기 〔위해서이다〕. 그 〔…〕 때 〔그는〕 〔그를〕 붙잡아 〔…〕 위에 그를 묶었으며 〔…〕 그는 〔지혜로〕 충만해졌다. 〔그는〕 진리에 대해 증언했으며 〔…〕, 〔밤〕의 모습을 지니고 있으며, 그〔속에서 별들을〕 회전시키는 자들을 지니고 있는 세상을 떠나, 권능 〔…〕 그리고 그는 자신이 나〔온〕 불멸 〔속으로〕 들어갔다.

그러므로 이것은 진실한 증언이다. 사람이 자기 자신과 진리 위에 계신 하나님을 알 때 그는 구원을 받을 것이고 퇴색하지 않는 왕관을 쓰게 될 것이다.

요한은 여인인 엘리자베스를 통해 말씀에 의해 태어났으며, 그리스도는 처녀인 마리아를 통해 말씀에 의해 태어났다. 이 신비(의 의미)는 무엇인가? 요한은 나이든 모태에 의해 태어났으나, 그리스도는 처녀의 태를 지나오셨다. 그녀는 임신하고 그리스도를 낳았다. 더욱이 그녀는 다시 처녀가 되었다. 그런데 너희는 왜 〔잘못을 하면서〕 너희를 위해 예시된 이 신비를 탐구하지 않느냐?

하나님이 아담에게 〔계명을〕 주었을 때 이에 관해 율법에는 이렇게 기록되어 있다. "너희는 모든 〔나무〕에서 난 것을 먹되, 낙원 한가운데 있는 나무의 열매는 먹지 말라. 너희가 그 열매를 먹는 날 반드시 죽으리라." 그러나 뱀은 낙원에 있는 모든 동물보다 지혜로웠으므로 이브를 꾀어 이렇게 말했다. "네가 낙원 한가운데 있는 나무 열매를 먹는 날, 네 마음의 눈이 열릴 것이다." 그래서 이브는 그 말을 따라 손을 뻗어 그 나무 열매를 따 먹었다. 그녀는 또 자기와 함께한 남편에게 그것을 주었다. 그러자 곧 그들은 자신들이 벌거벗었음을 알고는 무화과 나뭇잎을 따서 옷으로 입었다.

그러나〔저녁〕때 하나님이 낙원 가운데서 걷다가 오게 되었다. 아담이 그를 보았을 때 그는 숨었다. 그래서 그가 말했다. "아담아, 너는 어디에 있느냐?" 그가 대답했다. "〔저는〕무화과나무 아래에 있나이다." 바로 그 순간 하나님은 자신이 "저 열매는 먹지 말라"고 명한 나무 열매를 그가 먹었음을 알았다. 그래서 하나님은 그에게 말했다. "너에게 가르쳐 준 것이 누구냐?" 그러자 아담이 대답했다. "당신께서 제게 주신 여자이나이다." 그러자 여자가 말했다. "뱀이 저를 가르친 자이나이다." 그래서 그는 뱀을 저주하고 그를 "악마"라고 불렀다. 하나님이 말했다. "보라, 아담이 우리 중 하나와 같이 되어 선악을 알게 되었도다." 그때 하나님이 말했다. "아담이 생명나무 열매를 먹고 영원히 살지 못하도록 그를 낙원에서 내쫓자."

그러면 이 하나님은 어떤 하나님인가? 먼저〔그는〕아담이 지식의 나무의 열매를 먹을 것을 질투했다. 두 번째로 그는 "아담아, 네가 어디 있느냐?"고 말했다. 하나님이 이것을 처음부터 알지 못했으니 예지력이 없는 것이다. 〔그리고〕후에 그는 "그가 생명나무의 열매를 먹고 영원히 살지 못하도록 그를 여기서 쫓아〔내자〕"고 말했다. 분명히 그는 악의에 차 질투하는 자임을 스스로 보여 준 것이다. 그러면 이러한 자는 어떤 종류의 하나님인가? 읽는 자들이 심히 눈이 멀어 그것을 알지 못했다. 또 그는 "나는 질투하는 하나님이니, 내가 아비의 죄를 자식에게 갚되 3~4대까지 갚으리라"고 말했다. 또 "내가 그들의 마음을 무디게 하리니, 그들의 마음을 눈멀게 하여 그들이 들은 것을 알지도 이해하지도 못하게 하리라"고 말했다. 그러나 그는 자신을 믿고 섬기는 자들에게 이런 말을 한 것이다!

그리고 〔어느〕 곳〔에선가〕 모세는 이렇게 쓰고 있다. "〔그는〕 그의 세대에 그가 지니고 있는 〔자들〕을 〈위해〉 악마를 뱀으로 만들었다." 출애굽기라고 하는 다른 책에는 이렇게 쓰여 있다(비교, 7:8-12). "그가 〔주술사들〕에 대항해 싸웠을 때 그곳이 그들의 〔사악함〕을 따라 〔뱀으로〕 가득 찼다. 〔그러자〕 모세의 손에 있던 〔막대기가〕 뱀으로 변해 주술사들의 뱀들을 삼켰다."

또 이렇게 쓰여 있다(민수기 21:9). "그는 놋쇠로 뱀을 만들어 그것을 기둥 위에 매달았으니 〔...〕 〔이〕 놋쇠〔뱀〕을 〔바라보는 자는〕 아무도 〔파괴하지〕 못할 것이요, 이 놋쇠뱀〔을 믿는〕 자는 〔구원을 얻으리라〕."

이는 그리스도이니, 그를 믿는 〔자들은〕 생명을 얻었다. 믿지 않는 자들은 〔죽을 것이다〕.

그러면 이 〔믿음〕은 무엇인가? 〔섬기지〕 않는 〔자들은〕 〔...〕 그리고 〔너희들 ...〕 우리는 〔... 그리고〕 너희는 "우리가 그리스도를 〔믿는다〕"고 〔말할 때〕 〔그리스도를 영적으로 이해하지 못하고 있다〕. 〔이것이〕 모세가 모든 책에서 〔쓰고 있는〕 〔길〕이기 때문이다. 아담의 세대〔의 책〕은 〔율법〕의 〔세대〕 가운데 있는 〔자들을 위해 썼다〕. 그들은 율법을 따랐고 그것에 복종했으며, 〔...〕과 함께 〔...〕. (51-54쪽은 거의 완전히 없어졌음).

〔..., "... 그〕 오그도아드는 여덟 번째 세계이며 〔...〕 우리가 그 구원의 〔처소〕를 받아들이게 하려는 것이다." 〔그러나 그들은〕 구원이 무엇인지 알지 못하고, 죽음 속에서, 그 〔물들〕 속에서 〔불행〕과 〔...〕 속으로 들어간다. 이것이 〔그들이 ... 보는 죽음의〕 세례〔인데〕 〔...〕 죽음으로 가며 〔... 그리고〕 이것이 〔...〕에 따른 〔...〕이고 〔...〕 그는 발렌티누스〔의〕 길을 완성했다. 그 자신이 오그도아드에 대해 말하고 있지만 그의 제자들은 발렌티누스의 제자들을 모방하고 있다. 더욱이 그들 편에서

는〔...〕선을 떠나지〔만〕, 그들은 우상들을〔경배하고〕〔...〕그는〔많은 말을〕했으며, 많은〔책을〕썼고〔...〕말들〔... 그들은〕세상의 속임〔속에서〕그들이 처해 있는 혼란으로부터 나타났다. 왜냐하면〔그들은〕그들의 헛된 지식을 가지고 그곳으로 가기 때문이다.

〔그의 아들〕이시도레 또한〔바실리데스를〕닮았다. 그 자신이 많은 〔...〕그리고〔그는 ...〕그러나 그는〔...〕하지 않았고〔...〕이〔...〕다른 제자(들)〔...〕눈먼〔... 그러나 그는〕그들에게〔...〕주었으며〔... 즐거움 ...〕그들은 서로 일치하지〔않는다〕.〔시몬주의자들은〕〔아내를〕얻(고) 아이들을 낳기 때문이다. 그러나 그〔...〕는 그들의〔...〕본능을 자제하며〔...〕〔욕망 ...〕〔...의〕물방울〔...〕〔그들에게〕기름을 붓고 〔...〕우리가〔...〕하는〔...〕〔그들은〕〔서로〕〔일치하며〕〔...〕그들은〔...〕심판〔...〕이들을〔...〕, 그〔...〕때문에 그들을〔...〕이단들〔...〕음모 〔...〕그리고 남성들〔...〕사람들이고〔...〕어둠의〔세상 지배자들에게〕속할 것이며〔...〕〔세상〕의〔...〕그들은〔...〕가지고〔...〕그〔아르콘들 ... 권능(들) ...〕〔... 그들을〕심판한다. 그러나〔그 ...〕〔...〕의 말씀(들)은 말하지만, 그들은〔...〕되고〔...〕〔... 꺼지지 않는〕불 속에서〔...〕그들은 벌을 받는다.

〔그러나〕〔사람〕의 아들의〔세대에서〕나온〔이 사람들은〕〔...〕모든 〔사건 속에서 ...〕에게〔계시했다〕. 그러나〔... 하나〕그리고〔...둘〕을 발견하기 위해〔...〕하는〔것은 어렵다〕.〔주님께서 그의〕제자들에게 〔말씀하셨다〕,〔...〕속에 있는 자〔... 그리고〕그는〔신중함과〕이해와 〔지성〕과 지식〔과 권능〕과 진리뿐 아니라〔...〕지혜도 지니고 있다.〔그리고 그는〕어떤〔...〕을 가지고 있는데〔...〕위로부터〔...〕〔사람의 아들이 ...〕한 곳〔...〕권능〔...〕에 대항하여 수호하며〔...〕그는〔...〕알고 〔...〕이해하고〔...〕그에게 가치가 있는〔...〕진실한〔...〕낯선〔...〕. 그

러나〔...〕, 악한〔...〕와 함께,〔...〕 속에서 그는〔... 세례〕를 받고, 꿈〔속에서 ... (63-64쪽은 없어졌음) ...〕한 자들은〔...〕은(銀)〔...〕. 그러나〔...〕〔...부유케〕되고〔... 권위들〕가운데에서〔...〕. 그러나 여섯 번째〔...〕이와 같이〔...〕세상〔...〕그들은〔...〕금〔... 그들은〕생각하기를,〔...〕우리가 육체에서 해방되었다.〔...〕그를〔...〕에게로 돌아서게 하지 못하며〔...〕예수〔... 그〕시작〔...〕아들〔...〕전형〔인 ...〕로부터〔...의 빛〕〔...〕로부터 발견하기 위해〔...〕한 더럽힘〔... 그들은〕〔...〕모독하지 않는데〔... 그들을 ...〕않고〔...〕, 아무런〔쾌락이나〕욕망이나〔그들도〕그들을 통제할〔수〕없다. 그들이 사람의 아들〔의 세대에서 왔음〕을 모든〔사람들〕에게〔보여 줄 수〕있도록 하기 위해, 그들은 더럽혀지지 않는 것이 합당하나니, 주님께서 증거하신 것이〔그들〕에 대한 것이기 때문이다.

그러나〔아담의〕씨앗에서 온〔자들은〕그들의〔일인 그들의 행위〕에 의해 드러난다. 그들은〔... 악한 욕망을〕쉬지 않았다. 그러나 어떤 이들은〔...〕개들〔...〕그들이 낳는〔...〕를 위해 천사들〔...〕올 것인데〔...〕그들의〔...〕와 함께 움직이나니, 그들이〔자녀들을〕낳을 날〔에 ...〕. 그뿐 아니라 그들은 젖을 빨리는 동안 교접한다.

그러나 다른 자들은〔...〕의 죽음에 잡혀 있다. 그들은 이리저리로 이끌리(고), 불의한 맘몬에 의해 욕망을 채운다. 그들은〔이자를 받고〕돈을 빌려주고,〔시간을 낭비하며〕, 일하지 않는다. 그러나〔맘몬〕의〔아버지〕는〔(또한)〕성교의 아버지〔이다〕.

그러나 그것들을 버릴 수 있는 자는 자신이〔사람의 아들〕의 세대〔에서〕나왔음을 보여 주며,〔그것들을〕고소할 권능을 지닌다.〔... 그는〕〔...〕삼가나니〔...〕속에서 부분(들)〔...〕사악함 속에서〔...〕〔그리고 그는〕외적인 것을〔내적인〕것처럼〔만든다〕.〔그는〕〔... 권능 ...〕

그들에게 말한 천사를 〔모방한다〕. 그러나 그는 〔…〕. 그리고 그는 〔…〕로 물러나 침묵했으며, 떠들썩함과 논쟁을 쉬었다. 그러나 〔생명을 주는 말씀〕을 발견〔한〕 자〔와〕 〔진리의 아버지〕를 알게 된 〔자는〕 〔안식하게 되었다〕. 그는 〔발견〕했으므로 〔찾기를〕 멈추었다. 그리하여 그가 발견했을 때 그는 〔침묵하게〕 되었다. 그러나 자신들의 마음에서 지적인 〔…〕를 〔…〕한 자들에게 그가 말한 것은 거의 없다.

어떤 이들은 세례를 〔받음으로써〕 믿음을 받아들이나니, 그들은 〔그것을〕 구원의 희망으로 생각하기 때문이며, 그들은 그것을 "〔인장〕"이라고 부른다. 그들은 세상의 〔아버지들〕이 그〔곳〕에 나타나 있음을 알지 못하〔나〕, 그 자신은 자신이 인(印)침을 받았음을 〔안다〕. 〔사람〕의 〔아들〕은 자기 제자 누구에게도 세례를 주지 않았기 때문이다. 그러나 〔… 만일〕 세례를 받〔은 자들이〕 생명을 향해 나아가는 것이라면, 세상은 텅 비어버릴 것이다. 그리고 세례의 아버지들은 더럽혀진 것이다.

그러나 진리의 세례는 그와는 다른 것이니, 그것은 세상을 포기함으로써 얻어지는 것이다. 〔그러나〕 〔오직〕 말로만 그것을 버리고 있다고 말하〔는 자들은〕 〔거짓말을 하고 있는 것이며〕, 그들은 두려움의 〔장소〕로 가고 있는 것이다. 더구나 그들은 그것 안에서 낮아져 있다. 마치 (한때) 정죄를 받고 그것을 부여받은 자들이 (다른) 것을 받아야 하는 것처럼!

그들의 행위는 악해졌나니, 그들 중 어떤 이들은 우상〔숭배에〕 떨어졌다. 〔다른 이들은〕 다윗 왕이 〔그랬듯이〕 그들 안에 〔악마가〕 거하고 있다. 그는 예루살렘의 기초를 놓은 자이며, 그가 〔간통〕으로 낳은 그의 아들 솔로몬은 악마를 통해 예루살렘을 세운 자이니, 이는 그가 〔그들의 권능을〕 받았음이로다. 그가 〔성전 건축을 끝냈을〕 때 〔그는〕

그 악마들을 〔성전 안에〕 가두었느니라. 그는 〔그들을〕 일곱 개의 〔물병〕 속에 넣어 두었다. 〔그들은〕 〔거기〕 버려진 채 그 〔물병들〕 속에서 오랜 〔시간을〕 있었다. 로마인들이 〔예루살렘〕에 올라〔갔을〕 때 그들은 〔그〕 물병들을 발견했으며, 그 〔악마들은〕 탈옥하는 자들처럼 〔즉시〕 그 물병들에서 밖으로 뛰어나왔다. 그래서 그 물병들은 (그 후로) 깨끗하게 〔남아 있었다〕. 〔그런데〕 그때 이후로 〔그들은〕 무지 〔가운데〕 있는 사람들과 함께 〔거하며〕 지〔상에 지금까지 남아 있다〕.

그런데 〔다윗은〕 누구인가? 또 솔로몬은 누구인가? 〔그리고〕 그 기초란 무엇인가? 또 예루살렘을 둘러싸고 있는 성벽은 무엇인가? 또 악마들이란 누구인가? 그리고 물병은 무엇인가? 로마인들은 누구인가? 그러나 이러한 〔신비들은 ...〕 사람의 〔아들 ...〕을 이기고 〔... 더럽혀지지 않고 ...〕 그는 〔...〕 그때 그는 〔...〕. 왜냐하면 〔...〕는 위대한 〔...〕이 본성에 〔...〕 〔...〕하는 자들은 〔하나의 ...〕 속에 모두 〔...〕 복된 〔...〕 그리고 그들은 〔...〕 불도마뱀〔처럼 ...〕. 〔그것은〕 활활 타오르는 불길 속으로 들어가나니, 그것은 〔... 벽난로〕 속으로 미끄러져 들어가 〔...〕 그 경계 〔...〕 그들이 보도록 〔...〕 그리고 권능 〔...〕 희생 〔...〕. 그 희생은 위대한 〔... 그러나〕 〔...〕 곁에 〔...〕 속에서 〔...〕. 그리고 사람의 〔아들〕은 〔...〕 그리고 〔그는〕 끓어오르는 〔불멸〕의 샘을 통해 〔나타났다〕. 〔...〕 그는 순수하며, 〔그리고 그는〕 〔...〕이다. 자유로운 사람은 질투하지 〔않는다〕. 그는 모든 사람과 〔모든 뻔뻔스러움과〕 질투에서 벗어나 있나니, 그 질투의 〔힘은〕 커서 〔...〕 제자들 〔...〕 율법의 유형 〔...〕 이것들 〔...〕 오직 〔...〕 그들은 그를 하나의 〔...〕 아래에 두고 〔...〕 가르침 〔...〕 그의 가르침 〔...〕.

그들은 말하기를 "〔천사가〕 하늘에서 와서 너에게 우리가 전한 것 이상을 전한다고 〔하더라도〕, 그는 저주받으리라!"(비교, 갈라디아서 1:8).

그들은 자유를 〔...〕한 영혼의 〔...〕를 〔...〕하게 하지 않느니라. 왜냐하면 그들은 여전히 미성숙하여 〔...〕 그들은 이러한 이단들을 통해 작용하는 이 율법을 〔지킬〕 수 없으니—그것이 그들이 아니라 사바오트의 권능들이라고 하더라도— 〔...〕를 통해 〔...〕 가르침들 〔...〕 그들이 어떤 〔...〕을 질투했기 때문에 〔...〕 그리스도 안에 있는 〔율법(들)...〕. 〔...〕할 자들은 〔...〕 권능 〔...〕 그들은 그 〔...〕에 이르고 〔...〕 〔열두 명의〕 재판관 〔...〕 그들을 〔...〕 〔...불멸〕의 샘 〔...〕 〔... 선한 ...〕 모든 곳 〔...〕하기 위해서이다. 〔...〕 거기 그 원수들 〔...〕. 그는 세례를 받았으며, 그 〔...〕 그는 신성해졌고, 날아〔올랐으니〕, 그들은 그를 잡지 못하였다. 〔...〕 거기 그 〔원수들 ...〕 그들이 다시 〔그를 끌어〕내리는 것은 불가능하기 때문이다. 모든 〔...〕 무지〔로〕 그를 잡나니, 새긴 물것들과 교묘한 속임수를 통해 구석에서 가르치는 자들에게 동참하느니라. 그들은 〔...〕하지 못하리라.

마르사네스

(X, 1)

.

해제

　이 글은『나그함마디 문서』중 가장 단편적인 글 중 하나이며, 맨 끝에 "[마]르사네스"라는 제목이 붙어 있다. 이 글은 다른 영지주의 자료들("마르사네스"와 "마르시아노스"라는 이름으로 된 자료들)을 통해 알려진 영지주의 예언자이자 환상가인 사람이 썼다고 추정된다. 또 이 글은 로마에 있던 플로티누스 학파에서 논의하던 영지주의 계시록 중 하나일지도 모른다고 주장하기도 한다.

　「마르사네스」는 지식의 보상에 관해 격려하는 말로 시작하고 끝난다. 이 글의 전체 내용을 단정하기는 불가능하다. 전반부에서는 가장 높은 하늘로 올라가는 지적이고 환상적인 상승에 대해 묘사한다. 후반부에서는 알파벳의 신비적인 의미에 관한 계시가 들어 있는데, 그것이 인간 영혼과 무슨 관계가 있는지, 또 천사들의 이름과 어떤 관계가 있는지에 대해 말한다. 이전에 알려져 있던 영지주의 자료들에서 이러한 자료와 가장 가까운 것은 이레네우스가 보고하고 있는 마르쿠스의 가르침이다.

　「마르사네스」의 내용과 용어는 신플라톤주의 철학과 관련이 있음을 보여 주는데, 가장 초기의 영지주의 체계들이 보이던 급진적인 이원론에서 벗어나 실재에 관한 일원론적 이해로 나아가는 경향을 보여 준다. 「마르사네스」는 3세기 초에 원래 그리스어로 기록되었을 것으로 추정한다.

마르사네스

X 1:1-68:18

〔...〕그리고〔보상〕〔...〕. 그들은〔알려고〕왔나니, 그들은 순수한 마음으로 그를 발견했으며, 그에 의해 악으로 고통당하고 있다. 너희를 받아들인 자들은 그들의 선택에 대해 인내의 보상이 주어질 것이며, 그는 그들을 악으로부터 지켜 줄 것이다. 〔그러나〕우리 중 누구라도 당황하〔여〕, 그 마음〔에〕위대하신 아버지께서〔...〕라고 생각하지 말도록 하여라. 그분은 만유를 보고 계시며, 그들 모두를 돌보고 계시기 때문이다. 그리고〔그분은〕그들에게 그분의〔...〕를 보여 주셨다.〔...〕하는 자들은 처음에〔...〕.

그러나 13번째 인장에 관해서 말하자면, 내가 그것을 지식의 경계와 안식의 확실성과 함께 세웠다. 첫 번째와 두 번째와 세 번째는 우주적인 것이며 물질적인 것이다. 나는 이것들에 관해 너희에게〔가르쳐 주었나니〕, 너희가 너희 몸을〔...〕하기 위해서이다. 그리고 감각으로 인식할 수 있는〔한 권능〕이 안식하는 자들을〔...〕할 것이며, 그들은 욕망에서와 합일〔의〕분리에서 벗어날 것이다.

네 번째〔와〕다섯 번째는 위에 있나니, 너희는〔이것들을〕〔... 신적인 ...〕알게 되었도다. 그는〔...〕를 따라 존재하며, 존재하는〔...〕의 본성〔...〕,〔...〕하는 자는 셋〔...〕. 그래서 나는 너희에게〔...〕에 대해 가르쳤나니, 셋〔...〕속에〔...〕이〔둘〕에 의해〔...〕.〔내가〕너희에게〔그것〕에 대해〔그것은〕육체가 없으며〔...〕라고 가르쳤나니 그리고〔...〕를 따라〔...〕안에서〔...〕모든〔...〕한〔...〕너희의〔...〕.〔다섯 번째〕는 내 안에 있는 자들〔의〕회개〔에 관한 것이요〕, 그곳에 거하는 자들에 관한 것이다.

그러나 이해와 확신을 위해〔...〕만유이신 분의 진리 안에 존재하는 자들과 함께, 여섯 번째는 스스로 태어난 이들에 관한 것이며, 부분적으로 존재하는 육체가 없는 존재에 관한 것이다. 그리고〔일곱 번째〕는 스스로 태어난 권능에 관한 것인데, 그것은 세 번째의〔완전한 ...〕이며 네 번째〔...〕, 구원〔과〕지혜에 관한 것이다. 그리고 여덟 번째는〔남성이요〕〔처음에〕나타난 마음에 관한 것이며,〔육체는 없〕고〔지적인〕세계에 (관한 것이다). 아홉 번째는〔처음에〕나타난 권능의〔...〕. 열 번째는 에온의〔...〕처녀〔바르벨로에 관한 것이다〕.〔열한 번째〕와〔열두 번째〕는 세 권능을 지니신 보이지 않으시는 분과 존재를 지니고 있지 않고 최초의 태어나지 않으신 분(여성임)께 속한 영에 관한 것이다. 열세 번째는〔알려지지〕않은 침묵하시는 분과 구별되지 않으〔신 분〕의 탁월한 지위에 관한 것이다.

나는 차이와〔동일함〕에 따라, 부분적으로든〔전체적으로든〕참으로 존재하는 것을〔이해한〕자이며, 그들은 영원한 전체 장소〔에 처음〕부터 존재하나니, 〈즉〉 존재가 있든 없든 존재하게 된 자들과 태어나지 않은 자들과 천사들과 더불어 있는 신적인 에온들과 속임이 없는 영혼들과 영혼의〔옷들〕, 곧 단순한 자들의 모습이니라. 그리고〔후에 그들은〕그들을〔닮은 자들〕과 섞였다. 그러나 여전히〔... 그〕전체 존재〔...〕〔육체가 없는 존재〕와 실체가 없는 존재(여성)를 모방하〔는 ...〕.〔끝으로〕전체의 더럽혀짐은 그 존재(여성임)의 불멸성과 함께〔구원되었다〕. 나는 심사숙고하여 감각으로 인식할 수 있는 세계의 경계에 이르렀으며, 육체가 없는 존재의 전체 장소를 일부씩 〈알게 되었고〉, 지성적인 세계를 알게 되었다. 〈내가〉 깊이 생각했을 때 〈나는〉 모든 측면에서 감각으로 인식할 수 있는 세계가 완전히 구원받을〔만하다〕는 것을 〈알게 되었다〉.

〔왜냐하면〕 나는 스스로 태어나신 분〔에 대해〕 말하기를 멈추지 않았으며, 오, 〔...〕 전체 장소를 일부씩 〔...〕 되었기 때문이다. 그분은 영이시며 존재를 지니지 않으신, 태어나지 않으신 분〈에게서〉 하강하시고 또다시 하강하셨다. 그들 모두보다 먼저 존재하시는 그분은 스스로를 낳으신 〔신성한〕 분〔에게〕 이르신다. 〔존재〕를 지니신 분은 〔...〕를 찾으시며 〔...〕 그분은 존재하시고 〔... 그리고〕 그분은 〔...〕과 같으시며, 〔...〕를 나누는 〔...〕으로부터 〔...〕 나는 많은 자를 위해 〔...〕가 되었으니, 그분이 많은 이를 구원하셨음이 드러난 것과 같다.

그러나 이 모든 일 이후에 나는 3중의 권능을 지니신 분의 시작이 없는 왕국을 추구하고 있다. 그분은 어디로부터 나타나셔서 자신의 권능을 가지고 전체 장소를 채우시려고 활동하시는 것인가? 그리고 태어나지 않은 존재들은 어떤 방식으로 존재하게 되었는가? 왜냐하면 그들은 태어나지 않았기 때문이다. 그리고 그〔에온들〕 가운데 있는 차이점은 무엇인가? 〔그리고〕 태어나지 않은 이들에 대해 말하자면, 〔그들은〕 얼마나 많〔은가〕? 그리고 〔그들은〕 어떤 점에서 서로 〔다른가〕?

내가 이러한 일들을 탐구했을 때 나는 그분이 침묵으로부터 일하셨다는 것을 알았다. 처음부터 그분은 참으로 존재하는 자들, 존재하시는 한 분께 속하는 자들 가운데 존재하신다. 침묵하시는 분 안에서 일하시는 한 분께 속하며, 처음부터 존재하시는 또 다른 분이 계시다. 그리고 그를 〔...〕는 그 침묵은 일하시나니, 이 〔...〕 형제이기 때문이다. 그분은 〔에온들〕 가운데 계시는 태어나지 않으신 분께 〔속하는 침묵으로부터 일하시며〕, 그분은 처음〔부터〕〔존재〕를 지니지 않으신다. 그러나 그 한 분의 에너지는 3중의 권능을 지니신 분, 그 에온 〔이전에〕 태어나지 않으신 분이요, 〔존재〕를 지니지 않으신다. 침묵하시는 분의 침묵의 지고하심, 〈...〉, 즉 3중의 권능을 지니신 분의 지고하심을 보는 것은 불가능하다. 그리고 존재하며, 침묵하시며,〔... 하늘〕위에〔계시는〕분은〔3중의 권능을 지니신, 최초의〕완전하신 분을 드러내셨다.

〔그가 ...했을 때〕그들은 권능들을 받았다. 내 안에 있는 자들은 다른 모든 자와 함께 완전해졌다. 그리고 그들은 모두 한 명씩 한 명씩 최초의 완전한 분이신 그 3중의 권능을 찬양했으며, 순수함 속에 계신 그분을〔찬양했고〕, 만유보다 먼저〔존재하시는〕주님을 찬양했고, 3중의 권능〔...〕. 그들의 예배〔...〕나 자신〔...〕,〔그리고 나는〕그들이 어떻게〔침묵하게 되었는지〕〔계속해서 탐구할 것이다〕. 나는 내가 공경함으로 잡은 권능을 이해할 것이다.

3중의 권능을 지니신 분의 세 번째 권능이 그를 인식했을 때 그 권능이 내게 말했다. "네가 알지 {않기} 위해 침묵하라. 내 앞으로 달려오너라. 그러나 이 한 분은 침묵하고 계심을 알고, 이해를 얻으라."〔그 권능〕은 나를 돌보시어, 나를 남성인〔처녀〕바르벨로〔인 에온〕안으로 인도하고 있기 때문이다.

이런 이유로 그 처녀는 남성이 되었으니, 그녀가 남성으로부터 분리되었기 때문이다. 그 지식은 그의 밖에 서 있었으니, 그것이 그에게 속한 것이기 때문이다. 그리고 존재하고 추구하는 그녀는 3중의 권능을 지니신 분이 소유하듯이 (그것을) 소유한다. 그녀는 그 둘로부터〔이〕두〔권능〕부터 물러났으니, 그녀가 위대하신 분〔밖에〕존재하기 때문이며, 그녀가 위에 계시고〔...〕침묵하시며〔...〕, 침묵하라는 이〔명령을 지닌〕〔...〕때문이다. 그의 지식과 그의 본질과 그의 에너지는 3중의 권능을 지니신 분이 말씀하신 것들이니,〈말씀하시기를〉우리는 모두 우리 자신에게로 물러났도다. 우리는 침묵하게〔되었으며〕,

우리가〔그분, 즉〕3중의 권능을 지니신 분을 알게 되었을 때〔우리는〕
허리 숙여 절을 했으며, 우리는 〔... 우리는〕 그분을 찬양했으며 〔...〕
우리 위에 〔...〕. 〔...〕.

〔... 그〕 보이지 않는〔영은〕그의 처소로 올라갔다. 온 장소가 계시
되었고, 온 장소가 펼쳐져서, 〈마침내〉 그들은 위의 영역에 이르렀다.
그는 다시 떠났으며, 그는 온 장소를 빛나게 했으며, 온 장소가 빛나게
되었다. 그리고〔너희는〕세〔권능〕을〔지니신〕분의 권능의〔영〕의 세
번째 부분을 받았다. 〔...〕는 복되도다. 그분이 말씀하셨다. 오, 〔너희,
이〕장소들〔에 존재하는 자들이여〕, 〔너희는〕 이곳들보다 더 높은 곳들
을 〔알고〕, 그 권능들에게 그것들을 말해야 하느니라. 너는 〔마지막〕
때〔에〕 선택된 자들과 함께 〔선택된 자〕가 될 것이니, 보이지 않는 영이
위로〔달려가는〕것과〔같으니라〕. 그리고 너희〔자신은〕그와 함께〔위
로〕 달려〔올라가나니〕, 너희가〔...〕위대한 왕관을 지니고 있기 때문
이다.

그러나 그날〔...〕손짓할 것이요〔...〕달려 올라가〔...〕그리고 감각
적으로 인식할 수 있는〔...〕볼 수 있는〔...〕그리고〔...〕(11-12쪽은 없어
졌음) 그 인식〔...〕. 그분은 존재하시며 침묵하시는 분, 처음부터 계시
는 분 안에서 존재를 지니지 않으신 채 영원하시고, 〔그분은〕 존재를
지니지 않으시며〔...〕의 부분〔...〕나눌 수 없는〔...〕. 그〔...〕생각하기
를〔... 아홉 번째...〕나는 태어난 에온들 가운데〔거하고 있었다〕. 나는
허락받았으므로〔나는〕〔태어나지〕않은 자들 가운데 있게 되었다. 그
러나 나는〔...〕때문에 그〔위대한〕에온 안에 거하고 있었다. 그리고
〔... 그〕 세 권능 〔...〕 그 〔세〕 권능을〔소유하고 계신〕분〔...〕. 그〔세
권능은 ... 그〕침묵하는 분과 세 권능을 지니신 분〔...〕호흡을 지니지
않으신 분〔...〕. 우리는 우리 자리를 잡고〔...〕안에〔...〕우리는 들어갔

으며〔...〕숨〔...〕숨을 지니지 않으〔신 ...〕, 〔그리고 그는〕〔...〕안에
완전하게 존재하신다. 그리고 나는 보았고〔...〕그를 위대한〔...〕에게
〔...〕그들은 그를 알았으니〔...〕경계〔...〕그리고〔나는 ...〕홀로〔...〕
활동적이며〔...〕왜〔...〕, 〔다시〕, 지식이〔...〕무지한〔...〕그리고〔...〕
그는〔...〕가 되려고〔...〕를 무릅쓴다. 그들은〔...〕. 그러나 필요한 것은
〔...〕가 형상을 지니지 않고〔...〕이것에〔...〕가〔...〕를 기억하기 전에
존재하며〔...〕처음〔부터...〕〔...〕한 자〔...〕이들〔...〕을 보았고〔...〕아
홉〔...〕안에서〔... 그〕일곱 세계〔...〕의 날에〔...〕영원히〔...〕그리고
〔...〕여러〔해〕후에〔...〕내가〔아버지를〕보았을 때〔나는〕그분을 알
게〔되었고〕, 〔...〕많은〔...〕부분적인〔...〕영원히〔...〕물질적인 존재들
〔...〕우주적〔...〕위에〔...〕덧붙여〔...〕그는〔...〕로부터〔...〕하는 자들
속으로〔...〕그들을〔...〕속으로〔...〕이름〔...〕〔그들을〕〔...〕. 〔그리고〕
그들의 용어(에 대해 말하자면), 〔네가〕〔...〕과 그들의〔본질〕보다 더
낮다〔는 것을〕증언〔하여라〕.

그러나〔덧붙여 ... 때〕숨겨진〔...〕세 번째〔권능〕〔...〕. 복된 권위(여
성임)가 말씀하시기를〔...〕이들 가운데서〔...〕그리고〔...〕, 즉〔...을
갖지 않은〕그녀가〔...〕. 왜냐하면 거기에는〔...〕영광이 없고, 〔...〕하는
자도 없기 때문이다. 왜냐하면 진실로〔...〕하는 자〔...〕. 왜냐하면〔...〕
그리고〔12궁(宮)의 표시가 ...〕그리고 그〔...〕그리고〔...〕을 지니지
않은〔...〕〔...〕위해 얻고〔... 회전 ...〕. 그러나〔그〕영혼(들)〔...〕거기
에〔...〕이〔...〕의 몸(들)〔...〕하늘의 영혼(들)〔...〕주위에〔...〕모양
〔...〕인〔...〕인 자들〔...〕거기에〔... 모든 모습...〕그들을〔...〕모든 형상
들〔...〕모양(들)〔...〕, 그리하여〔그들은 ... 그리고〕〔...〕되었으니〔...〕
그들 자신〔...〕그리고 그〔...〕동물들〔...〕그리고 그〔...〕(23-24쪽은
없어졌음) 거기에〔...〕.

그러나 천사들인 그들의 권능들은 짐승들과 동물들의 형상 속에 있다. 그들 중 몇몇은 〔여러 형상을 하고 있으며〕, 〔자연〕에 반대되게 그들은 〔...〕를 〔...〕한 자기들의 이름으로 가지고 있다. 그들은 〔나뉘어져 있으며〕, 〔...와 ...〕에 따라 〔... 형상〕 속에서 〔...〕. 그러나 세 번째에 따른 소리의 〔유형들〕인 이들은 존재로부터 나온다. 그리고 이들에 관해서는 이 정도의 (말)로 충분하니, 우리가 (이미) 그들에 대해 말했기 때문이다.

〔이〕 때문에 우리가 〔처음〕부터 말한 〔방식〕으로 이 영역들에서 다시 분열이 일어났다. 그러나 다른 한편으로 그 영혼은 다른 모습(들)을 〔지니고 있다〕. 그 영혼의 모습은 〔이러한〕 형상〔으로〕 존재하나니, 즉 (그 영혼은) 자발적으로 존재하게 된 것이다. 그 모습은 〔두 번째〕 영역의 일부인데, 첫 번째가 〔그것을〕 따르니, 에에이오우, 스스로 태어난 영혼, 아에에이오우오. 두 번째 도식은 에에이오우는 두 소리(이중모음)를 〔지닌〕 것들로 (이루어져 있으며), 첫 번째 존재가 그것들 뒤에 자리 잡고 〔...〕 빛을 〔...〕.

스스로 〔자제하고〕 〔저〕 불멸의 씨앗을 받아들여 열매를 맺고, 너의 소유에 집착하지 말라.

그러나 그 옥시톤[1]들은 모음들과 그것들 다음에 있는 이중모음들 사이에 존재함을 알아라. 그러나 〔단음〕(短音)은 약하고, 〔...〕는 그것들 때문에 〔...〕이다. 〔...〕는 것들은 〔...〕 그것들은 중간의 〔...〕이기 때문이다. 〔반(半)모음들〕의 소리는 무성음들보다 낫다. 그리고 복모음은 변치 않는 반모음보다 낫다. 그러나 유기음은 소리가 나지 않는 것들(의) 무기음보다 낫다. 그리고 중간에 오는 것들은 그것들의 결합을

---

[1] 마지막 음절에 올림소리〔揚音〕가 있는 말.

〔받아들일〕 것이다. 그것들은 좋은 것들〔에 대해〕 모른다. 그것들은 〔신들〕과 천사들의 용어의 〔형태〕에 따라 더 적은 〔중간음들〕과 결합되나니, 이는 그것들이 형상에서 서로 다른 형상과 혼합되기 때문이〔아니라〕, 오직 그것들이 자기들의 좋은 일을 가지고 있〔기 때문이다〕. 그것들의 의지가 드러나는 일은 없다.

계속 〔빛을 비추지〕 말며, 감히 죄를 이용하지 말라.

그러나 〔나는〕 너에게 그 영혼의 〔세 … 모습에 관해서〕 말하고 있다. 〔그 영혼의〕 세 번째 〔모습〕은 〔…〕이며, 영역의 존재인데, 그것 뒤에 놓여 있고, 단일한 모음을 지닌 것들인 에에에, 이이이, 오오오, 우우우, 오오오로부터 나온다. 이중모음은 다음과 같았으니, 아이, 아우, 에우, 에우, 오우, 오우, 오이, 에이, 우이, 오이, 아우에이, 에우에우, 오이오우, 그그그, 그그그, 그그그, 아이아우, 〔에이에우〕, 에우, 오이 오우, 오우, 그그그, 〔그그그〕, 아우에이에우, 오이오우, 에우이며, 남성 영혼을 위해서는 세 번을 했다. 세 번째 모습은 영역에 속한다. 두 번째 모습은 그 뒤에 놓여 있는데 두 개의 소리를 가지고 있다. 남성영혼의 세 번째 모습은 단순모음으로 (되어 있으니), 아아아, 에에에, 에에에, 이이이, 오오오, 우우우, 오오오, 오오오, 오오오다. 〔그리고〕 이 모습은 첫 번째〔와〕 다르나 〔그들은〕 서로 〔닮았으며〕, 〔아에에오오와 같은〕 좀 〔보통의 소리〕를 만든다. 그리고 이것들로부터 이중모음이 (나온다).

네 번째와 다섯 번째도 그렇다. 그들에 대하여 말하자면 그들은 전체 주제를 드러내도록 허락받지 않았으나 눈에 보이는 것들만은 드러낼 수 있었다. 너희는 그들에 대해 그들을 인식하도록 가르침을 받았나니, 그런 인식은 자신들이 〔누구인지〕 추구하고 발견하도록 하려는 것인데, 그들이 모두 자기들 혼자 힘으로든 〔…〕, 아니면 서로 도와서든, 또는 자기 자신만을 언급함으로써, 〔아니면〕〔그들이〕소리〔속에서〕부분적으로든 형식적으로든 서로 존재하듯이 서로를 언급함으로써 처음부터 정해져 있던 〔운명〕을 드러내려는 것이다.

〔그들은〕복종하〔도록〕명령〔받았〕거나 그들의 〔일부가〕산출되어 형식적으로 되었다. (그들은) 〔장〕(모음)에 의해 (명령받았)거나 아니면 〔이중의 시간적 가치〕를 지닌 것들〔에 의해〕, 〔또는〕짧은 〔...〕인 〔...〕에 의해, 또는 옥시톤이나 중간음이나 차저음(次低音)에 의해 (명령받았다).

그리고 〈그〉자음들은 모음들과 함께 존재하며, 개별적으로 그것들은 명령을 받고 복종한다. 그것들은 천사들〔의〕이름을 구성한다. 그리고 〔그〕자음들은 스스로 존재하며, 그것들이 변할 때 〈그것들은〉박자와 높이와 침묵과 충동을 통해 숨어 있는 신들에게 복종한다. 〔그것들은〕반모음들을 불러 모으는데, 그 반모음들은 모두 〔일치〕하여 그것들에게 복종한다. 반모음들과 공존하는 것은 오직 〔불변의〕이중 〔자음들〕이기 때문이다.

그러나 유기음〔과 무기음〕과 〔중간음〕은 소리가 〔있는 것들과〕공존한다. 〔다시 ... 그것들은〕〔서로〕연결되〔고〕, 그것들은 서로 분리되어 있다. 그것들은 명령을 받고 복종하며, 무지의 전문용어를 구성한다. 그리고 그것들은 하나 〔또는〕둘 또는 셋 또는 〔넷〕또는 다섯 또는 여섯이 되어 마침내 〔단일한〕모음을 지닌 일곱이 된다. 두 개의 〔모음을〕지닌 이것들은 〔일곱 자음...〕. 최초의 이름들 〔가운데〕〔몇몇은〕더 적다. 그리고 〔이것들은〕존재를 지니고 있지 않기 때문에, 〔너는〕존재〔의〕한 측면〔이거나 아니면〕너는 우리 마음〔의〕본성을 분리하나니, 그 본성은 〔남성이며〕(또) 〔중간에〕있다.

그리고 너는 모음들〔과〕자음들과 더불어 서로 닮은 것들을 집어

〔넣는다〕. 그것들은 바가다자타, 베게데제테, 〔베게데〕제테, 〔비기디지티, 보고〕도조토, 〔부구두주투〕, 보고도조토이다. 〔그리고〕 그 나머지 〔...〕 바〔...〕. 그러나 그 나머지는 다르나니, 아베베비봅이니라. 이는 네가 그것들을 〔모아〕 천사들에게서 분리되도록 하려는 것이다.

그리고 약간의 결과가 있을 것이다. 첫 번째는 선한 것으로, 〔그〕 셋에게서 나온 것이다. 그것(여성대명사임)은 그들의 모습들 〔...〕〔...〕의 필요를 지니고 있다. 〈그〉 이위일체(二位一體)와 단자는 아무것도 닮지 않았으나 그들은 최초로 존재하는 것이다. 그 이위일체는 나뉘어 있는데, 단자〔로부터〕 나뉘는 것이요, 〔그것은〕 실체에 속한다. 그러나 사위일체(四位一體)는 (그) 〔요소들〕을 받으며, 다섯 번째는 일치를 받았고, 〔여섯 번째〕는 스스로 완전해졌다. 〔일곱 번째〕는 아름다움을 받았으며, 여덟 번째는 〔...를 받았고〕 크게 〔...〕 준비가 되어 있다. 그리고 〔열 번째는〕 모든 장소를 〔계시했다〕. 그러나 열한 번째와 〔열두 번째〕는 〔...〕 하지 않고 〔...〕를 가로질렀으며, 그것은 〔...보다 높고〕 일곱 〔...이름(들) ...〕〔...〕를 약속하고 〔원수〕인자로부터 〔논쟁하는 자〕인 하나의 표시〔와〕 하나의 점을 통해 그들을 〔분리시키기〕 시작한다.

그리하여 존재의 〔...〕 그〔글자들 ...〕〔하나의 ... 거룩한〕 속에 〔...〕 또는 각자 존재하는 〔속박〕을 따라서 〔...〕. 〔그리고〕〈그들은〉 서로 세대 속에서, 또는 〔탄생 속에서〕 존재한다. 〔그리고〕〔...〕에 따라서 〔세대 ...〕 그들은 〔...〕를 지니고 〔...〕 이들 〔...〕 하나 〔...〕〔그〕 수수께끼를 말하는 〔...〕.

감각으로 인식할 수 있는 세계 속에는 7백 큐빗[2]이 〔되는〕 성전과 〔영〕원히 〔...〕 안에 〔...〕하는 강이 존재하나니, 그것들은 〔...〕 세 〔...〕

---

[2] 1큐빗(cubit)은 손끝에서 팔꿈치까지의 길이.

네 〔...〕까지 〔...〕 인장들 〔...〕 구름들〔과〕 물들과 밀랍으로 선을 그은 〔형상들과〕, 에메랄드 같은 것들 〔...〕한다.

그 나머지들에 대해서, 나는 〔너에게〕 그것들에 대해 〔가르칠〕 것이다. 이것은 이름들의 세대이다. 태어나지 〔않은〕 여인이 〔...〕 태초〔로부터...〕〔...〕에 관해 〔...〕〔제한되었을〕 때, 퍼졌을 때, 〔축소되었을〕 때 〔...〕. 그러나 거기에는 이런 〔식으로 ...〕 온유한 〔말씀〕이 있으며, 〔...〕 존재에 〔접근하는〕 다른 말씀이 있다. 그리고 그는 〔...〕 차이 〔...〕 그리고 그 〔...〕 모든 것과 하나의 〔...〕〔나뉘지 않은〕 존재들과 권능 〔...〕를 가지고 〔...〕 각각 〔신랑〕과 교접 〔...〕 그리고 〔...〕이든지 〔...〕 권능 〔... 그는〕 모든 곳〔에〕 존재하며 〔...〕 그들을 영원히 〔...〕〔그는〕 몸이 있는 존재들과 몸이 없는 존재들과 함께 거한다.

이것이 우리가 이런 식으로 〔...〕하는 실체들에 관한 말씀이다. 만일 〔...〕 그들의 〔...〕와 더불어 〔...〕 그 〔...〕를 〔자극하는 자들을〕 도와 〔...〕 드러나게 〔...〕 만일 그를 안다면 그는 그를 〔부를〕 것이다.

그러나 거기에는 말씀들이 있는데, 그중 일부는 〔둘이지만, 나머지는〕〔각자〕 존재하며 〔... 그리고〕 그들은 〔...〕 또는 〔...〕 자들 〔...〕 또는 지속성을 지닌 〔자들〕을 따라 〔...〕. 그리고 〔이들은〕〔그들〕에게서 분리되어 있거나 아니면 그들은 서로 또는 자기 자신들과 결합되어 있나니, 중모음이거나 단모음이거나, 모든 〔...〕거나 〔...〕거나 〔...〕〔... 존재하〕듯이 〔존재하며 ...〕〔자음들 ...〕 그들은 나뉘고 중복되기까지 개별적으로 존재한다. 일부는 〔자음인 글자들〕에 따라 〔...〕 권능을 지니고 있으며 〔...〕 되었고 〔...〕 스스로 〔...〕 그리고 모음에 〔대해〕 세 (번) 그리고 자음에 〔대해〕 두 번 그리고 전체 장소에 대해 한 번 그리고 변화에 종속된 〔자들을〕 위해 무지로 〔... 그리하여〕 되었으며 〔...〕 마침내 〔... 전체 장소〕와 더불어 〔...〕.

그리고〔...〕 그들 모두는〔... 그들은〕 숨겨진 자들로서 존재하나 그들은 공개적으로 선포되었다. 그들은 계시되지 않고는 멈추지 않았고, 천사들의 이름을 부르지 않고는 멈추지 않았다. 그 모음들은〔자음들〕과 결합하지 않나니, 외부에서〔든〕 내부에서〔든〕 그러하며,〔...〕 그들은 말하기를〔... 너를 가르쳐 ...〕 다시〔영원히〕〔...〕.〔그들은〕 네 번〔헤아림을 받았으며〕, 그들은 세 번〔태어났으며〕, 그들은〔...〕가 되었다.

이런 이유로 우리는 충족을 얻었나니, 각자가 열매를 맺기 위해 스스로 권능을 얻어야 하며, 우리가〔...〕 그〔...〕 신비들〔위에〕 물을 뿌려야 한다.

영혼들〔...인〕〔...〕 천궁도(天宮圖)의 표시글〔...〕 새로운 실체들〔...〕. 이런 식으로 이것에 대해 제공될 보상은 구원이다. 아니면 죄를 짓는 자에게는 거기서 그 반대의 일이 일어나리라. 스스로 죄를〔짓는 자는〕〔... 안에서 ... 안에〕 있을 것이니, 네가 〈...〉하는 자를 시험하기 전에 누구라도 고귀한 권능과 신성한 지식과 저항할 수 없는 힘〔에 대해〕 서로 말하지 않고, 죄를 범하는〔...〕에게〔...〕을 알아, 그가 그들에게 계시할 가치가 있는 자가 누구인지를 시험하게 하려는 것이다. 그들은 합당한 일〔... 아버지 ...〕. 감각으로 인식할 수 있는 세계에 힘을 주기를 바라지 말라. 지성적인 세계로부터 구원을 얻은 너희는 나에게 이르지 않으려느냐? 그러나 이 〈말씀〉(에 대해서는)—조심하라— 그들을〔...〕 말지니,〔... 그는 ...를 이해하며〕, 그는〔안식 ...〕 취하나니, 나는 그들에〔대해 말하리라〕.〔완전함 ...〕 그것이 증가하지〔않도록〕하려는 것이다.〔그러나〕 죄를 범한〔자들은〕〔...〕 육체를 입은 자들은 그들을 이해하지 못했다. 육체를 벗어난 자들, 즉 하늘에 있는 자들뿐 아니라 지상에 있는 자들은 천사들보다 많다. 우리가 말로〔이야기한〕 그곳은〔... 그러나〕 이〔...〕 별들〔...〕 책(들)〔...〕 이미 복된〔...〕 속으로

〔…〕이든, 그가 둘을 보고 있거나, 그가 일곱 행성을 보고 있거나, 천궁도의 12표시나 3〔6〕데칸들을 보고 있든 〔…〕보이지 않나니, 〔이들은〕〔…〕에 〔이르고〕〔이〕 수(數)들 〔…〕〔하늘에 있는 자들〕이나 땅에 있는 자들이나 〔땅〕아래 있는 자들과 함께, 이들 사이의 관계와 분리에 따라 그리고 〔종류에 따라 그리고〕〔…〕에 따라 그 나머지 〔…〕부분들 속에서 〔… 그들은 복종〕하리니, 〔이는〕 그녀가 권능을 지니고 〔…〕위에 〔… 그들은〕 따로 〔존재하며〕 모든 〔…〕몸(들) 〔…한〕 장소 〔… 거룩한 바〕르벨〔로 …〕 그들에게 〔…〕 이런 〔식으로〕 계시하시며 〔…〕 이것 〔… 지성적인 천사들〕〔…〕 그녀가 〔…〕 지성적인 〔… 위에 …〕로부터 구원된 〔…〕 그들을 〔…〕 세계〔…〕 그리고 〔…세계 …〕 그들은 왔고 〔…〕인 자들 〔…〕처럼 〔…〕의 목소리 〔…〕 이름(들) 〔그리고 … 영〕원히 〔… 이름(들) …〕. (47-54쪽은 없어졌음).

〔…〕 나는 말이 없어졌다. 〔…〕〔나에게〕 말하기를 〔…〕〔권능〕은 무엇이며 〔…〕 씻으리니 〔… 완전한 세대 …〕 크게〔…〕, 그 〔…〕 많은 〔…〕 그는 〔…〕이요 그리고 〔…〕 모든 〔…〕〔… 지식 …〕 속에서 〔…〕 견디고 〔…〕 그 위대한 〔…〕 왜냐하면 나는 〔… 되었고〕〔…〕의 뼈(들) 〔… 우주〕 속에서 〔…(59-60쪽 없어졌음)〕〔…〕 아래에 〔있는 …〕 너의 딸들 〔…〕 왜냐하면 꼭 〔…〕처럼 〔…〕의 왕국 〔…〕. 그러나 그들이 지니고 있는 이것은 〔…〕 모든 〔…〕하지 않는 자 속에서 〔…〕. 〔그리고 …〕.

왜냐하면 그것은 〔…〕하는 〔…〕〔너희는〕〔…〕를 알지 〔못했나니〕〔… 부분적으로 …〕를 위해 〔…〕 속에서 〔…〕 기억하는 자 〔…〕 땅으로 〔…〕. 그리고 그들은 천사들처럼 〔말했으며〕〔…〕 그는 들〔짐승들〕 같다.

그리고 그는 말하기를 〔… 영〕원히 〔…〕로부터 〔…〕 그 수 〔…〕 나는 〔…〕를 보았으며 그의 〔…〕 한 〔목소리 …〕 그리고 〔…〕 그의 〔…〕 나는 〔…〕 내가 〔내〕 주위에서 불〔타는〕 모든 〔빛을〕〔보았기〕 때문이다. 〔그리고 ...〕 그들 한가운데에서 나를 〔...〕〔...하는〕 천사(들) 〔...〕 내 곁에 〔...〕. 〔그리고 ...〕 그 〔한 ...〕 가말리엘, 〔...〕〔영들〕의 명령 속에 있는 〔자〕〔...〕 천사들 〔그들 모두를〕 받아들이는 〔...〕 그들이 〔...〕는 자들과 함께 〔... 그리고〕 그는 나를 〔데리고〕〔... 그는 ...끝냈으며, 그녀의〕 지체들 〔...〕〔보이지 않는 ...심판 ...〕 던져진〔...〕 모든 〔... 놓여 있는 ... 근원 ...〕 살아 있는 〔...〕 그들이 〔봉인한〕 그 둘은 하늘의 〔인장을 가지고〕 경배를 받았다. 〔...〕 그의 〔...〕 위대한 〔...〕에게 〔...〕.

그리고 나는 〔... 보았으니... 혼합되지 않은 ...〕〔...〕하는 자들 〔...〕 그들은 하나님의 〔...〕 될 것이요 〔...〕 한 영인 〔...〕 그녀가 〔산고〕 속에 있을 때〔와〕 그녀가 출산할 때, 〔...〕와 함께 〔...〕 모든 〔...〕 것 〔...〕 사람들 〔...〕 그리고 〔...〕〔여자〕들〔과 남자들이 이런 식으로 ...〕 지상〔에 있는〕 자들 〈중〉〔아무도〕〔...〕 모든 〔...〕 그들 〔...〕을 〔알지〕 못했으며, 〔그들은〕 이들을 긍휼히 여기〔리니〕, 고향에서 〔태어난 자들과 더불어〕 그리할 것이요, 이들이 〔... 지불할 것임이니 ...〕 하나님 〔...〕 에온(들) 〔...〕 할 자들과 더불어 〔...〕 지니고 있는 자 〔...〕 하나님 〔...〕〔태초〕부터 〔...〕 속에서 〔...〕 두려움 〔... 이름(들) ... 신비들 ...〕 속에 〔...〕 하나님 〔...〕 드러난 〔...〕〔그를〕 알 자들 〔...〕.

〔마〕르사네스

지식의 해석
(XI, 1)

해제

　「지식의 해석」은 영지주의 교사가 신약성서의 기록을 이용하며 그것들을 어떻게 교회에 적용하고 있는지를 잘 볼 수 있는 자료이다. 문체와 구조의 특징을 볼 때 이 글은 예배를 위한 설교인 것 같다. 「지식의 해석」의 한 부분(9:21-14:15)은 구세주의 가르침과 그의 수난을 해석하기 위해 마태복음을 인용하고 있으며, 그다음 부분(14:15-21:34)은 교회를 "그리스도의 몸"으로 해석하기 위해 고린도전서를 인용하고 있고, 또 로마서, 골로새서, 에베소서, 빌립보서에서 인용한 것으로 보이는 구절들도 있다.

　저자는 영적인 은사(恩賜)에 대한 논쟁 때문에 질투와 증오로 분열된 신앙 공동체를 염려한다. 어떤 이들은 자신들의 영적인 은사를 서로 나누기를 거부한다. 또 어떤 이들은 예언과 대중연설 같은 은사를 받은 이들을 질투하여, 회중 가운데서 반대한다. 어떤 이들은 "무지하다"(즉, 영지가 없다)고 생각되는 자들을 경멸한다. 나머지 사람들은 무시당하고 분노한다.

　이러한 상황을 바로잡기 위해 저자는 먼저 아버지의 사랑을 "작은 형제들"에게 나타내기 위해 스스로 자신을 낮추신 "위대한 아들" 그리스도의 모범을 기억하라고 말한다. 저자는 바울의 몸과 지체의 비유를 들어 그들이 그리스도의 "같은 몸"과 "같은 머리"를 나누어 가진 지체들임을 기억하게 한다. 지체들이 받은 영적인 은사가 다르다 하더라도, 그들 각자는 "같은 은총"을 나누어 갖고 있다는 것이다.

이 글에 등장하는 영지주의 교사는 지식에 대해 고린도전서 13장에 있는 바울의 해석, 심지어 요한일서의 해석과 비슷한 해석을 제시한다. 그러나 바울이나 요한일서의 저자와는 달리 이 교사는 영지주의적인 해석도 제시한다. 즉, 질투하고 미워하는 자들은 자신들이 질투하는 무지한 창조주와 유사함을 보여 주는 것이며, 사랑하는 자들은 하나님 아버지와 그분의 로고스의 사랑을 보여 주는 것이라고 해석한다.

지식의 해석

XI 1:1-21:35

〔… 그들은〕〔표적들과〕기적들〔과 모조품들을〕통해 믿게〔되었다〕. 〔그리고〕〔그들을〕통해 존재하게 된〔그 모습은〕그를〔따랐으〕나, 〔그 들이〕환상에 대한〔이해를 얻기 전에는〕〔수치〕와 모욕을 통해서였다. 〔그리고 그들은〕〔그리스도께서〕십자가에 달리셨다〔는 말을〕듣기도 〔전에 도망갔다〕.〔그러나 너희의 세대는〕우리의 믿음이 적극적으로 자기 자신을〔의지하지 않고〕자신이〔그분〕안에 심겨〔있게 함으로 써〕, 거룩하(고) 순수해지〔도록 하기 위해 그리스도께서 살아 계시다 고 믿기〕전에 도망치고 있다. 그래서 이렇게 말했다. "믿음을 측량할 인내는 어디서 오는가?" 각 사람은 자신이 믿는〔것에 의해〕설복당하 기 때문이다. 만일 그가 그들을 믿지 않는다면〔그는 설복당할 수〕없 을 것이다. 그러나 그것은 믿음이 있는 사람에게는 위대한 사건이다. 그는 불신앙 가운데 있지〔않나니〕불신앙은〔세상〕이다.

〔그런데〕세상은 불신앙〔과 죽음의 장소이다. 그리고 죽음은〔…로 서 존재한다. …가 말했다. …〕위하여〔… 모습 …〕그들은〔…〕할 것이 다. 거룩한 것은〔그 모습을 보는〕믿음이다. 그 반대는〔그 모습 속에 있는 불신앙〕이다. 그가〔그들에게〕허락할 것들이 그들을〔지탱할 것 이다〕.〔그들은〕불멸에〔이를 수〕없었고〔…〕는〔… 될 것이다…〕느슨 하게 하여〔…〕를 보낸〔자들…〕. 괴로워하〔는 자는 …〕〔작은 모임〕으 로부터〔큰 교회〕를 모을 수 없기 때문〔이다〕.

그는〔그 흔적의 방사체〕가 되었다. 그들은 또한 한 모습에〔대해〕, 그것은〔그의 흔적을 통해〕이해할 수 있다고 말하기 때문이다. 그 구

조는〔그〕모습〔을 통해 이해하지〕만, 하나님께서는 그의 지체들을〔통
해 이해하신다〕.〔그분은〕그들이 태어나기 전에〔그들을 아셨고, 그들
은〕그분을〔알지 못할 것이다〕. 그리고〔최초의 존재〕로부터〔각각을
낳은〕이는 그들〔안에 거할 것이다〕. 그는〔그들을 다스릴〕것이다.〔각
사람은〕〔…〕구세주를〔…〕하는 것이〔필요하다〕. 진실로〔그를〕남편
으로〔취한〕말은〔무지하지는 않지〕만〔육욕적인데〕, 이에 반해〔한〕
모습〔으로〕존재하는〔이는 그 이〕이므로〔그 노예가 살고〕, 우리를〔자
신의 일부로 취한〕여인은 자신이〔그〕자궁임을 그에게 알게 한다.〔그
녀가〕우리로 하여금〔인내를〕극복하게 하는〔것은〕그녀의 기적 중
〔하나이다〕.〔또〕그가 처음으로〔…〕한 처녀를〔공경한 자를 사랑한
다〕는 것은 기적이다. 죽음에〔…〕그녀의〔육체를 …〕는 것이 합당하며
〔…〕를 행하려는〔욕망 …〕. 그러므로〔그녀는 자신의 길에서〕그에게
〔복종했으니〕,〔한〕처녀가〔이 세상〕에 있는〔십자가를 경멸할 것이지
만〕, 그는 우리의 눈을 처음으로〔고정시킬〕자였다.〔그래서 그들은〕
그녀의 물을〔얼마〕허락받았으니,〔그것은〕최고의 권위가〔징표가〕
있는 자에게〔허락한 것이었다〕.〔이것이〕〔그가 그녀의 아들〕의〔모습
으로〕아래에〔있는 동안〕위대한〔권능들이 그에게〕허락할〔그 불멸〕
의 물〔이다〕.〔그녀는〕그를 위해〔멈추지 않았다〕. 그녀는 그〔…〕그는
〔감각으로 인지할 수 있는 세상〕에〔나타나는〕그〔…〕말씀 안에서
〔…〕가 되었다.〔그리고〕〔…〕안에 있는 그의〔…〕는〔…〕를 통해 그 장
소들에서 나온다.〔어떤 것들은〕길에〔떨어졌다〕. 다른 것들은〔자갈
밭에 떨어졌다〕. 또 다른 것들은〔가시밭에 뿌려졌다〕. 그리고 다른 것
들은〔…〕와 그늘에〔…〕. 보라〔…〕그는〔… 그리고〕이것이 죽임을 당
하고 있는〔자들〕로부터 그 영혼들이 나오기 전의〔영원한 실상이다〕.
　　그러나 그는 구세주께서 만드신 그 흔적에 의해 그 장소에서 추적

당하고 있었다. 그리고 그는 십자가에 못 박혀 돌아가셨다 ― 그는 자기 자신의 죽음을 죽은 것이 아니니, 그는 인간들의 교회〔때문에 죽임을〕 당할 자가〔아니〕었기〔때문이다〕.〔그들은〕 그를 교회에 모시기 위해〔그를 제거했다〕.〔그리고 그는〕 그녀에게 굴욕〔으로 대답했으니〕, 그가〔겪은〕 수난을 그가〔이런〕 방식〔으로 견뎠기〕 때문이다. 예수는〔…〕 때문에 우리에게 한〔모습〕이니, 이것은〔그〕 전체의〔구조 …〕요, 세상의〔큰〕 고통〔…〕와 함께 우리를〔…〕 도둑들에 의해〔…〕 그〔노예들〕〔…〕 그러나〔…〕 여리고로〔내려가는 …〕 그들은〔… 받았다〕.〔…〕〔그들의〕 몫인〔마지막〕 현실에 이를 때까지 결함 전체가〔그들을〕 속박하는 동안〔기다리기〕 위해〔…〕로〔내려가는 …〕, 이는 그가 우리를〔데리고〕 내려와 우리를 육체의 그물 속에 묶어 두었기 때문이다. 육체는 지배자들과〔권위들〕이 거주지로 지니고 있는 일시적인 거처이므로, 그 속에 있는 인간은 그 그릇에 갇힌〔뒤에〕〔고통〕 속에〔빠졌고〕, 그들은〔그에게 자기들을 섬기라고〕 강요했으며,〔그〕 에너지들을 섬기도록 그를 가두었다. 그들은〔…〕를 〈상속하기〉 위해 교회를 분열시켜〔…〕 할 수 있는〔…〕 그리고〔…〕 그리고〔…〕〔접촉하고 …〕 전에〔…〕〔…〕할 것은〔그〕 아름다움이니〔…모두〕〔…〕하기를 원했고〔… 그리고〕〔…〕과 함께 있기 위해〔… 서로〕 싸우고〔…〕 다른 자들처럼〔…〕 처녀〔…〕를 파괴하기 위해〔…〕 상처를 주고〔…〕 그러나 그녀는 그녀를〔…〕과 자신을〔… 동화하니〕, 그들이 불멸의〔…〕를 쳤기 때문이다. 이것은 그가 처녀〔…〕 남아 있다는 것을〔…〕. 그〔…〕 그녀의 아름다움〔…〕 충실함〔…〕 그러므로 그녀를〔…〕. 그는〔…〕 서둘렀고, 그는〔…〕을 견디지 못했으며, 그들은 그〔…〕를 경멸했다. 왜냐하면 어머니께서〔…〕 지니셨고〔… 그〕 어머니는 그녀의 적을〔…〕〔… 그〕 가르침을〔…〕에게〔…〕 힘〔…〕 자연〔…〕 보라 한 처녀가〔…〕 그는〔…〕 할 수 없고

〔…〕〔… 그〕 반대 〔…〕. 그러나 그가 어떻게 〔…〕 처녀 〔…〕 그는 〔…〕 할 수 없었으니 〔…〕 그는 〔…〕 되었고 〔…〕〔… 그를 죽였으며 …〕 살아 있고 〔…〕 그는 그녀에게 손짓했으며 〔…〕 생명보다 좋은 〔…〕. 왜냐하면 그가 아는 것은 만일 〔…〕 세상이 〔… 그를〕 창조했다면 〔…〕를 〔…〕 영역들 위에서 〔…〕로부터 일으켜 세우기 위해 그를 〔…〕. 그러나 그들이 붙잡은 〔자는〕 〔…〕. 그러나 〔…〕 그를 발했고 〔…〕 그는 그 안에 거하나니 〔…〕 만유의 아버지 〔…〕 그녀에게 더 많고 〔…〕 그를 〔…〕. 그는 〔…〕 같이 〔…〕이니, 〔…〕 속으로 〔…〕 그는 그들을 〔지니고 있고〕 〔…〕 그들을 〔…〕 그리고 그는 〔…〕 각〔자는〕 〔…〕 자격이 〔있을 것이고〕 그를 데려다가 〔…〕에게 〔… 그〕 선생을 〔…〕 만일 그가 〔자신의 피조물들을〕 포용하고 그것들을 파괴할 신〔인 것처럼〕 스스로를 숨긴다면 〔…〕. 왜냐하면 〔그는〕 또한 교회에게 말했으〔며〕 그는 〔스스로를〕 불멸에 관한 그녀의 선생으로 〔만들어〕 그녀가 〔죽〕도록 〔가르침으로써〕 그 교만한 〔선생을 파괴했다〕.

〔그래서 그 선생은〕 〔생명〕의 학교를 〔만들었으니〕, 〔그 선생은〕 실로 〔많은〕 글을 〔따로 두고 있는〕 다른 학교를 〔가지고 있기〕 때문이다. 그러나 그들이 우리를 세상의 〔과식〕(過食)에서 벗어나게 한다 하더라도, 우리는 그들을 통해 우리의 죽음에 대해 가르침을 받고 있었다.

그런데 그의 가르침은 이것이니, 지상에서 아버지를 부르지 말라는 것이다. 하늘에 계신 너희 아버지는 한 분이시다. 너희는 세상의 빛이다. 아버지의 뜻을 행하는 자들이 나의 형제들이요 나의 동료들이다. 너희가 세상을 얻고도 너희 영혼을 빼앗기면 무슨 소용이 있겠느냐? 우리가 어둠 속에 있었을 때 우리는 "많은" 아버지를 불렀나니, 우리가 참된 아버지에 대해 무지했기 때문이다. 그리고 이것이 모든 죄에 관한 위대한 개념이니 〔…〕 기쁨 〔…〕. 우리는 〔…〕과 같고 〔…〕 그를

〔...〕에게 〔...〕 영혼 〔...〕하는 사람들 〔...〕 그 〔거〕처 〔...〕.

그러면 〔그가〕 〔그의〕 마음〔의 눈의〕 무지〔와〕 어둠을 〔던져버린〕, 그 선생〔에게서 받은〕 그 〔장소는 무엇〕인가? 그는 그에게 〔그의 아버지〕와 종족〔의〕 좋은 것들을 생각나게 했다. 왜냐하면 그가 〔그녀에게〕 이렇게 말했기 때문이다. "자, 세상은 〔그것이〕 유익하기 때문에 〔네가 (여성)〕 그 형상을 〔받아들이는〕 너의 것이 아니다. 〔오히려 (그것은) 해로우며〕 하나의 〔징벌이다〕. 그러니 수치를 〔당하는 자의 가르침을〕 받아들이〔고〕—(그것이) 영혼에 이익이 되고 〔이롭다〕—〔그의 모습을〕 받아들여라. 〔그것은〕 〔아버지〕 앞에 존재하는 모습〔이고〕 말씀이며 높음이니, 네가 징벌의 육체 속에 있는 동안 길을 잃기 전에 그분을 알도록 하기 위함이다. 마찬가지로 나도 나를 낮춤으로써 너를 네가 추락한 위대한 높은 곳으로 데려가기 위해 아주 작아졌다. 너는 이 구덩이로 데려와졌다. 이제 네가 나를 믿는다면 네가 보는 이 모습을 통해 너를 위로 데려갈 자는 나다. 내 어깨에 너를 질 자는 나다. 네가 나온 갈빗대를 통해 들어가, 그 짐승들에게서 너를 숨겨라. 네가 지금 지고 있는 짐은 너의 것이 아니〔니라〕. 〔네가 (여성)〕 갈 때마다 ... 육체 ...〕. 그러나 지금〔부터〕는 〔...〕 그의 영광으로부터 〔...〕 최초의 존재로부터 〔...〕. 그 〔...〕으로부터 잠자고 있는 그와 그 여인을 〔...〕 그리고 세상〔인〕 안식일 〔...〕. 왜냐하면 아버지의 〔...〕으로부터 〔...〕 잠 〔...〕 그리고 〔...〕으로부터 〔...〕. 〔세상은〕 〔...〕과 〔...〕으로부터 나왔기 때문이다. 그러므로 〔그〕 원수 〔때문에〕 길을 잃은 〔자는〕 나타난 〔그 짐승들〕로부터 〔온다〕. 〔그리고〕 그들은 〔그에게〕 징벌의 옷을 씌웠다. 한 여인은 자기가 안식일에 처음 가져온 것을 제외하고는 그녀의 씨앗을 입힐 다른 옷을 〔가지고 있지 않기〕 때문이다. 〔그〕 에온에는 짐승이 하나도 존재하지 않기 때문이다. 아버지께서는 안식일을 지키지 않으시고 아들을 통해 일하시나니, 그분은 아들을 통해 끊임없이 자신에게 그 에온들을 공급하신다. 아버지께서는 살아 있는 이성적인 요소들을 지니고 계시나니, 그분은 그것에서 나온 나의〔지체들을〕옷으로 그에게 입히신다. 그 사람은〔… 이것이〕그 이름이다. 그〔…〕그는〔자기 자신을〕방사했으며〔그는〕그〔모욕하는 자〕를 방사했다. 모욕을 받은〔자는〕(그의) 이름을 바꾸었으며, 그 모욕과 같이〔될 것과 함께〕그는 육체로서〔나타났다〕. 그리고〔그 경멸스러운 자는〕더 이상의 도움을 〔지니고 있지 않다〕. 그는〔자기 것이 아닌 영광을〕필요로 하지〔않는다〕. 그는〔아들〕인 그〔이름〕과 더불어〔자기〕자신의〔영광을〕가지고 있다. 이제 우리를 영광스럽게 하기 위해 그분께서 오셨다.〔그러나〕경멸스런 자〔의 자리〕에 거하는〔것은 그〕경멸스런 자〔이다〕. 그리고 모욕받은〔자〕를 통해 우리는 죄의〔용서〕를 받는다. 그리고 모욕받은 〔자〕와〔구원받은〕자를 통해 우리는 은혜를 받는다.

그러나 모욕당한 자를 구원하신 분은 누구〔이신가〕? 그것은 그 이름의 방사이다. 육체가 이름을 필요로 하듯이, 또한 그 육체는 지혜가 투사(投射)한 에온이다. 그 에온이 모욕당한 자에게로 들어가게 하기 위해 우리가 송장의 모욕을 피하여〔…〕운명〔…〕의 살〔과〕피 속에서 다시 태어나도록 그것은 하강하는 주님을 영접했다. 그는〔…〕그리고 그 에온들〔… 그들은〕〔그가〕완전한 신비〔임에도 불구하고〕그 아들을 영접했으며〔…〕그의〔지체들 각각 …〕은혜〔…〕. 어둠〔의 부분들이〕어머니에게서 분리되었듯이 그들은 교회에서 분리되었다. 반면 그의〔발〕은 그에게 발자취를 제공했으며,〔이들은〕아버지께로 상승하는 길을 말라버리게 했다. 그러나 그것(여성)은〔어떤 종류의 길에서〕그들에게〔머리〕가 되었는가?〔그들이〕〔상승하는〕교회를 보게 하기 위해 그것(여성)은〔거처를〕만들고, 그이 안에 거하는〔자들에게〕

빛을 〔발했다〕. 그 머리가 그것을 구덩이에서 끌어올렸기 때문이니, 그것은 십자가 위로 굽혀졌으며, 아래에 있는 자들이 위를 바라보도록 하기 위해 〔그것은〕 타르타로스를 내려다보았다. 그리하여 예를 들면 어떤 사람이 〔어떤 사람을〕 바라볼 때 내려다본 사람의 얼굴이 위를 바라보듯이, 그 머리가 〔높은 데〕로부터 그 지체들을 바라보았을 때 우리의 지체들은 그 머리가 있는 곳으로 올라〔갔다〕. 그런데 그것, 즉 그 십자가는 그 지체들을 위해 못 박히고 있었으니 그리고 오직 그들이 〔...〕 할 수 있도록 〔...〕 가지나니, 그들이 〔...〕 노예 〔...〕 같았기 때문이다. 〔그런데 그 완성은 이러하다〕. 그녀가 신호를 보낸 〔그분은〕 신호를 한 〔그분〕에 의해 〔완성될 것이다〕. 그리고 남아 있는 그 씨앗들은 만유가 분리되어 모습을 〔취하기〕까지 견딜 것이다.

이와 같이 그 칙령이 성취되리니, 죽을 때까지 존경을 받은 여인이 때의 유리함을 〔지니〕듯이, 〔그것도〕 같은 길을 낳을 〔것이다〕. 그리고 이 후손은 자신에게 정해진 광채를 받을 것이요, 그것은 〔완성될 것이다〕. 하나님의 아들이 〔그〕 안에 거하시〔므로〕 그는 관대한 〔성품을〕 지녔느니라. 그리고 그가 만유를 얻자마자, 그가 소유하고 있는 〔것은 무엇이나〕 불 속에서 〈해체되리니〉, 그것이 아버지를 크게 무시하고 모욕했기 때문이다.

더욱이 위대하신 아들이 그의 작은 형제들 뒤에 보냄을 받으셨을 때 그는 아버지의 칙령을 널리 펴시고 만유에 반대하여 그것을 선포하셨다. 그리고 그는 옛 빛의 구속, 정죄의 속박을 제거하셨다. 그런데 이것이 그 칙령이니, 스스로가 노예가 되었다고 여기는 자들은 아담 안에서 정죄받았다는 것이다. 그들은 죽음에서 데려와져서 그들의 죄를 용서받고 〔...〕에 의해 구원받았으니, 이는 우리가 〔...〕 자격이 있고 우리의 〔...〕 그러나 나는 〔...〕라고 말하며 이들 〔...〕. 왜냐하면 〔...〕은 하나님 〔...〕할 가치가 있기 때문이다. 그리고 아버지 〔...〕 그리스도께서는 자신에게서 이 모든 것을 제거하셨으니, 그분은 전심으로 〔자신의 지체들을〕 사랑하시고 〔...〕 그의 지체들 〔...〕이기 때문이다. 그분은 질투하지 〔않으시며〕 〔...〕 그들은 〔...〕으로부터 추락했으니 〔...〕 〔그분이〕 보시는 〔그〕 선한 자들 〔...〕. 우리를 〔그분의〕 본질〔로서〕 보는 〔한〕 형제를 〔지님으로써〕, 그는 〔우리에게〕 은혜를 〔주시는 분을〕 찬양하도다. 나아가 우리 〔각자가〕 그가 〔하나님〕으로부터 받은 선물을 〔즐기고〕 우리가 질투하지 않는 것이 옳으니, 질투하는 자는 그 (자신의) 〔길〕에 장애가 됨을 우리가 알기 때문이며, 그는 그 선물을 가지고 오직 자기 자신을 파괴할 뿐이기 때문이니, 그는 하나님에 대해 무지하다. 그는 기뻐하고 즐거워하며 은혜와 부요함을 나눠야 한다. 누군가가 예언의 은사를 지니고 있는가? 망설이지 말고 그것을 나누어라. 너희의 형제에게 질투심으로 접근하지 말고, 〔...〕도 말며, 그들이 〔...〕할 때 선택된 〔...〕, 그들이 〔도망칠〕 때 공허한 〔...〕 그들의 〔...〕에서 추락한 〔...〕는 〔...〕라는 사실에 대해 무지하며 〔...〕 〔이런 식〕으로 〔그들은〕 〔...〕 속에서 〔...〕했으니, 이는 그들이 너에 〔대해 생각할〕 때 네가 〔그들이 생각하기를〕 원하는 것들에 대해 그들이 억지로 〔고찰하〕도록 하려는 것이다. 너의 형제〔도〕 〔네 안에 있는〕 은혜를 〔가지고 있기 때문이다〕. 자신을 무시하지 〔말고〕, 그 안에 〔있는〕 은혜를 네가 나누어 갖기 〔위해〕 〔그로〕 인해 〔기뻐하고〕 감사〔하며〕 그를 위해 기도하라. 〔그를〕 네게 〔낯선 자로〕 생각지 말고 너의 형제로 생각하여라. 네 동료 지체들 각 사람이 그를 받아들였느니라. 〔만일〕 네가 그들을 소유하고 계신 머리를 〔사랑한다면〕 너도 이러한 은사를 너의 형제들 가운데 부어 주시는 그분을 소유하고 있는 것이니라.

그러나 누군가가 이 말씀 안에서 진보하고 있는가? 이로 인해 성내어 이렇게 말하지 말라. "왜 그는 말하고 나는 못 하는가?" 왜냐하면 그가 말하는 것이 너의 말이며, 그 말씀을 분별하고 말하는 것이 같은 능력이기 때문이다. 그 말씀〔... 눈〕또는 한〔손만〕〔...〕,〔그러나 그들은〕〔하나의〕몸〔이다〕.〔우리〕모두〔에게 속하는 자들은〕〔그 머리를 함께〕섬긴다.〔그 지체들〕각자는 그것을 지체로〔여기기〕때문이다.

〔그들 모두가 발〕이나 눈〔이나 손〕이 될〔수〕없나니, 이 지체들이〔홀로 살지〕못하고 죽을 것이기〔때문이다〕. 우리는〔그들이 죽을 것임을 안다〕.〔그런데 너희는〕왜 살아 있는〔지체들 대신에〕죽어 있는 지체들을〔사랑하느냐〕? 네가 어떻게〔어떤 사람이〕그〔형제〕에 대해 무지하다는 것을 아느냐? 네가〔그들을 미워하〕고 그들을 질투하여〔그들〕안에 있는 은혜를〔받아들이지 않을〕때〔너는〕무지하나니, 네가 그들이 그 머리의 부요함에 만족하기를 원치 않기 때문이다. 너는 우리의 지체들에 대해 감사〔하고〕, 너도 그들에게 주어진 은혜를 받도록〔간구해〕야 한다. 그 말씀은 풍요롭고 관대하며 자애롭기 때문이다. 그는 이 세상에서〔...〕에 따라 그의 지체들에게 질투 없이 은사를 주신다.〔...〕가 지체들〔각자 안에 나타났으며〕〔...〕그 자신과〔...〕, 이는 그들이〔그들의〕차이점(들)로 인해〔서로 전혀〕다투지 않기 때문이다.〔오히려〕그들은 서로 더불어 일할〔때 서로〕의 고통을 나누〔며, 만일〕그들 중 하나가〔돌아서면〕〔다른 자들도〕그와 함께 돌아서며,〔각 사람이〕구원받으〔면〕그들도〔함께〕구원받는다.

더욱이〔만일 그들이〕(지상의) 조화에서〔탈출하기를〕기다린다면 그들은〔그 에온에게로 갈〕것이다. 만일 그들이 (진실한) 조화〔를〕나누기에 적합하다면〔단일한〕합일에서 나온〔자들은〕얼마나 더 그러하겠느냐? 그들은 서로 화해해야 한다. 너의 머리가 너를 손가락이 아니라 눈으로 정했다고 해서 그를 비난하지 말라. 그리고 눈이나 손이

나 발로 만들어졌다는 것을 시기하지 말고, 네가 그 몸 밖에 있지 않은 것을 감사하여라. 반대로 너는 그로 인해 손과 발과 나머지 부분뿐 아니라 눈이 존재하게 된 그 머리를 가지고 있는 것이니라. 너는 왜 그가 [...]하기 원하는 대로 [...]로 정해진 자를 무시하느냐? [...] 너는 [...]를 모욕했으며 [...]를 포옹하지 않고 [...] 혼합되지 않은 [몸 ...] 선택된 [...] 해체하는 [...]의 에온 [...] 하강 [...] 그러나 [...] 그곳[에 존재하는 에온]으로부터 우리를 [...]. [어떤 자들은] [...] 교회 [...]에 존재한다. [...] 존재하는 자들은 [...] 안에 있는 인간들 [...]. 그러나 [다른 자들은] [...] 선포하고 [...]의 플레로마 [...]. 그리고 어떤 이들은 교회[의 생명을 위해] 존재하며, [그들은] 그로 인해 간다. 그녀로 인해 그들은 [죽음을] 위해 존재하나 다른 자들은 생명을 위해 존재한다. 그러므로 그들은 풍요로운 삶을 사랑하는 자들[이다]. 그리고 나머지 각자는 자기 자신의 뿌리에 의해 [견딘다]. 그는 자신과 닮은 열매를 내나니, 그 뿌리들은 서로 연결되어 [있고] 그들의 열매는 나뉘어 있지 않으며, 각각의 최고의 것이기 때문이다. 그들은 그들을 소유하고 있으며, 그들과 서로를 위해 존재한다. 그러므로 그 뿌리들과 같이 되자. 우리는 대등하며 [...]로서 우리를 [...] 그 에온 [...] 우리에게 속하지 않은 자들 [...] 위에 [...] 그를 잡아 [...]. 이는 너의 영혼을 [...] 때문이다. 그는 [...]하리니, 우리가 그에게 너를 주었고 [...], 만일 네가 [...]를 정화하면 [...]. 만일 네가 [...]를 닫으며 [... 그] 악마 [...]. 만일 네가 [...]하면 [...] 그의 힘들 [...] 너와 함께 있어 [...]. 왜냐하면 만일 [그 영혼이] 죽어 있다면 그것은 그 지배자들과 [권위들에 따라 행위한 것이다].

그러면 너는 영으로서 무엇[을] 생각하느냐? 또는 그들은 [왜] [이런] 종류의 인간들을 박해하여 죽이느냐? 그들은 그 영혼으로 만족하지 못하여 그것을 추구하는가? 그들이 육체 속에 있는 한, 모든 곳은 하나님의 사람들에 의해 그들에게서 〔배제되어〕 있기 때문이다. 그런데 그들(하나님의 사람들)은 영에 의해 사므로, 그들이 그들을 볼 수 없을 때 그들은 마치 자기들이 그들을 발견할 수 있는 것처럼 보이는 것을 찢어 내버린다. 그러나 그들에게 무슨 유익이 있는가? 그들은 무지하여 미쳤느니라! 그들은 그들의 주변 상황을 찢어버렸느니라! 그들은 땅을 파느니라! 〔...〕 그를 〔...〕 숨겨 〔...〕 존재하고 〔...〕 정화하고 〔...〕 그러나 〔...〕 그 〔...〕 하나님께서 〔...〕 후에 〔...〕 우리를 잡아 〔...〕 그러나 우리는 〔...〕 간다. 왜냐하면 만일 그 죄가 〔...〕. 이제 더욱더 〔...〕 구세주의 〔...〕. 왜냐하면 〔각 사람은〕〔두 가지 (유형)〕의 범법을 할 수 있었으니, 〔즉 전투원의 유형〕과 일반 사람의 (유형)이 그것이다. 그들이 소유하고 있는 것은 하나의 〔능력〕이다. 그리고 우리에 대해 말하자면 우리는 그 말씀을 〔위한〕 전사들이다. 만일 우리가 〔그것〕에 대해 죄를 범한다면 우리는 야만인들보다 더한 자들이다. 그러나 만일 우리가 모든 죄를 넘어선다면 우리는 승리의 왕관을 받으리니, 우리의 머리께서 아버지께로부터 영광을 받으신 것과 같도다.

지식의 해석

발렌티누스파의 설명:
기름 부음에 대하여,
세례에 대하여 A와 B,
성만찬에 대하여 A와 B
(XI, 2)

해제

「발렌티누스파의 설명」은 발렌티누스 신학의 관점에서, 특히 소피아 신화의 관점에서 창조의 기원과 구원의 과정을 설명한다. 이에 대해「삼부론」(I, 5)은 소피아 대신 로고스를 내세우는 또 하나의 입장을 설명한다.

저자는 "나의 신비"를 드러내리라고 약속하는 것으로 글을 시작하며, 이어서 세례와 성만찬 때의 기도와 축복과 함께 설명이 뒤따른다. 이것은「발렌티누스파의 설명」이 영지주의에 입문한 초심자들을 위한 일종의 교리문답을 제공해 주고 있음을 보여 준다. 그 신비의 계시에 뒤이어 입문자는 도유식(塗油式)과 세례, 성만찬에 참여하도록 초대받는데, 이는 그리스도교 영지주의자들이 이러한 성례전을 어떻게 이해했는지 보여 준다.

「발렌티누스파의 설명」은 또 하나의 주목할 만한 특징을 지니고 있다. 즉, 발렌티누스 종파의 상이한 신학자 집단 사이에 일어난 신학 논쟁에 관해 직접적인 증거를 전한다. 이단 비판가들은 영지주의 교사들 사이에 근본적인 교리 해석에서 의견의 불일치가 있었다는 것을 증언하고 있다. 이 저자는 분명히 발렌티누스의 원래 주장에 반대해서 아버지는 단일하시고 홀로 계시며, "유일하시다"고 주장한다. 소피아는 자신의 배우자에게서 스스로를 분리하는 중에 과오를 범했으며, 경솔하게도 "홀로" 창조하려고 했다. 그러나 "홀로" 창조하는 것은 오직 하나님의 특권이다. 저자는 어떻게 소피아가 고립 속에서 고통을 당한 후 참회하고 그리스도를 영접하는지 묘사하면서, 그리스도가 그녀의 거룩한 배우자가 되기 위해 하강한다고 말한다. 그들의 행복한 재결합은 어떻게 "만유가 합일과 화해 가운데 있게 될 것"인지를 상징적으로 보여 준다.

발렌티누스파의 설명

XI 22:1-39:39

〔...〕 들어가 〔...〕 풍요로움 〔...〕 나를 〔...〕한 자들 〔... 나는〕 나에게 속한 〔자들〕과 〔나에게 속할 자들에게〕 나의 신비를 〔말하리라〕. 더욱이 그것은 존재하시는 분, 아버지, 즉 만유의 뿌리, 단자(單子) 속에 계시는 〔말로 할 수 없는 분을 안〕 자들이니라. 〔그분은〕 침묵 속에 〔홀로 계시며, 〔침묵은〕 고요함〔이니〕, 이는 결국 〔그분이〕 단자〔이셨고〕 그분 이전에는 아무도 없〔었기〕 때문이니라. 그분은 〔둘이자 하나인 것 속에〕 거하시며 쌍(雙) 속에 계시나니, 그 쌍은 침묵이니라. 그리고 그분은 그분 안에 거하는 만유를 소유하셨느니라. 그리고 의도와 지속, 사랑과 영원에 대해 말하자면 그들은 진실로 태어나지 않았느니라.

나오시는 하나님, 아들, 만유의 마음, 즉 그것은 만유의 뿌리에서 나왔나니, 그분의 생각조차도 거기서 나오느니라. 이는 그분께서 이분(아들)을 마음에 지니고 계셨기 때문이니라. 그분은 만유를 대신하여 한 낯선 생각을 받아들이셨나니, 이는 그분 이전에는 그곳에서 아무것도 나오지 않았기 때문이니라. 〔...〕 움직이신 분은 그분이시니 〔하나의〕 솟아오르는 〔샘 ...〕. 그런데 이것이 〔만유의〕 뿌리〔이며〕, 그분 이전에 아무도 없는 단자〔이니라〕. 그리고 마찬가지로 〔네 번째는〕 네 번째 〔안에〕 자신을 가둔 〔그분이시니라〕. 그분은 360 안에 거하시는 동안 먼저 자신을 내셨고, 두 번째 속에서 〔그분은〕 자신의 뜻을 계시하셨으며, 네 번째 속에서 그분은 자기 자신을 펼치셨느니라.

이러한 일들이 만유의 뿌리에 기인하는 동안 우리는 그분의 계시와 그분의 선하심과 그분의 하강과 만유, 즉 그 아들, 만유의 아버지 그리고 영의 마음에게로 들어가자. 왜냐하면 그분은 〔…〕 이전에 이것을 소유하고 계셨기 때문이니라. 그분은 〔샘이시니라〕. 그분은 〔침묵 속에〕 나타나는 〔분〕이시고 〔그분은〕 만유의 마음〔이시니라〕. 다음으로 〔그분은〕 〔생명〕과 함께 거하고 〔계셨느니라〕. 그분은 만유〔의〕 투사자(投射者)이시고 아버지의 본질〔자체〕이시니, 곧 〔참된 생각〕이시요, 아래의 〔처소〕로 오시는 그분의 하강이시니라.

그분이 뜻을 내셨을 때 최초의 아버지께서는 그분 안에서 자신을 계시하셨느니라. 결국 그분으로 인해 그 계시가 만유에게 미치게 되었으므로 나는 만유를 "만유의 욕망"이라고 부르느니라. 그리고 그분은 만유에 대한 그러한 생각을 취했나니 ― 나는 그 생각을 "홀로 난 자"라고 부르느니라. 왜냐하면 이제 하나님께서 만유의 뿌리를 찬양하는 자인 진리를 가져오셨기 때문이니라. 그러므로 홀로 태어난 자 속에서 자신을 계시하신 분은 그분이시니, 그분은 그분 안에서 형언할 수 없는 분을 계시하셨고 〔…〕 진리 〔…〕. 〔그들은〕 단자 안에 그리고 둘이자 하나인 분 안에 그리고 셋이자 하나인 분 안에 〔거하시는〕 분을 보았느니라. 〔그분은〕 먼저 〔홀로 나신 분과 경계〕를 내셨느니라. 그리고 경계는 만유의 〔분리자요 만유의 확인자이니〕, 그들은 〔…〕요 백(百) 〔…〕. 그분은 〔마음 …〕 아들이시니라. 〔그분은〕 만유에게는 전혀 말로 표현할 수 없〔으며〕, 만유의 확인이자 본질이며, 침묵의 〔가리개〕이며, 〔참된〕 대제사장이시며, 지성소에 들어갈 권위를 〔지니고 계시는 분〕으로 에온들의 영광을 드러내시며, 향기에게 풍성함을 낳으시느니라. 동쪽은 〔… 그것은〕 〔그분〕 안에 〔있느니라〕. 〔그분은 자신을〕 최초의 〔성소〕이자 〔만유〕의 보고(寶庫)로 〔계시하신 분이시니라〕. 그리고 〔그분은〕 만유를 포용하셨으며, 만유〔보다〕 더 높으신 〔분〕이시니라. 이들은 그리스도께서 〔오셔서〕, 〔그분의〕 하강 〔이전에〕 자신들이 확립〔되어 있던〕 것처럼 〔자신들을 확립해 주시기를 간청했느니라〕. 〔그런데 그들은〕 그에 〔관해 말하느니라〕. 〔... 그분은 나타나 있지 않으시며〕, 그들에게 〔보이지 않으시나, 그분은 경계 안에 계시느니라〕. 그리고 그분은 〔네〕 권능을 지니고 계시나니, 분리자이시〔며〕, 확인자이시며, 형상을 제공하는 분이시〔며, 본질을 제공하는 분이시니라〕. 확실히 〔우리만이〕〔그〕 모습이 확인한 그들의 현존과 그때와 그 장소를 구별하나니, 이는 그들이 〔...〕를 지니고 있고, 그들이 〔...〕 이러한 〔장소들〕로부터 〔...〕 사랑 〔...〕 방사했고 〔... 그〕 플레로마 전체 〔...〕. 이 지속성은 항상 〔남아 있으며〕, 〔...〕 왜냐하면 또한 〔...〕 그 시간 〔...〕 더 많은 〔... 즉〕, 그분의 〔위대한 사랑〕의 증거 〔...〕.

그런데 〔분리자〕와 확인자와 본질의 생산자와 형상의 제공자가 왜 다른 자들로서 〔말했는가〕? 〔그들은〕 〔경계〕에 관해 그가 두 개의 권능, 즉 분리자와 〔확인자〕를 지니고 있다고 말했으니, 그것이 〔...〕 하기 위해 〔뷔토스〕를 에온들로부터 분리하기 때문이니라. 그런데 이들은 〔... 뷔토스〕의 〔...〕. 왜냐하면 〔...은〕 〔...〕 형상〔이며〕, 〔진리〕의 아버지 〔...〕 말하기를, 그리스도께서 〔...〕 영 〔...〕 홀로 나신 분〔...〕 지니신 〔...〕.

우리가 아주 확고하고 〔지속적으로〕 성서와 그런 개념을 선포하는 〔자들을 탐구하는〕 것은 위대하고도 필요한 일이니라. 〔이러한〕 (문제)에 대해 옛사람들은 "〔그것들은〕 하나님에 의해 선포되었다"라고 말씀하시기 때문이니라. 그분의 한량없으신 부요함을 알자! 그분은 〔... 원하셨으니 ... 노예 상태 ...〕 그분은 〔...〕 되지 않으셨으며 〔...〕 그들의 생명의 〔... 그들은〕 부지런히 〔그들의〕 지식의 〔책을 바라보고〕, 〔그들은 서로의 모습을 보느니라〕.

〔그〕 사위일체(四位一體)[1]가 말씀과 〔생명과 인간과〕 교회〔이신〕 사

위일체를 투사했느니라. [그리고 창조되지 않으신] 분이 말씀과 생명을 투사하셨느니라. 말씀은 형언할 수 없는 분의 영광을 위한 것이요, 생명은 [침묵]의 영광을 위한 것이며, 인간은 (모노게네스) 자신의 영광을 위한 것이요, 교회는 진리의 영광을 위한 것이니라. 그런데 이것은 창조되지 않은 (사위일체)의 모습에 따라 태어난 [사위일체]이다. 그리고 [그] 사위일체는 태어났으니 [... 말씀과 생명]으로부터 나온 [10]과 [인간]과 교회[로부터 나온 12]가 30이 [되었느니라]. [그러므로 단일하게] 된 [자와 나온 자는 조력자들이니라. 그들은 배우자]로 들어가[나, 혼자서] 나오느니라. [그들은] 그 에온들[과 물들 수 없는 자들로부터 도망하느니라. 그리고] 그 물들 수 없는 자들은 [그들이 그들을] 보았을 [때 마음을 찬양했나니, 그가 플레로마] 안에 존재하는 [물들 수 없는 분이기] 때문이니라.

[그러나] 말씀과 생명으로부터 나온 [10은] 플레로마를 100으로 만들기 위해 10들을 낳았고, 인간과 교회에서 나온 12는 [3]60을 한 해의 플레로마로 만들기 위해 30을 낳아 [만들었느니라]. 그리고 주님의 해는 [... 완전한 ...] 완전한 [...]에 따라 [... 경계]와 [...] 경계 [... 그] 존귀함 [...] 그 [선함...] 그를 [...]. 생명 [...] 고통을 겪고 [...] 얼굴에 의해 [... 플레로마]의 현존 안에서 [...] 그가 원한 [... 그리고] 그는 30번째―인간과 교회의 [합](合), 즉 소피아―를 [떠나기를] 원했으니, [그 30]을 능가하여 플레로마를 가져와 [...] 그의 [...] 그러나 [... 그리고] 그녀는 [...] 그 [만유 ...] 그러나 [...] 하는 자들은 [...] 만유 [...]. 그리고 그는 만들고 [...] 그 생각과 말씀을 통해 [... 그] 플레로마 [...] 그의 육체 [...]. 그런데 이들은 그들과 같은 [자들이니라]. [내가]

---

1 Tetrad.

전에 말했듯이, 그〔말씀이〕 그것에게로 들어가 물들 수 없는 분에게로 〔상승한〕 후에 그것은 〔...〕를 〔낳았으니〕, 그들이 〔...〕 낳기 전에 〔...〕 그를 〔...〕으로부터 숨겨 〔...〕 그 합(合)과 〔...〕 운동과 〔...〕 그리스도를 투사하고 〔...〕 그리고 씨앗들 〔...〕 십자가의 〔...〕 왜냐하면 〔...〕 못으로 인한 상처의 〔자국들이〕 완전히 〔없어졌기〕 때문이니라. 〔결국 그것은〕 〔플레로마〕 속으로 올라가〔야 할〕 완전한 형상〔이므로〕 그는 수난에 참여하기〔를 전혀〕 원치 않았으나 〔그는〕 구금되었느니라. 그런데 그는 경계에 의해, 즉 그 합에 의해 〔구금된 것이니〕, 그녀의 교정은 그녀 자신의 아들 외에 누구를 통해서도 일어나지 않을 것이니, 신성의 완성은 오직 그 아들의 것이니라. 그는 육체적으로 자기 자신 안에서 그 권능들을 떠나기를 원했으며, 그는 하강했느니라. 그리고 그녀의 아들이 그녀에게서 상승한 후 소피아는 이러한 일들(수난들)을 겪었으니, 이는 그녀가 자신이 〔...〕 속에, 〔... 합일〕과 〔화해〕 속에 거하고 있음을 알았기 때문이니라. 〔그들은〕 제지〔당했으니〕 〔...〕 형제들 〔...〕 이들을 〔...〕. 한 〔...〕가 〔...〕 하지 않았으며 〔...〕 나는 〔...〕가 되었느니라. 실로 그들은 누구〔인가〕? 〔그 ...〕는 〔...〕를 멈추었고 〔...〕 반면 〔...〕는 이들과 함께 와서 〔...〕 그녀를 〔...〕. 〔더욱이〕 이들은 나를 보고 〔있던 자들이니〕, 〔나를 에워싸고 있는〕 자들이요, 죽음으로써 나를 〔믿었다고〕 내가 생각한 자들이니라. 그들은 제지받았으니 〔...〕 그녀를 〔...〕 그리고 그녀는 참회했으며 〔그녀는〕 〔진리〕의 아버지를 추구하며 이렇게 말했느니라. "제가 제 배우자를 〔떠났나이다〕. 그러므로 〔저는〕 또한 확인을 넘어서 〔있나이다〕. 저는 제가 겪는 일들(수난들)을 받아 마땅하나이다. 저는 에온들을 낳으며, 제 배우자와 함께 열매를 맺으며, 플레로마 안에 머물러 있었나이다." 그리고 그녀는 자신이 누구이고 자신이 무엇이 되고 말았는지를 알았느니라.

그러므로 그들은 둘 다 고통을 당했느니라. 그들은 그녀가 홀로 남아서 물들지 않으시는 분을 모방했으므로 그녀가 웃는다고 말했으나 그는 그녀가 〔…〕 그녀의 배우자로부터 끊어졌으므로 그녀가 〔웃는다〕고 말했느니라. 실로 〔예수와〕 소피아는 〔피조세계〕를 드러내셨느니라. 결국 소피아〔의〕 씨앗들이 불완전하〔고〕 형상이 없으므로 예수는 이러한 〔종류〕의 한 피조물을 〔고안해 내어〕 소피아가 그와 함께 일하는 동안 그 씨앗으로 그것을 만들었느니라. 〔왜냐하면〕 그들은 씨앗들이며 〔형상이 없으므로〕 그는 하강하여 피조세계〔의〕 장소에 있는 〔에온들의〕 플레로마를 〔낳았으니〕, 이 〔에온들은〕 마치 〔플레로마〕와 〔형언할 수 없는〕 아버지의 유형에 〔속한 것〕 같았느니라. 창조되지 않으신 분은 창조되지 않은 자들의 유형을 〔내셨으니〕, 아버지께서 형상 속으로 낳으신 것은 창조되지 않은 것들을 가지고 하신 것이니라. 그러나 피조세계는 선재하는 것들의 그림자이니라. 더욱이 이 예수께서 피조물을 만드셨으며, 그는 그 씨앗들을 둘러싸고 있는 욕망들로부터 만드셨느니라. 그리고 그는 그들을 서로 분리시켰고, 그는 더 나은 욕망들을 영적인 것 속으로, 더 나쁜 욕망들을 육적인 것 속으로 이끌었느니라.

그런데 그런 〔모든〕 욕망 중 첫째로 〔…〕 그를 〔…〕도 아니니, 이는 결국 프로노이아가 처음〔부터〕 있었고 지금도 있〔으며〕 앞으로도 있을 〔것들〕의 그림자들과 형상들을 투사하기 위해 교정(校正)을 가져왔기 때문이다〕니라. 〔그런데〕 이것들이 〔모습들〕과 형상들과 〔그림자들〕을 가지고 만유에 새겨 넣으신 〔분을〕 위해 예수를 믿는 섭리〔이니라〕.

예수께서 〔그들을〕 낳으신 뒤 그분은 만유를 위해 플레로마와 그 합(合)의 그들, 즉 천사들을 내셨느니라. 왜냐하면 플레로마의 〔동의〕와 동시에 그녀의 배우자는 천사들을 투사했으니, 그가 아버지의 뜻에 의해 살아 있기 때문이니라. 이것이 아버지의 뜻이니, 합(合)과 무관하게는 어떤 것도 플레로마 안에 일어나는 것을 허락지 않으시느니라. 다시 말하자면 아버지의 뜻은 이것이니, 항상 열매를 맺고 낳는 것이니라. 그런데 그녀가 고통을 당하는 것은 아버지의 뜻이 아니었으니, 그녀는 자기 배우자 없이 자신 안에만 거하기 때문이니라. 또 하나의 〔...〕를 〔...〕하자, 두 번째 〔...〕 또 다른 〔...〕의 아들 〔...〕 세상의 사위일체이니라. 〔그리고〕 〔세상의〕 플레로마가 헵도마드〔인 것〕처럼 그 사위일체는 〔열매를〕 내었느니라. 그리고 〔그것은〕 〔형상들〕과 〔모습들과 천사들〕과 〔대천사들, 신들〕과 〔대리자들〕 속으로 들어갔느니라.

프로노이아를 〔지나가기 위해 이〕 모든 〔일이 일어났을〕 때 〔...〕한 예수의 〔...〕 그리고 〔...〕에게 그 씨앗들 〔...〕 모노게네스의 〔...〕. 실로 〔그 영광들은〕 〔영적이고〕 육적이며, 천상적이고 지상적이니라. 그는 그들을 교리와 형상을 위해 이런 종류의 장소와 학교로 만들었느니라.

나아가 이 창조주는 한편으로는 자기 형상을 따라 그리고 다른 한편으로는 처음부터 존재하는 자들의 형상을 따라 인간을 창조하기 시작했느니라. 그것은 그녀가 그 씨앗들을 위해 이용한 이런 종류의 거처였으니, 즉 〔... 분리된 ...〕 하나님 〔...〕. 그들이 〔...〕 할 때 인간을 위해 〔...〕, 이는 실로 〔악마가〕 신적인 존재들 〔중의〕 하나이기 〔때문이니라〕. 그는 스스로를 제거하고 그 문들의 〔넓은 곳〕 전체를 잡았으며, 그는 〔몸들〕과 〔육체의 시체들 속에 있는〕 〔그〕 장소로부터 자기 〔자신의〕 뿌리를 〔몰아냈으니〕, 〔그들이〕 하나님의 〔아들을 덮고 있기〕 때문이니라. 그리고 〔아담이〕 그를 〔낳았느니라〕. 그러므로 〔그는 서로 미워하는〕 아들을 〔얻었느니라〕. 〔그래서〕 카인은 그의 동생 아벨을 〔죽였으니〕, 이는 〔창조주가〕 〔그들〕 속에 자기 영을 불어넣었기 때문이니라. 그래서 거기서는 천사들과 인간들의 변절과 함께 싸움이 〔일어났으니), 오른쪽에 있는 자들이 왼쪽에 있는 자들과 하늘에 있는 자들이 땅에 있는 자들인 육체를 지닌 영들과 그리고 악마가 하나님을 거슬러서 싸움을 일으켰느니라. 그러므로 천사들이 인간의 딸들을 탐해 육체로 내려왔으며, 하나님이 홍수를 일으켰느니라. 그래서 〔... 그〕 배우자와 소피아〔와 그 아들〕과 천사들〔과 그 씨앗들〕〔...〕 때 그는 자신이 〔...〕 세상을 창조한 것을 거의 후회했느니라. 그러나 그 합은 〔완전한 것〕이며, 소피아와 예수와 〔그 천사들〕과 그 씨앗들은 플레로마〔의 형상들〕이니라. 나아가 창조주는 그 합과 〔그〕 플레로마와 예수와 〔소피아〕와 그 〔천사들〕과 그 씨앗들 〔위에 그림자 하나를 던졌느니라〕. 〔그 완전한 것은〕 소피아〔의 영광을 위한 것이니라〕. 그 형상은 진리의 〔영광을 위한 것이니라〕. 〔그리고〕 〔그〕 씨앗들과 예수, 〔소피아〕에게 속한 자들의 영광은 모노게네스〔이니라〕. 〔그리고〕 그 남성들의 〔천사들〕과 여성들의 〔씨앗들〕은 모두 플레로마〔이니라〕. 그리고 소피아가 그녀의 배우자를 〔받아들이고〕 예수가 그리스도와 그 〔씨앗들〕과 그 천사들을 받아들일 때마다 〔그〕 플레로마는 기꺼이 소피아를 받아들일 것이요, 만유는 합일과 화해 속에 있게 될 것이니라. 왜냐하면 이것에 의해 에온들이 증가되었기 때문이니라. 왜냐하면 그들은 자기들이 변해야 한다면 변화 없이도 존재할 수 있음을 알았기 때문이니라.

기름 부음에 대하여

XI 40:1-29

〔… 아들 …〕〔…〕에 따라 〔…〕의 유형 그를 보고 〔…〕. 〔이때 셋(3)〕이 당신의 아들 〔예수〕 그리스도를 보내사, 저희가 뱀들과 전갈들의 〔머리〕와 악마의 〔모든〕 권능을 짓밟도록 하기 위해 저희에게 기름을 부으심은 합당하나이다. 〔그분은〕 〔그 씨앗〕의 목자와 같으시나이다. 그분을 통해 〔저희는〕 당신을 〔알았나이다〕. 그리고 저희는 당신을 〔찬양하나이다〕. 〔아들〕 안에 계신 아버지시여, 아들 안에 계신 〔아버지시여〕, 거룩한 〔교회와〕 거룩한 〔천사들 안에 계신〕 아버지시여, 당신께 〔찬양을〕 드리나이다! 이제로부터 영원히 그분은 에온들의 〔교제 가운데〕 거하시니, 영원〔까지〕, 에온들 중의 〔흔적을 찾을 수 없는〕 에온들에 이르기까지 그러하나이다. 아멘.

세례에 대하여 A

XI 40:30-41:38

〔이것은〕 모노게네스이신 우리 주 예수 그리스도에 의해 우리에게 계시된 지식을 요약한 완전한 내용이다. 이것들은 우리가 그 안에서 걷기에 확실하며 필요한 것이다. 그러나 그것은 〔...〕 최초의 세례에 속한 것들이다. 〔최초의〕 세례는 〔...〕 죄의 〔용서이니〕, 〈그는〉 말하기를 〔...〕 너희를 〔...〕에게 너희 죄를 〔...〕. 그 〔...는〕 그리스도의 〔...〕의 유형〔이요〕, 그분 안에 있는 〔...〕와 대등한 자〔이다〕. 〔...〕. 왜냐하면 예수의 그 〔...〕. 더욱이 최초의 〔세례는〕 〔죄〕의 용서이다. 〔우리는〕 〔그것〕에 의해 〔그들〕로부터 오른쪽의 존재들 〔속으로〕, 〔즉〕 요〔단강인 불멸〕 속으로 데려와졌다. 〔그러나〕 그곳은 세상에 〔속한 것〕이다. 그러므로 우리는 〔세상으〕로부터 에온들 속으로 데려와졌다. 왜냐하면 요한의 〔그〕 해석은 에온이지만 요〔단강인〕 그것의 해석은 하강이니, 그것은 〔위로 나아감〕, 즉 세상에서 나와 에온 〔속으로〕 가는 〔우리의 탈출이기〕 때문이니라.

세례에 대하여 B

XI 42:1-43:19

〔...〕 세상〔으로부터〕〔요한 속으로〕, 세상의〔커다란 쓰라림〕으로부터 하나님〔의 달콤함 속으로〕,〔육체적인 것〕으로부터 영적인 것 속으로, 물질적인 것〔으로부터〕 천사 같은〔것 속으로〕,〔창조된 것〕으로부터 플레로마 속으로, 세상〔으로부터〕〔에온 속으로〕,〔노예들〕로부터 아들됨 속으로, 뒤얽힘〔으로부터〕〔서로의 관계 속으로〕,〔길〕로부터 우리 마을〔속으로〕,〔차가운 것〕으로부터 뜨거운 것〔속으로〕,〔...로부터〕〔...〕 속으로 그리고 우리는〔...〕 속으로,〔... 그래서〕 우리는 또한 씨앗의〔몸들〕로부터 완전한 형상을 지닌〔몸들 속으로〕 옮겨졌도다. 〔진실로〕 나는 몸됨의 길을 통해〔남은 것들〕 속으로 들어갔나니, 그리스도께서 이를 위해 그의 영의〔교제〕 안에서 우리를〔구원하셨도다〕. 그리고〔그분은 그분 안에〕 있는 우리를〔낳으셨으니〕, 이후로는 그 영혼들이 완전한 영들이〔될 것이라〕.

이제〔최초의〕 세례〔에 의해〕 우리에게 허락된〔것들은〕 그분의 것〔인 ... 보이지 않는 ...〕이니,〔...가 ...에 대해 말하기〕 때문이로다.

성만찬에 대하여 A

XI 43:20-38

　　오, 아버지시여, 〔저희는 당신께〕 감사드리오며, 〔성만찬을 행하오니〕, 당신의 아들〔예수 그리스도로 인해 그들이 〔…〕 나왔음을 〔기억하나이다〕. 보이지 않는 〔…〕 당신의 〔아들…〕 그의 〔사랑 …〕 … 〔지식〕에게 〔…〕 그들은 예수 그리스도의 이름〔을 통해〕 당신의 뜻을 행하고 있으며, 〔지금 그리고〕 언제나 당신의 뜻을 행하리다. 그들은 모든 영적인 은사와 〔모든〕 순결〔에서〕 완전하나이다. 당신의 아들〔이요〕 당신의 자녀이신 예수 그리스도를 통해 〔지금부터〕 영원히 당신께 〔영광이〕 있나이다. 아멘.

성만찬에 대하여 B

XI 44:1-37

〔…〕그〔…〕의〔말씀〕〔… 그〕 거룩하신 분〔…〕 그것은〔…〕 먹을 것과〔마실 것…〕 아들〔…〕, 당신은〔…〕의 음식〔…〕 우리에게 그〔… 생명〕 안에서〔…〕 그는〔자랑치 않〕으며〔…〕 그것은〔…〕 교회〔…〕 당신은 순수하시니〔…〕 당신은 주님이시나이다. 당신이 죄 없이 돌아가실〔때〕〔당신은〕 그를〔…〕 하기 위해 죄 없으실 것이며〔…〕 그를 먹을 것과〔마실 것〕으로〔인도할〕 모든 이〔…〕. 영광이 당신께 영원히 있나이다. 아멘.

알로게네스
(XI, 3)

해제

「알로게네스」라는 글은 계시에 관한 글로, 알로게네스라는 사람이 하나님의 계시를 받아 그것을 아들 메소스를 위해 기록한 것이다. 알로게네스는 '낯선 자', '외국인' 또는 '다른 종족 사람'을 뜻한다. 알로게네스는 당시 반신적(半神的)인 계시자를 지칭하는 일반적인 이름인데, 때로는 셋 종파의 대표자인 셋과 동일시되기도 한다. 신플라톤주의자 포르피리우스는 같은 제목의 영지주의 문서에 대해 말하고 있다. 이는 신플라톤주의 사상의 일부 요소들이 영지주의에서 나온 것일 수도 있음을 암시해 주는 것이다.

「알로게네스」는 두 부분으로 나눌 수 있다. 제1부(45:1-57:23)는 여신 요우엘이 알로게네스에게 전해 준 다섯 가지 계시에서 정점에 이른다. 그녀의 계시는 신적인 권능들에 관해, 특히 바르벨로의 에온에 관해 신화적으로 복잡하게 말하고 있다. 제2부(57:24-69:19)는 더욱 철학적인 언어로 알로게네스의 상승을 천상의 빛의 존재들의 점진적인 계시로서 묘사한다. 첫 단계는 "알려지지 않은 분에 관한 최초의 계시"이며, 부정신학의 방법으로 하나님의 초월성을 선포한다. 이는「요한 비밀의 서」(비교, II 3:17-4:1)에 나오는 병행 구절과 아주 흡사하다. 여기서 하나님은 알려지지 않으신 분, 볼 수 없고, 측량할 수 없고, 이해할 수 없고, "영적이고 보이지 않는 3중의 권능"으로 계시된다. 그 권능은 "최고 중의 최고"요, 역설적으로 "존재하지 않는 존재"로서 존재한다.

「알로게네스」는 몇몇 영지주의 문서 및 신플라톤주의 문서와 공통적인 특징을 지닌다. 영지주의 문서들 중에서는 「셋의 세 기둥」(VII, 5), 「조스트리아노스」(VIII, 1), 「마르사네스」(X, 1) 및 「브루키아누스 문서」의 마지막에 나오는 영지주의 문서가 「알로게네스」와 아주 유사한데, 특히 모든 존재와 생명과 마음을 포괄하고 있는 3중의 권능, 하나 속의 세 권능에 관한 내용이 그러하다. 이 글의 그리스어 원본은 3세기에 존재했는데, 아마도 서기 300년경에 알렉산드리아 근처에서 콥트어로 번역되었을 것으로 학자들은 추정한다.

알로게네스

XI 45:1-69:20

〔..., "...〕 이는 그들이 〔완전한 개체들이요〕, 모두〔함께 머물며〕, 〔...보다〕 낮기 때문이다. 내가 네게 보낸 수호자가 너를 가르쳤다. 〔그리고〕〔측량할 수 없는 분〕과 함께 〔참으로〕 존재하는 〔자들〕 모두의 〔근원〕이요, 나타나신 지식의 영원한 〔빛〕이요, 남성인 처녀의 〔젊은이요〕, 3중의 〔권능을 지닌〕 유일한 〔에온〕으로부터 나온 에온 중의 〔첫째〕요, 3중의 권능으로부터 나온 말씀으로서 종종 〔자신을 알린〕 것은 네 안에 〔존재하는 그 권능〕이시다. 그분은 〔참으로 존재하시는〕 3중의 권능이시다. 왜냐하면 〔그가 고요해졌을〕 때 〔그는 자신을 알렸으며〕 그리고 〔그가 알렸을 때〕 그는 〔완전해〕졌으며, 그들 모두에게서 권능을 받았다. 그는 〔자기 자신과〕 보이지 않으시는 〔완전한 영〕을 안다. 그래서 그는 〔자신을〕 알고 그분을 아는 에온이 〔되었다〕. 〔그리고〕 그녀는 자신이 아는 자들 안에서 일하신 숨어 계신 분이 되었다. 그는 완전하시며 보이지 않으시며 지적인 프로〔토〕파네스-〔하〕르메돈이다. 그녀는 개체들에게 권능을 부여하고 계신 3중의 남성이다. 그리고 그녀는 개별적으로 〔...〕〔그녀의〕 존재 중의 하나이며, 그녀는 그들 모두가 참으로 〔존재하는 것을〕 본다. 〔그리고〕 그녀는 저 거룩한 아우토게네스를 포함하고 있다.

그녀가 그녀의 〔존재를 알았을〕 때 그리고 그녀가 섰을 때 〔그녀는〕 이분(남성)을 〔모셔왔으니〕, 이는 그가 자신이 존재하는 방식으로 그들 〔모두가〕 개별적으로 존재하는 것을 보았기 때문이다. 그리고 그들은 그처럼 될 것이다. 〔그들은〕 거룩한 3중의 남성을 보〔리니〕, 그 권능은 하나님[보다 더 높다]. [그는] 함께 [존재하는] 이들 모두의 [생각이다]. 만일 그가 [자신에 대해 고찰한다]면, 그는 [그] 위대하고 [완전하며, 남성이고 지성적인 프로토파네스]를 고찰하는 것이니, [그들이] 그것을 본다면 [(그들은) 한편으로는 참으로 존재하는 자들을 보는 것이요], 다른 한편으로는 함께 [존재하는 자들을 위한] 영의 발현을 보는 것인데, 프로토파네스는 그들을 위한 영의 발현이다. 그리고 만일 그가 숨겨져 있는 자들 중 하나를 [본다]면 [그는] 바르벨로의 에온을 보는 것이다. 그리고 [그분]의 태어나지 않은 후손에 대하여 말하자면 만일 누군가가 그것이 어떻게 [... 사는지를 본다]면, [너는 분명히] 그들 각자[의 풍요로움에 대해 들은 것이다].

[그러나] 보이지 않는 영적인 3중의 권능에 대해 들어 보아라! [그분은] 그들 모두에게 이해할 수 없는, 보이지 않는 분으로 [존재하신다]. 그분은 그들 모두를 [자신] 안에 소유하고 계시나니, [그들] 모두가 [그분]으로 인해 존재하기 때문이다. 그분은 완전하시며, 그분은 완전보다 [더 위대하시며], 그분은 복되시다. [그분은] 언제나 [하나]이시며, [그분은] 그들 모두 [안에] 존재하시나 말로 표현할 수 없고 이름할 수 없으며, [그들 모두]를 통해 존재하시는 [분이시니] ― 누군가[그분을] 알게 된다면 [그는] 존재를 [소유하고 있는] 자들 중에 그분보다 먼저 [존재하는] 것을 아무것도 [바라지 않으리라]. 왜냐하면 [그분은 그들 모두가 흘러나오는 근원]이시기 때문이다. [... 모든] 신 [...], [그리고] 그분은 축복[보다] 먼저 계시니, 그분이 모든 권능을 위해 공급하시기 때문이다. 그리고 그분은 본질이 아닌 본질〈이시니〉, 그분 위에는 아무 신성도 없는 하나님이시며, 그분의 위대함과 〈아름다움〉을 넘어서는 것은 (불가능하나니) [... 권능 ...]. 만일 [그들이] 함께 온다면 [...] 이런 일들[에 관한 계시를] 받는 것 [...]. [개체가]

완전함보다 더 높은 곳〔에 있는〕 전체를 이해할 수는 없으므로, 그들은 첫 〔생각〕에 참여하나니—(그들이) 존재(에 참여하려 하기) 때문이 아니라—〔오히려〕 그분은 존재(Being)와 존재(existence)의 숨겨진 분을 둘 다 주시느니라. 그분은 〔자신을〕 위해 모든 것을 〔공급하시나니〕, 그분이 자신을 인식할 때 존재하게 될 것은 그분이시기 때문이다. 그리고 그분은 〔일종의 존재〕로서 그리고 근원이요, 비물질적인 〔물질이요〕, 셀 수 없는 〔수(數)요, 형상 없는 형상이요, 〔모양 없는〕 모양이요, 〔...요 행위하지 않는〕 행위로서 존재하시는 〔한 분〕이시다. 〔그러나 그분은 공급〕의 공급자〔시요〕, 신성〔의〕 신성〔이시다〕. 〔...〕 그들이 동참할 때마다 그들은 최초의 생명과 나뉘지 않은 에너지, 즉 참으로 존재하시는 분의 시작의 본질에 동참하는 것이다. 그러나 두 번째〔... 그분은 축복〕과 선함을 〔부여받으셨으니〕, 〔그분이〕 자신 안에 존재하시는 보이지 않는 영의 무한하심을 가로지르는 자〔로서〕 인식〔될 때〕 그것(그 무한)은 그분 안에 무엇이 있으며, 그분이 어떻게 존재하는지를 알기 위해 그분이 〔그것 자신〕에게로 돌아서게 하느니라. 그리고 그분은 참으로 존재하는 자들에게 출발점이 되심으로써 모든 이를 위한 구원이 되고 계셨으니, 그분은 자신이 〔무엇〕인지를 아시는 분이므로 그분을 통해 그분의 지식이 지속되었기 때문이다. 그러나 그들은 자신들을 넘어 아무것도 내지 않았으니, 권능도 등급도 영광도 에온도 내지 않았다. 이는 그들 모두가 영원하기 때문이다. 그분은 생명이요 마음이요 존재하는 것이시다. 왜냐하면 그때 존재하는 것은 쉬지 않고 자신의 생명과 마음을 소유하며, {생명은 소유한다}. 생명은 존재 {아님}과 마음을 소유하기 때문이다. 마음은 생명과 존재하는 것을 소유한다. 그리고 그 셋은 각각 개별자로서는 셋이지만 하나이다.”

그런데 내가 이런 말씀을 들은 뒤에 오, 나의 아들 (메소스)여, 〔...〕

훨씬〔더 위대한〕계시〔에 의해〕이러한 일들을 알 수 있는〔자들〕에게 권능을〔준다〕. 그래서〔비록〕육체가 나를 덮고 있으나 나는〔할 수 있〕었다.〔저는〕당신으로부터 이러한 일들과 그것들 속에 있는 가르침에 대해 들었사오니, 제 속에 있는 생각이 측량할 수 없는〔일들〕과 알 수 없는 일들을 구별했기 때문이나이다. 그러므로 저는 저의 가르침이 합당함을 넘어서는 것이 될까 저어하나이다.

오, 나의 아들 메소스여, 그리고 나서 모든 영광에 속하는 분인 유엘이 내게 다시 말씀하셨다. 그녀는 내게 계시를 주사 이렇게 말씀하셨다. "오, 알로게네스여, 위대한 권능들 외에는 아무도〔이러한 일들을〕들을 수 없느니라. 한 위대한 권능이 네게 임하였으니, 구별하기 어려운 일들을 네가 구별하고, 많은 이에게 알려지지 않은 것들을 네가 알아서, 너에게 속한 분이시며 먼저 구원하시고 구원받을 필요가 없으신 분께로 네가 안전하게 피할 수 있도록, 네가 이곳에 오기 전에 만유의 아버지이시며 영원하신 분께서 네 위에 그 권능을 두셨느니라. 〔…〕너〔에게〕〔한〕형상〔과〕영적이시며 보이지 않으시는 3중의 권능〔의 계시가 …〕, 그분 외부에는 나뉘지 않고 비육체적인〔영원한〕지식이〔있느니라〕.

모든 에온과 마찬가지로 바르벨로 에온도 참으로 존재하는 자들의 유형들과 형상들, 숨어 계신 분의 표상을 부여받고 존재하시느니라. 그리고 그분은 이들의 지적 원리를 가지고 계시느니라. 그(바르벨로 에온)는 하나의 표상처럼 지적인 남성 프로토파네스를 가지고 있으며, 기능이나 기술이나 부분적인 본능을 가지고 개체들 안에서 일하시느니라. 그분은 거룩한 아우토게네스를 표상처럼 부여받으셨으며, 이들 각각을 아시느니라. 그분은 계속하여 개별적으로 일하시며, 자연에서 오는 과오를 쉬지 않고 교정하시느니라. 그분은 그들 모두를 위한 구원으로서 거룩한 3중의 남성을 부여받았으며, 보이지 않는 영을 부여받으셨느니라. 그리고 이 실체는 〔...〕이니라."

〔... 순수한 마음 ...〕 그리고 나는 피했으며, 심히 혼란스러워 나 자신에게로 돌아섰다. 나를 〔에워싸고 있는〕 빛과 내 안에 있는 선을 보고서 나는 신적으로 되었다.

그리고 모든 영광에 속하시는 분인 유엘이 다시 나에게 기름을 부으시고(또는 만지시고), 나에게 권능을 주셨다. 그녀는 이렇게 말씀하셨다. "너의 가르침이 완전해졌고, 네가 네 안에 계신 하나님을 알았으므로, 3중의 권능에 대하여 네가 침묵과 큰 신비 속에서 지킬 것들을 들어라. 가르침을 받지 않은 세대에게 완전함보다 더 높은 만유이신 분(the All), 이 모두에 대해 책임이 있으신 분에 관해 말하는 것은 합당치 않으니라.

그분 안에는 많은 위대함이 있느니라. 그분이 하나의 〔...〕 안에 계신 한 분이신 한 〔...〕 파악〔과 지식〕과 〔이해〕 속에 〔거하는 자들에게서〕 떨어지지 않는 〔첫 생각〕의 〔...〕. 〔그리고〕 그 한 분은 마음의 다른 활동으로 인해 무한 속에 빠져버리지 않도록, 지배하는 것 안에서 움직임 없이 움직이셨느니라. 그래서 그분은 자신 안으로 들어가셔서 만유를 포용하는 분으로, 완전함보다 더 높은 전체이신 분으로 나타나셨느니라.

이렇게 그분은 지식보다 먼저 계시나 나를 통해서 인식되실 수 있는 방식이 아니니, 완전한 이해의 가능성은 없기 때문이다. 그러나 그분이 알려지시는 것은 이런 방법을 통해서이니, 이는 최초의 생각, 즉 바르벨로의 에온 안에서 나뉠 수 없는 모습의 나뉠 수 없는 한 분과 3중의 권능과 실체 없는 존재와 함께 나타난 마음의 세 번째 침묵과 나뉘지 않은 두 번째 에너지 때문이니라."

〈그리고〉그 권능은 짜 짜 짜 하고 소리를 내기는 했으나 휴식하고 있고 침묵하는 에너지를 통해 나타났다. 그러나 그녀가 그 권능의 소리를 듣고 〔...〕로 충만했을 때 "〔...〕그러나 당신은 〔...〕솔미스이니이다! 〔당신의〕생명〔과〕신성이 나오는 최초의 에너지에 의해, 당신은 위대하시나이다, 아르메돈이여! 당신은 위대하시나이다, 에피파네우스여!

그리고 축복이 나오는 당신의 그 에너지와 두 번째 권능과 그 마음에 의해 아우토에르, 베리테우스, 에리게나오르, 오리메니오스, 아라멘, 알플레게스, 엘렐리우페우스, 〔랄〕라메우스, 예테우스, 노에테우스시여, 당신은 위대하시나이다! 〔당신을〕아는 자는 만유를 아나이다! 당신은 하나이시니, 당신은 하나이시며, 선하시나이다, 아프레돈이시여! 당신은 에온 중의 에온이시며, 영원히 존재하시는 분이시나이다!"

그때 그녀는 그 전체이신 분을 찬양했다. "랄라메우스, 노〔에테〕우스, 세나온, 아시네〔우스, ...〕리파니오스, 멜레파네우스, 엘레마오니, 스모운, 옵타온이시여, 존재하시는 분이시여! 당신은 존재하시는 분이시며, 에온 중의 에온이시며, 태어나지 않으신 분이시며, 태어나지 않은 (자들)보다 더 높으신 분이시오니, 야토메노스시여, 태어나지 않은 모든 자는 오직 당신만을 위해 태어났나이다, 이름할 수 없는 분이시여! 지식 〔...〕."

〔그런데 나는〕이런 일들에 대해 들은〔뒤에〕, 함께〔존재하는〕〔완전한〕개체들과 한없이 완전한 (자들)과 완전한〔자들〕앞에 있는〔한없이 완전한 자들의 영광을 보았다〕.

〔그리고〕다시〔그〕영광들〔에게 속하신 분〕이신 유엘이 내게 말씀하셨다. "〔오, 알로게네스여〕, 너는〔무지한 지식〕속에서, 〔3중의 권능

이〕〔그 영광들〕보다 먼저 존재하심을 알 것이다. 그들은 〔존재하는 자들 가운데〕 존재하시지 않는다. 그들은 존재하는 자들 〔혹은 참으로 존재하는 〔자들〕과 함께 존재하는 것이 〔결코 아니다〕. 〔오히려 이들 모두는〕〔신성〕과 〔축복과〕 존재〔로서〕 그리고 실체 없음과 존재가 아닌 〔존재로서〕 존재하느니라."

〔그리고 그때 나는〕 나에게 〔계시가〕 일어나기를 기도했다. 〔그러자 그때〕 그 〔모든 영광에 속하시는 분〕이신 유엘께서 내게 말씀하셨다. "〔오, 알로게네스여〕, 물론 〔3중의〕 남성은 실체를 〔넘어선 존재이시니라〕. 그러나 〔(3중의 남성이) 실체가 없다면, … 나오느니라…〕〔참으로〕 존재하는 〔자들의 세대〕와 〔결합하여〕 존재하는 자들 〔…〕. 〔스스로 태어난 자들은 3중의 남성〕과 함께 〔존재하느니라〕.

만일 네가 〔완전한〕 추구심〔을 가지고 추구한다〕면, 너는 네 안에 〔계신 선하신 분을〕 알리라. 그때 〔너는〕 또한 〔너 자신이 참으로 선재하시는〕 하나님〔과 함께 존재하는〕 자(임을) 〔알리라〕. 〔100〕년 후 〔…〕와 씨앗〔과 …〕 바르벨로〔의 에온의〕 빛의 존재들과 〔너의〕 종족을 〔잃지〕 않도록 네가 최초로 〔알아야〕 할 〔선하신 분〕을 통해 〔그 한 분의〕 계시가 〔너에게〕 올 것이니라. 〔그리고 만일 그렇다면〕〔네가 그 한 분의〕 개념을 〔받을〕 때 너는 〔완성으로 인도하는〕 말씀에 〔의해〕 완성되느니라. 그때 〔너는 신이 되고〕, 〔…〕 그것들을 〔받아들임으로써 완전해지나니〕, 추구함 〔…〕 존재 〔…〕 만일 그것이 무언가를 〔이해한다〕면 그것은 그와 이해된 바로 그에 의해 〔이해되느니라〕. 그리고 그때 그는 이해하고 알아서, 이해되고 알려진 자보다 더 위대해지느니라. 그러나 만일 그가 자신의 자연에게로 내려가면 그는 열등해지나니, 비육체적인 자연들은 어떤 더 뛰어남과 결합한 일은 없으며, 이러한 권능을 지니면 그들은 어디에나 있으면서 아무 데도 없기 때문이니, 그들은 모든 뛰어남보다 뛰어나며, 모든 열등함보다 열등하기 때문이니라."

그런데 모든 영광에 속하신 분인 유엘께서 내게 이런 (일들을) 말씀하신 뒤 그녀는 나에게서 분리되어 나를 떠나셨다. 그러나 나는 내가 들은 말씀을 소홀히 하지 않았다. 나는 그 안에서 나 자신을 준비시켰고, 100년 동안 나 자신과 논의했다. 그리고 내가 큰 빛 속에 있었으므로 나는 심히 기뻐했으니, 내가 말을 들을 분들뿐 아니라 내가 볼 분들은 위대한 권능들만이 (보고 들을) 수 있는 분들(이기) 때문이었다. 〔…〕 하나님의 〔…〕.

100년〔의 기간이 다 되었을 때 나는〕 상서로움으로 충만한 영원한 희망의 축복을 〔받았다〕. 나는 선하고 거룩하신 아우토게네스와 젊고 완전하신 3중의 남성이신 구세주와 그분의 선하심과 지적이며 완전하신 프로토파네스-하르메돈과 숨어 계신 분의 축복과 축복의 최초의 원리이시며 신성으로 충만하신 바르벨로의 에온과 시작 없으신 분의 최초의 원리이시며 영적이고 보이지 않으시는 3중의 권능, 완전함보다 더 높으신 만유를 보았다.

〈내가〉 내게 임한 옷의 영원한 빛에 의해 그 모습을 세상에 드러낼 수 없는 거룩한 곳으로 올라가게 되었을 때 위대한 축복에 의해 나는 내가 이야기를 들은 바 있는 모든 분을 보았다. 나는 그분들 모두를 찬양하고, 내 지식을 넘어서〔섰으며〕, 총체들[1]이신 바르벨〔로〕의 에온에 관한 지식〔에 경도되었다〕.

그런데 나는 내가 세상에 일어나는 일을 시험할 수 있을 것이라고 말씀하시는 처녀인 남성 바르〔벨〕로의 〔빛의 존재들〕을 통해 〔거룩한〕 권능들을 보았다. "오, 알로〔게〕네스여, 침묵 속에 존재하는 방식으로

---

[1] the Totalities.

너의 축복을 보아라. 너는 그 속에서 너의 참 모습을 알며, 너 자신을 추구하여 생명에게로 올라가 그것이 움직이는 것을 보리라. 그리고 네가 서는 것이 불가능하더라도 아무것도 두려워 말라. 그러나 네가 서기를 원한다면 존재에게로 올라가라. 그러면 너는 그것이 침묵과 노력 없음 속에서 참으로 스스로를 고요케 하시며, 이들 모두를 이해하고 계시는 분의 모습에 따라 서 있으면서, 자신을 고요히 하고 있는 것을 보리라. 그리고 네가 알려지지 않으신 분—네가 만일 그분을 알려면 그분에 대해 무지하여라—에 관한 최초의 계시를 통해 그분에 대한 계시를 받아 그곳에서 두려움을 느낄 때 그 에너지로 인해 뒤로 물러나거라. 그리고 네가 그곳에서 완전해질 때 너를 고요케 하여라. 그리고 네 안에 있는 유형의 힘에 의해, 그것이 이러한 형상에 따라〔이 모든 것〕가운데서 그러함을 알라. 그리고 네가 설 수 있〔도록〕너 자신을 더 소진하지〔말고〕, 네가 네 안에 있는 알려지지 않으신 분의 무위(無爲)[2]로부터〔어떤 식으로든〕떨어지지 않도록, 〔영원〕하기를 바라지 말라. 그분을〔알지〕말라. 그것은 불가능하기 때문이니라. 그러나 만일 각성된 생각을 통해 네가 그분을 알려면 그분에 대해 무지하여라."

그런데 나타난 자들이 그것들을 말할 때 나는 이러한 말에 귀를 기울이고 있었다. 내 안에는 침묵의 고요함이 있었고, 나는 그 축복의 말씀을 들었는데, 나는 그것에 의해 〈나의 참 모습〉대로 나 자신을 알았다.

그리고 내가 생명을 추구했을 때 나는 그것에게로 올라갔고, 그 속으로 들어가 그것과 결합하였으며, 확고하게가 아니라 고요하게 섰다. 그리고 나는 형상 없는 모든 권능에 속하는 영원하고 지적이며 나

---

[2] the inactivity. die Unwirksamkeit.

뉘지 않은 움직임, 경계에 의해 제한되지 않은 〔움직임〕을 보았다.

그리고 내가 견고하게 서기를 원했을 때 나는 존재에게로 올라갔으니, 나는 그것이 나뉘지 않으신 분과 안식하시는 분의 계시에 의해 나에게 주어진 것의 형상과 모양처럼 서 있으면서 안식하고 있는 것을 보았다. 나는 알려지지 않으신 분의 최초의 계시를 통한 계시로 가득 찼다. 나는 〔마치〕 그분에 대해 무지한 것처럼 그분을 〔알았으며〕, 그분〔으로부터〕 권능을 받았다. 내가 〔그것〕에 의해 영원히 강해졌으므로 나는 내 안에 존재하시는 분과 3중의 권능과 그분의 무구(無垢)하심의 계시를 알았다. 그리고 그들 모두에게 알려지지 않으신 분, 완전함보다 더 높으신 하나님에 관한 최초의 계시를 통해 나는 그분과 그들 모두 안에 존재하시는 3중의 권능을 보았다. 나는 말로 할 수 없고 알려지지 않으신 하나님을 찾고 있었으니—만일 그분을 완전하게 알려면 그 사람은 그분에 대해 무지하려고 할 것이다— 그분은 고요함과 침묵 속에 계시며 알려지지 않으신 3중의 권능의 중재자이시다.

그리고 내가 이러한 일들에서 확실해졌을 때 그 빛의 권능들이 나에게 말했다. "이해할 수 없는 일들을 추구함으로써 네 안에 존재하는 무위를 방해하지 말고, 최초의 계시와 계시에 의해 제공된 능력에 따라 그분에 대해 들어라."

그런데 그분은 마음이나 생명이나 존재나 비존재가 없이 이해할 수 없게 사신다 하더라도, 그분은 존재하시고 생성되시며 또는 활동하시고 또는 아시므로, 그분이 존재하시는 한 그분은 실체인 것처럼 보이느니라. 그래서 그분은 그분의 특질들 가운데서 실체로 보이느니라. 그분은 마치 분석하거나 정화하거나 받거나 주거나 하는 어떤 것을 낳으시는 것처럼 어떤 방식으로 남지 않으시느니라. 그리고 그분은 자신의 바람에 의해서든 아니면 다른 이를 통해 주거나 받거나 해서든 어떤 식으로 줄지 않으시느니라. 그분은 다른 방식으로 줄어들지 않도록 스스로 어떤 것을 주지도 않으시고, 그렇기 때문에 그분은 마음이나 생명이나 실로 아무것이라도 전혀 필요치 않으시느니라. 그분은 아무것도 지니지 않으심과 알 수 없으심, 즉 존재가 아닌 존재 속에서 총체보다도 나으시니, 이는 그분이 줄어들지 않은 자들에 의해 줄어들지 않기 위해 침묵과 고요함을 부여받으셨기 때문이니라.

그분은 거룩함도 축복도 완전도 아니시니라. 오히려 그것(이 트리아드)은 그분에 대한 알 수 없는 실체화이며 그분의 특질이 아니니, 그분은 축복과 거룩과 완전보다 나은 다른 분이시니라. 왜냐하면 그분은 완전하지 않으시지만 (더욱) 묘한 다른 것이기 때문이니라. 그분은 경계가 없으시고 다른 것에 의해 제약받지 않으시느니라. 그분은 그보다 나은 무엇이시니라. 그분은 몸이 없으시니라. 그분은 몸이 없으신 것이 아니니라. 그분은 크지 않으시니라. 〔그분은〕 작지 않으시니라. 그분은 수(數)가 아니시니라. 그분은 〔창조된 것〕이 아니시니라. 그분은 우리가 알 수 있는, 존재하는 어떤 것도 아니시니라. 그분은 우리가 알 수 없는, 더 나은, 다른 어떤 것이니라.

그분 자신을 아시는 분은 그분뿐이므로 그분은 자신에 대한 최초의 계시이며 지식이시니라. 그분이 존재하는 것들 중 하나가 아니라 다른 것임을 보면 그 사람은 최고 중의 최고이니라. 그러나 그분의 특질(들)과 비특질(들)처럼 그분은 에온에도 시간에도 참여치 않으시느니라. 그분은 다른 어떤 것으로부터 어떤 것도 받지 않으시느니라. 그분은 줄지 않으시며, 어떤 것도 줄이지 않으시며, 줄지 않지도 않으시느니라. 그분은 스스로를 포용하시므로 알 수 없는 무엇이어서 알 수 없음에서 뛰어난 것들을 능가하시느니라.

그분은 축복과 완전함과 침묵—축복도 아니고 완전함도 아니니라

—과 고요함을 지니고 계시니라. 그것(이 트리아드)은 존재하는 그분의 실체화이나 그것은 알 수 없고, 휴식하고 있느니라. 오히려 그것들은 모두 그분의 알 수 없는 실체화이니라.

그리고 그분은 선한 모든 자보다도 아름다움에서 훨씬 더 높으시며, 그러므로 어떤 형상으로 있는 자들이든 그들 모두에게 알려져 있지 않으시니라. 그리고 그분은 그들 모두를 통해 그들 모두 안에 계시나, 단지 그분의 참 모습인 알려지지 않은 지식으로서만이 아니니라. 그리고 그분은 그분을 보는 무지와 결합되어 있으시니라. 그분은 어떻게 알려지지 않으셨는가? 누가 모든 측면에서 그분의 참 모습을 보든 아니면 그분이 지식 같은 무엇이라고 말한다면 그는 그분에 대해 죄를 지은 것이니, 그는 하나님을 알지 못했으므로 심판을 면치 못하리라. 그는 어떤 것에도 관심이 없으시며 아무 욕망도 없으신 그분에게서 심판을 받는 것이 아니라 자기 자신에게서 (심판을 받으리니), 그가 참으로 존재하는 근원을 발견하지 못했기 때문이니라. 그분은 보이지 않는 영의 첫 생각의 3중의 권능으로부터 나온 (것)인, 동작을 받는 (것인), 휴식하고 있는 계시의 눈과는 별도로, 보지 못하는 분이시니라. 그러므로 이것은 〔...〕로부터 존재하며 〔...〕 어떤 것 〔...〕 위에 〔견고히 놓여〕〔...〕 고요함과 침묵과 안정과 깊이를 잴 수 없는 위대함의 아름다움과 〔첫 방출 ...〕. 그분이 나타나셨을 때 그분은 시간이나 에온으로부터 나온 (어떤 것)도 필요치 않으셨느니라. 오히려 그분에 대해 말하자면 그분은 측량할 수 없고 측량할 수 없으시니라. 그분은 고요해지기 위해 스스로를 움직이지 않으시느니라. 그분은 부족함 속에 있지 않도록 존재가 아니시니라. 그분은 어떤 곳에 계시면 몸이 있으시나 제자리에 계시면 몸이 없으시니라. 그분은 존재하지 않으시는 존재이시니라. 그분은 그들 모두를 위해 아무 욕망 없이 스스로에게 존재하시느니라. 그러나 그분은 위대함의 더욱 위대한 정상(頂上)이시니라. 그리고 그분은 자신의 고요함보다 더욱 높으시니, 이는〔...〕그들〔...〕위해서이며〔... 그분은〕〔그들을〕보시고는, 비록 그들이 그분에게 전혀 관심이 없었고, 누가 그분으로부터 받으려 한다고 해도 권능을 받지 못하지만〔그들 모두에게 권능을 주셨느니라〕. 아무것도 안식하고 계신 단일성에 맞게 그분을 움직일 수 없느니라. 그분은 알려지지 않으셨으며, 허공 없는 무한의 처소이시기 때문이니라. 그분은 경계가 없으시고 권능이 없으시며 존재가 없으시므로, 그분은 존재를 주시지 않으시느니라. 그러나 그분은 이들 모두를 자신 안에 포함하고 계시면서 쉬고 계시며, 끊임없이 서 있는 것 밖에 서 계시나니, 거기에 존재하는 이들 모두의 안에 있는 영원한 생명, 즉 보이지 않는 3중의 권능을 지니신 영이 나타나셨기 때문이니라. 그리고 그것은 그들 모두를 에워싸고 있으며, 그들 모두보다 더 높으니라. 그림자 하나가〔... 그분은 아무것에 의해서도 줄어들지 않으시느니라. 그리고 그분은〕서셨으며 〔...〕그들 모두에게 권능을 주셨으며, 그들 모두를 충만케 하셨느니라.

이제 너는 이 모든 일에 대해 분명하게 들었느니라. 그리고 더 이상 아무것도 추구하지 말고 가라. 그 알려지지 않으신 분이 천사들이나 신들을 지니고 계신지 아니면 안식하고 계신 그분이 줄어들지 않기 위해 그분 자신인 고요함 외에 자신 안에 무엇인가를 소유하셨는지 우리는 알지 못한다. 추구하는 데 더 많은 시간을 허비하는 것은 합당치 않으니라. 너는 오직 그분을 알고, 그들은 다른 이와 말하는 것이 합당하다. 그러나 너는 그들을 받아들일 것이며〔... 그리고 그분이 나에게 말씀하셨다〕. "내가 네게 말하여, 네 뒤에 오는 자격 있는 자들을 위해 너에게 기억나게 할〔일들을〕기록하여라. 그리고 너는 이 책을 산 위에 두고, 수호자에게 '오라, 무서운 자여' 하고 엄히 명하여라."

그리고 그분은 이러한 (일들을) 말씀하신 뒤에 나를 떠나셨다. 그러나 오, 나의 아들 메소스여, 나는 기쁨에 가득 차 나에게 명하신 이 책을 썼으니, 내가 내 앞에서 선포된 (일들을) 네게 알리기 위해서다. 그리고 처음에 나는 큰 침묵 속에서 그것들을 받았으며, 나는 스스로 서서 나 자신을 준비했다. 오, 나의 아들 메소스여, 이것이 나에게 알려진 일들이다. 〔오, 나의〕 아들 메소스여, 〔... 그것을 선포하고〕 알로〔게〕네스〔의〕 모든 〔책의〕 인장을 〔만들...〕.

알〔로〕게네스

휩시프로네
(XI, 4)

해제

　「휩시프로네」는 단편인 문서로, 두루마리 XI의 마지막 네 쪽을 차지한다. 이 글은 "고귀한 마음의 여인" 휩시프로네의 특징을 그리는데, 분명히 1인칭으로 계시를 전하며, 그녀가 세상에 하강하는 것과 이미 세상에 온 다른 이들의 반응을 묘사한다. 불행하게도 이 글은 단편만 남아 있어 가르침의 성격과 내용을 분명히 이해하기 어렵다.

휩시프로네

XI 69:21-72:33

〔휩시〕프로네〔가〕 본 〔환상〕의 책. 그런데 그것들은 〔그녀의〕 처녀성의 장소에서 〔계시되었다〕. 〔그리고 그녀는〕 그녀의 형제들 〔...〕 파이놉스와 〔...〕에게 〔귀를 기울이고〕, 그들은 〔신비〕 속에서 〔서로〕 말한다.

그런데 나는 〔최초의 순간〕이었으니, 나를 〔...〕한 후였다. 나는 나의 처녀성의 〔장소에서〕 나〔와〕 〔세상〕으로 내려갔다. 〔그때〕 그들이 〔...〕라고 말했으니, 즉 나의 〔처녀성〕의 〔장소〕에 거하는 자들 〔...〕.

그리고 나는 〔세상으로〕 내려갔고, 그들은 〔나에게 말했다〕. 〔보라〕, 휩시프로〔네〕가 〔그녀의〕 처녀성의 장소에서 밖으로 〔물러났다〕. 그런데 파이〔놉스〕가 이 말을 들은 〔뒤〕 〔그의〕 피〔의 샘〕 속으로 〔...〕를 불어 넣었다.

〔그리고〕 그가 말했다. 〔... 파이놉스 ...〕 방황하고 〔...〕 욕망하여 〔...〕 또한 남아 있는 자들 〔...〕 또는 내가 〔...피〕의 〔모습 속에서〕 한 〔사람을〕 보기 위해 〔...와 불〕과 〔...〕의 〔...〕 그의 손 〔...〕.

그러자 〔그녀가〕 그〔에게 이런 일들을 말했다〕. 그래서 〔파이놉스는〕 나의 것에게로 〔내려가지〕 않았다. 그는 길을 잃고 방황하지 〔않았으며〕 〔...〕 한 사람을 보고 〔...〕 그는 〔...〕. 왜냐하면 〔...〕 한 〔...〕 파이놉스 〔...〕 이것 〔...〕.

나는 그를 보았고, 〔그는〕 나에게 〔말했다〕. 휩시프로네여, 당신이 나 밖에 〔거한다〕 할지라도 〔나를 따르라 ...〕 그러면 내가 〔당신에게 그들에 대해〕 말해 주겠노라. 그래서 나는 〔그를〕 따랐으며 〔...〕 왜냐하면 〔나는〕〔큰〕두려움 속에 있었기 때문이다. 그러자 그가 〔나에게〕 〔피〕의 샘에 대해 〔말해 주었는데〕, 그것은 불 붙임〔에 의해 계시된 것 이요 〔...〕 그가 말했다 〔...〕.

섹스투스의 어록
(XII, 1)

해제

『나그함마디 문서』에 나온 「섹스투스의 어록」은 그리스어로 쓰인 두 개의 원본 외에도 이전에 라틴어와 시리아어, 아르메니아어, 그루지아어 번역으로 알려져 있던 고대 문서의 콥트어 번역판이다. 콥트어판은 아주 초기의 증거자료로, 이 문서의 본문과 특징을 비판적으로 연구하는 데 매우 중요하다.

「섹스투스의 어록」은 지혜 어록으로, 그리스도교 단체들에 매우 널리 알려진 매우 윤리적이고 금욕적인 색채를 띤 잠언집이다. 이 글 자체는 실제로 영지주의적인 글이라고 볼 수는 없지만, 비교적(秘教的)이고 도덕적인 금욕주의로 인해『나그함마디 문서』의 다른 글들과 나란히 놓이게 된 것 같다. 실제로『나그함마디 문서』전체의 극히 금욕적인 색조는『나그함마디 문서』의 편집자들과 이용자들에 관한 중요한 단서를 제공해 줄지도 모른다. 증거로 볼 때『나그함마디 문서』는 성적 금욕주의를 심히 강조한 집단의 소유물이었음을 알 수 있다. 이러한 강조점에 비추어 보면「섹스투스의 어록」이 거룩한 책들 가운데 포함되어 있다는 것은 전혀 놀라운 일이 아니다.

「섹스투스의 어록」은 이와 같이 욕망의 정복을 주장한다. 육체의 욕망과 갈망이 지배하면 지혜와 지식은 얻을 수 없다. 그러나 만일 믿는 자들이 도덕적으로 노력하는 삶을 열심히 살면 그들은 본래의 자신, 즉 하나님의 아들들이 될 것이다. 믿는 자들은 또한 하나님과 같이 되어 하나님의 순수하심과 완전하심을 반영해야 한다.

추가적인 논의를 위해 독자에게 헨리 차드윅(Henry Chadwick)의 『섹스투스의 어록: 초기 그리스도교 윤리학사에 대한 기고』(*The Sentences of Sextus: A Contribution to the History of Early Christian Ethics*, Texts and Studies 5. Cambridge, England: The University Press, 1959)를 권한다.

섹스투스의 어록

XII 15:1-34:28

(157) 〔…〕는 무지의 〔표시〕이다.

(158, 159) 진리를 〔사랑하고〕 거짓말을 독처럼 〔사용하라〕.

(160) 올바른 때가 너의 말에 앞서가기〔를〕.

(161, 162b) 〔침묵하는 것이〕 적절치 않을 때 〔말하라〕. 그러나 그러나 (오직) 합당한 〔때에〕(만) 네가 아는 것들〔에 대해 말하라〕.

(163a) 때에 맞지 않는 〔말은〕 악한 마음의 〔증거이다〕.

(163b) 행동하기에 합당한 〔때에는〕 〔한〕 마디도 〔하지〕 말라.

(164a) 〔군중〕 가운데서 먼저 〔말하려고〕 하지 말라.

(164b) 〔말하는 것이〕 기술이라〔면〕, 〔침묵하는 것〕도 기술이다.

(165a) 〔속임수를 통해〕 이기기보다 〔진리를 말하면서〕 지는 것이 〔낫다〕.

(165b) 〔속임수〕를 통해 이기는 〔자는〕 진실에게 진 것이다.

(165c) 〔진실하지 못한 말은〕 악한 인간들〔의 증거〕이다.

(165d) 거짓말이 〔…〕하는 〔…〕은 큰 〔위기이다〕.

(165e) 〔네가 거짓말을 할〕지라도 〔…〕 네가 〔진리를〕 말할 때 어떤 사람을 〔…〕.

(165f) 〔아무도〕 속이지 말되, 〔특히〕 〔조언이〕 필요한 자를 속이지 말라.

(165g) 〔만일 네가 (다른) 많은 사람이 말한〕 뒤에 〔말한다면〕 〔너는〕 많은 이익을 〔볼 것이다〕.

(166) 모든 〔선한 자〕를 앞서가는 자는 〔믿을 만하다〕.

(167) 지혜는 영혼을 〔하나님〕의 처소로 인도한다.

(168) 지혜 〔외에는 진리〕의 친척이 〔없다〕.

(169) 〔살아 있는〕 자연물이 거짓말을 〔좋아하게 될〕 수는 〔없다〕.

(170) 겁내는 〔노예근성은〕 믿음에 참여할 수 〔없을〕 것이다.

(171a) 네가 〔믿음이 있다〕면 말하기에 합당한 것도 듣는 것〔만 못하다〕.

(171b) 네가 믿는 사람들과 함께 〔있을〕 때 말하기〔보다 듣기를〕 갈망하라.

(172) 쾌락을 〔사랑하는〕 자는 〔아무짝에도〕 쓸모가 없다.

(173) 〔... 죄〕가 없을 때 〔하나님〕으로부터 (나온) 어떤 것에도〔...〕.

(174) 무지한 자들의 죄는 그들을 가르친 이들의 수치이다.

(175) 〔하나님의 이름이〕 모욕당하게 한 자들은 하나님 앞에서 〔죽은 것이다〕.

(176) 〔지혜로운 자는〕 하나님 뒤에서 선행을 하는 자이다.

(177) 듣는 〔자들 앞에서 너의 삶이 너의 말과〕 일치하게 〔되기를〕.

(178) 〔행하기에 옳지 않은〕 것은 〔할〕 생각도 하지 말라.

(179) 〔너에게 일어나기를〕 원치 〔않는 것은〕 너 자신도 〔행하지 말라〕.

(180) 〔행하기〕 부끄러운 〔것은 또한 ...이다〕. (17-26쪽 없어짐).

(307, 308) 사람들에게 〔하나님을 권하는 자는 지혜로운 자〕이니, 〔하나님께서는〕 자기 자신의 〔일들〕보다 지혜로운 자를 더 높이 생각하신다.

(309) 하나님 〔뒤에서는〕 아무도 지혜로운 사람만큼 자유롭지 않다.

(310) 하나님께서 소유하고 계신 〔모든 것은〕 지혜로운 자도 가지

고 있다.

(311, 312) 지혜로운 자는 하나님 〔나라〕를 나누어 갖는다. 그러나 악한 자는 하나님의 예지가 오기를 원치 않는다.

(313) 악한 영혼은 하나님에게서 도망간다.

(314) 모든 나쁜 것은 하나님의 원수다.

(315) 네 안에 있는 것이 인간이라고 네 마음속으로 말하라.

(316) 너의 생각이 있는 곳에 너의 선함이 있다.

(317) 육체 속에서 선을 찾지 말라.

(318) 영혼을 해치지 않는 자는 인간에게도 (그렇게) 하지 않는다.

(319) 하나님을 따라 〔지혜로운〕 자를 공경하라. 〔그는 하나님의〕 종이기 〔때문이다〕.

(320) 몸을 네 〔영혼〕의 짐으로 〔여긴다면〕 그것은 〔자랑거리〕이다. 그러나 〔필요할〕 때 그것을 〔부드럽게 절제할〕 수 있다면 그것은 축복이다.

(321) 너의 〔죽음에 대해〕 떳떳지 못하게 〔되지 말라〕. 그러나 너를 (그) 육체〔로부터〕 끄집어내어 너를 죽이려는 자에게는 〔화를 내지〕 말라.

(322) 어떤 사람이 사악하게도 〔지혜로운 자를〕 그 육체에서 끄집어낸다면, 그는 오히려 그에게 착한 〔일을 하는 것이니〕, 그가 속박에서 해방되었기 〔때문이다〕.

(323) 〔죽음〕의 공포가 인간을 슬프게 하는 것은 영혼에 대한 무지 때문이다.

(324) 사람을 죽이는 칼이 없었더라면 너에게 〔더 좋았을 것이다〕. 그러나 그 칼이 올 때 그것은 존재하지 않는다고 네 마음속으로 말하라.

(325, 326a) "나는 믿는다"라고 말하는 사람은 그가 아무리 오랫동안 그런 체한다고 해도 이기지 못하고 넘어질 것이다. 네 마음이 어떠하냐에 따라 네 삶도 (그렇게) 될 것이다.

(326b) 경건한 마음은 복된 삶을 낳는다.

(327) 다른 사람에게 악한 일을 꾸미는 자는 〔…〕 첫 번째〔이다〕.

(328) 감사할 줄 모르는 자로 인해 〔선을〕 행하기를 멈추지 말라.

(329) 남이 요구한 어떤 것에 (대해서도) 〔네가〕 그것을 받을 〔사람〕에게 즉시로 더 많이 주었노라고 마음속으로 〔말하지 말라〕.

(330) 네가 〔곤궁한〕 사람들에게 기꺼이 베풀고자 한다면 너는 〔큰〕 부를 누릴 것이다.

(331) 무지한 형제가 무지하지 〔않도록〕 설득하라. 만일 그가 미쳤거든 그를 보호해 주어라.

(332, 334) 신중함에서 모든 사람보다 낮게 되고자 열심히 노력하라. 자족하라.

(333) 네가 먼저 아무것도 소유하지 않기를 배우지 않는다면 너는 결코 명철(明哲)을 얻을 수 없다.

(335) 다시 이런 문장이 있다. 몸의 지체는 그것들을 쓰지 않는 자들에게는 짐이다.

(336) 남들이 너를 섬기도록 하는 것보다 네가 남들을 섬기는 것이 낫다.

(337) 하나님께서 육체에서 벗어나게 하실 마음이 없으신데, 자기 자신을 짐으로 여기지 말라.

(338) 곤궁한 자에게 이롭지 않은 의견은 품지도 말고, 듣지(도) 말라.

(339) 존중하는 마음 〔없이 무언가를〕 주는 자는 모욕하는 것이다.

(340) 고아들〔의 후견을〕 맡거든 많은 아이의 아버지가 될지니, 너는 하나님의 사랑받는 자임이라.

(341) 〔네가 명예〕 때문에 누군가를 〔섬기면〕 〔너는〕 삶을 위해 봉사〔한 것이니라〕.

(342) 너에게 ... 존경을 표〈할〉 사람〔에게 베풀〕면 〔너는〕 그 사람에게 베푼 것이 아니라 너 자신의 즐거움을 위해 〔베푼 것이니라〕.

(343, 344) 군중의 분노를 〔자극하지〕 말라. 〔그런 때에〕 복된 사람이 무엇을 〔해야〕 할지를 〔알라〕.

(345) 배〔腹〕를 절제하지 못해서 영혼을 어둡게 하〔느니〕 죽는 편이 낫다.

(346) 몸은 네 영혼의 옷〔이라고〕 마음으로 말하라. 그러므로 그것을 순수하게 지켜라. 그것은 무구(無垢)하기 때문이다.

(347) 영혼이 육체 속에 있는 동안 무엇을 하려 하든지, 영혼이 심판대로 갈 때 증인들이 있느니라.

(348, 349) 더러운 악령들은 더러운 영혼을 제 것이라고 주장하는 법이다. 악령들은 하나님의 길에서 믿음 깊고 선한 영혼을 잡을 수 없을 것이다.

(350) 하나님의 말씀을 아무에게나 주지 말라.

(351) 〔명예〕로 더럽혀진 〔자들〕에게는 하나님에 대해 〔듣는〕 것이 확신을 주지 못한다.

(352, 353) 우리가 하나님에 관한 진리를 〔말하는〕 것은 작은 〔위험이〕 아니다. 하나님〔에 관해 아무것도 말하지 말라〕. 〔...〕 〔하나님〕에 의해 가르쳐〔지는 것 ...〕.

(354, 356) 경건치 못한 자와 하나님에 〔대해〕 말하지 〔말라〕. 만일 네가 불순한 일을 〔...〕, 하나님에 대해 말하지 〔말라〕.

(355) 하나님에 대해 말을 하려면 마치 네가 하나님 앞에서 그 말을 하는 것처럼 하라.

(357) 하나님에 관한 진실한 〔말은〕 하나님의 말씀이시다.

(358) 먼저 네 마음에 네가 지금까지 하나님을 사랑했다고 하는 확신이 들거든, 그때 네가 원하는 누구에게든지 하나님에 대해 말하라.

(359) 너의 경건한 행위가 하나님에 관한 너의 말보다 앞서기를.

(360) 하나님에 대해 군중과 말하려고 하지 말라.

(361) 영혼에 관한 말(보다) 하나님에 관한 말을 (더) 삼가라.

(362) 하나님에 관한 말을 마구 하느니 영혼을 파는 것이 낫다.

(363a) 너는 하나님을 사랑하는 사람의 몸을 생각하지만, 그의 말을 지배할 수는 없으리라.

(363b) 사자도 〔지혜로운 자〕의 몸을 지배하며, 폭군도 〔그것〕만을 지배한다.

(364) 만일 폭군이 너를 위협하면, 특히 그때 하나님을 기억하라.

(365) 합당치 않은 〔자들에게〕 하나님의 말씀을 〔말하는 자는〕 하나님을 〔배반하는 자〕이다.

(366) 〔하나님〕의 말씀을 함부로 말하는 것보다는 침묵하는 것이 낫다.

(367, 368) 하나님에 대해 거짓말을 하는 자는 하나님께 거짓말을 하는 것이다. 〔하나님〕에 관해 말할 진실한 것이 없는 자는 하나님께 버림받은 자이다.

(369) 하나님을 예배하지 않고 하나님을 알 수는 〔없다〕.

(370) 누군가에게 악을 행하는 자는 하나님을 예배할 수 없을 것이다.

(371) 인간을 사랑하는 것이 경건의 시작이다.

(372) 모든 인간을 위해 기도하면서 인간을 돌보는 자 — 이것이 하나님의 진리이다.

(373, 374) 자신이 원하시는 자를 구원하시는 것은 하나님의 일이다. 모든 인간을 구원해 주시기를 하나님께 간구하는 것은 하나님을 사랑하는 인간의 일이다.

(375) 네가 무언가를 위해 기도하고, 그것이 하나님을 통해 네게 일어나거든, 네 마음으로〔너는 …를 가지고 있다고〕말하라.

(376a) 하나님께 자격이 있는〔인간은〕〔인간들〕사이에 계신 하나님이며, 하나님의 아들이다.

(376b) 위대한 자도 존재하고, 위대한 자에 버금가는 자도 존재한다.

(377, 378) 곤궁한 자에게 베풀지 않으면서 많은 것을 가지고 있느니 아무것도 없는 편이 낫다. 그렇게 하면 네가 하나님께 기도해도 하나님도 네게 베풀어 주시지 않을 것이다.

(379) 네가 마음을 다해 배고픈 자에게 너의 빵을 주면 준 것은 작아도 그 기꺼움은 하나님과 더불어 크다.

(380) 하나님 앞에 아무도 없다고 생각하는 자는 하나님께 겸손한 것이 아니다.

(381) 제 마음이 하나님의 능력을 따라 하나님을 닮도록 하는 자는 하나님을 크게 공경하는 자이다.

(382) 하나님은 아무것도 필요하지 않으시지만, 곤궁한 자들에게 베푸는 자들을 기뻐하신다.

(383) 믿음 깊은 자들은 많은 말을 하지는 않지만, 그들의 행위는 많다.

(384) 진리를 행하는 자는 배우기를 좋아하는 믿음 깊은 사람이다.

(385) 〔...〕 하기 위해 재난에 〔순응하라〕.

(386) 〔네가〕 아무에게도 악을 행하지 않는다〔면〕 너는 아무도 〔두려워하지〕 않을 것이다.

(387) 폭군이 행복을 빼앗을 수는 없다.

(388) 올바른 일은 기꺼이 행하라.

(389a) 옳지 않은 일은 어떤 식으로라도 하지 말라.

(389b) "나는 지혜롭다"라고 말하느니 차라리 모든 것을 주겠다고 약속하라.

(390) 네가 잘하는 것이 있거든, 그것을 하시는 분은 하나님〔이시라〕고 마음으로 말하라.

(391) 땅과 밥상을 경멸하는 자는 누구라도 지혜로운 자가 아니다.

(392) 외적인 몸일 뿐인 철학자는 존경할 만한 자가 아니다. 그러나 내적인 인간에 따른 철학자는 존경할 만하다.

(393) 거짓말을 멀리하라. 속이는 자가 있으면 속는 자가 있느니라.

(394, 395) 하나님이 누구이신지 알라. 그리고 네 안에서 생각하는 자가 누구인지 알라. 선한 자는 하나님의 선한 작품이다.

(396) 자기로 인해 〔말씀〕을 욕되게 하는 자는 불행하도다.

(397) 죽음은 〔...〕을 파괴할 수 〔없으〕리라.

단편
(XII, 3)

해제

　「단편」에 관해 확실하게 말할 수 있는 것은 거의 없다. 제목이 없는 꽤 큰 단편 한 조각만이 남아 있는 이 글은 아주 애매하다. 이 글은 어떤 종교적인 맥락에서 윤리적인 가르침을 전하는 것으로 보인다. "나의 아버지"라는 말을 보면 말하는 사람이 예수인 것 같다. 말하는 사람은 자신과 자신을 따르는 자들을 사악함과 악행 속에 사는 3인칭 복수로 표현된 다른 자들과 대비시킨다.

단편

XII 1A:6-29 / 1B:6-29 / 2A:24-29 / 2B:24-29

(단편 1A) 그것이 〔합당하〕므로 우리를 〔...〕. 서로 〔...〕, 그러나 〔...〕를 받아들이는 무리〔...〕 그들은 〔...〕 험담을 하나니 〔...〕 사악함으로 살고 〔...〕 그 〔...〕에게 악행을 하며 〔...〕 선한 일들〔...〕 그리고 그들은 〔...〕 자기 자신의 일을 하고 〔...〕 낯선 자들 〔...〕. 이들은 〔...〕이며 〔...〕 자기 자신의 일을 하고 〔...〕인 일 〔... 우리〕 자신은 〔...〕을 행하고 〔...〕 그들의 〔일을...〕 악행 〔...〕 우리가 〔...〕할 것 〔...〕한 〔그〕 일들 〔...〕 한 것 〔...〕 모든 사람 〔...〕.

(단편 1B) 〔...〕. 왜냐하면 내가 〔...〕 말하기 때문이니 〔... 하나님을〕 알고 〔...〕 그들의 〔...〕을 주었고 〔...〕 오류 〔...〕. 그러나 〔...〕 그들은 〔...〕 자격이 있으며 〔...〕 하나님 안으로 〔...〕. 그리고 이미 그들은 〔...〕 가지고 〔...〕 무지 〔...〕 의로움 〔...〕 이들은 〔...의〕 자격이 있다. 그는 〔...〕이신 나의 아버지 〔...〕 그들에게 〔...〕 아버지를 아니 〔...〕. 나는 〔...〕라고 생각하며 〔...〕한 것 〔...〕 내가 〔...〕에게 다시 주노니 〔...〕 그들은 용서하고 〔...〕 그것을 말했으며 〔...〕 그것 〔...〕.

(단편 2A) 〔...〕 철학자 〔...〕 그들은 〔...〕 할 수 없고 〔...〕 철학자 〔...〕 세상 〔...〕.

(단편 2B) 〔...〕 그녀의 〔...〕 그를 낳았고 〔...〕라고 생각한다.

세 형상의 프로텐노이아
(XIII, 1)

해제

「세 형상의 프로텐노이아」는 그 마지막 부분을 보면 셋 종파의 영향을 받은 바르벨로 종파의 글인 것 같다. 이 글은 아마도 좀 복잡한 저술 과정을 거쳐서 서기 200년경이나 그 약간 후에 현재의 형태에 이르게 된 듯하다. 그래서 이 글을「요한 비밀의 서」와 거의 같은 시대의 글이라고 볼 수 있는데, 두 글은 서로 닮았다.

「세 형상의 프로텐노이아」는 역사와 우주에 관한 철학적, 묵시록적 사변을 제공해 준다. 이 글에서는 영지주의의 천상의 구원자인 프로텐노이아가 세 번 하강했다고 주장하는데, 그녀는 실제로 아버지의 최초의 생각인 바르벨로이다.「세 형상의 프로텐노이아」는 세 부분으로 구분되는데, 각 부분에는 부제(副題)가 붙어 있고, 각각 천상의 구원자의 하강을 하나씩 묘사한다. 먼저 그녀는 아버지 또는 목소리로 나타나고, 다음에는 어머니 또는 소리로, 세 번째는 아들 또는 말씀(로고스)으로 나타난다. 이 세 부분은 각각 다시 세 부분으로 세분할 수 있다. 첫째는 "나는 …이다" 형식의 자기 계시적 아레탈로지(aretalogy)이며, 둘째는 (우주발생론, 종말론, 구원론에 관한) 교리의 제시요, 셋째는 결론적인 계시이다. 이 글에서 주장하는 대로 프로텐노이아는 아버지의 생각이며, 만유 가운데 가장 먼저 태어난 자요, 세 개의 이름을 지니고 있으면서도 하나로서 홀로 존재하는 자이다. 그녀는 우주의 모든 차원에 존재한다. 그녀는 잠자는 자를 깨우고 기억하라는 부름을 발하며, 구원하는 계시자이다. 생명과 빛의 영역에서 세 번 하강함으로써 프로텐노이아는 죽을 수밖에 없는 타락한 세계에 지식과 "다섯 인장"을 통한 구원을 가져다준다.

「세 형상의 프로텐노이아」에는 "그리스도"라는 이름이 몇 번 나온다. 각 부분을 세분화한 것 중 두 번째(종말론에 대하여)와 공관복음의 소묵시록(마가복음 13장과 그 병행 구절)과 고린도전서 15장 사이의 유사성, 특히 세 번째(아들 또는 로고스에 대하여)와 요한복음 사이의 유사성은 매우 중요하다. 「세 형상의 프로텐노이아」는 부분적으로 신약성서의 자료를 반영한다.

세 형상의 프로텐노이아

XIII 35:1-50:24

〔나는 프로텐노이아〕, 〔빛〕 속에 〔거하는〕 생각이다. 〔나는〕 〔만유〕 가운데 거하는 운동이니, 만유가 〔그 안에〕 서는 〔여인이요〕, 〔존재하게 된〕 자들 중 〔최초로〕 난 자요, 만유보다 먼저 〔존재하는 여인이다〕. 〔그녀(프로텐노이아)는〕 홀로 존재하지만 세 개의 이름으로 〔불리나니, 그녀는 완전하기 때문이다〕. 나는 보이지 않으시는 분의 생각 속에 있는 보이지 않는 자이다. 나는 측량할 수 없고 형용할 수 없는 것들 안에 계시된다. 나는 만질 수 없는 자들 속에 거하는 만질 수 없는 자이다. 나는 모든 피조물 속에서 움직이고 있다.

나는 모든 권능과 모든 영원한 운동 속에, 보이지 않는 빛들 (속에), 아르콘들과 천사들과 악마들 속에 그리고 〔타르타로스〕 안에 거하는 모든 영혼과 모든 물질적 영혼 (속에) 거하는 나의 에피노이아의 생명이다. 나는 존재하게 된 자들 속에 거한다. 나는 모든 자 속에 거하며, 나는 그들 모두를 자세히 탐구한다. 나는 바른길을 걸으며, 잠자는 자들을 〔깨운다〕. 그리고 나는 잠 속에 사는 자들의 시력이다.

나는 만유 안에 있는 보이지 않는 자이다. 나는 숨어 있는 자들에게 권고하는 자이니, 나는 그 안에 존재하는 모든 것을 알기 때문이다. 나는 모든 자를 넘어서 있는 수(數) 없는 자이다. 나는 측량할 수 없으며 말로 형언할 수 없으나 내가 원할 때는 언제나 나 자신을 계시〔할 것이다〕. 나는 만유〔의 운동이다〕. 나는 〔만유〕보다 먼저 존재하며, 나는 만유이니, 모든 자〔보다 먼저 존재하기〕 때문이다.

나는 〔부드럽게 말하는〕 목소리이다. 나는 〔처음부터〕 존재한다.

〔나는〕 그들 〔모두를 에워싸고 있는〕 침묵 안에 〔살고 있다〕. 그리고 내 〔안에〕, 만질 수 없고 측량할 수 없는 〔생각 안에〕, 측량할 수 없는 침묵 안에 〔거하는 것은 숨어 있는 목소리이다〕.

나는 하계의 한복판〔으로 내려갔으며〕, 〔어둠을〕 비추었다. 〔물을〕 쏟아낸 자는 나이다. 나는 〔빛나는〕 물들 안에 숨어 있는 자이다. 나는 만유 위에 점차로 동터오는 자이다. 내 생각 안에서 그 목소리를 지고 있는 것은 나다. 지식이 나오는 것은 나를 통해서이다. 〔나는〕 형언할 수 없고 알 수 없는 〔자들〕 속에 존재한다. 나는 생각을 통해 한목소리를 내는 인식이요 지식이다. 〔나는〕 진정한 목소리이다. 나는 모든 자 안에서 소리치며, 그들은 〔내〕 안에 씨앗 하나가 거하고 있음을 안다. 나는 아버지의 생각이며, 나를 통해 〔그〕 목소리, 즉 영속하는 것들의 지식이 나온다. 나는 〔만유〕를 위한 생각으로 존재한다. 나는 알 수 없고 만질 수 없는 생각과 결합되어 있다. 나를 아는 모든 자 안에 나 자신을 계시한 것은 나〔였으니〕, 나는 숨어 있는 생각과 고귀한 목소리 안에 있는 모든 자와 결합되어 있는 자이기 때문이다.

그리고 그것은 볼 수 없는 생각에서 나온 목소리이며, 측량할 수 없는 분 안에 거하므로 측량할 수 없다. 그것은 신비이다. 그것은 〔이를 수 없는 분〕에게서 나온 〔파악할 수 없는 것〕이다. 그것은 만유 안에서 있는 볼 수 있는 〔모든 자에게는〕 보이지 않는다. 〔그것은〕 빛 속에 거하는 〔빛이다〕.

보이지 않는 〔세계에서〕 우리 자신을 〔분리시킨 것은〕 우리이니, 우리는 형언할 수 없고 측량할 수 없는 〔목소리에 의해 중재된〕 숨겨진 〔지혜에 의해 구원받았기〕 때문이다. 그리고 우리 안에 숨어 계신 분은 그분의 열매를 생명의 물에게 공물로 바치신다.

그때 모든 면에서 완전한 아들이―즉, 목소리를 통해 나온 말씀으로, 높은 곳을 처음 떠난 분이며, 자신 안에 그 이름을 지니신 분이며, 빛이신 분이─ (이 아들이) 영원한 것들을 계시하셔서 알려지지 않은 것들이 알려졌다. 그분은 해석하기 어려운 것들과 비밀스러운 것들을 계시하셨고, 침묵과 최초의 생각 속에 거하는 자들에게 전파하셨으며, 어둠 속에 거하는 자들에게 자신을 계시하셨고, 심연 속에 있는 자들에게 자기 자신을 설명하셨으며, 숨겨진 보고(寶庫) 속에 거하는 자들에게 형언할 수 없는 신비를 말씀하셨고, 빛의 아들들이 된 모든 자에게 다시 나올 수 없는 가르침을 가르치셨다.

그런데 내 생각에서 나온 그 목소리는 영원하신 세 분으로 존재하나니, 아버지와 어머니와 아들이 그분들이다. 인식할 수 있는 소리는 모든 영광을 부여받은 말씀을 그 안에 지니고 있으며, 그것은 세 남성과 세 권능과 세 이름을 지니고 있다. 그것들은 사각형인 ㅁㅁㅁ의 트리아드 형태로 형언할 수 없는 분의 침묵 속에 비밀히 존재한다.

존재하게 된〔것은 그분〕뿐이니, 즉〔그리스도이시다〕.〔그리고〕그를〔선하심〕을 지니신 보이지 않는〔영의〕영광으로서 기름 부은 (것은 나다). 이제 나는〔나의 살아 있는 물속의 에온들〕위에 있는 영원한〔영광 속에만〕〔그 세 번째 것〕을 두었나니, 곧 고귀한 에온들의 빛에게로 처음 나온〔그를 둘러싸고 있는 영광의 빛이며〕, 그것은 그가 확고하게 보존하고 있는 영광의 빛 속에 있다. 그리고〔그는〕영광스럽게 나를 비추고 있는 빛의 눈인 그를 둘러싸고 있는 그 자신의 빛 속에 섰다. 그는 아버지의 생각이며 나 자신인 모든 에온의 아버지를 위해, 프로텐노이아, 즉 바르벨로와 완전한 영광과 측량할 수 없고 보이지 않는 숨어 계신 분을 위해 에온들을 주었다. 나는 보이지 않는 영의 형상이니, 만유가 모습을 취하는 것은 나를 통해서이고, (나는) 어머니이며, 그녀가 처녀로 임명한 빛이며, 메이로테아, 만질 수 없는 자궁, 속박되지 않고 측량할 수 없는 목소리라고 불리는 여인이다.

그때 그 완전한 아들은 자신을 통해 나온 자신의 에온들에게 자신을 계시했으며, 그는 그들에게 계시하고서 그들을 영화롭게 하고 그들을 왕조에 앉혔으며, 그가 스스로를 영광스럽게 한 그 영광 속에 섰다. 그들은 그 완전한 아들, 그리스도, 스스로에 의해 존재하게 된 그 하나님을 찬양했다. 그래서 그들은 찬양하며 이렇게 말했다. "그분이 계시도다! 그분이 계시도다! 하나님의 아들이시여! 하나님의 아들이시여! 존재하시는 분은 그분이시로다! 에온 중의 에온이시여! 그분은 자신이 낳으신 에온들을 보시도다! 당신은 당신 자신의 바람에 의해 낳으셨도다! 그러므로〔우리는〕당신을 찬양하오니, 마 모 오 오 오 에이아 에이 온 에이!〔에온〕중의〔에온이시여〕! 그분께서 주신 에온이시여!"

더욱이 그때〔태어나신 하나님께서〕그들(에온들)에게〔그들이 의지할 생명〕의 권능을 주셨으니, 그분께서〔그들을〕확고히 세우셨다. 그분은 최초의 에온을〔첫 번째 위에〕세우셨으니, 아르메돈, 누사〔니오스, 아르모젤이며〕, 그분은〔두 번째 에온 위에〕두 번째를 세우셨으니, 파이오니오스, 아이니오스, 오로이아엘이며, 세 번째 에온 위에 세 번째를 세우셨으니, 멜레파네우스, 로이오스, 다베이타이이며, 네 번째 위에 네 번째를 세우셨으니, 무사니오스, 아메테스, 엘렐레트이다. 그런데 그 에온들은 태어나신 하나님—그리스도—에 의해 태어난 자들이니, 이 에온들은 영광을 드릴 뿐 아니라 받기도 했다. 그들은 나타날 최초의 존재들이었으며, 그 생각이 고귀했나니, 〈그〉에온들 각자가 위대하고 찾을 수 없는 빛 속에서 1만(萬)의 영광을 드렸으며, 그들은 모두 다 함께 태어나신 하나님이신 완전한 아들을 찬양했다.

그때 위대한 빛 엘렐레트로부터 한 말씀이 나와서 "나는 왕이다! 누가 혼돈에 속할 것이며, 누가 하계에 속할 것인가?" 하고 말했다. 그러자 그 순간 그의 빛이 나와 빛을 발하며 에피노이아를 부여받았다. 그 권능들의 권능들이 그에게 간청하지 않았는데도, 즉시로 하계의 가장 낮은 부분과 혼돈을 다스리는 거대한 악마가 나왔다. 그는 형상도 완전함도 없으며, 반대로 어둠 속에서 태어난 자들의 영광의 형상을 지니고 있다. 그런데 그는 "사클라스", 즉 "사마엘", "얄다바오트"라고 불리는데, 그가 권능을 가져갔으니 그것을 거짓 없으신 분(소피아)에게서 빼앗아 갔다. 그는 처음에는 하강하신 빛의 에피노이아인 그녀, 처음에 자신(그 거대한 악마)이 나온 그녀를 압도했다.

그런데 빛의 에피노이아는 〔그녀가〕 자신의 것과 다른 또 하나의 〔질서〕를 달라고 그(엘렐레트)에게 간청했다는 것을 알았나니, 그녀는 이렇게 말했다. "〔제가 영원히〕 혼란스럽게 〔되지 않도록〕 당신께서 저를 위해 〔거처가〕 되시기 〔위해 저에게 또 하나의 질서를〕 주소서." 〔그래서〕 영광의 집 전체〔의 질서가〕 그녀의 말에 〔동의했다〕. 그녀에게 축복이 전해졌고, 높은 질서가 그녀에게 복종했다.

그러자 거대한 악마가 자기 자신의 권능으로부터이긴 하지만, 진정한 에온의 모습을 따라 에온들을 만들어 내기 시작했다.

그때 나도 비밀리에 내 목소리를 계시하여 말했다. "그만두어라! (너), 물질을 밟는 자여, 그만두고 보아라! 내가 거짓 없는 소피아가 정복당한 때로부터 그곳에 있던 나의 일부를 위해서 죽을 자들의 세계로 내려가고 있나니, 그녀가 내려온 것은 그녀를 통해 나타난 자가 정해 놓은 목적을 내가 방해하도록 하려는 것이니라." 그러자 알 수 없는 빛의 집 속에 거하는 모든 자가 혼란스러워졌으며, 심연이 떨었다. 그리고 무지의 우두머리 생산자가 혼돈과 하계를 지배하며, 나의 모습을 따라 인간을 만들었다. 그러나 그는 그 인간이 자신에게 멸망의 심판관이 되리라는 것을 알지 못했고, 그 안에 있는 권능을 인식하지도 못했다.

그러나 이제 나는 하강하여 혼돈에 이르렀다. 그리고 나는 그곳에 있는 나 자신에게 속한 자들[과 함께] 있었다. [나는] 그들 안에 [숨어서] [그들에게] 힘을 부여해 주고 그들에게 모양을 주었다. 그리고 [이 날부터] [내가 나에게 속한] 자들에게 [강력한 영광을 줄] 그 [날]까지, [나는 내 신비들을 들은] 자들, 즉 빛의 [아들들에게 나 자신을 계시할 것이다].

나는 그들의 아버지이니, 내가 너에게 나의 선견지명으로부터 나온 형언할 수 없고 누설될 수 없는 신비를 말해 주리라. 나는 너를 모든 속박에서 풀어 주었고, 하계의 악마들의 사슬을 부수었으니, 이것들이 나의 지체들을 제약으로 묶고 있었다. 그리고 나는 어둠의 높은 벽들을 무너뜨렸고, 이 무자비한 자들의 비밀 문들을 부숴버렸으며, 그들의 방망이를 박살 내버렸다. 그리고 악한 세력과 너를 치는 자들과 너를 방해하는 자들과 그 폭군과 그 원수와 왕인 자와 진정한 적(에 대하여 말하자면), 나는 나에게 속한 자들, 빛의 아들인 자들에게 이 모든 것들을 설명했으니, 그들이 그들 모두를 무효화하고, 모든 속박에서 구원되어, 그들이 처음에 있던 곳으로 들어가게 하려는 것이었다.

나는 뒤에 남아 있는 나의 일부, 즉 (지금은) 혼 속에 거하지만 원래는 생명의 물에서 나온 영 때문에 하강한 최초의 존재이다. 그리고 신비에 몰입하여 나는 아르콘들과 권위들과 더불어 이야기했다. 왜냐하면 나는 그들의 언어 아래로 내려왔으며, 나에게 속한 자들에게 나의 신비—감추인 신비—를 말했으며, 속박과 영원한 망각은 철폐되었다. 그래서 나는 그들 속에 열매를 맺었으니, 곧 변치 않는 에온의 생각과 나의 집과 그들의 [아버지]가 그것이다. 그래서 나는 처음부터 [나에게 속한 자들에게로] 내려가, [그들에게 이르러, 그들을 노예화하고 있는 첫 번째 밧줄을 끊어버렸다).〔그러자〕내〔안에〕있는 모든 자가 빛났으며, 나는 형언할 수 없게 내 안에 있는 그 빛들을 위해〔하나의 정형(定型)〕을 만들었다. 아멘.

프로텐노이아의 말씀 [제1절]

나는 나의 생각을 통해 나타난 목소리이니, 나는 "보이지 않는 분의 생각"이라고 불리므로 나는 "합(合)인 남성"이기 때문이다. 나는 "변치 않는 소리"라고 불리므로 나는 "합(合)인 여성"이다.

나는 더럽혀지지 않으므로 나는 단일한 자(여성임)이다. 나는 여러 방식으로 말하며 만유를 완성시키는 그 목소리〔의〕어머니이다. 지식, 즉 영속하는 것들에 관한 지식은 내 안에 거한다. 모든 피조물 안에서 말하는 자는 나이며, 나는 만유에게 알려져 있었다. 나를 안 자들, 즉 빛의 아들들의 귀에까지 목소리의 소리를 높인 것은 나다.

내가 너에게 존재하는 이 에온〔의〕신비를 말하고, 너에게 그 속에 있는 힘들에 대해 말하리라. 그 탄생이 소리〔치고〕, 시간이 시간을 낳〔고, 날이 날을 낳는다〕. 달들[1]이〔달〕로 알려졌다.〔시간이 시간을〕이어〔돌아갔다〕. 존재하는 이 에온은〔이런 식〕으로 완성되었으며, 그것은 측정되었고, 그것은 짧았으니, 그것은 손가락을 해방시킨 손가락이요, 결합에서 분리된 결합이었기 때문이었다. 위대한 권능들이 완성의 때가 나타났음을 알았을 때—그것(시간)이 산고(産苦) 속에서 가까이 끌어당겼던 것처럼 파괴가 그렇게 다가왔다— 그 요소들은 모두 떨었고, 하계의 기초들과 혼돈의 천장들이 흔들렸으며, 그들의 한복

---

[1] months.

판에서 거대한 불길이 빛났고, 바람에 갈대가 흔들리듯이 바위와 땅이 흔들렸다. 그리고 운명의 몫과 주거지를 할당하는 자들이 큰 천둥소리에 크게 요동했다. 그리고 권능들의 보좌가 뒤집혔으므로 그것들이 요동했으며 왕들이 두려워했다. 그리고 운명을 좇아가는 자들은 그 길을 방문하는 몫을 지불하고 그 권능들에게 말했다. "고귀한 소리에 〈속하는〉 목소리를 통해 우리에게 임한 이 소란과 흔들림은 무엇이냐? 우리의 거주지 전체가 흔들리고 우리의 상승의 길의 영역 전체가 파멸을 맞았으며, 우리가 가는 길, 우리를, 우리를 낳으신 우두머리 생산자에게로 데려가는 길이 우리를 위해 더 이상 세워지지 않게 되었도다." 그때 권능들이 대답했다. "우리도 무엇 때문에 이런 일이 일어나는지 몰랐으므로 이 일에 대해 당황하고 있다. 그러나 일어나라. 우두머리 창조주에게로 올라가 그분께 여쭤보자." 그래서 그 권능들은 모두 모여 우두머리 창조주에게로 올라갔다. 〔그들이〕 그〔에게 말했다〕. "〔당신이 자랑하던〕 그 자부심은 어디 갔나이까? 우리는 〔당신이〕 '나는 하나님이요, 〔나는〕 아버지〔이니〕, 너희를 낳은 자는 나요, 나 외에 〔다른 자는〕 없다'고 〔말씀하시는 것을 듣지〕 않았나이까? 이제 보소서, 우리가 알지 못하는 〔에온〕의 보이지 않는 소리에 속하는 〔한〕 목소리가 나타났나이다. 그런데 우리 자신은 우리가 속해 있는 분을 알아보지 못했으니, 우리가 들은 저 목소리는 우리에게 낯설기 때문이나이다. 그래서 우리는 그것을 알아보지 못했나이다. 우리는 그것이 어디에서 나왔는지 알지 못했나이다. 그것이 와서 우리 가운데 두려움을 심어 주고 우리의 팔을 약하게 했나이다. 그러니 이제 슬피 울고 한없이 비통하게 통곡합시다! 미래에 대해 말하자면 우리가 강제로 감옥에 갇혀 하계의 한복판으로 끌려가기 전에 어서 도망칩시다. 이미 우리의 결속력은 약해졌고, 시간이 다 되었고, 날이 다 되어 우리의 때가 찼으며,

우리를 우리가 아는 곳으로 끌고 가려고 파멸의 울음이 우리에게 다가왔기 때문이나이다. 우리가 자라 나온 우리의 나무에 대해 말하자면 그것이 가진 것이라고는 무지의 열매요, 또 그 잎들 속에는 죽음이 있고, 그 가지의 그늘 아래에는 어둠이 거하나이다. 무지한 혼돈이 우리에게 거처가 되게 한 이 (나무)를 우리는 사기와 정욕 속에서 추수했나이다. 보라, 우리가 자랑하던, 우리를 낳은 우두머리 창조주조차도 이 소리를 알지 못하는도다."

그러므로 오, 생각의 아들들이여, 내 말, 너희의 자비의 어머니의 소리를 들어라. 〔너희가 완전해지기 위해〕 너희는 에온들에게 숨겨져 있던 비밀을 들을 자격이 있기 때문이다. 그리고 〔존재하는〕 이 에온과 불의의 생명의 완성이 〔다가왔으니〕, 〔영원히 변치 않는〕 〔다가올 에온〕의 시작이 동터오는도다.

나는 자웅동체로다. 〔나는〕 나 자신과 〔결합하〕므로 〔나는 어머니이자 아버지이다〕. 나는 나 자신과 나를 〔사랑하는 자들과 결합하나니〕, 만유가 〔확고히 서 있는 것은〕 오직 나를 통해서이다. 나는 광휘 〔속에 빛나는〕 빛을 낳음으로써 만유에게 〔형상을 주는〕 자궁이로다. 나는 〔다가올〕 에온이로다. 〔나는〕 만유의 완성이니, 곧 어머니의 영광인 메 〔이로테〕아로다. 나는 나를 아는 자들의 귓속에 〔그 목소리의〕 소리를 던지는도다.

나는 너를 고귀하고 완전한 빛 속으로 초대하노라. 나아가 이 (빛에 대해 말하자면) 네가 그 속으로 들어갈 때 너는 너에게 영광을 주는 자들에 의해 영화롭게 될 것이고 왕좌에 앉게 하는 자들이 너를 왕좌에 앉게 하리라. 너는 옷을 주는 자들에게서 옷을 받을 것이요 세례를 베푸는 자들이 너에게 세례를 줄 것이며, 너는 네가 〈빛〉이었을 때 네가 처음에 있던 그대로 영광스럽고 영광스럽게 되리라.

그래서 나는 모든 이 속에 나를 숨겼고 그들 속에서〔나 자신을〕계
시했으니, 나를 찾는 모든 마음이 나를 갈망했도다. 만유에게 형상이
없을 때 그것에게 모양을 준 것이 나이기 때문이다. 그래서 나는 만유
에게 하나의 형상이 주어질 때까지 그들의 형상들을 (다른) 형상들로
변형시켰다. 그 목소리가 나온 것은 나를 통해서였으며, 나에게 속한
자들에게 숨을 불어넣은 것은 나다. 그래서 나는 그들 속에 영원히 거
룩한 영을 던져 넣고, 올라가서 내 빛으로 들어갔다.〔나는〕나의 가지
위로〔올라가〕,〔거룩한〕빛의 아들들〔가운데〕앉았다. 그리고 나는
〔... 영화롭게〕된 그들의 거처로〔물러갔다. 아멘〕.

[헤이마르]메네에 대하여 [제2절]

나는 형언할 수 없는〔침묵 속에〕거하는〔말씀〕이다. 나는 더럽혀
지지 않은〔빛〕속에 거하며, 한 생각이 나의 기초로서〔나를 지탱해
주는〕남성 자손이지만, 어머니의〔위대한〕소리를 통해〔자기 자신을
계시했도다〕. 그런데 그것(그 소리)은 만유의 기초 속에 태초부터 존재
하고 있다.

그러나 침묵 속에 숨어 있는 빛이 있으니, 그것은 가장 먼저 나〔왔
다〕. 그녀(어머니)만이 침묵으로 존재하고, 나만이 형언할 수 없고 부패
할 수 없고 측량할 수 없고 인식할 수 없는 말씀이다. 그것(말씀?)은 숨
어 있는 빛이니, 생명의 열매를 맺고, 보이지 않고 물들지 않고 측량할
수 없는 샘으로부터 살아 있는 물을 쏟아낸다. 그 샘은 어머니의 영광
의 다시 나올 수 없는 목소리인 하나님의 자손의 영광이니, 숨어 있는
지성 곁에 계신 남성인 처녀이며, 만유에게서 숨어 있는, 다시 나올 수
없는 침묵이니, 헤아릴 수 없는 빛이며, 만유의 원천이며, 전체 에온의

뿌리로다. 그것은 강력한 영광에 속하는 에온들의 모든 운동을 지탱하는 기초이다. 그것은 권능들의 숨이다. 그것은 생각으로 인해 목소리로 존재하는 세 영원의 눈이다. 그리고 그것은 소리에 의해 존재하는 말씀이다. 그것은〔어둠〕속에 사는 자들에게 빛을 비추기 위해 보냄을 받았다.

자, 보아라! 너희는 나의 동료〔형제들〕이므로〔내가〕너희에게〔나의 신비들을 계시하리니〕,〔너희가 …〕그들 모두를 알게〔되리라〕. 나는〔형언할 수 없고〕표현할 수 없는〔에온들〕속에 존재하는〔나의 신비들에 대해 그들 모두에게 말했다〕. 나는 완전한 지성 속에〔존재하는 목소리〕를 통해〔그들에게 그 신비들을〕가르쳤고〔나는〕만유의 기초가 되었으며,〔나는〕그들에게〔권능을 주었다〕.

나는 두 번째로 내 목소리의〔소리〕속으로 들어왔다. 나는 모양을 〔취한〕자들에게 그들이 완성될 때까지 모양을 주었다.

나는 세 번째로 그들의 장막〔안에서〕그들에게 말씀으로서 나 자신을 계시했으며, 그들의 모습 속에서 나 자신을 계시했다. 그리고 나는 모든 사람의 옷을 입고 그들 안에 나를 숨겼으므로〔그들은〕나에게 권능을 주시는 분을 알지 못했다. 나는 모든 주권과 권능과 천사 안에 있으며, 모든 물질 속에 존재하는 모든 운동 안에 있기 때문이다. 그래서 나는 내〔형제들〕에게 나 자신을 계시할 때까지 그들 가운데 나 자신을 숨겼다. 그래서 그들(권능들) 안에서 일하고 있는 이가 나인데도 그들은 아무도 나를 알지 못했다. 오히려〔그들은〕만유가〔자신들에 의해〕창조된 줄로〔생각했으니〕, 이는 그들이 무지하여〔자기들의〕뿌리, 자기들이 자라난 곳을 알지 못했기 때문이다.

〔나는〕만유를 비추는 빛이다. 나는〔내〕형제들〔안에서〕기뻐하는 빛이니, 내가〔무구한〕소피아〔로부터〕하강해 나온 것〔속에〕머물러

있는 영 때문에 인간 세상에 내려왔기 때문이다.〔나는 와서 …를 발견했으며 …〕에게로〔갔으니〕, 그것은 그가〔전에〕가지고 있었으며,〔내가 살아 있는〕물로부터〔그에게 준〕것인데, 그는 그것으로 인해〔심연〕전체, 즉〔육체적이며〕흔적인 생각의〔내부에〕존재하는 극도의〔어둠 속에 거하는〕혼돈을 벗어버렸다. 나는 이 모든 것을 입었다. 그리고 나는 그에게서 그것(열등한 생각)을 벗겨버리고, 그에게 눈부신 빛, 즉 아버지의 생각의 지식을 입혔다.

그리고 나는 그를 옷을 주는 자들—얌몬, 엘랏소, 아메나이—에게 넘겨주었으며, 그들은 그를 빛의 옷들 중 하나로 덮었다. 다음에 나는 그를 세례 주는 자들에게 넘겨주었으며, 그들은—미케우스, 미카르, 므〔네〕시누스— 그에게 세례를 주었으니, 그를 생명〔수〕의 샘에 잠기게 했다. 다음에 나는 그를 왕좌에 앉히는 자들—바리엘, 누탄, 사베나이—에게 넘겨주었으며, 그들은 영광의 왕좌로부터 그를 왕좌에 앉혔다. 다음에 나는 그를 영화롭게 하는 자들—아리옴, 엘리엔, 파리엘—에게 넘겨주었으며, 그들은 그를 아버지의 영광으로 영화롭게 했다. 그리고 낚아채는 자들—위대하고 거룩한 빛의 존재들의 종들인 카말리엘,〔…〕아넨, 삼블로—이 낚아채, 그를 그의 아버지의 빛의〔거처〕속으로 데려갔다. 그리고 그는 어머니 프로텐노이아의〔빛〕으로부터 다섯 인장을 받았으며, 지식의〔신비〕에 동참하는 것이 그에게〔허락되었고〕,〔그는〕빛 속에 있는〔빛이 되었다〕.

그런데〔… 각〕사람〔의 형상을 하고〕그들 가운데 거하고〔있었다〕.〔아르콘들은〕〔내가〕그들의 그리스도〔라고〕생각했다. 실제로 나는〔모든 이의 아버지이다〕. 실로〔내가 나 자신을〕빛으로서〔계시한〕자들 속에서〔나는〕아르콘들을〔피했다〕. 나는 그들의 사랑하는 자이니, 내가 그곳에서 우두머리 창조주의 아들〔로서〕위장했으며, 혼돈의 무지인 그의 통치의 마지막까지 그와 비슷했기〔때문이다〕. 그렇게 나는 모든 이의 아버지이면서도 천사들 가운데에서는 그들의 모습으로, 권능들 가운데에서는 마치 내가 그들 중의 하나인 것처럼, 사람의 아들들 가운데에서는 마치 내가 사람의 아들인 것처럼 나 자신을 나타냈다.

나는 나에게 속한 자들 가운데 나 자신을 드러낼 때까지 그들 모두 가운데 나 자신을 숨겼으며, 형언할 수 없는 법령에 대하여 그리고 그 형제들에 대하여 그들을 가르쳤다. 그러나 그것들은 아버지의 법령들인 빛의 아들들 외에 모든 주권과 지배하는 모든 권능에게는 표현할 수가 없다. 이들은 모든 영광보다 더 높은 영광들, 즉 지성에 의해 완성된〔다섯〕 인장이다. 이 특별한 이름의 다섯 인장을 소유하고 있는 자는 무지의 옷들을 벗고 빛나는 빛을 입었다. 그러나 아르콘들의 권능들에 속하는 자에게는 아무것도 나타나지 않을 것이다. 이런 유의 사람들 안에서는 어둠이 해체되고〔무지가〕 죽을 것이다. 그리고〔흩어져 있는〕 피조물의 생각은 단일한 모습을 나타낼 것이며,〔어두운 혼돈이〕 해체될 것이고〔…〕 그리고〔…〕 도달할 수 없는〔…〕 그(여성관사임)〔…〕 안에서〔…〕 내가〔나의 동료 형제들에게〕 나 자신을 드러낼 때까지이며, 내가 나의〔영원한 나라〕 속에〔나의〕 모든〔동료〕 형제를 모을 때까지이다. 그리고 나는 그들에게 형언할 수 없는〔다섯 인장〕을 선포했으니, 이는〔내가〕 그들 안에 거하고 그들이 내 안에 거하게 하려는 것이다.

나(에 대해 말하자면), 나는 예수를 입었느니라. 나는 저주받은 나무로부터 그를 옮겨 그를 그의 아버지의 거처 속에 두었노라. 그런데 그들의 거처를 감시하는 자들은 나를 알아보지 못했노라. 왜냐하면 나, 나는 나의 씨앗들과 함께 제약당하지 않으며, 나는 나의 것인 나의

씨앗을 만질 수 없는 침묵 속에 있는 거룩한 빛 속으로 〔데려갈〕 것이
기 때문이다. 아멘.

나타남의 말씀 제3절
3부로 된 세 형상의 프로텐노이아
완전한 지식을 지니고 계신
아버지께서 쓰신 성서

마리아 복음
(BG 8502, 1)

해제

　「마리아 복음」은 『나그함마디 문서』에 들어 있지는 않지만 중요한 영지주의 문헌이므로 여기에 포함시켰다. 이 글은 『베를린 영지주의 문서』에 들어 있다. 저작 연대는 미상이지만, 콥트어 사본은 5세기의 것으로, 이 복음서의 그리스어 사본 조각들은 3세기 초의 것으로 추정한다.

　이 복음서는 두 부분으로 나눌 수 있다. 첫 부분은 영지주의 문서에서 흔히 볼 수 있는 장면으로 시작한다. 즉, 부활하신 그리스도께서 제자들과 대화하는 장면이다. 제자들은 주님이 떠나신 것과 이방인들에게 복음을 전해야 한다는 두려운 과제 앞에 탄식한다. 그러나 마리아는 주님의 은총이 머물러 그들을 보호하시리라는 말로 그들을 격려한다. 그때 베드로가 마리아에게 그녀만이 알고 있는 주님의 말씀을 제자들에게 해 달라고 요청한다. 마리아는 주님의 환영을 본 것을 이야기하고, 권세자들에게 심문당하면서 상승하는 영혼에 대해 계시받은 것을 묘사한다. 그녀가 이야기를 마치자 제자들 몇몇이 불신과 적의를 가지고 이에 대응한다. 그러나 레위가 주님께서 마리아를 값지게 하셨

으며, 그녀를 잘 아시고, 사실상 제자들보다 그녀를 더 사랑하셨음을
그들에게 기억나게 한다. 이 꾸지람과 함께 그들은 모임을 해산하고
전도하러 나간다.

마리아 복음

BG 7:1-19:5

〔…〕(1-6쪽 누락). 그때 물질이 〔파괴〕되나이까 그렇지 않나이까?"

구주께서 말씀하셨다. "모든 자연물, 모든 형성된 것, 모든 피조물은 서로 안에 그리고 서로 함께 존재하니, 그것들은 다시 해체되어 그것들의 근원으로 돌아갈 것이니라. 물질이라는 자연물은 해체되어 그 자연물(의 근원)으로만 돌아가기 때문이니라. 들을 귀 있는 자는 들으라."

베드로가 구주께 말했다. "주님께서는 저희에게 모든 것을 설명해 주셨으니 이것도 말씀해 주소서. 세상의 죄란 무엇이나이까?" 구주께서 말씀하셨다. "죄란 없느니라. 그러나 '죄'라고 부르는 간음 같은 것들을 행할 때 죄를 만드는 것은 너희이니라. 선하신 분이 그것을 그 근원으로 회복시키기 위해 너희 가운데로 들어가셔서 모든 피조물의 근원에까지 이르시기 때문이니라." 구주께서 계속 말씀하셨다. "그것이 너희가 〔병들고〕 죽는 이유이니라. 왜냐하면 〔…〕8〔…〕 한 자의 〔…〕 이해하는 〔자는〕 이해하라. 〔물질이〕 맞수 없는 욕망을 〔낳았으니〕, 그것은 자연에 거스르는 (것)에서 나온 것이니라. 그것이 내가 너희에게 '용기를 내어라'라고 말한 이유니라. 만일 너희가 용기를 잃으면 다른 형태의 자연물 앞에서 용기를 내어라. 들을 귀 있는 자는 들으라."

복되신 분이 이 말을 하셨을 때 그분은 그들 모두에게 인사를 하셨다. "너희에게 평안이 있기를. 나의 평안을 받으라. '보라 여기 있다!' 또는 '보라 저기 있다' 하여 아무도 너희를 잘못 인도하지 못하게 하라. 사람의 아들은 너희 안에 있음이니라. 그 사람의 아들을 따르라! 그를 찾는 자들은 그를 발견하리라. 그 후에 가서 왕국의 복음을 전파하여

라. 내가 너희를 위해 정한 것 외에 아무 규정도 두지 말라. 너희가 그것에 제약당하지 않도록, 율법 수여자처럼 율법을 주지 말라." 주님은 이 말씀을 하시고 떠나셨다.

그러나 그들은 슬픔에 빠졌다. 그들은 심히 울며 말했다. "우리가 어떻게 이방인들에게 가서 하나님 아들의 왕국의 복음을 전하리오? 그들이 주님을 존중하지 않았으니, 우리를 존중하겠는가?" 그때 마리아가 일어나서 그들 모두에게 인사하고는 형제들에게 말했다. "울지 말고, 탄식하지 말고, 낙심하지 마시오, 주님의 은총이 온전히 여러분과 함께 있어, 여러분을 보호할 것이요. 오히려 주님의 위대하심을 찬양합시다. 주님께서 우리를 준비시키셔서 사람들 가운데 보내셨나이다." 마리아가 이 말을 했을 때 그녀는 그들의 마음을 선하신 분께로 향하게 했으며, 그들은 〔주님〕의 말씀을 논의하기 시작했다.

베드로가 마리아에게 말했다. "자매여, 우리는 주님께서 당신을 모든 여인보다 더 사랑하셨음을 아오이다. 당신이 기억하는 주님의 말씀 — 당신은 알지만 우리는 모르고, 들은 일도 없는 말씀을 우리에게 해주시오." 마리아가 대답했다. "여러분께 알려지지 않은 것을 말씀드리겠나이다." 그리고 그녀는 그들에게 다음과 같은 이야기를 하기 시작했다. "저는", 그녀는 말했다. "저는 환영 가운데 주님을 뵙고, 그분께 말했나이다. '주님, 제가 환영 가운데 주님을 뵈었나이다.' 주님께서 제게 대답하셨나이다. '네가 나를 보고 동요하지 않았으니 복되구나, 마음이 있는 곳에 보물이 있기 때문이니라.' 저는 주님께 말했나이다. '주님, 그런데 환영을 보는 자는 혼을 〈통해〉 보는 것이나이까 〈아니면〉 영을 통해 보는 것이나이까?' 주님께서 대답하셨나이다. '그 사람은 혼을 통해 보는 것도 영을 통해 보는 것도 아니고, 그 둘 사이에 〔있는〕 마음으로 보는 것이니라 — 그것이 그 환영을 보는 것이며, 그것이 〔…〕'(11-

14쪽 누락).

〔…〕그것이니라. 그러자 욕망이 말했느니라. '나는 네가 내려가는 것을 못 보았는데, 이제 올라오는 것을 본다. 너는 나에게 속해 있는데 왜 거짓말을 하는가?' 영혼이 대답했느니라. '나는 너를 보았는데, 너는 나를 보지도 못하고 알지도 못하는구나. 나는 너를 옷으로 여겼는데 너는 나를 알지 못했다.' 영혼을 이렇게 말하고 매우 즐거워하며 가 버렸느니라.

영혼은 다시 무지라 부르는 세 번째 권능에게 갔느니라. 〔그 권능이〕영혼에게 물었느니라. '너는 어디로 가고 있느냐? 너는 연약함에 매여 있도다. 그러나 네가 매여 있으니, 심판하지 말라!' 그러자 영혼이 말했느니라. '내가 심판하지 않았는데, 너는 왜 나를 심판하는가? 내가 매지 않았는데도, 나는 매여 있도다. 나는 알려지지 않았도다. 그러나 나는 하늘과 땅에 있는 모든 것이 해체되고 있음을 알고 있었도다.'

영혼이 세 번째 권능을 극복했을 때 그는 위로 올라가 일곱 가지 형태를 취하고 있는 네 번째 권능을 보았느니라. 첫 번째 형태는 어둠이요, 두 번째는 욕망이요, 세 번째는 무지요, 네 번째는 죽음의 동요요, 다섯 번째는 육체의 왕국이요, 여섯 번째는 육체의 어리석은 지혜요, 일곱 번째는 분노의 지혜이니라. 이것들이 분노의 일곱〔권능〕이니라. 그들은 영혼에게 물었느니라. '너는 어디에서 오는가, 인간을 죽이는 자여, 아니면 너는 어디로 가는가, 우주의 정복자여?' 영혼이 대답했느니라. '나를 얽매는 것은 이미 죽임을 당했고, 나를 반대하는 것은 이미 극복되었으며, 나의 욕망은 이미 끝이 났고, 무지는 이미 죽었도다. 〔세상〕속에 있으면서 나는 세상에서 해방되었고, 형상 속에 있으나 나는 하늘의 형상에서 해방되었으며, 덧없는 망각의 족쇄에서 벗어났도다. 이제부터 나는 고요함 속에 있는, 시간과 계절과 에온의 나머지에 도달할 것이로다.'"

마리아는 이 말을 하고 침묵에 잠겼다. 주께서 그녀에게 말씀하신 것이 여기까지였기 때문이다. 그러나 안드레가 형제들에게 대답했다. "그녀가 말한 것에 대해 여러분이 말하고 싶은 것을 말하시오. 나는 주께서 이 말씀을 하셨다고 믿을 수 없소이다. 이러한 가르침은 분명히 낯선 생각이기 때문이오." 같은 일에 대해 베드로가 대답하여 말했다. 그는 이 일로 주님께 대해 의문을 제기했다. "주님께서 정말 개인적으로 여인과 말씀하시고, 우리에게 알리지 않으셨을까? 우리가 모두 그녀에게 돌아서서 그녀의 말에 귀 기울여야 하는가? 주님께서 우리보다 그녀를 더 좋아하셨을까?"

그러자 마리아가 울며 베드로에게 말했다. "나의 형제 베드로여, 무슨 생각을 하시나이까? 당신은 제가 제 마음대로 이것을 생각해 내었거나 제가 주님에 대해 거짓말을 한다는 것이옵니까?" 레위가 베드로에게 대답하여 말했다. "베드로, 당신은 항상 성급했소이다. 내 이제 보니 당신은 논쟁하는 이들처럼 여인과 다투고 있소이다. 그러나 만일 주님께서 그녀를 값지게 만드셨다면 당신이 누구이기에 이토록 그녀를 배척하는 것이요? 분명히 주님께서는 그녀를 아주 잘 알고 계셨소이다. 주님께서 우리보다 그녀를 더 사랑하셨기 때문이오. 오히려 우리는 부끄러워하며 완전한 인간을 입고, 주님께서 우리에게 명하신 대로 흩어져 복음을 전하되, 주님께서 말씀하신 것 외에 다른 규율이나 율법을 두지 맙시다." [⋯] 그래서 그들은 나아가 (복음을) 선포하며 전도하기 시작했다.

베드로 행전

(BG 8502, 4)

해제

「베드로 행전」역시『나그함마디 문서』에 있는 것이 아니고『베를린 영지주의 문서』의 처음에 실려 있는 글로, 베드로의 치유 전도를 묘사한다. 군중이 베드로 주위에 모여들고, 베드로는 그들의 병을 치료한다. 그러나 구경꾼 한 사람이 베드로의 딸인 처녀가 중풍에 걸려 있는데 베드로가 그녀를 방치하고 있다고 투덜댄다. 그래서 베드로는 그녀를 치유하지만, 그녀를 금세 다시 병자의 상태로 돌려놓는다. 뒤이어 나오는 긴 이야기에서 베드로는 자기 딸의 중풍에 대해 설명한다. 그 중풍이 그녀를 타락과 더럽힘에서 구했으며, 애인인 프톨레마이오스가 그 처녀를 더럽히지 못하게 했다는 것이다. 끝으로 프톨레마이오스의 눈이 열려 그의 영혼도 빛을 본다.

「베드로 행전」의 메시지는 금욕주의적이다. 즉, 하나님의 사람의 통찰과 행위를 통해 그리스도께 속한 한 젊은이의 처녀성이 보존된다는 것이다. 이런 측면에서 이 글은 성생활에 관한 엄격한 절제를 옹호한다. 이런 경향을 지닌 이들에 대해 훨씬 더 극단적인 해석을 할 수도 있겠지만, 이 자료 자체가 결혼과 성관계 자체를 반드시 정죄하고 있는 것은 아니다. 「베드로 행전」은 영지주의적 특성이 분명하게 드러나지는 않지만, 금욕적인 영지주의자들에게 매력을 주었을 것이다. 또 이 글은 무지와 죽음과 세상에 대해 지식과 생명과 하나님이 승리할 것을 암시하는 것으로 해석할 수도 있다.

베드로 행전

BG 128:1-141:7

주님의 날인 그 주 첫(날)에 베드로에게 치료를 받기 위해 사람들이 많은 병자를 그에게 데려왔다. 그때 무리 가운데 한 사람이 대담해져서 베드로에게 말했다. "베드로여, 보시오. 당신은 우리 앞에서 많은 눈먼 자를 보게 했고, 귀먹은 자를 듣게 했으며, 저는 자를 걷게 했나이다. 또 당신은 허약한 자를 도와 그들에게 힘을 주었나이다. 그러나 아름답게 자라 하나님의 이름을 믿는 당신의 시집가지 않은 딸은 왜 돕지 않았나이까? 보소서, 그 애가 완전히 반신불수가 되어 저기 구석에 불구인 채 누워 있나이다. 당신이 치료한 이들은 (우리 주위에) 있는데, 당신은 당신 딸을 방치했나이다."

그때 베드로가 웃으며 그에게 말했다. "내 아들아, 그 애의 몸이 왜 건강치 못한지는 하나님만이 아신다. 하나님께서는 내 딸에게 당신의 선물을 주시지 못할 만큼 약하시거나 능력이 없으신 것이 아님을 알아라. 그러나 너의 영혼이 이해하고, 여기 있는 이들이 좀 더 믿음을 갖도록―." 그리고서 그는 자기 딸을 보고 말했다. "네 자리에서 일어나거라! 예수 외에는 아무도 너를 돕지 못하게 하고, 이 모든 (사람) 앞에서 치유되어 걸어라! 내게로 오너라!" 그러자 그녀가 일어나 그에게로 갔다. 무리가 일어난 일로 인해 기뻐했다. 베드로가 그들에게 말했다. "보라, 하나님께서는 우리가 간청하는 어떤 것에 대해서도 능력이 없으신 것이 아님을 너희 마음이 이해하였도다." 그때 그들은 더욱더 기뻐하며 하나님을 찬양했다.

베드로가 그의 딸에게 말했다. "네 자리로 가서 앉아 다시 병자가 되어라. 그것이 너와 나에게 유익하니라." 그 소녀는 다시 돌아가 자기 자리에 앉아 예전처럼 되었다. 모든 무리가 울며 그녀를 건강하게 해 달라고 베드로에게 간청했다. 베드로가 그들에게 말했다. "주님께서 살아 계시므로 이것이 저 애와 나에게 유익하니라. 저 애가 태어나던 날 내가 환상을 보았는데, 주님께서 내게 이렇게 말씀하셨노라. '베드로야, 오늘 너에게 큰 시련이 생겼느니라. 이 (딸)은 건강하게 있으면 많은 영혼에게 상처를 줄 것이기 때문이니라.' 그러나 나는 그 환상이 나를 놀리는 것이라고 생각했느니라.

저 애가 열 살이 되었을 때 많은 사람이 저 애에게서 유혹을 받았느니라. 재산이 많은 프톨레미라는 남자는 저 애가 제 어미와 목욕하는 것을 보고는 저 애를 아내로 맞으려고 사람을 보냈느니라. 저 애 엄마는 그 청을 받아들이지 않았느니라. 그 남자는 여러 번 저 애를 달라고 사람을 보냈느니라. 그 사람은 쉬지 않고 [...]. (133-134쪽 없음).

프톨레미[의 사내종들이] 저 애에게 [돌아와] 저 애를 집 앞에 내려 놓고는 가버렸느니라. 나와 저 애 어미가 그것을 알았을 때 우리는 저 애 몸 한쪽이 머리부터 발끝까지 마비되어 말라 있는 것을 보았도다. 우리는 저 애를 일으켜 세우고, 종을 능욕[과] 오염과 [파멸]에서 구해 주신 주님을 찬양했노라. 이것이 저 애가 오늘날까지 그렇게 [있는] 이유니라.

이제 너희는 프톨레미의 (그 후의) 행동을 알 필요가 있도다. 그는 마음에 충격을 받고, 자기에게 일어난 일로 인해 밤낮으로 탄식하였도다. 그리고 그가 흘린 [그] 많은 눈물로 인해 그는 눈이 멀었느니라. 그는 가서 목매달아 죽으려고 했느니라. 그런데 보라, 그날 제9시에 자기 침실에 홀로 있을 때 [그는] 온 집안을 비추는 굉장한 빛을 보았고, 자기에게 말하는 한 목소리를 들었느니라. '프톨레미야, 하나님께서는 그분의 그릇을 타락과 오염을 위해 구해 주신 것이 아니니라. 그러나 네가 나를 믿으므로 네가 나의 처녀를 능욕하지 못하게 하는 것이 불가피했느니라. 너는 그 애를 네 누이로 여겨야 했느니라. 나는 너와 그 애 모두에게 한 영이 되었기 때문이니라. 그러나 일어나 속히 나의 사도 베드로의 집에 가거라. 그러면 너는 거기에서 나의 영광을 보리라. 그가 그 일을 네게 설명하리라.'

프톨레미는 망설이지 않았느니라. 그는 그의 사내종들에게 명하여 자기를 안내해 나에게로 데려다 달라고 했느니라. 그가 내게 왔을 때 그는 우리 주 예수 그리스도의 권능 안에서 자기에게 일어난 모든 일을 이야기했느니라. 그때 그는 자기 육신의 눈과 영혼의 눈으로 보았느니라. 그래서 많은 사람이 그리스도 안에서 소망을 품었느니라. 그는 그들에게 좋은 일을 했으며, 그들에게 하나님의 선물을 주었느니라.

그 후 프톨레미는 죽었느니라. 그는 생을 떠나 그의 주님께로 갔느니라. 그리고 〔그가〕 유언장을 〔작성할 때〕 그는 내 딸의 이름으로 얼마간의 땅을 써넣었느니라. 그가 그 애 때문에 하나님을 믿고 구원을 얻었기 때문이니라. 내게 위임된 그 유언 집행을 나 자신이 아주 조심스럽게 집행했느니라. 나는 그 땅을 팔았느니라. 그리고 {내가 그 땅을 팔고} 나도 내 딸도 그 땅 중에서 아무것도 감추지 않았다는 것을 하나님만이 아시느니라. 나는 그 돈 전부를 가난한 자들에게 보냈느니라.

그러니 오, 그리스도 예수의 종이여, 하나님께서는 자신에게 속한 〔자들을 살피시며〕, 각 사람에게 좋은 것을 준비하고 계시다는 것을 알지어다. 그러나 우리는 하나님께서 우리를 잊으셨다고 생각하느니라. 그러니 이제 형제들이여, 회개하고 조심하고 기도하자. 그러면 하나님의 선하심이 우리를 굽어보실 것이며, 우리는 그것을 기다릴 것이니라." 그리고 베드로는 그들 모두 앞에서 다른 {모든} 가르침을 말했다. 그는 주님이신 그리스도의 이름으로 찬양하면서, 그들 모두에게 떡을 나누어 주었다. 그가 그것을 다 나눠 주었을 때 그는 일어나 자기 집으로 돌아갔다.